本书系江西省高校人文社会科学重点研究基地江西科技师范大学数字化社会与地方文化发展研究中心2016年度项目『四库江西文化资源调查与数字化资源开发』（项目批准号：JD16069）主要成果；2019年度校著作出版资助基金与文学院、历史文化学院学科建设经费资助

經史子集

四库江右先贤著作题录

上册

何发甦　王桃英　编著

江西人民出版社
Jiangxi People's Publishing House
全国百佳出版社

图书在版编目（CIP）数据

四库江右先贤著作题录：全2册 / 何发甦，王桃英编著 .—南昌：江西人民出版社，2020.9

ISBN 978-7-210-12468-9

Ⅰ.①四… Ⅱ.①何… ②王… Ⅲ.①《四库全书总目》—内容提要 Ⅳ.①Z833

中国版本图书馆CIP数据核字（2020）第195531号

四库江右先贤著作题录（全2册）
何发甦 王桃英 编著
责任编辑：吴艺文
封面设计：同异文化传媒
出　　版：江西人民出版社
发　　行：各地新华书店
地　　址：江西省南昌市三经路47号附1号（邮编：330006）
编辑部电话：0791—86898470
发行部电话：0791—86898893
网　　址：www.jxpph.com
版　　次：2020年9月第1版
印　　次：2020年9月第1次印刷
开　　本：787毫米 × 1092毫米　1/16
印　　张：42.75
字　　数：680千
ISBN 978-7-210-12468-9
赣版权登字—01—2020—390

定　　价：168.00元
承 印 厂：北京虎彩文化传播有限公司
赣人版图书凡属印刷、装订错误，请随时向承印厂调换

序

何发甦博士的新著《四库江右先贤著作题录》脱稿杀青，即将付梓之时，将电子稿发给我，并嘱为序。正文约600千字，可谓煌煌大册。由于篇幅宏大，本人目力不济，只能略加浏览，很难对该文稿作中肯评价。

《四库全书》自问世以来，虽有颇多非议之词，然犹为古文献之渊薮，当无疑义。其收录作者人数、著述种类的多寡，可以成为衡量古代各地区文化昌盛与否的天然尺度。本书钩沉探骊，从《四库全书》查出，与江西地区相关的文献“经、史、子、集四部总计1125种，15550卷（26种无卷数，子部《太平广记》500卷、《永乐大典》22877卷另有60卷目录、《册府元龟》1000卷等三种卷数不计算在内，其种数则计算在内）。其中存目有689种，6836卷，26种无卷数”。这相当于为江西古代文献盘点，让人比较清晰地了解江西先贤为灿烂的古代文化所作出的突出贡献。又如：该书统计出《四库》收录江西先贤著述，吉安有208人，抚州有171人，上饶有122人，位列江西省的前三甲。吉安素称“文章节义之邦”，抚州亦有“才子之乡”美誉，这与我们印象相符，只是这些具体的数字使得我们的印象更加深刻，更具说服力。何博士提到该书涉及的古代乡贤及著述，都是通读《四库全书总目提要》逐一确定的，事出有据，应当可信。

目录之为学，有“辨章学术，考镜源流”之功用。该书细列

《四库全书》所收江西历代先贤著述目录及提要，亦将江西古代文化的发展脉络进行了全景式的勾勒和展现，为研究整理江西古代文献提供了良好的线索材料，比如标点、校勘、注释，甚至编纂相关地方文献总集，都具有基础性的工作意义。这也是目录书的题中之意，而这部书较好地完成了这一任务。

该书《提要》亦原样抄录《四库全书总目提要》。《四库提要》皆出自清代著名学者之手，素为学界所推崇。然《四库全书》卷帙浩大，粗疏不当之处亦俯拾即是。我在整理《老圃集》时，即发现疏漏之处甚多。余嘉锡先生《四库提要辨正》，多有辨误和补充，成为目录学的经典之作。我觉得这也是新著需要做下去的工作，即是以整理江西先贤著述为目标，对《提要》相关内容进行梳理考辨，查漏补缺。如有机会再版的话，吸纳这些成果，著作的学术价值无疑会倍增彰显。当然这项工作难度很大，但极有意义。

荀卿云："学不可以已。"规模宏大、涉及面广是发甦博士新著的特点，唯其如此，深耕细作的空间亦非常巨大，故以此言与发甦共勉。

王德保

于庚子年仲夏

前　言

《四库江右先贤著作题录》是江西省高校人文社会科学重点研究基地 2016 年度项目“四库江西文化资源调查与数字化资源开发”（依托基地：江西科技师范大学数字化社会与地方文化发展研究中心；项目批准号：JD16069）主要成果。

宣传江西有绿色、古色、红色等三张名片。古色是指传统文化方面，包括陶瓷、书院、茶业、商帮、稻作、中药、戏曲等诸多方面。而承载这些文化的既有各种遗迹、建筑，也有各种古典文献。1911 年以前中国古代的重要典籍，大致荟萃于《四库全书》与《续修四库全书》两套丛书中。这自然也包括了江西籍主要学者文人的著作与作品。本课题的宗旨即是对《四库全书》载录江西籍先贤的著作（包括存目）情况做出调查。

一、本课题研究的意义

21 世纪以来，有多个省份出版了文献集成，如山东出版了《山东文献集成》、浙江出版了《浙江文献集成》。而江西文献，清代光绪年间及民国初期编纂辑印的两部《豫章丛书》：一部《豫章丛书》为江西新建陶福履刊刻，共计收书 26 种 48 卷，有经部 8 种、史部 5 种、子部 9 种、集部 4 种，均为明清江西籍人士的著作。陶刻《豫章丛书》收书品种不多，所收均属《四库全书》未收之书。另一部《豫章丛书》为江西新昌（今宜丰）胡思敬刊刻，共计收书 103 种 672 卷，有经部 12 种 100 卷、史部 28 种 89 卷、子部 14 种 62 卷、集部 49 种 421 卷。

其中绝大部分为唐宋元明清民国江西籍人士著作，个别为外省籍人士著作。在江西省高等院校古籍整理研究领导小组组织下，已经将两部《豫章丛书》合而为一做出重新的整理。这是影响深远的文化工程。但《豫章丛书》所收书依然很有限，这与《山东文献集成》、《浙江文献集成》一比较即可知。

本课题拟对《四库全书》中江西籍学者文人之学术与文学著作概况做出调查，为以后进行编纂《江西文献集成》，为进一步考查江西学术与文学在全国的地位，丰富区域文化的研究与文学地理学的研究，奠定文献目录的基础。

江西正大力发展生态旅游经济，自然景观外，人文景观必不可少。通过文献的基本调查，在《四库全书》中摸清江西文化的家底，为进一步文化精品旅游的规划提供具体可靠的文献依据，为区域经济的发展奠定文化的基础。

二、江西传统文化研究简况

目前的江西文化研究，省内各地市体现了区域性、专业化因而是成块状的特点：如南昌大学有江右哲学研究中心、客赣方言与语言应用研究中心，江西师范大学文化研究院有书院文化与教育研究中心、江西民间美术研究中心、赣传统音乐文化研究所、海昏历史文化研究中心，赣南师范大学有客家文化与红色文化的研究，江西科技师范大学有数字化社会与地方文化发展的研究，吉安井冈山大学有庐陵文化的研究，东华理工大学有戏曲文化的研究，景德镇陶瓷大学有陶瓷文化的研究，上饶师范学院有朱熹理学的研究，九江学院有庐山文化的研究。显然，省内各区域的研究均有赖于基本的文献。因此，在各地市文献整理的基础上对江西文献再做出系统地综合地整理，摸清江西文献家底，则是非常必要的，值得期待的。

江西历代先贤人物传记、著作受到关注：陈荣华等主编《江西历代人物辞典》（江西人民出版社，1990 年），江西省文学艺术研究所、江西人民出版社古籍编辑部主编《江西历代文学艺术家大全》（江西人民出版社，1989 年），李放主编《江西历代杰出科技人物传》（江西科学技术出版社，2000 年），周銮书主编《江西历代名人传》（百花洲文艺出版社，2002 年），郑翔主编《江西历代进士全传》、《江西历代进士总名录》（上海古籍出版社，2016 年），万文斌、吴小卫编著《江西历代名人汇集》（江西高校出版社，2017 年）；康芬、龙晨红主编《江西历代著作考》（江西人民出版社，2015 年）。这些成果给我们课题组的研究助力很多。

三、《四库全书》与江西的关联研究

学界对于四库全书编纂、经史子集各部书以及其中具体某一本书，从文学、历史、哲学、图书情报学、中医学等各个学科进行研究，俨然已经形成“四库学”。具体到四库全书与江西的研究，有如下几个方面：

1. 方志文献方面的研究：如易宁师《〈四库提要〉著录明代江西方志补》（《江西图书馆学刊》2004 年 01 期）对于《四库全书总目》著录明代修撰的数种江西郡县志提要疏误之处，取嘉靖《广信府志》、万历《饶州府志》、天启《赣州府志》、崇祯《清江县志》四书提要著录中涉及有关修撰人、成书情况以及诸郡县志乘修纂源流等方面的疏漏舛误，作了补苴辨订。

2. 江西诗派文人别集提要的考辨。如吴亚娜《〈四库全书总目〉江西诗派文人别集提要文献征引订误》（《嘉兴学院学报》2017 年 01 期）以《四库全书总目》中著录的江西诗派作家提要征引文献为考察对象，梳理与考辨江西诗派作家提要，以此窥见《四库全书总目》的文学观念。

3. 具体著作的考辨。如何振作《〈四库全书总目〉著录江西人著作考辨七则》（《南昌大学学报（人文社会科学版）》2009 年 06 期）对于《四库全书总目》著录江西人著作《尚书纂传》、《江南野史》、《集古录》、《正思斋杂记》、《自堂存稿》、《洞麓堂集》、《华阳馆文集》等诸书，于著者籍贯、字号、生平，言之有误或言之不详之处，文献源流、结论失误等方面做出考辨。

4. 整体上对江西在四库纂修工作的研究。如罗春兰、张志宏《论江西对〈四库全书〉纂修之功》（《南昌大学学报（人文社会科学版）》2009 年 06 期）指出，江西在《四库全书》纂修过程做出了卓越的贡献：江西在《四库全书》编纂的过程中，征集遗书数量众多，在所涉 15 个直省中进呈书籍数位列第三；参与《四库全书》编纂馆臣人数众多，计有 22 名；《四库全书》收录赣籍人士著述 928 种，在全国名列前茅（该文据张志宏《江西与〈四库全书〉关系之考述》，南昌大学 2008 年硕士论文）。张志宏《江西与〈四库全书〉关系之考述》指出，有 22 位江西籍四库馆臣直接参与了四库图书的编纂工作，江西籍馆臣共献书 40 余种，江西巡抚前后 12 次共献书 1042 种，被四库著录 455 种；由编纂《四库全书》而引发的江西禁书为 27485 部，列全国第二位。

总体而言，上述研究体现了个案研究与整体把握的特征：有针对某一类，有针对某几部书的考辨，有从整体上来探讨江西纂修四库之成绩的，持之有

故言之成理，是具体的实证的研究，体现了文献学研究的特征。但省内各区域具体有哪些著作，则似没有做出全面的调查。本课题即拟在往哲时贤文献工作的基础上梳理汇聚出《四库全书》中江西籍先贤的著作，以期看出江西先哲在中国古代文化史上所作出的贡献。

四、本课题调查结果

江西先贤具体有哪些著作呢？我们用最笨也许是最有效的办法，就是通读《四库全书总目》，逐条梳理，得出的数据见于下列两表：

四库江右先贤著作区域分布情况表

区域	著者及著作数
南昌	南昌先贤59人，著作81种，其中五代1种，宋代10种，元代5种，明代42种（去除重复1种），清代23种。
九江	九江先贤30人，著作44种，其中晋代2种，宋代19种，元代3种，明代13种，清代7种。
景德镇	景德镇先贤9人，著作10种，其中宋代2种，元代3种，明代5种。
萍乡	萍乡先贤2人，著作7种，其中明代6种，清代1种。
新余	新余先贤11人，著作14种，其中宋代5种，元代5种，明代4种。
上饶	上饶先贤122人，著作220种，其中宋代90种，元代19种，明代75种，清代36种。
鹰潭	鹰潭先贤15人，著作19种，其中宋代1种，元代1种，明代13种，清代4种。
吉安	吉安先贤208人，著作313种，其中宋代81种，元代33种，明代176种，清代23种。
赣州	赣州先贤25人，著作32种，其中唐代1种，宋代6种，元代1种，明代16种，清代8种。
抚州	抚州先贤171人，著作241种（除去3种重复），其中宋代54种，金代1人，元代28种，明代111种（除去3种重复），清代47种（与明代作者共作者，不复计2种）。
宜春	宜春先贤96人，著作150种（除去重复1种），其中唐代1种，南唐2种，宋代46种，元代21种，明代62种，清代18种。
江西	不具具体籍贯（仅署江西）先贤2人，著作2种，即明代2种。
总计	（包括存目）江右先贤750人，著作1133种（除去6种分置于两地、1种分置于三地之重复计算者，则是1125种），其中晋代2种，唐代2种，五代1种，南唐2种，宋代314种，金代1种，元代119种，明代525种，清代167种。

四库江右先贤著作经史子集分布情况表

部类	著者及著作数
经	212种，2358卷（4种无卷数）。其中存目有105种，943卷，4种无卷数。
史	190种，4111卷（3种无卷数）。其中存目有137种，1729卷，3种无卷数。
子	271种，2896卷（6种无卷数；《太平广记》500卷、《永乐大典》22877卷另有60卷目录、《册府元龟》1000卷等三种卷数不计算在内，其种数则计算在内）。其中存目有189种，1560卷，6种无卷数；《永乐大典》22877卷另有60卷目录卷数不计算在内，种数则计算在内。
集	452种，6185卷（13种无卷数）。其中存目有258种，2604卷，13种无卷数。
总计	经、史、子、集四部总计1125种，15550卷（26种无卷数，子部《太平广记》500卷、《永乐大典》22877卷另有60卷目录、《册府元龟》1000卷等三种卷数不计算在内，其种数则计算在内）。其中存目有689种，6836卷，26种无卷数。

明代江西先贤喻均、刘元卿两人共同撰有《江右名贤编》（二卷）一书，江右即是指江西，本书书名《四库江右先贤著作题录》仿于此。本课题宗旨是对四库全书中江西籍学者文人之学术、文学著作状况做出调查，故而对两类著作未给予选录，其一：他省籍先贤编选江西先贤之著作，未录本书稿。如慈溪人胡亦堂编《临川文献》，编选临川一县之文，包括宋晏殊、晏几道、王安石三人、明章衮、陈九川、帅机、汤显祖、邱兆麟、章世纯、艾南英、罗万藻、陈际泰、揭重熙十人、清朝游东昇、傅占衡二人，因“皆有集行世者”，大多已收录，因而不收录。其二：记录江西山水田园楼阁之诗文，因作者、编选者非江西籍先贤，未收录本书稿。如辛弃疾《稼轩词》四卷多有描写江西山水田园之作，而作者为山东济南籍，则不收录。又如明代浙江兰溪先贤董遵编《滕王阁集》十卷辑滕王阁由唐至明之诗文、明代扬州兴化先贤李嗣京撰《滕王阁续集》十九卷续董遵所辑而取明中叶以后滕王阁中赋咏而编、清代辽宁沈阳先贤蔡士英编《滕王阁集》十三卷、《滕王阁续集》（无卷数），集自唐至明登临记胜之作，均不收录。又如宋代浙江湖州先贤陈舜俞撰《庐山记》三卷附《庐山纪略》一卷（释惠远撰）、明代江苏扬州江都区先贤桑乔撰《庐山纪事》十二卷（清代范礽补订）、清代浙江宁波鄞州区先贤毛德琦撰《庐山志》十五卷、明代江苏太仓先贤王世懋撰《名山游记》一卷（内容包括《游匡庐山记》）、清代江苏常州武进先贤吴阐思撰《匡庐纪游》一

卷等，均不收录。若以后要编纂《江西文献集成》，则应该考虑此两个方面的文献。若研究江西传统文化，也需要注意这些方面的文献。这是需要加以指出的。

五、本书之使用价值及注意事项

本书可为江西省各地市文化情况介绍提供载录于《四库全书》中的全面的乡邦先贤著作信息，有利于文化宣传及旅游规划。本书可为江西传统文化的研究者提供文献书目，以此书目，研究者可以按图索骥。

本书对江西先贤著作于《四库全书总目》中的著录情况已经标识了具体页码，读者使用本书时，相关提要尚需要进一步核对《四库全书总目》，尽量避免以讹传讹。

本书编著过程中碰到的较为麻烦的问题：著作者生卒年代不明、著作者籍贯古今地名有变化。各类辞典及学者的考证论文，解决了许多问题。但尚有不少问题还没解决，疑则传疑，阙则传阙。这需要进一步查找史书、方志、谱牒等文献以完善之。

尽管我们逐一梳理了《四库全书总目》，疏漏之处难免。如史部史评类之《通鉴纲目》，《四库全书总目》载录云："《御批通鉴纲目》五十九卷、《通鉴纲目前编》一卷、《外纪》一卷、《举要》三卷、《通鉴纲目续编》二十七卷：康熙四十七年吏部侍郎宋荦校刊，皆圣祖仁皇帝御批也。朱子因司马光《资治通鉴》以作《纲目》，惟《凡例》一卷出于手定。其纲皆门人依《凡例》而修，其目则全以付赵师渊。后疏通其义旨者，有遂昌尹起莘之《发明》，永新刘友益之《书法》；笺释其名物者，有望江王幼学之《集览》，上虞徐昭文之《考证》，武进陈济之《集览正误》，建安冯智舒之《质实》；辨正其传写差互者，有祁门汪克宽之《考异》。明弘治中，莆田黄仲昭取诸家之书，散入各条之下，是为今本，皆尊崇朱子者也。"（《四库全书总目》第755页）尽管《通鉴纲目》作者有争论，依凡例，本当列入本书，而书已成，更改则涉及整个数据的变动，期待读者更多指谬，待再版时一并做出修改。

本书由何发甦做出整体规划，王桃英负责全面具体地重新查找《四库全书总目》中载录作者之籍贯，进一步的筛选、查证、编排、核对等工作，均由何发甦完成，并由其负全部文责。

目录

凡　例

1. 本书从《四库全书总目》（中华书局，1983年）摘录而成，凡撰、编、注、校补、伪托或疑伪托而没有考证出真正撰写者等，均选录本书；伪托或疑伪托而没有考证出真正撰写者，则于著作者姓名之后标明“伪托”。

2. 江右先贤之籍贯，以《四库全书总目》载录为基础，主要查询了邱树森主编《中国历代人名辞典》（江西教育出版社，1989年）、复旦大学历史地理研究所编著《中国历史地名辞典》（江西教育出版社，1986年）、臧励龢等编著《中国人名大辞典》（商务印书馆，1998年）《中国古今地名大辞典》（商务印书馆香港分馆，1982年）、《江西通志》（四库全书本）、陈荣华等主编《江西历代人物辞典》（江西人民出版社，1990年）、中国知网相关籍贯考证论文并参考国学大师网站“历史人名”、“历史地名”等。

3. 某著作有数位参与者，若参与者均属于江西籍，而具体地市县区不同，则此著作同列于所有参与者隶属之区域。

4. 某著作有数位参与者，只列出江西籍先贤，他省籍先贤之共同完成者，则不列出。

5. 无法查得具体区县者，则以地级市署其籍贯，置于其类之前，个别只具有省籍，则署其省籍，录之于本书之末。

6. 先贤著作简目，依《四库全书总目》而编其条目，包括：著作者籍贯、著作者姓名、书名、卷数、此书来源、于《四库全书总目》中卷属、经史子集具体部属、具体类属、页码。

7. 先贤著作提要，依据《四库全书总目》摘录出，属地变迁者，则稍作辨析；于提要末标明：《四库全书总目》卷属、经史子集具体部属、具体类属、页码。

8. 各地区市县区排列顺序以江西省市县政府网站目录（2019年8月6日江西省人民政府网，附录于本书后）为准；同一市县区先贤以年代先后为序；某一先贤若有数部著作，则以《四库全书总目》经史子集出现之先后为序。

| 南昌 |

四库著录南昌先贤59人，著作81种，其中五代1种，宋代10种，元代5种，明代42种（重复1种不计入），清代23种。

（一）四库南昌先贤著作简目

1.南昌 【五代】王定保（870—940）:《唐摭言》十五卷副都御史黄登贤家藏本（卷一四〇·子部·小说家类一，第1186页）

2.南昌；吉安·吉安县；婺源 【宋】南宫靖一、【明】晏彦文、【明】潘荣:《小学史断》二卷、《续集》一卷、附《通鉴总论》一卷浙江巡抚采进本（卷八九·史部·史评类存目一，第758页）

3.南昌 【宋】洪刍（1066—？）:《香谱》二卷内府藏本（卷一一五·子部·谱录类，第987页）

4.南昌 【宋】洪刍:《老圃集》二卷永乐大典本（卷一五六·集部·别集类九，第1346页）

5.南昌 【宋】潘延之（约1023—1100）（伪托）:《丁晋公谈录》一卷江苏巡抚采进本（卷一四三·子部·小说家类存目一，第1216页）

6.南昌 【宋】洪朋（1060—1104）:《洪龟父集》二卷永乐大典本（卷一五五·集部·别集类八，第1342—1343页）

7.南昌 【宋】洪炎（1067—1133）:《西渡集》二卷、《补遗》一卷浙江鲍士恭家藏本（卷一五六·集部·别集类九，第1346页）

8.南昌 【宋】赵善括:《应斋杂著》六卷永乐大典本（卷一六〇·集部·别集类一三，第1379页）

9.南昌 【宋】释道璨:《柳塘外集》·四卷浙江鲍士恭家藏本（卷一六五·集部·别集类一八，第1411页）

10.南昌 【宋】石孝友:《金谷遗音》一卷安徽巡抚采进本（卷二〇〇·集部·词曲

类存目，第1830页）

11.南昌 【元】熊良辅（1310—1380）：《周易本义集成》十二卷两江总督采进本（卷四·经部·易类四，第24—25页）

12.南昌 【元】毛应龙：《周官集传》十六卷永乐大典本（卷一九·经部·礼类一，第153—154页）

13.南昌 【元】释大䜣：《蒲室集》十五卷浙江汪启淑家藏本（卷一六七·集部·别集类二〇，第1436—1437页）

14.南昌 【元】左克明：《古乐府》十卷浙江汪启淑家藏本（卷一八八·集部·总集类三，第1710页）

15.南昌 【明】涂宗濬：《续韦斋易义虚裁》八卷浙江巡抚采进本（卷八·经部·易类存目二，第59页）

16.南昌 【明】章潢（1527—1608）：《周易象义》十卷江苏巡抚采进本（卷八·经部·易类存目二，第62页）

17.南昌 【明】章潢：《图书编》一百二十七卷河南巡抚采进本（卷一三六·子部·类书类二，第1155—1156页）

18.南昌 【明】陈以蕴：《毛诗说》四卷浙江巡抚采进本（卷一七·经部·诗类存目一，第141页）

19.南昌 【明】万时华：《诗经偶笺》十三卷江西巡抚采进本（卷一七·经部·诗类存目一，第143页）

20.南昌 【明】魏显国：《历代相臣传》一百六十八卷直隶总督采进本（卷六二·史部·传记类存目四，第556页）

21.南昌 【明】魏显国：《儒林全传》二十卷浙江汪启淑家藏本（卷六二·史部·传记类存目四，第556页）

22.南昌 【明】魏显国：《历代守令传》二十四卷两淮马裕家藏本（卷六二·史部·传记类存目四，第556—557页）

23.南昌 【明】魏显国：《元相臣传》十二卷两淮盐政采进本（卷六二·史部·传记类存目四，第557页）

24.南昌 【明】罗曰褧：《咸宾录》八卷浙江鲍士恭家藏本（卷七八·史部·地理类存目七，第680页）

25.南昌 【明】魏时亮（1529—1591）：《大儒学粹》九卷江西巡抚采进本（卷

九六·子部·儒家类存目二，第814页）

26.南昌 【明】胡俨（1361—1443）：《颐庵文选》二卷两淮盐政采进本（卷一七〇·集部·别集类二三，第1483页）

27.南昌 【明】张元祯（1437—1506）：《东白集》二十四卷浙江孙仰曾家藏本（卷一七五·集部·别集类存目二，第1559页）

28.南昌 【明】余曰德:《余德甫集》十四卷江苏周厚堉家藏本（卷一七八·集部·别集类存目五，第1597—1598页）

29.南昌 【明】朱多煃:《古雪斋近稿》一卷浙江孙仰曾家藏本（卷一八〇·集部·别集类存目七，第1625页）

30.南昌·新建；南昌 【明】汤光烈、汤頀，艾璞（1451—1513）：《二麓正议》三卷浙江巡抚采进本（卷一九一·集部·总集类存目一，第1741页）

31.南昌 【明】李国祥:《古今濡削选章》四十卷江苏周厚堉家藏本（卷一九三·集部·总集类存目三，第1763页）

32.南昌 【清】熊文登:《字辨》七卷安徽巡抚采进本（卷四三·经部·小学类存目一，第380页）

33.南昌 【清】熊士伯:《古音正义》一卷江西巡抚采进本（卷四四·经部·小学类存目二，第391—392页）

34.南昌 【清】熊士伯:《等切元声》十卷江西巡抚采进本（卷四四·经部·小学类存目二，第392页）

35.南昌 【清】陈允衡（？—1673）：《古人几部》六卷两江总督采进本（卷六三·史部·传记类存目五，第565页）

36.南昌 【清】陈允衡:《国雅初集》无卷数副都御史黄登贤家藏本（卷一九四·集部·总集类存目四，第1771页）

37.南昌 【清】蔡宪升:《闻见集》三卷江西巡抚采进本（卷一四三·子部·小说家类存目一，第1225页）

38.南昌 【清】刘云峰:《梧江杂咏》一卷编修汪如藻家藏本（卷一八五·集部·别集类存目一二，第1679页）

39.南昌·青云谱区 【元】汪大渊（1311—？）：《岛夷志略》一卷浙江范懋柱家天一阁藏本（卷七一·史部·地理类四，第631—632页）

40.南昌·新建 【宋】裘万顷（？—1219）：《竹斋诗集》三卷、《附录》

一卷两淮马裕家藏本（卷一六一·集部·别集类一四，第1387—1388页）

41.南昌·新建【明】万尚烈：《四书测》六卷内府藏本（卷三七·经部·四书类存目，第312页）

42.南昌·新建【明】张位（1538—1605）：《问奇集》一卷两江总督采进本（卷四三·经部·小学类存目一，第375页）

43.南昌·新建【明】张位：《词林典故》一卷、附《翰苑须知》一卷浙江巡抚采进本（卷八〇·史部·职官类存目，第690页）

44.南昌·新建【明】张位：《警心类编》四卷江苏巡抚采进本（卷一三一·子部·杂家类存目八，第1121页）

45.南昌·新建【明】张位：《周易参同契注解》三卷江苏周厚堉家藏本（卷一四七·子部·道家类存目，第1257页）

46.南昌·新建【明】张位：《悟真篇注解》三卷江苏周厚堉家藏本（卷一四七·子部·道家类存目，第1264页）

47.南昌·新建【明】张位：《闲云馆集钞》六卷两江总督采进本（卷一七九·集部·别集类存目六，第1610页）

48.南昌·新建；萍乡·莲花【明】喻均、刘元卿（1544—1609）：《江右名贤编》二卷浙江巡抚采进本（卷六二·史部·传记类存目四，第558页）

49.南昌·新建【明】李士实（1443—1519）：《世史积疑》二卷浙江范懋柱家天一阁藏本（卷八九·史部·史评类存目一，第760页）

50.南昌·新建【明】魏良弼（1492—1575）：《水洲文集》四卷两江总督采进本（卷一七七·集部·别集类存目四，第1582页）

51.南昌·新建【明】吴桂芳（1521—1578）：《师暇裒言》十二卷浙江孙仰曾家藏本（卷一七七·集部·别集类存目四，第1594页）

52.南昌·新建【明】邓以赞（1542—1599）：《文洁集》四卷江西巡抚采进本（卷一七九·集部·别集类存目六，第1611页）

53.南昌·新建；南昌【明】汤光烈、汤頀，艾璞（1451—1513）：《二麓正议》三卷浙江巡抚采进本（卷一九一·集部·总集类存目一，第1741页）【第30条已著录，此书编者三人，分属于两地，故同置两处】

54.南昌·新建【清】刘斯组：《周易拨易堂解》二十卷江苏巡抚采进本（卷一〇·经部·易类存目四，第81页）

55.南昌·新建【清】刘斯组:《太玄别训》五卷两江总督采进本(卷一一〇·子部·术数类存目一,第932页)

56.南昌·新建【清】朱用行:《大易合参讲义》十卷江西巡抚采进本(卷一〇·经部·易类存目四,第83页)

57.南昌·新建【清】徐世溥(1608—1657):《夏小正解》一卷江西巡抚采进本(卷二四·经部·礼类存目二,第199页)

58.南昌·新建【清】徐世溥:《韵蕞》一卷江苏巡抚采进本(卷四四·经部·小学类存目二,第390页)

59.南昌·新建【清】徐世溥:《榆墩集选文》九卷、《诗》二卷江西巡抚采进本(卷一八一·集部·别集类存目八,第1639页)

60.南昌·新建【清】陈宏绪(1597—1665):《江城名迹》二卷江西巡抚采进本(卷七〇·史部·地理类三,第621页)

61.南昌·新建【清】陈宏绪:《陈士业全集》十六卷江西巡抚采进本(卷一八一·集部·别集类存目八,第1635页)

62.南昌·新建【清】谭旭:《谋道续录》二卷江西巡抚采进本(卷九八·子部·儒家类存目四,第831页)

63.南昌·新建【清】喻昌(1585—1664):《尚论篇》八卷通行本(卷一〇四·子部·医家类二,第878页)

64.南昌·新建【清】喻昌:《医门法律》十二卷、附《寓意草》四卷江西巡抚采进本(卷一〇四·子部·医家类二,第879页)

65.南昌·新建【清】裘若宏:《妙贯堂余谭》六卷江西巡抚采进本(卷一二九·子部·杂家类存目六,第1110页)

66.南昌·新建【清】曹昌言:《多识类编》二卷兵部侍郎纪昀家藏本(卷一三三·子部·杂家类存目一〇,第1133页)

67.南昌·新建【清】熊峻运:《氏族笺释》八卷浙江巡抚采进本(卷一三九·子部·类书类存目三,第1177—1178页)

68.南昌·南昌县【明】舒芬(1484—1527):《易问笺》一卷两江总督采进本(卷七·经部·易类存目一,第52页)

69.南昌·南昌县【明】舒芬:《周礼定本》四卷两江总督采进本(卷二三·经部·礼类存目一,第182—183页)

70.南昌·南昌县【明】舒芬:《东观录》一卷两江总督采进本（卷六四·史部·传记类存目六，第573页）

71.南昌·南昌县【明】舒芬:《太极绎义》一卷、《通书绎义》一卷两江总督采进本（卷九五·子部·儒家类存目一，第802页）

72.南昌·南昌县【明】舒芬:《残本成仁遗稿》五卷安徽巡抚采进本（卷一九二·集部·总集类存目二，第1745页）

73.南昌·南昌县【明】朱谋玮（1564—1624）:《周易象通》八卷浙江吴玉墀家藏本（卷八·经部·易类存目二，第58—59页）

74.南昌·南昌县【明】朱谋玮:《诗故》十卷浙江吴玉墀家藏本（卷一六·经部·诗类二，第129页）

75.南昌·南昌县【明】朱谋玮:《骈雅》七卷浙江巡抚采进本（卷四〇·经部·小学类一，第342—343页）

76.南昌·南昌县【明】朱谋玮:《邃古记》八卷浙江鲍士恭家藏本（卷五〇·史部·别史类存目，第456页）

77.南昌·南昌县【清】刘吴龙（1690—1742）:《古参同契集注》六卷江西巡抚采进本（卷一四七·子部·道家类存目，第1258页）

78.南昌·进贤【明】熊明遇（1579—1649）:《剑草》一卷两淮盐政采进本（卷一〇〇·子部·兵家类存目，第845页）

79.南昌·进贤【明】朱健:《苍崖子》无卷数浙江巡抚采进本（卷一二五·子部·杂家类存目二，第1081页）

80.南昌·进贤【明】万镗（1485—1565）:《治斋集》十七卷浙江孙仰曾家藏本（卷一七六·集部·别集类存目三，第1569页）

81.南昌·进贤【明】樊良枢:《樊致虚诗集》四卷两淮盐政采进本（卷一七九·集部·别集类存目六，第1621页）

82.南昌·进贤【清】徐玺:《就正草》一卷江西巡抚采进本（卷一八五·集部·别集类存目一二，第1677页）

（二）四库南昌先贤著作提要

1.南昌【五代】王定保（870—940）：《唐摭言》十五卷副都御史黄登贤家藏本

五代王定保撰。旧本不题其里贯①。其序称王溥为从翁，则溥之族也。陈振孙《书录解题》谓定保为吴融之壻，光化三年进士，丧乱后入湖南。《五代史·南汉世家》称定保为邕管巡官，遭乱不得还，刘隐辟置幕府，至刘龑僭号之时尚在，其所终则不得而详矣。考定保登第之岁，距朱温篡唐仅六年。又序中称溥为丞相，则是书成于周世宗显德元年以后。故题唐国号，不复作内词。然定保生于咸通庚寅，至是年八十五矣，是书盖其暮年所作也。同时南唐乡贡士何晦亦有《唐摭言》十五卷，与定保书同名。今晦书未见，而定保书刻于商氏《稗海》者删削大半，殊失其真。此本为松江宋宾王所录，末有跋语，称以汪士鋐本校正，较《稗海》所载特为完备。近日扬州新刻，即从此本录出。惟是晁公武《读书志》称是书分六十三门，而此本实一百有三门，数目差舛，不应至是，岂商濬之前已先有删本耶？是书述有唐一代贡举之制特详，多史志所未及。其一切杂事，亦足以觇名场之风气，验士习之淳浇，法戒兼陈，可为永鉴，不似他家杂录但记异闻已也。据定保自述，盖闻之陆扆、吴融、李渥、颜荛、王溥、王涣、卢延让、杨赞图、崔籍若等所谈云。（卷一四〇·子部·小说家类一，第1186页）

2.南昌；吉安·吉安县；婺源【宋】南宫靖一、【明】晏彦文、【明】潘荣：《小学史断》二卷、《续集》一卷、附《通鉴总论》一卷浙江巡抚采进本

宋南宫靖一撰。靖一字仲靖，自号坡山主人，南昌人。是书上起周平王，下迄五代，叙述史事而裒集宋儒论断，联络成文。所采《读史管见》、《说斋讲义》为多，《通鉴》及《程朱语录》、《吕祖谦集》次之。至邵子之诗，亦摘句缀入。其他苏洵父子之属，则寥寥数则而已。知为讲学家也。前有端平丙申自序。其中持论最悖者，如谓始皇当别为后秦，晋元帝当复姓牛氏，皆祖胡寅之说，不能纠正。盖其书全取旧文，有如集句。遇先儒之论则

① 《江西通志》（四库全书本）卷六十六：王定保，字翊圣，南昌人。

收之，不敢有所异同故也。《续集》一卷，明庐陵晏彦文所编宋、元二代之事，附以辽、金，又附以西夏、安南，殊无义例。其以宋之南渡为道学之功，宋之不能恢复由伪学之禁。又以理宗为能尊周、程，为知复古帝王之治。其大旨以道学之盛衰，定帝王之优劣。而一切国计民生，皆视为末务。视靖一原书，尤迂而寡当矣。是书旧无刊本。明嘉靖中，嘉兴府知府赵瀛文始为授梓，而以阳节潘荣《通鉴总论》附焉[①]，盖乡塾课蒙之本也。（卷八九·史部·史评类存目一，第758页）

3.南昌【宋】洪刍（1066—？）：《香谱》二卷内府藏本

旧本不著撰人名氏。左圭《百川学海》题为宋洪刍撰。刍字驹父，南昌人。绍圣元年进士，靖康中官至谏议大夫，谪沙门岛以卒。所作《香谱》，《宋史·艺文志》著录。周紫芝《太仓稊米集》有《题洪驹父〈香谱〉后》曰，“历阳沈谏议家，昔号藏书最多者。今世所传《香谱》，盖谏议公所自集也。以为尽得诸家所载香事矣。以今洪驹父所集观之，十分未得其一二也。余在富川，作妙香寮。永兴郭元寿赋长篇，其后贵池丞刘君颖与余凡五赓其韵，往返十篇。所用香事颇多，犹有一二事驹父谱中不录者”云云。则当时推重刍谱在沈立谱之上。然晁公武《读书志》称刍谱“集古今香法，有郑康成汉宫香、南史小宗香、真诰婴香、戚夫人迫驾香、唐员半千香，所记甚该博，然《通典》载历代祀天用水沈香独遗之”云云。此本有水沈香一条，而所称“郑康成”诸条乃俱不载，卷数比《通考》所载刍谱亦多一卷，似非刍作。沈立谱久无传本，《书录解题》有侯氏《萱堂香谱》二卷，不知何代人，或即此书耶？其书凡分四类，曰香之品，香之异，香之事，香之法，亦颇赅备，足以资考证也。（卷一一五·子部·谱录类，第987页）

4.南昌【宋】洪刍:《老圃集》二卷永乐大典本

宋洪刍撰。刍字驹父，南昌人。绍圣元年进士，靖康中官至谏议大夫。

---

① 赵吉士《寄园寄所寄》卷十一（泛叶寄）：潘荣，字伯诚，桃溪人，隐居博学，通诸经，尤长于史。尝著《通鉴总论》，大要治天下有三：曰明曰断曰顺而已。明则君子进而小人退，断则有功劝而有罪惩，顺则万事理，人必悦，而天下和。三者之要，在身，身端心诚，不令而行矣。其说反覆数千言，又尝集苏句百篇，学者称为节斋先生（《婺源志》）。

后谪沙门岛以卒。刘克庄《后村诗话》曰："三洪与徐师川皆山谷之甥。龟父警句，往往前人所未道，然早卒，惜不多见。驹父诗尤工，陆游《老学庵笔记》亦极称其《窜海岛》诗"烟波不隔还乡梦，风月犹随过海身"句。盖当时文士颇重之。然刍之窜也，《枫窗小牍》谓坐为金人括财太峻，颇称其冤。今考王明清《玉照新志》所载，则刍实于根括金银之时，入诸王邸中，以势挟内人唱歌侍酒，得罪名教，殆不容诛。当时仅斥海滨，殊为佚罚。其人如是，其诗本不足重轻。特其学有师承，深得豫章之格。但以文论，固不愧酷似其舅之称。录六朝人集者存沈约、范云，录唐人集者存沈佺期、宋之问。就诗言诗，片长节取，亦古来著录之通例也。《宋史·艺文志》载《老圃集》一卷，久佚不传。《宋诗纪事》仅从诸地志、类书中捃摭数篇，不及百分之一。惟《永乐大典》所载尚得一百七十首，殆当时全部收入欤？以篇帙稍多，谨厘为上、下二卷，以便循览焉。（卷一五六·集部·别集类九，第1346页）

5.南昌 【宋】潘延之（约1023—1100）（伪托）：《丁晋公谈录》一卷江苏巡抚采进本

不著撰人名氏，皆述丁谓所谈当代故事。晁公武《读书志》以其出于洪州潘延之家，疑即延之所作。延之，谓甥也[①]。今观所记谓事皆溢美，而叙澶渊之事，归之天象，一字不及寇准；又载准挟嫌私改冯拯转官文字事。皆颠倒是非，有乖公论。即未必延之所作，其出于谓之余党，更无疑义也。然称谓筹画军糈，决真宗东封之行，以为美谈。则欲誉其才，适彰其附合时局，小人之情状，终有不能自掩者矣。（卷一四三·子部·小说家类存目一，第1216页）

① 彭际清《居士传》第2部分：潘延之，名兴嗣。家豫章东湖上。怀道耽隐。自嘉祐以来公卿交章荐不起，琴书自娱。号清逸居士。尝问道于黄龙南公，得其密意。

6.南昌【宋】洪朋（1062—1106）[①]：《洪龟父集》二卷永乐大典本

宋洪朋撰。龟父，朋字也。南昌人。黄庭坚之甥。两举进士不第，年仅三十八而卒。故事迹不传。然其诗则最为当代所推重。《豫章续志》载黄庭坚之言曰："龟父笔力扛鼎，他日不患无文章垂世。"及其没也，同郡黄君著裒其诗百篇为集。庭坚在宜州，见其本，又称为篇篇可传。吕本中作《江西宗派图》，所列凡二十五人。首陈师道，次潘大临，次谢逸，次即及朋。《紫微诗话》又盛推其《写韵轩》诗。王直方《诗话》亦称其"一朝厌蜗角，万里骑鹏背"句。刘克庄《后村诗话》复称其《游梅仙观》诗能以直节期乃弟，且称"龟父警句，往往为前人所未道，惜不多见"云云。则朋虽终于布衣，其名在宋代且居三洪上矣。陈振孙《书录解题》载有朋集一卷，久无传本。故厉鹗作《宋诗纪事》，仅从《宋文鉴》、《声画集》诸书摭得遗诗数篇。即《江湖小集》所载，亦未为完备。今采掇《永乐大典》，分体排比，釐为上、下二卷。虽王直方、刘克庄所称诸名句今悉不见全篇，未免尚有佚脱。然核黄氏所编仅一百首，今乃得一百七十八首。陈氏所载仅一卷，今乃溢为二卷。疑《永乐大典》所据之本，别经后人缀缉，续有所增。约略大凡，其所阙谅亦无几矣。（卷一五五・集部・别集类八，第1342—1343页）

7.南昌【宋】洪炎（1067—1133）：《西渡集》二卷、《补遗》一卷浙江鲍士恭家藏本

宋洪炎撰。炎字玉父，南昌人。元祐末登进士，官至著作秘书少监。炎与兄朋、刍，弟羽，号曰四洪。皆黄庭坚之甥，受诗法于庭坚。羽元符中以上书入党籍，不幸早卒，篇章散佚。故吕本中《江西宗派图》中仅列刍、炎、朋三人。陈振孙《书录解题》亦云羽集不传，惟载朋《清非集》一卷、刍《老圃集》一卷、炎《西渡集》一卷。《宋史・艺文志》并同。自明以来，《清非》、《老圃》二集并佚。近乃从《永乐大典》复裒辑成帙，惟炎集仅

① 洪朋生卒年有争议：或云1072—1109，或云1060—约1104，见于《江西省志人物志》第90页，杨镰、薛天伟主编《诗歌通典》第265页，陈永正《江西派诗选注》第128页，钱志熙等《江西诗派诗传》第278页，侯健主编《中国诗歌大辞典》第162页。此处取伍晓蔓《江西宗派研究》之观点，见该书第219—220页。

存，而亦无刊版。此本为浙江鲍氏知不足斋所藏，惟分上、下二卷，与陈氏所载少异。然《老圃集》陈氏亦称一卷，而今日掇拾残剩，尚非一卷所能容。则或《书录解题》传写之讹，《宋志》因之，均未可知也。炎诗酷似其舅。今全集岿然独完，殊足宝贵。卷末所附朋诗九首、刍诗二十四首、记二篇，不知何人所辑。观其所引之书，如《宋元诗会》、《辟疆园宋文选》，皆康熙中人所集，则亦出近时人手矣。二人诗集已别著录。此为复赘，故删之不录焉。（卷一五六·集部·别集类九，第1346页）

8.南昌【宋】赵善括:《应斋杂著》六卷永乐大典本

宋赵善括撰。善括《宋史》无传。惟《宗室表》载此名为太宗第四子商王元份六代孙。考集中有《赵运幹墓志铭》，称同姓兄可大，艺祖七世孙。与《宗室表》世次相合，盖即其人。然表亦不详其爵里。今案集中《迓黄枢密知隆兴府启》有“一廛为氓，应修桑梓之敬”语，则籍隶隆兴。《祭汉阳赵守文》有“仙源同盟，雁塔俱第”语，则尝登进士。《得常熟宰谢政府启》有“奋身科第，千载之遇”语，则释褐为常熟令。《平江罢倅青词》有“字邑罔功，叨升郡佐”语，《贺赵枢密启》有“赘员别驾，叨禄京畿”语，又有《长沙倅署磬沼》诗，则由县令倅三郡。《与湖北张安抚启》有“叨把一麾，深惭共理”语，又有《鄂州上殿三札子》，则由郡倅知鄂州。《谢宰执启》有“方怀沟壑之虞，遽增幕府之数”语，《谢湖南帅启》有“四十年低徊州县，三万里奔走尘埃”语，则任满闲居，复充幕职。又有《次计幕诸友韵》诗、《谢岳漕启》，则终于岳州漕帅佐也。是集《宋志》不载，其原本卷帙不可考。今以《永乐大典》所载，裒为六卷。宋人奏议，多浮文妨要，动至万言，往往晦蚀其本意。善括所上诸札，率简洁切当，得论事之要。如论纷更之弊，纠赏罚之失，皆深中时弊。而永乐中修《历代名臣奏议》，乃不载其一字，未明何故。诗词多与洪迈、章甫唱和，而与辛弃疾酬赠尤多。其词气骏迈，亦复相似。观其《金陵有感》诗，有“谢安王导亦可罪，至今遂使南北分”句。其不满于湖山歌舞，文恬武嬉，意趣盖与弃疾等，固宜其相契也。（卷一六〇·集部·别集类一三，第1379页）

9.南昌【宋】释道璨:《柳塘外集》四卷浙江鲍士恭家藏本

宋释道璨撰。道璨字无文，姓陶氏，南昌人，咸淳间尝主饶州荐福寺。所著别有《语录》，故此以《外集》为名。释氏以佛典为内学，以儒书为外学也。其诗边幅颇狭，未能脱蔬笋之气。而短章绝句，能善用其短者，亦时有清致。如《题水墨草虫》、《陈了翁祠》、《和恕斋》、《濂溪书院》诸作，未尝不楚楚可观。沙中金屑，固亦不容捐弃矣。杂文中《送一侍者序》一首，乃为日本僧作。考《宋史·外国传》所载，自太宗时奝然入朝后，屡有倭僧奉贡。迄南渡不复见，仅纪其国舟飘至内境数事。至嘉泰三年以后，遂绝不复书。此序作于淳祐戊申，称其去国六年，一日东归，计其来日，当在淳祐三年。殆求法东来，非充贡使，故《史》不得而载之，非漏略也。集凡诗一卷，铭记一卷，序文、疏书一卷，塔铭、墓志、圹志、祭文一卷。宋以来诸家书目皆未著录。国朝康熙甲寅，释大雷始访得旧本，释元宏灯岱因为校正锓版。书虽晚出，而核其格意，确为宋末"江湖之体"，不缘赝造。考吴师道《礼部诗话》，已载其《题苏堂竹》一首，则宋代实有其人。疑当时名不甚著，仅彼教自相传录，故阅数百年始见于世云。（卷一六五·集部·别集类一八，第1411页）

10.南昌【宋】石孝友:《金谷遗音》一卷安徽巡抚采进本

宋石孝友撰。孝友字次仲，南昌人，乾道中进士。其著作世不多见。《钓台集》载其七言绝句一首，亦无可采录。其词则至今犹传。《书录解题》载孝友《金谷遗音》一卷，与此本合。其词长调以端庄为主，小令以轻倩为工。而长调类多献谀之作，小令亦间近于俚俗。毛晋跋黄机词，恨《草堂诗余》不载机及孝友一篇。跋孝友词又独称其《茶瓶儿》、《惜奴娇》诸篇为轻倩纤艳。今考《茶瓶儿》结句云："而今若没些儿事，却枉了做人一世。"《惜奴娇》前一阕云："我已多情，更撞著多情底你。"后一阕云："冤家，你教我如何割舍？冤家，休直待教人咒骂！"直是市井俚谈。而晋乃特激赏之，反置其佳者于不论。其为颠倒，更在《草堂诗余》下矣。又杨慎《词品》极称孝友多丽一阕，此集不载。详考其词，乃张翥所作。慎偶误记，今附辨于此，不复据以补入焉。（卷二〇〇·集部·词曲类存目，第1830页）

11.南昌【元】熊良辅（1310—1380）：《周易本义集成》十二卷两江总督采进本

元熊良辅撰。良辅字任重，号梅边，南昌人。延祐四年尝领乡荐，其仕履未详，是书前有良辅自序，称“丁巳以《易》贡，同志信其僭说，闵其久勤，出工费锓梓。”丁巳即延祐四年。元举乡试始于延祐甲寅，是科其第二举也。考《元史·选举志》，是时条制，汉人、南人试经疑二道、经义一道，《易》用程氏、朱氏，而亦兼用古注疏。不似明代之制，惟限以程朱，后并祧程而专尊朱。故其书大旨虽主于羽翼《本义》，而与《本义》异者亦颇多也。黄虞稷《千顷堂书目》称良辅是书外有《易传集疏》，不传。考《易传集疏》，元熊凯撰。《江西通志》载：“凯字舜夫，南昌人，以明经开塾四十年，时称遥溪先生，同邑熊良辅受业焉。”良辅序中亦称受《易》于遥溪熊氏，与《通志》合。截然两人、两书。虞稷以同姓、同里、同时，遂误合为一耳。（卷四·经部·易类四，第24—25页）

12.南昌【元】毛应龙：《周官集传》十六卷永乐大典本

元毛应龙撰。案张萱《内阁书目》称“应龙字介石，豫章人。大德间尝官澧州教授”，而江西志乘俱轶其名，始末已不可详考矣。是书于诸家训释，引据颇博，而于郑锷之《解义》、徐氏之《音辨》及欧阳谦之之说，所采尤多。其自出己意者，则题“应龙曰”以别之。其中有沿袭误说、未考古义者。如《钟师》“掌金奏，以钟鼓奏《九夏》”，杜子春、郑康成皆以“九夏”为乐曲，而应龙独引欧阳谦之说，谓“《左传·襄四年》曰：‘金奏《肆夏》之三，工歌《文王》之三。’《文王》而曰工歌，是有诗而可歌者也。《肆夏》而曰金奏，是徒有其声，可以金奏而无诗可歌明矣”。今考孔颖达《左传疏》云：“作乐先击钟，故称金奏。此晋人作乐先歌《肆夏》，《肆夏》是作乐之初，故于《肆夏》言金奏也。次工歌《文王》，乐已先作，非复以金为始，故言工歌也。”其说足与郑注相发明。如以《九夏》之文统“金奏”之下，即以为非乐曲，则《钟师》又有“凡射，王奏《驺虞》，诸侯奏《貍首》，卿大夫奏《采蘋》，士奏《采蘩》”之文贯于“金奏”下，岂亦均非乐曲乎？又《甸祝》“禂牲禂马”，郑注：“禂读如伏诛之诛，今侏大字也。为牲祭求肥充，为马祭求肥健也。”应龙亦主谦之说，谓：“禂，稠也，祷牲稠盛也。”以康成改读为非。考禂、侏二字古音本通，非康成改读。扬雄《国三老箴》“负乘覆餗，奸宄侏张”，《晋书·慕容垂载记》苻坚报书曰“侏张幽显”，《魏书·恩倖传》“侏张不已”，《北齐书·源彪传》“吴贼侏张”，侏张即诪张。侏与诪，犹侏与裯，音同故义借，安得指为康成改读乎？又《栗氏》为鬴，应龙引郑锷之说曰：“《晏子》谓六斗四升为鬴，《管子》谓百升而成釜，康成则谓四升曰豆，四豆曰区，四区曰釜，为六斗四升。以下文观之，其臀一寸，其实一豆。豆当为斗釜之臀，一寸而容一斗，则釜之内方一尺而容十斗，无可疑者。十斗则百升，正管仲所谓釜也。康成谓四升曰豆，每四而加，故区至釜而六斗四升。彼殊不考之于《梓人》也。梓人为饮器，爵一升，觚三升。献以爵而酬以觚，一献而三酬，则一豆矣。夫一献则一升矣，三酬则九升也。以一合九，非十升为豆而何？而康成谓四升为豆，失之矣。”今考康成谓鬴六斗四升，实据经文方尺、深尺以粟米法算之，盖粟米法方一尺、深一尺六寸二分乃容一石。锷以鬴容一石，则是鬴方尺深尺六寸二分矣，其何以解于经文方尺、深尺耶？《管子·海王篇》：“盐百升而釜。”房玄龄注谓：“盐十二两七铢一黍十分之一为升，当米六合四勺。百升之盐，七十六斤十二两十七铢、二累为釜，当米六斗四升。”则是《海王篇》百升之釜，乃实百升之盐，非实百升之粟也。今锷以《管子》量盐之鬴为《栗氏》量粟之鬴，比拟已为不伦。至于康成注《梓人》，以豆为斗，实以豆止四升，不及一献三酬之数。锷误以豆为饮器，遂牵合十升之文，反诋改豆为斗之非。不知古以斗饮，不以豆饮。《诗·行苇篇》毛传曰：“大斗长三尺。”《战国策》曰：“令工人作为金斗，长其尾，与代王饮，即因反斗击之。”此斗为饮器之证也。《越语》曰：“觞酒豆肉。”《韩子·外储篇》曰：“取一豆肉。”是豆实食器，而非饮器之证也。又安得引《梓人》之文为《管子》之旁证乎？诸如此类，皆未免胶执旧文，疏于考核。至于冕服车旗之度、庙祧昭穆之制、《司尊彝》之六尊六彝、《司几筵》之五几五席、方弓义弓之异名、正岁正月之并用，条列引证，颇为明晰。宋以来诸家散佚之说，尚因是以存其崖略。则蒐辑之功，固亦非甚少矣。其书诸家著录，皆云二十四卷。今散见于《永乐大典》者，《地官》、《夏官》适当阙帙。其余四官，首尾颇为完具。谨录为十六卷，以一官四卷，共得二十四卷，计之仍其旧第也。应龙所著，别有《周官或问》五卷，在《集传》之外。《永乐大典》割附《集传》之后。其存者仅《天官》十九条、《春官》十四条、《秋官》、《冬官》各一条，篇幅寥寥，不能别成一帙。今仍附于各传下，既免以畸零散佚，且使一家之说互相参证，亦足以资发明焉。（卷一九·经部·礼类一，第153—154页）

13.南昌【元】释大䜣:《蒲室集》十五卷浙江汪启淑家藏本

元释大䜣撰。大䜣字笑隐，南昌陈氏子。居杭之凤山，迁中天竺。又主建康集庆寺。是集诗六卷，文九卷。前有《虞集序》，谓其如洞庭之野，众乐并作，铿宏轩昂，蛟龙起跃，物怪屏走，沉冥发兴。至于名教节义，则感厉奋激，老于文学者不能过。虽称之少溢其量，然其五言古诗，实足揖让于士大夫间，余体亦不含蔬笋之气，在僧诗中犹属雅音。又文宗入继大统，改建康潜邸为集庆寺，特起大䜣居之，授大中大夫。故虽隶缁流，颇谙朝廷掌故。若所著《王可毅尚书历任记》，证以《元史·文宗本纪》，皆相符合。惟《本纪》谓至治元年五月中政使耀珠原作咬住，今改正，告托欢彻尔原作脱欢察儿，今改正等交通亲王，于是出文宗居海南。而是《记》则谓至治二年谗慝构祸，文宗迁海南，与《本纪》相差一年。或传写误“元”为“二”，故与《史》异耶？集中多与赵孟頫、柯九思、萨都拉原作萨都剌，今改正、高彦敬、虞集、马臻、张翥、李孝光往来之作。而第九卷中《杭州路金刚显教院记》、第十二卷《金陵天禧讲寺佛光大师德公塔铭》，并注曰“代赵魏公作”，则孟頫亦尝假手于大䜣，知非俗僧矣。（卷一六七·集部·别集类二〇，第1436—1437页）

14.南昌【元】左克明:《古乐府》十卷浙江汪启淑家藏本

元左克明编。克明自称豫章人，其始末未详。自序题至正丙戌，则顺帝时也。是书录古乐府词，分为八类。曰古歌谣、曰鼓吹曲、曰横吹曲、曰相和曲、曰清商曲、曰舞曲、曰琴曲、曰杂曲。自序谓：冠以“古歌谣词”者，贵其发乎自然。终以“杂曲”者，著其渐流于新声。又谓：风化日移，繁音日滋，惧乎此声之不作也，故不自量度，推本三代而上，下止陈、隋，截然独以为宗，虽获罪世之君子，无所逃焉云云。当元之季，杨维桢以工为乐府倾动一时，其体务造恢奇，无复旧格。克明此论，其为维桢而发乎？考宋郭茂倩先有《乐府诗集》，所录止于唐末，极为赅备。克明此集，似乎床上之床。然考李孝光刻《乐府诗集序》，称其书岁久将弗传。至元六年，济南彭叔仪始得本校刻，是郭书刊版之时，仅在克明成书前六年。其版又在济南，距江西颇远，则编此集时，当未必见郭书，非相蹈袭。且郭书务穷其流，故所收颇滥。如薛道衡《昔昔盐》凡二十句，唐赵嘏每句赋诗一首，此殆如“春官”程试，摘句命题，本无关于乐府，乃列之薛诗之后，未免不伦。此集务溯其源，故所重在于古题古词，而变体拟作，则去取颇慎，其用意亦迥不同也。每类各有小序，核其词气，确为克明自作，其题下夹注，则多摭《乐府诗集》之文，《紫玉歌》条下，并明标《乐府诗集》字。今考其《临高台》条下，引刘履《风雅翼》之说，尚与克明相去不远。至《紫骝马》条下，引冯惟讷《诗纪》之说，则嘉靖中书，元人何自见之？其由明人重刻，臆为窜入明矣。又冯舒校《玉台新咏》，于《焦仲卿妻诗》“守节情不移”句下，注曰：案活本杨本此句下有“贱妾留空房，相见常日稀”二句，检郭、左二《乐府》并无之。今考此本，乃已有此二句，知正文亦为重刻所改，不止私增其解题矣。然元刻今未之见，无由互校刊除，姑仍明刻录之，而附订其谬如右。（卷一八八·集部·总集类三，第1710页）

15.南昌【明】涂宗濬:《续书斋易义虚裁》八卷浙江巡抚采进本

明涂宗濬撰。宗濬字镜原，南昌人。万历癸未进士。官至兵部尚书。谥恭襄。是编用注疏本，汇前儒之说以作解。大旨依傍程朱《传》、《义》，而亦时有所纠正。如《坤》六五一爻，驳程子女娲、武后之说是也。所说颇洁净，而随文生义，罕所发明。其首列易图，以《河图》作《旋毛》，《洛书》作《拆甲》，盖本吴澄之说，非所臆造。然澄说实臆造也。（卷八·经部·易类存目二，第59页）

16.南昌【明】章潢（1527—1608）:《周易象义》十卷江苏巡抚采进本

明章潢撰。潢字本清，南昌人。万历乙巳以荐授顺天府学训导。时年已七十九，不能赴官，诏用陈献章例，官给月米。后至八十二岁，终于家。《明史·儒林传》附载《邓元锡传》末。是书主于言象，故引张行成说以驳晁公武主理之论。大抵以《汉上易传》为椎轮，杂引虞翻、荀爽九家《易》及李鼎祚、郑汝谐、林栗、项安世、冯椅、徐大为、吕朴卿诸家，而参以己意。其取象之例甚多，约其大旨，不出本体、互体、伏体三者。虽多本古法，而推衍颇为繁碎，未能一一尽得经义也。（卷八·经部·易类

存目二，第62页）

17.南昌【明】章潢:《图书编》一百二十七卷河南巡抚采进本

明章潢撰。潢有《周易象义》，已著录。是编取左图右书之意，凡诸书有图可考者皆汇辑而为之说。一卷至十五卷为经义，十六卷至二十八卷为象纬历算，二十九卷至六十七卷为地理，六十八卷至一百二十五卷为人道，一百二十六卷为易象类编，一百二十七卷为学诗多识，此二卷与图谱无涉，别缀于末，盖《玉海》附录诸书例也。其门人万尚前序，称是编肇于嘉靖壬戌，成于万历丁丑。考潢年谱，乃称万历五年丁丑论世编成，又称万历十三年乙酉出《图书编》与邓元锡《函史》相证。然则初名《论世编》，后乃改此名矣。明人图谱之学，惟此编与王圻《三才图会》号为巨帙。然圻书门目琐屑，排纂冗杂，下至弈棋牙牌之类，无所不收，不及潢书之体要。其所系诸说，亦皆捃摭残剩，未晰源流。甚至军器类中所列鞭、锏二图，称鞭为尉迟敬德所用，锏为秦叔宝所用，杂采齐东之语，漫无考证，亦不及潢书之引据古今，详赅本末。虽儒生之见，持论或涉迂拘，然采摭繁富，条理分明。浩博之中，取其精粹。于博物之资，经世之用，亦未尝无百一之裨焉。（卷一三六·子部·类书类二，第1155—1156页）

18.南昌【明】陈以蕴:《毛诗说》四卷浙江巡抚采进本

明陈以蕴撰。以蕴字仲宣，南昌人。万历己酉举人。是书成于崇祯癸酉。前有以蕴自序，大旨谓小序固陋浅拙，词必征之事，事必实之人，往往不得其义，则概谓之刺君，非得卜子夏之传者。又以朱子《集传》袒夹漈而诋毛传，亦未尽《孟子》说《诗》之法。然观编中所言，乃似坊选诗集之批语。即朱子《集传》亦尚非以蕴所可议，无论小序矣。（卷一七·经部·诗类存目一，第141页）

19.南昌【明】万时华:《诗经偶笺》十三卷江西巡抚采进本

明万时华撰。时华字茂先，南昌人。是编成于崇祯癸酉。大旨宗《孟子》“以意逆志”之说，而扫除训诂之胶固，颇足破腐儒之陋。然《诗》道至大而至深，未可以才士聪明测其涯际，况于以竟陵之门径掉弄笔墨，以一知半解训诂古经？其自序有曰“今之君子知《诗》之为经，不知《诗》之为诗，一蔽也。谢太傅尝问诸从《毛诗》何句最佳，遏以‘杨柳依依’对，公所赏乃在‘訏谟定命，远犹辰告’。谭友夏亦言读《诗》不能使《国风》与《雅》、《颂》同趣，且觉《雅》、《颂》更于《国风》有味。易入处便入，终是读书者之病。今之君子少此玄致，二蔽也”云云，盖钟惺、谭元春诗派盛于明末，流弊所极，乃至以其法解经。《诗归》之贻害于学者，可谓酷矣。（卷一七·经部·诗类存目一，第143页）

20.南昌【明】魏显国:《历代相臣传》一百六十八卷直隶总督采进本

明魏显国撰。显国字汝忠，南昌人，隆庆丁卯举人。是书《明史·艺文志》著录，卷数与此本相合。大抵全钞史传原文，无所褒贬，亦无所考正。所叙历代相臣职名，如南朝制一条，以梁初罢相国置丞相，罢丞相置司徒，后又置相国，位列丞相上。不知置相国列丞相上乃陈制，非梁制。又谓唐魏征以秘书监参预朝政，始有“参议得失”、“参知政事”之名。不知其时先以吏部尚书杜淹参议朝政，故有是名。又谓开元以后宰相为盐铁、转运、延资库使，名尤不正。不知其时以宰相兼摄是官，非以是官为宰相。况其时太微宫使、太清宫使多以宰相兼之，不仅延资库使也。又以李光弼列于宰相。不知光弼为河中节度，惟加平章，不治政事，乃唐之使相。唐末节度加侍中、中书令、三公、三师者甚多，皆使相，非宰相。载于史志者甚详。元之参议中书省事，乃六曹管辖，官止四品，亦非宰相。故《元史·宰相表》不列是官。又元制三公非相职，故别立《三公三师表》。今俱列于宰相，舛讹既甚，挂漏尤多。至于各史《宰相列传》，或采或置，茫无义例，更未免疏脱矣。（卷六二·史部·传记类存目四，第556页）

21.南昌【明】魏显国:《儒林全传》二十卷浙江汪启淑家藏本

明魏显国撰。所录自孔子至元吴澄，皆采录前史，与《相臣传》同。（卷六二·史部·传记类存目四，第556页）

22.南昌【明】魏显国:《历代守令传》二十四卷两淮马裕家藏本

明魏显国撰。自宓不齐、仲由至刘秉直，为《历代循吏》二十一卷。又自郅都至敬羽，为《历代酷吏》三卷。于史传原文之外，间有所增，而亦多芜杂。（卷六二・史部・传记类存目四，第556—557页）

23.南昌【明】魏显国:《元相臣传》十二卷两淮盐政采进本

明魏显国撰。其书纪元代丞相自耶律楚材至布延巴哈原作普颜不花，今改正二十六人，各自为传，全袭《元史》之文，未尝别有搜讨。又前后凌乱脱误。如《元史・宰相表》载安图原作安童，今改正为右丞相，始世祖至元二年乙丑，讫于二十七年庚寅。布呼密原作不忽术，今改正为平章政事，始至元二十八年辛卯，讫成宗元贞二年丙申。是布呼密后于安童凡二十七年。此书列布呼密于安童前，殊为倒置。又如世祖庚申元年王文统、赵璧为平章政事，尤在史天泽诸人之前。其相业俱见本传，而此书均汰之。盖不特于正史之外无所征引，且于正史之中亦多所挂漏矣。（卷六二・史部・传记类存目四，第557页）

24.南昌【明】罗曰褧:《咸宾录》八卷浙江鲍士恭家藏本

明罗曰褧撰。曰褧字尚之，江西人①。是编刊于万历中。分列诸国之事，以东西南北为分。欲夸明代声教之远，故曰“咸宾”，其实多非朝贡之国。又叙事古今糅杂，标题人地混淆，亦颇无体例。（卷七八・史部・地理类存目七，第680页）

25.南昌【明】魏时亮（1529—1591）:《大儒学粹》九卷江西巡抚采进本

明魏时亮编。时亮字敬吾，南昌人。嘉靖已未进士，官至工部侍郎。事迹具《明史》本传。史称时亮初好交游，负意气；中遭挫抑，潜心性理。是书取周子、二程子、张子、朱子及陆九渊、薛瑄、陈献章、王守仁九家之言，人各为卷。大旨谓孔子之道，颜以敏悟，曾以鲁得，濂溪、明道、象山、白沙、阳明则颜子之入道可几焉，伊川、横渠、晦菴、敬轩则曾子之入道可几焉。要之，道无二，学无二，其所至亦无二也。盖主调停之说者。本

① 《明史》志第七十二（艺文一）：“罗曰褧，《雅余》八卷。”《明史》志第七十三（艺文二）：“罗曰褧，《咸宾录》八卷。”不具籍贯。曹寅编撰《楝亭书目》卷二云：《咸宾录》，明豫章罗曰褧著，八卷四册。疑即南昌人。

传称其官兵科给事中时，请以薛瑄、陈献章、王守仁并从祀文庙，犹是志也。（卷九六·子部·儒家类存目二，第814页）

26.南昌【明】胡俨（1361—1443）:《颐庵文选》二卷两淮盐政采进本

明胡俨撰。俨字若思，南昌人。洪武末以举人授华亭教谕，永乐初擢翰林院检讨，与解缙等同直内阁，迁国子祭酒。洪熙元年加太子宾客，致仕。家居二十年而卒。事迹具《明史》本传。史称俨少嗜学，于象纬、占候、律筭、医卜之术无不通晓。又称是时海内混一垂五十年，公卿大夫彬彬多文学之士。俨馆阁宿儒，朝廷大著作多出其手。纂修《太祖实录》、《永乐大典》皆为总裁官。而以议论戆直，为同僚所不容。故久于国学，未能大用。其诗颇近江西一派，词旨高迈，寄托深远，与"三杨"之和平安雅者气象稍殊。文章则得法于熊钊，钊学于虞集，授受渊源，相承有自。故其气格高老，律度谨严，可以追踪作者，卓然为明初之一家。《明史·艺文志》载《颐庵集》本三十卷。此集诗文各止一卷，乃后人选本，非其全帙。然尝鼎一脔，亦足以知其概矣。（卷一七〇·集部·别集类二三，第1483页）

27.南昌【明】张元祯（1437—1506）:《东白集》二十四卷浙江孙仰曾家藏本

明张元祯撰。元祯五岁能诗，宁靖王召见，名之曰元征。巡抚韩雍为改今名，字廷祥，南昌人。天顺庚辰进士，官至吏部左侍郎，兼翰林院学士，掌詹事府。天启初追谥文裕。事迹具《明史》本传。是集凡诗文二十三卷，末卷则附录事实祭文。元祯以讲学为事。其在讲筵，请增讲《太极图》、《西铭》、《通书》。夫帝王之学，与儒者异，讵可舍治乱兴亡之戒而谈理气之本原？史称后辈姗笑其迂阔，殆非无因矣。其诗文朴遬无华，亦刻意摹拟宋儒，得其形似也。（卷一七五·集部·别集类存目二，第1559页）

28.南昌【明】余曰德:《余德甫集》十四卷江苏周厚堉家藏本

明余曰德撰。曰德初名应举，字德甫，南昌人。嘉靖庚戌进士，官至福建按察司副使。《明史·文苑传》附见《王世贞传》中。与魏裳、汪道昆、张佳允、张九一，所谓"嘉靖后五子"也。世贞称其诗，古近体无所不佳，近体独超，近体五七言无所不超，七言独妙。《静志居诗话》则谓其诗尚未见门户，元美冠诸后五子之首，未免阿其所好。今观是集，彝尊所论公矣。（卷一七八·集部·别集类存目五，第1597—1598页）

29.南昌【明】朱多颎:《古雪斋近稿》一卷浙江孙仰曾家藏本

明朱多颎撰。多颎字以昭，号斗斋，南昌人，宁藩裔也。在万历间，与李维桢、曹学佺等倡和，其诗修饰风调，流易有余，而短于精诣。（卷一八〇·集部·别集类存目七，第1625页）

30.南昌·新建；南昌【明】汤光烈、汤頀，艾璞（1451—1513）:《二麓正议》三卷浙江巡抚采进本

明汤光烈及其子頀所著也。光烈号西麓，新建人，官海丰县教谕。頀号小麓，尝受业于张元祯。元祯携之入都，欲荐于朝。会元祯卒，不果。光烈于正统时尝上《御戎》、《勤王》、《择官养民》、《开科取士》四疏；頀尝作《野史辨诬》，以纠李贤《天顺日录》之舛。其郡人艾璞合刊之①，名《二麓正议》，而以诗歌杂著及同时赠答之作，各附载于后。前有宏②治戊午张元祯序，盖刊于頀未北上之日也。光烈所作凡一卷，以《御戎疏》为冠。其第一条，欲于沿路多掘陷穽，架以二木，中置长锥，覆以草土，待敌自入。坑其一骑，则十骑错愕，坑其十骑，则百骑惊疑，坑其百骑，则万骑犹豫，自不敢长驱。殆毫不晓事之腐儒。頀所作凡二卷，其辨李贤诬景帝而谀英宗，是固不免。至于以夺门之功比之汤武征诛，又力为石亨辨冤，事事为之回护，以为社稷纯臣，功高受戮，乃韩信、岳飞之匹，则殊乖公论。考张元祯之学出于吴与弼，而頀之学出于元祯。或因亨尝荐与弼，以门户之故，感而修报欤？（卷一九一·集部·总集类存目一，第1741页）

31.南昌【明】李国祥:《古今濡削选章》四十卷江苏周厚堉家藏本

明李国祥编。国祥字休征，南昌人。天启中官开封府同知。是书选录四六书启，以官制为类。每类之首，载官制考一篇。所选上起六朝，下迄

---

① 《江西通志》（四库全书本）卷六十八：艾璞，字德润，南昌人。成化进士，授兵部主事，累官至副都御史。

② “宏”当为“弘”，避讳清高宗弘历。

宋、明，而宋、明尤详。国祥及其弟鼎作亦附焉。大抵为应酬而作，其体则总集，其实则类书也。（卷一九三·集部·总集类存目三，第1763页）

32.南昌【清】熊文登:《字辨》七卷安徽巡抚采进本

国朝熊文登撰。文登字于岸，南昌人。是书详辨字音、字义、字形，分为十门：一曰误写辨，二曰误读辨，三曰一字数音数义辨，四曰宜写古文奇字辨，五曰宜读经史真字辨，六曰形相类字辨，七曰声相类字辨，八曰形声相类字辨，九曰从今从古辨，十曰楷篆异体辨。皆从梅膺祚《字汇》分部。大意在纠俗学之误，反之于古。然不知古文，亦不知古音，遂至不古不今，进退无据。如谓回本作囘，不知篆文作回，本一笔旋转，若变而五笔，已非本义。谓册本作冊，不知篆文卌，本象以韦贯简，仅缩其一画，弥失真形。又如谓洚音降，又音红，不知东、江古本一音也。谓彭音朋，又音滂，不知庚、阳古亦一音也。至谓逍遥必当作消摇、伏羲必当作虙戏、渤海必作勃澥、踌躇必当作篙[①]著，皆见一古字之省文，遂谓凡书是字者无不当省，见一古字之假借，遂谓凡用是字者无不当借。所谓知其一不知其二者也，殆愈辨而愈远矣。（卷四三·经部·小学类存目一，第380页）

33.南昌【清】熊士伯:《古音正义》一卷江西巡抚采进本

国朝熊士伯撰。士伯字西牧，南昌人。官广昌县教谕。是书成于康熙丙子，又重订于戊寅。版心书首皆题“卷一”，似乎尚有别卷。而核其目录，已首尾完具，且附录三篇亦在焉，则刊版误也。是书所论，大抵以《说文》谐声为古音之原，以后世方言为古音之转，而以等韵经纬于其间。言之似乎成理，而其实不然。夫韵始谐声，其来古矣。然许慎《说文》主于解字，不主于辨声。所谓某字某声，不过约略近似。如“郓”今音“奴颠切”，而云“读若宁”，宁、年双声之转也。“虔”今音“渠焉切”，而云“读若矜”，矜、鳏古字之通也。此本不可据以定韵。且以今韵、古韵互相参考，其间有可解者，有不可解者。如“江、杠”，工声，此谐声之字已变，而所谐之字未变者也。“阄”，龟声，“波”，皮声，此谐声之字未变，而所谐之字已变者也龟古音邱，皮古音婆。

① 篙字模糊不清，此处拟写恐亦有误。

仪、议，义声，此谐声之字与所谐之字俱变者也义仪议古并音俄。祖，且声，姐，亦且声，此谐声之字与所谐之字俱半变半不变者也且字入虞韵，又入马韵。“诸、渚”，者声，“奢”，亦者声，此所谐之字全变，而谐声之字半变半不变者也者古音主，今韵诸、渚谐此声，而奢字则入麻韵。风、凤，凡声，汎[1]，亦凡声，此所谐之字不变，而谐声之字半变半不变者也。皆与今说古韵者绝不相异。又如“棤”，咎声，读若皓，此萧、肴、豪、尤之通用也。“魔”，麻声。此歌、麻之通用也。“哇”，圭声，读若医，此支、佳、齐之通用也。“魂”，云声，此文、元之通用也。“茜”，西声；“移”，多声：此古今音别、一字之通用者也西古音先、多古音夷。“槐”，鬼声；“遗”，贵声：此古无平仄、三声之通用者也。亦与今说古韵者绝不相异。凡此可以解者，何必待《说文》谐声而后知。若夫“衮”，公声；“辂、赂、路”，各声；“讦”，干声；“莙”，君声，而云读若威；“挚”，执声，而云读若晋：此已难解。至于“熊”为炎省声，“訇”为匀省声，“杏”为可省声，更茫不知其所云。甚至如“萆、椑”，卑声，“卑”又甲声，则“萆、椑”皆当读若甲。“飄”，需声，“需”又而声，则“飄”当读若而飄奴豆切，去而音绝远，更辗转至于不可通。凡此不可解者，或为传写讹误，或为汉时方音，均不可知，又岂可据以定古音哉？况经典初皆古文，许慎所说乃小篆，字体转变，或相同或不相同。如“慎”，真声，而古文作昚；“津”，𦘔声，而古文作𣶒；“续”，卖声，而古文作赓；“虹”，工声，而古文作蚺；囿，有声，而古文作圞：皆无可谐之声。即《说文》所载，已不可枚举，而欲据小篆偏旁以究三代之音，其亦左矣。至方言则唇吻之间，随时渐变，亦随地顿殊。其时同者其地未必同。刘熙《释名》所载天坦、天显之别，五方异呼之证也。其地同者其时又未必同。《左传》称楚谓乳曰“谷”、谓虎曰“于菟”，《谷梁传》称吴谓“善伊”、谓稻曰“缓”，狄谓贲泉曰“失台”。今验诸土俗，皆无一合。是古今异语之证也。偶执其一字、二字援以为证，则曾慥《类说》载真宗时闽人作赋，以“何”、“高”相叶，岭南人作诗，以先、添并押者，亦将曰宋韵如是乎？若夫等韵之辨，尤似是而非。考《隋书·经籍志》曰：“自后汉佛法行于中国，又得西域书，能以十四字贯一切音。文省而义广，谓之婆罗门书，与八体六字之义殊别。”是等韵久入中国，而审音者弗之用，唐以前无取以定

① 同“泛”。

韵者。自宋以后，其说渐行，乃以字母入韵书。实因韵而分等，非因等而定韵。古书所载，源委甚明。以等韵核今韵，已言人人殊。至以等韵定古韵，益本末倒置，全迷端绪矣。乃诋陈第《古音考》不知等韵，是犹怪断汉狱者不能引唐律也。大抵三代去今数千年，当日音声，但可以据经典有韵之文约其大略，犹之考地理者，可以据名山大川知某省当为古冀州、某省当为古扬州耳。必以今之州、县、村、堡犬牙相错之处定古某州之疆界，则万无是事矣。故士伯此书，引证愈博，辨驳愈巧，而不合于古法乃愈甚。总由于不揣其本故也。至谓经典皆北人所作，即屈、宋亦北学于中国，是以古无入声，如周德清之《中原音韵》摊入三声，则益为臆断之谈矣。（卷四四·经部·小学类存目二，第391—392页）

34.南昌【清】熊士伯:《等切元声》十卷江西巡抚采进本

国朝熊士伯撰。是编成于康熙癸未，又其讲明今韵之书也。案等韵之法，约三十六母为二十三行，排端精于一、四，知照于二、三。是以出切行韵，彼此轇轕。元刘鉴以类隔、交互等二十门法取字，后人咸遵其说。是书于等子门法颇有驳正。至内外八转、通广偈狭之类，辨论尤为详悉。然等韵之学，唯凭唇吻，虽精究此事者，不能不杂以方音，故彼亦一是非，此亦一是非。左右佩剑，相笑不休。自以为豪发无憾，而听之又未尝不别有说也。即如此书，内外以照二为限。内门二等，惟照有字，俱切入三等，所谓内转切三也。外门则牙、舌、唇、齿、喉二等俱有字，仍切二等，所谓外转切二也。内三外二门法，不过如此。然臻之开合二摄二等止照有字，何以谓之外转耶？通广偈狭等子，明列四门，而切法以三等切及第四为“通广”一门，四等切及第三为“偈狭”一门。此外又有“小通广偈狭”门，又有“通广偈狭不定”门。是门法与等子互异也。又谓知、彻、澄同照、穿、床，泥同娘，敷同非，皆可省。按照、穿、床系齿音，知、彻、澄系舌音。士伯云庄之与章，是照与照别，非与知有异。不知章与张自别，惟《中原音韵》中钟、追、锥之类，皆不分别，不可以律等子也。然则泥、娘以上下等为别，非、敷以清浊之次为别，又安可废乎？独其于双声、叠韵及《五音九弄反纽图》，剖析微至，足证前人之误，为不可没耳。（卷四四·经部·小学类存目二，第392页）

35.南昌【清】陈允衡（？—1673）：《古人几部》六卷两江总督采进本

国朝陈允衡撰。允衡字伯玑，南昌人[①]。是书所录，皆明哲保身之士与急流勇退之人。允衡自序云：平湖陆叔度著《古人几部》，始管夷吾，终史天泽，凡八十一人。古之成大功，定大策者咸在焉。而其人亦有功成而身死，名立而毁至者。定是不变，无以语权。因更集古人，颜曰几部。然其书首载尧、舜，以尧之传舜，舜之逃象，皆目为知几，亦浅之乎窥圣人矣。岂姑以寓防患之意，不规规于品题之当否耶？（卷六三·史部·传记类存目五，第565页）

36.南昌【清】陈允衡：《国雅初集》无卷数副都御史黄登贤家藏本

国朝陈允衡编。允衡有《古人几部》，已著录。是编选国初人诗。体例一仿明顾起纶之旧，故亦以国雅为名。自魏裔介以下凡五十余家。（卷一九四·集部·总集类存目四，第1771页）

37.南昌【清】蔡宪升：《闻见集》三卷江西巡抚采进本

国朝蔡宪陞撰。宪陞字江云，南昌人。是书皆纪明末杂事，其偶及明中叶者，仅谢榛、桑怿、徐渭等数条耳。所记多与史合，如刘綎之父显，本龚氏子，其祖岷养以为子，遂冒其姓，则史所未及也。然中亦有传闻失实之说，如云天启辛酉诸名士觞雪滕王阁，赋诗得滕字，一渔父往来阁下，若有所思。诸名士戏曰："尔能诗耶？"曰："公等吟咏，某适忆滕王蛱蝶图耳。"即朗吟其句"鸭鹅夜乱功收蔡，蛱蝶春深戏试滕"云云。是乃宋末吕徽之事，载于陶宗仪《辍耕录》中，但改易数字，即别撰一人，何其诬也。其云李贽官姚安时，以削发为上官所劾，下诏狱，与明末李自成陷扬州，亦均无其事。（卷一四三·子部·小说家类存目一，第1225页）

38.南昌【清】刘云峰：《梧江杂咏》一卷编修汪如藻家藏本

国朝刘云峰撰。云峰字秋冶，南昌人。是编取梧州风景、古迹，为竹枝词四十五首，各附注其下，亦颇详悉，然皆因仍地志之旧文，无所考辨。（卷

---

① 有云抚州南城人。李斗《扬州画舫录》卷十：陈允衡，字伯玑，建昌人。徐世昌主编《晚晴簃诗汇》卷十八：陈允衡，字伯玑，号玉渊，南昌人。

一八五·集部·别集类存目一二，第1679页）

39.南昌·青云谱区【元】汪大渊（1311—？）：《岛夷志略》一卷浙江范懋柱家天一阁藏本

元汪大渊撰。大渊字焕章，南昌人。至正中，尝附贾舶浮海越数十国，纪所闻见成此书。今以明马观《瀛涯胜览》互勘，如观所称“占城之人顶三山金花冠，衣皆鞣采帨，产伽南香、观音竹、降真香之属。瓜哇之厮村、沽滩新村、苏马鲁隘、港口诸处，风俗各异。又其国人有三等，其土产有白芝麻、绿豆、苏木、金刚子、白檀肉、豆蔻、䵹[1]筒、玳瑁、红绿鹦鹉之属，旧港有火鸡、神鹿之属”，皆为此书所未载。又所载《真腊风土记》亦仅十之四五。盖殊方绝域，偶一维舟，断不能周览无遗。所见各殊，则所记各别，不足异也。至云瓜哇即古阇婆，考《明史》，明太祖时瓜哇、阇婆二国并来贡，其二国国王之名亦不同。大渊并而为一，则传闻之误矣。然诸史外国列传，秉笔之人皆未尝身历其地，即赵汝适《诸蕃志》之类，亦多得于市舶之口传。大渊此书则皆亲历而手记之，究非空谈无征者比。故所记罗卫、罗斛、针路诸国，大半为史所不载。又于诸国山川、险要、方域、疆里一一记述，即载于史者亦不及所言之详，录之亦足资考证也。考黄虞稷《千顷堂书目》及焦竑《国史经籍志》皆不载是书，唯钱曾《读书敏求记》载之，称为元人旧钞本。则此书久无刊版，传播殊稀。又称至正年间河东张翥、三山吴鉴为之序。今考此本，二人之序俱存。然吴鉴序乃有二篇，前一篇题至正己丑，乃此书原序，后一篇题至正十一年，在前序后二年，乃所作《清源续志》之序，误入此书。盖吴鉴修志之时，以泉州为海道所通，贾船所聚，因附刊此书于志末，摘录者并志序钞之也。又有嘉靖戊申袁袠跋，颇议其漏载日本。盖未悉大渊此书，惟纪所见，非海国全志云。（卷七一·史部·地理类四，第631—632页）

40.南昌·新建【宋】裘万顷（？—1219）：《竹斋诗集》三卷、《附录》一卷两淮马裕家藏本

宋裘万顷撰。万顷字元量，新建人。淳熙十四年进士，历官大理寺司

① “䵹”疑当为“龜”，即“龟”字。

直。请外任，添差江西抚干。杨简志其墓，以默识称之。陈宏绪《寒夜录》称万顷在当时，与胡桐原、万澹庵、徐竹堂往来倡和，号为四杰。今三人俱已湮没，惟万顷集存。刘克庄《后村集》有《裘元量司直诗跋》，称其“标致高胜，有颜氏之臞，龚生之洁”。又称“其犹子南昌理掾应材《携竹斋遗墨》古律诗三首，其季元龄又手录四十二首，其言若近而远，若淡而深。近而淡者可能，远而深者不可能。为人自贵重，耻表襮，惟诗亦然。世知竹斋者多，而见其诗者绝少。理掾盍鋟诸梓，与同志共之”云云。则元量之诗，克庄时尚无专集。此本为康熙己丑其裔孙锦县知县奏所刊。凡诗三卷，末一卷附录诰敕志铭，不知何人所编。近时工部尚书裘曰修又重刊之，曰修亦万顷裔也。其诗虽风骨未高，而清婉有余，不染江湖之滥派。赵与虤《娱书堂诗话》尝称其《归兴》一篇，又称其初官乐平印曹，与洪迈诗篇往来，迈最推其“云归青嶂雨初歇，花卧碧苔春已休”之句云。（卷一六一·集部·别集类一四，第1387—1388页）

41.南昌·新建【明】万尚烈：《四书测》六卷内府藏本

明万尚烈撰。尚烈字思文，南昌人。是书首有万历辛亥自序。于《大学》、《中庸》独尊古本，而议论宗旨则全入异端。如解“季路问事鬼神”章，专取释氏轮回因果之说以释圣言，驳杂已甚。其尤诞者，如“原壤夷俟”乃取其母死而歌为喜死者之得所，而非放乎礼法之外。盖姚江末流，其弊每至于此，不但李贽诸人彰彰耳目者然也。（卷三七·经部·四书类存目，第312页）

42.南昌·新建【明】张位（1538—1605）：《问奇集》一卷两江总督采进本

明张位撰。位字明成，新建人。隆庆戊辰进士，官至吏部尚书，武英殿大学士。事迹具《明史》本传。是书考论诸字形声训诂，分十九门：一六书大义，一三十六字母，一早梅诗切字例，一好雨诗切字例，一辨声音要诀，一辨五音诀，一四声三声例，一分毫字辨，一误读诸字，一奇字考，一假借圈发字音，一画同音异旧不旁发诸字，一音义同而书画异诸字，一音义异而可通用诸字，一一字数音例，一误习已久难改字音并正韵不载诸字，一相近字音，一各地乡音。辨论颇详，而不免弇陋。如合并字母，已非古法。所用直音，如龟音圭、冰音兵之类，并部分不辨。又如倒景之景即影本字，而误云音影。虹即虹之别体，而误云音虹。李阳冰之名出木华《海赋》，而泥于所篆之碑，自书为冰，误云音佞。甚至“台骀”误音胡荅，而注曰：“《左传》人名。”考《左传》子产称“台骀，汾神”，《注》无胡荅之音。又“臧之狐裘败我于狐骀”，《注》云：“骀，音诒”，亦无荅音。惟《檀弓》引之，作“败于台骀”，虽《注》云台音壶，又非《左传》人名，殊为剌谬。如此之类，不可毛举，不足以言小学也。（卷四三·经部·小学类存目一，第375页）

43.南昌·新建 【明】张位：《词林典故》一卷、附《翰苑须知》一卷 浙江巡抚采进本

明张位撰。位有《问奇集》，已著录。此乃其官翰林学士时所辑词馆通行典例。自经筵日讲以迄舆从服色，凡分三十二门。《翰苑须知》则庶常馆规及俸禄钱粮数目。当时刊版置院中，入馆者人给一册。然率据案牍原文，不加润饰，往往鄙俚可笑，不足以继《翰林志》、《翰苑群书》后也。乾隆十有二年，我皇上嘉惠词垣，征求文献，特命辑《词林典故》一书，本末源流，粲然具备。木天佳话，荣冠古今。是编残阙之余，盖不足以为典据，今姑附存其目焉。（卷八〇·史部·职官类存目，第690页）

44.南昌·新建 【明】张位：《警心类编》四卷 江苏巡抚采进本

明张位撰。位有《问奇集》，已著录。是书乃其罢相后所辑，故多老氏谦退之旨，佛氏因果之谈。（卷一三一·子部·杂家类存目八，第1121页）

45.南昌·新建 【明】张位：《周易参同契注解》三卷 江苏周厚堉家藏本

明张位撰。位有《问奇集》，已著录。是书章次，一依陈致虚本而别为之注。大抵参取诸家之说，以己意发明之。其震庚、兑丁诸图，及上、下弦诸图，则皆位所补入也。（卷一四七·子部·道家类存目，第1257页）

46.南昌·新建 【明】张位：《悟真篇注解》三卷 江苏周厚堉家藏本

明张位注。位有《问奇集》，已著录。是编前有位序，谓《悟真篇》自叶文叔著外传，紊乱真经，使学者愈增惑误。故分此书为三，而又撰直指、详

说、三乘秘要诸论，附于卷末。（卷一四七·子部·道家类存目，第1264页）

47.南昌·新建【明】张位：《闲云馆集钞》六卷两江总督采进本

明张位撰。位有《问奇集》，已著录。是集据于慎行原序，有内外二编，今本乃其从子希载所选录，故名《集钞》。每篇具缀评语，皆希载所为。《明史》称，位当神宗并封三王，遽请笃修交泰，早兆高禖，及疏荐杨镐，依违矿税诸事。其疏稿是集皆不载，盖希载讳而删之也。又史称位谥文庄，而此集皆称文端，则未喻其故矣。集刻于康熙九年，而首有黎元宽序，盖明末编订之时，元宽尚在云。（卷一七九·集部·别集类存目六，第1610页）

48.南昌·新建；萍乡·莲花【明】喻均、刘元卿（1544—1609）：《江右名贤编》二卷浙江巡抚采进本

明喻均、刘元卿同撰。均，新建人，隆庆戊辰进士，官至按察使副使。元卿有《易大象观》，已著录。万历中，巡按江西御史临清陈大夔议修通志。因先欲辑《名贤》一门，属均与元卿司其事。分《名臣》、《节义》、《理学》、《忠谏》、《方正》、《清介》、《隐逸》、《儒行》、《治功》、《文学》、《孝友》十一目。所纪凡二百四十有八人。门类太多，颇涉琐碎。又所载有明一代人物，尤为泛滥。前有巡抚都御史边维垣及大夔序，后有元卿序；元卿谓理一而已，安得纷纷区目？则知分目冗复，出于均意，即元卿亦心非之矣。（卷六二·史部·传记类存目四，第558页）

49.南昌·新建【明】李士实（1443—1519）：《世史积疑》二卷浙江范懋柱家天一阁藏本

旧题元李士实撰。前有自序，称至正七年壬申三月朔书。案，至正七年岁在乙亥，非壬申，与史不合。而元代亦未闻有李士实，惟明有新建李士实，成化丙戌进士，官至右都御史，致仕。正德间宁王宸濠图不轨，引之同谋。事起时，以士实与举人刘养正为左右丞相。宸濠就擒，士实并伏法。事见《明史》。而正德七年正值壬申，与此书序内纪年适合。屠隆《考槃余事》又称，士实有善书名，而此本内自书序文，笔势颇雄放，亦足相证其为明李士实所撰无疑。书首有衡山及天籁阁印记，乃文徵明、项元汴两家旧本。此必在当时以士实为党逆叛臣，嫌于私存其著作，故改窜纪年以掩其

迹，而后来著录者遂误以为元人也。其书采摘史事，分条立说，迄于东汉之末而止。以丧心从乱之人，而妄议古今，其说盖不足深论矣。（卷八九·史部·史评类存目一，第760页）

50.南昌·新建【明】魏良弼（1492—1575）：《水洲文集》四卷两江总督采进本

明魏良弼撰。良弼字师说，别号水洲，新建人。嘉靖癸未进士，官至礼科都给事中，以劾张璁为所中，削籍归。隆庆初，即家晋太常寺少卿致仕。天启初，追谥忠简。事迹具《明史》本传。是集为南昌刘曰宁所删订，丰城熊剑化为刻于华亭。据其原目，凡《奏议》、《书简》、《语录》、《撰述》、《诗赋》等五卷，附录《碑记》、《行略》一卷。此本佚其第三卷之《语录》与其第四卷之《撰述》，仅存四卷，非完帙矣。原序称其学为阳明高弟，建言受杖者三。今疏稿具载一二卷中，盖亦刚直之士，词章则非所长也。（卷一七七·集部·别集类存目四，第1582页）

51.南昌·新建【明】吴桂芳（1521—1578）：《师暇裒言》十二卷浙江孙仰曾家藏本

明吴桂芳撰。桂芳字子实，新建人。嘉靖甲辰进士，官至工部尚书。事迹具《明史》本传。是集乃其总督两广时所自编，时方御倭，故题曰《师暇裒言》。其文平正通达，无钩章棘句之习，而亦无警策。盖犹沿台阁旧体，诗力摹唐调，亦颇宏敞，而有学步太甚者。如陈子昂有“王师非乐战，之子慎佳兵”句，桂芳送张玉亭虑囚淮上，袭用其调曰：“王仁非好杀，之子慎祥刑。”非所谓拟议变化之道也。（卷一七七·集部·别集类存目四，第1594页）

52.南昌·新建【明】邓以赞（1542—1599）：《文洁集》四卷江西巡抚采进本

明邓以赞撰。以赞字定宇，新建人。隆庆辛未进士，官至吏部侍郎，谥文洁。事迹具《明史·儒林传》。以赞早以孝行闻，晚退居西山三十年，以清介为世所重，而无所著述。此本乃吉水邹元标蒐辑于断简散帙之中，宜兴吴达可为之付梓。其讲学语仅存数则，余不过奏疏三首与书序、记、传诸应酬之文耳。中附诗数十首，尤非所长也。（卷一七九·集部·别集类存目六，第1611页）

53.南昌·新建；南昌 【明】汤光烈、汤頀，艾璞1451—1513:《二麓正议》三卷浙江巡抚采进本

明汤光烈及其子頀所著也。光烈号西麓，新建人，官海丰县教谕。頀号小麓，尝受业于张元祯。元祯携之入都，欲荐于朝。会元祯卒，不果。光烈于正统时尝上《御戎》、《勤王》、《择官养民》、《开科取士》四疏；頀尝作《野史辨诬》，以纠李贤《天顺日录》之舛。其郡人艾璞合刊之[1]，名《二麓正议》，而以诗歌杂著及同时赠答之作，各附载于后。前有宏[2]治戊午张元祯序，盖刊于頀未北上之日也。光烈所作凡一卷，以《御戎疏》为冠。其第一条，欲于沿路多掘陷穽，架以二木，中置长锥，覆以草土，待敌自入。坑其一骑，则十骑错愕，坑其十骑，则百骑惊疑，坑其百骑，则万骑犹豫，自不敢长驱。殆毫不晓事之腐儒。頀所作凡二卷，其辨李贤诬景帝而谀英宗，是固不免。至于以夺门之功比之汤武征诛，又力为石亨辨冤，事事为之回护，以为社稷纯臣，功高受戮，乃韩信、岳飞之匹，则殊乖公论。考张元祯之学出于吴与弼，而頀之学出于元祯。或因亨尝荐与弼，以门户之故，感而修报欤？（卷一九一·集部·总集类存目一，第1741页）

54.南昌·新建【清】刘斯组:《周易拨易堂解》二十卷江苏巡抚采进本

国朝刘斯组撰。斯组字斗田，新建人。雍正甲辰举人，官杞县知县。是书前有《记略》，载梓此书时，其壻梦二童歌诗曰："不、不、不，九六乾坤七四执。黄农非古世非今，理数瓜分一太极。"又载著是书时，其侄梦阁上有朱题"拨易阁"三字，因以为名。其事颇涉幻杳，似乎故神其说。又谓"拨"字有发挥三才之义，不知《说文》"拨"字在手部，篆作𢫦，隶省作扌，非从才也。其书首二卷皆图说，大抵因旧解而曼衍之。又谓《论语》、《中庸》皆通于《易》，即陈际泰群经辅《易》说之意。夫《六经》一贯，理无不通。至于才辨纵横，随心牵引。如解"飞龙在天"曰："此则唐人所谓龙池跃龙，龙已飞矣。入天门，开黄道，艮阙亦具爻内。读《易》

---

① 《江西通志》（四库全书本）卷六十八：艾璞，字德润，南昌人。成化进士，授兵部主事，累官至副都御史。

② "宏"当为"弘"，避讳清高宗弘历。

方解诗中写龙德特全。”是岂诂经之体耶？（卷一〇·经部·易类存目四，第81页）

55.南昌·新建【清】刘斯组：《太玄别训》五卷两江总督采进本

国朝刘斯组撰。斯组有《拨易堂易解》，已著录。是编解释扬雄《太玄》，各以韵语发挥其义，意欲以奥崛配雄。然原书词意艰深，所以待注。注又僻涩，使人不解，是亦何取于注乎？（卷一一〇·子部·术数类存目一，第932页）

56.南昌·新建【清】朱用行：《大易合参讲义》十卷江西巡抚采进本

国朝朱用行撰。用行字翼承，新建人。是书大旨以朱子为主。首列《本义》，而以《正义》、《析义》次之。正义以阐朱子之旨，《析义》则兼采他说。又以象数不可竟废，间采瞿塘来知德之说，补于《析义》之后。大抵循文推衍，未能深造自得也。（卷一〇·经部·易类存目四，第83页）

57.南昌·新建【清】徐世溥（1608—1657）：《夏小正解》一卷江西巡抚采进本

国朝徐世溥撰。世溥字巨源，新建人。前明诸生。是编总题曰《榆墩集选》，盖其集中之一卷也。其注“鸣蜮”曰：“凡释者贵以迩言土名通之。释扎以宁县，释蜮以屈造，是犹释荇菜以接余，弥令人不可解矣。”其注“匽之兴，五日翕，望乃伏”曰：“六字以为夏五可也。”是亦不务奥僻，不尚穿凿之旨。然注“爽死”以为爽鸠祭鸟，恐古文虽奥，不至此。解“俊风”为俊美之风，是又未考《尚书大传》“时有俊风，俊者大也”之文，而以意解之矣。（卷二四·经部·礼类存目二，第199页）

58.南昌·新建【清】徐世溥：《韵蕞》一卷江苏巡抚采进本

国朝徐世溥撰。世溥有《夏小正解》，已著录。此其所著韵书。前有自序，其所谓华严字母如曲涧泉行，诸韵递及如九历重阶，四声顺次如司天刻漏，经世交切如机中织锦。后复为图以释之，所见未尝不合。至其论韵，则以《洪武正韵》为主，而于《广韵》似未寓目，第执今所行《平水韵》以上下古今之韵学，隘矣。又欲于三十六母影、喻之外增以乌、汪等母，与其辨上、下平之说，大抵皆师心自用之学也。（卷四四·经部·小学类存目二，第390页）

59.南昌·新建【清】徐世溥:《榆墩集选文》九卷、《诗》二卷江西巡抚采进本

国朝徐世溥撰。世溥有《夏小正解》，已著录。是集前有熊人霖序，称仅存十之一，盖选本也。中间《诸葛武侯无成论》一篇，谓诸葛之出师，即周公居东之志，其尽瘁而无成功，则昭烈“如其不才，卿可自取”一言酖之也。又云：昭烈之疑忌，尽见生平深险毕露。又云：诸葛若久留在蜀，必有不利孺子之谗。又云：昭烈之有是言，则亮劝攻刘璋之言有以致之。一事之不仁，百行忠厚不足以盖之。亮始教备杀璋以取蜀，卒也致备疑其图禅以终身云云。其持论殊为偏激。昭烈君臣之契，光明磊落，为三代以后所仅有。永安托孤之言，亦出至诚，陈寿于《昭烈传》中，已极论之，即后主之于诸葛，始终尊信，亦未尝有毫发之间言，何得因“卿可自取”一语，而遂谓其有所疑忌乎？至诸葛劝昭烈取蜀，则自三顾隆中时，已定其计，而昭烈卒用其策，以少延汉绪。若如所论，则昭烈生平与诸葛周旋者，皆日在猜嫌疑忌之中，虽魏主睿之于司马懿，尚不忍出此，而谓鱼水相合者若是哉？文人好为翻案之说，殊非论古之正轨。王士祯为《居易录》，极斥其妄，固非太过矣。(卷一八一·集部·别集类存目八，第1639页)

60.南昌·新建【清】陈宏绪(1597—1665):《江城名迹》二卷江西巡抚采进本

国朝陈宏绪撰。宏绪字士业，新建人。明末以荐授晋州知州。时刘宇亮以阁臣督师，欲移兵入晋州。宏绪拒不纳，坐谪为湖州府经历，鼎革后终于家。是书以南昌省会为南昌、新建二县地，因考其名迹。以城之内外为限，凡去城远者则不及。多详于楼观、祠宇、梵刹、园亭之类，卷上为考古，卷下为证今。自序谓“古与今不以时代为断，而一以兴废存亡为断”。盖事皆目历，非徒案籍而登也。宏绪文章淹雅，在明末号能复古。故作是书，叙次颇有条理，考证亦多精核。惟喜载杂事，多近小说。且多曼衍旁涉，如“天宁寺”条下载寺僧淫亵之类，颇乖大雅，亦非地志之体。是则体例未严，不免为白璧之瑕矣。(卷七〇·史部·地理类三，第621页)

61.南昌·新建【清】陈宏绪:《陈士业全集》十六卷江西巡抚采进本

国朝陈宏绪撰。宏绪有《江城名迹录》，已著录。是编凡分六种，曰《石庄初集》六卷，《寒崖近稿》二卷，《敦宿堂留稿》二卷，《鸿桷集》二卷，《鸿

桷续集》二卷，《恒山存稿》二卷。《石庄集》断自甲申以前，余集多甲申以后之作。（卷一八一·集部·别集类存目八，第1635页）

62.南昌·新建【清】谭旭:《谋道续录》二卷江西巡抚采进本

国朝谭旭撰。旭字东白，新建人。康熙丁酉副榜贡生。是书末有其门人吕步青跋，称旭先有《谋道录》，故此称《续录》。其学恪守程、朱，持论甚正，而不免于好辨，每争竞于一字一句之间，其细已甚。又朋友以书相质，详为批阅是也。所见不合，两存以待论定亦可也，乃往往注其人已改而仍载其原本之疵谬，以见驳正之功。此近于暴己之长，形人之短矣。（卷九八·子部·儒家类存目四，第831页）

63.南昌·新建【清】喻昌（1585—1664）:《尚论篇》八卷通行本

国朝喻昌撰。昌字嘉言，南昌人。崇祯中以选贡入都，卒无所就。往来靖安间，后又寓常熟，所至皆以医术著名。是书本名《尚论张仲景伤寒论重编三百九十七法》，其文过繁难举。世称《尚论篇》者，省文也。首为尚论大意一篇，谓张仲景著《卒病伤寒论》十六卷，其《卒病论》六卷已不可复睹，即《伤寒论》十卷亦劫火之余，仅得之口授。其篇目先后差错，赖有三百九十七法、一百一十三方之名目，可为校正，晋太医令王叔和附以己意，编集成书，共二十二篇。今世所传乃宋直秘阁林亿所校正，宋人成无己所诠注。案：成无己乃金人，此言宋人误，谨附订于此。二家过于尊信叔和，往往先传后经，以叔和纬翼之词混编为仲景之书。如一卷之平脉法，二卷之序例，其文原不雅驯，反首列之。则其为校正诠注，乃仲景之不幸也。程德斋因之，作《伤寒铃》，既多不经。王履又以伤寒例居前，六经病次之，类伤寒病又次之，至若杂病杂脉与伤寒无预者皆略去，定为二百八十三法，亦无足取。惟方有执作《伤寒条辨》，削去叔和序例，大得尊经之旨。太阳三篇，改叔和之旧，以风寒之伤荣卫者分属，尤为卓识，而不达立言之旨者尚多。于是重定此书，以冬伤于寒，春伤于温，夏秋伤于暑为主病之大纲。四序之中，以冬月伤寒为大纲。伤寒六经之中以太阳为大纲。太阳经中又以风伤卫寒伤荣风寒两伤荣卫为大纲。盖诸家所注，至昌而始变其例矣。次为辨叔和编次之失一篇，次为辨林亿、成无己校注之失一篇，次为驳正王叔和序例一篇，皆不入卷数。其于

《伤寒论》原文则六经各自为篇，而以合病、并病、坏病、痰病四类附三阳经末，以过经不解、差后劳复病、阴阳易病三类附三阴经末。每经文各冠以大意，纲举目析，颇有条理，故医家称善本。原书自为八卷，乾隆癸未，建昌陈氏并为四卷，而别刻昌《尚论》后篇四卷。首论温证，次合论，次真中，次小儿，次会讲，次问答，次六经诸方，共成八卷，为喻氏完书焉。考康熙甲寅顺天林起龙重刻方有执之书，以昌此书附后，各施评点，极论昌之所注，全出于剽窃方氏。丑词毒詈，无所不加。夫儒者著书，尚相祖述，医家融会旧论，何可遽非？况起龙所评，方氏则有言皆是，喻氏则落笔即非，亦未免先存成见，有意吹毛。殆门户之见，别有所取，未可据为定论。故今仍与方氏之书并著录焉。（卷一〇四・子部・医家类二，第878—879页）

64.南昌・新建 【清】喻昌：《医门法律》十二卷、附《寓意草》四卷 江西巡抚采进本

国朝喻昌撰。昌既著《尚论篇》，发明伤寒之理，又取风寒暑湿燥火六气及诸杂证，分门别类，以成是编。每门先冠以论，次为法，次为律。法者治疗之术，运用之机。律者明著医之所以失，而判定其罪，如折狱然。盖古来医书，惟著病源治法，而多不及施治之失，即有辨明舛误者，亦仅偶然附论，而不能条条备摘其咎。昌此书乃专为庸医误人而作，其分别疑似，既深明毫厘千里之谬，使临证者不敢轻尝。其抉摘瑕疵，并使执不寒不热不补不泻之方，苟且依违迁延致变者，皆无所遁其情状，亦可谓思患预防，深得利人之术者矣。后附《寓意草》四卷，皆其所治医案，首冠论二篇，一曰先议病，后用药，一曰与门人定议病证。次为治验六十二条，皆反覆推论，务阐明审证用药之所以然。较各家医案但泛言某病用某药愈者，亦极有发明，足资开悟焉。（卷一〇四・子部・医家类二，第879页）

65.南昌・新建 【清】裘若宏：《妙贯堂余谭》六卷 江西巡抚采进本

国朝裘若宏撰。若宏字任远，新建人。康熙丙子举人。是书多记旧闻，随事论断，或意所未尽，则本条之下更缀余论以申之。凡分五类，一曰谭史，二曰谭学，三曰谭诗文，四曰清谭，五曰杂谭。记其乡人之事为多。（卷一二九・子部・杂家类存目六，第1110页）

66.南昌·新建【清】曹昌言:《多识类编》二卷兵部侍郎纪昀家藏本

国朝曹昌言撰。昌言字禹拜，新建人。是编乃其札记之文。分动物、植物二门，杂采诸书所载物性、物理，以俪语联缀成文，颇为博洽。前有南城陶成序，称雍正丁未仲夏，昌言以疾卒，年二十有八。其兄以所著《格物类纂》二卷付梓，乞成为序。所称书名与此本不符。末有其兄茂先所作行状，则称昌言闻名山胜迹，异卉奇葩，必周历游览，考其本末，间从野老农夫询动植情形，得其实，归即笔之于书。所著有《玉隆纪游》、《多识类编》、《舆图辑略》、《四书荟言》诸书。今仍名《多识类编》，殆初名《格物类纂》，后改今名欤？（卷一三三·子部·杂家类存目一〇，第1133页）

67.南昌·新建【清】熊峻运:《氏族笺释》八卷浙江巡抚采进本

国朝熊峻运撰。峻运字在湄，新建人。其书取百家姓氏，以文义别为纂次。凡四百六十八姓，每姓各缀以四六俪语，略注事状，以备应酬寻检之用。于氏族源流，未尝有所考证也。（卷一三九·子部·类书类存目三，第1177—1178页）

68.南昌·南昌县【明】舒芬（1484—1527）:《易问笺》一卷两江总督采进本

明舒芬撰。芬字国裳，进贤人[①]。正德丁丑进士第一，授翰林院修撰。以谏南巡廷杖，谪福建盐课司副提举。嘉靖初复职，又以争议大礼廷杖。寻遭母忧归，卒。万历间追谥文节。事迹具《明史》本传。芬尝裒生平著作为《梓溪文钞》，凡十八卷，分内、外集。外集为杂文，内集则皆所著诸书，是编其首也。大抵以意推衍，泛言义理，而多有牵合之病，如解“潜龙勿用”，谓用则动，动则变而之《姤》，引韩愈诗“贤愚同一初，乃一龙一猪”为证。又如解“《鼎》，利贞”，为重器不可以轻举，《春秋》书纳宋郜鼎为不知利贞之训。凡若斯类，于经义皆无当也。（卷七·经部·易类存目一，第52页）

① 《明儒学案》卷五十三（诸儒学案下一）：“舒芬字国裳，号梓溪，江西进贤人。”《明史》列传第六十七：“舒芬，字国裳，进贤人。”今属南昌县人。

69.南昌·南昌县【明】舒芬:《周礼定本》四卷两江总督采进本

明舒芬撰。芬有《周易笺》，已著录。兹编亦其所著《梓溪内集》之一。大旨祖俞庭椿《冬官》不亡，杂出于五官之说，而参以伪本吴澄《考注》，复以己意进退之。凡为《五官叙辨》五篇、《六官图说》一篇、《周官剔伪》一篇、《周礼正经》六篇。删旧本《考工记》，移《天官·太宰》、《地官·大司徒》之文以入于《冬官·大司空》。移《小司徒》及《遂人》之文入《小司空》。又移《天官》之掌舍、幕人、掌次，《地官》之遂师、遂大夫、县正、鄙师、酂长、里宰、邻长、土训、诵训、司稼、草人、稻人、场人、囿人、载师、闾师、县师、均人、稍人、旅师、山虞、林衡、川衡、泽虞、迹人、丱人、角人、羽人、掌葛、掌染草、掌炭、掌荼、掌蜃、舂人、舍人、仓人、廪人、遗人、委人、稿人，《夏官》之掌畜、职方氏、形方氏、山师、川师、邍师、司勋、量人，以属《冬官》。《明史》芬本传称："芬精于《周礼》，尝谓《周礼》视《仪礼》、《礼记》犹蜀之视吴、魏。疾革，其子请所言，惟以未及表章《周礼》为恨。"于是经可云笃信。夫俞氏之书为荒经蔑古之祖，芬不能订正其讹，乃嘘其已烬之焰而更加厉焉。甚且删削旧文，十几二三。自命曰"定本"，僨弥甚矣。（卷二三·经部·礼类存目一，第182—183页）

70.南昌·南昌县【明】舒芬:《东观录》一卷两江总督采进本

明舒芬撰。芬有《周易笺》，已著录。此其所著《梓溪内集》之一也。芬于嘉靖二年被召复官，道出济宁，谒阙里孔林，修释菜礼。因录所撰《谒庙记》及《阙里形胜图》、《夫子宫墙图》及《释菜礼仪》、《士相见礼仪》，并附《问答》五章、《与伍余福联句》三十韵，汇为一帙。（卷六四·史部·传记类存目六，第573页）

71.南昌·南昌县【明】舒芬:《太极绎义》一卷、《通书绎义》一卷两江总督采进本

明舒芬撰。芬有《周易笺》，已著录。此其所著《梓溪内集》之二种也。其说太极，大抵以《太极图》不本于《易》而本于《河图》。谓秋冬非肃杀，乃百物之所胎。土之寄王，惟夏秋之交。火烈金刚，水缓土柔，性之所以相近。火散金遒，木上水下，习之所以相远。皆与先儒之说不同，亦往往有难通之处。《通书》则不过随文解义而已。其释颜子章，谓陋巷，陋俗之

卷也。其人习不善而能忧颜子之贫，乃颜子之德所化。其说亦殊怪异也。（卷九五·子部·儒家类存目一，第802页）

72.南昌·南昌县【明】舒芬:《残本成仁遗稿》五卷安徽巡抚采进本

明舒芬编。芬有《周易笺》，已著录。是书前有正德丙辰芬自序云:“行箧中有文山《指南集》二册，《集杜句》一册，《长啸集》一册，又有《叠山诗文集》二册。因订其讹脱，并取《宋史》本传与祠记、铭状、祭文、挽词之类各附于后，总题曰《成仁遗稿》，付书林余氏刻之。”今是编五卷，一、二卷为《指南集》，三卷为《集杜诗》，四卷为《长啸集》，五卷为《天祥附录》，而《枋得诗文附录》皆无之。目录又标作《成仁遗稿》前。盖坊贾刻印时妄加分析，以此为前集，而以枋得诗文为后集耳。案此编虽仅存文天祥之著作，然芬之原本实兼文、谢二家，特藏弃者佚其半耳。故仍列之总集类中。（卷一九二·集部·总集类存目二，第1745页）

73.南昌·南昌县【明】朱谋㙔（1564—1624）:《周易象通》八卷浙江吴玉墀家藏本

明朱谋㙔撰。谋㙔字郁仪，宁献王七世孙。万历间以中尉摄石城王府事。是书惟释上、下经文，不及《十翼》。大旨欲稍还古义，而转生臆说。如不用陈抟《先天图》，亦不用周子《太极图》，是矣。而别造《河图》四，谓三代以来世藏秘府以为宝，学者莫得而窥，迨宋徽宗考古搜奇，始出示于外，是出何典记乎？邵陈以前无论矣，耿南仲、张根诸家皆徽宗时人，王湜以下诸家皆徽宗后人，何不一见也？其说《易》以象，象取于互体、变体是矣。然如谓《乾》居西北，当奎、娄、白虎之尾，故曰“履虎尾”，已穿凿附会。至于解《既济》云:“涉者多系匏以防危。《离》为大腹匏瓜之象，则涉者也。《坎》为川渎，则津济也。”因外卦为《离》而生大腹，因大腹而生匏瓜，因匏瓜而牵合于系匏涉水，以迁就《既济》之象。《易》果若是之迂曲乎？又解《困卦》初爻、二爻云:“《坎》为丛棘，初其株也。六三居泉谷之间，故为石梁。株木、石梁皆因未涸而为桥梁，是急于济渡而遭困也。”因《坎》生丛棘，因在初爻而变文曰株木，因六三在《兑》、《坎》之间生泉谷，因泉谷而生石梁，而省文曰石。《易》果若是之晦涩乎？上经始《乾》、《坤》而终《坎》、《离》，下经始《咸》、《恒》而终《既济》、《未济》，确有义理。《序卦》即不出孔子，亦必汉以前经师所传。谋㙔乃合上、下经而一之。《易》未经秦火，讹脱甚少，而谋㙔或随意改字，或动称错简、衍文，甚至《渐卦》上九并经文改为“鸿渐于逵”，并不言旧作“鸿渐于陆”。其武断尤甚。谋㙔以博洽名，此书尤为曹学佺所推许。然其实多出臆见，不为定论。学佺序诠释《易》中诸字如王安石《字说》，亦可笑也。（卷八·经部·易类存目二，第58—59页）

74.南昌·南昌县【明】朱谋㙔:《诗故》十卷浙江吴玉墀家藏本

明朱谋㙔撰。谋㙔有《周易象通》，已著录。是书以《小序》首句为主，略同苏辙《诗传》之例，而参用旧说以考证之，其曰《诗故》者，考《汉书·艺文志》，《诗》类有《鲁故》二十五卷，《齐后氏故》二十卷，《齐孙氏故》二十七卷，《韩故》三十六卷，《毛诗故训传》三十卷。颜师古注曰：“故者，道其旨意也。”谋㙔是编，盖用汉儒之旧名。故其说《诗》，亦多以汉学为主，与朱子《集传》多所异同。其间自立新义者，如以《小星》为亵御入直，以《斯干》为成王营洛，周公所赋之类，未免失之穿凿。然谋㙔博极群书，学有根柢，要异乎剽窃陈言。盖自胡广等《五经大全》一出，应举穷经，久分两事。谋㙔深居朱邸，不藉进取于名场，乃得以研究遗文，发挥古义也。经术盛衰之故，此亦可知其大凡矣。（卷一六·经部·诗类二，第129页）

75.南昌·南昌县【明】朱谋㙔:《骈雅》七卷浙江巡抚采进本

明朱谋㙔撰。谋㙔有《周易象通》，已著录。此书皆剌取古书文句典奥者，依《尔雅》体例，分章训释。自《释诂》、《释训》以至《虫》、《鱼》、《鸟》、《兽》，凡二十篇，其说以为联二为一，骈异为同，故名曰《骈雅》。谋㙔淹通典籍，其《一斋书目》所载，往往为诸家所未窥。故征引详博，颇具条理，非乡塾陋儒捃拾残剩者可比。中间如藻井乃屋上方井，刻为藻文，《西京赋》注引《风俗通》，训义甚明，而谋㙔以为刻扉之属，改易旧文，殊为未确。又谓都御史为大司宪，詹事为端尹，乃流俗之称，亦乏典据。至如《释天》内之岁阳、月名，《释地》内之五丘、四荒、太平、太蒙、丹穴、空桐之类，皆《尔雅》所已具。更为复引，尤病冗芜。然奇文僻字，搜辑良多；撷其膏腴，于词章要不为无补也。（卷四〇·经部·小学类一，第342—343页）

76.南昌·南昌县【明】朱谋垏:《邃古记》八卷浙江鲍士恭家藏本

明朱谋垏撰。谋垏有《周易通》，已著录。是书所记，始于盘古，迄于有虞。提纲纪事，而杂引诸书以为目。大抵出入于刘恕《外纪》、胡宏《皇王大纪》、罗泌《路史前纪》、金履祥《通鉴前编》之间。所引多纬书荒诞之说，既非信史，又甚少异闻。谋垏号为博洽，平生著述一百余种，今不尽传。其传者，此为最劣矣。(卷五〇·史部·别史类存目，第456页)

77.南昌·南昌县【清】刘吴龙(1690—1742):《古参同契集注》六卷江西巡抚采进本

国朝刘吴龙撰。吴龙字绍闻，南昌人。雍正癸卯进士，官至都察院左都御史。是集前有自序，称《参同契》自明杨慎掘地得原本，经传始分，因本元俞琰发挥而为是注。前载慎序，谓《参同契》书隋、唐《经籍志》是书原未著录。盖据《读书志》之说。考《旧唐书·经籍志·五行类》有《周易参同契》二卷，魏伯阳撰，《周易五相类》一卷，亦魏伯阳撰。《新唐书·艺文志》同。晁氏所说，未免失考。慎述之，亦为沿误。至慎所称古本，云掘地得之石函，夫文字托于金石，尚不免剥蚀销泐，石函所藏，如在彭晓以后，则五代至宋，不应无一人见之，至明始出。如在彭晓以前，则绢素纸札，入土五六百年尚完全无阙，有是理耶？至俞琬之发挥，实不及彭晓、陈致虚所注。独据以为本，亦未为确论也。(卷一四七·子部·道家类存目，第1258页)

78.南昌·进贤【明】熊明遇(1579—1649):《剑草》一卷两淮盐政采进本

明熊明遇撰。明遇字子良①，进贤人。万历辛丑进士，官至兵部尚书。事迹具《明史》本传。是编摘取古今名将事迹，为之论断，凡百余条。盖随笔札记之文，不足以当著述之目。(卷一〇〇·子部·兵家类存目，第845页)

79.南昌·进贤【明】朱健:《苍崖子》无卷数浙江巡抚采进本

明朱健撰。健字子强，进贤人。天启辛酉举人。是书凡十篇，曰大气，曰广化，曰达命，曰质情，曰裁理，曰挈真，曰善学，曰习境，曰简制，曰

---

① 《明史》列传第一百四十五:“熊明遇，字良孺，进贤人。”

镜治，皆题曰内篇。前有其弟徽序，云外篇专于商订今古，杂考物类。而内篇则自天地造化性命之精微，阴阳律历之广博，间及于古今成败，人事得丧，盖略以备矣。然则尚有外篇也。其文滉漾自恣，而时时参以排偶，仅仿佛伪《子华子》。明鲁重民辑《子史类语》，收入是书，乃称其文沉郁古奥，绝似魏、晋。未免标榜之词矣。（卷一二五・子部・杂家类存目二，第1081页）

80.南昌・进贤【明】万镗（1485—1565）：《治斋集》十七卷浙江孙仰曾家藏本

明万镗撰。镗字仕鸣，进贤人。宏[①]弘治乙丑进士，官至吏部尚书。事迹附见《明史・李默传》。是编凡奏议十卷，分顺天、南京、南台、勘夷、北兵、吏部、辞谢、称贺八集，文集四卷，诗词三卷。每集冠以自序，而其文一字不易，盖其后人印行之时，分冠每集之首，而忘其合而编之，遂致复出也。史载，镗为南京都御史时，以星变上言八事，除名，颇著丰采。后为严嵩汲引，起为副都御史，征湖广蜡尔山蛮，剿抚失宜，暂平复叛，委罪于偏裨以解。及居吏部，委曲以顺嵩，反为赵文华斥挤罢官。则是集所载奏议，未必尽为可据，诗文则更其余事矣。（卷一七六・集部・别集类存目三，第1569页）

81.南昌・进贤【明】樊良枢:《樊致虚诗集》四卷两淮盐政采进本

明樊良枢撰。良枢字尚植，一号致虚，进贤人。万历甲辰进士，官至浙江提学副使。是编凡《匡山社集》一卷，《二山草》三卷，皆以所居地名之：匡山取居近匡庐之义，二山则官淮南时取淮南大小山之义也。《二山草》中又附以其叔俊、弟尚燝、良榏、子重鹏等次和之作，大抵多规橅七子声调。（卷一七九・集部・别集类存目六，第1621页）

82.南昌・进贤【清】徐玺:《就正草》一卷江西巡抚采进本

国朝徐玺撰。玺号雷溪，进贤人，雍正乙酉拔贡。是编乃其文集，前题云《续刻就正草》，则必先有《初刻》，今未之见。前有吴士玉序，而卷中有《祭士玉文》，殆刻在序后耶？（卷一八五・集部・别集类存目一二，第1677页）

① “宏”当为“弘”，避讳清高宗弘历。

九江

四库著录九江先贤30人，著作44种，其中晋代2种，宋代19种，元代3种，明代13种，清代7种。

（一）四库九江先贤著作简目

1.九江 【晋】陶潜（365—427）（伪托）：《搜神后记》十卷内府藏本（卷一四二·子部·小说家类三，第1208页）

2.九江 【晋】陶潜：《陶渊明集》八卷内府藏本（卷一四八·集部·别集类一，第1273—1274页）

3.九江 【明】万嗣达：《书经集意》六卷江西巡抚采进本（卷一四·经部·书类存目二，第112页）

4.九江 【明】文德翼：《宋史存》二卷浙江鲍士恭家藏本（卷六五·史部·史钞类存目，第581页）

5.九江 【明】文德翼：《佣吹录首集》二十卷、《次集》二十一卷副都御史黄登贤家藏本（卷一三八·子部·类书类存目二，第1176页）

6.九江 【明】文德翼：《读庄小言》一卷江西巡抚采进本（卷一四七·子部·道家类存目，第1256页）

7.九江 【明】文德翼：《雅似堂文集》十卷、《诗集》三卷浙江巡抚采进本（卷一八〇·集部·别集类存目七，第1629页）

8.九江 【明】张羽（1333—1385）：《静居集》四卷浙江巡抚采进本（卷一六九·集部·别集类二二，第1472页）

9.九江 【明】张羽：《静庵集》一卷两淮马裕家藏本（卷一七五·集部·别集类存目二，第1551页）

10.九江 【明】万衣（1518—1598）：《万子迂谈》八卷江西巡抚采进本（卷一七七·集部·别集类存目四，第1593页）

11.九江【明】劳堪:《词海遗珠》四卷浙江汪启淑家藏本（卷一九二·集部·总集类存目二，第1750—1751页）

12.九江【清】吴德信:《周易象义合参》十二卷江西巡抚采进本（卷九·经部·易类存目三，第77页）

13.九江【清】文行远:《浔阳蹠醢》六卷江西巡抚采进本（卷七七·史部·地理类存目六，第675页）

14.九江·德安【宋】夏竦（985—1051）:《古文四声韵》五卷刑部郎中汪启淑家刊本（卷四一·经部·小学类二，第349页）

15.九江·德安【宋】夏竦（伪托）:《韵经》五卷安徽巡抚采进本（卷四四·经部·小学类存目二，第382—383页）

16.九江·德安【宋】夏竦:《文庄集》三十六卷永乐大典本（卷一五二·集部·别集类五，第1309页）

17.九江·德安【宋】王阮（？—1208）:《义丰集》一卷编修励守谦家藏本（卷一五九·集部·别集类一二，第1374页）

18.九江·德安【明】何宇度:《益部谈资》三卷两淮盐政采进本（卷七〇·史部·地理类三，第627页）

19.九江·永修【宋】崔嘉彦（1111—1191）:《崔真人脉诀》一卷江苏巡抚采进本（卷一〇五·子部·医家类存目，第883页）

20.九江·永修【宋】李彭:《日涉园集》十卷永乐大典本（卷一五五·集部·别集类八，第1339页）

21.九江·庐山【宋】严用和（约1200—1267）:《济生方》八卷永乐大典本（卷一〇三·子部·医家类一，第867页）

22.九江·庐山【元】胡震:《周易衍义》十六卷浙江吴玉墀家藏本（卷四·经部·易类四，第23—24页）

23.九江·庐山【元】陈师凯:《书蔡传旁通》六卷两江总督采进本（卷一二·经部·书类二，第97页）

24.九江·庐山【明】万尚父:《听心斋客问》一卷浙江鲍士恭家藏本（卷一二五·子部·杂家类存目二，第1079页）

25.九江·庐山【清】宋士宗:《史学正藏》五卷江西巡抚采进本（卷九〇·史部·史评类存目二，第768页）

26.九江·庐山 【清】宋士宗:《学统存》二十四卷江西巡抚采进本（卷一三三·子部·杂家类存目一〇，第1133页）

27.九江·修水 【宋】黄庶（1019—1058）:《伐檀集》二卷两淮马裕家藏本（卷一五二·集部·别集类五，第1315页）

28.九江·修水 【宋】黄庭坚（1045—1105）:《山谷内集》三十卷、《外集》十四卷、《别集》二十卷、《词》一卷、《简尺》二卷、《年谱》三卷安徽巡抚采进本（卷一五四·集部·别集类七，第1328页）

29.九江·修水 【宋】黄庭坚:《山谷刀笔》二十卷编修汪如藻家藏本（卷一七四·集部·别集类存目一，第1538页）

30.九江·修水 【宋】黄庭坚:《山谷词》一卷江苏巡抚采进本（卷一九八·集部·词曲类一，第1809页）

31.九江·修水 【宋】黄彦平:《三余集》四卷永乐大典本（卷一五六·集部·别集类九，第1352页）

32.九江·武宁 【宋】周应合（1213—1280）:《景定建康志》五十卷两淮马裕家藏本（卷六八·史部·地理类一，第600页）

33.九江·武宁 【宋】邢凯:《坦斋通编》一卷永乐大典本（卷一一八·子部·杂家类二，第1024—1025页）

34.九江·湖口 【明】王恕:《石钟山志》八卷浙江范懋柱家天一阁藏本（卷一九一·集部·总集类存目一，第1741页）

35.九江·湖口 【清】周池:《唐鉴偶评》四卷编修周厚辕家藏本（卷九〇·史部·史评类存目二，第768页）

36.九江·湖口 【清】周池:《钝根杂著》四卷编修周厚辕家藏本（卷一二九·子部·杂家类存目六，第1112页）

37.九江·湖口 【清】周池:《骈语类鉴》四卷编修周厚辕家藏本（卷一三九·子部·类书类存目三，第1181页）

38.九江·都昌 【宋】冯椅（1140—1232）:《厚斋易学》五十二卷永乐大典本（卷三·经部·易类三，第15页）

39.九江·都昌 【宋】冯椅（伪托）:《周易辑说明解》四卷江西巡抚采进本（卷七·经部·易类存目一，第48—49页）

40.九江·都昌 【宋】曹士冕:《法帖谱系》二卷浙江鲍士恭家藏本（卷八六·史

部·目录类二，第736页）

41.九江·都昌 【宋】曹彦约（1157—1228）：《经幄管见》四卷永乐大典本（卷八八·史部·史评类，第753页）

42.九江·都昌 【宋】曹彦约：《昌谷集》二十二卷永乐大典本（卷一六一·集部·别集类一四，第1385页）

43.九江·都昌 【元】陈澔（1261—1341）：《云庄礼记集说》十卷通行本（卷二一·经部·礼类三，第170页）

44.九江·彭泽 【明】刘日曦：《易思图解》无卷数江西巡抚采进本（卷八·经部·易类存目二，第64—65页）

（二）四库九江先贤著作提要

1.九江【晋】陶潜（365—427）（伪托）：《搜神后记》十卷内府藏本

旧本题晋陶潜撰。中记桃花源事一条，全录本集所载诗序，惟增注“渔人姓黄名道真”七字。又载干宝父婢事，亦全录《晋书》。剽掇之迹，显然可见。明沈士龙跋，谓潜卒于元嘉四年，而此有十四十六年两事。陶集多不称年号，以干支代之，而此书题永初、元嘉，其为伪托，固不待辨。然其书文词古雅，非唐以后人所能。《隋书·经籍志》著录，已称陶潜，则赝撰嫁名，其来已久。又陆羽《茶经》引其中晋武帝时宣城人秦精，入武昌山采茗一条，与此本所载相合，《封演见闻记》引其中有人因病能饮一斛二斗，后吐一物一条，与此书桓宣武督将一条，仅文有详略，及牛肺字作土肚，茗瘕字作斛二瘕，其事亦与此本所载相合，知今所传刻犹古本矣。其中丁令威化鹤、阿香雷车诸事，唐、宋词人并递相援引，承用至今。题陶潜撰者固妄，要不可谓非六代遗书也。（卷一四二·子部·小说家类三，第1208页）

2.九江【晋】陶潜：《陶渊明集》八卷内府藏本

晋陶潜撰。案北齐阳休之序录潜集行世凡三本：一本八卷，无序。一本六卷，有序目，而编比颠乱，兼复阙少。一本为萧统所撰案：古人编录之书亦谓之撰，故《文选》旧本皆题梁昭明太子撰，而徐陵《玉台新咏·序》亦称撰录艳歌凡为十卷。休之称潜集为统撰，盖沿当日之称，今亦仍其旧文，亦八卷，而少《五孝传》及《四八目》；

《四八目》即《圣贤群辅录》也。休之参合三本，定为十卷，已非昭明之旧。又宋庠《私记》称《隋经籍志》潜集九卷，又云梁有五卷，录一卷。《唐志》作五卷。庠时所行，一为萧统八卷本，以文列诗前。一为阳休之十卷本。其他又数十本，终不知何者为是。晚乃得江左旧本，次第最若伦贯。今世所行，即庠称江左本也。然昭明太子去潜世近，已不见《五孝传》、《四八目》，不以入集，阳休之何由续得？且《五孝传》及《四八目》所引《尚书》自相矛盾，决不出于一手，当必依托之文，休之误信而增之。以后诸本，虽卷帙多少，次第先后，各有不同，其窜入伪作，则同一辙，实自休之所编始。庠《私记》但疑《八儒》、《三墨》二条之误，亦考之不审矣。今《四八目》已经睿鉴指示，灼知其赝，别著录于子部类书而详辨之。其《五孝传》文义庸浅，决非潜作。既与《四八目》一时同出，其赝亦不待言。今并删除。惟编潜诗文仍从昭明太子为八卷。虽梁时旧第今不可考，而黜伪存真，庶几犹为近古焉。（卷一四八・集部・别集类一，第1273—1274页）

3.九江【明】万嗣达:《书经集意》六卷江西巡抚采进本

明万嗣达撰。嗣达字孝仲，浔阳人。其履贯无可考。自序称天启壬戌书于陪京。序中谓“云曹简静”，盖官南京刑部时所作。书中分节讲论，盖家塾课蒙之本。至《禹贡》内杂引明代漕輓东坝诸事，以便答策，尤非解经之体矣。（卷一四・经部・书类存目二，第112页）

4.九江【明】文德翼:《宋史存》二卷浙江鲍士恭家藏本

明文德翼撰。德翼字用昭，德化人，崇祯甲戌进士，官嘉兴府推官。是编采掇《宋史》列传，而删润其文。始于宗泽，终于文天祥。盖福王时所作，故独寓意于绍兴以后云。（卷六五・史部・史钞类存目，第581页）

5.九江【明】文德翼:《佣吹录首集》二十卷、《次集》二十一卷副都御史黄登贤家藏本

明文德翼撰。德翼有《宋史存》，已著录。是书皆采集古人新巧字句，盖沿杨慎《谢华启秀》而广之者。然多不著出典，时有讹误，间作品题，亦皆儇佻之语，盖又兼涉竟陵之习者也。（卷一三八・子部・类书类存目二，第1176页）

6.九江【明】文德翼:《读庄小言》一卷江西巡抚采进本

明文德翼撰。德翼有《宋史存》，已著录。此书就《庄子》诸篇随笔记其所得，然未能拔奇于旧注之外。（卷一四七·子部·道家类存目，第1256页）

7.九江【明】文德翼:《雅似堂文集》十卷、《诗集》三卷浙江巡抚采进本

明文德翼撰。德翼有《宋史存》，已著录。德翼人品清逸，而学问未能精邃，所作《佣吹录》之类，大抵以饾饤为工，故诗文亦未能超诣。（卷一八〇·集部·别集类存目七，第1629页）

8.九江【明】张羽（1333—1385）:《静居集》四卷浙江巡抚采进本

明张羽撰。羽字来仪，后以字行，更字附凤。本浔阳人，侨居吴兴。元末领乡荐，为安定书院山长，再徙于吴。洪武初，征授太常寺丞，寻坐事窜岭南，未半道召还。羽自知不免，投龙江死。《明史·文苑传》附载《高启传》中。史称其文章精洁有法，尤长于诗。太祖重其文，洪武十六年，尝自述滁阳王事，令羽撰庙碑。何乔远《名山藏》亦称其文词典雅，纪载行事，详而有体。顾其诗名尤著，故编集者亦仅录其诗，而文则未之及也。朱彝尊《静志居诗话》谓其五言微嫌郁轖，近体亦非所长，颇不免于微词。今观其集，律诗意取俊逸，诚多失之平熟。五言古体低昂婉转，殊有浏亮之作，亦不尽如彝尊所云。至于歌行，笔力雄放，音节谐畅，足为一时之豪。以之接迹青邱，先驱北郭，卢前王后之间，亦未必遽作蜂腰矣。（卷一六九·集部·别集类二二，第1472页）

9.九江【明】张羽:《静庵集》一卷两淮马裕家藏本

明张羽撰。羽有《静居集》，已著录。此本删存原集四分之一，改名《静庵集》，不知何人所选，其去取未为精当。（卷一七五·集部·别集类存目二，第1551页）

10.九江【明】万衣（1518—1598）:《万子迂谈》八卷江西巡抚采进本

明万衣撰。衣字章甫，浔阳人。嘉靖辛丑进士，官至河南左布政使。是集《内编》一卷，通论天地造化之理，及古今人事之变。《诸经札记》二卷，

上卷专解五经之义，多杂采先儒之说，如“论朱子《诗集传》”一条，本之王应麟，“论淫诗”一条，本之王柏，“论《春秋》策书之例十有五而笔削之义有八”一条，本之赵汸者，不一而足。然谓“六经”皆厄于传疏，其宗旨未免偏僻。下卷专论律吕，其云十分为寸，则三分损益之法不可行。以之规西山之误，则颇为明确。其《迂谈外篇》一卷，杂论兵制、屯盐等事。又文三卷，诗一卷，书启一卷，皆不过直抒胸臆，不复计其工拙矣。（卷一七七·集部·别集类存目四，第1593页）

11.九江【明】劳堪:《词海遗珠》四卷浙江汪启淑家藏本

明劳堪编。堪字道亭，江西德化人。嘉靖丙辰进士，官至副都御史。此书杂采金石文字以及诗词杂文，不分体制，亦不叙时代。又多删节原文，饾饤割裂。其中纰缪，不可殚数。如王羲之《月仪帖》乃索靖之语；刘禹锡“春江一曲柳千条”诗以为本集不载，乃元稹之诗，删八句为四句；又载裴度《题岳庙石阙》诗，乃司空图作，载在本集；又《古黄姑歌》二句，乃梁武帝《东飞伯劳歌》；又《青史子》一篇，不知为贾谊《新书》所载；晋无名氏《三言诗》，不知为傅玄作；汉《鉴铭炼形神冶》一篇，不知为《太平广记》所载，唐人作。他如《左传·卫灵公石椁铭》，声伯《梦涉洹水歌》，《礼记·伊耆氏蜡词》，皆载于经。萧子显《齐书·郡国志赞》，亦见正史。皆曰遗珠，尤疏舛矣。（卷一九二·集部·总集类存目二，第1750—1751页）

12.九江【清】吴德信:《周易象义合参》十二卷江西巡抚采进本

国朝吴德信撰。德信字成友，九江人。是书以《系辞》、《文言》、《说卦》、《序卦》、《杂卦》各自为篇，而以《彖传》、《象传》仍散附经文之内，盖用宋人所传郑氏之本。其例以《本义》大书，而发明《本义》者夹注句下。每节之末又随文衍说，如举业家之讲章。前有康熙丙戌自序，称“淮安舟次，中宵假寐，忽因‘刚柔相摩’句，恍悟《河图》本有八卦，特假伏羲画出”云云。是其学本从图书而入，真以为先有此五十五点黑白之图，伏羲乃因之作《易》。又卷首《伏羲八卦次序图》后附注云“按《说卦传》是，故《易》逆数也。在《天地定位章》末，似承上通解圆图之辞”云云，是又真以为方圆二图为在孔子之前，孔子作传以解之。故根本先已轇轕，枝叶从而曼衍。卷首所列新旧图说至于四十有二。其《河》、《洛》二图，各有本文，各有朱子之本，其奇偶阴阳方位并同。惟朱子本则作黑白圈，本文则《河图》作旋毛，《洛书》作拆裂之状。考《河图》字始见于《书》，古注不言其质。似不应以马革一片从伏羲流传至周，久而不腐，始以此五十五圈画于尺简之上，即传为重宝。似又于事理不然。至于龟文之说，仅见后周卢辩《大戴礼注》，为经典之所不载。果有其物，不应周人弃之，专宝《河图》。果无其物，则古书别无绘象，何由睹其文理。朱谋㙔等摭拾吴澄伪作，造为宣和内府秘本之说，凿空无证，德信乃摹而传之。至所列《太极自然图》，如今工匠刻镂器物所画，盖即来知德所作。德信不能言其授受，但以"相传"二字注于其下，足知其罕所考证矣。（卷九・经部・易类存目三，第77页）

13.九江【清】文行远:《浔阳蹠醢》六卷江西巡抚采进本

国朝文行远撰。行远字樵菴，江西德化人。康熙中贡生。是书专志九江一郡故实。首有凡例，自谓"读书时遇郡事随见随录，自经史子集及稗官野乘小说之类，靡所不采"。首卷分《象纬》、《地舆》、《书院》、《祠庙》、《宫室》、《邱墓》、《服食》、《器用》、《玩好》、《草木》、《鸟兽》、《虫鱼》十二目；次卷分《仕宦》、《吏治》、《典礼》、《经费》、《兵防》、《盗贼》六目；三卷分《交游》、《器局》、《方技》、《孝义》、《闺阃》、《忠节》、《流寓》、《人物》、《栖逸》九目；四卷分《真仙》、《僧宝》二目；五卷分《诗文》、《书画》、《典籍》、《名胜》四目；六卷分《像教》、《禅喜》、《灵异》、《感应》、《果报》、《鬼神》六目。其摭拾颇为繁富，而分别门类，殊多失当。如既有《僧宝》，又有《禅喜》；既有《鬼神》，又有《果报》、《感应》、《灵异》之类。中所采取，亦未见决择。盖有意求多，未免失之庞杂也。（卷七七・史部・地理类存目六，第675页）

14.九江・德安【宋】夏竦（985—1051）:《古文四声韵》五卷刑部郎中汪启淑家刊本

宋夏竦撰。竦字子乔，江州德安人。景德三年举贤良方正。官至武宁军节度使。谥文庄。事迹具《宋史》本传。据吾衍《学古编》，称夏竦《古文四声韵》五卷，前有序并全衔者好，别有僧翻本不可用。又据全祖望《鲒崎亭集》，有是书跋，称借钞于范氏天一阁，为绍兴乙丑浮屠宝达重刊。盖即吾衍所谓僧翻本也。此本从汲古阁影写宋刻翻雕，有庆历四年竦自序。卷首题“开府仪同三司、行吏部尚书、知亳州军州事夏竦集”。是吾衍所谓前有序及全衔者矣。其书以四声分隶古篆。全祖望跋，称所引遗书八十八家，以校郭氏《汗简》，未尝多一种，实即取《汗简》而分韵录之，绝无增减异同，虽不作可也。其说固是。然《汗简》以偏旁分部，而偏旁又全用古文，不从隶体，猝不易寻。此书以韵分字，而以隶领篆，较易于检阅。此如既有《说文》，而徐锴复作《篆韵谱》，相辅而行，固未可废其一也。惟其书由杂缀而成，多不究六书之根柢。如“窺”即古“亲”字也。“亲”字下既云古《尚书》作“□”，又别出一“窺”字，讹从宀为从穴。云即古雲字也。“云”字既云《说文》作“□”，“云”字下又云王存乂《切韵》作“□”。䀠即古瞿字也，“䀠”字下引《汗简》作“□”，“瞿”字下又引崔希裕《纂古》作“䀠”。以及朝鼂、闻闅、协叶之类，不可殚数。“龛”字引古《尚书》是《西伯戡黎》之“戡”，古字通也。乃不并于“戡”字，而自为一条。是由不知古文，误以一字为二也。“澄”即“澂”字之别体。“澄”字下引《云台碑》作“□”，“澂”字下引《王庶子碑》作“□”。“彩”即采字之别体。采字下引《云台碑》作“□”，“彩”字下引《义云章》作“□”。以及桐桌、崇崈、窥闚、謩谟、仙僊、员圆、熙熈、奉捧、准準、帽冒、竸競之类，不可殚数。是又由不辨俗书，误以一字为二也。覃韵之函，乃函盖字。咸韵之函，乃函谷字。而并引《南岳碑》作□。仙韵之鲜，乃腥鲜字，于古当从三鱼。狝韵之鲜，乃鲜少字，于古当从是从少。乃并云古《老子》作“□”，颜黄门说作“□”，古《尚书》作“□”。《说文》训“巟”为大，训“荒”为荒芜，本为两字。而以古《尚书》之“荒”字、籀韵之“巟”字，并列“荒”字下。是不辨音义，以二字合为一也。“□□□三”字并出《说文》，乃惟云“□”字出《说文》。“□□”字则云出《贝邱长碑》、古《老子》。“三”字则云出《天台经幢》。“□”字出《石鼓文》，乃云出王存乂《切韵》。“镏”字出《说文》，“庿”字出《仪礼》，“法”字、“鬳”字、“飌”字、“簬”字出《周礼》，乃并云出崔希裕《纂古》。“沶”字出《荀子》、《公羊传》，乃云出古文。是不求出典，随所见而捃摭也。“箕”字《说文》本作“□”，乃云出《唐韵》。“梦”字《说文》本作“□”，乃云出《汗简》，“烧”字《说文》本作“燒”，乃云出崔希裕《纂古》。以及兮、回、冰、井、丑、志之类，全与《说文》相同者，亦不可殚数。是并不辨小篆也。至于“室”字云《季札墓铭》作“[illegible]”，《季札墓铭》无“室”字。“怕”字云古《孝经》作“[illegible]”，古《孝经》无怕字。益杜撰矣。他如“[illegible]鱻、[illegible]銕、[illegible]嚳之类，相连并立，犹云一篆文，一改篆为隶也。至“保”字下云：“崔希裕《纂古》作保”。“鴈”字下云：“《籀韵》作鴈”。则全作隶书，点画不异，更不解其何故？读是书者亦未可全据为典要也。所列韵目，据自序云：本唐《切韵》，仙韵下增一宣韵，与徐锴《韵谱》同。覃、谈二韵列于麻后、阳前，蒸、登二韵列于添后、咸前，与颜元孙《干禄字书》同。盖唐制如是。至齐韵之后、佳韵之前增一栘韵，与二书又不同。殆《唐韵》亦非一本欤？是则不可考矣。（卷四一·经部·小学类二，第349页）

15.九江·德安【宋】夏竦（伪托）：《韵经》五卷 安徽巡抚采进本

旧本题“梁吴兴沈约撰类，宋会稽夏竦集古，明宏农杨慎转注，江夏郭正域校”。前有正域自序曰：“近体诗惟宗沈韵。今所传韵非沈也，唐礼部韵也，故唐诗宗之。沈韵上平有九咍、十八痕，下平有二十二凡。上有十六混、十九豏。去有八祭、十代、十七掀。入有十六昔。而今韵无之。”其《凡例》又称家藏有《四声韵》及约故本。案《梁书》、《南史》《沈约传》，并载约撰《四声谱》。《隋志》载其书一卷，而《唐志》已不著录。观陆法言《切韵序》，历述吕静、夏侯该、阳休之、周思言、李季节、杜台卿六家之韵，独不及约书，是隋开皇时其书已不显。唐李涪作《刊误》，但诟陆韵而不及沈书，则僖宗时已佚矣。正域何由于数百年后得其故本？且沈韵虽不可见，而其集犹存。今以所用之韵一一排比钩稽之，惟东、冬、钟三韵同用，鱼、虞、模三韵同用，庚、耕、清、青四韵同用，而蒸、登两韵各独用，与《广韵》异。余则四声并同，又安得如正域所云“九咍”之类。其为赝托，殆不足辨。至夏竦《古文四声》五卷，本采钟鼎奇字分韵编次，以便检寻，乃字书，非韵书，乃古文，非今文。正域乃称夏竦集古，尤为乖迕。观其首列徐蒇所作吴棫《韵补序》、杨慎《转注古音略自序》，而不及竦序，知并未见其书，而但以名剿说也。王宏撰《山志》乃指此为沈约真本，讥屠隆未见《韵经》，误指《平水韵》为约书，不亦傎乎？又朱彝尊《重刊广韵序》曰：“近有岭外妄男子，伪撰沈约之书，信而不疑者有焉。”考王士祯《居易录》，记康熙庚午，广东香山县监生杨锡震，自言得沈约《四声谱》古本于庐山僧今帾。因合吴棫《韵补》而详考音义，博征载籍，为《古今诗韵注》凡二百六十一卷，赴通政司疏上之。奉旨付内阁，与毛奇龄所进《古今通韵》订其同异。彝尊所指，当即其人。今内府书目但有奇龄之书，而锡震之书不录，未知其门目何如。疑其所据，即正域此本也。（卷四四·经部·小学类存目二，第382—383页）

16.九江·德安【宋】夏竦:《文庄集》三十六卷永乐大典本

宋夏竦撰。竦有《古文四声韵》，已著录。其集本一百卷，《宋史·艺文志》著录，今已不传。兹据《永乐大典》所载，兼以他书附益之，尚得诗文三十六卷。竦之为人无足取，其文章则词藻赡逸，风骨高秀，尚有燕、许轨范。《归田录》、《青箱杂记》、《东轩笔录》、《中山诗话》、《玉海》、《困学纪闻》诸书皆称引之。吕祖谦编《文鉴》，亦颇采录。盖其文可取，不以其人废矣。集中多朝廷典册之文，盖所长特在于是。所载事迹如太宗为京兆尹时召见魏咸信事在乾德五年，而史以为在开宝中。澶渊河清见底事在端拱元年，而史以为在雍熙四年。竦之直集贤院以献文得官，而史以为自通判召入。凡斯之类，皆足以订《宋史》之讹。他若李昉之追封韩国公、王曾之为兵部郎中、鲁宗道之为给事中、任中正之为右谏议大夫，史皆失书。凡斯之类，亦足补《宋史》之阙。盖托克托等年远传闻，不及竦纪录时事为得其实也。集中表奏有代王曾、王旦、寇准诸人作者。考之史传，竦在洪州，能断妖巫，毁淫祠。仁宗时增设贤良等六科，复百官转对，置理检使，亦皆竦所发。好水川之事，议者归咎韩琦，竦于任福衣带中得琦檄奏之，明其非罪。则竦虽巧伎，较之丁谓、王钦若辈，尚稍稍有间，故正人尚肯假手欤？抑或为所笼络，当时尚未遽悟其奸也。竦学赅洽，百家及二氏之书，皆能通贯。故其文征引奥博，传写者不得其解，往往舛讹。今参考诸书，为之是正，各附案语以明之。其不可尽考者，则姑仍其旧，从阙疑之义焉。（卷一五二·集部·别集类五，第1309页）

17.九江·德安【宋】王阮（？—1208）:《义丰集》一卷编修励守谦家藏本

宋王阮撰。阮字南卿，德安人。王韶之曾孙，隆兴元年进士。仕至抚州守，召入奏。韩侂胄欲见之，卒不往。怒，使奉祠归庐山以终。阮少谒朱子于考亭。朱子知南康时，阮又从游。故集中有唱酬之作。阮之归也，朱子惜之，谓其才气术略过人，而流落不偶。集首有淳祐癸卯吴愈序，谓其文无一字无来处。论边事则晁、贾其伦，为记铭则韩、柳其亚。今其文集未见，所存仅诗一卷。盖传录者以全集之序弁诗之首也。刘克庄尝跋其诗，谓高处逼陵阳、茶山。陵阳者韩驹，茶山者曾几也。岳珂《桯史》称阮学于张紫微，载其《万杉寺唱和绝句》及《重过万杉寺绝句》。紫微者张孝祥也。曾诗祖述黄庭坚，张诗则摹拟苏轼，韩诗则出入于苏、黄。今观阮诗，于两派之间各得一体。克庄及珂所述，固皆为近实矣。珂又记阮所作诗号《义丰集》，刻于江泮，校官冯椅为之序。是阮诗本有单行之本，不知何以佚去椅序，易以愈序也。（卷一五九·集部·别集类一二，第1374页）

18.九江·德安【明】何宇度：《益部谈资》三卷两淮盐政采进本

明何宇度撰。宇度里贯未详[①]，万历中官夔州府通判。是书所纪，皆四川山川物产及古今轶事。分上中下三卷，以体例不似图经，故署曰《谈资》，实亦地志之支流也。蜀虽僻处一隅，而蚕丛、鱼凫以下，古迹为多；长卿、子云以后，文士为众。又地形奥衍，百产繁饶，富庶之余，溢为奢丽。岁时游乐，亦自古为盛。故其见于记载，形于歌咏者，自扬雄《蜀王本纪》、谯周《三巴记》、李克《益州记》以下，图籍最多，遗事佚闻，皆足资采摭。是书掇拾蒐罗，尚未能一一赅备，然诠择不苟，去取颇严。其后曹学佺作《蜀中广记》，征引较博，不免稍涉氾滥，转不若此本之雅洁。在明人杂说之中，尚可称简而有要者。原本有李维桢跋，亦极推为善本，盖不诬云。（卷七〇·史部·地理类三，第627页）

19.九江·永修【宋】崔嘉彦（1111—1191）：《崔真人脉诀》一卷江苏巡抚采进本

旧本题紫虚真人撰，东垣老人李杲校评。考紫虚真人为宋道士崔嘉彦。陶宗仪《辍耕录》称，宋淳熙中，南康崔紫虚隐君嘉彦，以《难经》于六难专言浮沉，九难专言迟数，故用为宗，以统七表八里，而总万病，即此书

① 《明儒学案》卷三十八（甘泉学案二）：何迁字益之，号吉阳，江西德安人。《千顷堂书目》第3部分卷十二：何宇度《益部谈资》三卷注云：字仁仲，何迁子。

也。宋以来诸家书目不著录，焦竑《国史经籍志》始载之，《东垣十书》取以冠首。李时珍已附入《濒湖脉学》中。至其旁注之评语，真出李杲与否，则无可征信矣。（卷一〇五·子部·医家类存目，第883页）

20.九江·永修【宋】李彭：《日涉园集》十卷永乐大典本

宋李彭撰。彭字商老，南康军建昌人[①]。陈振孙《书录解题》以为公择之从孙。王明清《挥麈录》谓李定仲求以不得预苏舜钦赛神会兴大狱，彭即其孙也。二说未知孰是。《宋史》不为立传，其行履亦不可考。赵彦卫《云麓漫钞》载："吕居仁《江西诗派图》，录自黄庭坚以下二十五人，彭名在第十五，居韩驹之亚。"则彭本文章之士，故事迹不见于史也。其集《书录解题》作十卷，世久无传。今检《永乐大典》，所载彭诗颇多。抄撮编次，共得七百二十余首，诸体咸备。谨校定讹谬，仍釐为十卷，以还其旧。集中所与酬倡者，如苏轼、张耒、刘羲仲等，皆一代胜流。故其诗具有轨度，无南宋人粗犷之态。吕居仁称其诗文富赡宏博，非后生容易可到。刘克庄《后村诗话》亦称其博览强记，而独惜其诗体拘狭少变化。今观所作，克庄所论为近之。然边幅未宏，而锤炼精研，时多警策，颇见磨淬之功。在江西派中，与谢逸、洪朋诸人足相颉颃，终非江湖末派所能及也。（卷一五五·集部·别集类八，第1339页）

21.九江·庐山【宋】严用和（约1200—1267）：《济生方》八卷永乐大典本

宋严用和撰。用和始末未详[②]。《吴澄集》有《易简归一序》，称严子礼剽陈氏《三因方》之论，而附以经验之药。以其名推之，子礼似即用和字，其人盖在陈言后矣。澄又有《古今通变仁寿方序》，曰：世之医科不一，惟有

① 建昌县即今永修县。但《江西通志》（四库全书本）卷九十六云：苏庠，字养直，丹阳人，喜赋咏，精翰墨，卜筑庐山，以琴书自娱，与修水李彭齐名，世称苏李。（《庐山纪事》）则李彭为修水人。

② 《严氏济生方》原序一署为"时宝治癸丑上已庐山严用和序"，原序二署为"时咸淳丁卯良月庐山严用和谨书"。谢学安：《严用和籍贯质疑》，《江苏中医杂志》1982年第1期。傅幼荣：《严用和籍贯的再推究》，《中医杂志》1983年第5期。约生于南宋庆元六年（1200），卒于咸淳三年（1267）以后，享年67岁左右。长青：《严用和》，《山西中医》，1993年03期。

所传授，得之尝试者多验。予最嘉严氏《济生方》之药，不泛不繁，用之辄有功。盖严师于刘，其方乃平日所尝试而验者也。则澄盖甚重此书矣。其书分门别类，条列甚备，皆立论于前，而以所处诸方次列于后。自序称论治凡八十，制方凡四百，总为十卷。用之十五年，收效甚多，因锓梓以传。明以来传本颇稀，又大抵脱佚错谬，失其本旨，故医家亦罕相研究。今据《永乐大典》所载，补阙订讹，厘为八卷。书中议论平正，条分缕析，往往深中肯綮，如论补益云，药惟平补，柔而不僭，专而不杂，间有药用群队，必使刚柔相济，佐使合宜。又云，用药在乎稳重。论咳嗽云，今人治嗽，喜用伤脾之剂，服之未见其效，谷气先有所损。论吐衄云，寒凉之剂不宜过进。诸方备列，参而用之，盖其用药主于小心畏慎。虽不善学之，亦可以模棱贻误。然用意谨严，固可与张从正、刘完素诸家互相调剂云。（卷一〇三・子部・医家类一，第867页）

22.九江・庐山【元】胡震:《周易衍义》十六卷浙江吴玉墀家藏本

元胡震撰。震自署曰"庐山深溪"，又题"将仕佐郎南康路儒学致仕教授"。书前有自序，作于大德乙巳，盖成宗九年也。又有其子光大识语，称几成书而下世。后十年，始克纂集成编。则其书实成于光大之手矣。书中于《乾》、《坤》二卦卦辞下接《彖传》，继以释《彖》之《文言》，次《大象》，次《爻辞》下，接《小象》，继以释爻之《文言》，又置《杂卦》于《序卦》之前，序次颇为颠倒。昔李过作《西溪易说》，改《乾》、《坤》二卦经文次第，割裂《文言》分附卦爻，胡一桂讥其"混乱古经"，此书实同其病。前后脱简，亦不一而足。或传写者失其原次，故错紊若此欤？其于经文训诂，大都皆举史事以发明之，不免太涉泛滥，非说经家谨严之体。然议论尚为平正，所引诸儒之解，亦颇详核，多可以备参考。视言理而空谈元[①]妙，言数而漫衍奇耦者，犹为此善于彼焉。（卷四・经部・易类四，第23—24页）

---

① 当为"玄"，讳清圣祖玄烨。

23.九江·庐山【元】陈师凯:《书蔡传旁通》六卷两江总督采进本

元陈师凯撰。师凯家彭蠡[1]，故自题曰“东汇泽”。其始末则不可得详。此书成于至治辛酉。以鄱阳董鼎《尚书辑录纂注》本以羽翼蔡传，然多采先儒问答，断以己意。大抵辨论义理，而于天文、地理、律历、礼乐、兵刑、龟策、河图、洛书、道德、性命、官职、封建之属皆在所略。遇传文片言之赜，只字之隐，读者不免嗫嚅龃龉。因作是编，于名物度数蔡传所称引而未详者，一一博引繁称，析其端委。其蔡传岐误之处，则不复纠正。盖如孔颖达诸经《正义》主于发挥注文，不主于攻驳注文也。然不能以回护注文之故废孔氏之疏，则亦不能以回护蔡传之故废师凯之书矣。知其有所迁就而节取所长可也。(卷一二·经部·书类二，第97页)

24.九江·庐山【明】万尚父:《听心斋客问》一卷浙江鲍士恭家藏本

旧题庐山山人万尚父撰，不详其履贯。书中大旨皆宗尚二氏之学，谓一切声色，弗以耳听而以心听。设为客问，亦弗以言答而以心答也。大抵近俞琬《席上腐谈》，而所言荒渺，尤多纰缪之词。(卷一二五·子部·杂家类存目二，第1079页)

25.九江·庐山【清】宋士宗:《史学正藏》五卷江西巡抚采进本

国朝宋士宗撰。士宗字司秩，星子人。雍正丙午举人。其书自三皇，下讫昭烈，各有辨论。凡二百三十八条。自序云:“不获竣事，姑取其就绪者亟为录出。”盖未竟之本也。(卷九〇·史部·史评类存目二，第768页)

---

① 《宋元学案》卷六十六南湖学案（黄氏原本、全氏补定）：陈师凯，字道勇，南康人。隐居庐山，名其地曰东汇泽。撰《尚书蔡传旁通》六卷。《千顷堂书目》卷一“陈师凯《书蔡传旁通》六卷”注云：彭蠡人，至治辛酉为此书，凡传中所引名物度数，必详究所出，有功蔡传甚大。南康军：北宋太平兴国七年（982）分洪、江等州置，治星子县（今属江西），属江南西路。南宋绍兴初改属江南东路。辖境相当今江西省星子、都昌、永修、安义等县地。元至元十四年（1277）升为南康路。2016年5月，根据《国务院关于同意江西省调整九江市部分行政区划的批复》，江西省调整九江市部分行政区划，撤销星子县，设立县级庐山市，将九江市庐山区牯岭镇划归庐山市管辖，以原星子县和九江市庐山区牯岭镇的行政区域为庐山市的行政区域。

26.九江·庐山【清】宋士宗:《学统存》二十四卷江西巡抚采进本

国朝宋士宗撰。士宗有《史学正藏》,已著录。是书分二十四门，各为一卷，多摘录前人之说。其自序谓周有老、庄，宋有象山，明有文成，兼之宗杲、大鉴辈日与吾党争理，即濂、洛、关、闽复生，不能骤起而胜也。大抵攻陆、王之学以尊程、朱。然书名学统，而中多杂引史事及说部诸书，庞杂不可枚举。至志异一门，尤多怪诞不经之语，如《清异录》所载缱绻司氤氲大使之类，岂亦有关于道学之统乎?（卷一三三·子部·杂家类存目一〇，第1133页）

27.九江·修水【宋】黄庶（1019—1058）:《伐檀集》二卷两淮马裕家藏本

宋黄庶撰。庶字亚夫，分宁人。庆历二年进士，历佐一府三州，皆为从事，后终于摄知康州。黄庭坚之父也。江西诗派奉庭坚为初祖，而庭坚之学韩愈，实自庶倡之。其《和柳子玉十咏》中《怪石》一首，最为世所传诵。然集中古体诸诗，并戛戛自造，不蹈陈因。虽魄力不及庭坚之雄阔，运用古事，镕铸翦裁，亦不及庭坚之工巧，而生新矫拔，则取径略同；先河后海，其渊源要有自也。惟开卷近体诸诗，乃多不工。观集中《吕造许昌十咏后序》,称“造天圣中为许昌掾，取境内古迹之著者为十咏。其时文章用声律最盛，哇淫破碎不可读，其于诗尤甚。士出于其间，为词章能主意思而不流者，固少而最难”云云。然则庶当西昆体盛行之时，颇有意矫其流弊，故《谢崔相之示诗稿》一首，有“淡泊路久茀，共约锄榛菅”之句,《拟欧阳舍人古篆》一首，有“苏梅鸾凤相上下，鄙语燕雀何能群”之句。原注：苏子美、梅圣俞同有此诗。而其古文一卷，亦古质简劲，颇具韩愈规格，不屑为骈偶纤浓之词。其不甚加意于近体，盖由于此，非其才有不逮也。其集自宋以来，即刻附《山谷集》末。然子虽齐圣，不先父食，古有明训。列父诗于子集之末，于义终为未协。故今析之，别著录焉。（卷一五二·集部·别集类五，第1315页）

28.九江·修水【宋】黄庭坚（1045—1105）:《山谷内集》三十卷、《外集》十四卷、《别集》二十卷、《词》一卷、《简尺》二卷、《年谱》三卷安徽巡抚采进本

宋黄庭坚撰。《年谱》二卷，庭坚孙畲撰。庭坚事迹具《宋史·文苑传》。畲字子耕，从学于朱子。朱子于元祐诸人，诋二苏而不诋庭坚，畲之

故也。叶梦得《避暑录话》载黄元明之言曰："鲁直旧有诗千余篇，中岁焚三之二。存者无几，故名《焦尾集》。其后稍自喜，以为可传，故复名《敝帚集》。晚岁复刊定，止三百八篇，而不克成。今传于世者尚几千篇"云云。然庭坚所自定者皆已不存。其存者，一曰《内集》，庭坚之甥洪炎所编，即庭坚手定之《内篇》，所谓退听堂本者也。一曰《外集》，李彤所编，所谓邱濬藏本者也。一曰《别集》，即㽦所编，所谓内阁抄出宋蜀人所献本者也。《内集》编于建炎二年，《别集》编于淳熙九年，《年谱》则编于庆元五年。盖《外集》继《内集》而编，《别集》继内、外两集而编，《年谱》继《别集》而编。独李彤之编《外集》未著年月。然考《外集》第十四卷《送邓慎思归长沙》诗，"慎"字空格，注云："今上御名。"是《外集》亦编于孝宗时也。三集皆合诗文同编。后人注释，则惟取其诗。任渊所注之《内集》，即洪炎所编之《内集》。史容所注之《外集》，则与李彤所编次第已多有不同。而李彤编《外集》之大意，犹稍见于史注第一卷《溪上吟》题下。惟史季温所注之《别集》，则与㽦所编《别集》大有揞拄。此则原本与注本不可相无者矣。又《外集》第十一卷以下四卷，诗凡四百有奇，皆庭坚晚年删去，而李彤附载入者。此则任、史三注本皆未之有。庭坚之诗，得此而后全。又其中有与《年诸》相应者，编《年谱》时皆一一分注某年某事之次。而今但据三集检其目，则《年谱》有而本集无。故此四卷尤不可废也。㽦之《年谱》，专为考证诗文集而作。故刻全集必当兼刻《年谱》。而近日刻本，或删节《年谱》，或删并卷次，或移易分类，以就各体，或专刻一集，而不及其全。此本刻于明嘉靖中，前有蜀人徐岱序，尚为不失宋本之遗，非外间他刻所及焉。（卷一五四·集部·别集类七，第1328页）

29.九江·修水【宋】黄庭坚:《山谷刀笔》二十卷编修汪如藻家藏本

宋黄庭坚撰。《庭坚全集》已著录，此乃所著尺牍也。以年为次，自初仕至馆职四卷，居忧时三卷，在黔州三卷，戎州七卷，荆渚二卷，宜州一卷，皆于《全集》中摘出别行者。然是编向有宋椠本，非后人所为。考《宋史·艺文志》，杨亿亦以刀笔别行，盖当时风气有此一体云。（卷一七四·集部·别集类存目一，第1538页）

30.九江·修水【宋】黄庭坚:《山谷词》一卷江苏巡抚采进本

宋黄庭坚撰。庭坚有《山谷集》，已著录。此其别行之本也。《宋史·艺文志》载《庭坚乐府》二卷。《书录解题》则载《山谷词》一卷，盖宋代传刻已合并之矣。陈振孙于晁无咎词调下引补之语曰：“今代词手，惟秦七、黄九。他人不能及也。”于此集条下又引补之语曰：“鲁直间作小词固高妙，然不是当行家语，自是著腔子唱好诗。”二说自相矛盾。考秦七、黄九语在《后山诗话》中，乃陈师道语，殆振孙误记欤？今观其词，如《沁园春·望远行》，《千秋岁》第二首，《江城子》第二首，《两同心》第二首、第三首，《少年心》第一首、第二首，《丑奴儿》第二首，《鼓笛令》四首，《好事近》第三首，皆亵诨不可名状。至于《鼓笛令》第三首之用“䠣”字，第四首之用“豚”字，皆字书所不载，尤不可解。不止补之所云不当行已也。顾其佳者则妙脱蹊径，迥出慧心。补之著腔好诗之说，颇为近之。师道以配秦观，殆非定论。观其《两同心》第二首与第三首，《玉楼春词》第一首与第二首，《醉蓬莱》第一首与第二首，皆改本与初本并存。则当时以其名重，片纸只字，皆一概收拾，美恶杂陈，故至于是。是固宜分别观之矣。陆游《老学庵笔记》辨其《念奴娇》词“老子平生，江南江北，爱听临风笛”句，俗本不知其用蜀中方音，改“笛”为“曲”以叶韵。今考此本，仍作“笛”字，则犹旧本之未经窜乱者矣。（卷一九八·集部·词曲类一，第1809页）

31.九江·修水【宋】黄彦平:《三余集》四卷永乐大典本

按《三余集》世无传本，惟散见《永乐大典》中。然各韵所载，题为黄次岑者计七十余篇。题为黄次山者计五篇。已自相牴牾。集中有《见山堂记》一首，篇末自署豫章黄次岑。又别载谢锷所撰《三余集序》，则曰流江黄季岑。更互相舛迕。《宋史·艺文志》则作黄季岑《玉余集》。焦竑《国史经籍志》则作黄次山《三余集》。《前贤小集拾遗》载其诗一首，《历代名臣奏议》载其文三篇，亦均作黄次山，近时厉鹗撰《宋诗纪事》，则云黄次山字季岑。辗转异同，几于不可究诘。惟《丰城县志》载宋黄得礼字执中，元祐间进士，曾为柳州军事参军。与集中《先大夫述》一首符合。又载得礼长子名彦辅，字伯强，登政和进士。次子彦平，字季岑，号次山，登宣和进士。建炎初仕至吏部郎中，出提点湖南刑狱。载其世系名字、科第仕履，皆一一条晰。然则撰此集者乃黄彦平。所谓次岑、次山、季岑者，或传写讹异，或偶以字行耳。至其集名《三余》，当取三国董遇三余读书之意。《宋史》作《玉余》，亦字形相似而误也。彦平在靖康初，坐与李纲善，贬官。南渡后数上札子论事，多所建白。其《论赏罚》一疏，持论尤为平允。厥后刘光世、吕祉得失，卒为所料，如操券然。亦刚正有识之士矣。又张端义《贵耳集》曰："马子方作守令，幕下黄次山作启，与庙堂不入意。因自作之，有云'方卌九之年，买臣自知其将贵。当乙巳之岁，渊明已赋其归来。固不敢自比于古人，欲以此折衷于夫子。'黄大服"云云。是其虚心从善，异乎一长自足者，宜其文之工也。今据《永乐大典》所存，编为赋诗二卷、杂文二卷。存其文，并以存其人焉。（卷一五六·集部·别集类九，第1352页）

32.九江·武宁【宋】周应合（1213—1280）:《景定建康志》五十卷两淮马裕家藏本

宋周应合撰。应合，武宁人，自号溪园先生。淳祐间举进士，官至实录院修撰，以疏劾贾似道谪饶州通判。是书乃其以承直郎差充江南东路安抚司干办公事时所作也。初，建炎二年建行宫于金陵，改为建康府。设江南东路安抚司以治之，为沿江重镇。乾道、庆元间，屡辑地志，而记载尚多阙略。景定中，宝章阁学士江东安抚使知建康府马光祖，始属应合取乾道、庆元二志合而为一，增入庆元以后之事，正讹补阙，别编成书。首为《留都》四卷，次为《图表志传》四十五卷，末为《拾遗》一卷。援据该洽，条理详明，凡所考辨，俱见典核。如论丹阳之名，本出建业；论六朝扬州尝治建业，后始为广陵一郡之名，皆极精核。光祖序称其"博物洽闻，学力充赡"，不诬也。明嘉靖、万历间，是书尚有刊本在南京国子监，见黄佐《南廱志》中。然所存版止七百五十九面，则亦已阙佚不全。其后流传几绝，朱彝尊《曝书亭集》有是书跋，称"周在浚尝语以曾睹是书阙本，访之三十年未得。后从曹寅处借归录之，始复传于世"云。（卷六八·史部·地理类一，第600页）

33.九江·武宁【宋】邢凯:《坦斋通编》一卷永乐大典本

不著撰人名氏。《说郛》题曰宋邢凯撰，亦不详其爵里时代。所纪有淳熙中见冷世光论姓氏事，在孝宗时，又有庆元间高秉文命题京镗攻中官王德谦二事，及近见杨诚斋《易传》语，则是书成于宁宗以后。又纪乾道辛卯王宁为武宁宰，其家充里正，则武宁人也。其书多考证经史，略如程大昌《演繁露》、洪迈《容斋随笔》之体。如引《思齐》之诗，辨文母太任非太姒，引《说苑》证春秋矢鱼，引《世说》辨元龙百尺楼，引《汉书》证伏波之号，不可单称，引《国语》证《列子》西方圣人不指佛，引《明堂位郑注》证《汉书》秃翁字，引《朱买臣》、《张汤传》谓《汉书》自相矛盾，引《李吉甫传》谓《唐书》前后舛异，引《前汉书》证豺狼当道二语不始张纲埋轮，引邹阳书证鸷鸟累百二语不始孔融荐祢衡，考订皆为精核。他如论术家择日及五音配姓之非，论姚察置人事而委天数，论救荒当知戢奸，论罗浮山飞来峰之妄，论汉高祖同罪异罚，论求长生，论毁淫祠，论公仪休怒织帛不可训，持论皆为正大。至所论子虽齐圣，不先父食，不应坐颜回、曾参于殿上，而列其父于庑下，宜别立一堂之说，后世建启圣祠，竟从其议，尤可谓知礼意矣。是书《宋志》及诸家书目皆不著录，其原本卷帙不可考。今据散见《永乐大典》者，逐韵掇拾，编为一卷。虽所存仅数十条，而可取者特多焉。（卷一一八・子部・杂家类二，第1024—1025页）

34.九江・湖口【明】王恕:《石钟山志》八卷浙江范懋柱家天一阁藏本

明王恕撰。案是时有二王恕。一为三原人，《明史》有传；一即此王恕，字尚忠，湖口人，景泰甲戌进士，官至广东布政司参议。湖口有上下石钟山，即苏轼作记者。恕以其为邑名胜，因辑古今题咏、赋、传、记、跋等文，都为一编。虽以志为名，实总集也。（卷一九一・集部・总集类存目一，第1741页）

35.九江・湖口【清】周池:《唐鉴偶评》四卷编修周厚辕家藏本

国朝周池撰。池字商濂，湖口人。是书因读《通鉴纲目》而评其得失，多驳正《发明》、《书法》及胡寅《读史管见》之说，颇中其失。然以《唐鉴》为名，而卷一起高宗上元元年，卷三终武宗会昌四年，于唐代首尾不能完具。疑为未成之稿，其子孙录之成帙也。卷四为论二首，辨四首，说一首，则以各自为篇，与批缀简端者体例不同，故别为一卷云。（卷九〇・史部・史评类存目二，第768页）

36.九江·湖口【清】周池:《钝根杂著》四卷编修周厚辕家藏本

国朝周池撰。池有《读史偶评》,已著录。是书卷一曰理气图说，明盈虚消息，以渐而至穷极必返之义。卷二凡一[①]篇，一曰庄子身生性命子孙说，因《庄子·知北游篇》之语而推广之，一曰损人利己说，因史夔《愿体集》所论但言利害，不言是非，故以儒理正之。卷三曰诸凡视自七解词，则书一自字而缺其中一横画，因而推阐其说，凡得七解。自序谓如哑谜隐语，盖游戏之笔也。卷四凡三篇，一曰论《诗经叶韵》有误，一曰《卷耳篇》辨解，一曰《邶风·柏舟篇》辨解。(卷一二九·子部·杂家类存目六，第1112页)

37.九江·湖口【清】周池:《骈语类鉴》四卷编修周厚辕家藏本

国朝周池撰。池有《唐鉴偶评》,已著录。是书兼仿李瀚《蒙求》、吴淑《事类赋》之体，以故事可资法戒者，编为俪偶，不立门目，惟以韵部分篇。末一卷为闺鉴十二篇，幼鉴十篇，则妇人及童子事也。中有一篇仅一二韵者，意亦编纂未竟之稿欤?(卷一三九·子部·类书类存目三，第1181页)

38.九江·都昌【宋】冯椅(1140—1232):《厚斋易学》五十二卷永乐大典本

宋冯椅撰。椅字仪之，一作奇之，号厚斋，南康都昌人。《宋史·冯去非传》云:“父椅，家居授徒，所著《易书诗语孟辑说》等书，共二百余卷。”今多不传，惟所辑《易说》,尚散见《永乐大典》中。考胡一桂《启蒙翼传》引《宋中兴艺文志》云:“宁宗时冯椅为《易辑注》、《辑传》、《外传》,犹以程迴、朱熹未及尽正孔传名义，乃改‘《彖》曰’、‘《象》曰’为赞。”又以隋《经籍志》有《说卦》三篇，改《系辞传》上、下为《说卦》上、中。俞琰《读易举要》所说亦同。今检《永乐大典》所载，但有《辑注》、《辑传》,而无所谓《外传》者，与旧说殊不相合。以椅自序核之，当日盖各为一书。《辑注》止解《彖》、《象》,《辑传》则尊《彖》、《象》为经，而退十翼为传。《外传》则以十翼为经，各附先儒之说，而断以己意。《永乐大典》编纂不出一手，割裂其文，杂附于各卦爻下，遂并《外传》之名而没之。今反

① “一”疑当为“二”。

覆参校，釐为《辑注》四卷，《辑传》三十卷，《外传》十八卷。仍分三书，以还其旧。《辑注》多用古文，如《坤卦》“黄裳”之“裳”作“常”。《蒙卦》“渎蒙”之“渎”作“黩”，《屯卦》“磐桓”之“磐”作“般”，“邅如”之“邅”作“亶”，《师卦》“丈人”作“大人”，《旅卦》“资斧”作“齐斧”。虽异今本，而皆根旧义。至于《履》、《否》、《同人》诸卦，以为旧脱卦名宜补，《姤彖》“女壮勿用取”下以为衍女字之类，则椅之自抒所见者也。《辑传》各卦，皆分《卦序》、《卦义》、《彖义》、《爻义》、《象占》诸目，缕析条分，至为详悉，其蒐采亦颇博洽。如王安石、张汝明、张弼、李椿年、李元量、李舜臣、闾邱昕、毛朴、冯时行、兰廷瑞诸家，其全书今皆不传，尚藉是以存梗概。《外传》荟稡群言，亦多所阐发。其以《系辞》为《说卦》，宗吴仁杰之本，董真卿《周易会通》驳之，良允。明杨时乔《周易古今文》乃以合于《隋志》取之，斯好奇之过矣。然合观三书，大抵元元本本，淹贯宏通，要不以一二微瑕掩也。《启蒙翼传》又云：“鄱阳汪标手编诸家《易》解为一巨集，名《经传通解》，以椅《易》解为底本，求古今解增入。”盖宋元之际，甚重其书。今标书亦不传，则此书弥可宝贵矣。董真卿、胡一桂皆称是书为《易辑》，《宋史·艺文志》作《易学》，《文献通考》则作《厚斋易学》。考王湜先有《易学》，宜有所别，故今从《通考》之名焉。（卷三·经部·易类三，第15页）

39.九江·都昌【宋】冯椅（伪托）：《周易辑说明解》四卷江西巡抚采进本

旧本题“宋冯椅撰”。椅有《厚斋易学》，已著录，此其别行之伪本也。案椅原书，《宋史·艺文志》作五十卷，此本卷数悬殊。其不合者一。又朱彝尊《经义考》载《中兴艺文志》云：“冯椅为《辑注》、《辑传》、《外传》，以程沙随、朱文公虽本古《易》为注，犹未及尽正孔传名义，乃改‘《彖》曰’‘《象》曰’为‘《赞》曰’，又改《系辞》上、下为《说卦》上、中，以《隋经籍志》有《说卦》三篇也。”此本仍作“《彖》曰”、“象曰”，不作“《赞》曰”，《系辞传》亦仍分上、下，不作《说卦》上、下。其不合者二。胡一桂《易本义附录纂疏》曰“冯厚斋讲《明夷》六五‘箕子之明夷’云，箕字蜀本作其字，此继统而当明扬之时之象，其指大君当明扬之时而传之子，则其子亦为明夷矣。又谓文王作爻辞，移置君象于上六，以初登于天、后入于地况明夷之主，六五在下而承之，明夷之主之子之象也。子继明夷之治，利在于贞，明不可以复夷也。后世以其为箕，遂傅会于文王与纣事，甚至以爻词为周公作，而非文王。盖箕子之囚在文王羑里之后，方演《易》时，箕子之明未夷也。李隆山深然其说”云云，此本解《明夷》六五上六二爻，仍用旧说，未尝改箕字为其字。其不合者三。且《永乐大典》具载椅书，有《辑注》、《辑传》之目，与《中兴艺文志》同其议论，与胡氏之言同。又其以古训改今文者甚多，如裳之为常，渎之为黜，宠之为龙，拯之为承，皆本《说文》、《释文》诸家。《履》、《否》诸卦则以为旧脱卦名宜补，《姤卦》则以为勿“用取”下衍“女”字，《渐卦》则以“渐之进”“之”字为“渐”字之讹。今此书皆无其文。又《辑注》、《外传》所引诸家如司马光、王安石凡二三十家，多外间所未有，今并无之。至其各卦讲解，多沿袭《本义》，与《永乐大典》所载全殊。其为伪托，更无疑义。今椅之全书业已重编成帙，此本已可不存。以外间传写已久，恐其乱真，故存其目而论之焉。（卷七·经部·易类存目一，第48—49页）

40.九江·都昌【宋】曹士冕:《法帖谱系》二卷浙江鲍士恭家藏本

宋曹士冕撰。按《书史会要》，士冕字端可，号陶斋，昌谷之后。昌谷为曹彦约别号，则都昌人也。其仕履无考。惟“三山木版帖”条下，自称“三山帅司库有历代帖版本，嘉熙庚子，备员帅幕，尚及见之”之语，“绛本旧帖”条下，有“淳祐甲辰霅川官满”之语，盖由幕僚而仕州郡者耳。其书序宋代法帖源流。首为谱系图。上卷淳化法帖以下为二王府帖、绍兴国子监本、淳熙修内司本、大观太清楼帖、临江戏鱼堂帖、利州帖、庆历长沙帖、刘丞相私第本、长沙碑匠家本、长沙新刻本、三山木版、黔江帖、北方印成本、乌镇本、福清本、澧阳帖、鼎帖、不知处本、长沙别本、蜀本、庐陵萧氏本，凡二十二种。下卷绛本旧帖以下为东库本、亮字不全本、新绛本、北本、又一本、武冈旧本、武冈新本、福清本、乌镇本、彭州本、资州本、木本前十卷，又木本前十卷，凡十四种。盖以《淳化阁帖》为大宗，而《绛帖》为别子，诸本皆其支派也。每条叙述摹刻始末，兼订其异同工拙，颇足以资考证。《书史会要》称士冕博参书法，服习兰亭，宜其鉴别不苟矣。古今法帖皆拓本，惟此书载有印本法帖，亦广异闻。书成于淳祐乙巳，前有自

序，以书中自记考之，盖雪川官满之第二年也。（卷八六·史部·目录类二，第736页）

41.九江·都昌【宋】曹彦约（1157—1228）：《经幄管见》四卷永乐大典本

宋曹彦约撰。彦约字简甫，都昌人。淳熙八年进士，薛叔似宣抚京湖，辟为主管机宜文字。累官宝谟阁待制，知成都府。宝庆元年，擢兵部侍郎，迁礼部，旋授兵部尚书，力辞不拜，以华文阁学士致仕。卒谥文简。事迹具《宋史》本传。是书盖彦约侍讲筵时所辑，皆取《三朝宝训》，反覆阐明，以示效法。盖即范祖禹《帝学》多陈祖宗旧事之义。考仁宗天圣五年，允监修王曾之请，采太祖、太宗、真宗事迹不入正史者，命李敬等别为《三朝宝训》三十卷。宝元二年十二月，诏以进读。嗣是讲幄相沿，遂为故事。彦约是书，于进读《符瑞》诸篇，虽不免有所回护，要亦当时臣子之词，不得不尔。其余诸篇，则皆能旁证经史，而归之于法诫，亦可谓不失启沃之职者矣。旧刻散佚，久无传本。惟《永乐大典》尚载其全文，今详为校雠，釐成四卷。间有辨证，各依文附著焉。（卷八八·史部·史评类，第753页）

42.九江·都昌【宋】曹彦约：《昌谷集》二十二卷永乐大典本

宋曹彦约撰。彦约有《经幄管见》，已著录。是编称《昌谷集》者，考集中有《与刘后溪书》，谓世为都昌村落人，后迁于城下昌谷巷，则其所居地名也。彦约初游朱子之门，其后历任州郡，却敌平寇，独卓有实用。故《宋史》本传称其可以建立事功。及入侍讲筵，亦能殚心启沃。其《经幄管见》一书，敷陈祖训，规箴时政，尚历历可稽。文集乃湮没不显，《宋史·艺文志》皆不著录。惟焦竑《国史经籍志》有《昌谷小集》二十卷，钱溥《秘阁书目》亦有《曹文简公集》十五册。然亦久无传本。厉鹗《宋诗纪事》蒐罗繁富，绝不及其姓名，则无征久矣。今考《永乐大典》，载彦约诗文颇多。核其篇目，如本传所称为利路转运判官时所作《病夫议》，为兵部侍郎时所上《荐李心传札子》，俱不载其中。知已未免于佚阙。然其余诸作，世所不传者，为数尚夥。谨类次排纂，釐为二十二卷。其间奏议，大都通达政体，可见施行。所论兵事利害，尤确凿有识，不同摭拾游谈。其应诏陈言二封事，乃庆元、宝庆间先后所上。于当日苟且玩愒之弊，反覆致意，切中窾要，亦可征其鲠直之概。惟俪词韵语，稍伤质朴。然不事修饰而自能词达理明，要非学有原本者不能也。（卷一六一·集部·别集类一四，第1385页）

43.九江·都昌【元】陈澔（1261—1341）：《云庄礼记集说》十卷通行本

元陈澔撰。澔字可大，都昌人。云庄其号也。是书成于至治壬戌。朱彝尊《经义考》作三十卷。今本十卷，坊贾所合并也。初，延祐科举之制，《易》、《书》、《诗》、《春秋》皆以宋儒新说与古注疏相参，惟《礼记》则专用古注疏。盖其时老师宿儒，犹有存者，知《礼》不可以空言解也。澔成是书，又在延祐之后，亦未为儒者所称。明初，始定《礼记》用澔注。胡广等修《五经大全》，《礼记》亦以澔注为主，用以取士。遂诵习相沿。盖说《礼记》者，汉唐莫善于郑、孔，而郑《注》简奥，孔《疏》典赡，皆不似澔注之浅显。宋代莫善于卫湜，而卷帙繁富，亦不似澔注之简便。又南宋宝庆以后，朱子之学大行。而澔父大猷师饶鲁，鲁师黄榦，榦为朱子之壻。遂藉考亭之余荫，得独列学官。其注《学记》“术有序”句，引《周礼·乡大夫》“春秋以礼会民而射于州序”，《周礼·乡大夫》实无此文。注《檀弓》“五十以伯仲”句，引贾公彦《仪礼疏》，乃孔颖达《礼记疏》文，正与贾说相反。颇为论者所讥。然朱子注《诗》“騋牝三千”引《礼记》“问国君之富，数马以对”，《礼记》无此文。注《孟子》“神农之言”引史迁“所谓农家者流”，《史记》无此文。蔡沈注《书》“釐降二女于妫汭”引《尔雅》“水北曰汭”，《尔雅》无此文。又注《西伯戡黎》引《史记》“纣使胶鬲观兵”，注“星有好雨”引《汉志》“轸星好雨”，《史记》、《汉书》亦均无此文。是皆偶然笔误，未足以累全书。且何休汉代通儒，号为学海，而注《公羊传》“舟中之指可掬”句，引“天子造舟，诸侯维舟，卿大夫方舟，士特舟”语，尚误记《尔雅》为《礼》文，又何有于澔？澔所短者，在不知礼制当有证据，礼意当有发明，而笺释文句，一如注《孝经》、《论语》之法。故用为蒙训则有余，求以经术则不足。朱彝尊《经义考》以“兔园册子”诋之，固为已甚，要其说亦必有由矣。特《礼》文奥赜，骤读为难。因其疏解，得知门径，以渐进而求于古。于初学之士，固亦不为无益。是以国家定制，亦姑仍旧贯，以便童蒙。然复钦定《礼记义疏》，博采汉唐遗文，以考证先王制作之旨，并退澔说于诸家之中，与《易》、《诗》、《书》三经异例。是则圣人御宇，经籍道昌，视明代《大全》抱残守匮，执一乡塾课册以锢天下之耳目者，盛衰之相去，盖不可以道里计矣。（卷二一·经部·礼类三，第170页）

44.九江·彭泽【明】刘日曦:《易思图解》无卷数江西巡抚采进本

明刘日曦撰。日曦字仲升，彭泽人。天启壬戌进士。是书以邵子《大横》、《大圆》二图为先天，《横排》、《圆排》为大成，其《小横》为太极，《阴阳卦序小圆》为先天小成，《文王卦位》为后天小成，《汉儒卦气图》加以《四正之卦》为后天大成，《杂卦》之次则为孔子《序卦》与文王《序卦》一例。后附以《河图》、《洛书》及周子《太极图》、邵子《皇极经世》《阴阳刚柔四象图》与一元消长数，各为之说。大抵出于臆撰。其《序卦》、《杂卦》二图，非方非圆，尤不知其何所受也。（卷八·经部·易类存目二，第64—65页）

景德镇

四库著录景德镇先贤9人，著作10种，其中宋代2种，元代3种，明代5种。

（一）四库景德镇先贤著作简目

1.景德镇·乐平 【宋】马廷鸾（1222—1289）：《碧梧玩芳集》二十四卷永乐大典本（卷一六五·集部·别集类一八，第1411页）

2.景德镇·乐平 【元】朱公迁：《诗经疏义》二十卷浙江吴玉墀家藏本（卷一六·经部·诗类二，第127页）

3.景德镇·乐平 【元】朱公迁：《四书通旨》六卷内府藏本（卷三六·经部·四书类二，第300—301页）

4.景德镇·乐平 【元】马端临（约1254—1323）：《文献通考》三百四十八卷内府藏本（卷八一·史部·政书类一，第696—697页）

5.景德镇·乐平 【明】程楷：《程念斋集》十卷江西巡抚采进本（卷一七五·集部·别集类存目二，第1564页）

6.景德镇·浮梁 【宋】金君卿：《金氏文集》二卷永乐大典本（卷一五三·集部·别集类六，第1316页）

7.景德镇·浮梁 【明】陈大绶：《万历饶州府志》四十五卷两淮盐政采进本（卷七四·史部·地理类存目三，第646页）

8.景德镇·浮梁 【明】曹煜：《东溪蔓语》一卷浙江范懋柱家天一阁藏本（卷九六·子部·儒家类存目二，第812页）

9.景德镇·浮梁 【明】闵文振：《异物汇苑》十八卷浙江巡抚采进本（卷一三八·子部·类书类存目二，第1171页）

10.景德镇·浮梁 【明】汪柏：《青峰存集》十二卷江西巡抚采进本（卷一七七·集部·别集类存目四，第1592页）

（二）四库景德镇先贤著作提要

1.景德镇·乐平【宋】马廷鸾（1222—1289）：《碧梧玩芳集》二十四卷永乐大典本

宋马廷鸾撰。廷鸾字翔仲，乐平人，淳祐七年进士，历官右丞相，兼枢密使，事迹具《宋史》本传。《史》称其罢相归后，又十七年而卒。考廷鸾之罢在度宗咸淳八年壬申，其殁当在元世祖至元二十六年己丑。今集中《老学道院记》，称著雍困敦之岁，余年六十有七，则作是文时，去其病殁已不远。似集为其子端临所编矣。其曰“碧梧玩芳”者，廷鸾家有碧梧精舍，晚年又自号“玩芳病叟”，因以为名也。自明以来，外间绝无传本。惟《永乐大典》所收，颇存梗概。大抵骈体最工。理宗末年，又居两制，朝廷大著作多出其手。其他诗文亦皆典赡秀润，盎然有卷轴之味。端临承藉世业，撰为《文献通考》，至今为艺林宝重，即廷鸾所学可知也。其集《宋史》不著录，原编卷数已不可考。谨以今所存者裒辑排比，分为二十三卷。廷鸾又尝仿吕祖谦《大事记》之例，作《读史旬编》，以十年为一旬，起帝尧元载甲辰，迄周显德七年庚申，为三十八帙。今全书虽佚，而《绪论》尚散见《永乐大典》中，并裒为一卷，附于文后，共为二十四卷。《宋史》称廷鸾所著又有《六经集传》、《语孟会编》、《楚辞补记》、《洙泗裔编》、《读庄笔记》诸书，今并不传。又称其召试馆职时，即以强君德，重相权，收直臣，防近习为对。为将作少监时，论贡举三事，又言宜蠲除被灾州县租赋。为起居舍人时，言太史当谨书灾异，又言翕受敷施，以壮人才之精神，虚心容纳，以植人言之骨干，念邦本而以公灭私，严边备而思患预防。同知枢密院时，言培命脉，植根本，崇宽大，行忠厚，又言恢大度以优容，虚圣心而延伫，推内恕以假借，忍难行而听纳，则情无不达，理无不尽云云。其文今皆不见于集中。或奏疏别为一编，故此集皆不见收欤？（卷一六五·集部·别集类一八，第1411页）

2.景德镇·乐平【元】朱公迁:《诗经疏义》二十卷浙江吴玉墀家藏本

元朱公迁撰。公迁字克升，乐平人。《江西通志》载其至正间为处州学正，何英后序则称以特恩授校官，得主金华郡庠。二说互异。考《乐平县志》载公迁“以至正辛巳领浙江乡试，教婺州，改处州。”然则英序举其始，《通志》要其终耳。是书为发明朱子《集传》而作，如注有疏，故曰《疏义》。其后同里王逢及逢之门人何英，又采众说以补之。逢所补题曰《辑录》，英所补题曰《增释》。虽递相附益，其宗旨一也。其说墨守朱子，不逾尺寸，而亦间有所辨证。如《卷耳篇》内，朱子误用毛传旧说，以崔嵬为土山戴石，公迁则引《尔雅》、《说文》，明其当为石戴土。又《七月》之诗，朱子本《月令》以流火在六月，公迁推验岁差，谓《公刘》时当五六月之交。皆足以补《集传》之阙。又《集传》所引典故，一一详其出处。即所引旧说，原本不著其名者，如《卫风》之赵子注为赵伯循，《小雅·斯干篇》之或曰注为曾氏之类，皆一一考订。虽于宏旨无关，亦足见其用心不苟也。书成于至正丁亥。正统甲子英始取逢所授遗稿重加增订，题曰《诗传义》，详释发明，以授书林叶氏刊行之。而板心又标《诗传会通》，未喻其故。今仍从公迁旧名，题曰《诗经疏义》，以不没其始焉。（卷一六·经部·诗类二，第127页）

3.景德镇·乐平【元】朱公迁:《四书通旨》六卷内府藏本

元朱公迁撰。公迁有《诗传疏义》，已著录。是编取《四书》之文，条分缕析，以类相从，凡为九十八门。每门之中，又以语意相近者联缀列之，而一一辨别异同，各以“右明某义”云云标立言之宗旨。盖昔程子尝以此法教学者，而公迁推广其意以成是书。其间门目既多，间涉冗碎。故朱彝尊《经义考》谓读者微嫌其繁。又如“樊迟请学稼”，不过局于末业，乃列之于“异端门”，与许行同讥。上士一位、中士一位、下士一位本周室班爵之制，乃列之于“士门”，与处士一例，亦颇伤踳驳。尧、舜、禹、汤、文、武、周公、孔子、孔门弟子、子思、孟子诸门，以人隶事，体近类书，尤为无所发明。然于天人性命之微，道德学问之要，多能剖其疑似，详其次序，使读者因此证彼，涣然冰释。要非融会贯通，不能言之成理如是也。所引诸家之说，独称饶鲁为饶子，其渊源盖有自矣。明正统中何英作《诗传疏义序》，称永乐乙酉，因阅《四书通旨》而语及《疏义》，则是书行世，在《疏义》之前。顾明以来说《四书》者罕见征引，近《通志堂经解》始刊行之，盖久微而复出也。句下间列异同，如“喜怒哀乐”一条，谓“右以体言”，而注“亦曰以性言”字；“允执其中”一条，谓“右以用言”，而注“亦曰以事理言”字；如是者不一，疑刊是书者参校诸本所附，非公迁之旧。其出自谁手，则不可考矣。（卷三六 · 经部 · 四书类二，第300—301页）

4.景德镇 · 乐平 【元】马端临（约1254—1323）：《文献通考》三百四十八卷内府藏本

元马端临撰。端临字贵与，江西乐平人，宋宰相廷鸾之子也。咸淳中，漕试第一。会廷鸾忤贾似道去国，端临因留侍养，不与计偕。元初起为柯山书院山长。后终于台州儒学教授。是书凡《田赋考》七卷，《钱币考》二卷，《户口考》二卷，《职役考》二卷，《征榷考》六卷，《市籴考》二卷，《土贡考》一卷，《国用考》五卷，《选举考》十二卷，《学校考》七卷，《职官考》二十一卷，《郊祀考》二十三卷，《宗庙考》十五卷，《王礼考》二十二卷，《乐考》十五卷，《兵考》十三卷，《刑考》十二卷，《经籍考》七十六卷，《帝系考》十卷，《封建考》十八卷，《象纬考》十七卷，《物异考》二十卷，《舆地考》九卷，《四裔考》二十五卷。其书以杜佑《通典》为蓝本。《田赋》等十九门，皆因《通典》而离析之。《经籍》、《帝系》、《封建》、《象纬》、《物异》五门则广《通典》所未及也。自序谓“引古经史谓之‘文’，参以唐宋以来诸臣之奏疏，诸儒之议论，谓之‘献’。故名曰《文献通考》”。中如《田赋考》载唐租庸调之制，而据《唐会要》，则自开元十六年以后，其法屡改。载五代田赋之制，而据《五代会要》，尚有天成四年户部奏定三京诸府夏秋税法一事，乃一概略之。杨炎定两税法奏疏，最关沿革，亦佚不载。《职役考》载口算之制，而《汉书》永建四年除三辅三年逋租过更口算刍稿诏书不载。《征榷考》详载盐铁，而《五代会要》后唐长兴四年诸道盐铁转运使奏定盐铁条例不载。又《杂税》载果菜之税。而《汉书》永元六年流民贩卖勿出租税诏不载。《国用门》载漕运兴废，而《后汉书》建武七年罢护漕都尉，建初三年罢常山诸处河漕不载。其载唐代东都及郑州诸处漕运措置，亦不及《唐会要》之详。历代赈恤，于汉既载本始四年之诏，而略三年郡国伤旱甚者民毋出租赋之诏。《选举考》详载两汉之选举，而《汉书》元封四年诏举茂才异等，始元元年遣廷尉持节行郡国举贤良，永光元年诏举朴质敦厚逊让有行者，光禄岁以此科第郎从官，俱不载。《学校考》辨先圣、先师之分，而《唐会要》贞观二十一年诏以孔子为先圣，颜回等为先师之制不载。至《职官考》则全录杜佑《通典》。五代建置，尤叙述寥寥。核以王溥《五代会要》、孙逢吉《职官分纪》，仅得其十之一二。《郊祀考》多引经典，而《尚书》之肆类于上帝不载。《逸周书》、《白虎通》、《三辅黄图》所载周明堂之制最详，亦不及征引。又载历代明堂之制，而梁武帝改作明堂详于《隋书·礼仪志》者不载。地祇之祭只引《周官》及《礼记·郊特牲》，而礼运、祭地、瘗缯，及《考工记》玉人两圭五寸祀地之文不载。汉祀后土之制，只载《汉旧仪》祭地河东，而《汉官仪》北郊坛在城西北诸制不载。又雩祭引《左传》、《周礼》注疏，而《礼记·祭法》雩宗祭水旱也，《尔雅》舞号雩也，皆不载。祭日月，只引《礼记》、《周礼》，而《大戴礼》天子春朝朝日，秋暮夕月，及《尚书大传》古者帝王以正月朝迎日于东郊，皆不载。于汉制既载宣帝时成山祠日、莱山祠月，而建始时罢此祠，复立于长安城事，又不载。《社稷门》引各经注疏所论社制，而《周书·作雒篇》建社之制，及蔡邕《独断》所载天子大社之制，皆不载。祀山川亦引经传，而《仪礼·觐礼》祭山丘陵升、祭川沈，《尔雅》祭山曰庪县、祭川曰浮沈，皆不载。又分代详载，而独略北齐天保元年分遣使人致祭于五岳四渎。《宗庙考》载后魏七庙之制，只引《礼志》改七庙之诏，不知兴建沿革详于《孙惠蔚本传》。又唐初建七庙，《新唐书·礼乐志》多略，而不参用《旧唐书·礼仪志》。《王礼考》载周之朝仪，而不引《周书·王会解》。又详载历代朝仪，而不载《史记·秦本纪》始皇三十五年营作朝宫。载汉代朝仪，而不载《续汉书·礼仪志》所载常朝之制。又舆服之载于史志者，必详叙卿士大夫，如汉制二千石车朱两轓之类，所以明差等也，而一概从略。《乐考》载五代庙乐，不如《五代会要》之详。《兵考》载晋兵制至悼公四年而止，其后治兵邾南，甲车四十乘不载。载鲁兵制自昭公蒐红始，而成公元年作丘甲，襄公十一年作三军，昭公五年舍中军，俱不载。《经籍考》卷帙虽繁，然但据晁、陈二家之目。参以诸家著录，遗漏宏多。《舆地考》亦本欧阳忞《舆地广记》，罕所订补。大抵门类既多，卷繁帙重，未免取彼失此。然其条分缕析，使稽古者可以案类而考。又其所载宋制最详。多《宋史》各志所未备。案语亦多能贯穿古今，折衷至当。虽稍逊《通典》之简严，而详赡实为过之。非郑樵《通志》所及也。（卷八一·史部·政书类一，第696—697页）

5.景德镇·乐平【明】程楷:《程念斋集》十卷江西巡抚采进本

明程楷撰。楷字念斋，饶州人[①]，成化丁未进士，改庶吉士。是集末有方蒉跋，称其家居时所著有《东楼南楼日录》，游太学时有《屏岚书屋稿》，官翰林时有《来英亭稿》，皆散落不存。此本乃其郡人史简所摘抄，凡文七卷、诗词八卷。古文具有间架，而酝酿未深。诗词亦多率意之作，不留心于陶炼。（卷一七五·集部·别集类存目二，第1564页）

6.景德镇·浮梁【宋】金君卿:《金氏文集》二卷永乐大典本

宋金君卿撰。君卿字正叔，浮梁人。《江西通志》载："君卿登庆历进士，累官知临川，权江西提刑，入为度支郎中。"洪迈《夷坚志》载"君卿读书浮梁山"一条，称其策高科，历郡守，部使者，积伐至度支郎中。与《通志》相合，然亦不详其事迹。考曾巩《元丰类稿》有《卫尉寺丞致仕金君墓志铭》一篇，乃为君卿父温叟而作。称温叟四子，君著、君佐、君卿、君佑，皆举进士。君卿以皇祐二年官秘书丞，五年官太常博士，得以褒崇其亲。其叙述颇详。又称君卿方以材自起于贱贫，欲以其所为为天下，慨然有志。则其人亦非碌碌者也。《宋史·艺文志》载《金君卿集》十卷，《江西通志》作十五卷。考《永乐大典》载是集，有富临原序一篇，称临川江明仲求遗稿，编成十五卷，号《金氏文集》。则《宋志》称十卷者误矣。原本久佚。今掇拾《永乐大典》所载，仅得十之一二。然北宋文集，传者日稀，此本尤世所罕见。残珪碎璧，弥少弥珍。谨以类编次，分为上、下二卷。集中所作，有文彦博、韩琦《生日诗》，《范仲淹移镇杭州次韵诗》，《和欧阳修颍州西湖》及《芍药》二诗。是君卿所与游者，皆一代端人正士。故诗文皆清醇雅饬，犹有古风。陈灾事、贡举诸疏，剀切详明，尤为有裨世用。又如《和介甫寄安丰张公仪》一首，即用《临川集》中安丰张令修《芍陂》之韵。而据君卿诗知张字为公仪，为李壁注所未引。又《和曾子固直言谪官者》一首，检《元丰类稿》无其原唱，知此篇为巩所自删。亦均可互资考证。富临序称君卿长于《易》，尝著《易说》、《易笺》。今并不存，独有《传易之家》一篇，具载传授本末，疑即《易说》前所载之叙录。今既无可考，

① 《江西通志》（四库全书本）卷九十：程楷，字正之，乐平人。

姑并附于集末焉。（卷一五三·集部·别集类六，第1316页）

7.景德镇·浮梁【明】陈大绥:《万历饶州府志》四十五卷两淮盐政采进本

明陈大绶撰。大绶，浮梁人。万历乙未进士，官至福建布政使参议。饶州自正德辛未刘录撰志以后，百有余年，大绶始撰此志。分十三门，又分子目八十。书成于万历乙卯，其中如寺观之建自唐宋者，应叙于《古迹》，乃归于《秩祀门》。二氏非秩祀也。《舆地志》既分《山》、《水》为二门，而《古迹门》内又载石城山。殊无条理。《沿革门》载汉建安十五年孙权置鄱阳郡，治旧县。不知初治在鄱阳，后徙治吴芮故城。亦考之未详也。（卷七四·史部·地理类存目三，第646页）

8.景德镇·浮梁【明】曹煜:《东溪蔓语》一卷浙江范懋柱家天一阁藏本

明曹煜撰。煜，浮梁人。嘉靖丙戌进士，其仕履未详。据书中自言，则尝为县令者也。其书皆讲学之语，持论颇淳正。然多抄撮二程之言，以乡曲之私，推吴与弼过甚。于石亨一事，至以孟子称孔子者称之，殊为曲笔。又如居家友爱，居官德感，及近来进益诸条，皆自暴所长，殆浅之乎为人矣。（卷九六·子部·儒家类存目二，第812页）

9.景德镇·浮梁【明】闵文振:《异物汇苑》十八卷浙江巡抚采进本

明闵文振撰。文振字道充，浮梁人。其书分二十七部。杂采传记奇异之事，然亦多世所习见，无出人耳目之外者。如"蚬称缢女"一条，注云出《尔雅》，而《尔雅》实无此文，则其征引亦不足尽据也。（卷一三八·子部·类书类存目二，第1171页）

10.景德镇·浮梁【明】汪柏:《青峰存集》十二卷江西巡抚采进本

明江[①]柏撰。柏字廷节，号青峰，浮梁人。嘉靖戊戌进士，官至光禄寺

① "江"疑当为"汪"。《光绪江西通志》卷一百六十二:"汪柏，字廷节，浮梁人，嘉靖进士。为大理评事，迁光禄寺丞。大学士夏言以文章才品推重之。出为广东海道副使。海上有巨寇何姓者，为一方害，捕擒之。历浙江布政致仕。柏所至有风裁，淡于嗜欲，俸积尽以均之昆弟。著有《青峰存集》。"

卿。其文气度恬雅，无剽窃摹拟之病，而微嫌其弱。诗亦学宋格而未成。盖不囿于李、何之门径，而其力又不足以胜之也。集为其侄思聪所刻，第一卷为表、论，第二卷为诗歌、乐府、词，三卷以下皆杂文，编次殊为错乱。思聪序称，柏历官广、浙，正当海寇猖獗之时，经略海防，不啻数万言，居常自谓：应酬文字，虽蒙士大夫许可，不过空言。此则身当其事，曲中机宜，异时修海防者，吾言恐不可废。謄写成帙，以呈大参王公及巡海林公。未及领回，此后无缘复取云云。则此集所存，原非柏惬意之作矣。（卷一七七·集部·别集类存目四，第1592页）

萍乡

四库著录萍乡先贤2人，著作7种，其中明代6种，清代1种。

（一）四库萍乡先贤著作简目

1.萍乡·莲花 【明】刘元卿（1544—1609）：《大象观》二卷浙江吴玉墀家藏本（卷七·经部·易类存目一，第57页）

2.萍乡·莲花 【明】刘元卿：《大学新编》五卷江西巡抚采进本（卷三七·经部·四书类存目，第310页）

3.南昌·新建；萍乡·莲花 【明】喻均、刘元卿：《江右名贤编》二卷浙江巡抚采进本（卷六二·史部·传记类存目四，第558页）

4.萍乡·莲花 【明】刘元卿：《诸儒学案》八卷江西巡抚采进本（卷九六·子部·儒家类存目二，第815页）

5.萍乡·莲花 【明】刘元卿：《六鉴举要》六卷江西巡抚采进本（卷一三一·子部·杂家类存目八，第1121页）

6.萍乡·莲花 【明】刘元卿：《刘聘君全集》十二卷江西巡抚采进本（卷一七九·集部·别集类存目六，第1610—1611页）

7.萍乡·莲花 【清】朱如日：《大易理数观察》二卷江西巡抚采进本（卷一〇·经部·易类存目四，第84页）

（二）四库萍乡先贤著作提要

1.萍乡·莲花 【明】刘元卿（1544—1609）:《大象观》二卷浙江吴玉墀家藏本（卷七·经部·易类存目一，第57页）

明刘元卿撰。元卿字调父，安福人[1]。隆庆庚午举人。万历中官至礼部主事。《明史·儒林传》附见《郑元锡》传中。史称所著有《山居草》、《还山续草》、《诸儒学案》、《贤弈编》、《思闲编》、《礼律类要》、《大学新编》，而不及此书。盖偶未见。然是书诠释易象，谨依文训诂，不足尽示人用《易》之义。至其以《杂卦》为序，尤为颠倒。夫杂者相错之余义也。缀《十翼》之末，明非正经也。经文不以为次，而元卿改经以从传，然则《序卦》可不用矣。（卷七·经部·易类存目一，第57页）

2.萍乡·莲花【明】刘元卿:《大学新编》五卷江西巡抚采进本

明刘元卿撰。元卿有《大象观》，已著录。是书前列《大学正文》一卷，以丰坊伪石经为据，殊为不考。其《略疏》一卷，乃诠发大旨，以诚意为主，亦与朱子互异。《发明》一卷，乃取明儒所论与己意相合者。《广义》二卷，则本真德秀《衍义》而删节之，又附益以明初诸事。朱彝尊《经义考》作一卷，由未见其书，据传闻载之故也。（卷三七·经部·四书类存目，第310页）

3.南昌·新建；萍乡·莲花 【明】喻均、刘元卿:《江右名贤编》二卷浙江巡抚采进本

明喻均、刘元卿同撰。均，新建人，隆庆戊辰进士，官至按察使副使。元卿有《易大象观》，已著录。万历中，巡按江西御史临清陈大夔议修通志。因先欲辑《名贤》一门，属均与元卿司其事。分《名臣》、《节义》、《理学》、《忠谏》、《方正》、《清介》、《隐逸》、《儒行》、《治功》、《文学》、《孝友》十一目。所纪凡二百四十有八人。门类太多，颇涉琐碎。又所载有

① 安福县西乡（现属于萍乡市莲花县）。

明一代人物，尤为泛滥。前有巡抚都御史边维垣及大夔序，后有元卿序。元卿谓理一而已，安得纷纷区目。则知分目冗复，出于均意，即元卿亦心非之矣。（卷六二·史部·传记类存目四，第558页）

4.萍乡·莲花【明】刘元卿：《诸儒学案》八卷江西巡抚采进本

明刘元卿撰。元卿有《大象观》，已著录。是书辑周子、二程子、张子、邵子、谢良佐、杨时、罗从彦、李侗、朱子、陆九渊、杨简、金履祥、许谦、薛瑄、胡居仁、陈献章、罗钦顺、王守仁、王艮、邹守益、王畿、欧阳德、罗洪先、胡直、罗汝芳二十六家语录，而益以耿定向之说。元卿，定向弟子也。其学本出于姚江，于程、朱一派特择其近于陆氏者存之耳。（卷九六·子部·儒家类存目二，第815页）

5.萍乡·莲花【明】刘元卿：《六鉴举要》六卷江西巡抚采进本

明刘元卿撰。元卿有《大象观》，已著录。是编成于万历丙午。取帝鉴、相鉴、言鉴、牧鉴、珰鉴、闺鉴六书，各撮取其文，合为一帙。漏略殊甚，不足以言著作。（卷一三一·子部·杂家类存目八，第1121页）

6.萍乡·莲花【明】刘元卿：《刘聘君全集》十二卷江西巡抚采进本

明刘元卿撰。元卿有《大象观》，已著录。元卿师事耿定向及同邑刘阳，讲求心学，而其诗文乃多庆吊之篇，罕见阐发理道，类闽中所刊《林网山集》。考《江西通志》，元卿所著本有《山居草》、《还山续草》诸编。此本为其门人洪云蒸等所辑。观其体例舛杂，知其去取之失当，盖已非元卿之旧本矣。（卷一七九·集部·别集类存目六，第1610—1611页）

7.萍乡·莲花【清】朱如日：《大易理数观察》二卷江西巡抚采进本

国朝朱如日撰。如日字洞彝，号荷轩，莲花厅人。是编成于乾隆丁巳。大抵掇拾图书之陈言。（卷一〇·经部·易类存目四，第84页）

新余

四库著录新余先贤11人，著作14种，其中宋代5种，元代5种，明代4种。

(一)四库新余先贤著作简目

1.新余【宋】黎立武:《中庸指归》一卷、《中庸分章》一卷、《大学发微》一卷、《大学本旨》一卷浙江巡抚采进本(卷三五·经部·四书类一，第297页)

2.新余【宋】王钦若(962—1025)(伪托):《帝皇龟鉴》三十四卷两淮马裕家藏本(卷一三一·子部·杂家类存目八，第1116页)

3.新余【宋】王钦若:《册府元龟》一千卷内府藏本(卷一三五·子部·类书类一，第1145—1146页)

4.新余【宋】王钦若:《翊圣保德传》三卷两淮盐政采进本(卷一四七·子部·道家类存目，第1260页)

5.新余【宋】刘延世:《孙公谈圃》三卷内府藏本(卷一四〇·子部·小说家类一，第1192页)

6.新余【元】梁寅(1309—1390):《周易参义》十二卷浙江巡抚采进本(卷四·经部·易类四，第27页)

7.新余【元】梁寅:《诗演义》十五卷浙江范懋柱家天一阁藏本(卷一六·经部·诗类二，第128页)

8.新余【元】梁寅:《石门集》七卷浙江汪启淑家藏本(卷一六八·集部·别集类二一，第1463页)

9.新余【元】胡行简:《樗隐集》六卷永乐大典本(卷一六八·集部·别集类二一，第1461页)

10.新余【明】罗汝鉴:《群忠备遗录》二卷江苏巡抚采进本(卷六一·史部·传记类存目三，第555页)

11.新余；新余；吉安·新干【明】梁寅、胡行简、曾鲁（1319—1373）：《明集礼》五十三卷浙江范懋柱家天一阁藏本（卷八二·史部·政书类二，第704页）——《总目》又以梁寅为明代人。

12.新余【明】习经：《寻乐文集》二十卷江西巡抚采进本（卷一七五·集部·别集类存目二，第1554页）

13.新余·分宜【明】严嵩（1480—1567）：《钤山堂集》三十五卷编修励守谦家藏本（卷一七六·集部·别集类存目三，第1568页）

14.新余·渝水区【元】傅若金（1303—1342）：《傅与砺诗文集》二十卷江苏巡抚采进本（卷一六七·集部·别集类二〇，第1446页）

（二）四库新余先贤著作提要

1.新余【宋】黎立武：《中庸指归》一卷、《中庸分章》一卷、《大学发微》一卷、《大学本旨》一卷浙江巡抚采进本

宋黎立武撰。立武字以常，新喻人。咸淳中举进士第三，仕至军器少监，国子司业。宋亡不仕，闲居三十年以终。立武官抚州时校文，举吴澄充贡士，故澄志其墓，自称曰门人。又称立武官秘省时，阅官书，爱二郭氏《中庸》。郭游程门，新喻谢尚书仕夷陵，尝传其学。将由谢溯程以嗣其传，故言《大学》、《中庸》等书间与世所崇尚者异义。盖《中庸》之学传自程子，后诸弟子各述师说，门径遂岐。游酢、杨时之说为朱子所取，而郭忠孝《中庸说》以中为性、以庸为道，亦云程子晚年之定论。立武《中庸指归》，皆阐此旨。至其《中庸》分章，则以"天命之谓性"以下为一章，"仲尼曰"以下为二章，"君子之道费而隐"以下为三章，"道不远人"以下为四章，"君子素其位而行"以下为五章，"君子之道，辟如行远"以下为六章，"鬼神之为德"以下为七章，"哀公问政"以下为八章，"诚者天之道也"以下为九章，"惟天下至诚"以下为十章，"诚者自成"以下为十一章，"大哉圣人之道"以下为十二章，"仲尼祖述尧舜"以下为十三章，"惟天下至圣"以下为十四章，"《诗》曰：衣锦尚絅"以下为十五章。皆发明郭氏之旨，所言亦具有条理。其《大学》则《发微》一卷，谓曾子传道在一贯，悟道在忠恕，造道在《易》之《艮》。大旨以止至善为归，而以诚意为要。《本旨》一卷，仍用古本，皆以为曾子之书，不分经、传，而以所称曾子为曾皙之言。要其归宿，与程、朱亦未相牴牾，异乎王守仁等借古本以伸己说者也。惟其谓《中庸》、《大学》皆通于《易》，列图立说，丝连绳贯而排之，则未免务为高论耳。此四书本合编，前有大德八年赵秉政序。其先《中庸》后《大学》，盖亦从《礼记》原次。此本从今本《四书》之序，移《大学》于《中庸》前，而以秉政之序介于四书之间，殊失本旨。今厘正之，还其旧第焉。（卷三五·经部·四书类一，第297页）

2.新余【宋】王钦若（962—1025）（伪托）：《帝皇龟鉴》三十四卷两淮马裕家藏本

旧本题宋王钦若撰，钦若事迹具《宋史》本传，是书考宋以来史志书目皆不著录。详检其文，即《册府元龟》中帝王一部。卷首钦若序，即原书之总类也。伪妄剽窃之书，本不足辨，而既有传本，恐滋疑误，是以存而论之焉。（卷一三一·子部·杂家类存目八，第1116页）

3.新余【宋】王钦若：《册府元龟》一千卷内府藏本

宋王钦若、杨亿等奉敕撰。真宗景德二年，诏编修历代君臣事迹，以钦若提总，同修者十五人。至祥符六年书成，赐名制序。周必大《文苑英华》跋王明清《挥麈录》并称太宗太平兴国中修者，误也。其书分三十一部，部有总序。又子目一千一百四门，门有小序。皆撰自李维等六人，而窜定于杨亿。又命孙奭为之音释，其间义例，多出真宗亲定。惟取六经子史，不录小说。于悖逆非礼之事，亦多所刊削，裁断极为精审。考洪迈《容斋随笔》，谓其时编修官上言，凡臣僚自述，及子孙追叙家世，如《邺侯传》之类，并不采取。遗弃既多，故亦不能赅备。袁氏《枫窗小牍》亦谓开卷皆目所常见，无罕觏异闻，不为艺林所重。夫典籍至繁，势不能遍为掇拾，去诬存实，未可概以挂漏相绳。况纂辑诸臣皆一时淹贯之士，虽卷帙繁富，难免牴牾，而考订明晰，亦多可资览古之助。张耒《明道杂志》称杨亿修《册府元龟》，数卷成，辄奏之。每进本到，真宗即降付陈彭年。彭年博洽，不可欺毫发，故谬误处皆签贴。有小差误必见，至有数十签。亿心颇自愧，乃盛荐彭年文字，请与同修。其言虽不可尽信，然亦足见当时校核讨论，务臻详慎，故能甄综贯串，使数千年事无不条理秩然也。据《玉海》所载，此书凡目录十卷，音义十卷。今有目录而无音义，盖传写者久佚之矣。（卷一三五·子部·类书类一，第1145—1146页）

4.新余【宋】王钦若：《翊圣保德传》三卷两淮盐政采进本

宋王钦若撰。钦若爵里事迹具《宋史》本传。初，澶渊之役，钦若忌寇准功，以孤注之说进。真宗以为耻，乃谋以符命夸四裔。于是天书之事起，东封西祀，诸说并兴。钦若尝自言少时见天中赤文成紫薇二字，复于褒城道见异人，告以他日当位至宰相。视其刺，乃唐裴度。自以为深达道教，遂创修醮仪，领校道书，凡增六百余卷。复自著道书数种，此传其一也。传中所言翊圣真君降盩厔民张守真家，太祖、太宗皆崇信之，事殊怪妄。盖自张鲁之教有三官，天、地之外独有水官，而木、金、火、土不与，故道家独尊玄武。此所谓翊圣真君，即玄武也。钦若小人，借神怪之说以固宠，不足多责。至著而为书，则无忌惮之甚矣。（卷一四七·子部·道家类存目，第1260页）

5.新余【宋】刘延世：《孙公谈圃》三卷内府藏本

宋临江刘延世录所闻于孙升之语也。升字君孚，高邮人。元祐中官中书舍人。绍圣初谪汀州。延世父时知长汀，得从升游，因录为此书。升为元祐党籍，多述时事。观其记王安石见王雱冥中受报事，则不满于安石。记苏轼以司马光荐将登政府，升言轼为翰林学士，其任已极，不可以加。如用文章为执政，则赵普、王旦、韩琦未尝以文称。王安石在翰林为称职，及居相位，天下多事。若以轼为辅佐，愿以安石为戒。又记轼试馆职策题，论汉文帝、宣帝及仁宗、神宗。升率傅尧俞、王岩叟言，以文帝有弊，则仁宗不为无弊，以宣帝有失，则神宗不为无失，则又不满于轼。记争吊司马光事，亦不满程子。殆于党籍之中，又自行一意者欤？王楙《野客丛书》曰：临汀刊《孙公谈圃》三卷，近时高沙用临汀本复刊于郡斋。余得山阳吴氏建炎初录本校之，多三段。其后二段，乃公之甥朱稃所记。并著于此，庶几异时好事者取而附之卷末云云。今考此本，亦无此三条。盖楙虽有是说，而刊版迄未补入。谨据楙所录增入卷末，成完书焉。案：三段载《野客丛书》第五卷第十五条。（卷一四〇·子

部·小说家类一，第1192页）

6.新余【元】梁寅（1309—1390）:《周易参义》十二卷浙江巡抚采进本

元梁寅撰。寅字孟敬，新喻人。元末辟集庆路儒学训导，以亲老辞。明年兵起，遂隐居教授。明初征修礼乐书，将授以官，复以病辞归，结屋石门山。学者称曰“梁五经”。著有《礼书演义》、《周礼考注》、《春秋考义》诸书。此乃所作《周易义疏》，成于至元六年，前有寅自序。其大旨以程传主理，《本义》主象，稍有异同，因融会参酌，合以为一，又旁采诸儒之说以阐发之。其分上、下经、《十翼》，一依古《易》篇次，即朱子所用吕祖谦本。其诠释经义，平易近人，言理而不涉虚无，言象而不涉附会。大都本日用常行之事，以示进退得失之机，故简切详明，迥异他家之轇轕。虽未能剖析精微，论其醇正，要不愧为儒者之言焉。（卷四·经部·易类四，第27页）

7.新余【元】梁寅:《诗演义》十五卷浙江范懋柱家天一阁藏本

元梁寅撰。寅有《周易参义》，已著录。是书推演朱子《诗传》之义，故以《演义》为名。前有自序云：“此书为幼学而作，博稽训诂以启其塞，根之义理以达其机，隐也使之显，略也使之详。”今考其书，大抵浅显易见，切近不支。元儒之学，主于笃实，犹胜虚谈高论，横生臆解者也。朱彝尊《经义考》载此书作八卷，注曰“未见”。此本至《小雅·苕之华篇》止，以下皆阙，而已有一十五卷，则八卷之说，殊为未确。盖彝尊未睹此本，但据传闻录之，卷数讹异，其亦有由矣。（卷一六·经部·诗类二，第128页）

8.新余【元】梁寅:《石门集》七卷浙江汪启淑家藏本

元梁寅撰。寅有《诗演义》，已著录。其集世有二本。一即此本，乃马氏玲珑山馆所钞。一为新喻知县崇安暨用所刊本，分为十卷，与此本稍有详略，而其大致不甚相远，盖即此本而析其卷帙以就成数耳。寅于《易》、《诗》、《书》、《春秋》、《礼记》、《周礼》皆有训释。又有《策要》、《史断》诸书，颇究心于史学。又有《耄言》、《论林》、《蒐古集》、《格物编》诸书，亦兼讲考证。故其文理极醇雅，而持论多有根柢，不同剽掇语录之空谈。诗格尤舂容淡远，规仿陶、韦。惟《河源》一记，过信笃什所传，其谬与潘昂霄相类。盖儒生拘限旧闻，故承讹袭误。然有元一代，皆主火敦脑儿之说，不独寅一人为然，存而不论焉可矣。（卷一六八·集部·别集类二一，第1463页）

9.新余【元】胡行简:《樗隐集》六卷永乐大典本

元胡行简撰。行简字居敬，新喻人。至正二年进士，授国子监助教，历翰林修撰，除江南道御史，迁江西廉访司经历。遭世乱，乞归，以经学教授乡里。事迹见《江西通志》中。考《明史·礼志》，载洪武二年诏郡县举高洁博雅之士，同修《礼书》。至者八人，而行简与焉。是明初尚存。故集中晏公庙·喻真人二碑均有洪武年号。然《明太祖实录》又载"征江西儒士刘于、胡行简等至京，欲官之，俱以老病辞，各赐帛遣还"。则尚未受明官也。行简文章，以冲和澹雅为宗，虽波澜未阔，而能确守法度，不为支离冗赘之词。拟之元末，殆李祁《云阳集》之流。其诗传者无多，《墨竹》一章，于故君旧国之思，再三致意，亦颇可见其节操。焦竑《经籍志》所列元末明初诸集，为数最夥，而独无此集之目，是明代传本已鲜。今从《永乐大典》蒐辑编缀，厘为六卷，存其概焉。（卷一六八·集部·别集类二一，第1461页）

10.新余【明】罗汝鉴:《群忠备遗录》二卷江苏巡抚采进本

明罗汝鉴撰。汝鉴字明夫，新喻人。是书记建文殉节诸臣事迹，大致本张芹《备遗录》、郑禧《群忠事略》而稍附益之，遂合两书以为名。所录凡八十有四人。每传后附尹直、谢铎、何孟春、敖英、陈建诸论。其称"外史氏"者，则汝鉴所自作也。其书初刻于楚雄，前有嘉靖辛亥自序。后十年庚申，以校雠未精，复增入数人而重刊之，见卷末《自识》中。（卷六一·史部·传记类存目三，第555页）

11.新余；新余；吉安·新干【明】梁寅、胡行简、曾鲁（1319—1373）:《明集礼》五十三卷浙江范懋柱家天一阁藏本

明徐一夔、梁寅[1]、刘于、周于谅、胡行简[2]、刘宗弼、董彝、蔡琛、滕

---

① 《江西通志》（四库全书本）卷七十四：梁寅，字孟敬，新喻人。此处《总目》以梁寅为明代人。

② 《江西通志》（四库全书本）卷七十四：胡行简，字居敬，新喻人。

公瑛、曾鲁[1]同奉敕撰。考《明典汇》载，洪武二年八月，诏儒臣修纂礼书。三年九月书成，名《大明集礼》。其书以吉、凶、军、宾、嘉、冠服、车辂、仪仗、卤簿、字学、乐为纲，所列子目，吉礼十四，曰祀天，曰祀地，曰宗庙，曰社稷，曰朝日，曰夕月，曰先农，曰太岁、风、云、雷、雨师，曰岳、镇、海、渎、天下山川、城隍，曰旂纛，曰马祖、先牧、社马步，曰祭厉，曰祀典神，曰三皇、孔子。嘉礼五，曰朝会，曰册封，曰冠礼，曰婚，曰乡饮酒。宾礼二，曰朝贡，曰遣使。军礼三，曰亲征，曰遣将，曰大射。凶礼二，曰吊赙，曰丧仪。又冠服、车辂、仪仗、卤簿、字学各一。乐三，曰钟律，曰雅乐，曰俗乐。《明史·艺文志》及《昭代典则》均作五十卷，今书乃五十三卷。考《明典汇》，载嘉靖八年礼部尚书李时请刊《大明集礼》，九年六月梓成。礼部言"是书旧无善录，故多残阙，臣等以次诠补，因为传注。乞令史臣纂入，以成全书"云云。则所称五十卷者，或洪武原本。而今所存五十三卷，乃嘉靖中刊本，取诸臣传注及所诠补者纂入原书，故多三卷耳。如《明礼志》载洪武三年圜丘从祀，益以风、云、雷、雨。而是书卷一总序曰："国朝圜丘从祀，惟以大明、夜明、星辰、太岁。"又所载圜丘从祀坛位，及牲币尊罍，均止及大明、夜明、星辰、太岁，不及风、云、雷、雨，是益祀风、云、雷、雨从祀圜丘在十一月。而是书成于九月，故未及纂入，实有明据。而卷一序神位版，乃曰风伯之神、云师之神、雷师之神、雨师之神，并赤质金字。不应一卷之内，自相矛盾若此。则其为增入可知。又《明史·礼志》载洪武元年冬至祀昊天上帝仪注，无先期告诸神祇及祖庙之文。至洪武四年，始创此制，而是书仪注则有之，知亦嘉靖诸臣诠补纂入者矣。序为世宗御制，题为"嘉靖九年六月望日"。而《世宗实录》载九年六月庚午，刻《大明集礼》成，上亲制序文。是月己未朔，则庚午乃十二日，与《实录》小有异同。疑十二日进书，望日制序，记载者并书于进书日也。（卷八二·史部·政书类二，第704页）

12.新余【明】习经：《寻乐文集》二十卷江西巡抚采进本

明习经撰。经字嘉言，号寅清居士，晚自号寻乐翁，新喻人，永乐戊戌

① 《明史》列传第二十四：曾鲁，字得之，新淦人。

进士，官至詹事府詹事。经于成祖时亦以试《黄鹦鹉赋》称旨，擢授编修。其赋今在集中。又有《皇都大一统赋》，朱彝尊撰《日下旧闻》未经收入，盖未见此集也。集为其子兴化府同知襄所编。其文结构颇有法，而意境太狭，往往失于枯寂，未可云似澹而腴。诗则七言长句，清婉颇似东阳，而他体未能悉称也。（卷一七五·集部·别集类存目二，第1554页）

13.新余·分宜【明】严嵩（1480—1567）：《钤山堂集》三十五卷编修励守谦家藏本

明严嵩撰。嵩字惟中，分宜人，弘治乙丑进士，官至大学士，事迹具《明史·奸臣传》。嵩虽怙宠擅权，其诗在流辈之中，乃独为迥出。王世贞《乐府变》云："孔雀虽有毒，不能掩文章。"亦公论也。然迹其所为，究非他文士有才无行，可以节取者比，故吟咏虽工，仅存其目，以昭彰瘅之义焉。（卷一七六·集部·别集类存目三，第1568页）

14.新余·渝水区【元】傅若金（1303—1342）：《傅与砺诗文集》二十卷江苏巡抚采进本

元傅若金撰。若金初字汝砺，揭傒斯为改字与砺，江西新喻人。曹安《谰言长语》记其少年家酷贫，以织席为生。又改业为针工。后有所激，乃读书，诗文遂脍炙人口。用以勉人之自砺，则亦奇士也。其诗法授于同郡范梈。虞集、宋褧以异材荐，佐使安南。归除归广州文学教授。至正三年卒，年仅四十。所著诗集有《初稿》、《南征稿》、《使还新稿》、《牛铎音》等编，范、虞诸人皆尝为之序。至正间，其弟若川汇鋟之，名《清江集》。明洪武中，又刻其文集十一卷，《附录》一卷。今诗文总为一编，不知何人所并也。揭傒斯称每读与砺诗，如复见范德机。德机七言歌行胜，与砺五言古律胜，余亦相伯仲。王士祯《居易录》则称其歌行得老杜一鳞片甲，七律亦有格调。与傒斯论小异。当以士祯之说为然。古文盖其余事，然亦和平雅正，无棘吻螫舌之音。虽不能凌跨诸家，要亦一时之隽才矣。（卷一六七·集部·别集类二〇，第1446页）

上饶

四库著录上饶先贤122人，著作220种，其中宋代90种，元代19种，明代75种，清代36种。

（一）四库上饶先贤著作简目

1.上饶【元】祝尧:《古赋辨体》八卷、《外集》二卷江苏巡抚采进本（卷一八八·集部·总集类三，第1708页）

2.上饶【明】娄性:《明政要》二十卷浙江汪启淑家藏本（卷五三·史部·杂史类存目二，第478—479页）

3.上饶·信州【宋】韩淲（1159—1224）:《涧泉日记》三卷永乐大典本（卷一二一·子部·杂家类五，第1045—1046页）

4.上饶·信州【宋】韩淲:《涧泉集》二十卷永乐大典本（卷一六三·集部·别集类一六，第1401页）

5.上饶·信州【宋】陈文蔚（1154—1239）:《克斋集》十七卷湖北巡抚采进本（卷一六二·集部·别集类一五，第1389页）

6.上饶·信州区【明】杨时乔（1531—1609）:《周易古今文全书》二十一卷内府藏本（卷七·经部·易类存目一，第56页）

7.上饶·信州区【明】杨时乔:《马政纪》十二卷浙江巡抚采进本（卷八二·史部·政书类二，第711页）

8.上饶·信州区【明】杨时乔:《杨端洁集》无卷数江西巡抚采进本（卷一七八·集部·别集类存目五，第1603页）

9.上饶·信州【明】郑仲夔:《兰畹居清言》十卷浙江巡抚采进本（卷一四三·子部·小说家类存目一，第1224页）

10.上饶·信州【明】郑仲夔:《耳新》十卷两淮盐政采进本（卷一四四·子部·小说家类存目二，第1230页）

11.上饶·信州 【清】汪汉谋：《禽遁七元成局书》十四卷两江总督采进本（卷一一一·子部·术数类存目二，第950—951页）

12.上饶·上饶县 【宋】徐元杰（1194—1245）：《楳埜集》十二卷永乐大典本（卷一六四·集部·别集类一七，第1403—1404页）

13.上饶·广丰 【明】吕怀（1492—1573）：《周易卦变图传》二卷安徽巡抚采进本（卷七·经部·易类存目一，第54—55页）

14.上饶·广丰 【明】吕怀：《箫韶考逸》二卷浙江巡抚采进本（卷三九·经部·乐类存目，第332—333页）

15.上饶·广丰 【明】吕怀：《律吕古义》三卷两淮盐政采进本（卷三九·经部·乐类存目，第333页）

16.上饶·广丰 【明】吕怀：《巾石遗编》一卷江西巡抚采进本（卷一七七·集部·别集类存目四，第1587页）

17.上饶·广丰 【明】夏尚朴（1466—1538）：《东岩集》六卷浙江汪汝瑮家藏本（卷一七二·集部·别集类二五，第1502页）

18.上饶·广丰 【明】夏尚朴：《东岩诗集》八卷浙江巡抚采进本（卷一七六·集部·别集类存目三，第1573页）

19.上饶·广丰 【明】余祚征：《文斋文集》十一卷浙江鲍士恭家藏本（卷一八〇·集部·别集类存目七，第1630页）

20.上饶·玉山 【宋】汪应辰（1118—1176）：《文定集》二十四卷永乐大典本（卷一五八·集部·别集类一一，第1363页）

21.上饶·玉山 【宋】汪应辰：《别本汪文定集》十三卷江苏巡抚采进本（卷一七四·集部·别集类存目一，第1540页）

22.上饶·玉山 【宋】赵蕃：《乾道稿》一卷、《淳熙稿》二十卷、《章泉稿》五卷永乐大典本（卷一六〇·集部·别集类一三，第1375—1376页）

23.上饶·玉山 【宋】王奕：《玉斗山人集》三卷浙江鲍士恭家藏本（卷一六六·集部·别集类一九，第1426—1427页）

24.上饶·玉山 【明】詹泮：《少华集》四卷浙江孙仰曾家藏本（卷一七六·集部·别集类存目三，第1578页）

25.上饶·弋阳 【宋】谢枋得（1226—1289）（疑伪托）：《批点檀弓》二卷兵部侍郎纪昀家藏本（卷二四·经部·礼类存目二，第192页）

26.上饶·弋阳 【宋】谢枋得（伪托）：《翰苑新书前集》七十卷、《后集上》二十六卷、《后集下》六卷、《别集》十二卷、《续集》四十二卷编修励守谦家藏本（卷一三五·子部·类书类一，第1152—1153页）

27.上饶·弋阳 【宋】谢枋得：《叠山集》五卷编修汪如藻家藏本（卷一六四·集部·别集类一七，第1408页）

28.上饶·弋阳 【宋】谢枋得：《文章轨范》七卷两江总督采进本（卷一八七·集部·总集类二，第1703页）

29.上饶·弋阳 【宋】陈康伯（1097—1165）：《陈文恭公集》十三卷浙江鲍士恭家藏本（卷一七四·集部·别集类存目一，第1540页）

30.上饶·弋阳 【明】姜清：《姜氏秘史》一卷浙江汪启淑家藏本（卷五三·史部·杂史类存目二，第480页）

31.上饶·弋阳 【明】吴崇节：《古史要评》五卷江西巡抚采进本（卷九〇·史部·史评类存目二，第762页）

32.上饶·弋阳 【明】吴崇节：《狎鸥子摘稿》一卷江苏巡抚采进本（卷一七八·集部·别集类存目五，第1603页）

33.上饶·弋阳 【明】王俊：《濯旧稿》一卷江西巡抚采进本（卷一二四·子部·杂家类存目一，第1068—1069页）

34.上饶·弋阳 【明】汪佃（1471—1540）：《东麓稿》十卷两淮盐政采进本（卷一七六·集部·别集类存目三，第1576页）

35.上饶·弋阳 【明】黄溥：《诗学权舆》二十二卷两淮马裕家藏本（卷一九一·集部·总集类存目一，第1740—1741页）

36.上饶·铅山 【明】费寀（1483—1548）：《嘉靖广信府志》二十卷两淮盐政采进本（卷七三·史部·地理类存目二，第640页）

37.上饶·铅山 【明】费寀：《费文通集选要》六卷江苏巡抚采进本（卷一七六·集部·别集类存目三，第1573页）

38.上饶·铅山 【明】胡梦泰（？—1646）：《读史书后》一卷江西巡抚采进本（卷九〇·史部·史评类存目二，第765页）

39.上饶·铅山 【明】费元禄：《鼍采馆清课》二卷两江总督采进本（卷一三〇·子部·杂家类存目七，第1114页）

40.上饶·铅山 【明】龚斆：《鹅湖集》六卷永乐大典本（卷一六九·集部·别

集类二二，第1478—1479页）

41.上饶·铅山【明】费宏（1468—1535）：《费文宪集选要》七卷两江总督采进本（卷一七五·集部·别集类存目二，第1563—1564页）

42.上饶·铅山【明】费宏：《宸章集录》一卷左都御史张若溎家藏本（卷一九二·集部·总集类存目二，第1742—1743页）

43.上饶·德兴【宋】张根（1062—1121）：《吴园易解》九卷湖北巡抚采进本（卷二·经部·易类二，第7页）

44.上饶·德兴【宋】程端蒙（1143—1191）（伪托）《性理字训》一卷湖北巡抚采进本（卷九五·子部·儒家类存目一，第805页）

45.上饶·德兴【宋】吴景鸾（伪托）：《内传天皇鳌极镇世神书》三卷浙江巡抚采进本（卷一一一·子部·术数类存目二，第940页）

46.上饶·德兴【宋】吴克诚、吴景鸾（伪托）：《天玉经外传》一卷、《四十八局图》一卷通行本（卷一一一·子部·术数类存目二，第940页）

47.上饶·德兴【宋】汪藻（1079—1154）：《浮溪集》三十六卷永乐大典本（卷一五六·集部·别集类九，第1347页）

48.上饶·德兴【宋】汪藻：《浮溪文粹》十五卷江苏巡抚采进本（卷一五六·集部·别集类九，第1347页）

49.上饶·德兴【宋】张扩（？—1147）：《东窗集》十六卷永乐大典本（卷一五六·集部·别集类九，第1348页）

50.上饶·德兴【元】徐明善：《芳谷集》二卷编修汪如藻家藏本（卷一六六·集部·别集类一九，第1434页）

51.上饶·德兴【明】张敔：《雅乐发微》八卷两淮马裕家藏本（卷三九·经部·乐类存目，第330页）

52.上饶·德兴【明】祝世禄：《环碧斋小言》一卷两江总督采进本（卷一二五·子部·杂家类存目二，第1077页）

53.上饶·德兴【明】祝世禄：《环碧斋诗集》三卷、《尺牍》三卷浙江孙仰曾家藏本（卷一七七·集部·别集类存目四，第1586页）

54.上饶·德兴【明】孙瑀：《岁寒集》二卷浙江汪启淑家藏本（卷一七五·集部·别集类存目二，第1554页）

55.上饶·德兴【明】孙需：《孙清简公集》二卷两江总督采进本（卷一七五·集

部·别集类存目二，第1561页）

56.上饶·婺源【宋】朱熹（1130—1200）：《周易本义》十二卷、附《重刻周易本义》四卷内府校刊宋本（卷三·经部·易类三，第11—12页）

57.上饶·婺源【宋】朱熹：《诗集传》八卷通行本（卷一五·经部·诗类一，第122—123页）

58.上饶·婺源【宋】朱熹：《仪礼经传通解》三十七卷、《续》二十九卷浙江巡抚采进本（卷二二·经部·礼类四，第179页）

59.上饶·婺源【宋】朱熹（伪托）：《家礼》五卷、《附录》一卷少詹事陆费墀家藏本（卷二二·经部·礼类四，第180—181页）

60.上饶·婺源【宋】朱熹：《孝经刊误》一卷通行本（卷三二·经部·孝经类，第264—265页）

61.上饶·婺源【宋】朱熹：《大学章句》一卷、《论语集注》十卷、《孟子集注》七卷、《中庸章句》一卷通行本（卷三五·经部·四书类一，第293—294页）

62.上饶·婺源【宋】朱熹：《四书或问》三十九卷江苏巡抚采进本（卷三五·经部·四书类一，第294页）

63.上饶·婺源【宋】朱熹：《论孟精义》三十四卷江苏巡抚采进本（卷三五·经部·四书类一，第294页）

64.上饶·婺源【宋】朱熹（伪托）：《或问小注》三十六卷安徽巡抚采进本（卷三七·经部·四书类存目，第308页）

65.上饶·婺源【宋】朱熹（伪托）：《四书问目》无卷数浙江吴玉墀家藏本（卷三七·经部·四书类存目，第308页）

66.上饶·婺源【宋】朱熹：《伊雒渊源录》十四卷副都御史黄登贤家藏本（卷五七·史部·传记类一，第519页）

67.上饶·婺源；吉安·吉安县【宋】朱熹、李幼武：《名臣言行录前集》十卷、《后集》十四卷、《续集》八卷、《别集》二十六卷、《外集》十七卷浙江郑大节家藏本（卷五七·史部·传记类一，第519—520页）

68.上饶·婺源【宋】朱熹：《绍熙州县释奠仪图》一卷两淮盐政采进本（卷八二·史部·政书类二，第702—703页）

69.上饶·婺源【宋】朱熹：《二程遗书》二十五卷、《附录》一卷江西巡抚采进本

（卷九二·子部·儒家类二，第777页）

70.上饶·婺源 【宋】朱熹：《二程外书》十二卷江西巡抚采进本（卷九二·子部·儒家类二，第777—778页）

71.上饶·婺源 【宋】朱熹：《上蔡语录》三卷浙江巡抚采进本（卷九二·子部·儒家类二，第779—780页）

72.上饶·婺源 【宋】朱熹：《延平答问》一卷、《附录》一卷浙闽总督采进本（卷九二·子部·儒家类二，第780页）

73.上饶·婺源 【宋】朱熹：《近思录》十四卷直隶总督采进本（卷九二·子部·儒家类二，第780—781页）

74.上饶·婺源 【宋】朱熹：《杂学辨》一卷、附《记疑》一卷副都御史黄登贤家藏本（卷九二·子部·儒家类二，第781页）

75.上饶·婺源 【宋】朱熹：《小学集注》六卷通行本（卷九二·子部·儒家类二，第781—782页）

76.上饶·婺源 【宋】朱熹：《朱子语类》一百四十卷内府藏本（卷九二·子部·儒家类二，第782页）

77.上饶·婺源 【宋】朱熹（伪托）：《家山图书》一卷永乐大典本（卷九二·子部·儒家类二，第788页）

78.上饶·婺源 【宋】朱熹：《阴符经考异》一卷江西巡抚采进本（卷一四六·子部·道家类，第1241—1242页）

79.上饶·婺源 【宋】朱熹：《周易参同契考异》一卷江西巡抚采进本（卷一四六·子部·道家类，第1249页）

80.上饶·婺源 【宋】朱熹：《楚辞集注》八卷、《辨证》二卷、《后语》六卷内府藏本（卷一四八·集部·楚辞类，第1268页）

81.上饶·婺源 【宋】朱熹：《原本韩文考异》十卷江苏巡抚采进本（卷一五〇·集部·别集类三，第1288页）

82.上饶·婺源 【宋】朱熹：《晦庵集》一百卷、《续集》五卷、《别集》七卷内府藏本（卷一五九·集部·别集类一二，第1368页）

83.上饶·婺源 【宋】朱鉴：《朱文公易说》二十三卷编修励守谦家藏本（卷三·经部·易类三，第18页）

84.上饶·婺源 【宋】朱鉴：《诗传遗说》六卷两江总督采进本（卷一五·经部·诗

类一，第125页）

85.上饶·婺源【宋】胡方平：《易学启蒙通释》二卷内府藏本（卷三·经部·易类三，第20页）

86.上饶·婺源【宋】张敦颐：《六朝事迹编类》二卷两江总督采进本（卷七〇·史部·地理类三，第624页）

87.上饶·婺源【宋】许月卿（1216—1285）：《百官箴》六卷内府藏本（卷七九·史部·职官类，第687页）

88.上饶·婺源【宋】滕珙：《经济文衡前集》二十五卷、《后集》二十五卷、《续集》二十二卷安徽巡抚采进本（卷九二·子部·儒家类二，第784—785页）

89.上饶·婺源【宋】滕珙：《分类标注朱子经济文衡》七十五卷江苏巡抚采进本（卷九五·子部·儒家类存目一，第805页）

90.上饶·婺源【宋】朱弁（1085—1144）：《曲洧旧闻》十卷浙江汪汝瑮家藏本（卷一二一·子部·杂家类五，第1039页）

91.上饶·婺源【宋】朱弁：《风月堂诗话》二卷内府藏本（卷一九五·集部·诗文评类一，第1784页）

92.上饶·婺源【宋】朱松（1097—1143）、朱槔：《韦斋集》十二卷、附《玉澜集》一卷内府藏本（卷一五七·集部·别集类一〇，第1354页）

93.上饶·婺源【宋】王炎（1137—1218）：《双溪集》二十七卷两淮马裕家藏本（卷一六〇·集部·别集类一三，第1376页）

94.上饶·婺源【宋】胡次焱（1229—1306）：《梅岩文集》十卷两江总督采进本（卷一六五·集部·别集类一八，第1414页）

95.上饶·婺源【元】胡一桂（1247—？）：《易本义附录纂疏》十五卷内府藏本（卷四·经部·易类四，第22页）

96.上饶·婺源【元】胡一桂：《易学启蒙翼传》四卷内府藏本（卷四·经部·易类四，第22页）

97.上饶·婺源【元】胡一桂：《十七史纂古今通要》十七卷内府藏本（卷八八·史部·史评类，第755页）

98.上饶·婺源【元】胡炳文（1250—1333）：《周易本义通释》十二卷编修励守谦家藏本（卷四·经部·易类四，第24页）

99.上饶·婺源【元】胡炳文：《四书通》二十六卷两江总督采进本（卷三六·经

部·四书类二，第299页）

100.上饶·婺源【元】胡炳文：《纯正蒙求》三卷浙江鲍士恭家藏本（卷一三六·子部·类书类二，第1153页）

101.上饶·婺源【元】胡炳文：《云峰集》十卷两淮马裕家藏本（卷一六六·集部·别集类一九，第1433页）

102.上饶·婺源【元】程复心（1257—1340）（伪托）：《孔子论语年谱》一卷编修程晋芳家藏本（卷五九·史部·传记类存目一，第531页）

103.上饶·婺源【元】程复心（伪托）：《孟子年谱》一卷编修程晋芳家藏本（卷五九·史部·传记类存目一，第531页）

104.上饶·婺源【元】王国端：《扁鹊神应针灸玉龙经》一卷浙江范懋柱家天一阁藏本（卷一〇四·子部·医家类二，第872页）

105.上饶·婺源【元】汪泽民（1273—1355）：《宛陵群英集》十二卷永乐大典本（卷一八八·集部·总集类三，第1709页）

106.上饶·婺源【明】潘士藻（1537—1600）：《洗心斋读易述》十七卷两江总督采进本（卷五·经部·易类五，第31页）

107.上饶·婺源【明】潘士藻：《闇然堂类纂》六卷浙江巡抚采进本（卷一四三·子部·小说家类存目一，第1222页）

108.上饶·婺源【明】汪敬：《学易象数举隅》二卷安徽巡抚采进本（卷七·经部·易类存目一，第51页）

109.上饶·婺源【明】程汝继：《周易宗义》十二卷浙江吴玉墀家藏本（卷八·经部·易类存目二，第62页）

110.上饶·婺源【明】戴铣（1464—1506）：《朱子实纪》十二卷江苏巡抚采进本（卷六〇·史部·传记类存目二，第540页）

111.上饶·婺源【明】朱钟文：《考亭朱氏文献全谱》十二卷浙江巡抚采进本（卷六〇·史部·传记类存目二，第543页）

112.上饶·婺源【明】汪应蛟：《古今彝语》十二卷浙江巡抚采进本（卷六五·史部·史钞类存目，第581页）

113.上饶·婺源【明】汪应蛟：《中铨》六卷安徽巡抚采进本（卷九六·子部·儒家类存目二，第815页）

114.上饶·婺源【明】汪舜民：《徽州府志》十二卷两淮马裕家藏本（卷七三·史

部·地理类存目二，第639页）

115.南昌；吉安·吉安县；婺源【宋】南宫靖一、【明】晏彦文、【明】潘荣：《小学史断》二卷、《续集》一卷、附《通鉴总论》一卷浙江巡抚采进本（卷八九·史部·史评类存目一，第758页）

116.上饶·婺源【明】洪垣：《觉山史说》二卷浙江鲍士恭家藏本（卷九〇·史部·史评类存目二，第762页）

117.上饶·婺源【明】鲍山：《野菜博录》四卷浙江鲍士恭家藏本（卷一〇二·子部·农家类，第854页）

118.上饶·婺源【明】胡献忠：《大统皇历经世》三卷江苏巡抚采进本（卷一一一·子部·术数类存目二，第950页）

119.上饶·婺源【明】胡文焕：《古器具名》二卷、附《古器总说》一卷浙江巡抚采进本（卷一一六·子部·谱录类存目，第997页）

120.上饶·婺源【明】江贞：《歙砚志》三卷两淮盐政采进本（卷一一六·子部·谱录类存目，第998页）

121.上饶·婺源【明】余懋学：《说颐》八卷两淮盐政采进本（卷一二八·子部·杂家类存目五，第1101页）

122.上饶·婺源【明】范泓：《典籍便览》八卷安徽巡抚采进本（卷一三七·子部·类书类存目一，第1166页）

123.上饶·婺源【明】徐袍（1497—？）：《事典考略》六卷江苏周厚堉家藏本（卷一三八·子部·类书类存目二，第1174页）

124.上饶·婺源【明】汪云程（约1506—1576）：《逸史搜奇》无卷数两江总督采进本（卷一四四·子部·小说家类存目二，第1231页）

125.上饶·婺源【明】游震得：《让溪甲集》四卷、《乙集》十卷浙江孙仰曾家藏本（卷一七七·集部·别集类存目四，第1592页）

126.上饶·婺源【明】余懋衡：《关中集》四卷两江总督采进本（卷一七九·集部·别集类存目六，第1618页）

127.上饶·婺源【明】余懋孳：《荑言》六卷两江总督采进本（卷一七九·集部·别集类存目六，第1622页）

128.上饶·婺源【明】潘滋：《蓬莱观海亭集》十卷浙江范懋柱家天一阁藏本（卷一九二·集部·总集类存目二，第1750页）

129.上饶·婺源【清】江永（1681—1762）：《周礼疑义举要》七卷安徽巡抚采进本（卷一九·经部·礼类一，第157—158页）

130.上饶·婺源【清】江永：《仪礼释宫增注》一卷安徽巡抚采进本（卷二〇·经部·礼类二，第166—167页）

131.上饶·婺源【清】江永：《礼记训义择言》八卷两江总督采进本（卷二一·经部·礼类三，第174页）

132.上饶·婺源【清】江永：《深衣考误》一卷安徽巡抚采进本（卷二一·经部·礼类三，第174—175页）

133.上饶·婺源【清】江永：《礼书纲目》八十五卷安徽巡抚采进本（卷二二·经部·礼类四，第179页）

134.上饶·婺源【清】江永：《仪礼释例》一卷安徽巡抚采进本（卷二三·经部·礼类存目一，第191页）

135.上饶·婺源【清】江永：《春秋地理考实》四卷安徽巡抚采进本（卷二九·经部·春秋类四，第242—243页）

136.上饶·婺源【清】江永：《群经补义》五卷安徽巡抚采进本（卷三三·经部·五经总义类，第278—279页）

137.上饶·婺源【清】江永：《乡党图考》十卷安徽巡抚采进本（卷三六·经部·四书类二，第306—307页）

138.上饶·婺源【清】江永：《律吕新论》二卷山东巡抚采进本（卷三八·经部·乐类，第329页）

139.上饶·婺源【清】江永：《律吕阐微》十卷两江总督采进本（卷三八·经部·乐类，第329页）

140.上饶·婺源【清】江永：《古韵标准》四卷桂林府同知李文藻刊本（卷四二·经部·小学类三，第369页）

141.上饶·婺源【清】江永：《四声切韵表》一卷兵部侍郎纪昀家藏本（卷四四·经部·小学类存目二，第393页）

142.上饶·婺源【清】江永：《考订朱子世家》一卷安徽巡抚采进本（卷六〇·史部·传记类存目二，第546页）

143.上饶·婺源【清】江永：《近思录集注》十四卷安徽巡抚采进本（卷九二·子部·儒家类二，第781页）

144.上饶·婺源 【清】江永:《算学》八卷、《续》一卷安徽巡抚采进本(卷一〇六·子部·天文算法类一，第901—902页)

145.上饶·婺源 【清】汪绂(1692—1759):《参读礼志疑》二卷编修励守谦家藏本(卷二二·经部·礼类四，第178页)

146.上饶·婺源 【清】潘继善:《音律节略考》一卷两江总督采进本(卷三九·经部·乐类存目，第337页)

147.上饶·婺源 【清】潘继善:《圣学辑要》一卷两江总督采进本(卷九八·子部·儒家类存目四，第832页)

148.上饶·婺源 【清】潘继善:《经史笔记》无卷数两江总督采进本(卷一二九·子部·杂家类存目六，第1112页)

149.上饶·婺源 【清】汪立名:《钟鼎字源》五卷河南巡抚采进本(卷四三·经部·小学类存目一，第380页)

150.上饶·婺源 【清】汪立名:《白香山诗集》四十卷、附录《年谱》二卷内府藏本(卷一五一·集部·别集类四，第1296页)

151.上饶·婺源 【清】汪立名:《唐四家诗》八卷内府藏本(卷一九四·集部·总集类存目四，第1774—1775页)

152.上饶·婺源 【清】朱世润:《朱子年谱》六卷副都御史黄登贤家藏本(卷六〇·史部·传记类存目二，第546页)

153.上饶·婺源 【清】李文来:《李氏医鉴》十卷、《续补》二卷内府藏本(卷一〇五·子部·医家类存目，第888—889页)

154.上饶·婺源 【清】叶泰:《山法全书》十九卷江苏周厚堉家藏本(卷一一一·子部·术数类存目二，第942页)

155.上饶·婺源 【清】余光耿(1651—1705):《一溉堂诗集》一卷江西巡抚采进本(卷一八三·集部·别集类存目一〇，第1654页)

156.上饶·婺源 【清】余光耿:《蓼花词》一卷江西巡抚采进本(卷二〇〇·集部·词曲类存目，第1831—1832页)

157.上饶·婺源 【清】汪舸(1701—1769):《崛崌山人集》八卷礼部主事任大椿家藏本(卷一八五·集部·别集类存目一二，第1683页)

158.上饶·余干 【宋】赵汝愚(1140—1196):《诸臣奏议》一百五十卷浙江巡抚采进本(卷五五·史部·诏令奏议类，第501—502页)

159.上饶·余干 【元】甘复：《山窗余稿》一卷浙江鲍士恭家藏本（卷一六八·集部·别集类二一，第1457页）

160.上饶·余干 【明】胡居仁（1434—1484）：《易象钞》四卷两淮盐政采进本（卷五·经部·易类五，第29页）

161.上饶·余干 【明】胡居仁：《居业录》八卷江西巡抚采进本（卷九三·子部·儒家类三，第791页）

162.上饶·余干；吉安·泰和 【明】胡居仁、陈凤梧（1475—1541）：《居业录类编》三十一卷两江总督采进本（卷九十五·子部·儒家类存目一，第808页）

163.上饶·余干 【明】胡居仁：《胡文敬公集》三卷副都御史黄登贤家藏本（卷一七一·集部·别集类二四，第1496页）

164.上饶·余干 【明】李颐（？—1601）：《奏议》二卷江西巡抚采进本（卷五六·史部·诏令奏议类存目，第508页）

165.上饶·余干 【明】张吉（1451—1518）：《古城集》六卷、《补遗》一卷江苏巡抚采进本（卷一七一·集部·别集类二四，第1494页）

166.上饶·余干 【明】苏章：《滇南行稿》四卷、《附录》一卷江西巡抚采进本（卷一七五·集部·别集类存目二，第1562页）

167.上饶·余干 【明】陈宪：《后斋遗稿》二卷浙江汪汝瑮家藏本（卷一七六·集部·别集类存目三，第1573页）

168.上饶·余干 【清】张时为：《张界轩集》八卷江西巡抚采进本（卷九七·子部·儒家类存目三，第822页）

169.上饶·鄱阳 【宋】洪遵（1120—1174）（伪托）：《订正史记真本凡例》一卷编修程晋芳家藏本（卷四六·史部·正史类存目，第416页）

170.上饶·鄱阳 【宋】洪遵：《翰苑群书》二卷浙江巡抚采进本（卷七九·史部·职官类，第683页）

171.上饶·鄱阳 【宋】洪遵：《泉志》十五卷湖北巡抚采进本（卷一一六·子部·谱录类存目，第998页）

172.上饶·鄱阳 【宋】洪皓（1088—1155）：《松漠纪闻》一卷、《续》一卷两淮盐政采进本（卷五一·史部·杂史类，第464—465页）

173.上饶·鄱阳【宋】洪皓：《鄱阳集》四卷永乐大典本（卷一五七·集部·别集类一〇，第1353页）

174.上饶·鄱阳【宋】洪迈（1123—1202）:《史记法语》八卷浙江巡抚采进本（卷六五·史部·史钞类存目，第578页）

175.上饶·鄱阳【宋】洪迈:《南朝史精语》十卷浙江汪启淑家藏本（卷六五·史部·史钞类存目，第578—579页）

176.上饶·鄱阳【宋】洪迈:《容斋随笔》十六卷、《续笔》十六卷、《三笔》十六卷、《四笔》十六卷、《五笔》十卷内府藏本（卷一一八·子部·杂家类二，第1019—1020页）

177.上饶·鄱阳【宋】洪迈:《经子法语》二十四卷浙江巡抚采进本（卷一三一·子部·杂家类存目八，第1116页）

178.上饶·鄱阳【宋】洪迈:《夷坚支志》五十卷编修汪如藻家藏本（卷一四二·子部·小说家类三，第1213页）

179.上饶·鄱阳【宋】洪迈:《野处类稿》二卷编修汪如藻家藏本（卷一六〇·集部·别集类一三，第1378页）

180.上饶·鄱阳【宋】洪迈:《万首唐人绝句诗》九十一卷内府藏本（卷一八七·集部·总集类二，第1697页）

181.上饶·鄱阳【宋】洪迈:《容斋诗话》六卷编修程晋芳家藏本（卷一九七·集部·诗文评类存目，第1797页）

182.上饶·鄱阳【宋】洪迈:《容斋四六丛谈》一卷编修程晋芳家藏本（卷一九七·集部·诗文评类存目，第1797页）

183.上饶·鄱阳【宋】董煟:《救荒活民书》三卷浙江范懋柱家天一阁藏本（卷八二·史部·政书类二，第709页）

184.上饶·鄱阳【宋】洪适（1117—1184）:《隶释》二十七卷两淮盐政采进本（卷八六·史部·目录类二，第734—735页）

185.上饶·鄱阳【宋】洪适:《隶续》二十一卷浙江巡抚采进本（卷八六·史部·目录类二，第735页）

186.上饶·鄱阳【宋】洪适:《盘洲集》八十卷浙江巡抚采进本（卷一六〇·集部·别集类一三，第1378—1379页）

187.上饶·鄱阳【宋】姜夔（1154—1221）:《绛帖平》六卷两江总督采进本（卷八六·史部·目录类二，第735—736页）

188.上饶·鄱阳【宋】姜夔:《续书谱》一卷浙江鲍士恭家藏本（卷一一二·子

部·艺术类一，第960页）

189.上饶·鄱阳【宋】姜夔：《白石诗集》一卷、附《诗说》一卷编修汪如藻家藏本（卷一六二·集部·别集类一五，第1392页）

190.上饶·鄱阳【宋】姜夔：《白石道人歌曲》四卷、《别集》一卷监察御史许宝善家藏本（卷一九八·集部·词曲类一，第1818—1819页）

191.上饶·鄱阳【宋】姜夔：《白石词集》一卷安徽巡抚采进本（卷二〇〇·集部·词曲类存目，第1830页）

192.上饶·鄱阳【宋】姜夔：《别本白石词》一卷江苏巡抚采进本（卷二〇〇·集部·词曲类存目，第1830页）

193.上饶·鄱阳；鄱阳【宋】张洪、齐熙：《朱子读书法》四卷永乐大典本（卷九二·子部·儒家类二，第788页）

194.上饶·鄱阳【宋】赵缘督：《原本革象新书》五卷永乐大典本（卷一〇六·子部·天文算法类一，第892—893页）

195.上饶·鄱阳【宋】祝泌：《观物篇解》五卷（两江总督采进本）、附《皇极经世解起数诀》一卷浙江汪启淑家藏本（卷一〇八·子部·术数类一，第916—917页）

196.上饶·鄱阳【宋】张世南：《游宦纪闻》十卷两江总督采进本（卷一二一·子部·杂家类五，第1045页）

197.上饶·鄱阳【宋】彭汝砺（1041—1095）：《鄱阳集》十二卷两淮马裕家藏本（卷一五三·集部·别集类六，第1322页）

198.上饶·鄱阳【宋】章甫：《自鸣集》六卷永乐大典本（卷一六〇·集部·别集类一三，第1383页）

199.上饶·鄱阳【元】董真卿：《周易会通》十四卷内府藏本（卷四·经部·易类四，第26页）

200.上饶·鄱阳【元】董鼎：《尚书辑录纂注》六卷内府藏本（卷一二·经部·书类二，第97页）

201.上饶·鄱阳【元】董鼎：《孝经大义》一卷两江总督采进本（卷三二·经部·孝经类，第265页）

202.上饶·鄱阳【元】周伯琦（1298—1369）：《说文字原》一卷、《六书正讹》五卷大学士于敏中家藏本（卷四一·经部·小学类二，第353页）

203.上饶·鄱阳【元】周伯琦：《近光集》三卷、《扈从诗》一卷江苏巡抚采进本（卷一六七·集部·别集类二〇，第1448页）

204.上饶·鄱阳【明】贺登选：《易辰》九卷江西巡抚采进本（卷八·经部·易类存目二，第66页）

205.上饶·鄱阳【明】余祐（1465—1528）：《文公先生经世大训》十六卷礼部尚书曹秀先家藏本（卷九五·子部·儒家类存目一，第808—809页）

206.上饶·鄱阳【明】徐中：《性理图说》一卷浙江巡抚采进本（卷九六·子部·儒家类存目二，第814页）

207.上饶·鄱阳【明】罗珏：《地理总括》三卷浙江巡抚采进本（卷一一一·子部·术数类存目二，第941—942页）

208.上饶·鄱阳【明】童轩（1425—1498）：《纪梦要览》三卷浙江范懋柱家天一阁藏本（卷一一一·子部·术数类存目二，第951页）

209.上饶·鄱阳【明】童轩：《清风亭稿》七卷浙江巡抚采进本（卷一七〇·集部·别集类二三，第1488页）

210.上饶·鄱阳【明】胡衮：《东水质疑》六卷两江总督采进本（卷一二五·子部·杂家类存目二，第1075页）

211.上饶·鄱阳【明】刘叶：《事类通考》十卷浙江巡抚采进本（卷一三八·子部·类书类存目二，第1176页）

212.上饶·鄱阳【明】刘炳：《刘彦昺集》九卷编修汪汝藻家藏本（卷一六九·集部·别集类二二，第1470—1471页）

213.上饶·鄱阳【明】释克新：《元释集》一卷编修汪如藻家藏本（卷一七五·集部·别集类存目二，第1550页）

214.上饶·鄱阳【明】史桂芳（1518—1598）：《惺堂文集》十四卷江西巡抚采进本（卷一七八·集部·别集类存目五，第1599页）

215.上饶·鄱阳【明】刘仔肩：《雅颂正音》五卷江西巡抚采进本（卷一八九·集部·总集类四，第1713页）

216.上饶·鄱阳【清】史珥：《胡忠烈遗事》四卷江西巡抚采进本（卷六〇·史部·传记类存目二，第546页）

217.上饶·鄱阳【清】史既济：《介轩遗笔》二卷江西巡抚采进本（卷一二九·子部·杂家类存目六，第1109页）

218.上饶·鄱阳【清】史白:《复堂杂说》一卷江西巡抚采进本(卷一二九·子部·杂家类存目六,第1109页)

219.上饶·鄱阳【清】史白:《竹村杂记》二卷江西巡抚采进本(卷一二九·子部·杂家类存目六,第1109页)

220.上饶·鄱阳【清】史简:《鄱阳五家集》十五卷江西巡抚采进本(卷一九〇·集部·总集类五,第1732—1733页)

(二)四库上饶先贤著作提要

1.上饶【元】祝尧:《古赋辨体》八卷、《外集》二卷江苏巡抚采进本

元祝尧编。《江西通志》载:尧,上饶人,延祐五年进士,为江山尹,后迁无锡州同知。《广信府志》载:尧字君泽,与此本所题同,惟云官萍乡州同知,与《江西通志》异。其书自楚词以下,凡两汉、三国、六朝、唐、宋诸赋,每朝录取数篇,以辨其体格,凡八卷。其外集二卷,则拟骚、琴操歌等篇,为赋家流别者也。采摭颇为赅备。其论司马相如《子虚》、《上林赋》,谓问答之体其源出自《卜居》、《渔父》,宋玉辈述之,至汉而盛。首尾是文,中间是赋,世传既久,变而又变。其中间之赋,以铺张为靡,而专于词者则流为齐、梁、唐初之俳体。其首尾之文,以议论为便,而专于理者则流为唐末及宋之文体。于正变源流,亦言之最确。何焯《义门读书记》尝讥其论潘岳《耤田赋》,分别赋颂之非,引马融《广成颂》为证,谓古人赋颂通为一名。然文体屡变,支派遂分,犹之姓出一源,而氏殊百族。既云辨体,势不得合而一之。焯之所言,虽有典据,但追溯本始,知其同出异名可矣。必谓尧强主分别即为杜撰,是亦非通方之论也。(卷一八八·集部·总集类三,第1708页)

2.上饶【明】娄性:《明政要》二十卷浙江汪启淑家藏本

明娄性撰。性,上饶人,成化辛丑进士,官至南京兵部武库司郎中。《明史·马中锡传》所谓兵部郎中娄性与守备太监蒋琮相讦坐除名者,即其人也。是书仿《贞观政要》之体,编载明太祖、太宗、仁宗、宣宗、英宗五朝之事。凡四百五十二条，分类四十。弘治十六年表进于朝。自称篇目皆其父谅所定，凡历十余年始纂成书。所录英宗之事，大抵在天顺以后，则以正统初政之不纲也。谅字克贞，吴与弼之门人。王守仁亦尝从之受业。事迹具《明史·儒林传》。（卷五三·史部·杂史类存目二，第478—479页）

3.上饶·信州【宋】韩淲（1159—1224）：《涧泉日记》三卷永乐大典本

宋韩淲撰。淲字仲止，涧泉其号。世居开封，南渡后其父流寓信州，因隶籍于上饶。陶宗仪《说郛》载此书数条，题曰宋虎撰，盖传刻讹脱。《江西通志》作韩琥，厉鹗《宋诗记事》又作韩溥。考溥兄名沆，弟名济，皆连水旁，则其名从水不从玉，作琥为误。又考《说文》，溥，水名，徐铉注，息称切。别无他义。又淲，水流貌，即诗滮池之滮，徐铉音皮彪切。则名取流而字取止，于义为协，作溥亦误也。淲《宋史》无传，仕履始末无考。惟戴复古《石屏集》有挽韩仲止诗云，“雅志不同俗，休官二十年。隐居溪上宅，清酌涧中泉。慷慨商时事，凄凉绝笔篇。三篇遗稿在，当并史书传。”自注云：时事惊心，得疾而卒。作所以商山人、所以桃源人、所以鹿门人三诗，盖绝笔也。知淲乃遭逢乱世，坎坷退居，赍志以殁之士矣。是书《宋史·艺文志》不著录，无从知其卷帙之旧。今以散见《永乐大典》中者裒合排次，勒为三卷，约略以次相从，其有关史事者居前，品评人物者次之，考证经史者又次之，品定诗文者又次之，杂记山川古迹者又次之。虽未必尽复其旧，然亦粲然可观矣。考《东南纪闻》载淲清高绝俗，不妄见贵人，亦不妄受馈遗，其人品学问，即具有根柢。又参政韩亿之裔，吏部尚书韩元吉之子，其亲串亦皆当代故家，如东莱吕氏之类，故多识旧闻，不同剿说。所记明道二年明肃太后亲谒太庙事，可证《石林燕语》之误。大观四年四月命礼部尚书郑允中等修哲宗正史事，亦可补史传之遗。其他议论，率皆精审。在宋人说部中固卓然杰出者也。（卷一二一·子部·杂家类五，第1045—1046页）

4.上饶·信州【宋】韩淲:《涧泉集》二十卷永乐大典本

宋韩淲撰。淲有《涧泉日记》，已著录。此其诗集也。淲诗稍不逮其父，而渊源家学，故非徒作。同时赵蕃号章泉，有诗名，与淲并称曰“二泉”。李龏《端平诗隽序》所谓“章涧二泉先生”，方回诗所谓“上饶有二泉”者，即指蕃与淲也。然其集世罕传本。《文献通考》、《宋史·艺文志》皆不著录。方回《瀛奎律髓》绝推重之，有“世言韩涧泉名下固无虚士”之语。尤称其“人家寒食常晴日，野老春游近午天”之句。而所录淲作，亦属寥寥。又戴复古輓淲诗有“三篇遗稿在，当并史书传”句，复古自注称：“淲临终作三诗。”近厉鹗辑《宋诗纪事》，采摭极博，乃仅载《所以商山人》、《所以桃源人》二首，而《所以鹿门人》一首佚焉。则淲之诗文湮没已久。今检《永乐大典》所载，凡得诗二千四百余首、词七十九首，编为二十卷。又得制词一首、铭二首，亦并附焉。而《所以鹿门人》一篇终不可见。知所佚者尚多。然较诸书所载仅得残章断句者，已可谓富有矣。观淲所撰《涧泉日记》，于文章所得颇深。又制行清高，恬于荣利，一意以吟咏为事。平生精力，具在于斯。故虽残阙之余，所存仍如是之夥也。（卷一六三·集部·别集类一六，第1401页）

5.上饶·信州【宋】陈文蔚（1154—1239）：《克斋集》十七卷湖北巡抚采进本

宋陈文蔚撰。文蔚字才卿，上饶人。尝举进士，端平二年，都省言其所作《尚书类编》有益治道，诏补迪功郎。今《尚书类编》已佚，其文集亦无传本。故《书录解题》、《宋史·艺文志》俱未著录。明初，其郡人张时雨及其裔孙良鉴始掇拾成编，即此本也。文蔚始因同里余大雅以师事朱子，见于所撰《余正叔墓碣》。集中与朱子往复书甚多，皆以工夫精进相规切。而《祭朱先生文》有云：“丁巳之冬，戊午之春，招之使来，授业诸孙。因获终岁，侍教谆谆。”则又尝馆于朱子家。当理宗时，朱子之学大行，故所著之书得闻于朝廷，朝廷亦遂命以官也。然文蔚实亦笃信谨守，传其师说。所记朱子之语，皆戊申以后所闻见，《于池录》第四已编入《朱子语类》中，此复具载于本集。盖一从其所言之人，一从其所记之人，义可互存，不为假借。其诗虽颇拙俚，不及朱子远甚，其文则皆明白淳实，有朱子之遗。讲义九条，剖析义利之辨，亦为谆切。均不愧儒者之言，与后来依门傍户者，固迥殊矣。（卷一六二·集部·别集类一五，第1389页）

6.上饶·信州【明】杨时乔（1531—1609）:《周易古今文全书》二十一卷内府藏本

明杨时乔撰。时乔字宜迁，号止庵，上饶人。嘉靖乙丑进士。官至吏部侍郎。谥端洁。事迹具《明史》本传。此书凡分六部，曰《论例》二卷，《古文》二卷，《今文》九卷，《易学启蒙》五卷，《传易考》二卷，附《龟卜考》一卷。每部皆有自序。其大意在荟萃古今以辟心学说《易》之谬，所宗惟在程、朱。虽兼称古今文，而所发明者古文略而今文详。中多互见其义，故间有繁复，不害宏旨。然《周易》古文本无可考，郭忠恕《汗简》所引古《周易》诸字，已不能究所自来。时乔此本更古篆籀文，随意填缀，往往窜入讹字，殊不免杜撰之訾。又或窜改经文，如“旁行而不流”句下加“正行而不泥”一句，自《经典释文》以后，未见此文，竟不知其何所本。而其解今文卷中又置之不论，竟似乎经所本有，殊近于诬。至《传易考》二卷，分《宗传》、《衍传》、《正传》、《辅传》、《异传》、《别传》等名，亦类于门户之见。王守仁、湛若水两家弟子各述师承，竞分途辙，此书正以辟其非，而转区分名目，是以斗解斗矣。朱彝尊《经义考》摘所引诸家姓氏讹舛，犹其小焉者尔。（卷七·经部·易类存目一，第56页）

7.上饶·信州区【明】杨时乔:《马政纪》十二卷浙江巡抚采进本

明杨时乔撰。时乔有《周易古今文全书》，已著录。是书纪明一代马政，上起洪武元年，下至万历二十三年。分十有二门：一曰户马，二曰种马，三曰俵马，四曰寄养马，五曰折粮、贡布盐、纳赎、战功等马，六曰兑马，七曰挤乳、御用、上陵、出府，并附给驵马，八曰库藏，九曰蠲恤，十曰政例，十一曰草场，十二曰各边镇、行太仆寺、苑马寺、茶马司马。于因革损益，各悉原委。马政莫详于明，亦莫弊于明。时乔目击其艰，身亲其事，故虽裒集案牍之文，而所言深中时病，其条理悉具自序中。序末自署“前太仆寺卿”，而考《明史》本传惟载尝为“太仆寺丞”。是书时乔自刊，不应有误。疑史或误书也。（卷八二·史部·政书类二，第711页）

8.上饶·信州区【明】杨时乔:《杨端洁集》无卷数江西巡抚采进本

明杨时乔撰。时乔有《周易古今文全书》，已著录。是集为其子圣践所编。江右之学，惟时乔一本程、朱，故集中《大学》、《周易》诸序，及孔、朱二像碑，皆力闢心学之误云。（卷一七八·集部·别集类存目五，第1603页）

9.上饶·信州【明】郑仲夔：《兰畹居清言》十卷浙江巡抚采进本

明郑仲夔撰。仲夔字龙如，江西人[1]。其书采录僻事隽语，自汉、魏以迄嘉、隆，分门别类，一如刘义庆《世说》之例。其已见刘孝标注及王世贞所补者案：《世说新语》补本何良俊《语林》之文，坊本托名于王世贞，此从原序之文，谨附识于此，则不复载。又以一人编中错见，名字爵谥不一其称者，别为释名，以附于前，亦仿汪藻校定《世说》之例。（卷一四三·子部·小说家类存目一，第1224页）

10.上饶·信州【明】郑仲夔：《耳新》十卷两淮盐政采进本

明郑仲夔撰。仲夔有《兰畹居清言》，已著录。是书杂记琐事，多及仙鬼因果，亦《辍耕录》之流亚。中记魏忠贤事，盖明末人也。（卷一四四·子部·小说家类存目二，第1230页）

11.上饶·信州【清】汪汉谋：《禽遁七元成局书》十四卷两江总督采进本

国朝汪汉谋编[2]。康熙癸酉，陈锟录而传之。锟自题曰云门，不知其何地也。其书亦用翻禽倒将之法，有气将、日将、时将、彼将、我将、时制日、我制彼者为吉，反是为凶。以二十八宿案每日十二时，考其吉凶，论行军主客胜负之机。自一元甲子日行禽虚日鼠日易一禽，阅七甲子，禽凡十五周而复循其始，故有《七元成局》。所条列亦颇井井，世之为兵家言者每称之。然考其所列翻禽倒将之法，亦俱舛互失次。据池本理论翻倒法，以翻覆为翻禽，为我取上禽下之意，故居时将之下。倒转为倒将，为彼取下伏上之义，故居气将之上。翻宜制倒，而此概沿俗说，以倒将为翻禽。即此可见所学之未精矣。（卷一一一·子部·术数类存目二，第950—951页）

---

① 《复社纪略》卷之一：广信府上饶县：徐自定、徐自宁、郑仲夔。

② 《牧斋初学集》（四部丛刊初编本）九（《参筹秘书序》）：《参筹秘书》者，信州汪汉谋所著也。

12.上饶·上饶县【宋】徐元杰（1194—1245）：《楳埜集》十二卷永乐大典本

宋徐元杰撰。元杰字仁伯，信州上饶人，绍定五年进士第一，累官国子祭酒，权中书舍人，拜工部侍郎，谥忠愍，事迹具《宋史》本传。元杰侃直敢言，不避权势。当史嵩之起复，元杰攻之甚力，卒寝成命。后元杰以暴疾卒，人皆以为嵩之毒之。台谏及太学生徒俱为上疏讼冤，诏置狱追勘，迄不能白。本传颇载其事，而周密《癸辛杂识》所记尤详。是集旧有赵汝腾序，亦极言元杰死状不明为可悲，且云憸壬任折狱之责，盖指侍御史郑寀而言。然据《癸辛杂识》，寀实首为元杰讼冤，特未能诘正是狱。而汝腾遽以奸回诋之。盖当日朝端水火，入主出奴，沸羹蜩螗，迄无定论。即此一事，而宋之纲维不立，亦概可见矣。其集不载于《宋史·艺文志》。观其子直谅跋语，乃景定二年直谅知兴化州时所刊，本二十五卷，世久失传。今从《永乐大典》中采辑编次，釐为杂文十一卷、诗词一卷。仅存十之五六，而本传所列奏议，条目具存，尚可得其大概。其中如《戊戌轮对札子》，则为校书郎时所上。《甲辰上殿札子》，则为左司郎官时所上。其论济王之宜置后，骄奢之宜戒抑，敌国外患之宜以宗社为心，皆惓惓纳忠，辞旨恳到。其《白左揆论时事》数书，乃为杜范所延而作，亦多关系国家大计，言无不尽。虽夙从陈文蔚、真德秀游，或不免过泥古义，稍涉拘迂，然不可谓之不轨于正也。周密《浩然斋雅谈》记元杰母张氏能诗，有“不知帘外溶溶月，上到梅花第几枝”之句。而元杰诗乃颇朴僿。盖真氏文章正宗持论如是，元杰亦笃守其师说云。（卷一六四·集部·别集类一七，第1403—1404页）

13.上饶·广丰【明】吕怀（1492—1573）：《周易卦变图传》二卷安徽巡抚采进本

明吕怀撰。怀字汝愚，号巾石，永丰人[①]。嘉靖壬辰进士。官至南京太仆寺少卿。事迹附见《明史·洪垣传》。是书主卦变之学，其例有宫变，有卦变，有爻变。大旨谓六十四卦者，八卦之重也。天四卦，各重八卦。《乾》八卦为太阳，《兑》八卦为少阴，《离》八卦为少阳，《震》八卦为太

① 《明儒学案》卷三十八（甘泉学案二）云：“吕怀字汝德，号巾石，广信永丰人。”《明史》卷二百十八（列传第九十六）云：广信永丰人。清雍正九年（1731）因与吉安府永丰县重名，改名广丰县。

阴。地四卦，各重八卦。《坤》八卦为太阴，《艮》八卦为少阳，《坎》八卦为少阴，《巽》八卦为太阳。八卦各变天地阴阳太少，变者七，不变者一。天太阳八卦，不变者《乾》。少阴八卦，不变者《中孚》。少阳八卦，不变者《离》。太阴八卦，不变者《颐》。地太阴八卦，不变者《坤》。少阳八卦，不变者《小过》。少阴八卦，不变者《坎》。太阳八卦，不变者《大过》。计六宫，各变七卦，通计五十六卦。而不变之八卦又自阳卦变阴，阴卦变阳，以统五十六卦之变。盖八卦以卦变，五十六卦以爻变，八卦以体变，五十六卦以用变。其爻变之例，若《乾》上九变为《夬》上六，《夬》九五变为《大有》六五，《大有》九四变为《小畜》六四，《小畜》九三变为《履》六三，《履》九二变为《同人》六二，《同人》初九变为《姤》初六之类。大抵支离牵合，若有意义而实非《易》之本旨也。（卷七·经部·易类存目一，第54—55页）

14.上饶·广丰【明】吕怀:《箫韶考逸》二卷浙江巡抚采进本

明吕怀撰。怀有《周易卦变图传》，已著录。怀律吕之学受之于湛若水，若水尝采所论入《古乐经传》中。是书则又怀与其门人胡采辈问答而作也。其说以黄、大、太、夹、姑、仲、蕤、林、夷九均为《韶》之九成，杂引五行、纳音以相配合。其论《韶》舞则仿周人四表之制，以黄、林、太、夹、南、姑、应、蕤、夷为九成。其论乐器则据《风俗通》笙、柷、鼓、箫、瑟、埙、钟、磬为八音之器。卷末又杂录问答之语。所载十二律积数，繁衍无当。又以阴阳术数之说附会其间，益杂糅矣。（卷三九·经部·乐类存目，第332—333页）

15.上饶·广丰【明】吕怀:《律吕古义》三卷两淮盐政采进本

明吕怀撰。此编前载总序，后列《七图》，分《律本》、《律变》、《候气》、《纳音》等门，并载《杂说》内、外篇及《答问》数条。其中心统之说，颇近释氏。所论亦时多牵合，未能得律吕之本也。（卷三九·经部·乐类存目，第333页）

16.上饶·广丰【明】吕怀:《巾石遗编》一卷江西巡抚采进本

明吕怀撰。怀有《周易卦变图传》，已著录。据《千顷堂书目》所著，《巾石类稿》本三十卷，是集不知何人所编，皆掇拾于残剩之余，寥寥数篇，不成卷帙，疑原本散佚，此或其子孙所录存也。（卷一七七·集部·别集类存目四，第1587页）

17.上饶·广丰【明】夏尚朴（1466—1538）:《东岩集》六卷浙江汪汝瑮家藏本

明夏尚朴撰。尚朴字敦夫，东岩其号也，永丰人①。正德辛未进士，官至南京太仆寺少卿。尚朴初师吴与弼，后师娄谅，故《明史·儒林传》附见《谅传》中。惟史于《薛瑄传》末又称瑄之门人有周蕙，蕙之门人有薛敬之、李锦、王爵、夏尚朴，与《谅传》不合。考传末惟叙敬之、锦、爵三人事迹，一字不及尚朴。则《瑄传》列尚朴之名，殆衍文欤？谅以勿忘勿助为敬，胡居仁、罗钦顺多讥其近禅。而史载尚朴常言“才提起便是天理，才放下便是人欲”，魏校亟称之。王守仁少时亦学于谅。然守仁《赠尚朴诗》有“舍瑟春风”之句，尚朴则答曰“孔门沂水春风景，不出虞廷敬畏中”，至谓心所以穷理，未足以尽理。又谓学不难于一贯，而难于万殊。则与王守仁即心即理之说迥异。又《与湛若水书》“斤斤以厌常喜新”为戒。其语录中复取陈献章与论学诗一一为之笺疏，指其谬误。正、嘉之际，学问渐岐，而尚朴独恪守先儒，不为高论，可谓笃实之士矣。至其论《中庸》分八节，独不用朱子之说，则见仁见智，各有所得，其不为苟同，即其不为苟异者也。史载所著有《中庸说》、《东岩文集》。此本为其壻刘宾所编。以语录《中庸说》为第一卷，与《文集》并为一编。史盖据其初出各行之本也。尚朴本讲学之士，不以文章为工，然其言醇正，固亦不乖于大雅焉。（卷一七二·集部·别集类二五，第1502页）

18.上饶·广丰【明】夏尚朴:《东岩诗集》八卷浙江巡抚采进本

明夏尚朴撰。尚朴有《东岩文集》，已著录。此编乃其诗集，多涉理语，

① 《明史》卷二百八十三（列传第一百七十一儒林二）：门人夏尚朴，字敦夫，广信永丰人。广信永丰即今广丰县。

近白沙、定山流派。集中《读击壤集》绝句云："闲中风月吟边见，始信尧夫是我师。"其宗法可知也。（卷一七六·集部·别集类存目三，第1573页）

19.上饶·广丰【明】余祚征:《文斋文集》十一卷浙江鲍士恭家藏本

明余祚征撰。祚征字符之，永丰人，文斋其号也。崇祯癸未会试副榜，授凤阳府推官。时唐王聿键锢高墙，祚征待之有礼，及聿键自立，而祚征已卒，因赠应天府丞，谥曰忠贞。次子玠，后为僧，名洪瀚，蒐集其遗文刻之，凡杂文三卷，诗六卷，书启二卷，皆不见所长，惟《请诛刘良佐疏》载其跋扈之迹极详，为史所不尽载云。（卷一八〇·集部·别集类存目七，第1630页）

20.上饶·玉山【宋】汪应辰（1118—1176）:《文定集》二十四卷永乐大典本

宋汪应辰撰。应辰字圣锡，信州玉山人，初名洋。绍兴五年登进士第一，高宗为改此名。初授镇东军佥判，后官至敷文阁学士、四川制置使，知成都府。应辰少从喻樗、张九成、吕本中、胡安国诸人游，又与吕祖谦、张栻相善。于朱子为从表叔。朱子尝往来商榷，故《孝经刊误》援应辰之言以为据。应辰授敷文阁待制，亦举朱子以自代，契分特深。其学问具有渊源。又官秘书省正字时，以上书忤秦桧，困顿州郡者凡十七年。史称其直言无隐，于吴芾、王十朋、陈良翰诸人中最为骨鲠。其立身亦具有本末。《宋史·艺文志》载其集五十卷。明初已罕流传。宏[①]治中，程敏政于内阁得其本。以卷帙繁重，不能尽录。乃摘抄其要，编为廷试策一卷、奏议二卷、内制一卷、杂文八卷。嘉靖间，其乡人夏浚刻之，又附以遗事、志传等文凡二卷。今世所行，皆从程本传录、不见完帙者已二三百年。今考《永乐大典》所载，为程本不载者几十之四五。盖姚广孝等所据之本，即敏政所见之内阁本。而敏政取便抄录，所见太狭，故钜制鸿篇，多所挂漏。谨以浙江所购程本与《永乐大典》互相比较，除其重复，增所未备，勒为二十四卷。较五十卷之旧，业已得其大半。计其精华，亦约略具于是矣。（卷一五八·集部·别集类一一，第1363页）

① "宏"当为"弘"，避讳清高宗弘历。

21.上饶·玉山【宋】汪应辰（1118—1176）:《别本汪文定集》十三卷江苏巡抚采进本

宋汪应辰撰。《应辰全集》已于《永乐大典》内裒辑成编，别著于录。此本乃明程敏政以内阁藏本选录而成，非其完帙。（卷一七四·集部·别集类存目一，第1540页）

22.上饶·玉山【宋】赵蕃:《乾道稿》一卷、《淳熙稿》二十卷、《章泉稿》五卷永乐大典本

宋赵蕃撰。蕃字昌父，号章泉，先世郑州人。建炎初，其曾祖旸官于信州，因家焉。蕃以旸致仕恩补官，后终于直秘阁。蕃始受学刘清之。年至五十，乃问学于朱子。《朱子文集》与蕃尺牍凡六首。蕃与朱子往还诗及他作之称述朱子者，二十余首。朱子《答徐斯远书》有云："昌父志操文词，皆非流辈所及。且欲其刊落枝叶，就日用间深察义理之本然，庶几有所据依以造实地，不但为骚人墨客而已。"所以援引之者甚力。然蕃本词人，晚乃讲学，其究也仍以诗传，与涧泉韩淲有二泉先生之称。淲集久佚，今从《永乐大典》裒辑，已别著录。蕃集世亦无传，而《永乐大典》所收颇富。并为采掇编次，依旧本标题，釐为《乾道稿》一卷、《淳熙稿》二十卷、《章泉稿》五卷，共二十六卷。而以蕃本传及刘宰所作墓表附录于后。初，蕃为太和簿时，受知于杨万里。万里赠诗有云："西昌主簿如禅僧，日餐秋菊嚼春冰。"又云："劝渠未要思旧隐，且与西昌作好春。"又赞其写真云："貌恭气和，无月下推敲之势。神清骨耸，非山头瘦苦之容。一笑诗成，万象春风。"刘克庄跋亦云："近岁诗人，惟赵章泉五言有陶、阮意。"《诗人玉屑》载蕃《论诗》一则，以陈后山《寄外舅诗》为全篇之似杜者。后戴式之《思家》用陈韵，又全篇之似陈者。观其持论，其诗学渊源亦可概见矣。又张端义《贵耳集》称："蕃与周必大同里。必大当轴，所任但一酒官，五十年不调。案：'五十年'疑当为'十五年'之讹。寿九十余，公朝尊老，以秘阁正郎聘之，不至。"则蕃之恬淡自守，人品本高，宜其诗之无俗韵也。（卷一六〇·集部·别集类一三，第1375—1376页）

23.上饶·玉山【宋】王奕:《玉斗山人集》三卷浙江鲍士恭家藏本

旧本题南宋王奕撰。考集中《奠大成至圣文宣王》文，称"至元二十六

年岁在己丑，江南儒生王奕等”。其《玉窗如菴记》则称“岁癸巳前，奉旨特补玉山教谕”。癸巳为至元三十年。然则奕食元禄久矣。迹其出处，与仇远、白珽相类。题南宋者，误也。奕字敬伯，玉山人，所著有《斗山文集》十二卷、《梅嵓杂咏》七卷，今并不传。惟此集尚存，本名《东行斐稿》。明嘉靖壬寅，其乡人陈中州为刊版，佚其诗四首，而别附以遗文二篇，始改题今名。其诗稍失之粗，然磊落有气，胜宋季江湖一派。素与谢枋得相善，枋得北行以后，尚有唱和诗十首。又有《和元好问曲阜纪行》诗十首，《赠倪布山》诗一首，称为金遗。其《寄周月湖》绝句，亦有“起观疆宇皆周土，只有西山尚属商”句，皆尚以宋之遗民自居，则其出为学官，当在己丑之后。然其《祭文宣王》文，称“天混图书，气通南北，九域甫一，可舆可舟”。《祖庭观丁歌》，称“幸际天地还清宁”，于新朝无所怨尤。《祭曾子》文，称“某等律以忠孝，实为罪人。愿保发肤，以遂终慕”，亦未敢高自位置。视首鼠两端，业已偷生隳节，而犹思倔强自异者，固尚有间矣。集中诗文杂编，颇乖体例，然无关于宏旨，今亦姑仍原本录之焉。（卷一六六·集部·别集类一九，第1426—1427页）

24.上饶·玉山【明】詹泮：《少华集》四卷浙江孙仰曾家藏本

明詹泮撰。泮字少华，玉山人。正德辛巳进士，官至礼科给事中，乞养归。泮尝从章懋游，以讲学自任，其诗文亦别为一格，是集乃其子长至、长生所编，杂文诗词共三卷，外录一卷，则皆他人之赠言也。（卷一七六·集部·别集类存目三，第1578页）

25.上饶·弋阳【宋】谢枋得（1226—1289）（疑伪托）：《批点檀弓》二卷兵部侍郎纪昀家藏本

旧本题“宋谢枋得撰”。枋得字君直，号叠山，信州弋阳人。宝祐四年进士。宋末为江东制置使。临安破后，即弋阳起义兵。兵溃后遁迹浦城，元福建行省魏天佑迫胁送燕京，遂绝食而卒。事迹具《宋史·忠义传》。是编莫知所自来。明万历丙辰，乌程闵齐伋始以朱墨版刻之。齐伋序称得谢高泉所校旧本，亦不言谢本出谁氏。书中圈点甚密，而评则但标章法、句法等字，似孙鑛等评书之法，不类宋人体例。疑因枋得有《文章轨范》，依托为之。又题“杨升庵附注”，而与慎《檀弓丛训》复不相同。据齐伋序，称汇《注》、《疏》、《集注》、《集说》诸书，去其繁而存其要，以著于简端。则齐伋之所加，非慎原注也。盖明季刊本，名实舛互，往往如斯矣。（卷二四·经部·礼类存目二，第192页）

26.上饶·弋阳【宋】谢枋得（伪托）：《翰苑新书前集》七十卷、《后集上》二十六卷、《后集下》六卷、《别集》十二卷、《续集》四十二卷编修励守谦家藏本

不著撰人名氏。据明陈文烛序，亦但称为宋人。今别有刊本，题宋谢枋得撰者，坊贾所赝托也。文烛序称是书旧无传本，慈溪袁炜为大学士时始从内阁录出，而日久佚其首卷。后得华亭徐阶所录本，乃足成之。其书分前、后、别、续四集，疑未必出一人之手。《前集》皆为书启之用，自一卷至六十卷皆以职官分目，下至盐官、酒官之类，亦皆备载，六十一卷至七十卷则以家世、阀阅、座主、门生之类分目，每门之中，皆冠以历代事实，次以宋朝事实，次以自叙，次以旁引，次以群书精语，次以前贤诗词，次以四六警语。《后集》止备表笺之用，一卷至十九卷以大典礼分目，而附以谢恩陈乞；二十卷至二十六卷则录宋代表笺之文。《后集下》一卷至五卷为类姓；六卷则惟列发举、词科、入学三目，盖补《前集》之遗。《别集》皆录宋人劄状、致语、朱表、表文、青词、疏语、册文、祝文、祭文之属，其劄子以五提头、七提头、九提头分目，盖当时之式，其朱表则青词类也。《续集》录宋人书启，一卷至二十三卷以官分目，二十四卷至四十二卷以事分目，又以广《别集》未备之体耳。其书本为应酬而作，惟取便检用，不免伤于繁复。而于宋代典故事实，最为赅备，披沙拣金，往往见宝。较孔传《续六帖》之类，反为有资考证也。（卷一三五·子部·类书类一，第1152—1153页）

27.上饶·弋阳【宋】谢枋得：《叠山集》五卷编修汪如藻家藏本

宋谢枋得撰。枋得事迹具《宋史》本传。所著《易、诗、书三传》及《四书解》、杂著诗文原本六十四卷，岁久散佚。明嘉靖中，揭阳林光祖为广信府知府，始以黄溥所校刊行世，仅分上、下二卷。万历中，御史吴某所辑《叠山集》，又刻之上饶。编次错迕，未为精审。此本乃本朝康熙中弋阳知县谭瑄所重订，视旧本较为详备。枋得忠孝大节，炳著史册。《却聘》一书，

流传不朽，虽乡塾童孺，皆能诵而习之。而其他文章，亦博大昌明，具有法度，不愧有本之言。观所辑《文章轨范》，多所阐发，可以知其非苟作矣。惟原本有《蔡氏宗谱》一首，末署至元二十五年。其词气不类枋得，确为伪托。又有《贺上帝生辰表》、《许旌阳飞升日贺表》，此类凡十余篇，皆似道流青词，非枋得所宜有，亦决非枋得所肯作。其为赝本误收，亦无疑义。今并加刊削，不使其乱真焉。（卷一六四・集部・别集类一七，第1408页）

28.上饶・弋阳【宋】谢枋得:《文章轨范》七卷两江总督采进本

宋谢枋得编。枋得有《叠山集》，已著录。是集所录汉、晋、唐、宋之文，凡六十九篇，而韩愈之文居三十一，柳宗元、欧阳修之文各五，苏洵之文四，苏轼之文十二。其余诸葛亮、陶潜、杜牧、范仲淹、王安石、李觏、李格非、辛弃疾，人各一篇而已。前二卷题曰《放胆文》，后五卷题曰《小心文》，各有批注圈点，其六卷《岳阳楼记》一篇，七卷《祭田横文》、《上梅直讲书》、《三槐堂铭表忠观碑》、《后赤壁赋》、《阿房宫赋》、《送李愿归盘谷序》七篇，皆有圈点而无批注。盖偶无独见，即不填缀以塞白，犹古人淳实之意。其《前出师表》、《归去来辞》，乃并圈点亦无之，则似有所寓意。其门人王渊济跋，谓汉丞相、晋处士之大义清节，乃枋得所深致意，非附会也。前有王守仁序，称为当时举业而作。然凡所标举，动中窾会。要之，古文之法亦不外此矣。旧本以“王侯将相有种乎”七字分标七卷，近刻以“九重春色醉仙桃”七字易之。观第三卷批有先熟“侯王”两集之语，则此本为枋得原题。近刻乃以意改窜之，虽无关大义，亦足见坊刻之好改古书，不可据为典要也。（卷一八七・集部・总集类二，第1703页）

29.上饶・弋阳 【宋】陈康伯（1097—1165）:《陈文恭公集》十三卷浙江鲍士恭家藏本

旧本题宋陈康伯撰。康伯字长卿，弋阳人，宣和三年中上舍丙科，仕终尚书左仆射，同中书门下平章事，谥文恭，事迹具《宋史》本传。是集为其裔孙以范编次，并以诰敕及诸书文字有涉于康伯者汇附于后。然遗文仅二卷，而附录乃十一卷。末大于本，殊非体例。且遗文亦多伪作。如所载《谢敕命修家谱表》，称昨进家谱，敕令史院编修填讳。自古以来，无是事理。

其谢语称“伏惟圣躬保重，圣寿隆长”，而首称“臣康伯叩头拜谢曰”，末称“臣等不胜欣跃，无任感戴叩谢之至”，尤不晓宋人章表体例。又首载原序一篇，称“乾道七年新安门人朱熹顿首拜书于碧落洞天”。其词鄙陋殊甚。《朱子年谱》具在，不言有此师。朱子集中亦无此文。盖无往而不伪也。（卷一七四·集部·别集类存目一，第1540页）

30.上饶·弋阳【明】姜清:《姜氏秘史》一卷浙江汪启淑家藏本

明姜清撰。清，弋阳人，正德辛未进士，官至尚宝司少卿。自靖难之后，建文一朝事迹大抵遗失。是书于故案文集搜辑遗闻，编年纪载。至于地道出亡等事，则未尝载及。纪录颇见精核。案《明史稿》例议、辨野史所载建文元年二月燕王来朝、行御道、登陛不拜、为御史曾凤韶所劾，以为必无之事。而是书载凤韶劾燕王事，云本《吉安府志》。又证以南京锦衣百户潘瑄《贴黄册》，内载校尉潘安三月二十三日叙拨随侍燕王，还北平陆坐云云。据此，则来朝明矣。第不知所云潘瑄《贴黄》者，果足征信否也。又世传王艮于成祖入城前一日，与胡靖、解缙集吴溥舍，靖、缙陈说慷慨，艮流涕而已，其后独艮死节。是书载其事而辨之，以为艮家谱载艮以建文辛巳九月卒，上遣黄观谕祭，未尝及成祖之来也。其言似乎可据。然革除之际，诛锄异已，凡效忠于建文者，皆祸及子孙。安知王氏家谱非为宗族之计，讳其死难以自全，未必遽为定论。《明史·艮传》仍用前说，盖必有所考也。（卷五三·史部·杂史类存目二，第480页）

31.上饶·弋阳【明】吴崇节:《古史要评》五卷江西巡抚采进本

明吴崇节撰。崇节字介甫，弋阳人。嘉靖甲子举人，官武冈县知县。是编所载，起周灵王迄南宋，每事先标题目，后载史文，而断以己意，盖坊刻《鉴纂》、《鉴略》之类。而挂一漏万，茫无始末，并不足以裨初学。于元朝不载事实，但附许衡、吴澄二人，题曰元朝人物，尤为偏谬。（卷九〇·史部·史评类存目二，第762页）

32.上饶·弋阳【明】吴崇节:《狎鸥子摘稿》一卷江苏巡抚采进本

明吴崇节撰。崇节有《古史要评》，已著录。此其为武冈知县罢归后所为文也。前有《狎鸥亭赋》及《霞塘八景》绝句，后则杂文，寥寥仅十数篇，皆词意浅薄。中有《悟蘧生传》，详其词意，乃崇节自谓，而其《狎鸥亭赋》又自称“豫石子”，随地易号，殆仿元结之例欤？（卷一七八·集部·别集类存目五，第1603页）

33.上饶·弋阳【明】王俊：《濯旧稿》一卷江西巡抚采进本

明王俊撰。俊字机翁，弋阳人。宏治癸丑进士，官至礼部尚书，谥文庄。是书多以周子、程子、邵子、张子之言击排朱子，亦颇攻陆九渊，而其说仍多堕于虚渺。后附诸诗，尤多同禅偈。（卷一二四·子部·杂家类存目一，第1068—1069页）

34.上饶·弋阳【明】汪佃（1471—1540）：《东麓稿》十卷两淮盐政采进本

明汪佃撰。佃字友之，弋阳人。正德丁丑进士，官至翰林院编修，后出为建宁府通判。其集无大疵累，亦无所见长。（卷一七六·集部·别集类存目三，第1576页）

35.上饶·弋阳【明】黄溥：《诗学权舆》二十二卷两淮马裕家藏本

明黄溥编。案明有两黄溥。其一鄞县人，有《简籍遗闻》，已著录。此黄溥字澄济，自号石厓居士，弋阳人。正统戊戌进士，官至广东按察使。是书兼收众体，各为注释。定为名格、名义、韵谱、句法、格调诸目，复杂引诸说以证之。然采摭虽广，考证多疏。如卷首《董少年歌》，不知鸣平为韵，古多此格，乃误以为七言一句之歌，甚至以《楚辞》与《骚》分为二体。可谓不知而作矣。（卷一九一·集部·总集类存目一，第1740—1741页）

36.上饶·铅山【明】费寀（1483—1548）：《嘉靖广信府志》二十卷两淮盐政采进本

明费寀撰。寀字子和，铅山人。正德辛未进士，官至礼部尚书。事迹附见《明史·费宏传》。广信自成化初始有志。嘉靖乙酉，寀以编修家居，乃与同郡江汝璧、杨麟等增修，定为此本，凡八门。（卷七三·史部·地理类存目二，第640页）

37.上饶·铅山【明】费寀:《费文通集选要》六卷江苏巡抚采进本

明费寀撰。寀有《广信府志》，已著录。所著《文名钟石集》，本二十四卷。此本乃刘同升、许谷所选，与其兄宏、诗文合刻之本也。（卷一七六·集部·别集类存目三，第1573页）

38.上饶·铅山【明】胡梦泰（？—1646）:《读史书后》一卷江西巡抚采进本

明胡梦泰撰。梦泰字友蠡，铅山人。崇祯丁丑进士，官鄞县知县。是编前有顺治辛丑张逵序，称其"大节耿然，不愧首阳。卒与其配李媛称双节，而湮没不传"云云，则亦明末死义之士。逵不详其始末，不可考矣。是书皆读《史记》而跋其后，文体晦涩，几不可读，殆亦刘凤之流。又有文德翼序，语意亦相类。盖明季伪体横行，士大夫以是相高。而不知故为诘曲，适为后人笑也。（卷九〇·史部·史评类存目二，第765页）

39.上饶·铅山【明】费元禄:《鼂采馆清课》二卷两江总督采进本

明费元禄撰。元禄字学卿，铅山人。铅山之河口有五湖，其一曰官湖，即鼂采湖也。元禄构馆其上，因以为名。是书皆记其馆中景物及游赏闲适之事。（卷一三〇·子部·杂家类存目七，第1114页）

40.上饶·铅山【明】龚斆:《鹅湖集》六卷永乐大典本

明龚斆撰。斆，铅山人。《明史》无传。惟《太祖本纪》载："洪武十三年九月丙午，置四辅官，以儒士王本、杜佑、龚斆、杜斆、赵民望、吴源为春夏官。"又《宋讷传》称："讷为祭酒，与讷定学规者，司业王嘉会、龚斆。三人年俱高，须发皓白，终日危坐，堂上肃然。"而亦不详其本末。考《铅山县志》，称："斆先以明经分教广信，辑朱子之说，补六经图。御史叶孟芳荐其学行，征入为四辅官，以老乞归。又召为国子祭酒，卒于官。著有《经野类抄》二十八卷。"盖亦穷经笃学之士也。其集见于焦竑《经籍志》者六卷，流传甚鲜。程敏政《明文衡》、黄宗羲《明文海》蒐采极博，而均不及其名姓，则亡佚久矣。今惟《永乐大典》尚颇载其诗文。诗虽多沿元季余波，而清婉谐畅，亦自琅琅可诵。文则原本经术，结构谨严，实能不愧于作者。其《送周倬张溥使高丽序》，称"洪武十八年命倬等往封国王"，而

《明史·高丽传》失载其事。又《赠刘叔勉奉使西洋回序》称："洪武二年春，诏叔勉往使。三年夏，才至西洋。"而《明史·浡泥传》乃称："三年八月命御史刘敬之往使，阅半年始抵其国。"年月参错不合，自当以斁所记为得其实，是亦足以资考证也。谨掇拾荟稡，仍依原目，定为六卷著于录。（卷一六九·集部·别集类二二，第1478—1479页）

41.上饶·铅山【明】费宏（1468—1535）:《费文宪集选要》七卷两江总督采进本

明费宏撰。宏字子充，铅山人，成化丁未进士第一，官至吏部尚书、华盖殿大学士，谥文宪，事迹具《明史》本传。所著《鹅湖摘稿》本二十卷。此本乃徐阶、刘同升所选录，非全帙也。（卷一七五·集部·别集类存目二，第1563—1564页）

42.上饶·铅山【明】费宏:《宸章集录》一卷左都御史张若溎家藏本

明费宏编。宏有《文集》，已著录。此书乃嘉靖五年六月十三日世宗御平台，召宏及大学士杨一清、石珤、贾咏入见，各赐御制诗。宏得七言古诗一章，一清、珤、咏各得五言古诗一章。宏等疏谢，并依原韵和进，帝复赐以批答，宏因集为一帙，梓而传之。《明史》宏本传称："帝尝御平台，特赐御制七言诗一章，命辑倡和诗集，署其衔曰'内阁掌参机务辅导首臣'。其见尊礼，前此未有。张璁、桂萼滋害宏宠，萼言："诗文小技，不足劳圣心。且使宏得凭宠灵，凌压朝上。帝置不省"云云。然则此书乃承世宗之命所编也。（卷一九二·集部·总集类存目二，第1742—1743页）

43.上饶·德兴【宋】张根（1062—1121）:《吴园易解》九卷湖北巡抚采进本

宋张根撰。根字知常，德兴人。年二十一登进士第。大观中官至淮南转运使，以朝散大夫终于家。事迹具《宋史》本传。是书末有其孙垓跋，称为先祖太师者，其子焘孝宗时为参知政事追赠官也。根所撰述甚多，垓跋称有宋朝编年数百卷，五经诸子皆为之传注。晁公武《读书志》载有《春秋指南》十卷，今皆未见。惟此《易解》仅存，明祁承㸁家有其本。此为徐氏传是楼所钞，自《说卦传》"乾健也"节以下，蠹蚀残阙。末有康熙壬申李良年跋，亦称此本不易得。然《通志堂经解》之中遗而不刻，岂得本于刻成后耶？书中次第，悉用王弼之本。诠义理而不及象数，不袭河洛之谈。注文简略，亦无支蔓之弊。末有《序语》五篇，《杂说》一篇，皆论《系辞》，于经义颇有发明。又《泰卦论》一篇，于人事天道倚伏消长之机尤三致意焉。盖作于徽宗全盛时也。亦可云识微之士矣。（卷二・经部・易类二，第7页）

44.上饶・德兴【宋】程端蒙（1143—1191）（伪托）《性理字训》一卷湖北巡抚采进本

旧本题宋程端蒙撰。程若庸补辑。端蒙字正思，德兴人[①]。淳熙七年乡贡，补太学生。若庸字达原，休宁人。咸淳四年进士。尝充武夷书院山长。端蒙所作凡三十条，若庸广之为造化、性情、学力、善恶、成德、治道六门，凡百八十三条，门目纠纷，极为冗杂。明初朱升又增善字一条，摭袁甫之说以补之，共为一百八十四条。皆以四字为句，规仿李瀚《蒙求》，而不谐声韵。不但多棘唇吻，且亦自古无此体裁。疑端蒙游朱子之门，未必陋至于此，或村塾学究所托名也。（卷九五・子部・儒家类存目一，第805页）

45.上饶・德兴【宋】吴景鸾（伪托）：《内传天皇鼇极镇世神书》三卷浙江巡抚采进本

旧本题《邱延翰正传》，杨筠松补义，吴景鸾解蒙。核检其文，实出伪托。其大例以天星二十八宿附于二十四山龙之下，以乾、坤、艮、巽为四厘极，配以炁、罗、计、孛四星，以角亢、奎娄、斗牛、井鬼分为四候，不知其何所取义。案《青囊序》有先看金龙一语，后人以亢、牛、娄、鬼四星当之，原属臆解。是书又云四金不以方位言，专以在地之形，应在天之象。考星野见于《周礼》，其占候略见于《左传》。《唐书》载僧一行亦以山河两戒配列宿。然第就方舆大势言之，初非沾沾于一丘一壑，指其象某宿某垣也。杨、赖诸家间借天星以代干支字面，如亥曰紫微，兑曰少微之类，特欲变文以示深隐。后人误会其意，浸以天星立说，于是亥为贵龙，艮为富曜，踵讹袭谬，异说纷纶，遂至离方位而言星象，断非杨、赖之旧法，无论邱延翰也。（卷一一一・子部・术数类存目二，第940页）

① 周茶仙、胡荣明：《南宋理学家程端蒙籍属辨析》，《历史文献研究》2014年01期。

46.上饶·德兴【宋】吴克诚、吴景鸾（伪托）：《天玉经外传》一卷、《四十八局图》一卷通行本

旧本题宋吴克诚撰，其子景鸾续成之。一名《吴公教子书》。案克诚父子名氏，古籍无征。惟术家相传，谓克诚德兴人，尝从学于陈抟。景鸾承其指授，庆历中应荐入都，授司天监正。以论牛头山山陵事下狱。遇赦后，佯狂削发于天门西岸白云山洞。治平初，遗书与女而终。女即虔倅张道明之妻，以其书授廖瑀者也。今观是书，大半剿袭《青囊催官》词句，而阴据《玉尺经》三合为本。如以寅午戌为火局，遂谓寅龙左旋属丙，右旋属丁。非但以木为火，违其本性，即论三合，丁火当生酉旺巳，墓丑正与寅午戌相反。又如因艮近寅，辛近戌，遂并以艮辛为火，坤乙为水，乾丁为木，巽癸为金，屈天干以就地支。溯流忘源，并失三合缘起之意。宋人议论尚无此派，断为明人赝作无疑。次卷《四十八局图》，即衍前说。李国木序云，传为嘉、隆间欧阳氏鸾笔所书。附以经验各图，如朱国祚、黄洪宪祖地之类，皆明万历时人，其伪托之迹尤显然也。（卷一一一·子部·术数类存目二，第940页）

47.上饶·德兴【宋】汪藻（1079—1154）：《浮溪集》三十六卷永乐大典本

宋汪藻撰。藻字彦章，饶州德兴人。登崇宁二年进士，历官显谟阁大学士、左太中大夫，封新安郡侯。事迹具《宋史·文苑传》。藻学问博赡，为南渡后词臣冠冕。其集见于晁公武《读书志》者仅十卷。陈振孙《书录解题》始载有《浮溪集》六十卷。而赵希弁《读书后志》又增《猥稿外集》一卷、《龙溪文集》六十卷，共一百二十一卷。《宋史·艺文志》并著于录。然赵汸跋《罗愿小集》，谓《浮溪》之文，再更变故，失传颇多。则明初已非完帙，其后遂亡佚不存。后有胡尧臣者，别得《浮溪文粹》十五卷，刊行于世。而其原集终不复可见。今检勘《永乐大典》所载，视《文粹》所收，不啻倍蓰。虽未必尽符原数，而什可得其六七。统观所作，大抵以俪语为最工。其代言之文，如《隆祐太后手书》、《建炎德音》诸篇，皆明白洞达，曲当情事。诏令所被，无不凄愤激发，天下传诵，以比陆贽。说者谓其著作得体，足以感动人心，实为词令之极则。其他文亦多深醇雅健，追配古人。其诗则得于徐俯，俯得之其舅黄庭坚见《独醒杂志》，尤具有渊源。孙觌作藻墓志，以大手

笔推之，殆非溢美。惟杨万里《诚斋诗话》纪藻与李纲不叶，其草纲罢相制词，至比之驩兜、少正卯，颇为清议所讥。是又名节心术之事，与文章之工拙别为一论者矣。谨采掇编次，依类分排。其有《永乐大典》所失载者，即以《文粹》参校补正，考辨异同。厘为三十六卷，庶操觚之士尚得以考见其大略焉。（卷一五六·集部·别集类九，第1347页）

48.上饶·德兴【宋】汪藻：《浮溪文粹》十五卷江苏巡抚采进本

宋汪藻撰。明胡尧臣刊。其为何人所编录，则原本不载，他书亦未言及，不可得而复考矣。所载仅诗文八十五篇，未能尽窥全豹。然如洪迈所称《元祐太后手书》中“汉家之厄十世，宜光武之中兴。献公之子九人，惟重耳之尚在”数语，又《宋齐愈责词》中“义重于生，虽匹夫不可夺志。士失其守，或一言几于丧邦”数语，又《张邦昌责词》中“虽天夺其衷，坐愚如此。然君异于器，代匮可乎”数语，皆当时所谓四六名篇，脍炙人口者。今并在其中，则采掇菁华，亦已略具。其去取尚有别裁，故所录大半精腴，颇足以资讽诵。昔欧阳修有《文忠全集》，而又有《欧阳文粹》。黄庭坚有《山谷全集》，而又有《山谷精华录》。谈艺家俱两存不废。今亦用其例，与新编《浮溪集》并著于录，以备参订焉。（卷一五六·集部·别集类九，第1347页）

49.上饶·德兴【宋】张扩（？—1147）：《东窗集》十六卷永乐大典本

宋张扩撰。扩字彦实，一字子微，德兴人。《宋史》不为立传。《江西通志》载其崇宁中进士，授国子监簿，迁博士，调处州工曹，召为秘书省校书郎，寻充馆职，南渡后历中书舍人。当有所据也。《宋志》载扩《东窗集》四十卷，又诗十卷。而陈振孙《书录解题》不著于录，则在宋末已不甚传。故元、明以来谈艺者罕相称引。惟《永乐大典》尚多录其诗文。其为中书舍人时所作制词尤夥，大抵温丽绵密，与汪藻可以联驱。谨采掇编辑，厘为一十六卷。其为秦桧追赠祖父及万俟卨兼侍读诸制，极词谀颂，纰缪殊深。考王明清《挥麈余话》，称扩为著作郎，其兄秘书少监楚材新婚，约观梅西湖。扩赋诗有“折归忍负新蕉叶，笑插新临玉镜台”之句。秦桧见之，大称赏，曰：“旦夕当以文字官相处。”迁擢左史，再迁而掌外制。是扩本因桧得进，故假草制以贡媚。其为人殊不足道。然扩所交游，如朱翌、曾慥、吕本中、徐俯，皆一代胜流。切劘有助，故词采清丽，斐然可观。亦未可尽没也。其中《赠顾景繁》诗，龚明之《中吴纪闻》仅载有五十六字。厉鹗《宋诗纪事》遂引作《绝句》二首。今检阅旧文，乃知为七言古诗二篇，明之特节录数语。鹗盖未睹斯集，是以传讹，亦足云罕觏之笈矣。（卷一五六·集部·别集类九，第1348页）

50.上饶·德兴【元】徐明善:《芳谷集》二卷编修汪如藻家藏本

元徐明善撰。明善字志友，德兴人，芳谷其别号也。至元中官隆兴教授。又为江西儒学提举。尝奉使安南。又历主江浙、湖广三省考试，拔黄溍于弃卷中，识鉴为当世所称。《元史》不为立传。《豫章人物志》颇载其事迹，而不言其有集。又称为鄱阳人案：程文宪《中州野录》亦称明善鄱阳人，颇参差不合。知遗文湮晦，故传闻异词矣。《中州野录》载其奉使交趾时，陈日烜知其能诗，即席请赋，遂口占五言律诗一首，日烜遂纳款奉贡，明善诗名因大振。然此集中有文无诗，前后亦无序跋，凡文一百二十篇。其文颇谈性理，而平正笃实，大致犹为雅洁，固非以方言俚语阑入笔墨者也。其《汪标墓铭》一首，已有阙文。《河南廉访使吴公墓铭》一首，有录无书，当由佚脱。又《平章董士选三代赠官制》三首，考其生平，未居馆职，不应代拟王言。案苏天爵《元文类》载此三制，题元明善所作。盖编《芳谷集》者因明善之名相同，遂不加考核而误收。今姑仍原本录之，而订其舛谬于此焉。（卷一六六·集部·别集类一九，第1434页）

51.上饶·德兴【明】张敔:《雅乐发微》八卷两淮马裕家藏本

明张敔撰。考明有两张敔。其一字伯起，合肥人。永乐中贡入太学，除广东道监察御史，官至陕西按察使佥事。所著有《京氏易考》，见朱彝尊《经义考》。此张敔饶州人[①]。朱载堉《律吕精义》第五卷中载有其名。又《明史·陆粲传》，载粲《劾张璁、桂萼疏》，有“礼部员外郎张敔假律历而结知”之语，与此书亦相合，盖即其人也。敔论乐大旨，以入声最低者命为

① 《江西通志》（四库全书本）卷五十三：张敔，德兴人，礼部员外郎。

黄钟，其最高者为应钟之变宫。是书自元声正半律诸法以逮乐器、乐歌、悬图舞表，分门毕具。后又作《雅义》三卷附之，六十律、八十四调、十六钟以及累黍生尺之法无不悉究。其序谓论琴律本之朱子，论笛制本之杜夔，论旋宫本之《周礼》，论钟镈本之《国语》，于乐制颇有考证。然如论蕤宾生大吕，主《吕览》、《淮南子》上生之说。不知律吕相生定法，上生与下生相间，故左旋与右旋相乘。今应钟既上生蕤宾，而蕤宾又上生大吕，与上下相生之序极为错迕。乃先儒已废之论，殊不足据也。（卷三九·经部·乐类存目，第330页）

52.上饶·德兴【明】祝世禄：《环碧斋小言》一卷两江总督采进本

明祝世禄撰。世禄字无功，江西德兴人。万历己丑进士，官至尚宝司卿。是书纯以禅门之说附合儒理。如云中本无物，执亦非我。又云圣人空空，鄙夫亦空空，故虚而能受。又云贤者之学从意立根，圣人之学从无意立根。又云许行、白圭、陈仲子、杨朱、墨翟皆有意于圣人之学而不悟几希。又云有善之善与恶对，无善之善善不足以名之。又云或问所存者神，曰神识不生，如空如水。问所过者化，曰雁过长空，影落寒水。又云禅那才下一语，便恐下语为尘，连忙下一语扫之。又恐扫尘一语复为尘，连忙又下一语扫扫尘语。宗门尤为陡绝。弩之机，剑之锋，无容拟议。六经原自无尘，而自为扫尘语亦不少。既已曰识曰知，又曰不识不知；既已曰再思，曰九思，曰千虑，曰百忧，又曰何思何虑，至吾有知乎哉，无知也。应口即扫，何其迅速。自训诂之学兴，引葫芦之缠，凿混沌之窍，起人种种见解，而圣人当下指趣反为晦蚀，快句以钝，空句以填，于是高明者为之攒眉扼腕，不难叛孔氏而皈依佛氏矣云云。观其所言，盖姚江、龙溪之末流也。（卷一二五·子部·杂家类存目二，第1077页）

53.上饶·德兴【明】祝世禄：《环碧斋诗集》三卷、《尺牍》三卷浙江孙仰曾家藏本

明祝世禄撰。世禄有《环碧斋小言》，已著录。《西江志》称其工诗善草书，谈理独抒心得。今观其诗，格调颇伉爽，而简汰未严，尺牍更开三袁一派矣。所谓谈理独抒心得者，殆即指《小言》，已订正于杂家类中，兹不具论焉。（卷一七七·集部·别集类存目四，第1586页）

54.上饶·德兴【明】孙瑀:《岁寒集》二卷浙江汪启淑家藏本

明孙瑀撰。瑀字原贞，以字行，德兴人，永乐乙未进士，官至兵部尚书。是编乃其孙孚吉等所编，凡文一卷、诗一卷。前有李东阳序，称其诗平正通达，无钩棘险怪之态。今观诸作，大抵纯任自然，不事结构，韩愈所谓"此诗有何好有何恶"也。（卷一七五·集部·别集类存目二，第1554页）

55.上饶·德兴【明】孙需:《孙清简公集》二卷两江总督采进本

明孙需撰。需字孚吉，别号冰檗翁，德兴人，成化壬辰进士，官至南京吏部尚书，谥清简，事迹附见《明史·孙原贞传》。需初为南京御史，以劾妖僧继晓，廷杖调外。为礼部尚书，又忤刘瑾罢官。以风节著。巡抚河南、陕西、郧阳，抑权贵，绥流亡，尤具有循绩。诗文则非所长。是集初名《冰檗稿》，其孙世良改今名。末有隆庆庚午世良记曰："壬戌循例至京师奉遗稿。请瞿昆湖、姜晋斋摘其尤者得四帙。丁卯过常郡，谋诸王百谷，更为分门别类，厘为上下二卷。是刻岂欲上匹大方，持示海内，第俾子孙异日有所取以承藉云耳。"其言笃实，想见需之家法。王世贞序谓其诗文冲然而不为藻采，淡然而若无深思，亦有微词焉。（卷一七五·集部·别集类存目二，第1561页）

56.上饶·婺源【宋】朱熹（1130—1200）:《周易本义》十二卷、附《重刻周易本义》四卷内府校刊宋本

宋朱子撰。是书以上、下经为二卷，《十翼》自为十卷。顾炎武《日知录》曰："洪武初，颁五经天下儒学，而《易》兼用程、朱，二氏亦各自为书。永乐中修《大全》，乃取朱子卷次，割裂附程传之后，而朱子所定之古文仍复淆乱。如'《彖》即文王所系之辞，传者孔子所以释经之辞，后凡言"传"仿此'，乃《彖上传》条下义，今乃削去《彖上传》三字，而附于'大哉乾元'之下。'《象》者，卦之上下两《象》，及两《象》之六爻，周公所系之辞也'，乃《象上传》条下义，今乃削去《象上传》三字，而附于"天行健"之下。'此篇申《彖传》、《象传》之义以尽《乾》、《坤》二卦之蕴，而余卦之说因可以例推云'，乃《文言》条下义，今乃削去《文言》二字，而附于'元者善之长也'之下。其《彖》曰、《象》曰、《文言》曰，皆

朱子本所无，复依程传添入。后来士子厌程传繁多，弃去不读，专用《本义》。而《大全》之本乃朝廷所颁，不敢辄改。遂即监版传义之本，刊去程传，而以程之次序为朱之次序。”又曰“今《四书》坊本，每张十八行，每行十七字，而注皆小字。《书》、《诗》、《礼记》并同。惟《易》每张二十二行，每行二十三字，而《本义》皆作大字，与各经不同。凡《本义》中言程传备矣者，又添一‘传曰’，而引其文，皆今代人所为”云云。其辨最为明晰。然割裂《本义》以附程传，自宋董楷已然，不始于永乐也详董楷《周易传义附录》条。此本为咸淳乙丑九江吴革所刊。内府以宋椠摹雕者，前有革序。每卷之末题“敷原后学刘公校正文字行款”及《象传》、《履》、《夬》二卦不载程传，一一与炎武所言合。卷端惟列九图，卷末系以《易赞》五首，《筮仪》一篇，与今本升《筮仪》于前而增列卦歌之类者，亦迥乎不同。《象上传》标题之下注“从王肃本”四字，今本删之。又《杂卦传》“咸，速也。恒，久也”下，今本惟注“咸，速。恒，久”四字，读者恒以为疑。考验此本，乃是“感，速，常，久”，经后人传刻而讹，实为善本。故我圣祖仁皇帝御纂《周易折中》即用此本之次序，复先圣之旧文，破俗儒之陋见，洵读《易》之家所宜奉为彝训者矣。至成矩重刻之本，自明代以来，士子童而习之，历年已久，骤令改易，虑烦扰难行。且其本虽因《永乐大全》，实亦王、韩之旧本，唐用之以作《正义》者。是以国朝试士，惟除其爻象之合题，而命题次序则仍其旧。内府所刊《袖珍五经》，亦复因仍。考汉代《论语》，凡有三本。梁皇侃《论语义疏序》称“《古论》分《尧曰》下章《子张问》更为一篇，合二十一篇。篇次以《乡党》为第二篇，《雍也》为第三篇。《齐论》题目长《问王》、《知道》二篇，合二十二篇。《鲁论》有二十篇，即今所讲是也”云云。是自古以来，经师授受，不妨各有异同。即秘府储藏，亦各兼存众本。苟其微言大义，本不相乖，则篇章分合，未为大害于宏旨。故今但著其割裂《本义》之失，而仍附原本之后，以备参考焉。（卷三・经部・易类三，第11—12页）

57.上饶・婺源【宋】朱熹:《诗集传》八卷通行本

宋朱子撰。《宋志》作二十卷。今本八卷，盖坊刻所并。朱子注《易》，凡两易稿。其初著之《易传》，《宋志》著录。今已散佚，不知其说之同异。注《诗》，亦两易稿。凡吕祖谦《读诗记》所称“朱氏曰”者，皆其初稿，其说全宗《小序》。后乃改从郑樵之说案：朱子攻序用郑樵说见于《语录》。朱升以为用欧阳修之说，殆误也，是为今本。卷首自序，作于淳熙四年，中无一语斥《小序》，盖犹初稿。序末称时方辑《诗传》，是其证也。其注《孟子》，以《柏舟》为仁人不遇。作《白鹿洞赋》，以《子衿》为刺学校之废。《周颂·丰年篇小序》，《辨说》极言其误，而《集传》乃仍用《小序》说，前后不符。亦旧稿之删改未尽者也。杨慎《丹铅录》，谓文公因吕成公太尊《小序》，遂尽变其说，虽意度之词，或亦不无所因欤？自是以后，说《诗》者遂分攻序、宗序两家，角立相争，而终不能以偏废。钦定《诗经汇纂》，虽以《集传》居先，而序说则亦皆附录，允为持千古之平矣。旧本附《诗序辨说》于后，近时刊本皆删去。郑玄称毛公以序分冠诸篇，则毛公以前，序本自为一卷。《隋志》、《唐志》亦与《毛诗》各见。今已与《辨说》别著于录，兹不重载。其间经文讹异，冯嗣京所校正者，如《鄘风》"终然允臧"，"然"误"焉"。《王风》"牛羊下括"，"括"误"栝"。《齐风》"不能辰夜"，"辰"误"晨"。《小雅》"求尔新特"，"尔"误"我"。"胡然厉矣"，"然"误为"朔"。"月辛卯"，"月"误"日"。"家伯维宰"，"维"误"冢"。"如彼泉流"，"泉流"误"流泉"。"爰其适归"，"爰"误"奚"。《大雅》"天降滔德"，"滔"误"慆"。"如彼泉流"，亦误"流泉"。《商颂》"降予卿士"，"予"误"于"。凡十二条。陈启源所校正者，《召南》"无使尨也吠"，"尨"误"厖"。"何彼襛矣"，"襛"误"秾"。《卫风》"远兄弟父母"，误"远父母兄弟"。《小雅》"言归斯复"，"斯"误"思"。"昊天大怃"，"大"误"泰"。《楚茨》"以享以祀"，"享"误"飨"。"福禄膍之"，"膍"误"媲"。"畏不能趋"，"趋"误"趍"。"不皇朝矣"，"皇"误"遑"下二章同。《大雅》"淠彼泾舟"，"淠"误"渒"。"以笃于周祜"，脱"于"字。《周颂》"既右飨之"，"飨"误"享"。《鲁颂》"其旂茷茷"，误"茷茷"。《商颂》"来格祁祁"，误"祈祈"。凡十四条。又传文讹异，陈启源所校正者，《召南·驺虞篇》"豝，牝豕也"，"牝"误"牡"。《终南篇》"黻之状亞，象两弓相背"，"亞"误"亚"、"弓"误"已"。《南有嘉鱼篇》"鲤质鳟鳞"，"鳞"误"鲫"，又衍"肌"字。《甫田篇》"或耘或耔"，引《汉书》"苗生叶以上"，脱"生"字。"隤其土"，误"壝其上"。《頍弁篇》"赋而比也"，误增"兴又"二字案：此辅广《诗童子问》所增。《小宛篇》"俗呼青雀"，"雀"误"鹊"。《文王有声篇》"減成沟也"，"成"讹"城"。《召旻篇》"池之竭矣"章"比也"，误作“赋”。《闵予小子篇》引《大招》“三公穆穆”，误“三公揖让”。《赉篇》“此颂文王之功”，“王”误“武”。《駉篇》“此言鲁侯牧马之盛”，“鲁侯”误“僖公”。凡十一条。史荣所校正者，《卫风·伯兮篇》，传曰“女为悦己者容”，“己”下脱“者”字。《王风·采葛篇》“萧，萩也”，“萩”误“荻”。《唐风·葛生篇》“域，营域也”，“营”误“茔”。《秦风·蒹葭篇》“小渚曰沚”，“小”误“水”。《小雅·四牡篇》“今鹁鸠也”，“鹁”误“鹑”。《蓼萧篇》“在衡曰鸾”，“衡”误“镳”。《采芑篇》“即今苦荬菜”，“荬”误“藚”。《正月篇》“申包胥曰：人定则胜天”，“定”误“众”。《小弁篇》“江东呼为鹎鸟”，“鹎”误“鸭”。《巧言篇》“君子不能堲谗”，“堲”误“塈”。凡十条。盖《五经》之中，惟《诗》易读，习者十恒七八。故书坊刊版亦最夥，其辗转传讹亦为最甚。今悉釐正，俾不失真。至其音叶，朱子初用吴棫《诗补音》案：棫《诗补音》与所作《韵补》为两书，《书录解题》所载甚明。《经义考》合为一书，误也。其孙鉴又意为增损，颇多舛迕。史荣作《风雅遗音》已详辨之，兹不具论焉。（卷一五·经部·诗类一，第122—123页）

58.上饶·婺源【宋】朱熹:《仪礼经传通解》三十七卷、《续》二十九卷

浙江巡抚采进本

《仪礼经传通解》，宋朱子撰。初名《仪礼集传集注》。朱子《乞修三礼劄子》所云“以《仪礼》为经，而取《礼记》及诸经史杂书所载有及于礼者，皆以附于本经之下，具列注疏诸儒之说，略有端绪”，即是书也。其劄子竟不果上。晚年修葺，乃更定今名。朱子没后，嘉定丁丑始刊版于南康。凡《家礼》五卷、《乡礼》三卷、《学礼》十一卷、《邦国礼》四卷，共二十三卷，为四十二篇。中阙《书数》一篇，《大射》至《诸侯相朝》八篇尚未脱稿。其卷二十四至卷三十七凡十八篇，则仍前草创之本，故用旧名《集传集注》。是为《王朝礼》。中阙《卜筮》一篇，目录内《践阼》第三十一以后，序说并阙。盖未成之本也。所载《仪礼》诸篇，咸非旧次，亦颇有所釐析。如《士冠礼》三屦本在辞后，乃移入前。“陈器服”章戒、宿、加冠等辞本总记在后，乃分入前各章之下。末取《杂记》“女子十五许嫁，笄”之文续经，立“女子笄”一目。如斯者不一而足。虽不免割裂古经，然自王安石废罢《仪礼》，独存《礼记》，朱子纠其弃经任传，遗本宗末，因撰是书以存先

圣之遗制。分章表目，开卷了然，亦考礼者所不废也。其丧祭二门则成于朱子门人黄榦，盖朱子以创稿属之。杨复原序述榦之言有曰“始余创二《礼》粗就，奉而质之先师，喜谓余曰：君所立丧祭礼，规模甚善，他日取吾所编《家乡、邦国、王朝礼》，其悉用此更定”云云，则榦之所编，尚不失朱子之意。然榦仅修《丧礼》十五卷，成于嘉定已卯。其《祭礼》则尚未订定而榦又殁。越四年壬午，张虙刊之南康，亦未完本也。其后杨复重修《祭礼》，郑逢辰进之于朝。复序榦之书云：“《丧礼》十五卷前已缮写，《丧服图式》今别为一卷，附于正帙之外。”前称《丧服图式》、《祭礼》遗稿尚有未及订定之遗憾，则别卷之意固在此。又自序其书云：“南康学宫旧有《家乡、邦国、王朝礼》，及张侯虙续刊《丧礼》，又取《祭礼》稿本并刊而存之。窃不自揆，遂据稿本，参以所闻，稍加更定，以续成其书，凡十四卷。”今自卷十六至卷二十九皆复所重修。合前《经传通解》及《集传集注》，总六十有六卷。虽编纂不出一手，而端绪相因，规模不异。古礼之梗概节目，亦略备于是矣。（卷二二·经部·礼类四，第179页）

59.上饶·婺源【宋】朱熹（伪托）：《家礼》五卷、《附录》一卷少詹事陆费墀家藏本

旧本题“宋朱子撰”。案王懋竑《白田杂著》有《家礼考》，曰“《家礼》非朱子之书也。《家礼》载于《行状》，其序载于《文集》，其成书之岁月载于《年谱》，其书亡而复得之由载于《家礼附录》。自宋以来，遵而用之。其为朱子之书，几无可疑者。乃今反复考之，而知决非朱子之书也。李公晦叙《年谱》，《家礼》成于庚寅居祝孺人丧时。《文集序》不记年月，而序中绝不及居丧事。《家礼附录》陈安卿述朱敬之语，以为此往年僧寺所亡本，有士人录得，会先生葬日携来，因得之。其录得携来，不言其何人，亦不言其得之何所也。黄勉斋作《行状》，但云所辑《家礼》，世所遵用，其后有损益，未及更定，既不言成于居母丧时，亦不言其亡而复得。其《书家礼后》亦然。敬之，朱子季子。公晦、勉斋、安卿皆朱子高第弟子。而其言参错，不可考据如此。按《文集》朱子《答汪尚书书》、《与张敬夫书》、《吕伯恭书》，其论《祭仪》、《祭说》，往复甚详。汪、吕书在壬辰、癸巳，张书不详其年，计亦在其前后也。壬辰、癸巳距庚寅仅二三年。《家礼》既有成书，何为绝不之及，而仅以《祭仪》、《祭说》为言耶？陈安卿录云：‘向作

《祭仪》、《祭说》，甚简而易晓，今已亡之矣。’则是所亡者乃《祭仪》、《祭说》而非《家礼》也明矣。《文集》、《语录》自《家礼序》外，无一语及《家礼》者。惟《与蔡季通书》有已取《家礼》四卷纳一哥之语。此《仪礼经传通解》中《家礼》六卷之四，而非今所传之《家礼》也。甲寅八月《跋三家礼范后》云：‘尝欲因司马氏之书，参考诸家，裁订增损，举纲张目，以附其后。顾以衰病，不能及已。后之君子，必有以成吾志也。’甲寅距庚寅二十年，庚寅已有成书，朱子虽耄老，岂尽忘之，至是而乃为是语耶？窃尝推求其故，此必有因《三家礼范》跋语而依仿以成之者。盖自附于后之君子，而传者遂以托之朱子所自作。其序文亦依仿《礼范》跋语，而于《家礼》反有不合。《家礼》重宗法，此程、张、司马氏所未及。而序中绝不言之，以跋语所未有也。其《年谱》所云‘居母丧时所作’，则或者以意附益之尔。敬之但据所传，不加深考，此如司马季思刻温公书之比。公晦从游在戊申后，其于早年固所不详，祗叙所闻以为谱，而勉斋《行状》之作在朱子没后二十余年。其时《家礼》已盛行，又为敬之所传录，故不欲公言其非，但其词略而不尽。其《书家礼后》，谓《经传通解》未成为百世之遗恨，则其微意亦可见矣。后之人徒以朱子季子所传，又见《行状》、《年谱》所载，廖子晦、陈安卿皆为刊刻，三山杨氏、上饶周氏复为之考订，尊而用之，不敢少致其疑。然虽云尊用其书，实未有能行者，故于其中谬误，亦不及察，徒口相传以熟文公《家礼》云尔。惟元应氏作《家礼辨》，其文亦不传，仅见于明邱仲深濬所刻《家礼》中。其辨专据《三家礼范》跋语，多疏略，未有以解世人之惑，仲深亦不然之。故余今遍考《年谱》、《行状》及朱子《文集》、《语录》所载，俱附于后，而一一详证之。其应氏、邱氏语，亦并附焉。其他所载谬误亦数十条，庶来者有以知《家礼》决非朱子之书，而余亦得免于凿空妄言之罪”云云，其考证最明。又有《家礼后考》十七条，引诸说以相印证。《家礼考误》四十六条，引古礼以相辨难。其说并精核有据。懋竑之学，笃信朱子，独于《易本义》九图及是书断断辨论，不肯附会。则是书之不出朱子，可灼然无疑。然自元明以来，流俗沿用。故仍录而存之，亦记所谓礼从宜、使从俗也。（卷二二·经部·礼类四，第180—181页）

60.上饶·婺源【宋】朱熹:《孝经刊误》一卷通行本

宋朱子撰。书成于淳熙十三年，朱子年五十七，主管华州云台观时作也。取古文《孝经》分为经一章、传十四章，删旧文二百二十三字。后有《自记》曰"熹旧见衡山胡侍郎《论语说》案：胡宏高宗时为礼部侍郎，居衡州，故曰衡山，所著有《五峰论语指南》一卷，疑《孝经》引《诗》，非经本文。初甚骇焉，徐而察之，始悟胡公之言为信。而《孝经》之可疑者不但此也，因以书质之沙随程可久丈按：可久，程迥之字也。程答书曰：顷见玉山汪端明案：汪应辰，孝宗时为端明殿学士，亦以此书多出后人附会。于是乃知前辈读书精审，其论固已及此。窃幸有所因述而得免于凿空妄言之罪"云云。今以《朱子语录》考之，黄罃记云："《孝经》除了后人所添前面'子曰'及后面引《诗》，便有首尾。"又云："'以顺则逆，民无则焉'，是季文子之词。'言斯可道，行斯可乐'一段，是北宫文子论令尹之威仪，在《左传》中自有首尾。载入《孝经》，都不接续，全无意思。"又叶贺孙记云："古文《孝经》有不似今文顺者。如'父母生之，续莫大焉'，又著一个'子曰'字，方说'不爱其亲而爱他人者，谓之悖德'。此本是一段，以'子曰'分为二，恐不是。"又辅广记云："'孝莫大于严父，严父莫大于配天'，岂不害理？如此则须是如武王、周公方能尽孝道，寻常人都无分，岂不启人僭乱之心？"是朱子诋毁此书，已非一日，特不欲自居于改经，故托之胡宏、汪应辰耳。欧阳修《诗本义》曰："删《诗》云者，非止全篇删去也，或篇删其章，或章删其句，或句删其字。"引《唐棣》、《君子偕老》、《节南山》三诗为证。朱子盖阴用是例也。陈振孙《书录解题》载此书，注其下曰："抱遗经于千载之后，而能卓然悟疑辨惑，非豪杰特起独立之士，何以及此？此后学所不敢仿效，而亦不敢拟议也。"斯言允矣。南宋以后，作注者多用此本。故今特著于录，见诸儒渊源之所自与门户之所以分焉。（卷三二·经部·孝经类，第264—265页）

61.上饶·婺源【宋】朱熹:《大学章句》一卷、《论语集注》十卷、《孟子集注》七卷、《中庸章句》一卷通行本

宋朱子撰。案《论语》自汉文帝时立博士。《孟子》据赵岐《题词》，文帝时亦尝立博士。以其旋罢，故史不载。《中庸说》二篇见《汉书·艺文志》。戴颙《中庸传》二卷，梁武帝《中庸讲疏》一卷，见《隋书·经籍

志》。惟《大学》自唐以前无别行之本。然《书录解题》载司马光有《大学广义》一卷、《中庸广义》一卷，已在二程以前，均不自洛闽诸儒始为表章。特其论说之详，自二程始；定著“四书”之名，则自朱子始耳。原本首《大学》，次《论语》，次《孟子》，次《中庸》。书肆刊本以《大学》、《中庸》篇页无多，并为一册，遂移《中庸》于《论语》前。明代科举命题，又以作者先后，移《中庸》于《孟子》前。然非宏旨所关，不必定复其旧也。《大学》古本为一篇。朱子则分别经、传，颠倒其旧次，补缀其阙文。《中庸》亦不从郑注分节。故均谓之“章句”。《论语》、《孟子》融会诸家之说，故谓之“集注”。犹何晏注《论语》，裒八家之说称《集解》也。惟晏《注》皆标其姓，朱子则或标或不标，例稍殊焉。《大学》章句，诸儒颇有异同，然“所谓诚其意者”以下并用旧文，所特创者不过补传一章，要非增于八条目外。既于理无害，又于学者不为无裨，何必分门角逐欤？《中庸》虽不从郑《注》，而实较郑《注》为精密。盖考证之学，宋儒不及汉儒；义理之学，汉儒亦不及宋儒。言岂一端，要各有当，况郑《注》之善者，如“戒慎乎其所不睹”四句，未尝不采用其意；“虽有其位”一节，又未尝不全袭其文。观其去取，具有鉴裁，尤不必定执古义以相争也。《论语》、《孟子》亦颇取古注。如《论语》“瑚琏”一条与《明堂位》不合，《孟子》“曹交”一注与《春秋传》不合，论者或以为疑。不知“瑚琏”用包咸注，“曹交”用赵岐《注》，非朱子杜撰也。又如“夫子之墙数仞”注“七尺曰仞”“掘井九仞”注“八尺曰仞”，论者尤以为矛盾。不知“七尺”亦包咸《注》，“八尺”亦赵岐《注》也。是知镕铸群言，非出私见。苟不详考所出，固未可概目以师心矣。大抵朱子平生精力，殚于《四书》。其剖析疑似，辨别毫厘，实远在《易本义》、《诗集传》上。读其书者要当于大义微言求其根本。明以来攻朱子者务摭其名物度数之疏，尊朱子者又并此末节而回护之，是均门户之见，乌识朱子著书之意乎？（卷三五·经部·四书类一，第293—294页）

62.上饶·婺源【宋】朱熹：《四书或问》三十九卷江苏巡抚采进本

宋朱子撰。朱子既作《四书章句集注》，复以诸家之说纷错不一，因设为问答，明所以去取之意，以成此书。凡《大学》二卷、《中庸》三卷、《论语》二十卷、《孟子》十四卷。其书非一时所著。《中庸或问》原与《辑略》

俱附《章句》之末。《论语》、《孟子》则各自为书。其合为一帙，盖后来坊贾所并也。中间《大学或问》用力最久。故朱子答潘恭叔问，尝自称诸书修得一过，《大学》所改尤多，比旧已极详密。《中庸或问》则朱子平日颇不自惬。《语类》载游某问："《中庸》编集如何？"曰："缘前辈诸公说得多了，其间尽有差舛处，又不欲尽驳难他底，所以难下手。不比《大学》，都未曾有人说。"又载朱子以《中庸或问》授黄罃云"亦未有满意处。如评论程子朱子说处尚多牴"云云。是其意犹以为未尽安也。至《论孟或问》，则与《集注》及《语类》之说往往多所牴牾，后人或遂执《或问》以疑《集注》。不知《集注》屡经修改，至老未已，而《或问》则无暇重编。故《年谱》称《或问》之书，未尝出以示人。书肆有窃刊行者，亟请于县官，追索其版。又《晦庵集》中有《与潘端叔书》曰："《论语或问》，此书久无工夫修得。只《集注》屡更不定，却与《或问》前后不相应"云云，可见异同之迹，即朱子亦不讳言。并录存之，其与《集注》合者，可晓然于折衷众说之由；其于《集注》不合者，亦可知朱子当日原多未定之论，未可于《语录》、《文集》偶摘数语，即为不刊之典矣。（卷三五·经部·四书类一，第294页）

63.上饶·婺源【宋】朱熹:《论孟精义》三十四卷江苏巡抚采进本

宋朱子撰。初，朱子于隆兴元年辑诸家说《论语》者为《要义》，其本不传。后九年为乾道壬辰，因复取二程、张子及范祖禹、吕希哲、吕大临、谢良佐、游酢、杨时、侯仲良、尹焞、周孚先等十二家之说，荟稡条疏，名之曰《论孟精义》，而自为之序。时朱子年四十三。后刻版于豫章郡，又更其名曰《要义》。《晦庵集》中有《书论语孟子要义序后》，曰"熹顷年编次此书，鋟版建阳，学者传之久矣。后细考之，程、张诸先生说尚或时有所遗脱。既加补塞，又得毗陵周氏说四篇有半于建阳陈焞明仲，复以附于本章。豫章郡文学南康黄某商伯既以刻于其学，又虑夫读者疑于详略之不同也，属熹书于前序之左，且更定其故号《精义》者曰《要义》"云云，是其事也。后又改其名曰《集义》，见于《年谱》，今世刊本仍称《精义》，盖从朱子原序名之也。凡《论语》二十卷，《孟子》十四卷。又各有《纲领》一篇，不入卷数。朱子初集是书，盖本程氏之学以发挥经旨。其后采摄菁华，撰成《集注》。中间异同疑似，当加剖析者，又别著之于《或问》。似此书乃已弃之糟粕。然考诸《语录》，乃谓："读《论语》须将《精义》看。"又谓："《语孟集义》中所载诸先生语，须是熟读。一一记于心下，时时将来玩味，久久自然理会得。"又似不以《集注》废此书者。故今亦仍录存之焉。（卷三五·经部·四书类一，第294页）

64.上饶·婺源【宋】朱熹（伪托）：《或问小注》三十六卷安徽巡抚采进本

旧本题"朱子撰"。宋以来诸家书目皆不著录，诸儒传朱子之学者亦无一人言及之。康熙壬午，始有陈彝则家刻本，称明徐方广所增注。越二十年壬寅，郑任钥又为重刻，而附以己说，并作后序。反覆力辨，信为朱子书。如卷首载朱子《与刘用之书》及序四篇，《晦庵集》中不载，则以为集中偶佚。《年谱》不记作此书，则以为《年谱》遗漏。书中多讲时文作法，则以为制义始王安石，朱子亦十九举进士，必善时文。连篇累牍，欲以强词夺理。至如解《中庸》"其至矣乎"一节，"道之不行也"一节，皆剽《四书大全》所载双峰饶氏语；"射有似乎君子"一节，全剽《四书大全》所载新安陈氏语，伪迹昭然，万难置喙，则以为《大全》误题姓名。其偏执殆不足与辨。又既称此书作于《集注》之后，而《孟子》"万物皆备于我矣"一章，乃于第三条下附记曰："此条系《语类》说，第八条系《或问》说，前辈多疑此为未定之说，在《集注》之前，信哉！"是《小注》又在《集注》前矣，不亦自相牴牾耶？所载《中庸》原序，称淳熙己酉冬十月壬申。考《宋史·孝宗本纪》，是月有庚子、壬寅二日。使庚子为朔，则下推三十二日为壬申，使壬寅为晦，则上推三十一日为壬申，均不得在十月。《文献通考》载朱子之言曰"《集注》后来改定处多，遂与《或问》不相应，又无工夫修得"云云，是《或问》尚未暇改，何暇又作《小注》？陈振孙《书录解题》又曰："《论语通辑》十卷，黄榦撰。其书兼载《或问》，发明妇翁未尽之意"。使朱子果有此书，榦亦何必发明乎？其为近人依托无疑。王懋竑《白田杂著》有是书跋，称任钥刻是书后，自知其谬，深悔为汤友信所卖。并称序及诸论皆友信之笔，任钥未尝寓目云。（卷三七·经部·四书类存目，第308页）

65.上饶·婺源【宋】朱熹（伪托）：《四书问目》无卷数浙江吴玉墀家藏本

旧本题曰"考亭朱元晦先生讲授，门人云庄刘爚、睦堂刘炳述记"。前有永乐壬寅其九世孙刘文序，称："《四书问目》世所传者，《四书大全》、朱子《文集》内载数条而已。近于亲表教授程蕃家求得《论语》二十篇。及任江西丰城尉，适吴侍御家，得《大学》、《中庸》数十条。而《孟子》则同修国史崇邑邱公永锡家藏焉。于是散者复合，而阙者几全。"又有弘治十一年郑京序称："宣德间书林有与同姓者，欲附其族，为刘氏子孙所辱，遂于凡载籍间二人姓名悉剔去之，或易以他名，欲灭其迹。"又称"刘文所辑湮晦失传，其裔孙复于鹰山游氏得其全帙"云云。案朱彝尊《经义考》，刘爚有《四书集成》，刘炳有《四书问目》，并注"已佚"。则《问目》独出于炳，不应兼题爚名。又《丰城县志》载明一代典史六十三人，亦无所谓建阳刘文。且建阳一书贾，其力几何，安能尽毁爚、炳之书？又安能尽剷爚、炳之名易以他氏？其说皆牴牾支离。书中问答，亦皆粗浅，不类朱子之语。殆皆其后人所依托欤？（卷三七·经部·四书类存目，第308页）

66.上饶·婺源【宋】朱熹：《伊雒渊源录》十四卷副都御史黄登贤家藏本

宋朱子撰。书成于乾道癸巳，记周子以下及程子交游门弟子言行。其身列程门而言行无所表见，甚若邢恕之反相挤害者，亦具录其名氏，以备考。其后《宋史》《道学》、《儒林》诸传多据此为之。盖宋人谈道学宗派，自此书始。而宋人分道学门户，亦自此书始。厥后声气攀援，转相依附。其君子各执意见，或酿为水火之争。其小人假借因缘，或无所不至。叶绍翁《四朝闻见录》曰：程源为伊川嫡孙，无聊殊甚，尝鬻米于临安新门之草桥。后有教之以干当路者，著为《道学正统图》。自考亭以下，剿入当事姓名。遂特授初品，因除二令。又以轮对改合入官，迁寺监丞。是直以伊雒为市矣。周密《齐东野语》、《癸辛杂识》所记末派诸人之变幻，又何足怪乎。然朱子著书之意，则固以前言往行矜式后人，未尝逆料及是。儒以诗礼发家，非诗礼之罪也。或因是并议此书，是又以噎而废食矣。（卷五七·史部·传记类一，第519页）

67.上饶·婺源；吉安·吉安县【宋】朱熹、李幼武：《名臣言行录前集》十卷、《后集》十四卷、《续集》八卷、《别集》二十六卷、《外集》十七卷浙江郑大节家藏本

《前集》、《后集》并朱子撰。《续集》、《别集》、《外集》李幼武所补

编。幼武字士英，庐陵人。据其《续集》序文，盖理宗时所作。其始末则未详。观其《外集》所录皆道学宗派，则亦讲学家矣。赵希弁《读书附志》载此书七十二卷。今合五集计之，实七十五卷。殆传刻者误以“五”为“二”欤。朱子自序，谓读近代文集及纪传之书，多有裨于世教，于是掇取其要，聚为此书。乃编中所录如赵普之阴险，王安石之坚僻，吕惠卿之奸诈，与韩、范诸人并列，莫详其旨。明杨以任序，谓是书各胪其实，亦《春秋》劝惩之旨，非必专以取法。又解“名臣”之义，以为名以藏伪，有败有不败者。其置词颇巧。然刘安世气节凛然，争光日月，《尽言集》、《元城语录》今日尚传，当日不容不见，乃不登一字，则终非后人所能喻。考吕祖谦《东莱集》，有《与汪尚书书》曰：近建宁刻一书，名《五朝名臣言行录》案：祖谦所见乃《前集》，故但称“五朝”，云是朱元晦所编，其间当考订处颇多。近亦往问元晦，未报。不知曾过目否？《晦庵集》中亦有《与祖谦书》曰：“《名臣言行录》一书，亦当时草草为之。其间自知尚多谬误，编次亦无法，初不成文字。因看得为订正，示及为幸”云云。则是书瑕瑜互见，朱子原不自讳。讲学家一字一句尊若《春秋》，恐转非朱子之意矣。又叶盛《水东日记》曰：今印行《宋名臣言行录前集》、《后集》、《续集》、《别集》、《外集》，有景定辛酉浚仪赵崇硂引云，其外孙李幼武所辑。且云朱子所编止八朝之前，士英所编则南渡中兴之后四朝诸名臣也。今观《后集》一卷有李纲，二卷有吕颐浩，三卷有张浚，皆另在卷前，不在《目录》中。又阙残脱版甚多。颇疑其非朱子手笔，为后人所增损必多。盖朱子纂辑本意，非为广闻见，期有补于世教，而深以虚浮怪诞之说为非。今其间吕夷简非正人，而记翦髭赐药之详；余襄公正人，而有杖臀怀金之耻；苏子瞻苏木私盐等事亦无甚关系；若此者盖不一也。李居安所谓翦截纂要，岂是之谓欤。尝见章副使绘有此书，巾箱小本。又闻叔简尚宝家有宋末庐陵钟尧俞所编《言行类编举要》十六卷《前后集》。尚俟借观，以祛所惑云云。则盛于此书亦颇有所疑。顾就其所录观之，宋一代之嘉言懿行，略具于斯。旁资检阅，固亦无所不可矣。幼武所补，大抵亦步亦趋，无甚出入，其所去取，不足以为重轻。以原本附骥而行，今亦姑并存之，备考核焉。（卷五七·史部·传记类一，第519—520页）

68.上饶·婺源【宋】朱熹:《绍熙州县释奠仪图》一卷两淮盐政采进本

宋朱子撰。考《朱子年谱》，绍兴二十五年乙亥，官同安主簿。以县学释奠旧例，止以人吏行事，求《政和五礼新仪》于县，无之。乃取《周礼》、《仪礼》、《唐开元礼》、《绍兴祀令》，更相参考，画成礼仪、器用、衣服等图。训释辨明，纤微必备。此《释奠礼》之初稿也。淳熙六年己亥，差知南康军，奏请颁降礼书，又请增修礼书，事未施行。绍熙元年庚戌，改知漳州。复列上释奠礼仪数事，且移书礼官，乃得颇为讨究。时淳熙所镂之版已不复存，后乃得于老吏之家。又以议论不一，越再岁始能定议，而主其事者适徙他官，遂格不下。此《释奠礼》之再修也。绍熙五年甲寅，除知潭州。会前太常博士詹元善还为太常少卿，始复取往年所被敕命，下之本郡。吏文繁复，几不可读。且曰属有大典礼，未遑遍下诸州。时朱子方召还奏事，又适病目，乃力疾钩校，删剔猥杂，定为四条，以附州案，俾移学官。是为最后之定稿，即此本也。书首载淳熙六年《礼部指挥》一通，《尚书省指挥》一通，次《绍熙五年牒潭州州学备准指挥》一通，皆具录原文。次《州县释奠文宣王仪》，次《礼器十九图》。其所行仪节，大抵采自杜氏《通典》及《五礼新仪》，而折衷之。后来二丁行事，虽仪注少有损益，而所据率本是书。惟所列两庑从祀位次，有吕祖谦、张栻，则其事在理宗以后。又有咸淳三年改定位次之文。检勘《宋史·礼志》，载咸淳诏书，其先儒名数及东西次序，与此书一一吻合，与朱子益不相及。盖后人随时附益，又非其原本矣。（卷八二·史部·政书类二，第702—703页）

69.上饶·婺源【宋】朱熹:《二程遗书》二十五卷、《附录》一卷江西巡抚采进本

宋二程子门人所记，而朱子复次录之者也。自程子既殁以后，所传语录，有李籲、吕大临、谢良佐、游酢、苏昞、刘绚、刘安节、杨迪、周孚先、张绎、唐棣、鲍若雨、邹柄、畅大隐诸家，颇多散乱失次，且各随学者之意，其记录往往不同。观尹焞以朱光庭所钞伊川语质诸伊川，伊川有若不得某之心，所记者徒彼意耳之语。则程子在时，所传已颇失其真。案：此事见朱子后序中。故《朱子语录》谓游录语慢，上蔡语险，刘质夫语简，李端伯语宏肆，永嘉诸公语絮也。是编成于乾道四年戊子，乃因家藏旧本，复以类访求附益，略据所闻岁月先后，编第成为二十五卷。又以行状之属八篇为附录一卷。《语

录》载陈淳问第九卷介甫言律一条何意，曰：伯恭以凡事皆具，惟律不说，偶有此条，遂漫载之。又郑可学问《遗书》有古言乾坤不用六子一段如何？曰：此一段却主张是自然之理，又有一段却不取。又《晦庵文集》内有答吕伯恭书曰：《遗书》节本已写出，愚意所删去者，亦须用草纸抄出，逐条略著删去之意，方见不草草处。若暗地删却，久远却惑人云云。今观书内如刘安节所录谨礼者不透，须看《庄子》一条，语涉偏矫，则注云别本所增。又畅大隐所记道岂可离而不可离一条，纯入于禅，则注云多非先生语。其去取亦深为不苟矣。考《文献通考》载《遗书》卷目，与此本同。而黄震《日抄》所载则至十七卷而止，与此互异。又震所载《遗书》卷目吕与叔《东见录》及《附东见录》均次为第二卷，而此本则《次附东见录》为第三卷，殆传本有异同欤？至附录中年谱一篇，朱子自谓实录所书文集内外书所载，与凡他书之可证者。震则谓朱子访其事于张绎、范棫、孟厚、尹焞而成。盖朱子举其引证之书，震则举其参考之人，各述一端，似矛盾而非矛盾也。（卷九二·子部·儒家类二，第777页）

70.上饶·婺源【宋】朱熹:《二程外书》十二卷江西巡抚采进本

亦二程子门人所记，而朱子编次之，成于乾道癸巳六月，在《遗书》之后五年。后序称《遗书》二十五篇，皆诸门人当时记录之全书，足以正俗本纷更之谬。而于二先生之语则不能无所遗。于是取诸人集录，参伍相除，得此十二篇，以为《外书》。凡采朱光庭、陈渊、李参、冯忠恕、罗从彦、王蘋、时紫芝七家所录，又胡安国、游酢家本及《建阳大全》集印本三家，又传闻杂记自王氏《麈史》至孔文仲《疏》，凡一百五十二条，均采附焉。其语皆《遗书》所未录，故每卷悉以拾遗标目。其称《外书》者，则朱子自题所谓取之之杂，或不能审所自来，其视前书，学者尤当精择审取者是也。中间传闻异词，颇不免于丛脞。如程氏学拾遗卷内，以望道未见为望治道太平一条，黄震《日抄》谓恐于本文有增。又时氏本拾遗卷内，以老子天地不仁万物刍狗之说为是一条，震亦谓其说殊有可疑。盖皆记录既繁，自不免或失其本旨。要其生平精语，亦多散见于其中。故但分别存之，而不能尽废。如吕氏《童蒙训》记伊川言僧家读一卷经，要一卷经道理受用，儒者读书，都无用处一条。又明道至禅寺，见趋进揖逊之盛，叹曰：三代威仪尽在是一条，《朱子语录》尝谓其记录未精，语意不圆。而终以其言足以警切学者，故并收入传闻杂记中，无所刊削。其编录之意，亦大略可见矣。（卷九二·子部·儒家类二，第777—778页）

71.上饶·婺源【宋】朱熹：《上蔡语录》三卷浙江巡抚采进本

宋曾恬、胡安国所录谢良佐语，朱子又为删定者也。良佐字显道，上蔡人。登进士第。建中靖国初，官京师。召对忤旨，出监西京竹木场。复坐事废为民。事迹具《宋史·道学传》。恬字天隐，温陵人。安国有《春秋传》，已著录。是书成于绍兴二十九年，朱子年三十岁，监潭州南岳庙时。生平论著，此为最早。据朱子后序称，初得括苍吴任写本一篇，皆曾天隐所记。最后得胡文定公写本二篇，凡书四篇，以相参校。胡氏上篇五十五章，记文定公问答。下篇四十九章，与版本、吴氏本略同，然时有小异。辄因其旧，定著为二篇。独版本所增多，犹百余章，或失本旨杂他书。其尤者五十余章，至诋程氏以助佛学，辄放而绝之。其余亦颇刊去，而得先生遗语三十余章别为一篇，凡所定著书三篇云云。是朱子于此书芟薙特严。后乾道戊子，重为编次，益以良佐与安国手简数条，定为今本。又作后记，称胡宪于吕祖谦家得江民表《辨道录》，见所删五十余章，首尾次序，无一字之差。然后知果为江氏所著，非谢氏之书。则去取亦为精审。观《语录》称某二十年前得《上蔡语录》观之，初用朱笔画出合处；及再观则不同，乃用粉笔；三观则又用墨笔。数过之后，全与原看时不同。则精思熟读，研究至深，非漫然而定也。良佐之学，以切问近思为要。其言论闳肆，足以启发后进。惟才高意广，不无过中之弊。故《语录》云：看道理不可不仔细。程门高弟如谢上蔡、游定夫、杨龟山，下梢皆入禅学去。又云：上蔡《观复斋记》中说道理皆是禅底意思。又云：程子诸门人，上蔡有上蔡之病，龟山有龟山之病，和靖有和靖之病，也是合下见得不周偏，差了。其论皆颇以良佐近禅为讥。然为良佐作《祠记》，则又云以生意论仁，以实理论诚，以常惺惺论敬，以求是论穷理，其命意皆精当。而直指穷理居敬为入德之门，尤得明道教人之纲领。乃深相推重。盖良佐之学，醇疵相半，朱子于《语录》举其疵，于《祠记》举其醇，似矛盾而非矛盾也。合而观之，良佐之短长可见矣。（卷九二·子部·儒家类二，第779—780页）

72.上饶·婺源【宋】朱熹:《延平答问》一卷、《附录》一卷浙闽总督采进本

宋朱子撰。程子之学，一传为杨时，再传为罗从彦，又再传为李侗。侗字愿中，延平其所居也。侗于朱子为父执。绍兴二十三年，朱子二十四岁，将赴同安主簿任，往见侗于延平，始从受学。绍兴三十年冬，同安任满，再见侗，仅留月余。又阅四载而侗没。计前后相从，不过数月。故书札往来，问答为多。后朱子辑而录之。又载其与刘平甫二条，以成是书。朱子门人又取朱子平昔论延平语，及祭文、行状别为一卷，题曰《附录》，明非朱子原本所有也。后侗裔孙葆初，别掇拾侗之诸文，增入一卷，改题曰《延平文集》，且总题为朱子所编，殊失其旧。今仍录原本，而葆初窜乱之本别存目于集部焉。（卷九二·子部·儒家类二，第780页）

73.上饶·婺源【宋】朱熹:《近思录》十四卷直隶总督采进本

宋朱子与吕祖谦同撰。案年谱，是书成于淳熙二年，朱子年四十六矣。书前有朱子题词曰：淳熙乙未之夏，东莱吕伯恭来自东阳。过余寒泉精舍，留止旬日。相与读周子、程子、张子之书，叹其广大宏博，若无津涯，而惧夫初学者不知所入也，因共掇取其关于大体、而切于日用者，以为此编云云。是其书与吕祖谦同定，朱子固自著之，且并载祖谦题词。又《晦庵集》中有乙未八月与祖谦一书，又有丙申与祖谦一书，戊戌与祖谦一书，皆商榷改定《近思录》，灼然可证。《宋史·艺文志》尚并题朱熹、吕祖谦类编。后来讲学家力争门户，务黜众说而定一尊，遂没祖谦之名，但称《朱子近思录》，非其实也。书凡六百六十二条，分十四门，实为后来性理诸书之祖。然朱子之学，大旨主于格物穷理，由博反约，根株六经，而参观百氏，原未暖暖姝姝守一先生之言。故题词有曰：穷乡晚进，有志于学，诚得此而玩心焉，亦足以得其门而入矣。然后求诸四君子之全书，以致其博而返诸约焉，庶乎其有以尽得之。若惮烦劳，安简便，以为取足于此而止，则非纂集此书之意，然则四子之言且不以此十四卷为限，亦岂教人株守是编，而一切圣经贤传束之高阁哉！又吕祖谦题词，论首列阴阳性命之故曰：后出晚进，于义理之本原虽未容骤语，苟茫然不识其梗概，则亦何所底。列之篇端，特使知其名义，有所向往而已。至于余卷所载讲学之方，日用躬行之实，自有科级。循是而进，自卑升高，自近及远，庶不失纂集之旨。若乃

厌卑近而骛高远，躐等凌节，流于空虚，迄无所依据，则岂所谓近思者耶？其言著明深切，尤足药连篇累牍，动谈未有天地以前者矣。其《集解》则朱子殁后叶采所补作。淳熙十二年，采官朝奉郎，监登闻鼓院，兼景献府教授时，尝赍进于朝。前有进表及自序。采字仲圭，号平岩，建安人。其序谓悉本朱子旧注，参以《升堂纪闻》及诸儒辨论，有略阙者，乃出臆说。又举其大旨，著于各卷之下，凡阅三十年而后成云。（卷九二・子部・儒家类二，第780—781页）

74.上饶・婺源【宋】朱熹：《杂学辨》一卷、附《记疑》一卷副都御史黄登贤家藏本

宋朱子撰，以斥当代诸儒之杂于佛老者也。凡苏轼《易传》十九条，苏辙《老子解》十四条，张九成《中庸解》五十二条，吕希哲《大学解》四条，皆摘录原文，各为驳正于下。末有乾道丙戌何镐跋。镐字叔京，何兑之子。丙戌为乾道二年，朱子三十七岁，监岳庙家居时也。《记疑》一卷，前有朱子题词，称偶得杂书一册，不知何人所记，惧其流传久远上累师门云云。盖程子门人记录师说，附以己意，因而流入二氏者，亦摘录而与之辨，凡二十条。其书作于淳熙二年丙申三月，朱子方在婺源，距作《杂学辨》时十年矣。后人附刻《杂学辨》后，以类相从，今亦仍旧本录之焉。（卷九二・子部・儒家类二，第781页）

75.上饶・婺源【宋】朱熹：《小学集注》六卷通行本

宋朱子撰。明陈选注。选字士贤，临海人。天顺庚辰进士。官至广东布政使。追赠光禄寺卿，谥恭愍。事迹具《明史》本传。朱子是书，成于淳熙丁未三月。凡内篇四，曰立教，曰明伦，曰敬身，曰稽古。外篇二，曰嘉言，曰善行。考《晦庵集》中有癸卯与刘子澄书，盖编类此书，实托子澄。其初有文章一门，故书中称文章尤不可泛，如《离骚》一篇，已自多了。《叙古蒙求》亦太多，兼奥涩难读，非启蒙之具。却是《古乐府》及杜子美诗意思好，可取者多。又有乙巳与子澄书，称《小学》见比修改，凡定著六篇云云。是淳熙十二年始改定义例，又越二年乃成也。案《语类》，陈淳录曰：或问《小学・明伦篇》何以无朋友一条，曰，当时是众人编类，偶阙此尔。又黄义刚录曰：曲礼外言不入于阃，内言不出于阃一条，甚切，何以不编入

《小学》？曰：这样处漏落也多。王懋竑《朱子年谱考异》，谓据此则编类不止子澄一人。而于两录又可见古人著书，得其大者小小处亦不屑寻究，其说最确。后人或援引古书，证其疏略，或误以一字一句皆朱子所手录，遂尊若六经，皆一偏之论也。选注为乡塾训课之计，随文衍义，务取易解，其说颇为浅近。然此书意取启蒙，本无深奥，又杂取文集子史，不尽圣言。注释者推衍支离，务为高论，反以晦其本旨。固不若选之所注，尤有裨于初学矣。是书自陈氏《书录解题》即列之经部小学类。考《汉书·艺文志》以弟子职附《孝经》。而小学家之所列，始于史籀，终于杜林，皆训诂文字之书。今案以幼仪附之《孝经》，终为不类。而入之《小学》，则于古无征。是书所录皆宋儒所谓养正之功，教之本也。改列儒家，庶几协其实焉。（卷九二·子部·儒家类二，第781—782页）

76.上饶·婺源【宋】朱熹:《朱子语类》一百四十卷内府藏本

宋咸淳庚午导江黎靖德编。初，朱子与门人问答之语，门人各录为编。嘉定乙亥，李道传辑廖德明等三十二人所记为四十三卷，又续增张洽录一卷。刻于池州，曰《池录》。嘉熙戊戌，道传之弟性传续蒐黄榦等四十二人所记为四十六卷，刊于饶州，曰《饶录》。淳祐己酉，蔡杭又裒杨方等二十三人所记为二十六卷，亦刊于饶州，曰《饶后录》。咸淳乙丑，吴坚采三录所余者二十九家，又增入未刊四家为二十卷，刊于建安，曰《建录》。其分类编辑者，则嘉定己卯黄士毅所编，凡百四十卷，史公说刊于眉州，曰蜀本。又淳祐壬子王佖续编四十卷，刊于徽州，曰徽本。诸本既互有出入，其后又翻刻不一，讹舛滋多。靖德乃裒而编之，删除重复一千一百五十余条，分为二十六门，颇清整易观。其中甚可疑者，如包杨录中论胡子知言以书为溺心志之大穽之类，概为刊削。亦深有功于朱子。《靖德目录》后记有曰：朱子尝言《论语》后十篇不及前，六言六蔽，不似圣人法语。是孔门所记犹可疑，而况后之书乎？观其所言，则今他书间传朱子之语而不见于《语类》者，盖由靖德之删削。郑任钥不知此意，乃以《四书大全》所引，不见今本《语类》者，指为或问小注之证，其亦不考之甚矣。（卷九二·子部·儒家类二，第782页）

77.上饶·婺源【宋】朱熹（伪托）：《家山图书》一卷永乐大典本

不著撰人名氏。《永乐大典》题为朱子所作。今考书中引用诸说，有文公家礼，且有朱子之称，则非朱子手定明矣。钱曾《读书敏求记》曰：家山图书，晦菴私淑弟子之文案：弟子二字刊本误倒其文，今改正，盖逸书也。李晦显翁得之于刘世常平父，刘得之于鲁斋许文正公。其书以《易》、《中庸》、《古大学》、《古小学》参列于图，而于修身之旨归纲领，条分极详。此本惜不多觏，宜刊布之，以广其传云云。曾家所藏旧本，久已不传。世无刊本，书遂散失。惟《永乐大典》尚备载其原文。然首列小学本旨图，中多曲礼、内则、少仪之事，与曾所谓以《易》、《中庸》、《古大学》、《小学》参列于图者，体例稍异。意是书诸儒相传，互有增损，行世者非一本欤。然要其旨归则一也。其书先图后说，根据礼经，依类标题，词义明显。自入学以至成人，序次冠、昏、丧、祭、宾、礼、乐、射、御、书、数诸仪节，至详且备。而负剑辟咡以及乡饮五御诸图，尤足补聂崇义所未及。盖朱子《小学》一书详于义理，而此则详于名物度数之间，二书相辅而行，本末互资，内外兼贯，均于蒙养之学深有所裨，有不容以偏废者焉。（卷九二·子部·儒家类二，第788页）

78.上饶·婺源【宋】朱熹:《阴符经考异》一卷江西巡抚采进本

宋朱子撰。《阴符经》出于唐李筌。晁公武《读书志》引黄庭坚跋，定为筌所伪托,《朱子语录》亦以为然。然以其时有精语，非深于道者不能作，故为考定其文。其定人以愚虞圣而下一百十四字，皆为经文，盖用褚氏、张氏二注本也。《语录》载闾邱次孟论《阴符经》自然之道静数语，虽六经之言无以加。朱子谓闾邱此等见处尽得，而杨道夫以为《阴符经》无此语。盖道夫所见乃骊山老母注本，以我以时物文理哲为书之末句，故疑其语不见于本经也。书中有黄瑞节附录，征引亦颇赅备。考《吉安府志》，瑞节字观乐，安福人。举乡试，授泰和州学正。元季弃官隐居，尝辑《太极图》、《通书》、《西铭》、《易学启蒙》、《家礼》、《律吕精义》、《皇极经世》诸书，并加释注，名曰《诸子成书》。此及《参同契》，盖亦其中之二种。《志》盖以其学涉道家，故讳而不载云。（卷一四六·子部·道家类，第1241—1242页）

79.上饶·婺源【宋】朱熹:《周易参同契考异》一卷江西巡抚采进本

宋朱子撰。考陈振孙《书录解题》,称朱子以《参同契》词韵皆古,奥雅难通,读者浅闻,妄辄更改,比他书尤多舛误,因合诸本,更相雠正。朱子自跋亦称,凡诸同异,悉存之以备考证,故以考异为名。今案书中注明同异者,惟天下然后治之“治”字,云或作理,威光鼎乃熺之“熺”字,云本作喜,一作熺,参证他本者不过二处。又如“修”字疑作“循”,“六五”疑作“廿六”,“铅”字疑作“饴”,“与”字疑作“为”之类,朱子所自校者,亦只六七处。其余每节之下随文诠释,实皆笺注之体,不尽订正文字。乃以考异为名,未喻其旨。跋末自署空同道士邹䜣。盖以邹本邾国,其后去邑而为朱,故以寓姓。《礼记》郑氏注,谓䜣当作熹。又《集韵》:熹,虚其切,䜣亦虚其切。故以寓名。殆以究心丹诀非儒者之本务,故托诸廋词欤?考《朱子语录》,论《参同契》诸条颇为详尽。《年谱》亦载有庆元三年蔡元定将编管道州,与朱子会宿寒泉精舍,夜论《参同契》一事。《文集》又有《与蔡季通书》曰,《参同契》更无缝隙,亦无心思量,但望他日为刘安之鸡犬耳云云。盖遭逢世难,不得已而托诸神仙,殆与韩愈谪潮州时邀大颠同游之意相类。故黄瑞节《附录》谓其师弟子有脱屣世外之意,深得其情。黄震《日钞》乃曰《参同契》者上虞人魏伯阳作,其说出神仙不足凭。近世蔡季通,学博而不免于杂,尝留意此书。而晦庵与之游,因为校正。其书颇行于世,而求其义则绝无之云云。其持论固正,然未喻有托而逃之意也。(卷一四六·子部·道家类,第1249页)

80.上饶·婺源【宋】朱熹:《楚辞集注》八卷、《辨证》二卷、《后语》六卷内府藏本

宋朱子撰。以后汉王逸《章句》及洪兴祖《补注》二书详于训诂,未得意旨,乃隐括旧编,定为此本。以屈原所著二十五篇为《离骚》,宋玉以下十六篇为《续离骚》。随文诠释,每章各系以兴、比、赋字,如《毛诗》传例。其订正旧注之谬误者,别为《辨证》二卷附焉,自为之序。又刊定晁补之《续楚辞》、《变离骚》二书,录荀卿至吕大临凡五十二篇,为《楚辞后语》,亦自为之序。《楚辞》旧本有东方朔《七谏》、王褒《九怀》、刘向《九叹》、王逸《九思》。晁本删《九思》一篇。是编并削《七谏》、《九

怀》、《九叹》三篇，益以贾谊二赋。陈振孙《书录解题》谓以“《七谏》以下，词意平缓，意不深切，如无病而呻吟者也”。晁氏《续离骚》凡二十卷，《变楚辞》亦二十卷。《后语》删为六卷，去取特严。而扬雄《反骚》为旧录所不取者，乃反收入。自序谓：“欲因《反骚》而著苏氏、洪氏之贬词，以明天下之大戒也。”周密《齐东野语》记绍熙内禅事曰：“赵汝愚永州安置，至衡州而卒，朱熹为之注《离骚》以寄意焉。”然则是书大旨在以灵均放逐寓宗臣之贬，以宋玉《招魂》抒故旧之悲耳。固不必于笺释音叶之间，规规争其得失矣。（卷一四八・集部・楚辞类，第1268页）

81.上饶・婺源【宋】朱熹：《原本韩文考异》十卷江苏巡抚采进本

宋朱子撰。其书因韩集诸本互有异同，方崧卿所作《举正》，虽参校众本，弃短取长，实则惟以馆阁本为主，多所依违牵就。即《南山有高树》诗之“婆娑弄毛衣”，傅安道所举为笑端者，亦不敢明言其失。是以覆加考订，勒为十卷。凡方本之合者存之，其不合者一一详为辨证。其体例本但摘正文一二字大书，而所考夹注于下，如陆德明《经典释文》之例。于全集之外别行。至宋末王伯大，始取而散附句下。以其易于省览，故流布至今，不复知有朱子之原本。其间讹脱窜乱，颇失本来。此本出自李光地家，乃从朱子门人张洽所校旧本翻雕，最为精善。第一卷末有洽补注一条，称《陪杜侍御游湘西两寺》诗“长沙千里平”句，“千里”当作“十里”。言亲至岳麓寺见之。方氏及朱子皆未知。又第四卷末洽补注一条，辨《原性》一篇，唐人实作“性原”，引杨倞《荀子注》所载全篇，证方氏《举正》不误，朱子偶未及考。又第七卷末有洽补注一条，辨《曹成王碑》中“持力句卒”之义，皆今本所未载。其字为徐用锡所校，点画不苟。然光地没后，其版旋佚，故传本颇少。此本犹当日之初印，毫无刓阙，尤可贵也。（卷一五〇・集部・别集类三，第1288页）

82.上饶・婺源【宋】朱熹：《晦庵集》一百卷、《续集》五卷、《别集》七卷内府藏本

宋朱子撰。《书录解题》载《晦庵集》一百卷、《紫阳年谱》三卷，不云其集谁所编，亦不载《续集》。明成化癸卯莆田黄仲昭跋，称“晦庵朱先生文集一百卷，闽、浙旧皆有刻本。浙本洪武初取置南雍，不知辑于何人。今

闽藩所存本，则先生季子在所编也。又有《续集》若干卷、《别集》若干卷，亦并刻之"云云。是正集百卷，编于在手。然朱玉《朱子文集大全类编》称在所编实八十八卷，合《续集》、《别集》乃成百卷。是正集百卷又不出在手矣。《别集》之首有咸淳元年建安书院黄镛序曰："先生之文，正集、续集，潜斋、实斋二公已锓版书院。建通守余君师鲁，好古博雅，搜访先生遗文又得十卷，以为别集。其标目则一仿乎前，而每篇之下必书其所从得。"是《别集》之编，出余师鲁手。惟《续集》不得主名，朱玉亦云无考。观镛所序在度宗之初，则其成集亦在理宗之世也。此本为康熙戊辰蔡方炳、臧眉锡所刊，眉锡序之，而方炳书后题曰《朱子大全集》。不知其名之所始。考黄仲昭跋及嘉靖壬辰潘潢跋，尚皆称《晦庵先生集》。而方炳跋乃称："朱子故有《大全文集》，岁月浸久，版已磨灭。"则其名殆起明中叶以后乎？惟是潢跋称文集百卷、续集五卷、别集七卷，与今本合。而与潢共事之苏信所作前序，乃称百有二十卷，已自相矛盾。方炳手校此书，其跋又称原集百卷、续集十卷、别集十一卷，其数尤不相符。莫明其故。疑信序本作百有十二卷，重刻者偶倒其文，而方炳跋则缮写笔误，失于校正也。方炳跋又称校是书时不敢妄有更定，悉依原本。即续、别二集亦未依类附入，颇得古人刊书谨严详慎之意。今通编为一百一十二卷，仍分标《晦庵集》、《续集》、《别集》之目。不相淆乱，以存其旧焉。（卷一五九・集部・别集类一二，第1368页）

83.上饶・婺源【宋】朱鉴:《朱文公易说》二十三卷编修励守谦家藏本

宋朱鉴编。案朱子世系，朱子三子，长子塾；塾二子，长曰鉴，则朱子嫡长孙也。鉴字子明，以荫补迪功郎，官至湖广总领。朱子注《易》之书，为目有五：曰《易传》十一卷，曰《易本义》十二卷，曰《易学启蒙》三卷，曰《古易音训》二卷，曰《蓍卦考误》一卷，皆有成帙。其朋友论难与及门之辨说，则散见《语录》中。鉴汇而辑之，以成是编。昔郑玄笺注诸经，其孙魏侍中小同复裒其门人问答之词为《郑志》十一卷。鉴之编辑绪言，亦犹此例也。考朱子初作《易传》，用王弼本。后作《易本义》，始用吕祖谦本。《易传》《宋志》著录，今已散佚。当理宗以后，朱子之学大行，賸语残编，无不奉为球璧，不应手成巨帙，反至无传。殆以未定之说，自削其稿，故不复流布欤？鉴是书全采《语录》之文，以补《本义》之阙。其中或门人记述，未必尽合师说，或偶然问答，未必勒为确论，安知无如《易传》之类为朱子所欲刊除者。然收拾放佚以备考证，亦可云能世其家学矣。（卷三·经部·易类三，第18页）

84.上饶·婺源【宋】朱鉴:《诗传遗说》六卷两江总督采进本

宋朱鉴编。鉴有《朱文公易说》，已著录。是编乃理宗端平乙未鉴以承议郎权知兴国军事时所成。盖因重槧朱子《集传》，而取《文集》、《语录》所载论《诗》之语足与《集传》相发明者，汇而编之，故曰《遗说》。其书首《纲领》，次《序辨》，次《六义》，继之以《风》、《雅》、《颂》之论断，终之以逸诗、诗谱、叶韵之义。以朱子之说，明朱子未竟之义，犹所编《易传》例也。鉴自序有曰："先文公《诗集传》，豫章、长沙、后山皆有本，而后山校雠最精。第初脱稿时，音训间有未备，刻版已竟，不容增益。欲著补脱，终弗克就。仍用旧版，葺为全书，补缀趱那，久将漫漶。竭来富川，郡事余暇，辄取家本，新加是正，刻置学宫"云云。国朝宁波史荣撰《风雅遗音》，据鉴此序，谓今本《集传》音叶，多鉴补苴，非朱子所手定。其说似非无因。然则以音叶之误议朱子，与以朱子之故而委曲回护吴棫书者，殆均失之矣。（卷一五·经部·诗类一，第125页）

85.上饶·婺源【宋】胡方平:《易学启蒙通释》二卷内府藏本

宋胡方平撰。方平字师鲁，号玉斋，婺源人。据董真卿《周易会通》载，是书有方平至元己丑自序，则入元已十四年矣。然考熊禾跋，称"己丑春读书武夷山中，有新安胡君庭芳来访，出其父书一编，曰《易学启蒙通释》"，又刘泾跋亦称"一日，约退斋熊君访云谷遗迹。适新安胡君庭芳来访，出《易学启蒙通释》一编，谓其父玉斋平生精力尽在此书，辄为刻置书室"云云，则己丑乃禾与泾刊书作跋之年，非方平自序之年，真卿误也。方平之学出于董梦程，梦程之学出于黄榦。榦，朱子壻也。故方平及其子一桂皆笃守朱子之说。此书即发明朱子《易学启蒙》之旨。案朱子《易学启蒙序》曰"近世学者，类喜谈《易》。其专于爻义者，既支离散漫而无所根据。其涉于象数者，又皆牵合附会而或以为出于圣人心思智虑之所为也。若是者，余窃病焉。因与同志颇辑旧闻，为书四篇，以示初学，使毋疑于其说”云云，盖《易》之为道，理数并存，不可滞于一说。朱子因程传专主明理，故兼取邵子之数以补其偏，非脱略《易》理，惟著此书以言数也。后人置《本义》不道，惟假借此书以转相推衍，至于支离轇轕而不已，是岂朱子之本旨乎？方平此书，虽亦专阐数学，而根据朱子之书，反覆诠释。所采诸书，凡黄榦、董铢、刘爚、陈埴、蔡渊、蔡沈六家，皆朱子门人。又蔡模、徐几、翁泳三家。模，蔡渊子。几、泳皆渊之门人。故所衍说，尚不至如他家之竟离其宗。是亦读《启蒙》者所当考矣。董真卿所称方平自序，今本佚之，惟存后序一篇。朱彝尊《经义考》乃竟以朱子原序为方平之序，可谓千虑之一失。徐氏通志堂刻本，于此序之末题“淳熙丙午暮春既望，云台真逸手记”，是显著朱子之别号矣。而其标目乃称《易学启蒙通释序》。淳熙丙午，下距至元己丑凡一百一十三年，朱子安知有《通释》乎？今刊正之，俾无滋后来之疑焉。（卷三·经部·易类三，第20页）

86.上饶·婺源【宋】张敦颐:《六朝事迹编类》二卷两江总督采进本

宋张敦颐撰。敦颐字养正，婺源人。绍兴八年进士，由南剑州教授历官知舒、衡二州，致仕。是编前有绍兴庚辰自序，结衔称“左奉议郎充江南东路安抚司干办公事”，盖登第后之二十二年也。其书为补《金陵图经》而作。首《总叙》，次《形势》，次《城阙》，次《楼台》，次《江河》，次《山冈》，次《宅舍》，次《谶记》，次《灵典》，次《神仙》，次《寺院》，次《庙宇》，次《坟陵》，次《碑刻》，凡十四门。引据颇为详核。而《碑刻》一门，尤有资于考据。惟书以六朝为名，而古迹之中，自南唐以逮于北宋，如丁谓、王安石所建，亦具载之，殊失断限。又《总叙》门内《六朝保守》一篇，历数自吴以来南朝不可北伐，北伐必败，即幸胜亦不能守。盖亦南渡之初力主和议之说者，其识见未免卑懦。然核诸情事，其说亦不为无因。固与《江东十鉴》之虚张形势者，较为切实矣。（卷七〇·史部·地理类三，第624页）

87.上饶·婺源【宋】许月卿（1216—1285）:《百官箴》六卷内府藏本

宋许月卿撰。月卿字太空，后更字宋士，婺源人。始以军功补校尉。理宗时换文资就举，以《易》魁江东，廷对赐进士及第，官至浙江西运干。贾似道当国，召试馆职，语不合，罢去。闭门著书，自号泉田子。宋亡不仕，遁迹十年乃卒，亦志节之士也。是书仿扬雄《官箴》，分曹列职，各申规戒。考《宋史·百官志》，经筵乃言路兼官；二府掾乃枢密中书属吏；参知政事以门下中书侍郎为之；登闻院隶谏议，进奏院隶给事中，俱辖于门下省；军器监、文思院俱辖于工部。是书皆各自为箴。盖以所掌之事区分，故既列本职，又及其兼官；既列总司，又及其所分掌。非复出也。又考《永乐大典》所载宋何异《中兴百官题名》，虽残阙不完，而所标官署职掌，与此书颇有异同。盖自元丰变制以后，品目至为淆杂。南渡以后，分析并省，益以靡恒。此书据一时之制言之，故互有出入也。前有月卿进表，称"《百官箴》并发凡言例共七帙"。而今止六卷。校以次第，实无遗漏。殆原本凡例自为一卷，传录者合并之欤？虞人之箴，远见《左传》。绳阙匡违，其风自古。月卿效法其本，虽申明职守，仅托空言。而具列官邪，风戒有位，指陈善败，触目警心，亦未尝无百一之裨焉。（卷七九·史部·职官类，第687页）

88.上饶·婺源【宋】滕珙：《经济文衡前集》二十五卷、《后集》二十五卷、《续集》二十二卷安徽巡抚采进本

不著编辑者名氏。初刻于正德辛巳，有杨一清序，但称先儒所辑。再刻于万历丙午，有朱吾弼序，但称为董崇相家藏本，亦不能指作者何人。黄虞稷《千顷堂书目》则载是书为马季机编，所列《前集》、《后集》、《续集》之目，亦皆相合。乾隆乙未，南昌杨云服重刻，程恂序之，称为宋滕珙编。考滕珙字德章，号蒙斋，婺源人。淳熙十四年进士。官合肥令。与兄璘俱游朱子之门。朱子铭其父墓，称二子皆有声州县间。又称珙廷对甚佳，盖亦新安高弟也。今观是书，取朱子语录、文集分类编次。《前集》皆论学，《后集》皆论古，《续集》则兼二集所遗而补之。每一论必先著其缘起，次标其立论之意，条分缕析，条理秩然。视他家所编经世大训之类，或简而不详，或繁而少绪者，迥乎不同。即不出于珙手，要非学有渊源者不办也。惟是朱子平生学问大端，具见于此，而独以经济为名，殆不可晓。即以开卷一篇论之，太极无极有何经济可言耶？其门目亦太烦碎，多不应分而分之。《前集》尤甚，亦为一瑕。读者取其宏旨可耳。（卷九二·子部·儒家类二，第784—785页）

89.上饶·婺源【宋】滕珙:《分类标注朱子经济文衡》七十五卷江苏巡抚采进本

宋滕珙编。其原本已著录，此本为明朱吾弼重刊，即珙之书而标其要语于简端，以备答策之用。殊为猥陋。（卷九五·子部·儒家类存目一，第805页）

90.上饶·婺源【宋】朱弁（1085—1144）:《曲洧旧闻》十卷浙江汪汝瑮家藏本

宋朱弁撰。弁字少章，朱子之从父也。事迹具《宋史》本传。《文献通考》载弁《曲洧旧闻》一卷，《杂书》一卷，《骫骳说》一卷。此本独《曲洧旧闻》已十卷。然此本从宋椠影钞，每卷末皆有临安府太庙前尹家书籍铺刊字。又惇字避光宗讳，皆阙笔。盖南宋旧刻，不应有误，必《通考》讹十卷为一卷也。案弁以建炎丁未使金被留，越十七年乃归。而书中有腊月八日清凉山见佛光事，云岁在甲寅。又记祕魔岩事，其地在燕京。又记其友述定光佛语云，俘囚十年。则书当作于留金时。然皆追述北宋遗事，无一语及金，故曰旧闻。《通考》列之小说家。今考其书惟神怪谐谑数条不脱小说之体，其余则多记当时祖宗盛德及诸名臣言行，而于王安石之变法，蔡京之绍述，分朋角立之故，言之尤详。盖意在申明北宋一代兴衰治乱之由，深于史事有补，实非小说家流也。惟其中间及《诗话》、《文评》及诸考证，不名一格，不可目以杂史，故今改入之杂家类焉。（卷一二一·子部·杂家类五，第1039页）

91.上饶·婺源【宋】朱弁:《风月堂诗话》二卷内府藏本

宋朱弁撰。弁有《曲洧旧闻》，已著录。是编多记元祐中欧阳修、苏轼、黄庭坚、陈师道、梅尧臣及诸晁遗事。首尾两条，皆发明钟嵘“思君如流水既是即目，明月照积雪羌无故实”之义，盖其宗旨所在。其论黄庭坚用昆体工夫，而造老杜浑成之地，尤为窥见深际。后来论黄诗者皆所未及。前有自序，题庚申闰月。考庚申为绍兴十年，当金熙宗天眷三年。弁以建炎元年使金，羁留十七年乃还，则在金时所作也。末有咸淳壬申月观道人跋，称得于永城人朱伯玉家，盖北方所传之本。意弁使金时遗其稿于燕京，度宗时始传至江左，故晁、陈二家皆不著录。观元好问《中州集》收录弁诗，知其著作散落北方者多，固不得以晚出疑之矣。其序但题甲子，不著绍兴纪年。殆亦金人传写，不用敌国之号，为之削去欤？（卷一九五·集部·诗文评类一，第1784页）

92.上饶·婺源【宋】朱松（1097—1143）、朱槔:《韦斋集》十二卷、附《玉澜集》一卷内府藏本

宋朱松撰。松字乔年，别字韦斋。朱子之父也。政和八年，同上舍出身，官至吏部员外郎。以言事忤秦桧，出知饶州。未上请间，得主管台州崇道观。满秩再请，命下而卒。朱子作行状，称有《韦斋集》十二卷、外集十卷。外集今已久佚。是集初刻于淳熙，再刻于至元，又刻于宏[①]治。传本亦稀。康熙庚寅，其裔孙昌辰又校录重刊，是为今本。核其卷数，与行状所言相合，盖犹旧帙也。前有傅自得序，称其诗高远而幽洁，其文温婉而典裁，至表奏书疏，又皆中理而切事情。虽友朋推许之词，然松早友李侗，晚折秦桧，其学识本殊于俗，故其发为文章，气格高逸，翛然自异。即不藉朱子以为子，其集亦足以自传。自得所云颇为近实。非后来门户之私，以张栻而尊张浚者比也。后附朱槔《玉澜集》一卷。槔字逢年，松之弟也。其集原别本自行，故《书录解题》与松集各自著录。明宏[②]治丙辰，任邱邝璠得其本于睢阳陈性之，因附刻松集之后。昌辰此刻亦仍之。后有尤袤跋，极称其《春风》一篇、《即事》三首。然槔诗实不及松，袤所称亦未为尽允。姑附骥以行云尔。（卷一五七·集部·别集类一〇，第1354页）

93.上饶·婺源【宋】王炎（1137—1218）:《双溪集》二十七卷两淮马裕家藏本

宋王炎撰。炎字晦叔，婺源人。乾道五年进士，官至军器少监。与淳熙中观文殿大学士王炎名姓偶同，非一人也。所著有《读易笔记》、《尚书小传》、《礼记》《论语》《孝经》《老子》解、《春秋衍义》、《象数稽疑》、《禹贡辨》、《考工记·乡饮酒仪》、《诸经考疑》、《编年通纪》、《纪年提要》、《天对解》、《韩柳辨证》、《伤寒论》，总题曰《双溪类稿》。今已无传。惟诗文集仅存。世所行者凡二本。一本为康熙中其族孙祺等所刊，凡十二卷。一即此本，乃明万历丙申尚宝司丞王鏻得沈一贯家旧本为校正开雕者也。凡赋、乐府一卷，诗、词九卷，文十七卷。炎初与朱子相契。朱子集中《和炎寄弟诗》有“只今心事同千里，静对箪瓢独喟然”之句。炎亦多与

① “宏”当为“弘”，避讳清高宗弘历。
② “宏”当为“弘”，避讳清高宗弘历。

朱子往还之作，其交谊颇笃。及朱子为待制，侍经筵，宁宗方谅闇，择日开讲。炎贻书朱子，论其非礼，而朱子集中无答书。盖是时韩侂胄、赵汝愚衅隙方开，汝愚援道学诸人以自助。语详《齐东野语》。侂胄之党，眈眈侧目。朱子急欲宁宗亲近士大夫，故不拘丧礼，汲汲以讲学为先，实一时权宜之计。迨一经攻驳，难以置词，遂付之于不论。岂非所持者正，虽朱子亦不能与之争欤？其诗文博雅精深，亦具有根柢。程敏政辑《新安文献志》，所采最多。其所未采诸篇，议论醇正，引据典确者，尚不可悉数。盖学有本原，则词无鄙诞。较以语录为诗文者，固有蹈空、征实之别矣。（卷一六〇·集部·别集类一三，第1376页）

94.上饶·婺源【宋】胡次焱（1229—1306）：《梅岩文集》十卷两江总督采进本

宋胡次焱撰。次焱字济鼎，号梅岩，晚号余学。其始祖本唐宗室。五代时育于胡氏，因冒姓胡。婺源人。咸淳四年进士，官贵池县尉。德祐元年，元兵至贵池，元帅张林以城降。次焱奉母遁归，教授乡里以终。集中有《媒嫠问答诗》，所谓“井底水不波，山头石不迁。什袭藏破镜，他年会黄泉”者，所以自寓其志也。其诗文本未编集，故藏书家多不著录。此本乃明嘉靖中其族孙琏蒐辑而成，琏甥潘滋校刊之，并为之序。凡赋诗、杂文八卷，冠以《雪梅赋》，盖著其素心。九卷以下皆附录同时赠答往来之作。《目录》所载，往往与集中诗文不相应，则编次之疏也。次焱在宋、元作者之中，尚未能自闢门户，而其人有陶潜栗里之风，故是集至今犹传。集中有《赘笺唐诗绝句序》，称“叠翁注章涧二泉先生选唐绝句，次焱复为赘笺”。叠翁者，谢枋得。章泉者，赵蕃。涧泉者韩淲也。其书不传，无由验其工拙，然亦足见次焱研心诗学，非苟作者矣。（卷一六五·集部·别集类一八，第1414页）

95.上饶·婺源【元】胡一桂（1247—？）：《易本义附录纂疏》十五卷内府藏本

元胡一桂撰。一桂字庭芳，号双湖，婺源人。景定甲子领乡荐，试礼部不第，教授乡里以终。事迹具《元史·儒学传》。是编以朱子《本义》为宗，取《文集》、《语录》之及于《易》者附之，谓之《附录》。取诸儒《易》说之合于《本义》者纂之，谓之《纂疏》。其去取别裁，惟以朱子为断。《元史》称其受《易》源流出于朱子，殆以《启蒙翼传》及是书欤？陈栎称一桂此书，于杨万里《易传》无半字及之。今检其所引，栎说信然。盖宋末元初讲学者门户最严，而新安诸儒于授受源流辨别尤甚。万里《易传》虽远宗程子，而早工吟咏，与范成大、陆游齐名，不甚以讲学为事。故虽尝荐朱子、拒韩侂胄，而庆元党禁独不列名。一桂盖以词人摈之，未必尽以其书也。（卷四·经部·易类四，第22页）

96.上饶·婺源【元】胡一桂:《易学启蒙翼传》四卷内府藏本

元胡一桂撰。一桂之父方平，尝作《易学启蒙通释》，一桂更推阐而辨明之，故曰《翼传》。自序称去朱子才百余年，而承学渐失。如图书已厘正矣，复仍刘牧之谬者有之。卜筮之数灼如丹青矣，复祖尚元[①]旨者又有之。因于《本义附录纂疏》外，复辑为是书。凡为《内篇》者三：一曰《举要》，以发辞变象占之义。二曰《明筮》，以考史传卜筮卦占之法。三曰《辨疑》，以辨《河图》、《洛书》之同异。皆发明朱子之说者也。为《外篇》者一，则《易纬候》诸书以及京房《飞候》、焦赣《易林》、扬雄《太元[②]》、司马光《潜虚》以至邵子《皇极经世》诸法，亦附录其概。以其皆《易》之支流，故别之曰“外”。大致与其父之书互相出入，而方平主于明本旨，一桂主于辨异学，故体例各殊焉。（卷四·经部·易类四，第22页）

97.上饶·婺源【元】胡一桂:《十七史纂古今通要》十七卷内府藏本

元胡一桂撰。一桂有《易本义附录纂疏》，已著录。是书自三皇以迄五代，裒集史事，附以论断。前有大德壬寅自序，并地理、世系等十三图。钱曾《读书敏求记》曰：“宋以来论史家汗牛充栋，率多庞杂可议，以其不讨论之过也。此书议论颇精允，绝非宋儒隅见者可比。一览令人于古今兴亡理乱，了然胸次。朱子称《稽古录》，其言如桑麻菽粟，小儿六经了，好令读去。予于此书亦云。”其推许是书甚至。至议其当从《资治通鉴》帝魏，不当从《朱子纲目》帝蜀，则又以久经论定之事，务持异议以骇听，不足为一

① 当为“玄”，讳清圣祖玄烨。
② 当为“玄”，讳清圣祖玄烨。

桂病也。熊禾《勿轩集》有胡庭芳《史纂通要》语序，即为此书而作。庭芳，一桂字也。其称《史纂通要》，省文耳。此本不载禾序，殆偶佚欤？（卷八八·史部·史评类，第755页）

98.上饶·婺源【元】胡炳文（1250—1333）：《周易本义通释》十二卷 编修励守谦家藏本

元胡炳文撰。炳文字仲虎，号云峰，婺源人。尝为信州道一书院山长，再调兰溪州学正，不赴。《元史·儒学传》附载其父一桂传中。程敏政《新安文献志》所谓“笃志朱子之学”者也。是书据朱子《本义》折衷是正，复采诸家《易》解，互相发明。序题延祐丙辰，盖仁宗之三年。初名《精义》，后病其繁冗，删而约之，改名《通释》。所著《云峰集中》有《与吴澄书》曰“《本义通释》，郭文卿守浮梁时为刊其半，出之太早，今悔之无及也。刊本今以呈似，中有谬戾，阁下削之绳之，幸甚”云云。考炳文生于宋理宗淳祐十年，其与澄书时称年七十，则当在延祐七年庚申，在作序之后三年。其所悔者改正与否，则不可考矣。王懋竑《白田杂著》曰：“今刻云峰《本义通释》上下经解极详，以《大全》本考之，增多者十之三四。《彖传》以后，语皆与《大全》同，无增多者。疑《通释》自《彖传》后已失去，后人钞集《大全》所载以续之耳。”又《大全序例》谓“胡氏《通释》既辄变古《易》，又于今《易》不免离析先后。考今刻乃一依古《易》，此不可晓，或者今刻非原本欤”云云。案此本前有明潘旦序，称书经兵燹，多至亡佚。其九世孙珙及弟玠募遗书，得上、下经而阙《十翼》，乃复汇蒐诸集中以补之。然则今本十翼乃珙、玠所裒录，非炳文之旧。懋竑盖未见旦序，故有此疑。惟《大全》称炳文辄变古《易》，又离析今文之先后，则《彖传》、《象传》必附经文之中，何以解传者佚而解经者不佚，又何以珙、玠所得旧本上、下经文釐然完具而不参以《彖传》、《象传》，此则诚不可晓。然《大全》为胡广等庞杂割裂之书，所言亦不尽可据也。（卷四·经部·易类四，第24页）

99.上饶·婺源【元】胡炳文：《四书通》二十六卷 两江总督采进本

元胡炳文撰。炳文有《周易本义通释》，已著录。是编以赵顺孙《四书纂疏》、吴真子《四书集成》皆阐朱子之绪论，而尚有与朱子相戾者。因重为刊削，附以己说，以成此书。凡朱子以前之说，嫌于补朱子之遗，皆斥不录，故所取于《纂疏》、《集成》者仅十四家。二书之外，又增入四十五家，则皆恪守考亭之学者也。大抵合于经义与否非其所论，惟以合于注意与否定其是非。虽坚持门户，未免偏主一家，然观其《凡例》，于“颜渊好学”章，哀乐、哀惧一字之笔误，亦必辨明；于“为政以德”章，初本作“行道而有得于身”，祝洙本作“行道而有得于心”，改本又作“得于心而不失”，刊本先后之差，亦悉加考正：其于一家之学，用心亦勤且密矣。《章句集注》所引凡五十四家，今多不甚可考。蔡模《集疏》间有所注，亦不甚详。是书尚一一载其名字，颇足以资订证。然如《集注》以“有妇人焉”为邑姜，所引“刘侍读曰”者即刘敞《七经小传》之说也，炳文独遗漏不载。盖敞在北宋，闭户穷经，不入伊洛之派。讲学之家，恶其不相攀附，遂无复道其姓名者。故朱子虽引之，而炳文不知为谁也。是亦各尊所闻之一验矣。（卷三六·经部·四书类二，第299页）

100.上饶·婺源【元】胡炳文：《纯正蒙求》三卷浙江鲍士恭家藏本

元胡炳文撰。炳文有《周易本义通释》，已著录。蒙求自李瀚以下，仿其体者数家，大抵杂采经传事实，隶以韵语，以便童子之记诵。然多以对偶求工，不尽有关于法戒。炳文是书，则集古嘉言善行，各以四字属对成文，而自注其出处于下。所载皆有裨幼学之事，以视饾飣割裂，仅供口耳者，于启导较为切近。上卷叙立教、明伦之事，中卷叙立身、行己之事，下卷叙待人、接物之事，略以《白鹿洞规》为准。每卷一百二十句，总为三百六十句。卷中又各有子目，每一目多者一二十句，少者不过四句。中间以拘于骈俪，格于声韵，故漏落甚多。又如“黄香暖席”宜入父子之伦，而反入幼学见趣条下。“陈子高让田”宜入长幼之伦，而反入处宗族条下。其分隶亦未能悉允。然养蒙之教，取其显明易晓，不贵以淹博相高。此书循讽吟哦，以资感发，与朱子《小学·外篇》足相表里，固未可以浅近废也。（卷一三六·子部·类书类二，第1153页）

101.上饶·婺源【元】胡炳文：《云峰集》十卷两淮马裕家藏本

元胡炳文撰。炳文有《周易本义通释》，已著录。据林瀚所作是集序，其原本盖二十卷，后毁于兵。明成化中，其七世孙用光、八世孙濬乃掇拾散佚，编为此本。凡杂文七卷，附以赋四篇、歌词一篇，诗一卷、附以词三首。《附录》二卷，则本传、行状及赠答题咏诗文也。炳文之学，一以朱子为宗。故其《答陈栎书》云："我辈居文公乡，熟文公书，自是本分中事。"其作《草堂学稿序》，历举前代诗人，极词丑诋。有云："纵迫曹、刘，何补于格致诚正；纵迫谢、鲍，何补于修齐治平。"持论偏僻，殊为谬妄。然其杂文乃平正醇雅，无宋人语录方言皆入笔墨之习。其诗虽颇入《击壤集》派，然如《赠鹤菴相士四言》、《北寺昏钟》、《廖坞晚烟》、《拜鄂岳王墓》、《濠观亭》、《赠二齐生》诸篇，皆不失雅韵。殆其天姿本近于词章，故门径虽殊，而性灵时露欤？至于古文之中，往往间以藻饰。如《送文公五世孙序》云："自古及今，人家岂无邱墓，亦岂无巢翡翠卧麒麟者。"《与吴草庐书》云："苔绿滋深，而芹香莫采，有负先圣先师。"《环绿亭记》云："睿圣武公，七十犹好学。德麟年方绿鬓，学当如何。"以文体论之，皆为破律，然较诸侈言载道，毫不修饰者，固有间矣。（卷一六六·集部·别集类一九，第1433页）

102.上饶·婺源【元】程复心（1257—1340）（伪托）：《孔子论语年谱》一卷编修程晋芳家藏本

旧本题元程复心撰。复心字子见，婺源人。皇庆癸丑，江浙行省以所撰《四书纂释》进于朝，授徽州路教授。致仕，给半俸终其身。是编以《论语》各章分隶于《孔子年谱》之内，而又杂采《左传》诸事附会之。如云九岁见季札，观乐于鲁。三十五岁从昭公出亡，留齐七年。此因旁文而牵合孔子者也。又云五十三岁孔子聘于齐，执圭鞠躬如也云云。此因《论语》而妄生旁文者也。又云六十三岁阨于陈蔡，不得已，浮海至楚，曰道不行，乘桴浮于海云云。陈蔡之间何由浮海，郢都又岂海道可通，尤梦呓之语，可资笑噱者矣。至所分隶之《论语》，以《子钓而不纲》章为三十一岁，以《子以四教》章、《子所雅言》章、《子罕言》章、《子不语》章、《自行束脩以上》章为三十四岁，以《八佾》、《雍彻》诸章为三十五岁，以《君子食无求饱》章为四十三岁，《道千乘之国》章为四十八岁之类，不可殚数，均不知其何所据而云然。复心师朱洪范，友胡炳文，虽亦讲学之家，原不究心于考证，然不应缪妄至于如是。考篇末辨季本《圣迹图考》之妄。本，王守仁之弟子，元

人何自见其书。殆明季妄人所为，而传录者伪题复心之名欤?（卷五九·史部·传记类存目一，第531页）

103.上饶·婺源【元】程复心（伪托）:《孟子年谱》一卷编修程晋芳家藏本

旧本题元程复心撰。复心既作《论语年谱》，更取《孟子》七篇为编年。其以某章为某年之言，缪妄与《孔子年谱》相等。其谓孟子邹人乃陬邑，非邹国也。语极辩而不确，亦好异之谈。盖与《孔子年谱》一手所伪撰也。考朱彝尊《经义考》载谭贞默《孟子编年略》一卷，今未见其书。然彝尊所载贞默《自述》一篇，则与此书之《自述》不异一字。疑直以贞默之书诡题元人耳，伪妄甚矣。（卷五九·史部·传记类存目一，第531页）

104.上饶·婺源【元】王国端:《扁鹊神应针灸玉龙经》一卷浙江范懋柱家天一阁藏本

元王国端撰。国端，婺源人。其书专论针灸之法。首为一百二十穴，玉龙歌八十五首，次为注解标幽赋一篇，次为天星十一穴歌诀十二首，次为人神尻神太乙九宫歌诀，次为六十六穴治证，次为子午流注心要秘诀，次为日时配合六法图，次为盘石金直刺秘传，次又附以针灸歌及杂录切要。后有天历二年国端弟子周仲良序，称托名扁鹊者，重其道而神之。其中名目颇涉鄙俚，文义亦多浅近，不出方技家之鄙习。而专门之学，具有授受，剖析简要，循览易明，非精于斯事者亦不能言之切当若是也。（卷一〇四·子部·医家类二，第872页）

105.上饶·婺源【元】汪泽民（1273—1355）:《宛陵群英集》十二卷永乐大典本

元汪泽民、张师愚同编。泽民字叔志，婺源人，延祐戊午进士，授承事郎，同知岳州路平江州事，历南安、信州两总管府推官，以母忧归。服除，补平江路总管府推官，调济南路兖州知州。至正三年，召为国子司业，与修“三史”。书成，迁集贤直学士，寻以礼部尚书致仕，居宣城，自号“堪老真逸”。十五年，长枪贼陷宁国，被执不屈，骂贼死，年七十，赠江浙行中书省左丞，追封谯国郡公，谥文节，事迹具《元史》本传。师愚字仲愚，宁国人，曾两领延祐、天历乡荐，与泽民友善。《江南通志》称其尝撰《梅尧臣年谱》，然《年谱》乃其弟师曾所撰，已别著录，以为师愚者误也。是编盖泽民晚居宣城时所辑。上自宋初，下迄元代，得诗一千三百九十三首，分古今体，订为二十八卷，同里施璇为鋟版以行，其后久佚不传。故《宁国》、《宣城》二志载籍门内均不著其目。今核《永乐大典》各韵内所录此集之诗，共得七百四十六首，作者一百二十九人，视原本犹存十之五六，中如王圭等七十余人，载于《宣城旧志·文苑传》者，其遗篇往往藉此以见。又如梅鼎祚《宛雅》所录诸家佚句以为原诗散亡者，今其全什亦多见集中。宋、元著作放失者多，此集虽仅一乡之歌咏，亦可云文献之征矣。谨裒集校定，厘为十二卷，凡其人之爵里事迹有可考者，俱补注于姓名之下，不可考者，阙之。其《永乐大典》原本失载人名，无可参补者，则仍分类附录于后，以待审订焉。（卷一八八·集部·总集类三，第1709页）

106.上饶·婺源【明】潘士藻（1537—1600）：《洗心斋读易述》十七卷 两江总督采进本

明潘士藻撰。士藻字去华，号雪松，婺源人。万历癸未进士。官至尚宝司少卿。事迹附见《明史·李沂传》。其书上、下经十卷，《系辞》至《杂卦》七卷。每条皆先发己意，而采缀诸儒之说于后。前有焦竑序，称主理莫备于房审权，主象莫备于李鼎祚，士藻裒而择之。则所据旧说，惟采《周易义海》、《周易集解》二书。然大旨多主于义理，故取《义海》者较多，《集解》所载如虞翻、干宝诸家涉于象数者，率置不录。盖以房书为主，而李书辅之也。案《义海》一百卷久佚，今所存者乃李衡《撮要》十五卷，非其旧本。竑序云云，岂万历中旧本犹存耶？然《宋志》已不著录，陈振孙《书录解题》亦云："仅见四卷。"其一百卷者未见，士藻安得而见之，竑殆夸饰之词。然衡所编者其源本出于房氏，即谓之房氏书亦可也。（卷五·经部·易类五，第31页）

107.上饶·婺源【明】潘士藻：《闇然堂类纂》六卷 浙江巡抚采进本

明潘士藻撰。士藻有《洗心斋读易述》，已著录。是书以所闻见杂事分类纂叙，大抵皆警世之意。一训悖，二嘉话，三谈箴，四警喻，五溢损，六征异。成于万历壬辰，时当明季，正风俗彫弊之时，故士藻所录，于骄奢横溢，备征果报，垂戒尤切。盖所以针砭流俗也。（卷一四三·子部·小说家类

存目一，第1222页）

108.上饶·婺源【明】汪敬:《学易象数举隅》二卷安徽巡抚采进本

明汪敬撰。敬字思敬，一字益谦，婺源人。宣德癸丑进士。官户部主事。所著有《易传通释》及此书。《明史·艺文志》不著录。朱彝尊《经义考》载此书四卷，而《通释》则阙其卷数。《江南通志》载之，则均无卷数。此本二卷，似尚非完书也。其书专明象数，自天地自然之《易》，至邵子《经世》书，全数皆列图于前，而系说于后。大抵皆因袭旧文，纠缠奇偶。中间论大衍之数一条，证以陈抟龙图之说。不知龙图准《易》数以作，非《易》数出于龙图也。其上卷《图书象数》，下卷《九卦》及《观象》、《玩辞》、《观变》、《玩占》四篇，皆标《通释》之名。岂本与其所谓《易传通释》者共为一帙，后来《通释》残缺，传写者误并为一书，而标题则未及改欤？是不可详矣。（卷七·经部·易类存目一，第51页）

109.上饶·婺源【明】程汝继:《周易宗义》十二卷浙江吴玉墀家藏本

明程汝继撰。汝继字志初，朱之蕃序又称其字曰敬承，盖有二字也。婺源人。万历辛丑进士。官至袁州府知府。是书前有《自述凡例》云:"以朱子《本义》为宗，故名曰宗义。"然亦往往与朱子异。朱之蕃序称:"万历辛卯遇汝继于天界禅林，方以《易》学应制举。"又称:"比擢南曹，乃得乘其政暇，罗列诸家之说，不泥古，不执今，句栉字比，必求其可安于吾心，以契诸人心之所共安，而后录之。"盖其初本从举业而入，后乃以意推求，稍参别见，非能元元本本究《易》学之根柢者，故终不出讲章门径云。（卷八·经部·易类存目二，第62页）

110.上饶·婺源【明】戴铣（1464—1506）:《朱子实纪》十二卷江苏巡抚采进本

明戴铣编。铣字宝之，婺源人，宏[①]治丙辰进士，官至给事中，以疏弹太监高凤，下诏狱，廷杖创甚而卒，事迹具《明史》本传。是书详述朱子始末。首曰《道统源流》、《世系源流》，次《年谱》，次《行状》、《本传》，次

① "宏"当为"弘"，避讳清高宗弘历。

《庙宅》，次《门人》，次《褒典》，次《赞述》，次《纪题》。其书本因《年谱》而作，其标曰《实纪》者，铣自序称，谓之《年谱》则绍乎前，彰乎后者不足谈，必曰《实纪》，然后并包而无遗。盖《年谱》主于明朱子学问之序，出处之道。而铣是书则主于以推崇褒赠，夸耀世俗为荣。其立意本各有取也。（卷六〇·史部·传记类存目二，第540页）

111.上饶·婺源【明】朱钟文:《考亭朱氏文献全谱》十二卷浙江巡抚采进本

明朱钟文撰。钟文字吾沧，朱子十二世孙，官大足县知县。新安朱氏，支派非一。其北洛墩头之朱，本不出于考亭。时方醵金购谱建祠，钟文恐其乱宗，乃溯唐茶院公以来世次，纂纪本末。搜讨颇详，分类凡十三门，曰《广睦》，曰《明宗》，曰《溯本》，曰《尊祖》，曰《著居》，曰《庭训》，曰《褒典》，曰《汇文》，曰《列传》，曰《宦达》，曰《女德》，曰《外戚》，曰《杂纪》。冠以朱子所作《世谱》原序。（卷六〇·史部·传记类存目二，第543页）

112.上饶·婺源【明】汪应蛟:《古今彝语》十二卷浙江巡抚采进本

明汪应蛟撰。应蛟字潜夫，婺源人，万历甲戌进士，官至户部尚书，谥清简，事迹具《明史》本传。是书杂录史文，上起唐、虞，下迄于元，去取漫无义例，特兴之所至而已。（卷六五·史部·史钞类存目，第581页）

113.上饶·婺源【明】汪应蛟:《中铨》六卷安徽巡抚采进本

明汪应蛟撰。应蛟有《古今彝语》，已著录。是编皆其讲学之语，起万历丁亥，至乙卯，凡二十年。多详于儒释之辨，而于王守仁所云“无善无恶心之体”一语，论之尤详。以当日诸儒各立门户，应蛟欲无所偏倚，故以中诠为名云。（卷九六·子部·儒家类存目二，第815页）

114.上饶·婺源【明】汪舜民:《徽州府志》十二卷两淮马裕家藏本

明汪舜民撰。舜民，婺源人。成化乙未进士，官至右副都御史巡抚郧阳。是书成于宏[1]治壬戌。分目过多，如《沿革》之外又出《郡名》一门，人

① “宏”当为“弘”，避讳清高宗弘历。

物至分为十四类，皆伤烦碎。又《风俗》、《形胜》二门皆标题夹注，有似类书，亦乖体例。（卷七三·史部·地理类存目二，第639页）

115.南昌；吉安·吉安县；婺源 【宋】南宫靖一、【明】晏彦文、【明】潘荣:《小学史断》二卷、《续集》一卷、附《通鉴总论》一卷浙江巡抚采进本

宋南宫靖一撰。靖一字仲靖，自号坡山主人，南昌人。是书上起周平王，下迄五代，叙述史事而裒集宋儒论断，联络成文。所采《读史管见》、《说斋讲义》为多，《通鉴》及《程朱语录》、《吕祖谦集》次之。至邵子之诗，亦摘句缀入。其他苏洵父子之属，则寥寥数则而已。知为讲学家也。前有端平丙申自序。其中持论最悖者，如谓始皇当别为后秦，晋元帝当复姓牛氏，皆祖胡寅之说，不能纠正。盖其书全取旧文，有如集句。遇先儒之论则收之，不敢有所异同故也。《续集》一卷，明庐陵晏彦文所编宋、元二代之事，附以辽、金，又附以西夏、安南，殊无义例。其以宋之南渡为道学之功，宋之不能恢复由伪学之禁。又以理宗能尊周、程，为知复古帝王之治。其大旨以道学之盛衰，定帝王之优劣。而一切国计民生，皆视为末务。视靖一原书，尤迂而寡当矣。是书旧无刊本。明嘉靖中，嘉兴府知府赵瀛文始为授梓，而以阳节潘荣《通鉴总论》附焉[①]，盖乡塾课蒙之本也。（卷八九·史部·史评类存目一，第758页）

116.上饶·婺源【明】洪垣:《觉山史说》二卷浙江鲍士恭家藏本

明洪垣撰。垣字峻之，婺源人，觉山其号也。嘉靖壬辰进士，官至温州府知府。事迹具《明史》本传。又《湛若水传》末称，湛氏门人最著者，永丰李怀，德安何迁，婺源洪垣，德安唐枢。怀之言变化气质，迁之言知止，枢之言求真心，大约出入王、湛两家之间，而自为一义。垣则主于调停两家，而互救其失，皆不尽守师说云云。其讲学之书今未之见，是编其论史

① 赵吉士《寄园寄所寄》卷十一（泛叶寄）：潘荣，字伯诚，桃溪人，隐居博学，通诸经，尤长于史。尝著《通鉴总论》，大要治天下有三：曰明曰断曰顺而已。明则君子进而小人退，断则有功劝而有罪惩，顺则万事理，人必悦，而天下和。三者之要，在身，身端心诚，不令而行矣。其说反覆数千言，又尝集苏句百篇，学者称为节斋先生（《婺源志》）。

之书也。所论起上古迄宋末，如论伍员鞭墓之类，颇能主持名教。他如论管叔、蔡叔合于义而不知天命，诋纪信代死为吕禄辨冤之类，则不免文士好奇，务为新论。至于论余阙死节一条，斥阙不当仕元，且以全家并命为非，是则纰缪至极。无论阙本色目人，实非南宋遗民，垣于事实为不考，即使阙之祖父果为南宋遗民，而是时元混一天下，已届百年，践土食毛，久为黎庶。垣乃于数世之后使为宋守故臣之节，此于理不更悖乎！（卷九〇·史部·史评类存目二，第762页）

117.上饶·婺源【明】鲍山:《野菜博录》四卷浙江鲍士恭家藏本

明鲍山撰。山字元则，号在斋，婺源人。尝入黄山，筑室白龙潭上七年，备尝野蔬诸味。因次其品汇，别其性味，详其调制，著为是编。分草部二卷，木部二卷。草部叶可食者，自大蓝至秋角苗，一百四十二种。木部叶可食者，自茶树柯至藩篱枝，五十九种。花可食者，自腊梅至欛齿，五种。实可食者，自青舍子条至野葡萄，二十五种。花实可食者，槐树、乐华木、房木三种。叶实可食者，杏树至石榴，十九种。花叶实俱可食者，松树至旁其，五种。叶皮实俱可食者，榆钱至老儿树，四种。并图绘其形，以备荒岁。盖明之末造，饥馑相仍，山作此书，亦仁者之用心乎。自序记所得凡四百数十种，而是编所载仅二百六十二种，盖又有所试验去取欤？所录广于王磐《野菜谱》，较明周定王《救荒本草》亦互有出入。木饥金穰，理可先知；尧水汤旱，数亦莫遁。有备无患，不厌周详。苟其有益于民命，则王道不废焉。书虽浅近，要亦荒政之一端也。（卷一〇二·子部·农家类，第854页）

118.上饶·婺源【明】胡献忠:《大统皇历经世》三卷江苏巡抚采进本

明胡献忠撰。献忠自号六六道人，婺源人。其书以明代《大统历》所列《九宫紫白图》俗师多有讹异，故特揭而明之。大指推本《洛书》。弁以八卦法象三十六宫序卦之图，并取丹书图象而以敬与义为一白，怠与欲为二黑，谓即九宫紫白之原，其立说不免过高。次及九星中宫款歌，黄黑道列宿一切吉凶消息之要。中卷为十二月直日星煞之图。下卷为六甲直时星煞之图。盖当时选择通行之本也。（卷一一一·子部·术数类存目二，第950页）

119.上饶·婺源【明】胡文焕:《古器具名》二卷、附《古器总说》一卷浙江巡抚采进本

明胡文焕编。文焕有《文会堂琴谱》,已著录。是书于每一古器,各绘一图。先以《博古图》、《考古图》,次以欣赏编。欣赏编者,即抄袭《说郛》内之《古玉图》也。《古玉图》元人朱德润编,有德润自序。刻《说郛》者既失其序,而沈润卿欣赏编又没所自来。文焕此书,遂直以为据。欣赏编讹以传讹,其无所考证可见。况博古、考古二图所载甚备,乃每器仅择其一,亦不知其何取。末附总说一卷,则全袭《博古图》之文,益为弇鄙。《博古图》成于宣和禁绝史学之日,引据原疏,文焕不能考定,乃剽窃割裂,又从而汩乱之。其钩摹古篆,亦不解古人笔法,尤误谬百出。不知而作,其此书之谓欤?(卷一一六·子部·谱录类存目,第997页)

120.上饶·婺源【明】江贞:《歙砚志》三卷两淮盐政采进本

明江贞撰。贞字吉夫,婺源人。官绍兴府教授。其书以饶州守叶良贵与其弟东昌守良器所撰《砚志》及贞族祖逊《砚谱》参订成编。大约皆以宋治平《歙砚谱》、洪适《砚说》为蓝本,而稍增益之也。(卷一一六·子部·谱录类存目,第998页)

121.上饶·婺源【明】余懋学:《说颐》八卷两淮盐政采进本

明余懋学撰。懋学字行之,婺源人。隆庆戊辰进士,官至南京户部右侍郎,天启中追谥恭穆。事迹具《明史》本传。是书凡三百五十二则,每则征引古事相类或相反者二条,撮为四字标题,而以论断数语缀其末。旁见侧出,颇得连珠遗意。然引事不标出典,置论亦多庸肤。(卷一二八·子部·杂家类存目五,第1101页)

122.上饶·婺源【明】范泓:《典籍便览》八卷安徽巡抚采进本

明范泓撰。泓字本涵,婺源人。书前题新安员一隐士,盖未仕者也。其书分天象、月令、地势、经世、德行、言语、政事、文学、人类、物类十部,每部又各分子目。所采故实,不免芜杂罣漏之讥。(卷一三七·子部·类书类存目一,第1166页)

123.上饶·婺源【明】徐袍（1497—？）：《事典考略》六卷江苏周厚堉家藏本

明徐袍编。袍字仲章，婺源人。是书采前代事迹及先儒议论，分目凡八十有一。割裂经典，从杂琐碎，盖兔园册子也。（卷一三八·子部·类书类存目二，第1174页）

124.上饶·婺源【明】汪云程（约1506—1576）：《逸史搜奇》无卷数两江总督采进本

明汪云程编。云程，徽州人。其书杂采汉、唐迄宋小说一百四十种，汇为一编，中分十集。大抵皆猥鄙荒怪之语。（卷一四四·子部·小说家类存目二，第1231页）

125.上饶·婺源【明】游震得：《让溪甲集》四卷、《乙集》十卷浙江孙仰曾家藏本

明游震得撰。震得，字汝潜，婺源人。嘉靖戊戌进士，授行人，擢监察御史，以疏谏世宗好方士，廷杖谪外。后官至左副都御史，巡抚福建，以兴化失守罢归。再起督辖南京粮储，震得少与欧阳德、邹守益诸人游，故颇讲姚江之学。然《与王畿书》，多所规正，犹异于末派之狂禅。兴化之役，由指挥欧阳深孤军战没，震得封疆大臣，不能不为法受恶。且所荐谭纶、刘显、戚继光诸人，卒皆有所建立，故论者或恕焉。是集其所手定，甲集四卷，皆讲学之语，乙集十卷，则诗、文、杂著也。（卷一七七·集部·别集类存目四，第1592页）

126.上饶·婺源【明】余懋衡：《关中集》四卷两江总督采进本

明余懋衡撰。懋衡字持国，婺源人。万历壬辰进士，官至南京吏部尚书。事迹具《明史》本传。是集乃其巡按陕西时所作。凡论说、杂文，共七十八篇，所评古今人物，皆蹈袭陈言，至谓《封建井田为可行》，尤属拘迂之见。自序称，万历丁未，杜门请告，四阅月而成帙，中有《自嗤》一篇云："穷年焚膏，不得一二。偶得一二，索纸书之。纸墨未干，已规规失。"其大略可观矣。（卷一七九·集部·别集类存目六，第1618页）

127.上饶·婺源【明】余懋孳:《荑言》六卷两江总督采进本

明余懋孳撰。懋孳字舜仲，婺源人。万历甲辰进士，官至给事中。此集乃懋孳所自编，凡文五卷，诗一卷。其曰“荑言”者，盖取荑稗之意，自谓学而无当于道者稗学也，言而无当于道者荑言也。又谓命题属草，聊供酬应。今观其文，如《门墙桃李册序》、《刻联捷稿引》、《细草流芳册小引》、《题龙山课艺》等篇，皆不免俗体，盖疏于芟汰之过也。（卷一七九·集部·别集类存目六，第1622页）

128.上饶·婺源【明】潘滋:《蓬莱观海亭集》十卷浙江范懋柱家天一阁藏本

明潘滋编。滋，婺源人，始末未详。观海亭在登州蓬莱阁，为观海市之地。嘉靖庚戌，滋为登州府推官，承台檄辑古来诗赋碑记之文为一编。凡作者一百十七人。中如唐人《海上生明月赋》、《白云照春海赋》、《望海上五色云赋》、《大鹏赋》、《鲲化为鹏赋》、《北溟有鱼赋》、《巨鳌冠灵山赋》、《钓鳌赋》诸篇，俱赋物之作，与蓬莱阁无涉，乃一概阑入，殊为牵合。（卷一九二·集部·总集类存目二，第1750页）

129.上饶·婺源【清】江永（1681—1762）:《周礼疑义举要》七卷安徽巡抚采进本

国朝江永撰。永字慎修，婺源人。是书融会郑《注》，参以新说，于经义多所阐发。其解《考工记》二卷，尤为精核。如经文:“六尺有六寸之轮，轵崇三尺有三寸也。加轸与轐焉，四尺也。”轸围尺一寸，见于经文，而轐围不著。并轸、轐以求七寸之崇，颇为难合。郑注亦未及详解。永则谓“轸方径二寸七分有半，自轴心上至轸面，总高七寸。毂入舆下，左右轨在毂上，须稍高，容毂转，故毂上必有轐庋之。轐之围径无正文。《辀人》当兔之围，居辀长十之一，方径三寸六分，辀亦在舆下庋舆者，则兔围与当兔同可知。轴半径三寸二分，加轐方径三寸六分，共高五寸八分。以密率算，毂半径五寸一分弱，中间距轨七分强，可容毂转。以五寸八分，加后轸出轐上者，约一寸二分，总高七寸。舆版之厚上与轸平，亦以一寸二分为率。后轸在舆下余一寸五分，辀踵为缺曲以承之。算加轸与轐之七寸，当从辀算起，盖辀在轴上，必当舆底相切。而两旁伏兔，亦必与辀齐平。故知辀之当兔围，必与兔围等大。后不言兔围者，因辀以见”云云。考《释名》曰：“轸横在前，如卧床之有枕也。枕，横也，横在下也。荐版在上，如荐席也。”似舆板在上而轸在下。永谓轸面与舆版相平，似乎不合。然舆版之下仍余轸一寸五分，则其说仍不相悖。又考《说文》曰：“鞻，车伏兔下革也。”则是伏兔钳毂之处，尚有革承其间。永算伏兔距毂崇三寸六分，而伏兔下革厚尚未算入。要其增分甚微，固亦无妨于约算也。又经文曰：“参分其隧，一在前，二在后，以揉其式。”式之制具详于《曲礼》孔疏。其说谓车箱长四尺四寸而三分，前一后二，横一木，下去车床三尺三寸，谓之为式。又于式上二尺二寸横一木，谓之为较。至宋林希逸，又谓揉者揉其木使正直而为之。永则谓“揉两曲木，自两旁合于前，通车前三分隧之一，皆可谓之式。式崇三尺三寸，并式深处言之。两端与两輢之植轵相接，军中望远，亦可一足履前式，一足覆旁式。《左传》长勺之战‘登轼而望’是也。若较在式上，如何能登轼而望？若较于隧三分之前横架一木，则在阴版之内，车外不见式矣。《记》如何云苟有车，必见其式”云云。考郑注曰：“兵车之式深尺四寸三分寸之二”，则经所云“一在前者”皆为式。凡一尺四寸有奇之地，注始得云“式深”。若仅于两輢之中横架一木，名之曰式，则一木前后更不为式，注又何得以深浅度式乎？孔疏谓横架一木于车箱内，盖未会郑注“式深”二字之义。又郑《注》云“较，两輢上出式者”，两輢则两箱版也。上出式而度之以两輢，则两较各在两箱之上明矣。故《释名》曰：“较在箱上”，不云较在式上，是其明证。孔疏之误显然。至于经文凡云揉者，皆揉之使曲，而希逸反谓“揉之使直”，尤属不考。均不及永之所说确凿有征。其他援引典核，率皆类此。其于古制，亦可谓考之详矣。（卷一九·经部·礼类一，第157—158页）

130.上饶·婺源【清】江永：《仪礼释宫增注》一卷安徽巡抚采进本

国朝江永撰。永有《周礼疑义举要》，已著录。是书取朱子《仪礼释宫》一篇案：《释宫》本李如圭之书，误编于朱子集中。永作此书之时，《永乐大典》尚未显于世，故不知非朱子之笔。今仍其原书所称，而附著其故于此，为之详注，多所发明补正，其稍有出入者仅一二条，而考证精密者居十之九。如郑注谓大夫、士无左右房，朱子疑大夫、士亦有西房而未决。考《诗正义》曰：“《乡饮酒义》：‘尊于房户之间，宾主共之。’由无西房，故以房与室户之间为中。又《乡饮酒礼》：‘席宾于户牖间。’《乡饮酒义》曰：‘坐宾于西北。’则大夫、士之户牖间在西，而房户间为正中明矣。”此大夫、士无西房之显证。永乃谓：“宾坐户牖间，主人自阼阶上望之，若在西北，故云坐宾于西北。其实在北而正中。”不知《乡饮酒义》又云：“坐介于西南，坐僎于东北。”若以永说推之，则《乡饮酒礼注》所谓“主席阼阶上，西面。介席西阶上，东面”，其东西正相向者，自主人望介，乃在西而不在西南也。《乡饮酒礼》所谓僎席在宾东者，自主人望僎，乃在北而不在东北也。其说殊有难通。且《乡饮酒义》亦云：“主人坐于东南。”即知坐宾西北。自据堂之西北，非主人之西北明矣。又《诗·斯干》云：“筑室百堵，西南其户。”郑笺谓天子之寝左右房，异于一房者之室户也。永谓《诗》“南东其亩”，谓或南其亩，或东其亩，与此“西南其户”，语势正同。此燕寝室内或开西户以达于东房。考燕寝西户之制，不见于经。《玉藻》曰：“君子之居恒当户，寝恒东首。”则燕寝也。而注以当户为向明，则燕寝之户南向也。即以汉制考之。《汉书·龚胜传》云“胜为床室中，户西南牖下，使者入户西行，南面立。”若为西向之户，则入户即东行矣。然则燕寝户皆南向，同于正寝。西向之说，略无所据也。其他若谓东夹、西夹不当称夹室，《杂记》、《大戴礼》夹室二字乃指夹与室言之，本各一处，注、疏连读之，故相沿而误。又谓门屏之间曰宁，乃路门之外，屏树之内。邢疏前说为得，其后说又以为路门之内，则误。又谓李巡《尔雅注》“宁，正门内两塾间”，乃与《诗》之“著”义同，非门屏间之“宁”也。如此之类，不可殚举。其辨订俱有根据，足证前人之误，知其非同影响剽掇之学矣。（卷二〇·经部·礼类二，第166—167页）

131.上饶·婺源【清】江永:《礼记训义择言》八卷两江总督采进本

国朝江永撰。永有《周礼疑义举要》，已著录。是书自《檀弓》至《杂记》，于注家异同之说，择其一是，为之折衷。与陈澔注颇有出入，然持论多为精核。如《檀弓》“殷练而祔，周卒哭而祔”，吕氏谓祔祭即以其主祔藏于祖庙，既除丧而后迁于新庙。永据《左氏传》特祀于主，烝尝禘于庙，谓祔后主反殡宫，至丧毕乃迁新庙。引《大戴礼·诸侯迁庙礼》奉衣服由庙而迁于新庙，此庙实为殡宫。今考《顾命》：“诸侯出庙门俟。”孔传曰：“殡之所处曰庙。”又《仪礼·士丧礼》曰：“巫止于庙门外。”注曰：“凡宫中有鬼神曰庙。”贾疏曰：“庙门者，士死于适室，以鬼神所在，则曰庙，故名适寝曰庙。”然则《大戴礼》所云由庙者，实由殡宫，非由祖庙。永说有据，可以解程、张诸儒之异同。又如《玉藻》曰：“袭裘不入公门。”疏云：“裘上有裼衣，裼衣之上有袭衣，袭衣之上有正服。”据《曲礼疏》，袭衣即所谓中衣。永谓裼衣上即谓正服，不得更有中衣。今考《玉藻》：“君衣狐白裘，锦衣以裼之。”注曰：“锦衣复有上衣。天子狐白之上衣皮弁服。”皮弁即为锦衣之上服，而裼衣之上不复有中衣可知。虽孔疏所说据《玉藻》有长中继掩尺之文，然继掩尺之中衣，不袭裼衣。《后汉·舆服志》：“宗庙诸祀，冠长冠，服袀玄，绛缘领袖为中衣，绛绔袜。”《汉书·万石君传注》：“中帬若今中衣。”《释名》：“中衣，言在小衣之外。”小衣即亵衣也。然则中衣但得袭亵衣，不得袭裼衣也。孔疏显误，亦以永说为确。又《杂记》曰：“如三年之丧，则既顈，其练祥皆行。”注曰：“言今之丧既服顈，乃为前三年者变除，而练祥祭也。此主谓先有父母之服，今又丧长子者。其先有长子之服，今又丧父母，其礼亦然。”永谓：“玩注既字、乃字之意，本谓未顈以前，值练祥不得行。正如《纂言》附论后丧变麻可补行之说，非谓既顈而值前丧一期再期也。”今考上节曰：“有父之丧，如未没丧而母死，其除父之丧也，服其除服，卒事，反丧服。”疏曰：“谓母死既葬，后值父应大祥，除服以行祥事。”然则母未葬而值父大祥，亦不可行，必待既葬然后补行明矣。永于下节既字、乃字之义，疏解明确，即上下二节之义，亦俱可贯通。其他若辨程大昌祖为免冠及皇氏髽衰为露紒髽之误，尤为精凿不磨。至《丧服小记》“生不及祖父母诸父昆弟而父税丧，已则否”，王肃谓计己之生不及此亲之存，则不税。永特宗其说，而于经文之弟字，虽不敢如刘知、蔡谟直以为衍文，乃谓言弟者因昆连及之。则其说臆度，终不如郑注为得。然全书持义多允，非深于古义者不能也。（卷二一·经部·礼类三，第174页）

132.上饶·婺源【清】江永:《深衣考误》一卷安徽巡抚采进本

国朝江永撰。深衣之制，众说纠纷。永据《玉藻》“深衣三袪，缝齐倍要，衽当旁”云：“如裳前后当中者，为襟为裾，皆不名衽。惟当旁而斜杀者乃名衽。”今以永说求之训诂诸书，虽有合有不合，而衷诸经文，其义最当。考《说文》曰：“衽，衣裣也。”裣即襟，永以裳之前为襟，而旁为衽。《说文》乃以衣襟为衽，则不独裳为衽矣。又《尔雅》曰：“执衽谓之袺，扱衽谓之襭。”李巡曰：“衽者，裳之下也。”云下则裳之下皆名衽，不独旁矣。然《方言》曰：“褛谓之衽。”郭璞《注》曰：“衣襟也。”与《说文》前襟名衽义正同。而郭注又云：“或曰衽，裳际也。”云裳际则据两旁矣。永之所考，盖据璞注后说也。又刘熙《释名》云：“襟，禁也，交于前，所以禁御风寒也。裾，倨也，倨倨然直，亦言在后当见倨也。衽，襜也，在旁襜襜然也。”证以永说，谓裳前襟后裾，皆直幅不交裂，则即《释名》所云“倨倨然直”也。谓在旁者乃名衽，则即《释名》“在旁襜襜”之义也。其释经文“衽，在旁”三字实非孔疏所能及。其后辨续衽钩边一条，谓续衽在左，前后相属，钩边在右，前后不相属。钩边在汉时谓之曲裾，乃别以裳之一幅斜裁之，缀于右后衽之上，使钩而前。孔疏误合续衽、钩边为一。其说亦考证精核，胜前人多矣。（卷二一·经部·礼类三，第174—175页）

133.上饶·婺源【清】江永：《礼书纲目》八十五卷安徽巡抚采进本

国朝江永撰。其书虽仿《仪礼经传通解》之例，而参考群经，洞悉条理，实多能补所未及，非徒立异同。如《士冠礼》“屦，夏用葛”以下五十字，本在辞后记前，《通解》移置经文“陈器服”节末。是书亦沿袭其说，不故相诘难。至于《士昏记》“父醮子，命之辞曰”以下三十一字，《通解》列在“陈器馔”节下，而是书改列在“亲迎”节下。又《通解》以记文“妇入三月，然后祭行”二句，别为“祭行”一节，在“奠菜”节之前，而是书以此二句附于“庙见”节之末。盖是书“庙见”，即《通解》之所谓释、奠也。揆以《礼》意，较《通解》为有伦次。又《通解》割《士冠礼》“无大夫冠礼，而有婚礼”以下四句，谓当在《家语·冠颂》内，疑错简于此经，颇涉臆断。是书则仍记文之旧，不从《通解》，尤为详慎。亦未尝曲相附合也。盖《通解》，朱子未成之书，不免小有出入。其间分合移易之处，亦尚未一一考证，使之融会贯通。永引据诸书，釐正发明，实足终朱子未竟之绪。视胡文炳辈务博，笃信朱子之名，不问其已定之说、未定之说，无不曲为袒护者，识趣相去远矣。（卷二二·经部·礼类四，第179页）

134.上饶·婺源【清】江永：《仪礼释例》一卷安徽巡抚采进本

国朝江永撰。永有《周礼疑义举要》，已著录。是书标曰《释例》，实止释服一类，寥寥数页，盖未成之书。其释冕服一条，辨注家冕广八寸、长尺六寸、绩麻三十升布为之之误，谓礼家相传八十缕为升，古布幅阔二尺二寸，周尺甚短，以八尺当今之五尺，二尺二寸当今之一尺三寸七分半。如冕延有三十升，其经二千四百缕。是今尺一分之地，须容十七缕有奇，虽绩麻极细，亦不能为此。其说验诸实事，最为细析。又谓冕有前旒无后旒，故《大戴礼》及东方朔俱云，冕而前旒，所以蔽明。《玉藻》、《郊特牲》云十有二旒，不云二十四旒。汉明帝制冕旒有前无后，正合古义。《玉藻》云“前后邃延”，不过谓冕长尺六寸，前延后延至武皆深邃耳，非谓前后皆有旒也。其说与郑注互异，亦可相参。惟宗陈祥道之说，谓《周礼》之韦弁即爵弁，其说过新，不可信。考《士冠礼》“爵弁服”《注》曰：“爵弁者冕之次，其色赤而微黑，如爵头然。或谓之緅，其布三十升。”《周礼》“凡兵事韦弁服”，注曰：“韦弁以韎韦为弁，又以为衣裳。”此爵弁、韦弁显异者也。惟《书》云：“二人雀弁执惠。”伪孔传云：“雀韦弁。”似即以爵弁为韦弁者。然孔颖达疏云：“据阮谌《三礼图》，雀弁以布为之。此传言雀韦弁者，此人执兵，宜以韦为之。然下言冕执兵者不可以韦为冕，未知孔意如何。”则孔疏于此传原不深信。且即以爵韦为之，要止得名曰爵弁，不得通名韦弁。故《释名》曰：“以爵韦为之，谓之爵弁。韎韦为之，谓之韦弁。”二语极为分晰，不容相混。至于《周礼·司服》有韦弁无爵弁，贾疏云：“爵弁之服，惟有承天变及天子哭诸侯乃服之。所服非常，故天子吉服不列之。”此义颇得。如必谓韦弁即爵弁，《司服》未尝遗爵弁，则王之吉服自大裘至冠弁，其等杀凡八。公之服自衮冕以下，大裘不得服。侯伯之服自鷩冕以下，衮冕不得服。以次杀之。士之服自皮弁而下，韦弁不得服。其制甚明。如韦弁即爵弁，士于礼已不得服矣，何以《士冠礼》曰：“爵弁服纁裳”乎？且《仪礼·士冠礼》、《士昏礼》、《士丧礼》既有爵弁服，而《聘礼》曰：“君使卿韦弁归饔饩。”又曰：“夕夫人使下大夫韦弁归礼。”则是既有爵弁，又有韦弁明矣。又安得以《司服》不载为疑也。永又补祥道之说曰：“《诗》方叔将兵，服其命服，朱芾斯皇。又曰：韎韐有奭，以作六师。皆爵弁服之韠也。”今考《诗》“服其命服，朱芾斯皇”，笺曰：“云命服者，命为将受王命之服也。天子之服韦弁，服朱衣裳也。”据此，则即《左氏传》所云“韎韦之跗”《注》，正戎服之常也。必云爵弁之韠，殊无显据。又《诗》“韎韐有奭，以作六师”，笺曰：

“此诸侯世子也。除三年之丧，服士服而来，未遇爵命之时，时有征伐之事，天子以其贤，任为将军。”疏曰：“将军之时，犹未得命，由是仍服靺韐。”据此，则经云“以作六师”，盖将受命为将军，非已临六师而以爵弁之靺韐为戎服也。故三章皆云“君子至止”，言诸侯初至天子之朝，非即临戎可知。永引此二诗，亦未为确据。盖永考证本精，而此则草创之本耳。（卷二三·经部·礼类存目一，第191页）

135.上饶·婺源【清】江永：《春秋地理考实》四卷安徽巡抚采进本

国朝江永撰。永有《周礼疑义举要》，已著录。是编所列《春秋》山川国邑地名，悉从经、传之次。凡杜预以下旧说已得者仍之，其未得者始加辨证，皆确指今为何地。俾学者按现在之舆图，即可以验当时列国之疆域及会盟侵伐之迹，悉得其方向道里。意主简明，不事旁摭远引，故名曰《考实》。于名同地异，注家牵合混淆者，辨证尤详。如谓《隐公元年传》“费伯帅师城郎”，其地在今废鱼台县，去曲阜二百里许。而《九年经》书“城郎”及《桓十年》“齐侯、卫侯、郑伯来战于郎”、《庄十年》“齐师、宋师次于郎”者，别为鲁近郊地名，则《公羊传》所谓“吾近邑”、《左传》记公子偃自雩门出先犯宋师与《哀十一年》“师及齐师战于郊”、《檀弓》作“战于郎”者，皆无疑矣。《僖公三十年传》：“烛之武见秦伯曰：许君焦、瑕。”杜预以焦、瑕为晋河外列城二邑，与传所云晋惠公赂秦以河外列城之五，东尽虢略，南及华山，内及解梁者不合。永则谓之武所言，乃于河外列城举焦，于内及解梁城者举瑕，以该所许之邑。引《水经注》云：“涑水西径郇城，又西南径解县故城南，解梁即斯城也。又西南径瑕城，晋大夫詹嘉之故邑也”云云。且考定郇城在解故城东北二十四里，瑕城在解西南五里，二地相距三十里许。杜预于《成公六年》“绛大夫言郇瑕氏之地沃饶近盬”，合郇瑕为一，于《僖公十五年》瑕吕饴甥以瑕吕为姓，皆失之。其订讹补阙，多有可取。虽卷帙不及高士奇《春秋左传地名考》之富，而精核则较胜之矣。（卷二九·经部·春秋类四，第242—243页）

136.上饶·婺源【清】江永：《群经补义》五卷安徽巡抚采进本

国朝江永撰。永有《周礼疑义举要》，已著录。是书取《易》、《书》、

《诗》、《春秋》、《仪礼》、《礼记》、《中庸》、《论语》、《孟子》九经，随笔诠释，末附杂说，多能补注疏所未及。惟有过矫郑义者，如《礼记补义》云："主常在室，朝事虽延尸出户，而主不动。故云：'诏祝于室，坐尸于堂。'堂上有尸无主也。《大司乐职》云：'尸出入则令奏《肆夏》。'而《司巫》无奉主出入之文也。"今考《郊特牲注》曰："朝事延尸于户西，南面。布主席，东面。取牲膟膋燎于炉炭，洗肝于郁鬯而燔之。入以诏神于室，又出以堕于主。主人亲制其肝，所谓制祭也。时尸荐以笾豆，至荐孰，乃更延主于室之奥。尸来升席，自北方坐于主北焉。"康成此注，虽不见于经传，必有根据。今永谓坐尸于堂，则堂上无主，不知下文云"直祭祝于主"，谓荐孰时也。经亦但云"祝于主"，不云"祝于尸"，岂亦得谓荐孰时尸不在室乎？盖言室则统有主，言主则统有尸。经以互文见义，盖以见尸主之不相离也。况《大司乐》"尸出入奏《肆夏》"，注谓出入庙中。如第据出入庙中，则《曾子问》曰"主出庙、入庙必跸"，此不得以《司巫》不言主出入而遂不信《曾子问》也。《公羊传》曰："祫祭者，毁庙之主陈于太祖，未毁庙之主皆升，合食于太祖。周旅酬六尸，则毁庙有主而无尸。若朝践之节，但有尸在堂，而主皆在室，则毁庙之主不得与于朝践之礼矣。"《曲礼》曰："措之庙，立之主。曰帝主，所以识世系也。尸之所在，以主辨其昭穆，故尸与主不相离。"《白虎通》曰："主所以依神也。"《淮南子》曰："神之所依者尸也。"若主在室而尸在堂，则朝践之节，神一依于在堂之尸，又一依乎在室之主，散而无统，非所以明精专也。《论语补义》又谓："鲁禘行于秋尝之时。周正之秋，实是夏月，故《明堂位》曰'季夏六月，禘周公于明堂'也。"今考《闵二年》："夏五月，吉禘于庄公。"《僖八年》："秋七月，禘于太庙。"《文二年》："八月，大事于太庙。"《宣八年》："夏六月，有事于太庙。"《昭十五年》："二月，禘于武宫。"《定八年》："冬，禘于僖公。"据此，则鲁之禘祭四时皆举，不得拘以尝月也。《明堂位》曰："季夏六月，以禘礼祀周公于明堂。"《杂记》："孟献子曰：'正月日至，可以有事于上帝。七月日至，可以有事于祖。'七月而禘，献子为之也。"称七月日至乃夏至建午之月，则六月实建巳之月，于周正为夏，不为秋也。永既据《明堂位》六月为禘月，而以六月为周正之秋，则是以六月为建未之月矣。同一鲁也，记者于正月、七月称日至，则用周正，而于六月则又用夏正，恐无是理。永又引《祭统》"内祭则大尝禘”书“禘”于“尝”下，明大禘在尝月。不知“禘”在“尝”下，不过错举之词，犹之传曰“烝尝禘于庙”，尝在禘前而错举之，则曰“禘尝”也。然则经文“尝”在“禘”上，原不谓禘在尝月也。永又引《鲁颂》“秋而载尝，夏而福衡，白牡骍刚”为禘在尝月之证。不知毛传曰“诸侯夏禘则不礿，秋祫则不尝，惟天子兼之”，郑《笺》曰“秋尝祭，于夏则养牲”，是毛、郑皆不以此节为禘祭也。今据《鲁颂》为禘尝同月，尤为未允。然其他条则典确不磨。若《尚书补义》以西海为青海，谓西海郡虽始立于王莽，而《山海经》云“西海之南，流沙之滨”，则西海之名甚古，并不始于莽也。《春秋补义》谓兄终弟及、宗庙昭穆之世，天子诸侯不得过四亲，而昭穆之庙不必限以四，并斥万斯大所据明堂五室之说。又谓春秋之世兵农已分，引《管子》“制国二十一乡：工商之乡六，士乡十五，公帅五乡，国子、高子各帅五乡。”是在当时，齐之三军悉出近国都之十五乡，而野鄙之农不与。《论语补义》谓先儒以麻冕用三十升，布八十缕为升，三十升则二千四百缕。布一尺二寸，容一千二百缕，朱子已谓其极细，如今之细绢，岂更可倍为二千四百缕？然则麻冕亦不过十五升。辨析尤为精核。其他于《禹贡》之舆地、《春秋》之朔闰，皆考证赅洽，于经文、注义均有发明，固非空谈者所及，亦非捃拾为博者所及也。（卷三三・经部・五经总义类，第278—279页）

137.上饶・婺源【清】江永:《乡党图考》十卷安徽巡抚采进本

国朝江永撰。永有《周礼疑义举要》已著录。是书取经传中制度名物有涉于乡党者，分为九类：曰《图谱》，曰《圣迹》，曰《朝聘》，曰《宫室》，曰《衣服》，曰《饮食》，曰《器用》，曰《容貌》，曰《杂典》。考核最为精密。其中若深衣、车制及宫室制度尤为专门，非诸家之所及。间有研究未尽者。若谓“每日常朝，王但立于寝门外，与群臣相揖而已。既毕朝，若有所议，则入内朝。”引《左传成公六年》“晋人谋去故绛，韩献子将新中军，公揖而入，献子从公立于寝庭”为内朝议政之证。谓“郑注《太仆》燕朝王图宗人嘉事者，特举其一隅，非谓宗人得入，异姓之臣不得入。后儒误会《太仆注》，以异姓之臣不得入路门，遂谓摄齐升堂为升路门外之堂，其实路门之外无堂”云云。今考永谓异姓之臣得入内朝，永说为是。若谓路门之外无所议，欲有所议必入内朝，则永未详考。《鲁语》曰：“天子及诸侯合民事于外朝。”注：“言与百官合考民事于外朝也。”又曰：“合神事于内朝。”注：“内朝在路门内。”是则路门以外之朝，天子诸侯于以合考民事，岂谓无所议耶？永又谓“《礼纬》‘天子外屏’乃树屏于应门之外，‘诸侯内屏’，乃树屏于应门之内，以内屏为在路门内者误”云云。今考《曲礼》、《尔雅》疏俱云诸侯内屏为在路门内，且《尔雅》曰：“门屏之间谓之宁。”此门既据路门，则屏之内外亦自据路门内外可知。《晋语》曰：“骊姬之谗，尔射予于屏内。”韦昭注：“树谓之屏。礼，诸侯内屏。”亦谓路门内也。《吴语》：“王乃入命夫人。王背屏而立，夫人向屏。”又曰：“王遂出，夫人送王不出屏。”韦昭注：“屏，寝门内屏也。妇人礼，送迎不出门。”据此，则诸侯之屏明在寝门内矣。《淮南子·主术篇》：“天子外屏所以自障。”高诱注：“诸侯在内，天子在外，故曰所以自障。”若诸侯亦设屏于朝门外，其何以别天子之自障乎？但考《大戴礼·武王践阼篇》：“师尚父亦端冕奉书而入，负屏而立。王下堂，南面而立。”云下堂，则路寝也。奉书而入，则入路门也。其内有屏，则似天子亦内屏。不知《释名》曰：“罘罳在门外。罘，复也。罳，思也。臣将请事，于此复重思之。”又曰：“萧墙在门内，萧，肃也。将入于此，自肃敬之处也。”《论语》孔安国《注》：“萧墙，屏也。”则门内萧墙亦通名屏。崔豹《古今注》：“罘罳，屏之遗象。行至门内屏外，复应思惟。”则门内之墙，《古今注》又名曰罘罳，天子外屏，乃《释名》所云门外罘罳也。《大戴礼》所云“负屏”，则又《古今注》所云门内罘罳也。《古今注》又谓西京门阙殿舍前皆有罘罳，盖天子非若诸侯内屏，门内堂前，亦宜有隐蔽之处，故路门内外俱有屏。证诸《大戴礼》、《释名》等书，最确凿。今永谓天子屏在应门外，则未知所据。考《三辅黄图》，汉未央宫拟于路寝。《五行志》未央宫东阙，所以朝诸侯之门，则拟于路门。罘罳在东阙外，则天子外屏在路门外，汉时犹存遗制。《觐礼》：“侯氏再拜稽首，出自屏南，适门西，遂入门左。”则庙门外有屏也。《管子》：“明日皆朝于太庙之门。”则庙门外之朝宁与路门外之朝宁同。天子庙门外之朝宁有屏，则路门外之朝宁亦当有屏，故可以庙门例路门也。郑氏于《觐礼》引“天子外屏”为证，实有精义。而永必易之，仍不若依郑之为得也。然全书数十百条，其偶尔疏漏者不过此类，亦可谓邃于三《礼》者矣。（卷三六·经部·四书类二，第306—307页）

138.上饶·婺源【清】江永：《律吕新论》二卷山东巡抚采进本

国朝江永撰。永有《周礼疑义举要》，已著录。是编上卷首《论蔡氏律书》，次《论五声》，次《论黄钟之宫》，次《论黄钟之长》，次《论黄钟之积》，次《论十二律》，次《论三分损益》，次《论二变声》，次《论变律》。下卷首《论琴》，次《论四清声》，次《论旋宫》，次《论乐调》，次《论造律》，次《论候气》，次《律吕余论》。其大旨以琴音立说。考古人皆以管定律，汉京房作准定数，由十二律生六十律，因而生三百六十律，此用弦求声之始。永之说殆源于是。然管音、弦音其生声取律微有不合，故不免有所牵合。而其《论黄钟之积》、《论宋儒算术之误》、《论律生于历》诸条，皆能自出新意。盖律、历皆由算积，故《汉书》并为一志。永深于算法，故于律度能推其微渺也。至于定黄钟之宫，则据蔡邕《月令章句》以校《吕氏春秋》之讹，并纠《汉志》删削之误；辨损益相生，以为均匀截管，则不致往而不返：亦能发前人所未发。固亦可存备一家之学者矣。（卷三八·经部·乐类，第329页）

139.上饶·婺源【清】江永：《律吕阐微》十卷两江总督采进本

国朝江永撰。是书引圣祖仁皇帝论乐五条为《皇言定声》一卷，冠全书之首。而御制《律吕正义》五卷，永实未之见，故于西人五线、六名、八形号、三迟速，多不能解。其作书大旨，则以明郑世子载堉为宗。惟方圆周径用密率起算，则与之微异。载堉之书，后人多未得其意，或妄加评骘。今考载堉命黄钟为一尺者，假一尺以起句股开方之率，非于九寸之管有所益也。其言“黄钟之律长九寸，纵黍为分之九寸也，寸皆九分，凡八十一分，是为律本。黄钟之度长十寸，横黍为分之十寸也，寸皆十分，凡百分，是为度母。纵黍之律，横黍之度，名数虽异，分剂实同”，语最明晰。而昧者犹执九寸以辨之，不亦惑乎？《考工记》：“栗氏为量，内方尺而圜其外。”则圆径与方斜同数。方求斜术与等边句股形求弦等，今命内方一尺为黄钟之长，则句股皆为一尺。各自乘并之，开方得弦为内方之斜，即外圆之径，亦即蕤宾倍律之率。盖方圆相函之理，方之内圆得外圆之半，其外圆必得内圆之倍；圆之内方得外方之半，其外方亦必得内方之倍。今圆内方边一尺，其幂一百；外方边二尺，其幂四百。若以内方边一尺求斜，则必置一尺自乘而倍之以开方。是方斜之幂二百，得内方之倍，外方之半矣。蕤宾倍律之幂，得黄钟正律之倍，倍律之半。是以圆内方为黄钟正律之率，外方为黄钟倍律之率，则方斜即蕤宾倍律之率也。于是以句乘之，开平方得南吕倍律之率。以股再乘之，开立方得应钟倍律之率。既得应钟，则各律皆以黄钟正数十寸乘之为实，以应钟倍数为法除之，即得其次律矣。其以句股乘、除、开方所得之律，较旧律仅差毫厘而稍赢，而左右相生，可以解往而不返之疑。且十二律周径不同，而半黄钟与正黄钟相应，亦可以解同径之黄钟不与半黄钟应而与半太蔟应之疑。永于载堉之书，疏通证明，具有条理。而以蕤宾倍律之率生夹钟一法，又能补原书所未备。惟其于开平方得南吕之法，知以四率比例解之，而开立方得应钟法则未能得其立法之根而畅言之。盖连比例四率之理，一率自乘，用四率再乘之，与二率自乘、再乘之数等。今以黄正为首率，应倍为二率，无倍为三率，南倍为四率，则黄正自乘，又以南倍乘之，开立方即得二率，为应钟倍律之率也。其实载堉之意，欲使仲吕返生黄钟，故以黄正为首率，黄倍为末率。依十二律长短之次，列十三率，则应钟为二率，南吕为四率，蕤宾为七率也。其乘、除、开平方、立方等术皆连比例相求之理，而特以方圆、句股之说隐其立法之根，故永有所不觉耳。（卷三八·经部·乐类，第329页）

140.上饶·婺源【清】江永:《古韵标准》四卷桂林府同知李文藻刊本

国朝江永撰。永有《周礼疑义举要》，已著录。自昔论古音者不一家，惟宋吴棫、明杨慎、陈第、国朝顾炎武、柴绍炳、毛奇龄之书最行于世。其学各有所得，而或失于以今韵部分求古韵，或失于以汉魏以下、隋陈以前随时递变之音均谓之古韵。故拘者至格阂而不通，泛者至丛脞而无绪。永是书惟以《诗》三百篇为主，谓之“诗韵”。而以周、秦以下音之近古者附之，谓之“补韵”。视诸家界限较明，其韵分平、上、去声各十三部，入声八部。每部之首先列韵目。其一韵岐分两部者，曰“分某韵”。韵本不通而有字当入此部者，曰“别收某韵”。四声异者，曰“别收某声某韵”。较诸家体例亦最善。每字下各为之注，而每部末又为之总论。书首复冠以《例言》及《诗韵举例》一卷。大旨于明取陈第，于国朝取顾炎武，而复补正其讹阙。吴棫、杨慎、毛奇龄之书，间有驳诘。柴绍炳以下，则自郐无讥焉。古韵之有条理

者，当以是编为最，未可以晚出而轻之也。（卷四二·经部·小学类三，第369页）

141.上饶·婺源【清】江永:《四声切韵表》一卷兵部侍郎纪昀家藏本

国朝江永撰。永有《周礼疑义举要》，已著录。是书前列《凡例》六十二条，备论分析考定之意，而列表于后。其论古法七音三十六母不可增减移易，凡更定者皆妄作，最为有见。其论入声尤详，大旨谓顾炎武《古音表》务反旧说之非。然永亦不遵古法，颇以臆见改变。夫字有数而音无穷，故无无音之字而有无字之音。永既知冬韵无上声字，臻韵无上、去二声字，祭、泰、夬、废四韵无平、上二声字，而入声乃必使之备。或一部之字使分入于数部，或数部之字使合入于一部。自谓穷极精微，其用心不为不至。然如"伐"之一字，《公羊》自有两呼；"天"之一字，《释名》亦复异读；陆法言亦云"吴楚时患轻浮，燕赵多伤重浊"。顾炎武至谓孔子传《易》，亦不免于方音，其说永亦深取之。而乃欲以一人一地之音改古来入声之部分，岂沈、陆诸人惟能辨三声，不能辨四声乎？至其杂引偏旁谐声以申交互之说，虽有理可通，而牵合亦甚。永作《古韵标准》，知不以今韵定古韵，独于此书乃以古韵定今韵，亦可谓不充其类矣。（卷四四·经部·小学类存目二，第393页）

142.上饶·婺源【清】江永:《考订朱子世家》一卷安徽巡抚采进本

国朝江永撰。永有《周礼疑义举要》，已著录。永家婺源，与朱子同里，故取《年谱》旧本重加删订，各附考证，而终以婺源子孙承袭博士支派。后附《天宁寺会讲辨》一篇，专论《学会录》所载庆元丙辰朱子至新安会讲天宁寺事，为明季良知之徒凿空撰出，以厚诬朱子云。（卷六〇·史部·传记类存目二，第546页）

143.上饶·婺源【清】江永:《近思录集注》十四卷安徽巡抚采进本

国朝江永撰。永有《周礼疑义举要》，已著录。《近思录》虽成于淳熙二年，其后又数经删补，故传本颇有异同。至各卷之中，惟以所引之书为先后，而未及标立篇名，则诸本不殊。至淳祐间，叶采纂为《集解》，尚无所窜乱于其间。明代有周公恕者，始妄加分析，各立细目，移置篇章，或漏落正文，或淆混注语，谬误几不可读。永以其贻误后学，因仍原本次第，为之集注。凡《朱子文集》或问、语类中其言有相发明者，悉行采入分注。或朱子说有未备，始取叶采及他家之说以补之。间亦附以己意，引据颇为详洽。盖永邃于经学，究心古义，穿穴于典籍者深，虽以余力为此书，亦具有体例，与空谈尊朱子者异也。（卷九二・子部・儒家类二，第781页）

144.上饶・婺源【清】江永:《算学》八卷、《续》一卷安徽巡抚采进本

国朝江永撰。永有《周礼疑义举要》，已著录。是编因梅文鼎《历算全书》为之发明订正，而一准《钦定历象考成》折衷其异同。一卷曰历学补论，皆因文鼎之说而推阐所未言。二卷曰岁实消长。文鼎论岁实消长，以为高冲近冬至而岁余渐消，过冬至而复渐长。永则以为岁实本无消长，消长之故在高冲之行与小轮之改。两岁节气相距，近高冲者岁实稍赢，近最高者稍朒，又小轮半径，古大今小，则加减差亦异。三卷曰恒气注历。文鼎论冬至加减，谓当如西法用定气，不用恒气，而所作《疑问补》等书又谓当如旧法用恒气注历。永则以为冬至既不用恒气，则诸节亦皆当用定气，不用恒气。故此二卷皆条列文鼎之说，而以所见辨于下。四卷曰冬至权度。《元史》六历冬至载晋献公以来四十九事，文鼎因作《春秋冬至考》，删去晋献公一事，各以其本法推求其故。永则以为算术虽明，而未有折衷，更因文鼎之法，考证历法史志之误。五卷曰七政衍。文鼎论七政小轮之动由本天之动，七政之动由小轮之动，永则以恭按《钦定历象考成》五星有三小轮，而月更有次均轮，且更有负圈，文鼎说虽精当，而各轮之左旋右旋，与带动自动不动之异，尚未能详剖，因各为图说以明之。六曰金水发微。文鼎初仍旧法，以金、水二星伏见轮同于岁轮，后因门人刘允恭悟得金、水二星自有岁轮，而伏见轮乃其绕日圆象，因详为之说，后杨学山乃颇以为疑。永谓文鼎说是，学山疑非，因为图说以明之。七曰中西合法拟草。明徐光启酌定新法，凡正朔闰月之类，从中不从西，定气整度之类，从西不从中，然因用定气，遂以每月中气时刻为太阳过宫时刻，系以中法十二宫之名，而西法十二宫之名又用之于表。永病其错互，又整度一事，永亦病其言之未尽，故著此论以辨之，亦多推文鼎之说。八曰算賸。则推衍三角诸法，求其捷要。续历学一卷，曰正弧三角疏义，以补算賸所未尽。故八卷各有小序，此卷独无也。文

鼎历算，推为绝技，此更因所已具，得所未详。踵事而增，愈推愈密，其于测验，亦可谓深有发明矣。（卷一〇六·子部·天文算法类一，第901—902页）

145.上饶·婺源【清】汪绂（1692—1759）:《参读礼志疑》二卷编修励守谦家藏本

国朝汪绂撰。绂一名烜，字灿人，号双池，婺源人。是书取陆陇其所著《读礼志疑》，以己意附参于各条之下。其于三《礼》大端，若谓南郊即为圜丘、大社即为北郊、禘非祭天之名、路寝不得仿明堂之制，又力斥大飨明堂文王配五天帝、武王配五人帝之说，皆主王肃而黜郑玄，故颇与旧注相左。其谓东西夹室不在堂之两旁，而在东西房之两旁。考《仪礼·公食大夫礼》："公迎宾入，大夫立于东夹南，士立于门，小臣东堂下，宰东夹北，内官之士在宰东上，介门西。"盖均即位于堂之上下。如绂所云，则大夫及宰乃违众而独立于堂后及东西房两旁隐蔽之地矣。又《聘礼》设飧，亦云堂上之馔八、西夹六。盖数馔于宾，其陈设皆自堂及庭及门，取其罗布目前。如绂所云，则馔亦设于堂后矣。绂又谓士无朝服，玄端即士之朝服，上士玄裳，中士黄裳，下士杂裳。考《士冠礼》曰："主人玄冠朝服，缁带素韠。"既云素韠，则素裳矣，与卿大夫以上之朝服，初无以异，未尝独以黄裳、玄裳、杂裳之玄端为朝服也。又《鲁语》曰："列士之妻加之以朝服。"则士固非无朝服。绂皆未之深考也。至所谓大夫、士无西房，故《士丧礼》主人括发，众主人免于房，而妇人乃独髽于室，以无西房故也。其说本孔《疏》，可破陈祥道《礼书》之惑。又谓大夫、士庙亦当有主，与《通典》所载徐邈及清河王怿之议相合。如斯之类，亦多深得经义，固可与陇其之书并存不废也。（卷二二·经部·礼类四，第178页）

146.上饶·婺源【清】潘继善:《音律节略考》一卷两江总督采进本

国朝潘继善撰。继善号本菴，婺源人。是编首列律吕损益上下相生之法，次列正半变半诸律长短之法，次列十二律还相为宫之法，后列黄宫七管至应宫七管十二图，即《律吕新书》所谓八十四声，盖《旋宫谱》也。其中所云本朱子《仪礼经传通解》者，乃局于所见而云然。朱子亦考据旧文，非自立新法也。（卷三九·经部·乐类存目，第337页）

147.上饶·婺源【清】潘继善:《圣学辑要》一卷两江总督采进本

国朝潘继善撰。继善有《音律节略考》，已著录。是书为目凡六，论致知、力行、存养、慎独为一篇，论诚一篇，论仁义礼智为一篇，论学思知行为一篇，论主敬存省为一篇，论生质气象为一篇。前有江永序，称其学以敬为主。盖新安为朱子之乡，无不宗法洛、闽者，继善亦随其土俗云。（卷九八·子部·儒家类存目四，第832页）

148.上饶·婺源【清】潘继善:《经史笔记》无卷数两江总督采进本

国朝潘继善撰。继善有《音律节略考》，已著录。是书皆偶拈经史之文，为之论说。其论经，如《尧典》、《月令》中星不同，合朔置闰测算南陔无辞，《周礼》阙冬官，周改时月。论史，如吕后丧心无耻，不得祔于高祖，孙权、吕蒙为汉贼，王守仁不说良知，其所积自能有用，但其心中恍惚，若有所见，遂忘前此学问之力，而归功于良知。其立论亦颇准于理，但皆人人所共知耳。（卷一二九·子部·杂家类存目六，第1112页）

149.上饶·婺源【清】汪立名:《钟鼎字源》五卷河南巡抚采进本

国朝汪立名编。立名号西亭，婺源人。官工部主事。是编成于康熙丙申。自序称金石虽皆传自三代，而铭器与篆碑之文不容强同。乃专采钟鼎文，依今韵编次为五卷。其石刻之类于铭款者，惟附录《石鼓文》，其他碑篆则皆不收。然立名知铸金、刻石古文体制有殊，而不知钟鼎之中又有时代之分、音释之异与真伪之别。三代固均为古文矣，至秦权、秦斤，如斯字、詻字、旨字、馬字之类，已颇近小篆。汉灯、汉壶，如绥和壶之供字，汾阴宫鼎之共字、汾字，首山宫镫之年字，并时参隶体。一概目为钟鼎之文，混淆殊甚。又如欧阳修《集古录》所载晋姜、毛伯诸鼎，杨南仲、刘敞训释互异者，不一而足，既莫能考定是非，《啸堂集古录》所载比干铜槃铭，宋人显斥其伪托，亦不免并载。且卷末列二合、三合、四合之字，并不注出典，尤无根据。盖仅以《金石韵府》为主，而取《博古》、《考古》诸图参校之，故不免瑕纇耳。（卷四三·经部·小学类存目一，第380页）

150.上饶·婺源【清】汪立名:《白香山诗集》四十卷、附录《年谱》二卷内府藏本

国朝汪立名编。立名有《钟鼎字源》,已著录。唐白居易《长庆集》诗文各半。立名引宋祁之言,谓居易长于诗而他文未能称是,因别刊其诗,以成是集。又据元稹序,谓长庆时所作仅前五十卷,其宝历以后所作不应概名以“长庆”。案:立名此论未确,已详辨于《长庆集》下。因即其归老之地,题曰《香山》。参互众本,重加编次,定为《长庆集》二十卷,《后集》十七卷,《别集》一卷。又采摭诸书为《补遗》二卷。而以新定《年谱》一卷、陈振孙旧本《年谱》一卷并元稹《长庆集序》一篇、《旧唐书》本传一篇冠于首。复采诸书之有关居易诗者,各笺注于其下。居易集在东林寺者,陆游《入蜀记》称宋时已佚,真宗尝令崇文院写校,包以斑竹帙,送寺。建炎中亦坏于兵。其传于世者,钱曾所云宋本莫知存佚。旧有明武定侯家刻本,今亦罕见。世所行者惟苏州钱氏、松江马氏二本,皆颇有颠倒讹舛。胡震亨《唐音丁签》所录,又分体琐屑,往往以一题割隶二卷,殊为丛脞。立名此本,考证编排,特为精密。其所笺释,虽不能篇篇皆备,而引据典核,亦胜于注书诸家漫衍支离,徒溷耳目,盖于诸刻之中特为善本。其书成于康熙壬午,朱彝尊、宋荦皆为之序云。(卷一五一·集部·别集类四,第1296页)

151.上饶·婺源【清】汪立名:《唐四家诗》八卷内府藏本

国朝汪立名编。立名有《钟鼎字源》,已著录。是编合刻唐王维、孟浩然、韦应物、柳宗元四家之诗。前有自序,称四家诗为宋、元人鼻祖,学宋、元诗者当仍于唐诗求之,故以此矫其弊云。(卷一九四·集部·总集类存目四,第1774—1775页)

152.上饶·婺源【清】朱世润:《朱子年谱》六卷副都御史黄登贤家藏本

国朝朱世润编。世润,朱子十八世孙,袭翰林院五经博士。《朱子年谱》旧本,明戴铣增之为《实纪》。李默修之,复称《年谱》。国朝又有洪去芜本,王懋竑本。诸家之中惟懋竑本最精核,他家皆不免疏舛。是编意主铺张,不求考核,故未免踵讹袭谬。至于李公晦叙述朱子生平数万言,见《性理大全》,洪本有之。新闽本、王本所载则更多于《大全》,盖即其所作《言

行录》也。今乃载魏序而不载李书。又朱子五十六岁辨陆学之非，辨陈学之非，旧谱有之，惟李默本删去，以默传金溪之学故也。此从李本，亦似非朱子之意。且以年谱为名，而《年谱》仅居第三卷。自第四卷为行状外，其余褒崇题咏之类，乃占前后四卷。末大于本，于体例亦未协也。（卷六〇·史部·传记类存目二，第546页）

153.上饶·婺源【清】李文来:《李氏医鉴》十卷、《续补》二卷内府藏本

国朝李文来编。文来字昌期，婺源人。初，休宁汪桓作《医方集解》、《本草备要》二书，浅显易明，颇行于世。康熙丙子，文来撮合两书，条分缕析，分类排纂，以成是书。名曰《李氏医鉴》，实则汪氏书也。又以杂证及伤寒有未备者，更辑为《续补》二卷。末附桓所作三焦命门辨一篇，称《医鉴》成，请正于桓，详校差讹，玉成完璧。更授以是篇，附刻卷末。则文来辑是书时，桓尚无恙，与所手定无异矣。（卷一〇五·子部·医家类存目，第888—889页）

154.上饶·婺源【清】叶泰:《山法全书》十九卷江苏周厚堉家藏本

国朝叶泰撰。泰字九升，婺源人。自序谓先辑《平阳全书》，复辑是编，皆裒集前人堪舆之说，而以己意评注之，亦间附以己作。大旨以杨筠松、吴景鸾二家为主，其论峦头阴阳，尤尊杨氏，而闢廖金精之说。其龙法论九星不取五星之说。其凡例谓山法流传既久，其正形正象俱葬去无遗，故曰有遗穴无遗龙。若言遗龙，惟奇形怪穴人所不能识，人所不敢下者耳。于今日而言山穴，舍奇怪无从也。斯亦非平易笃实之道矣。（卷一一一·子部·术数类存目二，第942页）

155.上饶·婺源【清】余光耿（1651—1705）:《一溉堂诗集》一卷江西巡抚采进本

国朝余光耿撰。光耿字介遵，婺源人，康熙初诸生，《江南通志》作康熙乙酉举人。案光耿之父懋衡，为明万历壬辰进士，距康熙乙酉凡一百一十四年，断不相及，非顺治乙酉之讹，即别一人同姓名也。懋衡与邹元标、冯从吾等讲学，同罹党祸，光耿承其父教，淡泊自守，故诗格亦朴实平近，不尚藻采。其拆“贫”字口号所云“有分宜安分，营财本乏才”者，乃里巷字谜之词，尤不宜入集也。（卷一八三·集部·别集类存目一〇，第1654页）

156.上饶·婺源【清】余光耿：《蓼花词》一卷江西巡抚采进本

国朝余光耿撰。光耿有《一溉堂诗集》，已著录。其父懋衡，于明末遭党祸。光耿少而孤苦，中多感慨，往往托填词以自遣。《满江红》诸作，思亲忆弟，寄兴颇深。其以蓼花名者，殆亦取多难集蓼之意欤？（卷二〇〇·集部·词曲类存目，第1831—1832页）

157.上饶·婺源【清】汪舸（1701—1769）：《崌嵋山人集》八卷礼部主事任大椿家藏本

国朝汪舸撰。舸字可舟，婺源人，流寓扬州。性不谐物，偃蹇贫病以殁。是集为舸所自定，断自五十岁以后。乾隆庚寅，杭世骏为之序，并附录《世骏与沈沃田书》，盛称其《和丁隐君贝叶经歌》、《长春观老子像》绝句云。（卷一八五·集部·别集类存目一二，第1683页）

158.上饶·余干【宋】赵汝愚（1140—1196）：《诸臣奏议》一百五十卷浙江巡抚采进本

宋赵汝愚编。前有淳熙十三年札子，称尝备数三馆，获观秘府四库所藏及累朝史氏所载忠臣良士便宜章奏。收拾编缀，殆千余卷。文字纷乱，疲于检阅。自假守闽郡，辄因政事之暇，因事为目，以类分次。而去其复重与不合者，犹余数百卷，釐为百余门。始自建隆，迄于靖康，推寻岁月，粗见本末。若非芟繁举要，恐劳乙夜之观。欲更于其间择其至精至要，尤切于治道者，每缮写十卷，一次投进。又有淳祐庚戌史季温序，称其开端于闽郡，奏书于锦城。是其经历岁时，屡经简汰，乃成是编。故其去取颇不苟。自称上可以知时事之得失、言路之通塞，下可以备有司之故实。其大旨以备史氏之阙遗，非夸饰也。凡分《君道》、《帝系》、《天道》、《百官》、《儒学》、《礼乐》、《赏刑》、《财赋》、《兵制》、《方域》、《边防》、《总议》十二门。子目一百一十四。每篇之末，各附注其人所居之官，与奏进之年月，亦极详核。其奏札自序及史季温序，皆称《名臣奏议》。而此本题曰《诸臣奏议》。岂以中有丁谓、秦桧诸人而改其名欤？案《朱子语录》云：赵子直要分门编奏议。先生曰：只是逐人编好。因论旧编精义，逐人编自始终有意。今一齐节去，更拆散了，不见其全意矣云云。今此集仍以门分，不以人分，不用朱子之说。盖以人而分，可以综括生平，尽其人之是非得失，为论世者计也。以事而分，可以参考古今，尽其事之沿革利弊，为经世者计也。平心而论，汝愚所见者大矣。（卷五五·史部·诏令奏议类，第501—502页）

159.上饶·余干【元】甘复:《山窗余稿》一卷浙江鲍士恭家藏本

元甘复撰。复字克敬，余干人。其诗源出于张翥。虽不及翥之才力富健，诸体兼备，而风怀澄澹，意境翛然。五言古体，绰有韦、柳之遗。其格韵乃似在翥上。盖才有所偏长，诣有所独至也。元亡之后，遁迹以终。著作散佚，仅存手墨于同里赵石蒲家，凡文数十篇、诗十余首。明成化中，石蒲之孙琥始为缮录开雕，复见于世。虽零篇断简，所剩无多。而诗格文笔，一一高洁。疑复当日自择其最得意者，手录此帙，故篇篇率有可观。转胜于珠砾杂陈，务盈卷帙，徒供覆瓿者矣。顾嗣立《元诗选》称琥刻是编，刘宪为序。此本仅有琥跋，不载宪序，盖刊版散失之后，辗转传抄佚之矣。然复集自足传，亦不以序之有无为轻重也。（卷一六八·集部·别集类二一，第1457页）

160.上饶·余干【明】胡居仁（1434—1484）:《易象钞》四卷两淮盐政采进本

明胡居仁撰。居仁字叔心，号敬斋，余干人，事迹具《明史·儒林传》。是书前有居仁自序，称:“读《易》二十年，有所得辄钞积之，手订成帙，取先儒图书论说合于心得者录之。”三卷以下则皆与人论《易》往复札记及自记所学，又为隐括歌辞以举其要。居仁之学虽出于吴与弼，而笃实则远过其师。故在明代，与曹端、薛瑄俱号醇儒。所著《居业录》，至今称道学正宗。其说《易》亦简明确切，不涉支离元①渺之谈。考万历乙酉御史李颐《请以居仁从祀孔子庙庭疏》，称所著有《易传》、《春秋传》，今颇散佚失次。朱彝尊《经义考》载有居仁《易通解》，注曰“未见”，而不载此书，岂此书一名《易通解》欤？然李颐时已称散佚失次，何以此本独完？疑后人裒其绪

① 当为“玄”，讳清圣祖玄烨。

言，重为编次，非居仁手著也。（卷五·经部·易类五，第29页）

161.上饶·余干【明】胡居仁：《居业录》八卷江西巡抚采进本

明胡居仁撰。居仁有《易象钞》，已著录。是书皆其讲学语录，分十二类，曰道体，曰为学，曰主敬，曰致知，曰力行，曰出处，曰治体，曰治法，曰教人，曰警戒，曰辨异端，曰劝圣贤，共一千一百九十九条。居仁与陈献章皆出吴与弼之门，与弼之学介乎朱、陆之间，二人各得其所近。献章上继金溪，下启姚江。居仁则恪守新安，不逾尺寸，故以敬名其斋。而是书之中，辨献章之近禅，不啻再三。盖其人品端谨，学问笃实，与河津薛瑄相类。而是书亦与瑄《读书录》并为学者所推。黄宗羲《明儒学案》乃谓其主言静中之涵养，与献章之静中养出端倪，同门冥契。特牵引附合之言，非笃论也。正德中有张吉者，尝删其书为要语。又有吴廷举者，删其书为粹言。此本为宏[①]治甲子余祐所编，犹为原帙。祐字子积，鄱阳人。宏[②]治己未进士，官至吏部右侍郎。年十九时，受业于居仁，居仁以女妻之。而卷首序文乃称门人，盖用黄榦编《朱子集》之例，榦又用李汉编《韩愈集》之例。然考皇甫湜作愈墓志，称愈女初适于汉，后乃离婚，嫁樊氏。汉称门人而不称婿，盖缘于此。榦及祐沿袭其称，殊为不考。阎若璩《潜邱札记》乃以为重道统而轻私亲，曲说甚矣。（卷九三·子部·儒家类三，第791页）

162.上饶·余干；吉安·泰和【明】胡居仁、陈凤梧（1475—1541）：《居业录类编》三十一卷两江总督采进本

明胡居仁撰。陈凤梧编。居仁有《易象钞》，已著录。凤梧字文鸣，庐陵人。宏[③]治丙辰进士。官至右都御史，巡抚应天。是编凡分三十一类，类为一卷。序云录旧无铨次，不便观览。顷自山东巡抚改佐南台，舟次之暇，辄手自编订，以类相从，付门人无锡陈大尹名世，校而刻之，以广其传。此本盖从刻本传写者。昔薛瑄《读书续录》亦有原本及分类二刻，然论者谓分类失

① “宏”当为“弘”，避讳清高宗弘历。
② “宏”当为“弘”，避讳清高宗弘历。
③ “宏”当为“弘”，避讳清高宗弘历。

瑄意，此本亦犹是也。（卷九五・子部・儒家类存目一，第808页）

163.上饶・余干【明】胡居仁：《胡文敬公集》三卷副都御史黄登贤家藏本

明胡居仁撰。居仁有《易像抄》，已著录。居仁本从吴与弼游，而醇正笃实，乃过其师远甚。其学以治心养性为本，以经世宰物为用，以主忠信为先，以求放心为要。史称薛瑄之后，惟居仁一人而已。居仁病学者撰述繁芜，尝谓朱子注《参同契》、《阴符经》皆可不作。故《易传》、《春秋传》外，于经书皆不轻为之注。讲授之语，亦惟《居业录》一编。诗文尤罕。是集乃其门人余祐网罗散失而成。虽中多少作，然近里著己皆粹然儒者之言，不似吴与弼书动称梦见孔子也。（卷一七一・集部・别集类二四，第1496页）

164.上饶・余干【明】李颐（？—1601）：《奏议》二卷江西巡抚采进本

明李颐撰。颐字维贞，号及泉，余干人，隆庆戊辰进士，官至总督河漕都察院右都御史，兼工部侍郎，事迹具《明史》本传。是编皆其历官时所上奏疏，与《明史》相合。《献征录》载颐行状，称《奏议》十卷。今止二卷，乃国朝段藻所重刊。末附《重建儒学祭器库记》一首，而以志传行状制诰及谕祭敕葬文冠于卷首。（卷五六・史部・诏令奏议类存目，第508页）

165.上饶・余干【明】张吉（1451—1518）：《古城集》六卷、《补遗》一卷江苏巡抚采进本

明张吉撰。吉字克修，号翼斋，又曰默庵，又曰怡窝，晚乃自称曰古城，余干人。成化辛丑进士，官至贵州左布政使。是编第一卷为《三朝奏议》，第二卷为《陆学订疑》，第三卷为《贞观小断》，第四卷为《文略》，第五、第六卷为诗。末有《补遗》，皆杂文。明至正德初年，姚江之说兴，而学问一变；北地、信阳之说兴，而文章亦一变。吉当其时，犹兢兢守先民矩矱，高明不及王守仁，而笃实则胜之；才雄学富不及李梦阳、何景明，而平正通达则胜之。且为工部主事时，则尽言直谏，忤武宗，谪官。为广西布政使时，又以不肯纳赂刘瑾贬秩。而为肇庆府同知时，力持公议，掊击柳璟，愿与都御史秦纮同逮，卒白其冤，尤人情所难。以刚正之气，发为文章，固不与雕章绘句同日而论矣。（卷一七一・集部・别集类二四，第1494页）

166.上饶·余干【明】苏章:《滇南行稿》四卷、《附录》一卷江西巡抚采进本

明苏章撰。章字文简，号云崖，余干人，成化乙未进士，官至延平府知府。初，章官兵部主事时，因星变事劾妖僧继晓、方士李孜省，谪姚安通判。因裒其所作共为一集，故以《滇南行稿》为名。末附词四阕、《祭胡敬斋》文一首。《附录》一卷，则其行实及诸家题跋与入祀乡贤文卷也。章少问学于陈献章之门。尝出胡居仁于狱，与吴与弼亦友善。盖亦刻意讲学者，故所作皆率意而成，不能入格云。（卷一七五·集部·别集类存目二，第1562页）

167.上饶·余干【明】陈宪:《后斋遗稿》二卷浙江汪汝瑮家藏本

明陈宪撰。宪字伯度，后斋其号也，余干人。正德辛未进士，官至贵州布政使司参议。是集《公余纪拙》一卷，《粤江行稿》一卷，乃宪之子鄞县丞照所编。首有鄞县人戴鱀序，谓其得乡先哲胡居仁之传，故诗多理语，鲜风人之致云。盖当时本以理学推之也。（卷一七六·集部·别集类存目三，第1573页）

168.上饶·余干【清】张时为:《张界轩集》八卷江西巡抚采进本

国朝张时为撰。时为字景明，余干人。前明福王时贡生。是编乃其族孙司直所刻，目列十六卷。首序传目录一卷，次为学约言四卷，次读近思录纪言一卷，次六一寤言一卷，次丧礼去非一卷，次读左言一卷，次语录一卷，次诗文六卷，故总以集名。然读左言、语录、诗文皆未刻，刻者皆讲学之书，仍以集名，非其实也。江右之学，大抵以陆氏为宗。时为生胡居仁之乡，乃独从居仁宗朱子，故其言平正笃实者居多，然颇有主持太过者。如曰：六经载道之书，非止为治天下之书，是徒知尊崇性命，非薄事功，而不知大人之学由格致而治平，中庸之理自中和而位育也。又谓：程子云淡风轻一诗，与阴阳四时相准，四句分配四时之气，一句亦分配四时之气，如云淡二字是春气，风轻二字是夏气，近午二字是秋气，天字是冬气。恐程子吟诗之时断无此意，即伶伦制律，后夔典乐，周公辑颂，亦断无此法也。他如拟奏疏于朝，请旨定天下传奇为六等，古今无此政体。又拟定假名著书者视杀人之罪加一等，古今亦无此律令。其于程、朱之学，殆犹食而未化欤？（卷九七·子部·儒家类存目三，第822页）

169.上饶·鄱阳【宋】洪遵（1120—1174）（伪托）：《订正史记真本凡例》一卷编修程晋芳家藏本

旧本题宋洪遵撰。遵，字景严，鄱阳人，皓仲子，官至同知枢密院事，谥文安，事迹具《宋史》本传。是编载曹溶《学海类编》中。前有自序，称手录司马迁《史记》一帙，尽汰去杨恽、褚少孙等所补十篇，并去其各篇中增益之语，而以己所校定者录于下方。此其书前凡例也。考诸家目录，皆不载遵有此书。诸家言史学者，如《汉书刊误》、《新唐书纠谬》、《五代史纂误》，俱表表于世。自宋以来，亦从无引及此本者。今观其所刊正，不尽无理。而云得司马迁名山所藏真本，与今本核其异同，知其孰为杨恽所增，孰为褚少孙所补，则三洪皆读书人，断不谬妄至此。岂有由汉及宋，尚有司马迁真本藏于山中，遵忽然得之者邪？其为明季妄人托名伪撰，殆无疑义。且既谓之《凡例》矣，而某篇同、某篇异，某篇自某处至某处删若干句、某篇某句下删若干字，直以全书悉载例中，可使人按例而涂乙之，即得真本，无庸更有全书矣。此尤作伪之一证也。（卷四六·史部·正史类存目，第416页）

170.上饶·鄱阳【宋】洪遵:《翰苑群书》二卷浙江巡抚采进本

宋洪遵编。遵字景严，鄱阳人，皓之仲子也。与兄适同中绍兴十二年博学鸿词科，赐进士出身。历官徽猷阁直学士，出知平江府。孝宗时召除翰林学士承旨，拜同知枢密院事、江东安抚使、资政殿学士、提举洞霄宫，卒谥文安。事迹具《宋史》本传。是书后有乾道九年遵题记曰：“翰苑秩清地禁，沿唐迄今为荐绅荣。遵世蒙国恩，父子兄弟接武而进，实为千载幸遇。曩尝稡《遗事》一编，朅来建业，以家旧藏李肇、元稹、韦处厚、韦执谊、杨钜、丁居晦洎我宋数公，凡有纪于此者，并刊之木。仍以《国朝年表》、《中兴题名》附。”陈振孙《书录解题》曰：“自李肇而下十一家，及《年表》、《中兴后题名》共为一书。”此本上卷为李肇《翰林志》、元稹《承旨学士院记》、韦处厚《翰林学士记》、韦执谊《翰林院故事》、杨钜《翰林学士院旧规》、丁居晦《重修承旨学士壁记》、李昉《禁林宴会集》，凡七家。下卷为苏易简《续翰林志》、苏耆《次续翰林志》、《学士年表》、《翰苑题名》、《翰苑遗事》，凡五种。其《遗事》为遵所续，不在其数，实止四家。除《年表》、《题名》外，所收不过九家，与振孙所记不合。考《宋史·艺文志》

载是书本三卷，此本止上下二卷。又《文献通考》所载尚有唐张著《翰林盛事》一卷，宋李宗谔《翰苑杂记》一卷，若合此二家，正足十一家之数。岂原本有之，而今本佚其一卷耶？（卷七九·史部·职官类，第683页）

171.上饶·鄱阳【宋】洪遵：《泉志》十五卷湖北巡抚采进本

宋洪遵撰。遵有《翰苑群书》，已著录。是书汇辑历代钱图，分为九品，自皇王偏霸以及荒外之国，凡有文字可纪，形象可绘者，莫不毕载，颇为详博。然历代之钱，不能尽传于后代。遵自序称尝得古泉百有余品，是遵所目验，宜为之图。他如周太公泉形圜函方，犹有汉《食货志》可据；若虞、夏、商泉，何由识而图之。且《汉志》云太公为圜函方形，则前无是形可知。遵乃使虞、夏、商尽作周泉形，不亦谬耶？至道书天帝用泉，语本俚妄，遵亦以意而绘形，则其诞弥甚矣。是又务求详博之过也。（卷一一六·子部·谱录类存目，第998页）

172.上饶·鄱阳【宋】洪皓（1088—1155）：《松漠纪闻》一卷、《续》一卷两淮盐政采进本

宋洪皓撰。皓字光弼，鄱阳人[①]，政和五年进士。建炎三年以徽猷阁待制假礼部尚书，为大金通问使。既至金，金人迫使仕刘豫。皓不从，流递冷山，复徙燕京。凡留金十五年方得归。以忤秦桧贬官，安置英州而卒。久之始复徽猷阁学士，谥忠宣。事迹具《宋史》本传。此书乃其所纪金国杂事。始于留金时，随笔纂录。及归，惧为金人搜获，悉付诸火。既被谴谪，乃复追述一二，名曰《松漠纪闻》。寻有私史之禁，亦秘不传。绍兴末，其长子适始校刊为正续二卷。乾道中仲子遵又增补所遗十一事。明代吴琯尝刻入《古今逸史》中，与此本字句间有异同，而大略相合。皓所居冷山，去金上京会宁府才百里，又尝为陈王延教其子，故于金事言之颇详，虽其被囚日久，仅据传述者笔之于书，不若目击之亲切。中间所言金太祖、太宗诸子封号，及辽林牙达什北走之事，皆与史不合。又不晓音译，往往讹异失真。然

---

① 又云：洪皓（1088—1155），字光弼，江西乐平洪岩镇岩前村人。博雅人物词典：http：//mren.bytravel.cn/history/hong.html

如叙太祖起兵本末，则《辽史·天祚纪》颇用其说。其“熙州龙见”一条，《金史·五行志》亦全采之。盖以其身在金庭，故所纪虽真赝相参，究非凿空妄说者比也。（卷五一·史部·杂史类，第464—465页）

173.上饶·鄱阳【宋】洪皓（1088–1155）：《鄱阳集》四卷永乐大典本

宋洪皓撰。皓有《松漠纪闻》，已著录。此其诗集也。皓建炎中擢徽猷阁待制，假礼部尚书，为大金通问使。龚璹副之。后璹仕刘豫，皓独不屈节。遂流递冷山，居雪窖中。陈王固新案："固新"《宋史》作"悟室"，今据《金国语解》改正甚敬礼之，使教诸子八人。集中所称彦清、彦亨、彦隆、彦深者，皆固新子也。皓所作诗，亦于此时为多。及乌珠案："乌珠"《宋史》作"兀术"，今据《金国语解》改正杀固新，迁皓云中。至绍兴十二年，始归国。留金首尾凡十五年。后为秦桧所嫉，安置英州。皓诗所谓“六十之年入瘴乡”是也。居九年，始内徙。行至南雄州卒。其诗世无传本。传称皓有文集五十卷，而《书录解题》作十卷。考皓子适《盘洲集》中载有皓集跋语一篇，称裒其在北方诗文为十卷，刻之新安郡。则《宋史》误矣。其集久不传。今从《永乐大典》所载，裒辑编次，共为四卷。凡其始奉使时，涂次所经，及迁居冷山，以及归国后南窜之作，有年月可考者，悉以年月排比。或年月不可考而确知其为奉使后作、归国后作、南迁后作者，亦皆以类相从。其不知作于何时者，则别缀于后，而以适跋语附焉。皓大节凛然，照映今古。虽不必以文章为重，然其子适、迈、遵承藉家学，并掇词科。著述纷纷，蜚声一代。渊源有自，皓实开之。迄今年代迢遥，篇章散佚。幸得遭逢圣世，蒐罗遗逸，复光耀于蠹蚀之余。斯亦忠义之气不可泯没，待昌期而自发其光者矣。（卷一五七·集部·别集类一〇，第1353页）

174.上饶·鄱阳【宋】洪迈（1123—1202）：《史记法语》八卷浙江巡抚采进本

宋洪迈编。迈字景卢，鄱阳人，绍兴乙丑中博学鸿词科，官至端明殿学士，谥文敏，事迹具《宋史》本传。是编于《史记》百三十篇内，自二字以上，句法古隽者，依次标出，亦间录旧注。盖与《经子法语》等编同以备修词之用。《书录解题》载之《类书类》，称十八卷。此本乃止八卷，似非完书。然卷末有题识一行云：“淳熙十二年二月刊于婺州。”是当时刊本实止八卷，《书录题解》所载，衍一“十”字明矣。（卷六五·史部·史钞类存目，第578页）

175.上饶·鄱阳【宋】洪迈:《南朝史精语》十卷浙江汪启淑家藏本

宋洪迈撰。迈于诸书多有节本。其所纂辑，自经子至《前汉》皆曰《法语》，自《后汉》至《唐书》皆曰《精语》。此所摘宋、齐、梁、陈四朝史中之语也。凡《宋书》四卷、《齐书》三卷、《梁书》二卷、《陈书》一卷。其去取多不可解。即以卷首《宋本纪》考之，如《桓玄与刘迈书》有云："北府人情云何，近见刘云何所道"，乃独摘"北府人情云何"句。《宋顺帝反正诏》曰："故顺声一唱，二溟卷波，英风振路，宸居清翳"，乃独摘"二溟卷波"句。高祖北讨，加领征将军，司、豫二州刺史，以世子为徐、兖二州刺史，下书有云："今当奉辞西旆，有事关中，弱嗣叨蒙，复忝今授"，乃独摘"复忝今授"四字。又如《加高祖九锡》策文，骈词丽句，叠出不穷，乃独摘"出藩入辅，锋无前对"二句。盖南宋最重词科，士大夫多节录古书，以备遣用。其排比成编者，则有王应麟《玉海》、章俊卿《山堂考索》之流。巾箱秘本，本非著书，不幸而为人所传者，则有如此类。后人以其名重存之，实非其志也。以流传已久，姑存其目，实则无可采录。惟其中所录《宋书》，《本纪》第一，《列传》第二、第三，《志》第四，《志》反在《列传》之后。考刘知幾《史通》曰，旧史以《表》、《志》之帙，分于《纪》、《传》之间。"降及蔚宗，肇加厘革。沈、魏继作，相与因循。"今北监版《魏书》，《志》在《列传》后，是其显证，与《史通》合。而《宋书》则移其次第，列于《纪》、《传》之间。观迈所序，犹从古本。知幾之言不妄，是则可资考证之一端。十卷之中，惟此一节足取耳。（卷六五·史部·史钞类存目，第578—579页）

176.上饶·鄱阳【宋】洪迈:《容斋随笔》十六卷、《续笔》十六卷、《三笔》十六卷、《四笔》十六卷、《五笔》十卷内府藏本

宋洪迈撰。迈字景卢，鄱阳人，皓之子。绍兴十五年进士，历官端明殿学士。事迹具《宋史》本传。其书先成《随笔》十六卷，刻于婺州。淳熙间传入禁中，孝宗称其有议论。迈因重编为《续笔》、《三笔》、《四笔》、《五笔》。《续笔》有隆兴三年自序，《三笔》有庆元二年自序，《四笔》有庆元三年自序，亦各十六卷。而《五笔》止十卷，盖未成而迈遂没矣。其中自经史诸子百家以及医卜星算之属，凡意有所得，即随手札记，辩证考据，颇为

精确。如论《易》说卦寡发之为宣发，论《豳风》“七月在野，八月在宇”之文为农民出入之时，非指蟋蟀，皆于经义有裨。尤熟于宋代掌故，如以宋自翰林学士入相者非止向敏中一人，驳沈括《笔谈》之误，又引国史《梁颢传》证陈正敏《遁斋闲览》所记八十二岁及第之说为不实，皆极审核。惟自序称作《一笔》首尾十八年，《二笔》十三年，《三笔》五年，《四笔》不费一岁，盖其晚年撰《夷坚志》，于此书不甚关意，草创促速，未免少有牴牾。如谓刘昭注《后汉书》五十八卷，补志当在其中，而不知所注乃司马彪《续汉书志》，章怀太子以《后汉书》无志，移补其阙。又驳宣和《博古图》释云雷磬所引臧文仲以玉磬告籴之文，谓《左传》并无其说，而不知出自《国语》中，颇为失检。又如史家本末及小学字体，皆无所发明，而缀为一条，徒取速成，不复别择。然其大致，自为精博。南宋说部，终当以此为首焉。前有嘉定壬申何异序，明李瀚、马元调先后刊行之。考《永乐大典》所载应俊合辑《琴堂谕俗编》中，有引《容斋随笔》所论服制一条，而今本无之，岂尚有所脱佚欤？明人传刻古书，无不窜乱脱漏者，此亦一证矣。（卷一一八·子部·杂家类二，第1019—1020页）

177.上饶·鄱阳【宋】洪迈:《经子法语》二十四卷浙江巡抚采进本

宋洪迈撰。迈有《史记法语》，已著录。迈兄弟并以词科起家，此书盖即摘经子新颖字句以备程试之用者。凡《易》一卷，《书》二卷，《诗》三卷，《周礼》二卷，《礼记》四卷，《仪礼》、《公羊传》、《谷梁传》、《孟子》、《荀子》、《列子》、《国语》、《太元[①]经》各一卷，《庄子》四卷。体例略如类书，但不分门目，与经义绝不相涉。朱彝尊以《易法语》一卷、《诗法语》一卷之类散入《经义考》各门之中，题曰未见，未免失考矣。（卷一三一·子部·杂家类存目八，第1116页）

178.上饶·鄱阳【宋】洪迈:《夷坚支志》五十卷编修汪如藻家藏本

宋洪迈撰。迈所著《容斋随笔》，已著录。是书所记，皆神怪之说，故以《列子》夷坚事为名。考《列子》谓大禹行而见之，伯益知而名之，夷坚

① “元”当为“玄”，避讳清圣祖玄烨。

闻而志之，正谓珍禽异兽，如《山海经》之类。迈杂录仙鬼诸事，而名取于斯，非其本义。然唐华原尉张慎素已有《夷坚录》之名，则迈亦有所本也。陈振孙《书录解题》称《夷坚志》甲至癸二百卷，支甲至支癸一百卷，三甲至三癸一百卷，四甲四乙二十卷，共四百二十卷。赵与旹《宾退录》亦载《夷坚志》三十二编，凡三十一序，不相重复。各节录其序之大略，颇为详备。此本仅存自甲至戊五十卷，标题但曰《夷坚志》。以其序文校与旹之所载，乃支甲至支戊非其正集，惟与旹记支丙作支景，谓避其曾祖之嫌名，而此仍作丙，殆传写者所改欤？胡应麟《笔丛》谓所藏之本有百卷。核其卷目次第，乃支甲至三甲共十一帙。此殆胡氏之本，又佚其半也。朱国桢《涌幢小品》不知为志中之一集，乃云《夷坚志》本四百二十卷，今行者五十一卷，盖病其烦芜删之，则误之甚矣。陈振孙讥迈为谬用其心，其说颇正。陈栎《勤有堂随录》则谓迈欲修国史，借此练习其笔，似乎曲为之词。然其中诗词之类，往往可资采录，而遗闻琐事，亦多足为劝戒，非尽无益于人心者。小说一家，历来著录，亦何必拘于方隅，独为迈书责欤？（卷一四二·子部·小说家类三，第1213页）

179.上饶·鄱阳【宋】洪迈：《野处类稿》二卷编修汪如藻家藏本

宋洪迈撰。迈有《容斋随笔》，已著录。《宋史·艺文志》载迈《野处猥稿》一百四卷、《琼野录》三卷。而陈振孙《书录解题》只载有此集二卷，且云前集未见。则当时传播已稀。观马端临《经籍考》以别集、诗集分类，而收此稿于别集中，不知其为诗集。则亦未见其本，而循名误载者矣。惟《内阁书目》有《野处内外集》九册，不著卷数。当即《猥稿》之残本，今亦未见有传录者。世所行迈集，独有此本而已。集前有迈自序，称："甲戌之春，家居卧病，作诗若干首，以自当缓忧之一物。遂取曩时所存而未弃者，录为二卷。"甲戌为高宗绍兴二十四年，盖迈退居鄱阳时所作。而集中《谒普照塔》诗，又有庚戌纪年，当在建炎三年。相去已二十四五岁，仅得诗八十余首。又《容斋三笔》纪绍兴十九年在福建贡院与叶晦叔所作诗，正在甲戌之前，而集中并未载。疑本就箧笥所贮，偶然裒辑，故所录阙略如此。然其生平韵语，惟藉此以考见大概。则零珪断璧，未尝不足珍惜也。（卷一六〇·集部·别集类一三，第1378页）

180.上饶·鄱阳【宋】洪迈:《万首唐人绝句诗》九十一卷内府藏本

宋洪迈编。迈有《容斋随笔》,已著录。迈于淳熙间,录唐五七言绝句五千四百首进御,后复补辑得满万首为百卷,绍兴三年上之。是时降敕褒嘉,有“选择甚精,备见博洽”之谕。陈振孙《书录解题》谓其中多采宋人诗,如李九龄、郭震、滕白、王嵒、王初之属,其尤不深考者,为梁何逊。刘克庄《后村诗话》亦谓其但取唐人文集杂说,抄类成书,非必有所去取。盖当时琐屑摭拾,以足万首之数,其不能精审,势所必然,无怪后人之排诋。至程珌《洺水集》责迈不应以此书进御,则与张栻诋吕祖谦不应编《文鉴》同一偏见,论虽正而实迂矣。是书原本一百卷,每卷以百首为率,而卷十九至卷二十二,皆不满百首,又五言止十六卷,合之七言七十五卷,亦不满百卷。目录后载嘉定间绍兴守吴格跋,谓原书岁久蠹阙,因修补以永其传。此本当是修补之后复又散佚也。(卷一八七·集部·总集类二,第1697页)

181.上饶·鄱阳【宋】洪迈:《容斋诗话》六卷编修程晋芳家藏本

旧本题宋洪迈撰。迈有《史记法语》,已著录。此编诸家书目皆不载其名,惟《文渊阁书目》有之。《永乐大典》亦于诗字韵下全部收入。则自宋、元以来已有此编。今核其文,盖于迈《容斋五笔》之内各掇其论诗之语,裒为一编,犹于《玉壶清话》之中别钞为《玉壶诗话》耳。以流传已久,姑存其目于此,以备参考焉。(卷一九七·集部·诗文评类存目,第1797页)

182.上饶·鄱阳【宋】洪迈:《容斋四六丛谈》一卷编修程晋芳家藏本

旧本题宋洪迈撰。亦于《容斋五笔》中掇其论四六之言别为一卷,疑与《容斋诗话》为一手所辑。所论较王铚《四六话》、谢伋《四六麈谈》特为精核。盖迈初习词科,晚更内制,于骈偶之文用力独深,故不同于剿说也。(卷一九七·集部·诗文评类存目,第1797页)

183.上饶·鄱阳【宋】董煟:《救荒活民书》三卷浙江范懋柱家天一阁藏本

宋董煟撰。煟字季兴,鄱阳人。绍熙五年进士,尝知瑞安县。是书前有自序,谓上卷考古以证今,中卷条陈救荒之策,下卷备述本朝名臣贤士之所议论施行可为法戒者。书中所序,如以常平为始自隋,义仓为始自唐太宗,皆不能远考本原。然其载常平粟米之数，固《隋书》所未及志也。其宋代蠲免优恤之典，载在《宋史》纪志及《文献通考》、《续通鉴长编》者，此撮其大要，不过得十之二三。而当时利弊，言之颇悉，实足补《宋志》之阙。劝分亦宋之政令，史失载而此有焉。他若减租贷种，淳熙恤灾令格，皆可为史氏拾遗。而宋代名臣救荒善政，亦多堪与本传相参证。犹古书中之有裨实用者也。（卷八二・史部・政书类二，第709页）

184.上饶・鄱阳【宋】洪适（1117—1184）：《隶释》二十七卷两淮盐政采进本

宋洪适撰。适初名造，后更今名。字景伯，饶州鄱阳人，皓之长子也。绍兴壬戌中博学鸿词科，官至尚书左仆射、同中书门下平章事，谥文惠。事迹具《宋史》本传。是书成于乾道二年丙戌，适以观文殿学士知绍兴府，安抚浙东时也。明年正月，序而刻之。周必大志其墓道云“耽嗜隶古，为纂释二十七卷”者，即指此书。其弟迈序娄机《汉隶字原》云：“吾兄文惠公，区别汉隶为五种书：曰释，曰缵，曰韵，曰图，曰续，四者备矣，惟韵书不成。”又适自跋《隶续》云：“《隶释》有续，凡汉隶碑碣二百八十有五。”又跋《淳熙隶释》后云：“《淳熙隶释目录》五十卷，乾道中书始萌芽。十余年间，拾遗补阙，一再添刻，凡碑版二百五十有八。”然乾道三年洪迈跋云：“所藏碑一百八十九，译其文，又述其所以然，为二十七卷。”又淳熙六年喻良能跋云：“公顷帅越，尝荟粹汉隶一百八十九，为二十七卷。”是二跋皆与是书符合，则其自题曰《淳熙隶释》者，乃兼后所续得合为一编。今其本不传，传者乃《隶释》、《隶续》各自为书。此本为万历戊子王鹭所刻。凡汉魏碑十九卷，《水经注》碑目一卷，欧阳修《集古录》二卷，欧阳棐《集古目录》一卷，赵明诚《金石录》三卷，无名氏《天下碑录》一卷，与二十七卷之数合。每碑标目之下，具载郦、欧、赵三书之有无。欧、赵之书第撮其目，不录其文。而是书为考隶而作，故每篇皆依其文字写之。其以某字为某字，则具疏其下，兼核其关切史事者，为之论证。自有碑刻以来，推是书为最精博。其中偶有遗漏者，如《卫尉卿衡方碑》，以“宽懔”为“宽慄”，以“声香”为“馨香”，以“邵虎”为“召虎”，以“疣”为“瘥”、“䘏”为“谧”，以“剋长剋君”为“克长克君”，以“謇謇”为“蹇蹇”，以“乐旨”为“乐只”。《白石神君碑》，以“幽讚”为“幽赞”，以“无疆”为“无彊”。

《潜研堂金石文跋尾》均举其疏。又其小有纰缪者，如《郑固碑》，“逡遁退让”，适引《秦纪》“逡巡遁逃”释之。按《管子》“桓子蹵然逡遁”，《汉书·平当传赞》“逡遁有耻”。盖“巡”与“循”同，而“循”转为“遁”。《集古录》云“‘遁’当为‘循’”，其说最协。适训为“遁逃”，殊误。武梁祠堂画像，武氏不著名字，适因《武梁碑》有“后建祠堂，雕文刻画”之语，遂定为武梁祠堂。案，梁卒于桓帝元嘉元年，而画像文中有“鲁庄公字不讳改严”，则当是明帝以前所作。《金石录》作武氏石室画像，较为详审。适未免牵合其词。至“唐扶颂分郏之治”语，案《公羊传》“自陕而东者，周公主之”，陆德明《释文》曰：“陕一云当作郏，古洽反。王城郏鄏，则古有以分陕为郏者。”适以为用字之异，非也。《李翊夫人碑》：“三五桼兮衰左姬。”据《山海经》“刚山多桼木”，《水经注》“漆水下有桼县、桼水、桼渠”，字皆作“桼”。隶从桼省，去水为桼。适以为即“末”字者，亦非也。然百醇一驳，究不害其宏旨。他如《杨君石门颂》，杨慎讥其不识“遴”字。考之碑文，正作凿石，别无遴字。是则慎杜撰之文，又不足以为适病矣。（卷八六·史部·目录类二，第734—735页）

185.上饶·鄱阳【宋】洪适:《隶续》二十一卷浙江巡抚采进本

宋洪适撰。适既为《隶释》，又辑录续得诸碑，依前例释之，以成是编。乾道戊子，始刻十卷于越，其弟迈跋之。淳熙丁酉，范成大又为刻四卷于蜀。其后二年己亥，德清李彦颖又为增刻五卷于越，喻良能跋之。其明年庚子，尤袤又为刻二卷于江东仓台，辇其版归之越。前后合为二十一卷，适自跋之。越明年辛丑，适复合前《隶释》为一书，属越帅刊行，适又自跋之。所谓“前后增加，律吕乖次，命掾史辑旧版，去留移易，首末整整一新”者是也。然辛丑所刻，世无传本。《隶释》尚有明万历戊子所刻，《隶续》遂几希散佚。朱彝尊《曝书亭集》有是书跋曰：“范氏天一阁，曹氏古林，徐氏传是楼、含经堂所藏，皆止七卷。近客吴，访得琴川毛氏旧抄本，虽残阙过半，而七卷之外增多一百十七翻。末有乾道三年适弟迈后序”云云。盖自彝尊始合两家之残帙，参校成编，后刊版于扬州，即此本也。据喻良能跋云：“续有得者，列之十卷，曰《隶续》。既墨于版，复冥搜旁取，又得九卷。”则当时所刻，实止一十九卷。朱彝尊因疑其余二卷是所谓《隶韵》、《隶图》

者，然洪迈跋称“亦既释之，而又得之，列于二十七卷以往”云云，则《隶续》当亦如《隶释》之体，专载碑文。此本乃第五卷、六卷忽载碑图，第七卷载碑式，第八卷又为碑图，第九卷、十卷阙，第十一卷至二十卷又皆载碑文，第二十一卷残阙不完，而适自跋乃在第二十卷尾，盖前后参错，已非原书之旧矣。考彝尊所云七卷之本，乃元泰定乙丑宁国路儒学所刻，较今所行扬州本，讹误差少，然残阙太甚。今仍录扬州之本，而以泰定本详校异同。其残阙者无可考补，则姑仍之焉。（卷八六·史部·目录类二，第735页）

186.上饶·鄱阳【宋】洪适:《盘洲集》八十卷浙江巡抚采进本

宋洪适撰。适有《隶释》，已著录。许及之撰适行状，称有文集一百卷，藏于家。周必大撰适神道碑，则称其论著为四方传诵，有《盘洲集》八十卷，与行状互异。考陈振孙《书录解题》、张萱《重编内阁书目》俱作八十卷。则及之所称其家藏之旧稿，必大所称乃其行世之刊本，其书流传颇鲜。王士祯《居易录》谓朱彝尊所藏《盘洲集》，仅有其诗。则藏书家已罕睹全帙。此本为毛氏汲古阁所藏，犹从宋刻影写。惟末卷拾遗札子第三篇，蠹损特甚。其余虽字句间有脱落，而卷帙完好，亦古本之仅存者矣。适以词科起家，工于俪偶。其弟迈尝举所草《张浚免相制》、《王大宝致仕制》、《浙东谢表》、《生日诗词谢启》诸联，载于《容斋三笔》。然考适自撰小传，自其少时拟《复得河南贺表》，即有“齐人归郓讙之田，宣王复文武之境”句，为作者所称。其内外诸制，亦皆长于润色，藻思绮句，层见叠出，不但如迈之所举也。至于记、序、志传之文，亦尚存元祐之法度，尤南宋之铮铮者矣。所作《隶释》、《隶续》，于史传舛异，考核特精。今观此集，如《跋唐瑾传》、《跋丹州刺史碑》、《跋皇甫诞碑》诸篇，皆能援据旧刻，订《北史》、《唐书》之谬。盖金石之学最所留意，即隋、唐碑志亦多能辨证异闻。又《宋史》本传称其父皓谪英州，适往来岭南省侍者九载，桧死皓还，服阕起知荆门州军。今以集中自撰小传及皓行述考之，则皓安置英州，居九年始复朝请郎，徙袁州，至南雄州卒。后一日秦桧亦死。非桧死而皓始还，足订《宋史》之误。其他表启、疏状诸篇，亦多足与《宋史》参稽，是又不仅取其文词之工矣。（卷一六〇·集部·别集类一三，第1378—1379页）

187.上饶·鄱阳【宋】姜夔（1154—1221）：《绛帖平》六卷两江总督采进本

宋姜夔撰。夔字尧章，鄱阳人。按曹士冕《法帖谱系》云，绛本旧帖，尚书郎潘师旦以官帖私自摹刻者，世称“潘驸马帖”。又称潘氏析居，法帖石分而为二。其后绛州公库乃得其一，于是补刻余帖，是名东库本。逐卷各分字号，以“日月光天德，山河壮帝居。太平何以报，愿上登封书”为别。今夔所论，每卷字号与士冕所说相合。然则夔所得者，即东库本也。宋之论法帖者，米芾、黄长睿以下，互有疏密。夔欲折衷其论，故取汉官廷尉平之义，以名其书。首有嘉泰癸亥自序云：“帖虽小技，而上下千载，关陟史传为多。”观是书考据精博，可谓不负其言。惟第五卷内论智果书梁武帝评书语，武帝藏钟、张二王书，尝使虞龢、陶隐居订正。案，虞龢宋人，其《上法书表》在宋孝武帝之世，去梁武帝甚远。斯则考论之偶疏耳。据《墨庄漫录》，其书本二十卷。旧止抄本相传，未及雕刻。所载字号，止于“山”字。其“河”字以下亡佚十四卷，竟不可复得。然残珪断璧，终可宝也。（卷八六·史部·目录类二，第735—736页）

188.上饶·鄱阳【宋】姜夔：《续书谱》一卷浙江鲍士恭家藏本

宋姜夔撰。夔有《绛帖平》，已著录。是编其论书之语。曰《续书谱》者，唐孙过庭先有《书谱》故也。前有嘉定戊辰天台谢采伯序，称略识夔于一友人处，不知其能书也。近阅其手墨数纸，笔力遒劲，波澜老成。又得其所著《续书谱》一卷，议论精到，三读三叹，因为鋟木。盖夔撰是书，至采伯始刊行也。此本为王氏《书苑》补益，所载凡二十则。一曰总论，二曰真书，三曰用笔，四曰草书，五曰用笔，六曰用墨，七曰行书，八曰临摹，九曰书丹，十曰情性，十一曰血脉，十二曰燥润，十三曰劲媚，十四曰方圆，十五曰向背，十六曰位置，十七曰疏密，十八曰风神，十九曰迟速，二十曰笔锋。其燥润、劲媚二则，均有录无书。燥润下注曰，见用笔条。劲媚下注曰，见情性条。然燥润之说，实在用墨条中。疑有舛误。又真书、草书之后各有用笔一则，而草书后之论用笔，乃是八法，并非论草，疑亦有讹。敬考钦定《佩文斋书画谱》，第七卷中全收是编，临摹以前八则，次序相同，临摹以下则九曰方圆，十曰向背，十一曰位置，十二曰疏密，十三曰风神，十四曰迟速，十五曰笔势，十六曰情性，十七曰血脉，十八曰书丹，先后小殊。

而燥润、劲媚二则则并无其目。盖所据之本稍有不同，而其文则无所增损也。《书史会要》曰，赵必睪字伯暐，宗室也。官至奏院中丞。善隶楷，作《续书谱辨妄》，以规姜夔之失。案必睪之书今已佚，不知其所规者何语。然夔此谱自来为书家所重，必睪独持异论，似恐未然。殆世以其立说乖谬，故弃而不传欤？（卷一一二·子部·艺术类一，第960页）

189.上饶·鄱阳【宋】姜夔：《白石诗集》一卷、附《诗说》一卷 编修汪如藻家藏本

宋姜夔撰。夔有《绛帖平》，已著录。罗大经《鹤林玉露》称夔学诗于萧𣂏。而卷首有夔自序二篇。其一篇称："三薰三沐，师黄太史氏，居数年，一语噤不敢吐。始大悟学即病，不若无所学者之为得。"其一篇称："作诗求与古人合，不如求与古人异。求与古人异，不如不求与古人合而不能不合，不求与古人异而不能不异。"其学盖以精思独造为宗。故序中又述千岩、诚斋、石湖咸以为与己合，而己不欲与合。其自命亦不凡矣。今观其诗，运思精密，而风格高秀，诚有拔于宋人之外者。傲视诸家，有以也。《宋史·艺文志》载夔《白石丛稿》十卷。陈振孙《书录解题》载《白石道人集》三卷。今止一卷，殆非完本。考《武陵旧事》载夔诗四首，《咸淳临安志》载夔诗三首，《研北杂志》亦载夔诗一首，皆此本所无。知在所佚诸卷之内矣。夔又有《诗说》一卷，仅二十七则，不能自成卷帙，旧附刻词集之首。然既有诗集，则附之词集为不伦，今移附此集之末，俾从其类。观其所论，亦可以见夔于斯事所得深也。（卷一六二·集部·别集类一五，第1392页）

190.上饶·鄱阳 【宋】姜夔：《白石道人歌曲》四卷、《别集》一卷 监察御史许宝善家藏本

宋姜夔撰。夔有《绛帖平》，已著录。此其乐府词也。夔诗格高秀，为杨万里等所推。词亦精深华妙，尤善自度新腔。故音节文采，并冠绝一时。其诗所谓"自制新词韵最娇，小红低唱我吹箫"者，风致尚可想见。惟其集久无善本，旧有毛晋汲古阁刊版，仅三十四阕。而题下小序，往往不载原文。康熙甲午，陈撰刻其诗集，以词附后，亦仅五十八阕。且小序及题下自注多意为删窜，又出毛本之下。此本从宋椠翻刻，最为完善。卷一宋铙歌十四首，越九歌十首，琴曲一首。卷二词三十三首，总题曰令。卷三词二十首，

总题曰慢。卷四词十三首，皆题曰自制曲。别集词十八首，不复标列总名。疑后人所掇拾也。其九歌皆注律吕于字旁，琴曲亦注指法于字旁，皆尚可解。惟自制曲一卷，及二卷《鬲溪梅令》、《杏花天影》、《醉吟商小品》、《玉梅令》，三卷之《霓裳中序》第一，皆记拍于字旁。宋代曲谱，今不可见，亦无人能歌。莫辨其似波似磔，宛转欹斜，如西域旁行字者，节奏安在。然歌词之法，仅仅留此一丝。录而存之，安知无悬解之士，能寻其分刌者乎？鲁鼓、薛鼓，亡其音而留其谱，亦此意也。旧本卷首冠以诗说，仅三页有余。殆以不成卷帙，附词以行。然夔自有白石道人诗集，列于词集，殊为不类。今移附诗集之末，此不复录焉。（卷一九八·集部·词曲类一，第1818—1819页）

191.上饶·鄱阳【宋】姜夔:《白石词集》一卷安徽巡抚采进本

宋姜夔撰。夔有《绛帖平》，已著录。是集为康熙甲午陈撰所刻，附于诗集之后。凡五十八阕，较毛晋汲古阁本多二十四阕。然其中多意为删窜，非其旧文。如毛本《暗香》、《疏影》二调，并注《仙吕宫》字。且《暗香》题下有小序四十九字，述制调之由。此本佚去，仅《疏影》题下注《仙吕宫》三字。又《鹧鸪天》第三阕题下毛本有“十六夜出”四字，《忆王孙》题下毛本有“鄱阳彭氏小楼”六字，《齐天乐》结句有原注十一字。此本并佚，殊为疏漏。又《齐天乐》题下毛本注“蟋蟀中都呼为促织”八字。此本则注俗名“正宫黄钟宫”五字，又注“促织”二字。《鬲溪梅令》毛本注曰《仙吕调》。此本乃讹作《高溪梅》，又讹注为《仙宫调》。《湘月》一阕毛本题下注即《念奴娇》之鬲指声也。文义甚明。此本乃以《鬲指》二字为调名，注曰“一名《湘月》”。皆谬戾无理。其中咏草《点绛唇》一阕，撰跋称复见于逋翁集中，援据无征，难以臆定。不知《草堂诗余》载此词，实作林逋。宋人所题，必非无据。且《草堂诗余》不及夔词，尤足征不出于夔。撰亦考之未审。至于《长亭怨慢》题下自注桓大司马云云，乃误以庾信《枯树赋》末六句为桓温本语。则夔之记忆偶讹，又非校刊者之过矣。（卷二〇〇·集部·词曲类存目，第1830页）

192.上饶·鄱阳【宋】姜夔:《别本白石词》一卷江苏巡抚采进本

宋姜夔撰。此本为毛晋六十名家词中所刻。凡三十四阕，较康熙甲午陈撰刊本少二十四阕。盖第据《花庵词选》所录，仅增《湘月》一阕，《点绛唇》一阕而已。（卷二〇〇·集部·词曲类存目，第1830页）

193.上饶·鄱阳；鄱阳【宋】张洪、齐熙：《朱子读书法》四卷永乐大典本

宋张洪、齐熙同编。洪字伯大，熙字充甫，皆鄱阳人。事迹无可考。据洪自序，咸淳中分教四明，适客游浙东，遂相与商榷是书，而刻诸鄞泮。其书本朱子门人辅广所辑。巴川度正尝属遂宁于和之校刊。鄱阳王氏复广为后编，洪与熙又因而补订之。以辅氏原本为上卷，而以所续增者列为下卷。皆以文集语类排比缀缉，分门隶属。虽捃拾抄撮，裨贩旧文，不足以言著述，而条分缕析，纲目井然，于朱子一家之学，亦可云覃思研究矣。元时版已不存。至顺中，江南行台御史赵之维重镂于集庆路学，故《永乐大典》全帙收入。原编卷次，已不可考。今酌其篇帙，厘为四卷。俾讲新安之学者有所考证焉。（卷九二·子部·儒家类二，第788页）

194.上饶·鄱阳【宋】赵缘督：《原本革象新书》五卷永乐大典本

不著撰人名氏。宋濂作序，称赵缘督先生所著。先生鄱阳人，隐遁自晦，不知其名若字。或曰名敬字子恭，或曰友钦，弗能详也。王祎尝刊定其书，序称名友某，字子公，其先于宋有属籍。考《宋史·宗室世系表》，汉王房十二世，以友字，联名。书中称岁策加减法，自至元辛巳行之至今，其人当在郭守敬后，时代亦合。然语出传闻，未能确定。都卬《三余赘笔》称，尝见一杂书云，先生名友钦，字敬夫，饶之德兴人。其名敬字子恭及字子公者皆非，亦不言其何所本，惟其为赵姓，则灼然无疑也。其书自王祎删润之后，世所行者皆祎本，赵氏原本遂佚。惟《永乐大典》所载，与祎本参校，互有异同，知姚广孝编纂之时，所据犹为旧帙。祎序颇讥其芜冗鄙陋，然术数之家，主于测算，未可以文章工拙相绳。又祎于天文星气虽亦究心，而儒者之兼通，终不及专门之本业。故二本所载，亦互有短长。并录存之，亦足以资参考。其中如日至之景一条，《周髀》谓夏至日值内衡，冬至值外衡，中国近内衡之下，地平与内衡相际于寅戌，外衡相际于辰申，二至长短以是为限，其寒暑之气则以近日远日为殊；而此书谓日之长短由于日行之高低，气之寒暑由于积气之多寡。天周岁终一条，天左旋，其枢名赤极，日右旋，其枢名黄极，经星亦右旋，宗黄极以成岁差；而此书谓天体不可知。但以经星言之，左旋则自东而西，南北不移，右旋则自西而东，以出入而分南北，截然殊致；而此书谓如良驽二马，驽不及良，一周遭则复遇一处。日道岁差一条，岁差由于经星右旋，凡考冬至日躔某星几度几分为一事，至授时法所立加减谓之岁实消长，与恒气冬至定气冬至又为一事，迥乎不同；而此书合而一之。又天地正中一条，日中天则形大，出地入地则形大，乃蒙气之故；而此书谓天顶远而四旁近。又南北度必测北极出地，东西度必测日食时刻，别无他术；而此书欲以北极定东西之偏正，以东西景定南北之偏正。地域远近一条、地球浑圆，随处皆有天顶；而此书拘泥旧说，谓阳城为天顶之下。又《元史》所记南北海昼夜刻数各有盈缩；而此书谓南方昼夜长短不较多。又时刻由赤道度而景移在地平，故早晚景移迟，近午景移疾，愈南则迟者愈迟，疾者愈疾；而此书谓偏西则早迟而晚疾，偏东则早疾而晚迟。月体半明一条，凡日月相望必近交道，乃入闇虚，远于交道则地不得而掩之；而此书谓隔地受光如吸铁之石。其论皆失之疏舛。他如以月孛之孛为彗孛之孛，谓地上之天多于地下之天，谓黄道岁岁不由旧路，谓月驳为山河影，谓月食为受日光多阳极反亢，谓日月圆径相倍，谓闇虚非地影，或拘泥旧法，或自出新解，于测验亦多违失。然其覃思推究，颇亦发前人所未发，于今法为疏，于古法则为已密。在元以前谈天诸家，犹为实有心得者。故于讹误之处，并以今法加案驳正，而仍存其说，以备一家之学焉。（卷一〇六·子部·天文算法类一，第892—893页）

195.上饶·鄱阳【宋】祝泌：《观物篇解》五卷（两江总督采进本）、附《皇极经世解起数诀》一卷浙江汪启淑家藏本

宋祝泌撰。泌字子泾，鄱阳人[①]，自号观物老人。书首署衔称承直郎充江

① 一说鄱阳人，一说德兴人：《元史·本纪第十·世祖七》："遣使访求通皇极数番阳祝泌子孙，其甥傅立持泌书来上，拨民万户隶明里淘金。"《宋元学案》卷七十八（张祝诸儒学案）："祝泌，字子泾，德兴人。"《江西通志》（四库全书本）卷八十八（人物二十三·饶州府二）："祝泌，字子泾，德兴人。"黄虞稷《千顷堂书目》卷十三（五行类）"祝泌祝氏秘钤五卷又六壬大占又壬易会元"注云："字子泾，德兴人。宋咸兴十年进士，官饶州路三司提干，元世祖征之，不起，遣甥傅立上其书于朝。"

淮荆浙福建广南路都大提点坑冶铸钱司干办公事，而《起数诀》内又自署提领所干办公事，不知其终于何官也。案朱彝尊《经义考》有泌所撰《皇极经世钤》十二卷，此本题作《观物篇解》，又止五卷，与彝尊所记目次不合。而别载泌自序一篇，所陈大旨又颇与此本义例相近。或一书两名，而后人合并之欤？又案泌自序，末署端平乙未，而《起数诀》序内题淳祐辛丑，上距乙未六年，在《皇极经世钤》已成之后。且今《起数诀》乃单本别行，而《观物篇解》第四卷中亦有并以起法用法别载成卷语。是当与用法别为一书，而用法已佚，即《起数诀》所存亦仅声韵一谱，已非其旧。今姑附入《观物篇解》后，以存其概。泌所言大小运数，虽皆归宿于挂一图，其断法则不专在卦而在四象。大旨先用四爻藏闰，次用四爻直事，大运起泰，小运起升，于牛思纯《宝局》、张行成《通变》多所驳正。然如邵子言四象相交而成十六事，泌遂创为二十五变之说；邵子言姤复小父母，泌遂创为同人起分秒之说，皆与经世书乖异不合。其推大小运，一变不协则再变，至三变四变以求协者，尤非出于自然。至于声音律吕之学，邵子得之其父古，古书备见正音叙录，轨辙可寻。泌乃取三十六字母之翻切，以声起数，以数合卦，仅与壬遁同用，求深反浅。且《声音韵谱》所说，以夫普旁母字当字母之用，既属支离。至所云人用分数，物用秒数，数起同人之类，尤为迂曲难解。似非尽出于邵氏本意。然《永乐大典》别载有祝氏占例，所言实皆奇中。陶宗仪《辍耕录》载泌《精皇极数》，其甥傅立传其术，为元世祖占卜，尚能前知，则亦小道之可观者。盖其学虽宗康节，而亦自别有所得，故其例颇与经世书不符，而其推占亦往往著验。方技之家，各挟一术，邵子不必尽用《易》，泌亦不必尽用邵子，无庸以异同疑也。二书世所抄传，间有讹脱，诸本并同，无从订正，今亦姑仍之云。（卷一〇八·子部·术数类一，第916—917页）

196.上饶·鄱阳【宋】张世南：《游宦纪闻》十卷两江总督采进本

宋张世南撰。陈振孙《书录解题》载其字曰光叔，鄱阳人，然其名则作士南。未详孰是。其纪年称嘉定甲戌，又称绍定癸巳，盖宁宗、理宗间人。自称尝官闽中，多记永福县事，亦不知永福何官也。世南与刘过、高九万、赵蕃、韩淲诸人游，而述程迥之说尤多。盖其兄为董煟壻，煟为迥之壻，故闻之亲串间也。其书多记杂事旧闻，而无一语及时政。如记秦观元祐刺字，记黄师尹解打字义，记张嵩先借紫，记讳名讳字，记苏黄用一鸥字，记古书刀，记何致初搨岣嵝碑始末，皆足资考证。其驳黄伯思八十一首之说，及推阐王湜百六之义，尤极精核。其他如论犀角、龙涎、端砚、古器之类，亦足以资博识。宋末说部之佳本也。（卷一二一·子部·杂家类五，第1045页）

197.上饶·鄱阳【宋】彭汝砺（1041—1095）：《鄱阳集》十二卷两淮马裕家藏本

宋彭汝砺撰。汝砺字器资，饶州鄱阳人。治平二年举进士第一，历官权吏部尚书，出知江州。事迹具《宋史》本传。《东都事略》载所著《易义》、《诗义》、奏议、诗文五十卷。《宋史·艺文志》《鄱阳集》四十卷。今《易义》、《诗义》已不传。此本乃其诗集，亦止十二卷，非其完帙。又编次错互，如古体中误入律诗一首，律诗中误入古体一首。《武冈驿》一首，有录无书。《寄佛印》一首，前后两见。颇多复混，殆其本集久佚，后人掇拾残賸，复为此编，故其淆杂如此欤？史称汝砺词命雅正，有古人风，而诗笔亦谐婉可讽。明瞿佑《归田诗话》尝极推其情致缠绵。王士祯《居易录》亦引其《梅花》诗中“潇湘此日堪肠断，随处幽香著莫人”之句，以证朱淑真词、耶律楚材诗内“著莫”二字之所出。在北宋诸人之中，固亦褎然一作手矣。张舜民《画墁录》载汝砺于临殁作偈，有“从今以后不打这鼓”之语。盖其学实出于禅，故集中多与僧往还酬答之作。然汝砺立朝侃直，风节凛然。凡所论谏，皆关国是。其晚耽禅悦，盖亦自行其所得。故不必以一格绳人，遽为汝砺病也。（卷一五三·集部·别集类六，第1322页）

198.上饶·鄱阳【宋】章甫:《自鸣集》六卷永乐大典本

宋章甫撰。考宋有二章甫。一字端叔，浦城人。熙宁三年进士，官至都官郎中。著有《孟子解义》十四卷。杨时为作墓志，其文今载《龟山集》中。一字冠之，鄱阳人，徙居真州，自号易足居士。即撰此集者也。甫行事不概见。惟张端义《贵耳集》有云：“张冠之名甫，有文集十卷。少从于湖交游，案：于湖乃张孝祥之别号。豪放飘荡，不受拘羁。淳熙间，淮有三士，舒之张用晦，和之张进卿，真之张冠之也。”据其所述，可略见其为人。其以章为张，盖刊本字讹耳。又陆游《入蜀记》称乾道六年八月二十八日，同章冠之秀才甫登石镜亭，访黄鹤楼故址，则甫盖举秀才矣。其集不见于《宋史·艺文志》,《文渊阁书目》虽有其名，而传本久绝。其得见于世者，惟《名贤小集拾遗》所载《湖上吟》一首、《诗家鼎脔》所载《寄荆南故人》一首而已。今检《永乐大典》，所收《自鸣集》诗句颇多。其格律虽稍近江湖一派，而骨力苍秀，亦具有研锻之功。观其《别陆游》诗有“人生相知贵知心，道同何必问升沈”之句，《谢韩元吉寄茶》诗有“别公宛陵今五春，渴心何啻生埃尘”之句，《次韵吕祖谦见寄》诗有“山林旧约都茫茫，忆君著书看屋梁”之句，是其所与酬赠者，皆一时俊杰之士。故耳擩目染，尚能脱化町畦，自成杼轴，颇为不坠雅音。谨裒次釐订，析为六卷。至《杂说》三篇，以禅家机锋论道德仁义之旨，援儒入墨，是殆不得志于时者之肆志放言。然其害理已甚，今故附其说于集末，而特加纠正，以著其失焉。（卷一六〇·集部·别集类一三，第1383页）

199.上饶·鄱阳【元】董真卿:《周易会通》十四卷内府藏本

元董真卿撰。真卿字季真，鄱阳人。尝受学于胡一桂。斯编实本一桂之《纂疏》而广及诸家。初名曰《周易经传集程朱解附录纂注》。盖其例编次伏羲、文王、周公之经而翼以孔子之传，各为标目，使相统而不相杂。其无经可附之传，则总附于六十四卦之后，是为《经传》。又取程子之传、朱子之《本义》夹注其下，是为《集解》。其程子经说、朱子《语录》各续于传之后，是为《附录》。又取一桂纂疏而增以诸说，是为《纂注》。其后定名《会通》者，则以程传用王弼本，《本义》用吕祖谦本，次第既不同，而或主义理，或主象占，本旨复殊。先儒诸说，亦复见智见仁，各明一义，断断为门户之争。真卿以为诸家之《易》，途虽殊而归则同，故兼搜博采，不主一说，务持象数、义理二家之平，即苏轼、朱震、林栗之书为朱子所不取者，亦并录焉。视胡一桂排斥杨万里《易传》，不肯录其一字者，所见之广狭，谓之“青出于兰”可也。惟其变易经文，则不免失先儒谨严之意，可不必曲为之词耳。（卷四·经部·易类四，第26页）

200.上饶·鄱阳【元】董鼎:《尚书辑录纂注》六卷内府藏本

元董鼎撰。鼎字季亨，鄱阳人。朱子之学授于黄榦，鼎族兄梦程尝从斡游，鼎又从梦程闻绪论，故《自叙》谓得朱子之再传。是编虽以蔡沈《集传》为宗，而《集传》之后续以《朱子语录》及他书所载朱子语，谓之《辑录》。又采诸说之相发明者附列于末，谓之《纂注》。自序称“《集传》既为朱子所订定，则与自著无异。”又称“荟萃成朱子之一经，则仍以朱子为主也。”考蔡沈《书集传序》，惟称二典、三谟尝经先生点定，故陈栎作《书集传纂疏》，惟《虞书》首标朱子，而《夏书》以下则不然。其凡例曰：“首卷有朱子订定四字，不忘本也。自二卷起去四字，纪实也。”吴澄作是书序，亦称朱子订定蔡传仅至“百官若帝之初”而止。此书《大禹谟》“正月朔旦”条下，鼎并附注其说，是鼎于此书源委本自分明。其称《集传》为朱子所订定，似未免假借。然澄序又称：“《集传》自《周书洪范》后寖觉疏脱，师说甚明而不用者有焉。疑其著述未竟而人为增补，或草稿初成而未及修改。”所举《金縢》、《召诰》、《洛诰》诸条，皆显相舛异。又称“鼎作是书，有同有异，俱有所裨。如解《西伯戡黎》则从吴棫，解《多士》则从陈栎，解《金縢》则兼存郑、孔二义，不以蔡传之从郑为然”云云，然则鼎于《集传》盖不免有所未惬。恐人以源出朱子为疑，故特引朱子之说补其阙失。其举《集传》归之朱子，犹曰以朱翼朱，则不以异蔡为嫌耳，非其考之不审也。（卷一二·经部·书类二，第97页）

201.上饶·鄱阳【元】董鼎：《孝经大义》一卷两江总督采进本

元董鼎撰。鼎有《尚书辑录纂注》，已著录。初，朱子作《孝经刊误》，但为釐定经、传，删削字句，而未及为之训释。鼎乃因朱子改本，为之诠解。凡改本圈记之字，悉为芟除。改本辨正之语，仍存于各章之末。所谓“右传之几章释某义”者，一一顺文衍出，无所出入。第十三章、十四章所谓不解经而别发一义者，亦即以经外之义说之，无所辨诘。惟增注今文异同为鼎所加耳。其注稍参以方言，如云“今有一个道理”，又云“至此方言出一孝字之类”，略如《语录》之例。其敷衍语气，则全为口义之体。虽遣词未免稍冗，而发挥明畅，颇能反覆以尽其意，于初学亦不为无益也。前有熊禾序，盖大德九年鼎子真卿从胡一桂访禾于云谷山中，以此书质禾，禾因属其族兄熊敬刊行，而自序其首。序称朱子为“桓桓文公”。按《书》曰：“勖哉夫子，尚桓桓。”孔传曰：“桓桓，武貌。”《尔雅》曰：“桓桓、烈烈，威也。”均与著书明道之旨无关，颇为杜撰。又“文公”字跳行示敬，而“孔子”、“曾子”字乃均不跳行，亦殊颠倒。以原本所有，姑仍其旧录之焉。（卷三二·经部·孝经类，第265页）

202.上饶·鄱阳 【元】周伯琦（1298—1369）：《说文字原》一卷、《六书正讹》五卷大学士于敏中家藏本

元周伯琦撰。伯琦字伯温，饶州人[①]。官至兵部侍郎。明郎瑛《七修类稿》载其降于张士诚，士诚破后，为明太祖所诛。谓《元史》称其后归鄱阳病卒为误。考徐祯卿《翦胜野闻》先有此说。然宋濂修史在太祖时，使伯琦果与士诚之党同诛，濂等不容不知。至《翦胜野闻》本出依托，不足为据。瑛所言殆传闻失实也。是二书前有至正乙未国子监丞宇文公谅总序。《说文字原》之首有伯琦自序，题“至正己丑”，而《六书正讹》则无序。意其佚脱也。明嘉靖元年，滁阳于器之重刊于浙中，琼州黄芳为序。崇祯甲戌，胡正言又重刊之。正言字曰从，海阳人。官中书舍人。工于镌篆，有《十竹斋印谱》两集。此二书篆文，即所手书也。昔许慎《说文》凡分五百四十部，其先后之序，或有义或无义，不尽可考。徐锴作《说文系传》，仿《周易·序卦》之例，一一明其次第连属之故，未免失之牵合。伯琦是书又以慎之部分增廿、丣、㠯、亍、屮、芔、爿、𠪚、乂、𡴆、乇、夲、乀、𠕀、毋、尢、丩一十七部。又改皕为百，改箕为其，改危为产，改雲为云，变其字者四部。删其飞、儿、𢎘、凶、卤、矛、辛、豈、鼓、白、有、亏、蓐、㓞、酋、亏、亣十七部。移其原第，使以类相从，以明辗转孳生之义，分为一十二部。如“秃”字《说文》从人在禾中，伯琦则谓从木谐声，从禾为谬；“尸”字小篆一笔三折，屈曲相连，伯琦则谓为传写之误，当从卧人之形，作二笔书之：与慎亦颇有异同。至于以侧山为𠂤、倒㞢为帀之类，训为转注，则仍与会意无分，未免自我作古耳。其《六书正讹》，以《礼部韵略》部分分隶诸字。列小篆为主，先注制字之义，而以隶作某某、俗作某某辨别于下，略如张有《复古编》之意。其间如“芙蓉”之“蓉”必书为“颂”、“枝幹”之“幹”必书为“干”，多牵强而不可行。且全书皆用今韵，而“宜”字则以篆文从多

① 《新元史》卷二百十一（列传第一百八）：周伯琦，字伯温，饶州鄱阳人。

谐声，移于歌韵。全书皆用小篆，而“香”字仍从古文作㿝，别注小篆作香。如斯之类，尤未免为例不纯。大抵伯琦此二书，推衍《说文》者半，参以己见者亦半。瑕瑜互见，通蔽相仿，不及张有《复古编》之精密，而亦不至如杨桓《六书统》之糅杂。采葑采菲，无以下体，姑存以备一解，亦兼收并蓄之意云尔。（卷四一·经部·小学类二，第353页）

203.上饶·鄱阳【元】周伯琦：《近光集》三卷、《扈从诗》一卷江苏巡抚采进本

元周伯琦撰。伯琦有《六书正讹》，已著录。当顺帝时，伯琦以文章知遇，出入禁廷。因别裒录所作，为此二集。《近光集》乃后至元八年庚辰由国史院编修擢翰林修撰，同知制诰。至正元年辛巳，为授经郎经筵译文官。二年壬午，为帘内官。四年甲申，升监书博士。五年乙酉，改崇文监丞，迄于出为海北广东道肃政廉访使。凡五年之诗。《扈从诗》则至正十二年壬辰，由翰林直学士兵部侍郎拜监察御史，扈从上京之作也。《近光集》中述朝廷典制为多，可以备掌故。《扈从诗》中记边塞闻见为详，可以考风土。而伯琦文章淹雅，亦足以摹写而叙述之。溯元季之遗闻者，此二集与杨允孚《滦京百咏》亦略具其梗概矣。（卷一六七·集部·别集类二〇，第1448页）

204.上饶·鄱阳【明】贺登选：《易辰》九卷江西巡抚采进本

明贺登选撰。登选号澹余，鄱阳人。崇祯甲戌进士。官至监察御史。是书以三百八十四爻取象之义，杂引史事以证经。盖仿《诚斋易传》之例，而深切则不及之。其以《乾》初爻为象人心，《乾》四爻为象太子之类，亦颇穿凿。自序谓《易》无象而三百八十四爻其象，辰无象而三百六十五度其象，故以“辰”名其书焉。（卷八·经部·易类存目二，第66页）

205.上饶·鄱阳【明】余祐（1465—1528）：《文公先生经世大训》十六卷礼部尚书曹秀先家藏本

明余祐编。祐字子积，鄱阳人。宏[①]治庚戌进士，官至云南布政使。内召为太仆寺卿，未及行，又擢吏部侍郎，未闻命而病卒。《明史·儒林传》附见

① “宏”当为“弘”，避讳清高宗弘历。

胡居仁传中。祐，居仁之门人，又其婿也。是书成于正德甲戌，采《朱子文集》、《语类》二书，分类排纂为三十六门，别无一字之发挥。其曰《大训》，盖取与天球河图并重之义。然书所称者乃古圣先王之教典，非大贤以下所敢受，恐未必合朱子意也。（卷九五・子部・儒家类存目一，第808—809页）

206.上饶・鄱阳【明】徐中:《性理图说》一卷浙江巡抚采进本

明徐中撰。中字成中，鄱阳人。是书分无极、天道、性命诸类。语多陈因，无足采录。（卷九六・子部・儒家类存目二，第814页）

207.上饶・鄱阳【明】罗珏:《地理总括》三卷浙江巡抚采进本

明罗珏撰。珏字世美，鄱阳人。是书刻于万历二年。前二卷以二十四山分阴阳局，龙穴、砂水各为之图，又及造命、分金、躔度诸法。珏自序专为理气而设。顾杨、曾二氏之论理气，词约义丰，随地通变，赖氏虽分龙穴、砂水为四，亦撮举一二确凿可据者为言，珏乃定为格式，某龙某方为吉，某方为凶，二十四山执一不化。不知山川赋形，卦气消息，万有不齐。用意虽勤，可谓不善学古者矣。其第三卷为平原三法，附以诸家杂论。三法者，一曰特生墩阜，二曰眠亘形局，三曰覇水裁局，不著其所自来。案叶泰《平阳全书》三法后有嘉靖时汪标跋，称此书出自幕讲僧秘传。今观其墩阜图内所载龙虎朝应，率皆板法。眠亘图有灵蛇抢蛤，老蚌吐珠等名，亦多臆造，未必出幕讲之手。惟杂论内所引杨筠松之《遍地钤》，如“水边花发水中红，窗外月明窗内白”之句，寓言气感，颇具名理。惜又杂以他说，如海角经青龙，六合宜高大，白虎螣蛇莫起峰之类，仍不离乎庸术也。（卷一一一・子部・术数类存目二，第941—942页）

208.上饶・鄱阳【明】童轩（1425—1498）:《纪梦要览》三卷浙江范懋柱家天一阁藏本

明童轩撰。轩字士昂，鄱阳人。景泰辛未进士，官至吏部尚书。是书梦论一卷，历代纪梦事实二卷，卷末禳梦符及占梦法，则鄙俚荒唐，为异端邪说之尤矣。周官占梦，其法不传。《汉志》有《黄帝长柳占梦》十一卷，《甘德长柳占梦》二十卷，今亦久佚。轩乃摭村巫瞽说以当之，不亦陋乎？（卷一一一・子部・术数类存目二，第951页）

209.上饶·鄱阳【明】童轩:《清风亭稿》七卷浙江巡抚采进本

明童轩撰。轩有《纪梦要览》,已著录。《千顷堂书目》载《清风亭稿》十卷。此本第一卷为骚赋,自二卷至七卷皆诗。其门人李澄所编,而刘珝、张弼评之。后有魏骥、杨守陈、沈周诸人题词。较《千顷堂书目》少三卷,未知为原本佚脱,为黄虞稷误记也。戴冠《濯缨亭笔记》称轩性寡合,不妄取予。居南京日,家人衣食或不给。惟王恕馈以米及白金,或不受。毘陵王偀知其介,不敢致馈。有以礼币求文者,导使诣轩,轩亦不纳。其人品本为高洁,其诗亦雅淡绝俗,然在明代不以诗名。殆正德以后北地、信阳之说盛行,寥寥清音,不谐俗尚故耶?朱彝尊《明诗综》仅录其《忆金陵》五言律诗一首,未尽所长。又引周吉父之言,称其《九日诗》"黄菊酒香人病后,白蘋风冷雁来初"、《草堂诗》"草堂夜雨生科斗,花径春风唤栗留"两联,亦非其至。或彝尊偶未见其全集,亦未可知也。轩别有《枕肱集》二十卷,又有《海岳涓谈》、《谕蜀稿》,《千顷堂书目》尚著录,今未之见,其存佚盖莫之详矣。(卷一七〇·集部·别集类二三,第1488页)

210.上饶·鄱阳【明】胡衮:《东水质疑》六卷两江总督采进本

明胡衮撰。衮字补之,自号味菜山人,鄱阳人。嘉靖中官台州教授。东水者,其所居也。前四卷皆史论,起周讫宋。后二卷皆读书题记,自《左传》、《国语》以暨诸子、诸集,起周讫明。前有小引,自谓于诸生讲论之暇,笔之以备考订。然持论疏浅,不免为饾饤之学也。(卷一二五·子部·杂家类存目二,第1075页)

211.上饶·鄱阳【明】刘叶:《事类通考》十卷浙江巡抚采进本

明刘叶撰。叶字芝华,饶州人。是书于古今事实分类纂辑,凡七十七门。隶事而间以评论,或似札记,或似语录,或似对句,体例莫能名状。观其以"年少初登第,皇都得意回"十字分标十卷之号,则其书可知也。(卷一三八·子部·类书类存目二,第1176页)

212.上饶·鄱阳【明】刘炳:《刘彦昺集》九卷编修汪汝藻家藏本

明刘炳撰。炳字彦昺,以字行,鄱阳人。洪武初,献书言事,授中书典签。出为大都督府掌记，除东阿知县。阅两考，引疾归。《明史·文苑传》附载《王冕传》中。所著诗文本名《春雨轩集》，乃其门人刘子昇所编，杨维桢尝为评定。其评亦附载集中，维桢及危素、宋濂、徐矩皆为作序，王袆、俞贞木、周象初皆为作跋。此本题曰《刘彦昺集》，不知何人所改也。炳当元季兵乱时，与弟煜结里闬相保，寇至辄却走。依余阙于安庆，以其孤军不振，辞归。盖亦才识之士。故诗格伉爽挺拔，类其为人。惟末附杂文一卷，气象薾弱，殊逊其诗。知所长不在此，特以余事及之耳。案炳事迹略具《明史·文苑传》中，而《江西通志》引《豫章人物志》，所纪炳历官本末与史多有不合。如《史》云"炳至正中从军于浙"。而《志》乃云"为参政于光使金陵"，不知所据。《史》云"炳以言事为典签"，而《志》乃云"先参赞沐总制守镇江，寻授广东卫知事"。考其《吊余阙墓》文，结衔称大都督府掌记，在洪武十二年。而《哀曹国公》诗有"三年参记府"句，《沐西平輓诗》有"十年参幕府"句，李文忠以洪武三年领大都督事，沐英以洪武四年同知大都督府，以年数计之，不应未授典签，先参赞沐英军事，前后亦相舛迕。盖稗官野史，传闻异词，往往如此。今一以史文为据，而并存其同异以备考核。又旧本中书元国号皆作"原"字。盖以明初刊版之时，犹未奉二名不偏讳之诏，故以"原"代"元"，而传写者仍之欤？事隔前朝，理无避忌。今悉改正，从本文焉。（卷一六九·集部·别集类二二，第1470—1471页）

213.上饶·鄱阳【明】释克新:《元释集》一卷编修汪如藻家藏本

明释克新撰。克新姓余氏，字仲铭，自号江左外史，又称为雪庐和尚，鄱阳人。元末住嘉兴水西寺。洪武初召至南京，尝奉诏往西域招谕吐番。所著有《雪庐南询稿》。此本别题《元释集》，仅古今体诗六十余首。考赖良《大雅集》载有克新诗四首，而此本皆无之。盖后人于《雪庐集》中摘录抄存，非其全稿也。（卷一七五·集部·别集类存目二，第1550页）

214.上饶·鄱阳【明】史桂芳（1518—1598）:《惺堂文集》十四卷江西巡抚采进本

明史桂芳撰。桂芳字景实，号惺堂，鄱阳人。嘉靖癸丑进士，官至两浙盐运使。桂芳与罗汝芳、耿定向讲学，其语录称，诵陈献章"未分无极源头在，谁画先天样子来？碧玉楼中闲隐几，十千川绕又山回”之句，谓数十年不似今夕了悟，其宗旨可见。而文章颇朴实，不为虚渺之谈。集末附《书经补说》三卷，多与先儒立异。其谓周武王无封箕子事，说亦甚辩。然史传炳然，古无异论，安可悬断其诬也？（卷一七八·集部·别集类存目五，第1599页）

215.上饶·鄱阳【明】刘仔肩:《雅颂正音》五卷江西巡抚采进本

明刘仔肩编。仔肩字汝弼，鄱阳人。洪武初，因荐应召至京，集同时之诗为此书，上自公卿，下至衲子，凡五十余人，而仔肩所作亦附焉。用刘向、王逸、徐陵、芮挺章例也。有宋濂、张孟兼前后二序，皆作于洪武三年。所选之诗，每人寥寥数首，盖是时诸人之集，皆未成编，随得随录，故未能赅备。然明初诸家，今无专集行世者，颇藉以略存梗概。其时武功初定，文治方兴，仔肩拟之《雅》、《颂》，固未免溢美。要其春容谐婉，雍雍乎开国之音，存之亦足以见明初之风气也。此本犹洪武时旧刻，岁久刓敝，颇有模糊佚脱之处，无别本可校，今悉姑仍其旧焉。（卷一八九·集部·总集类四，第1713页）

216.上饶·鄱阳【清】史珥:《胡忠烈遗事》四卷江西巡抚采进本

国朝史珥编。珥，鄱阳人，乾隆甲戌进士，官吏部主事。是编纪建文末大理寺少卿胡闰遗事，与后人题咏诗文，而闰女郡姐及连坐亲属并载焉。珥十一世祖秉方为闰之婿。闰既死节，婿家亦连坐。故珥述其殉节始末，成此书。先是，纪闰事者有《英风纪异》，史桂芳所刊，而杨际会名之者也。又有《风忠录》，瞿风翥所刊，而文德翼序之者也。又有《忠义类编》，史乘古所名，其例言则屠叔方所纂者也。珥汇合诸书，考证颇详。如闰妻汪氏非方氏。《贞姑传》中所云王安人者，乃史氏之妇，非闰妻。颇有纠讹订舛之功。惟旧《录》载万历十二年十月八日诏雪革除诸臣，张榜于县门，忽风掣其榜入云中，飞舞空中，自午至申，乃堕。故有风烈、英风诸名，纪其实也。而史桂芳所作《诗序》，乃谓闰之风异，放而往，周流六虚；卷而还，收摄完聚。明明有圣学景象，区区以忠臣目之，恐不足以慰在天之灵云。其说似高而实谬。文天祥不云乎：“孔曰成仁，孟曰取义，读圣贤书，所学何事？”其言至

为明白，奈何以忠臣为区区，而曰别有圣贤乎？（卷六〇·史部·传记类存目二，第546页）

217.上饶·鄱阳【清】史既济:《介轩遗笔》二卷江西巡抚采进本

国朝史既济撰。既济字若川，鄱阳人。是编皆随笔记录，多志其家世本末，及江右近事。间及经史，亦罕所考据发明。(卷一二九·子部·杂家类存目六，第1109页）

218.上饶·鄱阳【清】史白:《复堂杂说》一卷江西巡抚采进本

国朝史白撰。白字坚又，鄱阳人。书中皆杂论经史之语。其解《易卦》，多尚互体，颇能复古，其余皆习见之语。首尾仅四十余则，盖其随笔札记，而后人抄撮成帙者也。(卷一二九·子部·杂家类存目六，第1109页）

219.上饶·鄱阳【清】史白:《竹村杂记》二卷江西巡抚采进本

国朝史白撰。亦《复堂杂说》之类，而条目稍多。其中谓《左传》、《国语》非一人所作，引黄池之会左氏作先晋人,《国语》作吴公先歃为证，颇能得间。解壹发五豝以中必叠双为误，解朝隮于西以朱注作雨止为误，亦颇见疏剔。至谓桎梏而死为桎梏于人欲，则殊失之穿鉴。其他亦不能一一精确也。（卷一二九·子部·杂家类存目六，第1109页）

220.上饶·鄱阳【清】史简:《鄱阳五家集》十五卷江西巡抚采进本

国朝史简编。简字文令，鄱阳人。是编辑其乡人之诗，自宋末至明初，凡五家。一曰《芳洲集》三卷，黎廷瑞撰。廷瑞字祥仲，宋咸淳辛未进士，授迪功郎，肇庆府司法参军。二曰《乐庵遗稿》二卷，吴存撰。存字仲退，延祐元年举于乡，官至饶州路鄱阳县主簿。三曰《松巢漫稿》三卷，徐瑞撰。瑞字山玉，号松巢，宋末元初人，尝为鄱邑书院山长。集末附其从子弢诗三十六首，曰《仰山集》，四曰《寓斋诗集》二卷，叶兰撰。兰字楚庭，号醉渔，元太常寺礼仪院奉礼郎。明太祖召之，投水死。末附叶德新先生仅存诗一卷。德新名懋，兰之父也，元时官嘉兴路总管。五曰《春雨轩集》四卷，刘炳撰。所录以诗为主，间亦及诗余及赋。考五家之中，惟刘炳全集有传本，已著于录。其余四家及所附录二家，则刊本殊稀，颇赖此刻以存。其诗大都谐雅可诵，非夸饰风土、滥盈卷帙者比也。叶懋为叶兰之父，而其诗附刻兰诗后，盖用《黄庭坚集》附刻《伐檀集》例，于义未允。今移此卷于兰诗之前焉。（卷一九〇·集部·总集类五，第1732—1733页）

| 鹰潭 |

四库著录鹰潭先贤15人，著作19种，其中宋代1种，元代1种，明代13种，清代4种。

（一）四库鹰潭先贤著作简目

1.鹰潭·贵溪【明】夏言（1482—1548）：《南宫奏稿》五卷编修励守谦家藏本（卷五五·史部·诏令奏议类，第499—500页）

2.鹰潭·贵溪【明】夏言：《桂洲奏议》二十一卷安徽巡抚采进本（卷五六·史部·诏令奏议类存目，第506页）

3. 鹰潭·贵溪【明】夏言：《桂洲集》十八卷江西巡抚采进本（卷一七六·集部·别集类存目三，第1577页）

4.鹰潭·贵溪【明】姚文灏（1455—1504）：《浙西水利书》三卷两淮马裕家藏本（卷六九·史部·地理类二，第612页）

5.鹰潭·贵溪【明】徐贞明（约1530—1590）：《潞水客谈》一卷两淮盐政采进本（卷七五·史部·地理类存目四，第652页）

6.鹰潭·贵溪【明】汪三益：《参筹秘书》十卷浙江巡抚采进本（卷一一〇·子部·术数类存目一，第938页）

7.鹰潭·贵溪【明】张宇初（1359—1410）：《岘泉集》四卷江西巡抚采进本（卷一七〇·集部·别集类二三，第1479页）

8.鹰潭·贵溪【明】江以达：《江午坡集》四卷江西巡抚采进本（卷一七七·集部·别集类存目四，第1583页）

9.鹰潭·贵溪【清】徐继发：《周易明善录》二卷江西巡抚采进本（卷九·经部·易类存目三，第70页）

10.鹰潭·贵溪【清】郑日奎：《静庵集》十二卷江西巡抚采进本（卷一八二·集部·别集类存目九，第1649页）

11.鹰潭·贵溪【清】江八斗：《残本湖陵江氏集》五卷江西巡抚采进本（卷一九四·集部·总集类存目四，第1778页）

12.鹰潭·余江【宋】汤汉（约1198—1275）：《东涧集》一卷江西巡抚采进本（卷一七四·集部·别集类存目一，第1543页）

13.鹰潭·余江【元】李存（1281—1354）：《俟庵集》三十卷两淮马裕家藏本（卷一六七·集部·别集类二〇，第1447页）

14.鹰潭·余江【明】桂萼（？—1531）：《桂文襄奏议》八卷江西巡抚采进本（卷五六·史部·诏令奏议类存目，第505页）

15.鹰潭·余江【明】桂萼：《舆图记叙》二卷江西巡抚采进本（卷七二·史部·地理类存目一，第636页）

16.鹰潭·余江【明】桂萼：《经世民事录》十二卷浙江范懋柱家天一阁藏本（卷一〇二·子部·农家类存目，第854—855页）

17.鹰潭·余江【明】刘麟（1474—1561）：《刘清惠集》十二卷浙江巡抚采进本（卷一七一·集部·别集类二四，第1498页）

18.鹰潭·余江【明】桂华：《古山集》四卷江西巡抚采进本（卷一七六·集部·别集类存目三，第1574页）

19.鹰潭·余江【清】邓志谟：《古事苑》十二卷内府藏本（卷一三九·子部·类书类存目三，第1179页）

（二）四库鹰潭先贤著作提要

1.鹰潭·贵溪【明】夏言（1482—1548）：《南宫奏稿》五卷编修励守谦家藏本

明夏言撰。言字公谨，贵溪人，正德丁丑进士，授兵科给事中。历官礼部尚书、武英殿大学士。后以主复河套，为严嵩所构，坐与曾铣交关，弃市。隆庆初，追复原官，谥文愍。事迹具《明史》本传。言初以才器受知世宗，而柄用之后，志骄气溢，傲愎自专，卒以致败，其事业殊无可称。特学问淹博，于故事夙所留意。又值世宗锐意改制之时，故于一朝典礼，多所酌定。如南北郊分祀、更定文庙祀典及大禘礼仪、立先蚕坛之类，悉言所赞成。迨帝擢掌礼部，益力举其职。前后奏牍，亦多有可采。此本为御史王廷赡所刊行，即其官尚书时所上。自郊庙大典以至封爵贡举，大端略具。其间牵合古义，附会时局者，往往不免。然明代典章，至嘉靖而一大变。史志但撮举纲要，不能具其建议之所以然。观于是集，端委一一具在。录而存之，亦议礼者得失之林，非谓其持论之皆当也。（卷五五·史部·诏令奏议类，第499—500页）

2.鹰潭·贵溪【明】夏言:《桂洲奏议》二十一卷安徽巡抚采进本

明夏言撰。言有《南宫奏稿》，已著录。是编又益以谏垣所上，分为二十一卷。乃言入阁之后，巡抚江西副都御史王暐等所刊，事在嘉靖十八年。后暐以事获罪，主其狱者即言也。言以《论南北郊分祀》受知世宗，遂被擢用。史称其奏定典礼，多可采者。今核其所论，实惟议礼一事，有关典制沿革。故录其《南宫奏稿》，而此集则别存其目焉。（卷五六·史部·诏令奏议类存目，第506页）

3.鹰潭·贵溪【明】夏言:《桂洲集》十八卷江西巡抚采进本

明夏言撰。言有《南宫奏稿》，已著录。此集凡赋、诗、词八卷，文十卷，首有《年谱》，言未相时以词曲擅名，然集内词亦未甚工，诗文宏整而平易，犹明中叶之旧格。（卷一七六·集部·别集类存目三，第1577页）

4.鹰潭·贵溪【明】姚文灏（1455—1504）:《浙西水利书》三卷两淮马裕家藏本

明姚文灏撰。文灏，贵溪人。成化甲辰进士，官工部主事。考《明孝宗实录》，载宏[①]治九年七月，提督松江等处水利工部主事姚文灏，言治水六事，上从之。则是书当为是时作也。大旨以天下财赋仰给东南，南直隶之苏、松、常三府，浙江之杭、嘉、湖三府，环居太湖之旁，尤为卑下。太湖绵亘数百里，受诸州山涧之水，散注淀山等湖，经松江以入海。其稍高昂者，则受杭、禾之水，达黄浦以入海。淫潦时至，辄泛溢为患。盖以围田掩遏，水势无所发泄，而塘港之湮塞故也。因取宋至明初言浙西水利者，辑为一编。大义以开江、置闸、围岸为首务，而河道及田围则兼修之。其于诸家

① “宏”当为“弘”，避讳清高宗弘历。

之言，间有笔削弃取。如单锷《水利书》及任都水《水利议答》之类，则详其是而略其非。而宋郏氏诸议，则以其凿而不录。盖斟酌形势，颇为详审，不徒采纸上之谈云。（卷六九·史部·地理类二，第612页）

5.鹰潭·贵溪【明】徐贞明（约1530—1590）：《潞水客谈》一卷两淮盐政采进本

明徐贞明撰。贞明字孺东，一曰伯继，贵溪人。隆庆辛未进士，官至尚宝司少卿。其官工科给事中时，上疏言畿甸水利，大旨开西北之沟洫，以省东南之漕运。廷议不行。会以他事外谪太平府知事，不能再疏理前说，乃于通州旅次作此书，设为宾主问答之辞，以尽疏中之义。前有万历丙子张元忭序，又有俞均重刊序，及王祖嫡题词，末有李世远、王一鹗二书，李桢、米鸿谟二跋，皆盛推之。然其后贞明复官还朝，再申前请，廷议用其策，即命贞明领之。迄不能成功而罢。又《明史·汪应蛟传》载，应蛟巡抚保定时，奏兴畿辅水利，工部尚书杨一魁赞成其事。神宗报许，后亦卒不能行。盖持是议者，皆妄冀水利一兴，即北方之粟足供仓储，可以省南方之漕运。而不知古今异势，南北异宜。书生纸上之言，固未可概见诸实事也。（卷七五·史部·地理类存目四，第652页）

6.鹰潭·贵溪【明】汪三益:《参筹秘书》十卷浙江巡抚采进本

明汪三益撰。三益字汉谋，贵溪道士。是编采禽遁奇门诸书，裒合成编，以备兵家之占。成于崇祯己卯，杨廷枢为之序。己卯，崇祯十二年也。是时流氛方炽，庙堂主招抚，而草泽则竞谈兵，乃至方外者流亦炫鬻其术，托于异人之传。夫天时之说见于《孟子》，则孤虚旺相亦属旧文。然周兴纣灭，同一干支；我往彼亡，难分宜忌。军政不修而规规以小术求胜负，末矣。（卷一一〇·子部·术数类存目一，第938页）

7.鹰潭·贵溪【明】张宇初（1359—1410）：《岘泉集》四卷江西巡抚采进本

明张宇初撰。宇初字子璿，贵溪人，张道陵四十三世孙，洪武十年袭掌道教，永乐八年卒。《明史·方技传》附见其父《正常传》中，称其建文时尝坐不法夺印诰，成祖即位复之，又称其尝受道法于长春真人刘渊然，后与渊然不协，互相诋讦。其人品颇不纯粹，然其文章乃斐然可观。其中若《太极释》、《先天图论》、《河图原辨》、《荀子辨》、《阴符经》诸篇，皆有合于儒者之言。《问神》一篇，悉本程朱之理，未尝以云师、风伯荒怪之说张大其教。以视诵周、孔之书而混淆儒、墨之界者，实转为胜之。韩愈《送浮屠文畅序》称："人有儒名而墨行者，问其名则是，校其行则非。有墨名而儒行者，问其名则非，校其行则是。"然则若宇初者，其言既合于理，宁可以异端之故，并斥其文乎？朱彝尊《明诗综》称其集二十卷，诗居其半，王绅为之序。此本皆所作杂文，惟末附歌行数十首。卷首虽载绅序，而二十卷之旧已不复存，盖又掇拾重编之本矣。（卷一七〇·集部·别集类二三，第1479页）

8.鹰潭·贵溪【明】江以达：《江午坡集》四卷江西巡抚采进本

明江以达撰。以达字于顺，号午坡，贵溪人。嘉靖丙戌进士，官至湖南提学副使案：《千顷堂书目》作福建提学，误。福建去湖广颇远，不至忤楚藩也，以忤楚藩系狱。后放归，病卒。《明史·文苑传》附见《王慎中传》中。朱彝尊《静志居诗话》曰："午坡以北地文出庐陵、眉山之上。"又谓"昌黎诗不逮文，尚染习气"云云。今考其语，见集中所载张东沙集序。然其《与霍渭崖论文书》云：模形者神遗，斫句者气索，景会者意脱，蕊繁者荄衰。譬诸画地为饼，以餤则难，刻木为人，束之衣冠，与之酬色笑，而施揖让则不可。其于正、嘉之时，剽窃摹拟之病，又未尝不知之，而趋向如是，何耶？（卷一七七·集部·别集类存目四，第1583页）

9.鹰潭·贵溪【清】徐继发：《周易明善录》二卷江西巡抚采进本

国朝徐继发撰。继发字绳武，贵溪人。其书专以后天诸图为主，由占筮卦气而蔓衍于律吕等韵。前有自序，谓："后天之道以致用为主，而造化之流行有常有变。常者宰之于帝，变者藏之于神。履其常者以卦为体，通其变者以筮为用。是故帝者流行一定之极，而神者造化不测之机也。"其推阐亦颇极苦心。然与讲先天之图者亦同一关纽，总为《易》外之别传而已。（卷九·经部·易类存目三，第70页）

10.鹰潭·贵溪【清】郑日奎：《静庵集》十二卷江西巡抚采进本

国朝郑日奎撰。日奎字次公，贵溪人。顺治己亥进士，改庶吉士，散馆授礼部主事。康熙壬子，与新城王士祯同典四川乡试，士祯诗所谓"水部风流似郑虔”者也。是集凡诗五卷，又别集诗一卷，文五卷，中多留心时事之言，又《谈賸》一卷，一名《醒世格言》，则札记语也。（卷一八二・集部・别集类存目九，第1649页）

11.鹰潭・贵溪【清】江八斗：《残本湖陵江氏集》五卷江西巡抚采进本

国朝江八斗编。八斗字四达，号纯夫，贵溪人。其始祖公荣，自宋建炎间官弋阳，始迁居于贵溪之湖陵，是为湖陵江氏。其后仕宦颇盛。故八斗辑其先世诗文，分体编次，以成此集。八斗所自作亦载入焉。目录列文五卷，诗二卷，弁以历代敕命制诰，而终以附录。此本阙第二卷、第七卷及附录，疑装缉佚之。其编次颇为参错，如祷疏在题草之先，四言、六言在词调之后，《子夜》、《采莲》本为古诗，而别之为曲。其都议、关议诸名，他集亦不经见也。（卷一九四・集部・总集类存目四，第1778页）

12.鹰潭・余江【宋】汤汉（约1198—1275）：《东涧集》一卷江西巡抚采进本

宋汤汉撰。汉字伯纪，安仁人，以荐授信州教授，度宗时，官至工部尚书，谥文清，事迹具《宋史・儒林传》。史称汉文集六十卷。今惟所编《妙绝古今》尚有传本，而文集则久佚。此本不知何人所辑，杂掇史传所载奏疏七段，皆非全文。又益以《陶靖节诗注序》一篇、《重修杨龟山旧宅记》一篇、《真西山读书记序》一篇、《石鼓书院记》一篇、《妙绝古今序》一篇、《遗诗》三首。附以诸家题跋及告身。其于原帙，盖泰山一毫芒矣。（卷一七四・集部・别集类存目一，第1543页）

13.鹰潭・余江【元】李存（1281—1354）：《俟庵集》三十卷两淮马裕家藏本

元李存撰。存字明远，更字仲公，安仁人[①]。少博涉典籍，喜为文章。后从上饶陈立太传陆九渊之学，遂尽焚所著书。其论学以省察本心为主。其论文谓唐、虞所有之言，三代可以不言。三代所有之言，汉、唐可以不言。未有六经，此理无隐。前古圣贤，直形容之而已，恶能有所增损？皆陆氏义也。然存所学笃实，非金溪流派堕于元[②]渺，并失陆氏本旨者比。故其诗文

① 安仁，即今余江县。
② “元”当为“玄”，避讳清圣祖玄烨。

皆平正醇雅，不露圭角，粹然有儒者之意。是集为其子卓所编。凡诗十一卷、文十九卷。前有永乐乙酉邹济序，及危素所作《墓志》。末附虞集书一首。案《道园学古录》有《送李彦方闽宪诗序》曰："近日晚学小子，不肯细心读书穷理，妄引陆子静之说以自欺自弃。至欲移易章句，直斥程、朱之说为非，此亦非有见于陆氏者也。特以文其猖狂不学以欺人而已。此在王制之必不容者也。闽中自中立之归，已有道南之叹。仲素、愿中至于元晦，端绪明白，皆在闽中。不能不于彦方之行发之。去一赃吏，治一弊政，不如此一事有以正人心"云云。其言褊躁，与陆氏学派若不戴天。而与存书乃深相推挹，岂非以其人重之欤？亦足见元儒敦朴，无门户之成见也。（卷一六七·集部·别集类二〇，第1447页）

14.鹰潭·余江【明】桂萼（？—1531）：《桂文襄奏议》八卷江西巡抚采进本

明桂萼撰。萼字子实，安仁人，正德辛未进士。嘉靖初以议礼骤贵，官至吏部尚书、武英殿大学士。谥文襄。事迹具《明史》本传。是集冠以《大礼疏》。案其初议，但称兴献帝曰皇考，而别立庙于大内，未及入庙称宗，如末流之甚。其后何渊希旨，遂请入兴献帝神主于太庙。萼上《请罢非议以全大礼疏》，斥为破坏典章，奸邪陷君云云。则初意亦未甚决裂。厥后希旨固宠，循声附和，遂以数载之荣华，博千秋之诟厉。凡所建白，均为读史者所厌观矣。衡以彰瘅之公，此集固在所必斥也。（卷五六·史部·诏令奏议类存目，第505页）

15.鹰潭·余江【明】桂萼:《舆图记叙》二卷江西巡抚采进本

明桂萼撰。萼有《桂文襄奏议》，已著录。是编即嘉靖八年为大学士时所上。首为总图，次则两京十三省各为一图，附以四夷图。但略具兵马钱粮之总数，并府州县卫之名亦不具列。所述利病，亦皆敷衍之词。其《奏进疏》乃称，披此图如祖宗之亲历地方者然。而世宗批答，亦称其明白要切，具见体国经济。皆不可解也。（卷七二·史部·地理类存目一，第636页）

16.鹰潭·余江【明】桂萼:《经世民事录》十二卷浙江范懋柱家天一阁藏本

明桂萼编。萼有《桂文襄奏议》，已著录。是书乃萼为武康知县时，按明大统历所载逐月节气，各注事宜，刊布晓谕。故每卷之首皆称，湖州府武康县据本县阴阳呈，某时为某节，当奉时令施行云云。后嘉靖七年蒋瑜知鄱阳县，萼以是本授之，瑜遂重刊以行。其中每月冠以月令全文一段，与民事无关。且居青阳左个云云，与明制亦绝不相合也。（卷一〇二·子部·农家类存目，第854—855页）

17.鹰潭·余江【明】刘麟（1474—1561）:《刘清惠集》十二卷浙江巡抚采进本

明刘麟撰。麟字元瑞，一字子振，江西安仁人。后流寓长兴，子孙遂隶籍焉。宏[①]治丙辰进士，官至工部尚书。事迹具《明史》本传。初，麟观政工部时，即与同年陆昆抗疏争谏官下狱事。及为绍兴府知府，又以忤刘瑾褫职。后官尚书，卒以争苏松织造为宦官所挤而罢。盖始终介介自立者。其自绍兴归也，依其姻家吴琉于长兴。与孙一元、文徵明等往来倡和。世传征明《神楼图》，即为麟作也。是集凡诗二卷，奏疏、杂文九卷，附录一卷，麟曾孙慭陛所编。万历丙午，湖州知府无锡陈幼学刊之长兴，朱凤翔为序，称“其文出入秦汉，诗则骎骎韦、杜”，固未免太过。至称“其标格高入云霄，胸中无一毫芥蒂，故所发皆盎然天趣，读之足消鄙吝”，则得其实矣。是亦文章关乎人品之验也。（卷一七一·集部·别集类二四，第1498页）

18.鹰潭·余江【明】桂华:《古山集》四卷江西巡抚采进本

明桂华撰。华字子朴，安仁人，正德癸酉举人，大学士萼之兄也。尝从胡居仁门人张正游，故所学颇为醇正，诗文则尚未成家。（卷一七六·集部·别集类存目三，第1574页）

19.鹰潭·余江【清】邓志谟:《古事苑》十二卷内府藏本

国朝邓志谟撰。志谟字景南，饶安人[②]。是书成于康熙丙寅。捃摭古事，裁为俪偶，凡六十篇，其注释则各附篇末。大致欲仿吴淑《事类赋》，而不能谐以声韵，贯以脉络，遂各为无首无尾，不相联贯之四六云。（卷一三九·子部·类书类存目三，第1179页）

---

① “宏”当为“弘”，避讳清高宗弘历。

② 即饶州府安仁（今余江县邓埠镇竹溪邓家）人。《安仁县志》卷三《隐逸》：“邓志谟，字景南，竹溪人。”明清小说网：https：//www.mingqingxiaoshuo.com/renwu/dengzhimo/

吉安

四库著录吉安先贤208人，著作313种，其中宋代81种，元代33种，明代176种，清代23种。

（一）四库吉安先贤著作简目

1.吉安 【元】周巽：《性情集》六卷永乐大典本（卷一六八·集部·别集类二一，第1461页）

2.吉安 【明】权衡：《庚申外史》二卷编修汪如藻家藏本（卷五二·史部·杂史类存目一，第474页）

3.吉安·青原区 【宋】胡铨（1102—1180）：《澹庵文集》六卷两淮马裕家藏本（卷一五八·集部·别集类一一，第1360页）

4.吉安·青原区 【明】胡接辉：《三忠文选》十六卷内府藏本（卷一九三·集部·总集类存目三，第1764页）

5.吉安·青原区 【清】张贞生（1623—1675）：《玉山遗响》六卷江西巡抚采进本（卷七八·史部·地理类存目七，第677—678页）

6.吉安·青原区 【清】张贞生：《唾居随录》四卷江西巡抚采进本（卷一二五·子部·杂家类存目二，第1084页）

7.吉安·青原区【清】张贞生（1623—1675）：《庸书》二十卷江西巡抚采进本（卷一八二·集部·别集类存目九，第1648页）

8.吉安·新干 【宋】赵师使：《坦庵词》一卷安徽巡抚采进本（卷一九八·集部·词曲类一，第1813页）

9.吉安·新干 【元】邓雅：《玉笥集》九卷浙江汪启淑家藏本（卷一六八·集部·别集类二一，第1463—1464页）

10.新余；新余；吉安·新干 【明】梁寅（1309—1390）、胡行简、曾鲁（1319—1373）：《明集礼》五十三卷浙江范懋柱家天一阁藏本（卷八二·史部·政书类二，

第704页）

11.吉安·新干【明】朱孟震：《河上楮谈》三卷江西巡抚采进本（卷一二八·子部·杂家类存目五，第1100页）

12.吉安·新干【明】朱孟震：《汾上续谈》一卷浙江巡抚采进本（卷一二八·子部·杂家类存目五，第1100—1101页）

13.吉安·新干【明】朱孟震：《浣水续谈》一卷浙江吴玉墀家藏本（卷一二八·子部·杂家类存目五，第1101页）

14.吉安·新干【明】朱孟震：《游宦余谈》一卷江西巡抚采进本（卷一二八·子部·杂家类存目五，第1101页）

15.吉安·新干【明】朱孟震：《朱秉器集》八卷浙江汪汝瑮家藏本（卷一七八·集部·别集类存目五，第1609页）

16.吉安·新干【明】朱孟震：《玉笥诗谈》四卷编修程晋芳家藏本（卷一九七·集部·诗文评类存目，第1802页）

17.吉安·新干【明】练子宁（1350—1402）：《练中丞集》二卷两淮马裕家藏本（卷一七〇·集部·别集类二三，第1480页）

18.吉安·峡江【宋】孔平仲（1044—1111）：《珩璜新论》一卷江苏巡抚采进本（卷一二〇·子部·杂家类四，第1037页）

19.吉安·峡江【宋】孔平仲（伪托）：《孔氏谈苑》四卷浙江鲍士恭家藏本（卷一四〇·子部·小说家类一，第1192页）

20.吉安·峡江【宋】孔延之（1014—1074）：《会稽掇英总集》二十卷浙江郑大节家藏本（卷一八六·集部·总集类一，第1694页）

21.吉安·峡江【宋】孔文仲、孔武仲、孔平仲：《清江三孔集》四十卷两江总督采进本（卷一八六·集部·总集类一，第1694页）

22.吉安·峡江【明】金幼孜（1368—1431）：《北征录》一卷、《后北征录》一卷户部尚书王际华家藏本（卷五二·史部·杂史类存目一，第476页）

23.吉安·峡江【明】金幼孜：《金文靖集》十卷江西巡抚采进本（卷一七〇·集部·别集类二三，第1484页）

24.吉安·峡江【明】张芹（1466—1541）：《备遗录》一卷浙江范懋柱家天一阁藏本（卷六一·史部·传记类存目三，第551页）

25.吉安·峡江【明】黄一凤：《选择集要》六卷两淮盐政采进本（卷一一一·子

部・术数类存目二，第950页）

26.吉安・遂川【宋】孙逢吉（1135—1199）：《职官分纪》五十卷江苏巡抚采进本（卷一三五・子部・类书类一，第1147—1148页）

27.吉安・遂川【明】欧阳铉：《野获园集》二卷江西巡抚采进本（卷一八〇・集部・别集类存目七，第1630页）

28.吉安・永新【元】龙仁夫（1253—1335）：《周易集传》八卷浙江巡抚采进本（卷四・经部・易类四，第25页）

29.吉安・永新【明】刘髦（1373—1445）：《石潭易传撮要》一卷江西巡抚采进本（卷七・经部・易类存目一，第51页）

30.吉安・永新【明】刘髦：《石潭存稿》三卷两江总督采进本（卷一七五・集部・别集类存目二，第1554页）

31.吉安・永新【明】刘定之（1409—1469）：《易经图释》十二卷江西巡抚采进本（卷七・经部・易类存目一，第51页）

32.吉安・永新【明】刘定之：《否泰录》一卷浙江范懋柱家天一阁藏本（卷五三・史部・杂史类存目二，第476—477页）

33.吉安・永新【宋】刘定之：《宋论》三卷浙江范懋柱家天一阁藏本（卷八九・史部・史评类存目一，第759页）

34.吉安・永新【明】刘定之：《文安策略》十卷江西巡抚采进本（卷一三七・子部・类书类存目一，第1166页）

35.吉安・永新【明】刘定之：《呆斋集》四十五卷浙江巡抚采进本（卷一七五・集部・别集类存目二，第1557页）

36.吉安・永新【明】贺贻孙（1605—1688）：《诗触》四卷江西巡抚采进本（卷一七・经部・诗类存目一，第143页）

37.吉安・永新【明】贺贻孙：《激书》无卷数江西巡抚采进本（卷一二五・子部・杂家类存目二，第1082页）

38.吉安・永新【清】贺贻孙：《水田居士文集》五卷江西巡抚采进本（卷一八一・集部・别集类存目八，第1636—1637页）

39.吉安・永新【明】甘雨：《古今韵分注撮要》五卷江苏巡抚采进本（卷四四・经部・小学类存目二，第384页）

40.吉安・永新【明】甘雨：《白鹭洲书院志》二卷浙江汪启淑家藏本（卷七七・史

部·地理类存目六，第668页）

41.吉安·永新【明】贺中男：《明经济名臣传》四卷江西巡抚采进本（卷六二·史部·传记类存目四，第563—564页）

42.吉安·永新【明】贺应保：《传家迂言》一卷江西巡抚采进本（卷一二五·子部·杂家类存目二，第1078页）

43.吉安·永新【明】贺应保：《迂议》一卷江西巡抚采进本（卷一二五·子部·杂家类存目二，第1078页）

44.吉安·永新【明】贺应保：《迂亿》四卷江西巡抚采进本（卷一二五·子部·杂家类存目二，第1078页）

45.吉安·永新【明】戴有孚：《著疑录》九卷江西巡抚采进本（卷一三二·子部·杂家类存目九，第1129页）

46.吉安·永新【明】尹台（1506—1579）：《洞麓堂集》十卷江西巡抚采进本（卷一七二·集部·别集类二五，第1506—1507页）

47.吉安·永新【明】尹襄（1484—1526）：《巽峰集》十二卷、《附录》一卷两淮盐政采进本（卷一七六·集部·别集类存目三，第1573页）

48.吉安·永新【清】龙体刚：《半窗史略》四十二卷江西巡抚采进本（卷五〇·史部·别史类存目，第459页）

49.吉安·永新【清】刘世衢：《洪范皇极补》六卷江西巡抚采进本（卷一一〇·子部·术数类存目一，第933页）

50.吉安·吉水【宋】杨万里（1127—1206）：《诚斋易传》二十卷江西巡抚采进本（卷三·经部·易类三，第14页）

51.吉安·吉水【宋】杨万里：《庸言》一卷永乐大典本（卷九五·子部·儒家类存目一，第805页）

52.吉安·吉水【宋】杨万里（伪托）：《诚斋挥麈录》一卷浙江鲍士恭家藏本（卷一二七·子部·杂家类存目四，第1093页）

53.吉安·吉水【宋】杨万里（伪托）：《四六膏馥》七卷永乐大典本（卷一三七·子部·类书类存目一，第1162页）

54.吉安·吉水【宋】杨万里：《天问天对解》一卷浙江范懋柱家天一阁藏本（卷一四八·集部·楚辞类存目，第1269页）

55.吉安·吉水【宋】杨万里：《诚斋集》一百三十三卷编修汪如藻家藏本（卷

一六〇·集部·别集类一三，第1380页）

56.吉安·吉水【宋】杨万里：《千虑策》二卷江西巡抚采进本（卷一七四·集部·别集类存目一，第1540页）

57.吉安·吉水【宋】杨万里（伪托）：《锦绣论》二卷永乐大典本（卷一七四·集部·别集类存目一，第1540页）

58.吉安·吉水【宋】杨万里：《诚斋诗话》一卷江苏巡抚采进本（卷一九五·集部·诗文评类一，第1787页）

59.吉安·吉水【宋】胡知柔：《象台首末》五卷浙江郑大节家藏本（卷五七·史部·传记类一，第516页）

60.吉安·吉水【宋】杨克弼：《伪豫传》一卷两淮盐政采进本（卷六四·史部·传记类存目六，第577页）

61.吉安·吉水【宋】晏天章：《元元棋经》一卷永乐大典本（卷一一三·子部·艺术类二，第972页）

62.吉安·吉水【宋】罗大经：《鹤林玉露》十六卷两江总督采进本（卷一二一·子部·杂家类五，第1047页）

63.吉安·吉水【宋】曾敏行（1118—1175）：《独醒杂志》十卷两淮盐政采进本（卷一四一·子部·小说家类二，第1200页）

64.吉安·吉水【宋】王子俊：《格斋四六》一卷浙江鲍士恭家藏本（卷一五九·集部·别集类一二，第1371页）

65.吉安·吉水【宋】文天祥（1236—1283）：《文山集》二十一卷两淮马裕家藏本（卷一六四·集部·别集类一七，第1407—1408页）

66.吉安·吉水【宋】文天祥：《文信公集杜诗》四卷编修汪如藻家藏本（卷一六四·集部·别集类一七，第1408页）

67.吉安·吉水【宋】彭叔夏：《文苑英华辨证》十卷内府藏本（卷一八六·集部·总集类一，第1692页）

68.吉安·吉水【元】解蒙：《易精蕴大义》十二卷永乐大典本（卷四·经部·易类四，第26页）

69.吉安·吉水【元】王充耘（1304—？）：《读书管见》二卷两江总督采进本（卷一二·经部·书类二，第97—98页）

70.吉安·吉水【元】王充耘：《书义矜式》六卷浙江范懋柱家天一阁藏本（卷一二·经

部・书类二，第105—106页）

71.吉安・吉水 【元】王充耘：《四书经疑贯通》八卷浙江范懋柱家天一阁藏本（卷三六・经部・四书类二，第300页）

72.吉安・吉水 【元】刘岳申：《申斋集》十五卷编修汪如藻家藏本（卷一六七・集部・别集类二〇，第1436页）

73.吉安・吉水 【元】郭钰（1316—？）：《静思集》十卷浙江鲍士恭家藏本（卷一六八・集部・别集类二一，第1458页）

74.吉安・吉水 【元】杨允孚：《滦京杂咏》一卷浙江鲍士恭家藏本（卷一六八・集部・别集类二一，第1458页）

75.吉安・吉水 【元】周闻孙（1307—1360）：《鳌溪文集》二卷江西巡抚采进本（卷一七四・集部・别集类存目一，第1546页）

76.吉安・吉水 【明】胡广（1370—1418）等：《周易大全》二十四卷内府藏本（卷五・经部・易类五，第28页）

77.吉安・吉水 【明】胡广：《书传大全》十卷通行本（卷一二・经部・书类二，第99页）

78.吉安・吉水 【明】胡广：《诗经大全》二十卷通行本（卷一六・经部・诗类二，第128页）

79.吉安・吉水 【明】胡广：《礼记大全》三十卷少詹事陆费墀家藏本（卷二一・经部・礼类三，第170页）

80.吉安・吉水 【明】胡广：《春秋大全》七十卷内府藏本（卷二八・经部・春秋类三，第230页）

81.吉安・吉水 【明】胡广：《四书大全》三十六卷通行本（卷三六・经部・四书类二，第301—302页）

82.吉安・吉水 【明】胡广：《性理大全书》七十卷兵部侍郎纪昀家藏本（卷九三・子部・儒家类三，第790页）

83.吉安・吉水 【明】胡广：《胡文穆杂著》一卷浙江范懋柱家天一阁藏本（卷一二二・子部・杂家类六，第1053页）

84.吉安・吉水 【明】胡广：《胡文穆集》二十卷江西巡抚采进本（卷一七五・集部・别集类存目二，第1552—1553页）

85.吉安・吉水 【明】李陈玉：《三易大传》七十二卷江西巡抚采进本（卷八・经

部·易类存目二，第69页）

86.吉安·吉水【明】张絅（1485—1548）：《古学偶编》一卷安徽巡抚采进本（卷三四·经部·五经总义类存目，第288页）

87.吉安·吉水【明】毛伯温（1482—1545）：《毛襄懋奏议》二十卷江西巡抚采进本（卷五六·史部·诏令奏议类存目，第505页）

88.吉安·吉水【明】毛伯温：《毛襄懋集》十八卷江西巡抚采进本（卷一七六·集部·别集类存目三，第1571—1572页）

89.吉安·吉水【明】毛伯温：《东塘诗集》十卷浙江范懋柱家天一阁藏本（卷一七六·集部·别集类存目三，第1572页）

90.吉安·吉水【明】解缙（1369—1415）：《古今列女传》三卷两江总督采进本（卷五八·史部·传记类二，第523页）

91.吉安·吉水【明】解缙（伪托）：《春雨杂述》一卷两江总督采进本（卷一二七·子部·杂家类存目四，第1095页）

92.吉安·吉水【明】解缙：《永乐大典》二万二千八百七十七卷、《目录》六十卷翰林院藏本（卷一三七·子部·类书类存目一，第1165页）

93.吉安·吉水【明】解缙：《文毅集》十六卷江西巡抚采进本（卷一七〇·集部·别集类二三，第1482页）

94.吉安·吉水【明】邓淮：《鹿城书院集》无卷数浙江巡抚采进本（卷六一·史部·传记类存目三，第550页）

95.吉安·吉水【明】陈诚：《使西域记》一卷编修程晋芳家藏本（卷六四·史部·传记类存目六，第571—572页）

96.吉安·吉水【明】陈诚：《陈竹山文集》四卷江西巡抚采进本（卷一七五·集部·别集类存目二，第1551页）

97.吉安·吉水【明】萧洵：《故宫遗录》一卷两淮马裕家藏本（卷七二·史部·地理类存目一，第635页）

98.吉安·吉水【明】邹元标（1551—1624）：《邹南皋语义合编》四卷浙江巡抚采进本（卷九六·子部·儒家类存目二，第815页）

99.吉安·吉水【明】邹元标：《愿学集》八卷两江总督采进本（卷一七二·集部·别集类二五，第1514页）

100.吉安·吉水【明】罗洪先（1504—1583）：《冬游记》一卷浙江范懋柱家天一阁藏本

（卷一二四·子部·杂家类存目一，第1071页）

101.吉安·吉水【明】罗洪先：《念庵集》二十二卷江西巡抚采进本（卷一七二·集部·别集类二五，第1505页）

102.吉安·吉水【明】罗洪先：《别本罗念庵集》十三卷浙江汪汝瑮家藏本（卷一七七·集部·别集类存目四，第1584页）

103.吉安·吉水【明】邹士元：《论学绪言》六卷江西巡抚采进本（卷一二五·子部·杂家类存目二，第1079页）

104.吉安·吉水【明】刘教：《正思斋杂记》二卷浙江范懋柱家天一阁藏本（卷一二七·子部·杂家类存目四，第1096页）

105.吉安·吉水【明】陈德文：《孤竹宾谈》四卷两淮盐政采进本（卷一二七·子部·杂家类存目四，第1100页）

106.吉安·吉水【明】周述（？—1436）：《东墅诗集》六卷浙江范懋柱家天一阁藏本（卷一七五·集部·别集类存目二，第1553页）

107.吉安·吉水【明】周叙（1392—1452）：《石溪文集》七卷、《附录》一卷江西巡抚采进本（卷一七五·集部·别集类存目二，第1554页）

108.吉安·吉水【明】熊直：《西涧文集》十六卷浙江巡抚采进本（卷一七五·集部·别集类存目二，第1555页）

109.吉安·吉水【明】廖庄（1404—1466）：《廖恭敏佚稿》一卷、《附录》一卷江西巡抚采进本（卷一七五·集部·别集类存目二，第1555—1556页）

110.吉安·吉水【明】刘俨（1394—1457）：《刘文介公集》三十卷两淮盐政采进本（卷一七五·集部·别集类存目二，第1557页）

111.吉安·吉水【明】彭教（1438—1480）：《东泷遗稿》四卷江西巡抚采进本（卷一七五·集部·别集类存目二，第1560页）

112.吉安·吉水【明】李中（1478—1542）：《谷平文集》五卷江西巡抚采进本（卷一七六·集部·别集类存目三，第1575页）

113.吉安·吉水【清】谢复芜：《周易纂解正宗》六卷江西巡抚采进本（卷九·经部·易类存目三，第71页）

114.吉安·吉水【清】刘善：《纲鉴附评》二卷江西巡抚采进本（卷九〇·史部·史评类存目二，第765—766页）

115.吉安·吉水【清】施男：《筇竹杖》七卷两淮盐政采进本（卷一四三·子

部·小说家类存目一，第1225—1226页）

116.吉安·吉水【清】李元鼎:《灌研斋集》四卷江西巡抚采进本（卷一八一·集部·别集类存目八，第1632页）

117.吉安·吉水【清】李振裕:《白石山房稿》十三卷江西巡抚采进本（卷一八三·集部·别集类存目一〇，第1656页）

118.吉安·吉水【清】李振裕:《别本白石山房稿》二十六卷浙江巡抚采进本（卷一八三·集部·别集类存目一〇，第1656—1657页）

119.吉安·吉水【清】李振裕:《群雅集》十二卷内府藏本（卷一九四·集部·总集类存目四，第1772页）

120.吉安·吉安县【宋】胡士行:《尚书详解》十三卷内府藏本（卷一一·经部·书类一，第95—96页）

121.吉安·吉安县【宋】段昌武:《毛诗集解》二十五卷两江总督采进本（卷一五·经部·诗类一，第125页）

122.吉安·吉安县【宋】李如圭:《仪礼集释》三十卷永乐大典本（卷二〇·经部·礼类二，第159页）

123.吉安·吉安县【宋】李如圭:《仪礼释宫》一卷永乐大典本（卷二〇·经部·礼类二，第159—160页）

124.吉安·吉安县【宋】李如圭:《释宫》一卷通行本（卷二三·经部·礼类存目一，第189页）

125.吉安·吉安县【宋】欧阳德隆:《增修校正押韵释疑》五卷江苏巡抚采进本（卷四二·经部·小学类三，第361—362页）

126.吉安·吉安县【宋】刘辰翁（1232—1297）:《班马异同评》三十五卷浙江汪汝瑮家藏本（卷四六·史部·正史类存目，第417页）

127.吉安·吉安县【宋】刘辰翁:《笺注评点李长吉歌诗》四卷、《外集》一卷江苏巡抚采进本（卷一五〇·集部·别集类三，第1293页）

128.吉安·吉安县；吉安·吉安县【宋】罗椅（1214—？）、刘辰翁:《放翁诗选前集》十卷、《后集》八卷、附《别集》一卷兵部侍郎纪昀家藏本（卷一六〇·集部·别集类一三，第1381页）

129.吉安·吉安县【宋】刘辰翁:《须溪集》十卷永乐大典本（卷一六五·集部·别集类一八，第1409—1410页）

130.吉安·吉安县【宋】刘辰翁：《须溪四景诗集》四卷编修汪如藻家藏本（卷一六五·集部·别集类一八，第1410页）

131.吉安·吉安县【宋】刘辰翁：《须溪记钞》八卷副都御史黄登贤家藏本（卷一七四·集部·别集类存目一，第1543页）

132.吉安·吉安县【宋】罗泌：《路史》四十七卷两江总督采进本（卷五〇·史部·别史类，第449页）

133.吉安·吉安县【宋】萧常：《续后汉书》四十七卷编修庄承篯家藏本（卷五〇·史部·别史类，第450—451页）

134.上饶·婺源；吉安·吉安县【宋】朱熹、李幼武：《名臣言行录前集》十卷、《后集》十四卷、《续集》八卷、《别集》二十六卷、《外集》十七卷浙江郑大节家藏本（卷五七·史部·传记类一，第519—520页）

135.吉安·吉安县【宋】欧阳士秀：《孔子世家补》十二卷永乐大典本（卷五九·史部·传记类存目一，第531页）

136.吉安·吉安县【宋】罗濬：《宝庆四明志》二十一卷、《开庆续志》十二卷两淮盐政采进本（卷六八·史部·地理类一，第599—600页）

137.吉安·吉安县【宋】周必大（1126—1204）：《玉堂杂记》三卷浙江鲍士恭家藏本（卷七九·史部·职官类，第683—684页）

138.吉安·吉安县【宋】周必大：《唐昌玉蕊辨证》一卷内府藏本（卷一一六·子部·谱录类存目，第1002页）

139.吉安·吉安县【宋】周必大（伪托）：《裁纂类函》一百六十卷浙江汪启淑家藏本（卷一三七·子部·类书类存目一，第1163页）

140.吉安·吉安县【宋】周必大：《文忠集》二百卷浙江鲍士恭家藏本（卷一五九·集部·别集类一二，第1369页）

141.吉安·吉安县【宋】周必大：《二老堂诗话》一卷江苏巡抚采进本（卷一九五·集部·诗文评类一，第1787页）

142.吉安·吉安县【宋】周必大：《近体乐府》一卷安徽巡抚采进本（卷二〇〇·集部·词曲类存目，第1830页）

143.吉安·吉安县【宋】曾宏父：《石刻铺叙》二卷副都御史黄登贤家藏本（卷八六·史部·目录类二，第736页）

144.吉安·吉安县【宋】钟过：《皇极经世书类要》九卷永乐大典本（卷一

一〇·子部·术数类存目一，第932页）

145.吉安·吉安县【宋】董史：《书录》三卷、《外篇》一卷浙江吴玉墀家藏本（卷一一二·子部·艺术类一，第961页）

146.吉安·吉安县【宋】孙奕：《示儿编》二十三卷兵部侍郎纪昀家藏本（卷一二一·子部·杂家类五，第1044—1045页）

147.吉安·吉安县【宋】王克贞（930—989）：《太平广记》五百卷内府藏本（卷一四二·子部·小说家类三，第1212页）

148.吉安·吉安县【宋】刘才邵（1086—1158）：《檆溪居士集》十二卷永乐大典本（卷一五六·集部·别集类九，第1349—1350页）

149.吉安·吉安县【宋】欧阳守道（1208—1272）：《巽斋文集》二十七卷大学士程景伊家藏本（卷一六四·集部·别集类一七，第1407页）

150.吉安·吉安县【宋】释少嵩（1194—？）：《渔父词集句》二卷永乐大典本（卷一七四·集部·别集类存目一，第1542页）

151.吉安·吉安县【宋】王霆震：《古文集成前集》七十八卷浙江汪启淑家藏本（卷一八七·集部·总集类二，第1702—1703页）

152.吉安·吉安县【宋】杨炎正（1145—？）：《西樵语业》一卷江苏巡抚采进本（卷一九八·集部·词曲类一，第1817页）

153.吉安·吉安县【元】朱祖义：《尚书句解》十三卷两江总督采进本（卷一二·经部·书类二，第98页）

154.吉安·吉安县【元】刘玉汝：《诗缵绪》十八卷永乐大典本（卷一六·经部·诗类二，第128页）

155.吉安·吉安县【元】黄复祖：《春秋经疑问对》二卷永乐大典本（卷三〇·经部·春秋类存目一，第245页）

156.吉安·吉安县【元】曾先之：《十八史略》二卷浙江巡抚采进本（卷五〇·史部·别史类存目，第454页）

157.吉安·吉安县【元】陈致虚（1290—？）：《周易参同契分章注》三卷浙江巡抚采进本（卷一四六·子部·道家类，第1249页）

158.吉安·吉安县【元】陈致虚：《金丹大要》十卷浙江巡抚采进本（卷一四七·子部·道家类存目，第1261—1262页）

159.吉安·吉安县【元】赵文（1239—1315）：《青山集》八卷永乐大典本（卷

一六六·集部·别集类一九，第1425页）

160.吉安·吉安县【元】刘诜（1267—1350）：《桂隐文集》四卷、《诗集》四卷浙江鲍士恭家藏本（卷一六六·集部·别集类一九，第1425—1426页）

161.吉安·吉安县【元】刘将孙：《养吾斋集》三十二卷永乐大典本（卷一六六·集部·别集类一九，第1431页）

162.吉安·吉安县【元】王礼（1314—1386）：《麟原文集》二十四卷两淮马裕家藏本（卷一六八·集部·别集类二一，第1460页）

163.吉安·吉安县【元】张昱：《可闲老人集》四卷浙江鲍士恭家藏本（卷一六八·集部·别集类二一，第1463页）

164.吉安·吉安县【元】周南瑞：《天下同文集》四十四卷两淮马裕家藏本（卷一八八·集部·总集类三，第1708页）

165.宜春·樟树；吉安·吉安县【元】傅习、孙存吾：《元风雅前集》十二卷、《后集》十二卷内府藏本（卷一八八·集部·总集类三，第1709页）

166.吉安·吉安县【明】胡经：《胡子易演》十八卷浙江汪启淑家藏本（卷七·经部·易类存目一，第54页）

167.吉安·吉安县【明】刘昭：《东征忠义录》无卷数江西巡抚采进本（卷五三·史部·杂史类存目二，第479页）

168.吉安·吉安县【明】彭以明：《二十一史论赞辑要》三十六卷浙江巡抚采进本（卷六五·史部·史钞类存目，第581页）

169.吉安·吉安县【明】刘日升（1546—1617）：《符司纪》六卷副都御史黄登贤家藏本（卷八〇·史部·职官类存目，第691页）

170.南昌；吉安·吉安县；婺源【宋】南宫靖一、【明】晏彦文、【明】潘荣：《小学史断》二卷、《续集》一卷、附《通鉴总论》一卷浙江巡抚采进本（卷八九·史部·史评类存目一，第758页）

171.吉安·吉安县【明】王概（1418—1474）：《王恭毅驳稿》二卷两江总督采进本（卷一〇一·子部·法家类存目，第851页）

172.吉安·吉安县【明】钟岳秀：《文苑四先生集》四卷浙江巡抚采进本（卷一一六·子部·谱录类存目，第998页）

173.吉安·吉安县【明】李昌祺（1376—1452）：《运甓漫稿》七卷浙江巡抚采进本（卷一七〇·集部·别集类二三，第1485页）

174.吉安·吉安县【明】罗肃：《寅庵集》三卷、《外集》四卷、《附录》一卷两淮马裕家藏本（卷一七五·集部·别集类存目二，第1553页）

175.吉安·吉安县【明】陈嘉谟（1521—1603）：《念初堂稿》四卷、《续集》二卷两淮马裕家藏本（卷一七七·集部·别集类存目四，第1595页）

176.吉安·吉安县【明】王业：《王冠九文集》无卷数江西巡抚采进本（卷一八〇·集部·别集类存目七，第1631页）

177.吉安·吉安县【清】萧正发：《翼艺典略》十卷江西巡抚采进本（卷三七·经部·四书类存目，第319页）

178.吉安·吉安县【清】聂先：《名家词抄》无卷数浙江范懋柱家天一阁藏本（卷二〇〇·集部·词曲类存目，第1834页）

179.吉安·安福【宋】陈经：《尚书详解》五十卷编修汪如藻家藏本（卷一一·经部·书类一，第94页）

180.吉安·安福【宋】刘弇（1048—1102）：《龙云集》三十二卷浙江鲍士恭家藏本（卷一五五·集部·别集类八，第1333页）

181.吉安·安福【宋】王庭珪（1080—1172）：《卢溪集》五十卷副都御史黄登贤家藏本（卷一五七·集部·别集类一〇，第1354—1355页）

182.吉安·安福【宋】王炎午（1252—1324）：《吾汶稿》十卷浙江鲍士恭家藏本（卷一六五·集部·别集类一八，第1418页）

183.吉安·安福【元】刘瑾：《诗传通释》二十卷内府藏本（卷一六·经部·诗类二，第126—127页）

184.吉安·安福【元】刘瑾：《律吕成书》二卷永乐大典本（卷三八·经部·乐类，第323页）

185.吉安·安福【元】李廉：《春秋诸传会通》二十四卷浙江范懋柱家天一阁藏本（卷二八·经部·春秋类三，第227页）

186.吉安·安福【元】周霆震（1292—1379）：《石初集》十卷、《附录》一卷浙江鲍士恭家藏本（卷一六八·集部·别集类二一，第1457页）

187.吉安·安福【明】邓梦文：《八卦余生》十八卷江西巡抚采进本（卷七·经部·易类存目一，第50—51页）

188.吉安·安福【明】邹德溥：《易会》八卷浙江郑大节家藏本（卷八·经部·易类存目二，第59页）

189.吉安·安福【明】邹德溥（伪托）：《春秋匡解》六卷浙江巡抚采进本（卷三〇·经部·春秋类存目一，第248页）

190.吉安·安福【明】赵璜：《归闲述梦》一卷浙江范懋柱家天一阁藏本（卷六四·史部·传记类存目六，第572页）

191.吉安·安福【明】彭簪：《衡岳志》十三卷浙江汪启淑家藏本（卷七六·史部·地理类存目五，第659页）

192.吉安·安福【明】刘阳：《论学要语》一卷、《洞语》一卷、《接善编》一卷、《人伦外史》一卷江西巡抚采进本（卷九六·子部·儒家类存目二，第810页）

193.吉安·安福【明】王尹：《道学迴澜》八卷江西巡抚采进本（卷九六·子部·儒家类存目二，第820页）

194.吉安·安福【明】王时槐（1522—1605）：《广仁类编》四卷江西巡抚采进本（卷一三一·子部·杂家类存目八，第1120页）

195.吉安·安福【明】王时槐：《友庆堂合稿》七卷江西巡抚采进本（卷一七七·集部·别集类存目四，第1595页）

196.吉安·安福【明】刘实（1396—1461）：《敏求机要》十六卷编修汪如藻家藏本（卷一三七·子部·类书类存目一，第1164页）

197.吉安·安福【明】彭时（1406—1475）：《可斋杂记》一卷浙江巡抚采进本（卷一四三·子部·小说家类存目一，第1218页）

198.吉安·安福【明】彭时：《彭文宪集》四卷江西巡抚采进本（卷一七五·集部·别集类存目二，第1558页）

199.吉安·安福【明】李时勉（1374—1450）：《古廉集》十一卷、《附录》一卷浙江孙仰曾家藏本（卷一七〇·集部·别集类二三，第1485页）

200.吉安·安福【明】刘球（1392—1443）：《两溪文集》二十四卷江西巡抚采进本（卷一七〇·集部·别集类二三，第1486页）

201.吉安·安福【明】吴节：《吴竹坡文集》五卷、《诗集》二十八卷江西巡抚采进本（卷一七五·集部·别集类存目二，第1556页）

202.吉安·安福【明】彭华（1432—1496）：《彭文思集》六卷江西巡抚采进本（卷一七五·集部·别集类存目二，第1559页）

203.吉安·安福【明】邹守益（1491—1562）：《东廓集》十二卷江西巡抚采进本（卷一七六·集部·别集类存目三，第1572页）

204.吉安·安福 【明】邹德涵（1538—1581）：《邹聚所文集》六卷、《外集》一卷浙江巡抚采进本（卷一七九·集部·别集类存目六，第1611—1612页）

205.吉安·安福 【明】周泰、周寀：《存存稿》十卷、《续稿》三卷两江总督采进本（卷一九一·集部·总集类存目一，第1740页）

206.吉安·安福 【清】释智藏：《崇恩志略》七卷江西巡抚采进本（卷七七·史部·地理类存目六，第670页）

207.吉安·安福 【清】吴云：《灵谷寺志》十六卷两江总督采进本（卷七七·史部·地理类存目六，第670页）

208.吉安·泰和 【宋】萧楚（1064—1130）：《春秋辨疑》四卷永乐大典本（卷二六·经部·春秋类一，第217页）

209.吉安·泰和 【宋】刘过（1154—1206）：《龙洲集》十四卷、《附录》二卷浙江鲍士恭家藏本（卷一六二·集部·别集类一五，第1391页）

210.吉安·泰和 【宋】刘过：《龙洲词》一卷安徽巡抚采进本（卷一九九·集部·词曲类二，第1820页）

211.吉安·泰和 【元】萧汉中：《读易考原》一卷两淮马裕家藏本（卷四·经部·易类四，第25—26页）

212.吉安·泰和 【元】曾贯：《易学变通》六卷永乐大典本（卷四·经部·易类四，第26页）

213.吉安·泰和 【元】刘君贤：《学问要编》六卷浙江巡抚采进本（卷一二四·子部·杂家类存目一，第1067页）

214.吉安·泰和 【明】龙子昂：《看易凡例图说》一卷江西巡抚采进本（卷七·经部·易类存目一，第55页）

215.吉安·泰和 【明】郭子章（1542—1618）：《蠙衣生易解》十四卷江西巡抚采进本（卷七·经部·易类存目一，第57—58页）

216.吉安·泰和 【明】郭子章：《平播始末》二卷江西巡抚采进本（卷五四·史部·杂史类存目三，第485页）

217.吉安·泰和 【明】郭子章：《圣门人物志》十二卷江西巡抚采进本（卷六二·史部·传记类存目四，第557页）

218.吉安·泰和 【明】郭子章：《豫章书》一百二十二卷江西巡抚采进本（卷六二·史部·传记类存目四，第557页）

219.吉安·泰和 【明】郭子章:《郡县释名》二十六卷浙江鲍士恭家藏本(卷七二·史部·地理类存目一,第636页)

220.吉安·泰和【明】郭子章:《阿育王山志》十卷两淮马裕家藏本(卷七六·史部·地理类存目五,第660页)

221.吉安·泰和【明】郭子章:《蠙衣生剑记》一卷两江总督采进本(卷一一六·子部·谱录类存目,第996页)

222.吉安·泰和【明】郭子章:《蠙衣生马记》一卷两江总督采进本(卷一一六·子部·谱录类存目,第1005页)

223.吉安·泰和【明】郭子章:《黔类》十八卷安徽巡抚采进本(卷一三八·子部·类书类存目二,第1171页)

224.吉安·泰和【明】郭子章:《六语》三十卷浙江鲍士恭家藏本(卷一四四·子部·小说家类存目二,第1235页)

225.吉安·泰和【明】郭子章:《粤草》十卷、《蜀草》七卷江西巡抚采进本(卷一七九·集部·别集类存目六,第1611页)

226.吉安·泰和【明】郭子章:《晋草》九卷、《楚草》十二卷、《家草》七卷江西巡抚采进本(卷一七九·集部·别集类存目六,第1611页)

227.吉安·泰和【明】郭子章(1543—1618):《黔草》二十一卷浙江汪汝瑮家藏本(卷一七九·集部·别集类存目六,第1611页)

228.吉安·泰和【明】郭子章:《豫章诗话》六卷江西巡抚采进本(卷一九七·集部·诗文评类存目,第1802页)

229.吉安·泰和【明】杨士奇(1365—1444):《三朝圣谕录》三卷左都御史张若溎家藏本(卷五三·史部·杂史类存目二,第476页)

230.吉安·泰和【明】杨士奇:《历代名臣奏议》三百五十卷两淮盐政采进本(卷五五·史部·诏令奏议类,第502页)

231.吉安·泰和【明】杨士奇:《代言录》一卷江西巡抚采进本(卷五六·史部·诏令奏议类存目,第503页)

232.吉安·泰和【明】杨士奇:《奏对录》一卷浙江巡抚采进本(卷五六·史部·诏令奏议类存目,第504页)

233.吉安·泰和【明】杨士奇:《文渊阁书目》四卷内府藏本(卷八五·史部·目录类一,第731页)

234.吉安·泰和 【明】杨士奇:《东里全集》九十七卷、《别集》四卷江苏巡抚采进本（卷一七〇·集部·别集类二三，第1484页）

235.吉安·泰和 【明】杨士奇:《别本东里文集》二十五卷江苏巡抚采进本（卷一七五·集部·别集类存目二，第1552页）

236.吉安·泰和 【明】曾忭:《前川奏疏》二卷江西巡抚采进本（卷五六·史部·诏令奏议类存目，第506页）

237.吉安·泰和 【明】陈虞岳:《传信辨误录》一卷浙江吴玉墀家藏本（卷六〇·史部·传记类存目二，第540页）

238.吉安·泰和 【明】尹直:《名相赞》一卷浙江范懋柱家天一阁藏本（卷六一·史部·传记类存目三，第549页）

239.吉安·泰和 【明】尹直:《南宋名臣言行录》十六卷浙江范懋柱家天一阁藏本（卷六一·史部·传记类存目三，第549页）

240.吉安·泰和 【明】尹直:《明良交泰录》十八卷江西巡抚采进本（卷九五·子部·儒家类存目一，第808页）

241.吉安·泰和 【明】尹直:《謇斋琐缀录》八卷浙江范懋柱家天一阁藏本（卷一四三·子部·小说家类存目一，第1218—1219页）

242.吉安·泰和 【明】郭孔延:《史通评释》二十卷编修励守谦家藏本（卷八九·史部·史评类存目一，第757页）

243.吉安·泰和 【明】罗钦顺（1465—1547）:《困知记》二卷、《续记》二卷、《附录》一卷左都御史张若淮家藏本（卷九三·子部·儒家类三，第792页）

244.吉安·泰和 【明】罗钦顺:《整庵存稿》二十卷江西巡抚采进本（卷一七一·集部·别集类二四，第1497页）

245.上饶·余干；吉安·泰和 【明】胡居仁（1434—1484）、陈凤梧（1475—1541）:《居业录类编》三十一卷两江总督采进本（卷九十五·子部·儒家类存目一，第808页）

246.吉安·泰和 【明】胡直（1517—1585）:《胡子衡齐》八卷浙江郑大节家藏本（卷九六·子部·儒家类存目二，第814页）

247.吉安·泰和 【明】胡直:《衡庐精舍藏稿》三十卷、《续稿》十一卷江西巡抚采进本（卷一七二·集部·别集类二五，第1510页）

248.吉安·泰和 【明】郭元鸿（？—1609）:《壶史》三卷内府藏本（卷一一

四·子部·艺术类存目，第981页）

249.吉安·泰和【明】曾大奇：《治平言》二卷江西巡抚采进本（卷一二五·子部·杂家类存目二，第1078—1079页）

250.吉安·泰和【明】王贞善：《王氏二书选要》十一卷江西巡抚采进本（卷一二五·子部·杂家类存目二，第1079页）

251.吉安·泰和【明】罗鹤：《应庵任意录》十四卷浙江范懋柱家天一阁藏本（卷一二八·子部·杂家类存目五，第1100页）

252.吉安·泰和【明】周是修（1354—1402）：《纲常懿范》十卷江西巡抚采进本（卷一三一·子部·杂家类存目八，第1118—1119页）

253.吉安·泰和【明】周是修：《刍荛集》六卷江西巡抚采进本（卷一七〇·集部·别集类二三，第1481页）

254.吉安·泰和【明】刘崧（1321—1381）：《槎翁诗集》八卷浙江汪汝瑮家藏本（卷一六九·集部·别集类二二，第1467页）

255.吉安·泰和【明】刘崧：《槎翁集》八卷两淮马裕家藏本（卷一七五·集部·别集类存目二，第1549页）

256.吉安·泰和【明】陈谟（1305—1400）：《海桑集》十卷江苏巡抚采进本（卷一六九·集部·别集类二二，第1476页）

257.吉安·泰和【明】梁兰：《畦乐诗集》一卷江西巡抚采进本（卷一六九·集部·别集类二二，第1476页）

258.吉安·泰和【明】梁潜（1366—1418）：《泊庵集》十六卷江西巡抚采进本（卷一七〇·集部·别集类二三，第1483页）

259.吉安·泰和【明】王直（1379—1462）：《抑庵集》十三卷、《后集》三十七卷两淮盐政采进本（卷一七〇·集部·别集类二三，第1484—1485页）

260.吉安·泰和【明】杨寅秋：《临皋文集》四卷江西巡抚采进本（卷一七二·集部·别集类二五，第1512—1513页）

261.吉安·泰和【明】郭祥鹏：《老泉文抄》无卷数编修励守谦家藏本（卷一七四·集部·别集类存目一，第1536页）

262.吉安·泰和【明】尹昌隆（1369—1417）：《尹讷庵遗稿》八卷、《附录》二卷江西巡抚采进本（卷一七五·集部·别集类存目二，第1551页）

263.吉安·泰和【明】梁本之（1370—1434）：《坦庵文集》八卷江西巡抚采进本

（卷一七五·集部·别集类存目二，第1552页）

264.吉安·泰和【明】彭百炼：《若金集》二卷江西巡抚采进本（卷一七五·集部·别集类存目二，第1554页）

265.吉安·泰和【明】陈循（1385—1462）：《芳洲集》十卷江西巡抚采进本（卷一七五·集部·别集类存目二，第1554页）

266.吉安·泰和【明】陈循：《东行百咏集句》九卷、附《芳洲年谱》一卷浙江汪汝瑮家藏本（卷一七五·集部·别集类存目二，第1554页）

267.吉安·泰和【明】曾鹤龄（1383—1441）：《松臞集》二十八卷江西巡抚采进本（卷一七五·集部·别集类存目二，第1554页）

268.吉安·泰和【明】萧镃（1393—1464）：《尚约居士集》无卷数江西巡抚采进本（卷一七五·集部·别集类存目二，第1556页）

269.吉安·泰和【明】陈宜：《静轩集》十三卷浙江汪汝瑮家藏本（卷一七五·集部·别集类存目二，第1557页）

270.吉安·泰和【明】刘鸿：《七星诗文存》十二卷江西巡抚采进本（卷一七五·集部·别集类存目二，第1562页）

271.吉安·泰和【明】刘魁：《省愆稿》五卷江西巡抚采进本（卷一七六·集部·别集类存目三，第1571页）

272.吉安·泰和【明】欧阳铎（1487—1544）：《欧阳恭简集》二十二卷浙江巡抚采进本（卷一七六·集部·别集类存目三，第1572页）

273.吉安·泰和【明】欧阳德（1496—1554）：《欧阳南野集》三十卷江苏巡抚采进本（卷一七七·集部·别集类存目四，第1580页）

274.吉安·泰和【明】欧阳德：《南野文选》四卷江西巡抚采进本（卷一七七·集部·别集类存目四，第1580页）

275.吉安·泰和【明】陈昌积：《陈两湖集》三十四卷江西巡抚采进本（卷一七七·集部·别集类存目四，第1591页）

276.吉安·泰和【明】陈昌积：《松风轩藏稿》八卷江西巡抚采进本（卷一七七·集部·别集类存目四，第1591页）

277.吉安·泰和【明】杨载鸣：《大拙堂集》九卷浙江巡抚采进本（卷一七七·集部·别集类存目四，第1592页）

278.吉安·泰和【清】梁机（1678—？）：《三华集》四卷兵部侍郎纪昀家藏本（卷

一八四·集部·别集类存目一一，第1671页）

279.吉安·泰和【清】萧伯升：《萧氏世集》无卷数山东巡抚采进本（卷一九四·集部·总集类存目四，第1767页）

280.吉安·泰和【清】萧士琦：《牍隽》四卷兵部侍郎纪昀家藏本（卷一九四·集部·总集类存目四，第1767页）

281.吉安·泰和【清】王愈扩、王愈融：《瑞竹亭合稿》四卷江西巡抚采进本（卷一九四·集部·总集类存目四，第1772页）

282.吉安·万安【明】朱衡（1512—1584）：《道南源委录》十二卷浙江巡抚采进本（卷六一·史部·传记类存目三，第554页）

283.吉安·万安【明】萧自开：《奕世文集》十六卷两江总督采进本（卷一九三·集部·总集类存目三，第1760页）

284.吉安·永丰【宋】欧阳修（1007—1072）：《毛诗本义》十六卷两江总督采进本（卷一五·经部·诗类一，第121页）

285.吉安·永丰【宋】欧阳修（伪托）：《左传节文》十五卷兵部侍郎纪昀家藏本（卷三〇·经部·春秋类存目一，第244页）

286.吉安·永丰【宋】欧阳修：《新唐书》二百二十五卷内府刊本（卷四六·史部·正史类二，第410页）

287.吉安·永丰【宋】欧阳修：《新五代史记》七十五卷内府刊本（卷四六·史部·正史类二，第411—412页）

288.吉安·永丰【宋】欧阳修：《集古录》十卷通行本（卷八六·史部·目录类二，第733页）

289.吉安·永丰【宋】欧阳修：《洛阳牡丹记》一卷浙江鲍士恭家藏本（卷一一五·子部·谱录类，第990—991页）

290.吉安·永丰【宋】欧阳修：《试笔》一卷兵部侍郎纪昀家藏本（卷一二七·子部·杂家类存目四，第1093页）

291.吉安·永丰【宋】欧阳修：《归田录》二卷兵部侍郎纪昀家藏本（卷一四〇·子部·小说家类一，第1190页）

292.吉安·永丰【宋】欧阳修：《文忠集》一百五十三卷、《附录》五卷江西巡抚采进本（卷一五三·集部·别集类六，第1323—1324页）

293.吉安·永丰【宋】欧阳修：《居士集》五十卷内府藏本（卷一七四·集

部·别集类存目一，第1536页）

294.吉安·永丰 【宋】欧阳修:《六一诗话》一卷江苏巡抚采进本（卷一九五·集部·诗文评类一，第1781页）

295.吉安·永丰 【宋】欧阳修:《六一词》一卷江苏巡抚采进本（卷一九八·集部·词曲类一，第1808页）

296.吉安·永丰 【宋】欧阳忞:《舆地广记》三十八卷浙江鲍士恭家藏本（卷六八·史部·地理类一，第596页）

297.吉安·永丰 【宋】罗公升:《罗沧洲集》五卷编修励守谦家藏本（卷一七四·集部·别集类存目一，第1544页）

298.吉安·永丰 【元】陈雅言（1318—1385）:《书义卓跃》六卷浙江范懋柱家天一阁藏本（卷一三·经部·书类存目一，第108页）

299.吉安·永丰 【元】刘鹗（1290—1364）:《惟实集》四卷、《外集》一卷江西巡抚采进本（卷一六七·集部·别集类二〇，第1439页）

300.吉安·永丰 【明】彭勖（1390—1453）:《书传通释》六卷浙江吴玉墀家藏本（卷一三·经部·书类存目一，第108页）

301.吉安·永丰 【明】郭汝霖（1510—1580）:《使琉球录》二卷浙江巡抚采进本（卷五三·史部·杂史类存目二，第484页）

302.吉安·永丰 【明】郭汝霖:《石泉山房集》十卷江西巡抚采进本（卷一七八·集部·别集类存目五，第1600页）

303.吉安·永丰 【明】聂豹（1487—1563）:《困辨录》八卷浙江巡抚采进本（卷九六·子部·儒家类存目二，第811页）

304.吉安·永丰 【明】聂豹:《双江文集》十四卷江西巡抚采进本（卷一七六·集部·别集类存目三，第1576页）

305.吉安·永丰 【明】罗伦（1431—1478）:《一峰集》十卷浙江汪汝瑮家藏本（卷一七一·集部·别集类二四，第1491页）

306.吉安·永丰 【明】曾棨（1372—1432）:《西墅集》十卷浙江朱彝尊家曝书亭藏本（卷一七五·集部·别集类存目二，第1553页）

307.吉安·永丰 【明】钟复（1399—1443）:《云川文集》六卷、附《恭愍遗文》一卷江西巡抚采进本（卷一七五·集部·别集类存目二，第1556页）

308.吉安·永丰 【明】宋仪望（1514—1578）:《华阳馆文集》十七卷、

《续集》二卷江西巡抚采进本（卷一七七·集部·别集类存目四，第1596页）

309.吉安·永丰【明】宋仪望:《华阳文集》十二卷浙江汪汝瑮家藏本（卷一七七·集部·别集类存目四，第1596页）

310.吉安·永丰【明】程士鲲:《云樵文集》八卷江西巡抚采进本（卷一八〇·集部·别集类存目七，第1630页）

311.吉安·永丰【清】陈图:《周易起元》十八卷江西巡抚采进本（卷九·经部·易类存目三，第72—73页）

312.吉安·永丰【清】聂芳声:《丰阳人文纪略》十卷江西巡抚采进本（卷一九四·集部·总集类存目四，第1777页）

313.吉安·井冈山【明】龙遇奇:《圣学启关臆说》三卷浙江巡抚采进本（卷九六·子部·儒家类存目二，第817页）

（二）四库吉安先贤著作提要

1.吉安【元】周巽:《性情集》六卷永乐大典本

元周巽撰。巽事迹不见于他书，其诗集诸家亦未著录。惟《文渊阁书目》载有周巽泉《性情集》一部、一册，与《永乐大典》标题同。《吉安府志》又载有周巽亨《白鹭洲》、《洗耳亭》二诗，检勘亦与此集相合。而集中《拟古乐府小序》，则自题曰“龙唐耄艾周巽”云云。以诸条参互考之，知巽为其名，而巽泉、巽亨乃其号与字也。集中自称:“尝从征道、贺二县猺寇，以功授永明簿。”则在元曾登仕版，而所纪干支有丙辰九月，当为洪武九年，则明初尚存矣。巽诗格不高，颇乏沉郁顿挫之致。然其抒怀写景，亦颇近自然，要自不失雅则。集以“性情”为名，其所尚盖可知也。元末吉州一郡，如周霆震、杨允孚、郭钰等，皆有诗集流传，而巽诗独佚，殆亦有幸不幸欤？今据《永乐大典》所载，搜罗编辑，厘为六卷。俾与《石初》诸集并存于世，亦未尝不分路争驰矣。（卷一六八·集部·别集类二一，第1461页）

2.吉安【明】权衡:《庚申外史》二卷编修汪如藻家藏本

明权衡撰。衡字以制，号葛溪，吉安人。元末兵乱，避居彰德黄华山。

明初归江西，寓居临川以终。是书见于《明史·艺文志》者，卷目与此相合。陈继儒尝刻入《秘笈》，佚脱讹舛，殆不可读。此乃别行抄本，犹当日原帙也。所纪皆元顺帝即位以后二十八年治乱大纲。时顺帝犹未追谥，以其庚申年生，故称之曰“庚申帝”。又《元史》亦尚未修，故别名曰《史外见闻录》。所言多与《元史》相合，于宫庭构煽，盗贼纵横之事，皆能剖析端委。至于顺帝诛博啰原作孛罗今改正。，与秀才徐思畚谋之，博啰诛，思畚不受赏，逃去。及危素为权臣草诏诸事，皆他书所不载。惟其中称顺帝为“瀛国公子”一条，最为无稽。厥后袁忠彻著之于《文集》，宁王权载之于《史略》，程敏政又选忠彻之文入《明文衡》，钱谦益又引余应之诗证实宁王权之说。其端实自此书发之。盖元之中叶，宋遗民犹有存者。因虞集草诏，有“托欢特睦尔非明宗之子”一语，遂造此言以泄其怨。明人又雠视元人，遂附合而盛传之。核以事实，渺无可据，实为荒诞之尤，非信史也。书前别附一序，称“洪武二年迪简受命访庚申帝史事”云云，不著其姓。详其文，乃《庚申帝大事纪序》，非此书之序，后人移缀此书中耳。考王祎《造邦勋贤录》，称刘迪简，宜春人，国初征授尚宾副使，则迪简当为刘姓。又考黄溥《闲中今古录》，称刘尚宾集《庚申帝大事纪》，则此序为刘迪简《大事纪序》明矣。（卷五二·史部·杂史类存目一，第474页）

3.吉安·青原区【宋】胡铨（1102—1180）：《澹庵文集》六卷两淮马裕家藏本

宋胡铨撰。铨字邦衡，庐陵人。建炎二年进士甲科，绍兴五年以荐除枢密院编修官。抗疏诋和议，谪吉阳军。孝宗即位，特召还擢用，历官权中书舍人兼国子祭酒，权兵部侍郎。以资政殿学士致仕，卒谥忠简。事迹具《宋史》本传。铨师萧楚，明于《春秋》。故集中嘉言谠论，多本《春秋》义例。于南渡大政，多所补救。史但称其高宗时请诛秦桧。今考集中《论撰贺金国启》一篇，则于孝宗朝召还以后，更尝请诛汤思退。又《孝宗本纪》：“隆兴元年三月，金以书来索四州，未报。八月，又赍书两省。”今考集中《玉音问答》一篇，知答金人书孝宗已与铨定于五月三日。迟至八月未遣，必汤思退有以持之。当时情势，可以考见。史文疏漏，赖此集尚存其崖略也。本传称铨集凡百卷。今所存者仅文五卷、诗一卷，盖得之散佚之余。然《书录解题》载铨集七十八卷，《宋志》载铨集七十卷，则在当时已非百卷之旧矣。罗大经《鹤林玉露》曰："胡澹庵十年贬海外，北归，饮于湘潭胡氏园，题诗曰：'君恩许归此一醉，旁有梨颊生微涡。'谓侍妓黎倩也。后朱文公见之，题诗曰：'十年浮海一身轻，归见梨涡却有情。世上无如人欲险，几人到此误平生'"云云。今本不载此诗，殆后人因朱子此语，讳而删之。然铨孤忠劲节，照映千秋，乃以偶遇歌筵，不能作陈烈逾墙之遁，遂坐以自误平生，其操之为已蹙矣。平心而论，是固不足以为铨病也。（卷一五八·集部·别集类一一，第1360页）

4.吉安·青原区【明】胡接辉:《三忠文选》十六卷内府藏本

明胡接辉编。接辉字笃父，庐陵人。官监察御史。是编成于崇祯丁丑，选录宋胡铨、周必大、文天祥之文。曰三忠者，以铨谥忠简，必大谥文忠，天祥谥忠烈也。按庐陵原有三忠堂，一为欧阳文忠修，一为杨忠节邦乂，一为胡忠简铨，建于嘉泰四年，周必大为之序。岳珂《桯史》载其始末甚详。邦乂以节义著，其文不传。修集则固具在。补以必大、天祥，当合为四。接辉增周文而去欧阳，殆未详考《平园集》欤？卷首序文，一为李建泰，一为阮大铖，一为杨文骢。以是三人，弁冕三忠，殊嫌著秽。不知当日何以气类相从，如斯巧合，斯亦可异也已。（卷一九三·集部·总集类存目三，第1764页）

5.吉安·青原区【清】张贞生（1623—1675）:《玉山遗响》六卷江西巡抚采进本

国朝张贞生撰。贞生号篑山，庐陵人①。顺治戊戌进士，官至翰林院侍读学士。玉山在泰和仁善乡，初名义山，又改匡山，土人称子瑶山②。贞生尝游息其中。是编首载所作诗；次载所题对联；次载所作记；次为茅屋随札，则山中之日记；次为他人所作诗赋传记。前有罗丽序，谓贞生所著文集尚未刊行，此其家居一载之内，流连山水，随笔记之，以示其意之所寓者。所录虽皆诗文，而其体例在游记、地志之间，故附之《地理类》焉。（卷七八·史部·地理类存目七，第677—678页）

---

① 郭清华主编《青原年鉴》（2001—2006年）：张贞生（1625—1675），字干臣，号瑶山，又号赞山。庐陵（今青原区富田镇富田村江城）人。

② 据吉安籍友人刁罡华君云，此山名为王山，其乡人悉知。可据信。因此《玉山遗响》之书名当为《王山遗响》。

6.吉安·青原区 【清】张贞生:《唾居随录》四卷江西巡抚采进本

国朝张贞生撰。贞生有《玉山遗响》，已著录。是编乃其家居之时，于玉山下葺颓垣为唾居，随意会所至，或披阅有得，陆续笔记成帙，故名曰《随录》。凡九百八十三则，皆讲学之语，持论颇为平正，多切近人情，而失之太繁，遂枝叶多于根柢。又多为对偶长联，犹沿明季陈继儒等小品之习。（卷一二五·子部·杂家类存目二，第1084页）

7.吉安·青原区 【清】张贞生（1623—1675）:《庸书》二十卷江西巡抚采进本

国朝张贞生撰。贞生有《玉山遗响》，已著录。是集为其子世坤、世坊所刊。第一卷为《讲义十条》，二卷至十五卷为文，十六卷至二十卷为诗，末附《馆试赋》一首。贞生家居，构我师祠，又捐宅为诚意书院讲学，故所作多近语录，藻丽非所尚也。（卷一八二·集部·别集类存目九，第1648页）

8.吉安·新干 【宋】赵师使:《坦庵词》一卷安徽巡抚采进本

宋赵师使撰。师使字介之。燕王德昭七世孙。集中有和叶梦得、徐俯二词，盖南宋初人也。案陈振孙《书录解题》载《坦庵长短句》一卷，称"赵师侠撰"。陈景沂《全芳备祖》载《梅花》五言一绝，亦称师侠。与此本互异，未详孰是。盖二字点、画相近，犹田肯、田宵，史传亦姑两存耳。毛晋刊本谓师使一名师侠，则似其人本有两名，非事实也。是集前有其门人尹觉序，据云:"坦庵为文如泉，出不择地，词章乃其余事。其模写体状，虽极精巧，皆本情性之自然。"今观其集，萧疏淡远，不肯为剪红刻翠之文，洵词中之高格。但微伤率易，是其所偏。师使尝举进士，其宦游所及，系以甲子，见于各词注中者，尚可指数。大约始于丁亥，而终于丁巳。其地为益阳、豫章、柳州、宜春、信丰、潇湘、衡阳、莆中、长沙，其资阶则不可详考矣。（卷一九八·集部·词曲类一，第1813页）

9.吉安·新干 【元】邓雅:《玉笥集》九卷浙江汪启淑家藏本

元邓雅撰。原本集首但题邓伯言，而不著其名。今案集中《洪武壬戌辞聘》诗，有"雅以菲才，例蒙郡举"云云，知其名为雅，而伯言乃其字也。又雅虽辞聘，而末一卷乃为《朝京纪行》诗，且有应制赋《钟山云气沍寒》之作。盖当时未允其辞，起送入都之后，始得放还，与张昱等相类也。时梁寅方讲学石门山中，雅与之游，此集即寅所勘定。然《江西通志》失载其人①。此集诸家书目亦未著录。惟此钞帙流传，仅存至今耳。卷首有梁寅序及答书一首，又何淑、丁节、戴正心序各一首，谢观题词一首，皆极相推挹。今观其诗，虽未免稍涉率易，而气味冲澹，颇有自然之致，究为不失雅音。与梁寅《石门集》体裁正复相近，宜其契分之深矣。（卷一六八·集部·别集类二一，第1463—1464页）

10.新余；新余；吉安·新干【明】梁寅（1309—1390）、胡行简、曾鲁（1319—1373）：《明集礼》五十三卷浙江范懋柱家天一阁藏本

明徐一夔、梁寅②、刘于、周于谅、胡行简③、刘宗弼、董彝、蔡琛、滕公瑛、曾鲁④同奉敕撰。考《明典汇》载，洪武二年八月，诏儒臣修纂礼书。三年九月书成，名《大明集礼》。其书以吉、凶、军、宾、嘉、冠服、车辂、仪仗、卤簿、字学、乐为纲，所列子目，吉礼十四，曰祀天，曰祀地，曰宗庙，曰社稷，曰朝日，曰夕月，曰先农，曰太岁、风、云、雷、雨师，曰岳、镇、海、渎、天下山川、城隍，曰旂纛，曰马祖、先牧、社马步，曰祭厉，曰祀典神，曰三皇、孔子。嘉礼五，曰朝会，曰册封，曰冠礼，曰婚，曰乡饮酒。宾礼二，曰朝贡，曰遣使。军礼三，曰亲征，曰遣将，曰大射。凶礼二，曰吊赙，曰丧仪。又冠服、车辂、仪仗、卤簿、字学各一。乐三，曰钟律，曰雅乐，曰俗乐。《明史·艺文志》及《昭代典则》均作五十卷，今书乃五十三卷。考《明典汇》载，嘉靖八年礼部尚书李时请刊《大明集礼》，九年六月梓成。礼部言："是书旧无善录，故多残阙，臣等以次诠补，因为传注。乞令史臣纂入，以成全书"云云。则所称五十卷者，或洪武原本。而今所存五十三卷，乃嘉靖中刊本，取诸臣传注及所诠补者纂入原书，

① 邓雅，字伯言，号玉笥，新淦即今江西新干人。邓绍基，杨镰主编：《中国文学家大辞典（辽金元卷）》，中华书局，2006年，第54页。

② 《江西通志》（四库全书本）卷七十四：梁寅，字孟敬，新喻人。此处《总目》以梁寅为明代人。

③ 《江西通志》（四库全书本）卷七十四：胡行简，字居敬，新喻人。

④ 《明史》列传第二十四：曾鲁，字得之，新淦人。

故多三卷耳。如《明·礼志》载："洪武三年圜丘从祀，益以风、云、雷、雨。"而是书卷一总序曰："国朝圜丘从祀，惟以大明、夜明、星辰、太岁。"又所载圜丘从祀坛位，及牲币尊罍，均止及大明、夜明、星辰、太岁，不及风、云、雷、雨，是益祀风、云、雷、雨从祀圜丘在十一月。而是书成于九月，故未及纂入，实有明据。而卷一序神位版，乃曰风伯之神、云师之神、雷师之神、雨师之神，并赤质金字。不应一卷之内，自相矛盾若此。则其为增入可知。又《明史·礼志》载洪武元年冬至祀昊天上帝仪注，无先期告诸神祇及祖庙之文。至洪武四年，始创此制，而是书仪注则有之，知亦嘉靖诸臣诠补纂入者矣。序为世宗御制，题为"嘉靖九年六月望日"。而《世宗实录》载"九年六月庚午，刻《大明集礼》成，上亲制序文"。是月已未朔，则庚午乃十二日，与《实录》小有异同。疑十二日进书，望日制序，记载者并书于进书日也。（卷八二·史部·政书类二，第704页）

11.吉安·新干【明】朱孟震：《河上楮谈》三卷江西巡抚采进本

明朱孟震撰。孟震字秉器，新淦人。隆庆戊辰进士，官至右副都御史，巡抚山西。是书多述旧闻轶事，间或评论诗文，考证典籍，亦颇喜谈神怪。其《停云小志》一卷，记当时文士颇详，所载诗篇，多可采录。其论文宗王世贞，推为明代第一，则当时耳目所染，无足深怪。其辨王祎、吴云事甚有典据，而逊国一事全沿史彬《致身录》之讹，引证愈多，舛谬愈甚，与所论元顺帝出宋后事，同一误信之失。其论《史记》讹字最确，而"前辈博雅"一条，不知《清江集》之现存，又误以《孔传六帖》为三孔所作。疏驳亦甚矣。（卷一二八·子部·杂家类存目五，第1100页）

12.吉安·新干【明】朱孟震：《汾上续谈》一卷浙江巡抚采进本

明朱孟震撰。其体例与《河上楮谈》同，而所记多琐事。惟"安南国试录"一条，叙述颇详，足资考证。（卷一二八·子部·杂家类存目五，第1100—1101页）

13.吉安·新干【明】朱孟震：《浣水续谈》一卷浙江吴玉墀家藏本

明朱孟震撰。是编乃万历十三年孟震官四川按察使时所作，故以浣水为名。浣水者，浣花溪也。其书杂撮而成，往往不著时代，亦不著出典。如“并州士族好为可笑诗赋”一条，盖《颜氏家训》之原文，而孟震笔之于己书，俨如新事。然则所谓訾警邢、魏诸公者，不几为明代之邢、魏乎？惟“松柏滩观音寺”一条，考询遗老，绘画地图，核其坟塔名氏，师弟世系，知所谓雪庵和尚者在有无疑似之间，特为明确。（卷一二八·子部·杂家类存目五，第1101页）

14.吉安·新干【明】朱孟震：《游宦余谈》一卷江西巡抚采进本

明朱孟震撰。自序称：“生平宦辙，殆遍九州，因摭耳目所及，撰成此书。”初分五卷，后乃并为一卷。所录多琐事。末附《西南夷风土记》二十六条，颇为详明。然孟震序中自言未至滇云，则惟据传闻书之，恐亦未尽确实矣。（卷一二八·子部·杂家类存目五，第1101页）

15.吉安·新干【明】朱孟震：《朱秉器集》八卷浙江汪汝瑮家藏本

明朱孟震撰。孟震有《河上楮谈》，已著录。此集文四卷，诗四卷，为张九一所选录。文不出当时习尚，诗则音节谐畅，而意境不深。（卷一七九·集部·别集类存目六，第1609页）

16.吉安·新干【明】朱孟震：《玉笥诗谈》四卷编修程晋芳家藏本

明朱孟震撰。孟震有《河上楮谈》，已著录。此其所为诗话，皆载明代之事，而涉于江西者尤多。盖据其见闻所及也。其论诗大旨，则惟以王世贞为宗。（卷一九七·集部·诗文评类存目，第1802页）

17.吉安·新干【明】练子宁（1350—1402）：《练中丞集》二卷两淮马裕家藏本

明练子宁撰。子宁名安，以字行，号松月居士，新淦人。洪武乙丑进士，建文时官左副都御史，燕兵入，殉节死。事迹具《明史》本传。当燕王篡立之初，诬建文诸臣为奸党，禁其文字甚严。宏[①]治中，王佐始辑其遗文，名曰《金川玉屑》。故徐泰《诗说》有“金川练子宁《玉屑》无多，为世所宝”之语。此本乃泰和郭子章重编，附以《遗事》一卷，其裔孙绮复增

① “宏”当为“弘”，避讳清高宗弘历。

辑之。黄溥《简籍遗闻》尝记集中可疑者三事：一曰《送花状元归娶》诗，谓洪武辛亥至建文庚辰，状元但有吴伯宗、丁显、任亨泰、许观、张信、陈䢿、胡靖七人，无所谓状元花纶。纶乃洪武十七年浙江乡试第二人，不应有奉诏归娶事。一曰《故耆老理庭黄公墓志》，谓子宁及第在洪武十八年，此志后题“洪武丙辰三月之吉”，乃洪武九年，不应结衔称“赐进士及第授翰林院修撰”。一曰集后《杂考》，引叶盛《水东日记》载长乐郑氏有手卷，练子宁赋，张显宗跋，称显宗状元及第，洪武时亦无此状元。其言颇核。盖子宁一代伟人，人争依托，因而影撰者有之，然终不以伪废其真也。（卷一七〇·集部·别集类二三，第1480页）

18.吉安·峡江【宋】孔平仲（1044—1111）：《珩璜新论》一卷江苏巡抚采进本

宋孔平仲撰。平仲字毅父，一作义甫，清江三孔之一也[①]。治平二年进士，元祐中提点京西刑狱，坐党籍，安置英州。崇宁初，召为户部金部郎中，出提举永兴路刑狱，帅鄜延、环庆。党论再起，奉祠以卒。事迹具《宋史》本传。是书一曰《孔氏杂说》。然吴曾《能改斋漫录》引作《杂说》，而此本卷末有淳熙庚子吴兴沈诜跋，称渝川丁氏刊版，已名《珩璜论》。则宋时原有二名。今刊本皆题《杂说》，而钞本皆题《珩璜新论》，盖各据所见本也。是书皆考证旧闻，亦间托古事以发议，其说多精核可取。盖清江三孔在元祐、熙宁之间皆卓卓然以文章名，非言无根柢者可比也。卷末附录杂说七条，在诜跋之前，皆此本所佚，疑为诜所补钞。今并附入，以成完书。至《珩璜》之名，诜已称莫知所由，又以或人碎玉之解为未是。考《大戴礼》载曾子曰：“君子之言，可贯而佩。”珩璜皆贯而佩者，岂平仲本名《杂说》，后人推重其书，取贯佩之义，易以此名欤？考平仲与同时刘安世、苏轼，南宋林栗、唐仲友，立身皆不愧君子，徒以平仲、安世与轼不协于程子，栗与仲友不协于朱子，讲学家遂皆以寇雠视之。夫人心不同，有如其面，虽均一贤者，意见不必相符。论者但当据所争之一事，断其是非，不可因一事之

① 籍贯有四说：清江、新喻、新淦、峡江。聂言之：《三孔籍贯考辨》，《赣南师范学院学报》1988年04期。黄宏：《北宋“三孔”籍贯新考》，《东南大学学报（哲学社会科学版）》2005年第6期。

争，遂断其终身之贤否。韩琦、富弼不相能，不能谓二人之中有一小人也。因其一事之忤程、朱，遂并其学问、文章、德行、政事一概斥之不道，是何异佛氏之法不问其人之善恶，但皈五戒者有福，谤三宝者有罪乎？安世与轼，炳然与日月争光，讲学家百计诋排，终不能灭其著述。平仲则惟存《本集》、《谈苑》及此书，栗惟存《周易经传集解》一书，仲友惟存《帝王经世图谱》一书。援寡势微，铄于众口，遂俱在若存若亡间。实抑于门户之私，非至公之论。今仍加甄录，以持其平。若沈继祖之《栀林集》，散见于《永乐大典》者，尚可排缉成帙。以其人不足道，而又与朱子为难，则弃置不录，以昭衮钺，凡以不失是非之真而已。（卷一二〇·子部·杂家类四，第1037页）

19.吉安·峡江【宋】孔平仲（伪托）：《孔氏谈苑》四卷浙江鲍士恭家藏本

旧本题宋孔平仲撰。平仲有《珩璜新论》，已著录。是书多录当时琐事，而颇病丛杂。赵与旹《宾退录》尝驳其记吕夷节、张士逊事，谓以宰相押麻不合当时体制，疑为不知典故者所为，必非孔氏真本。今考其所载，往往与他书相出入。如“梁灏八十二为状元”一条，见于《遁斋闲览》；“钱俶进宝带”一条，“王禹玉上元应制”一条，见于《钱氏私志》；“宰相早朝上殿”一条，见于《王文正笔录》；“上元燃灯”一条，“诏敕用黄殿”一条，见于《春明退朝录》；“寇莱公守北门”一条，见于《国老谈苑》。其书或在平仲前，或与平仲同时，似亦摭拾成编之一证。至于王雱才辨傲狠，新法之行，雱实有力，而称之为不慧，殊非事实。至张士逊死入地狱等事，尤诞幻无稽，不可为训，与旹所论未可谓之无因。姑以宋人旧本，存备参稽云尔。（卷一四〇·子部·小说家类一，第1192页）

20.吉安·峡江【宋】孔延之（1014—1074）：《会稽掇英总集》二十卷浙江郑大节家藏本

宋孔延之编。前自有序，首题其官为尚书司封郎中，知越州军州事、浙东兵马钤辖。末署熙宁壬子五月一日，越州清思堂。案：施宿《嘉泰会稽志》，延之于熙宁四年，以度支郎官知越州，五年十一月召赴阙。壬子正当熙宁五年，其岁月与《会稽志》合。惟《志》称延之为度支郎官，而此作司封郎中。集中有沈立等《和蓬莱阁》诗，亦作孔司封。集为延之手订，于官位不应有误，知施宿所记为讹也。延之以会稽山水人物著美前世，而纪录赋咏，多所散佚，因博加搜采，旁及碑版石刻，自汉迄宋，凡得铭、志、歌、诗等八百五篇，辑为二十卷，各有类目。前十五卷为诗：首曰州宅，次西园，次贺监，次山水，分兰亭等八子目；次寺观，分云门寺等四子目，而以祠宇附之；次送别，次寄赠，次感兴，次唱和。后五卷为文：首曰史辞，次颂，次碑铭，次记，次序，次杂文。书中于作者皆标姓名，而独称王安石为史馆王相。盖作此书时，王安石柄政之际，故有所避而不敢直书欤？所录诗文，大都由搜岩剔薮而得之。故多出名人集本之外，为世所罕见。如大历浙东唱和五十余人，今录唐诗者或不能举其姓氏，实赖此以获传。其于唐、宋太守题名壁记，皆全录原文，以资考证，裨益良多。其搜访之勤，可谓有功于文献矣。其书世鲜流传，藏弆家多未著录。此本乃明山阴祁氏淡生堂旧抄，在宋人总集之中最为珍笈，其精博在严陵诸集上也。（卷一八六 · 集部 · 总集类一，第1694页）

21.吉安 · 峡江 【宋】孔文仲、孔武仲、孔平仲:《清江三孔集》四十卷

两江总督采进本

宋新喻孔文仲及其弟武仲、平仲之诗文。庆元中，临江守王蓬所编也。文仲字经父，嘉祐六年进士，官中书舍人；武仲字常父，嘉祐八年进士，官礼部侍郎；平仲字毅父，治平二年进士，官金部郎中。事迹具《宋史》本传。文仲兄弟与苏轼、苏辙同时，并以文章名一世，故黄庭坚有“二苏联璧，三孔分鼎”之语。南渡后遗文散佚，蓬始访求而刻之。前有庆元五年周必大序。陈振孙《书录解题》称文仲二卷，武仲十七卷，平仲二十一卷，与此本合。文仲诗仅七首，然吕祖谦《宋文鉴》载其《早行》古诗一首，乃佚而不收。《文鉴》编于孝宗淳熙四年，《舍人集》编于宁宗庆元四年，在其后二十一年，不应不见，岂蓬有所去取耶？武仲《侍郎集》，青词、斋文同题曰“制”，于例未安，似非原目。平仲《郎中集》中古律诗外，别出《诗戏》三卷，皆人名、药名、回文、集句之类，盖仿《松陵集》杂体别为一卷例也。案：王士祯《居易录》载宋荦《寄三孔文集》，通仅五卷，惜其已非庆元之旧。士祯、荦皆家富图籍，而所见尚非完帙，则此本岿然独全，亦深足宝重矣。（卷一八六 · 集部 · 总集类一，第1694页）

22.吉安·峡江【明】金幼孜（1368—1431）:《北征录》一卷、《后北征录》一卷户部尚书王际华家藏本

明金幼孜撰。幼孜本名善，以字行，新淦人[①]。建文己卯举人。授户科给事中。燕王篡位后，改翰林检讨，历官礼部尚书，兼武英殿大学士。卒谥文靖。事迹具《明史》本传。幼孜在永乐中，参预机务。因北征阿噜台时扈从出塞，纪所历山川古迹，及行营之所见闻，以成《前录》。本传称“成祖重幼孜文学，所过山川要害，辄命记之，幼孜据鞍起草立就”，又称“所撰有《北征》前后二录”，即此本也。《前录》自永乐八年二月至七月，《后录》自永乐十二年三月至八月，并按日记载。其往返大纲，均与史传相合。其琐语杂事，则史所不录者也。（卷五二·史部·杂史类存目一，第476页）

23.吉安·峡江【明】金幼孜:《金文靖集》十卷江西巡抚采进本

明金幼孜撰。幼孜有《北征录》，已著录。幼孜在洪武、建文之时，无所表见。至永乐以迄宣德，皆掌文翰机密，与杨士奇诸人相亚。其文章边幅稍狭，不及士奇诸人之博大，而雍容雅步，颇亦肩随。盖其时明运方兴，故廊庙赓飏，具有气象，操觚者亦不知也。《千顷堂书目》载幼孜集十卷，又外集一卷，又《北征集》一卷。今外集未见。朱彝尊《静志居诗话》称其《北征集》“大漠穷沙，靡不身历，时露悲壮之音”。则彝尊犹及见之，今亦未见。是编为其子昭伯所辑，诗文多应制之作，盖即黄虞稷所谓十卷之本。别冠以《三朝恩荣录》一卷，则其敕谕、诰命、祭文、像赞、神道碑之属。幼孜事迹已详《明史》。核以本传，多其子孙夸侈之词，无关考证，今删去不载，惟以本集著录焉。（卷一七〇·集部·别集类二三，第1484页）

24.吉安·峡江【明】张芹（1466—1541）:《备遗录》一卷浙江范懋柱家天一阁藏本

明张芹撰。芹，新淦人，《明史》作峡江人，盖新淦其试籍也。宏[②]治壬戌进士，官至浙江右布政使，事迹具《明史》本传。是书纪建文殉节诸臣姓

---

① 金幼孜所在时代其籍贯属“新淦县”，自嘉靖五年分新淦设峡江县后，其故里已划归峡江管辖。今人述其籍贯，应作江西新淦（今属峡江县）人（胡元:《金幼孜籍贯考证》，《中国地方志》2018年第5期）。

② “宏”当为“弘”，避讳清高宗弘历。

名。前有自序，题正德丙子五月。目列四十六人。卷中有事实者二十人，无事实者二十六人。案林塾《拾遗书》云："近见南院御史张芹增入江右数人，共五十四人。"塾所见题正德乙亥，正此《录》前一年，而此《录》乃转止于四十六人。又《学海类编》有张芹《建文忠节录》一卷，其序与此同，亦正德丙子所撰，而目次乃与此不同，且有七十人之多。《明艺文志》既有张芹《建文备遗录》二卷，又有张芹《备遗录》一卷。考芹序称《录》中四十六人名氏，皆闽中宋君端仪尝采辑为录而未成者，疑芹初据宋氏原本而作，后又随时续有增益，原非一本。传录者各据所见，遂两存之耳。（卷六一・史部・传记类存目三，第551页）

25.吉安・峡江【明】黄一凤:《选择集要》六卷两淮盐政采进本

明黄一凤撰。一凤字时鸣，峡江人。万历庚戌进士。以术家《通书》多改窜古人成法，以致选择谬误，因取杨救贫《造命千金歌》为主，而以吴景鸾、郭景纯、曾文辿诸说参考成书，词意简明，颇为得法。前有一凤原序。国朝雍正中，余朝相为之重刊，并附镌其所作《齐安堂辨疑》及《续补》于末。（卷一一一・子部・术数类存目二，第950页）

26.吉安・遂川【宋】孙逢吉（1135—1199）:《职官分纪》五十卷江苏巡抚采进本

宋孙逢吉撰。逢吉字彦同，富春人[①]。事迹具《宋史》本传。前有元祐七年秦观序，陈振孙《书录解题》亦载之。考逢吉举宋隆兴元年进士，距元祐七年凡七十二年。又考朱子罢经筵直讲，逢吉代讲"诗・权舆"篇，事在绍熙五年，距元祐七年凡一百三年。逢吉至宁宗朝，尚官秘书监，吏部侍郎，知太平州，距元祐七年则一百几十年矣。谓元祐时秦观序之，殆谬误也。其书每官先列周官典章，次叙历代制度沿革，名姓故事，根据经注，沿考史传，搜采颇为繁富。若其引《易纬》"黄帝与司马容光观于元扈"，引《论语纬》"孔子为素王、颜子为司徒"之类，则无关典要，徒以爱博而存之。然类事之书与考典之书，体例各殊，取材亦异，固未可执引纬解经之说，责以泛滥也。（卷一三五・子部・类书类一，第1147—1148页）

① 《宋史・孙逢吉传》：孙逢吉，字从之，吉州龙泉人也（吉州龙泉即今吉安遂川县）。

27.吉安·遂川【明】欧阳铉:《野获园集》二卷江西巡抚采进本

明欧阳铉撰。铉字子玉，江西龙泉人。崇祯丁丑进士，官休宁县知县，其诗意境颇浅，自序谓："宁淡毋缀，宁洁毋芜，安在今人不如古人。"盖酝酿未深而欲骤语平淡，故所就止此。题曰《野获园》者，谓性耽野趣，其诗半于野得之也。（卷一八〇·集部·别集类存目七，第1630页）

28.吉安·永新【元】龙仁夫（1253—1335）:《周易集传》八卷浙江巡抚采进本

元龙仁夫撰。仁夫字观复，庐陵人。《吉安府志》作永新人。官湖广儒学提举。事迹附载《元史·儒学传·刘诜传》内。是书成于至治辛酉。董真卿《周易会通》称其有自序一篇，此本无之。朱彝尊《经义考》于旧序例皆全录，而亦无是篇，则其佚已久矣。《吉安府志》云："仁夫《周易集传》十八卷，立说主《本义》，每卦爻下各分变象辞占。"今观所注，虽根据程朱者多，而意在即象诂义，于卦象爻象互观析观，反覆推阐，颇能抒所心得，非如胡炳文等徒墨守旧文者也。《吉安府志》又称其谓《杂卦》为占筮书，引《春秋传》"《屯》固《比》入"、"《坤》安《震》杀"，皆以一字断卦义为证。其说似创而有本，亦异乎游谈无根者。《元史》称仁夫所著《周易》多发前儒之所未发，殆不诬矣。原书十八卷，今仅存者八卷。然上、下经及彖、象传皆已全具。朱彝尊《曝书亭集》有是书跋，谓"通志堂刻经解时以其残阙，故未开雕"云云。夫传录古书，当问其义理之是非，不当论其篇页之完阙。残编断简，古人尚且蒐辑。仁夫是书，上、下经裒然俱完，而以不全弃之，何其傎也！况傅寅《禹贡说断》、程大昌《禹贡图说》、林之奇《三山书传》，今以《永乐大典》校之，皆非完帙，而徐氏仍登梨枣，是又何说欤？今特录存之，俾重著于世，庶于经义有所裨焉。（卷四·经部·易类四，第25页）

29.吉安·永新【明】刘髦（1373—1445）:《石潭易传撮要》一卷江西巡抚采进本

明刘髦撰。髦字孟恂，永新人。永乐戊子举人。是书大旨以程子之全体大用具于《易传》，朱子尝欲将其要处别写为书，而竟未成编。髦因摘录其文，分类排纂，定为"本性道"、"精公私"、"正身心"、"施政治"四门。又分子目三十有三。前有萧镃序云"总为四卷"，而此刻则仅有一卷。然门目与镃序皆符，知无所佚阙。朱彝尊《经义考》亦作一卷，盖重刻者所合并也。

（卷七·经部·易类存目一，第51页）

30.吉安·永新【明】刘髦:《石潭存稿》三卷两江总督采进本

明刘髦撰。髦有《易传撮要》，已著录。是编上卷为诗，中卷即《易传撮要》，下卷为《义方录》。《义方录》者，皆寄其子定之之手札，而定之汇稡成编者也。（卷一七五·集部·别集类存目二，第1554页）

31.吉安·永新【明】刘定之（1409—1469）:《易经图释》十二卷江西巡抚采进本

明刘定之撰。定之字主敬，号呆斋，永新人。正统丙辰进士。官至礼部侍郎兼翰林院学士。谥文安。事迹具《明史》本传。其书用古本，以上、下经及《十翼》釐为十卷。惟《象传》则以《大象》为《象传上》，以《小象》为《象传下》，又与古本小异。然以为《象》分大小，犹之《雅》分大小，出于孔子所定，则于古无征，不足信也。卷首列《先天》、《后天》诸图，率同《本义》，惟不列《卦变图》。盖卦变之说从程子，不从朱子。亦不列《河图》、《洛书》，盖其说皆由太极、两仪、四象、八卦互推，不甚用奇偶方位。其《伏羲先天六十四卦方位图》下注云："此图二经十传，皆无明文可见。"又图末总注云："已上诸图，昔者学《易》之家失其传，而异端方士秘藏焉。邵子始复取归于《易》。程子与之同时，而于《易传》向置之不论，岂未尝得见此于邵子欤？"则虽坚主陈抟之学，而亦微觉其未安矣。上经、下经每卦六爻各总为一图，各以俪偶之辞括其爻义，左右上下以次排列，而以墨线分合交贯之，颇类坊本讲章之节旨。《彖传》则上经、下经各为一总图，横行六十四卦，而以卦德、卦象、卦体、卦变直列四格，以经文分隶之，如史家之年表；《大象》则以《大学》"三纲领""八条目"横行为纲，以经文相类者分配其下；《小象》则为列一韵图，以三百八十四爻为经，四声十九部为纬，如等韵之谱：皆与经义渺不相关。《文言》、《系辞》则或一节为一图，或总括数节为一图，各标其语脉相贯之处。《说卦传》前数节，仍以先天、后天诸说作图。其取象诸节，又作一表，经以八卦，纬以天象、地法、人身、物类、草木、鸟兽六格，填列传文，亦毫无取义。《序卦》仅附《反对》一图，而《杂卦》则不为图，遂不置一语。盖大旨在标六爻之义，余皆蔓衍成书，取盈卷帙而已。（卷七·经部·易类存目一，第51页）

32.吉安·永新【明】刘定之:《否泰录》一卷浙江范懋柱家天一阁藏本

明刘定之撰。定之有《易经图释》,已著录。初,英宗北狩,额森案:额森原作也先,今改正。乞遣报使,景帝不许。定之疏引故事以请,帝下廷议,竟不果遣。天顺改元,定之由右庶子调通政使,历官翰林学士,入直文渊阁。盖以是疏蒙遇也。此书所记,即英宗北狩之事。自言参用杨善《奉使录》暨钱博所述《袁彬传》,其曰:“出征之月为否卦用事之月,回銮之年当景泰纪元之年。先以否,继以泰,虽世运而关天数焉。”盖所记讫于英宗初归之时,未叙及后来丁丑复辟之事,故其立言如此。其曰“身备史官者,正其迁右庶子时”,他书引此,或作阁老刘定之撰者,据其所终之官言之耳。(卷五三·史部·杂史类存目二,第476—477页)

33.吉安·永新【宋】刘定之:《宋论》三卷浙江范懋柱家天一阁藏本

明刘定之撰。定之有《易经图释》,已著录。此书取《宋史》自太祖迄卫王事迹,每条节文提要,各为论于其后,凡二十八篇。持论颇正,故郑瑗《井观琐言》以为胜于《宋史笔断》。然亦取太宗弑夺之说,至谓尼玛哈尼玛哈原作粘罕,今改正。为太祖复生,委巷鄙言,何可训也。(卷八九·史部·史评类存目一,第759页)

34.吉安·永新【明】刘定之:《文安策略》十卷江西巡抚采进本

明刘定之撰。定之有《易经图释》,已著录。是书乃所拟场屋对策之作。分经书、子、史、吏、户、礼、兵、刑、工各为一科。周荣作定之年谱,记此书成于宣德九年甲寅。时定之止二十六岁,尚未登第,盖其揣摩程试之具。后正德癸酉刊所作《呆斋集》时,已编入集中,此其别行之本也。(卷一三七·子部·类书类存目一,第1166页)

35.吉安·永新【明】刘定之:《呆斋集》四十五卷浙江巡抚采进本

明刘定之撰。定之有《易经图释》,已著录。是集《前稿》十六卷、《存稿》二十四卷,皆分类编录。如《代祀录》、《永新人物录》、《经筵讲章》、《策略》,皆在其中。而乡会三场试卷,亦皆附列。《续稿》五卷,则成化乙酉以后所作,不复分类,以一岁为一卷焉。《明史》本传称定之以文学名一时。尝有中旨命制《元宵》诗，内使却立以俟，据案伸纸，立成绝句百首。又尝一日草九制，笔不停书。有质宋人名字者，就列其世次，若谱系然。人服其敏博。然其榛楛勿翦，亦由于此。李东阳《怀麓堂诗话》曰："刘文安公不甚喜为诗，纵其学力，往往有出语奇崛，用事精当者。如《英庙挽歌》、《石钟山歌》等篇，皆可传诵，读者择而观之可也。"其言可谓婉而章矣。（卷一七五·集部·别集类存目二，第1557页）

36.吉安·永新【明】贺贻孙（1605—1688）：《诗触》四卷江西巡抚采进本

明贺贻孙撰。贻孙字子翼，禾州人。是书前后无序、跋，不著作书年月。考陈士业《筠庄初集》有《贺子翼制艺序》，而《凡例》中引梅膺祚《字汇》，书中多引钟惺《诗经评》，亦皆明末之书，当即其人也。是书以《小序》首句为主，而删其以下之文，以为毛苌、卫宏之附益，盖宗苏辙之例。大旨调停于《小序》、《朱传》之间，作诗之旨多从序，诗中文句则多从传；《国风》多从序，《雅》、《颂》则多从传。每篇先列《小序》，次释名物，次发挥诗意。主《孟子》"以意逆志"之说，每曲求言外之旨，故颇胜诸儒之拘腐。而其所从入，乃在钟惺《诗评》。故亦往往以后人诗法诂先圣之经，不免失之佻巧。所谓楚既失之，齐亦未为得也。卷首冠以四论。其第三篇论淫诗，第四篇论风刺，皆为有见。第二篇论以意逆志，是以全书之根本而涉于掉弄聪明。全书之病，即坐于是。第一篇"论诗与歌谣、讴、诵、谚语不同，三百篇皆乐章"，其说甚是。而谓"汉魏之乐府，宋之词，元之南、北曲，皆用此例"，则不尽然。无论宋词、元曲各有宫调，其句法之长短、音律之平仄、字数之多少，具有定谱，不可增减，与三百篇迥殊。即汉魏乐府有倚声制词者，亦有采诗入乐者。观郭茂倩《乐府》所载，孰为本调，孰为魏乐所奏，孰为晋乐所奏，其增减字句以就声律者，班班可考，何尝有一定之调，亦何尝田夫贩妇一一解音律哉！故三《颂》者，《郊祀歌》之类也，自谐管弦者也。二《雅》、十五国《风》者，相和歌之类也，采以被之管弦者也。贻孙所说，似是而非。盖迂儒解诗，患其视与后世之诗太远。贻孙解诗，又患其视与后世之诗太近耳。（卷一七·经部·诗类存目一，第143页）

37.吉安·永新【明】贺贻孙:《激书》无卷数江西巡抚采进本

明贺贻孙撰。贻孙有《诗触》,已著录。是书凡三十三篇。以《激书》名者，自云“深感夫激我者成我之德，故记而述之”。所述皆愤世嫉俗之谈，多证以近事，或举古事，易其姓名，借以立议，若《太平广记》贵公子炼炭之类，或因古语而推阐之，如苏轼书孟德事之类。其文称心而谈，有纵横曼衍之意，而句或伤于冗赘，字或伤于纤丽。盖学《庄子》而不成者，其大旨则黄、老家言也。(卷一二五·子部·杂家类存目二，第1082页)

38.吉安·永新【清】贺贻孙:《水田居士文集》五卷江西巡抚采进本

国朝贺贻孙撰。贻孙有《诗触》,已著录。是集有文无诗，所作皆跌宕自喜，其《与艾千子书》云:“文章贵有妙悟，而能悟者，必于古人文集之外，别有自得。”是虽针砭东乡之言，而贻孙所以自命者，亦大略可见。特一气挥写，过于雄快，亦不免于太尽之患也。(卷一八一·集部·别集类存目八，第1636—1637页)

39.吉安·永新【明】甘雨:《古今韵分注撮要》五卷江苏巡抚采进本

明甘雨撰，陈士元注。雨字子开，永新人。万历丁丑进士，由翰林院检讨谪德安府推官，迁南京刑部郎中。士元有《易象钩解》,已著录。是书首列今韵，而以古韵附后。今韵误称沈约，足见其茫无根据。古韵又误执通转之说，既云东通冬转江、阳，则四韵为一部矣。而东韵后所列之古韵与冬韵、江韵、阳韵后所列之古韵乃各有其字，是其随叶取读，知有通而不知所以通。征引愈繁愈乱，似治丝而棼之矣。(卷四四·经部·小学类存目二，第384页)

40.吉安·永新【明】甘雨:《白鹭洲书院志》二卷浙江汪启淑家藏本

明甘雨撰。雨有《古今韵分注撮要》,已著录。初，宋淳祐辛丑，江万里知吉州，建书院于白鹭洲。洲在二水之中，故借李白诗“二水中分白鹭洲”句以名之，非金陵之白鹭洲也。时宋理宗方重道学，为赐额立山长，嗣后遂相承为古迹。万历辛卯，黄梅汪可受为吉安府知府，又重修之。雨因撰是志，分《沿革》、《建置》、《教职》、《祀典》、《储赡》、《名宦》、《人物》、《公移》、《贤劳》、《义助》、《纪述》、《书籍》、《生祠记》十三门。生祠记

者，即可受生祠也，至别立为一门，此其作志之意不在书院矣。（卷七七·史部·地理类存目六，第668页）

41.吉安·永新【明】贺中男:《明经济名臣传》四卷江西巡抚采进本

明贺中男撰。中男，永新人。是编载明代名臣自洪武迄万历之季，凡文臣五十五人，武臣二十一人。据其子善来所述《凡例》，称为未竟之本。其挂漏犹为有说。至于李东阳之固位取容，张孚敬、桂萼之希旨求媚，其经济安在？而滥列于名臣，不亦颠乎？（卷六二·史部·传记类存目四，第563—564页）

42.吉安·永新【明】贺应保:《传家迂言》一卷江西巡抚采进本

明贺应保撰。应保字宏任，号正予，永新人。是编凡十四篇，皆其家训。多参引古事以示劝戒，然颇谈果报之说。（卷一二五·子部·杂家类存目二，第1078页）

43.吉安·永新【明】贺应保:《迂议》一卷江西巡抚采进本

明贺应保撰。是编多评论古事，盖随笔札记之文。持论颇笃实，而别无新意。（卷一二五·子部·杂家类存目二，第1078页）

44.吉安·永新【明】贺应保:《迂亿》四卷江西巡抚采进本

明贺应保撰。是编与所作《迂议》体例相近，盖随得一编，即各立一名，实则正续集尔。第一卷皆解《四书》，其说以心学为主，故多与朱子龃龉。余三卷多考证史事及经史文句，如《五代史》韩通无传，《孟浩然集》有《送孟郊诗》之类，颇袭旧说。亦有失于详检者，如“论大事不须卜”一条曰：“又如卜郊，苟三卜不吉，可不郊耶？”不知《春秋》固有“三卜郊不从，犹三望也”。又谓“宇文虚中偶连金人被杀”，不知虚中以谋劫金主而死，元好问《中州集》载之甚详，非偶连也。（卷一二五·子部·杂家类存目二，第1078页）

45.吉安·永新【明】戴有孚:《著疑录》九卷江西巡抚采进本

明戴有孚撰。有孚字圣山，永新人。是书分十六门，皆抄撮诸书而成，体例颇为丛脞。如第一门曰儒，次之以艺文，又次以士，次以老佛仙术。儒即士也，乃分而为二。又七卷父子祖孙为一门，附以奴仆。君臣、夫妇、兄弟乃皆不及。其中舛谬不可殚述。所隶之事，与门目不相应者，十之五六，更不解其何说也。（卷一三二·子部·杂家类存目九，第1129页）

46.吉安·永新【明】尹台（1506—1579）：《洞麓堂集》十卷江西巡抚采进本

明尹台撰。台字崇基，号旧山，永新人，嘉靖乙未进士，官至南京礼部尚书。《明诗综》称其有《洞山集》，此作《洞麓堂集》。考集首邹元标序，称“《洞麓堂稿》，大宗伯洞山尹公所撰，去公家里许，有奇洞，峰峦卓诡，遂以名堂，且名其稿”。然则“洞山”其号，“洞麓”则其堂名，实一集也。台以护持杨继盛一事，为清议所归。集中如《与罗念庵书》，谓近世宗良知家者，心说沸扬，只缘金溪错认“孟子先立乎其大者”一语。又极论即心即理之非，谓“即实有所得，亦只此心灵觉之妙，盖非所见之理。释氏有见于心，无见于性。陆氏之学，大率类是”。又谓“程子之徒，当时且有失传，如吕氏、游氏，寖入禅学。朱子没后，勉斋、汉卿仅足自守，不再传，尽失其旨。如何、王、金、许，皆潜畔师说，不止草庐一人。”其攻击姚江之学甚力，亦可谓屹然不移。惟集中有《祭陆东湖》文一首，推其“望重朝廷，功盛社稷”云云。东湖，陆炳号也。炳名列《明史·佞倖传》中，与台殊非气类。考史称炳岁入不赀，待权要，周旋善类，亦无所吝。世宗数起大狱，炳多所保全，折节士大夫，未尝构陷一人，以故朝士多称之者。台之假借，或以是故欤？然君子论公义，不论私交，究不免为白璧之瑕也。集凡文六卷、诗四卷。元标序称“其诗数百首，力推唐雅。制、疏、书、序、记、铭、状、表数百篇，出入汉宋，阐绎名理，不屑绮语”。虽乡曲之词，例皆溢美。今核其所作，尚不尽诬云。（卷一七二·集部·别集类二五，第1506—1507页）

47.吉安·永新【明】尹襄（1484—1526）：《巽峰集》十二卷、《附录》一卷两淮盐政采进本

明尹襄撰。襄字舜弼，号巽峰，永新人，正德辛未进士，官至司经局洗马。是集凡诗五卷，文七卷。后有其子祖懋题识，谓“原集十卷，刻于闽中，继复收辑得十二卷”。其文持论颇纯正，而波澜结构则未造古人。（卷

一七六·集部·别集类存目三，第1573页）

48.吉安·永新【清】龙体刚:《半窗史略》四十二卷江西巡抚采进本

国朝龙体刚撰。体刚号铁芝，永新人。是编辑历朝史事，各撰为歌，每歌缀以略言。其三十八卷以前，则起上古以讫于明。其三十九卷至四十二卷，则分乾象、坤舆、官制、经史等七类，而撮其要以隶之。亦课蒙之本，无关考据也。（卷五〇·史部·别史类存目，第459页）

49.吉安·永新【清】刘世衢:《洪范皇极补》六卷江西巡抚采进本

国朝刘世衢撰。世衢字何甫，永新人。是书成于康熙甲子。以蔡沈《洪范数》为未竟之书，谢无楙之注释亦未详备，因补图数释二篇，序数释三篇，对数释一篇。蒙数原本阙畴传，豫数原本阙注释，皆一一补之。又补系九小数词。凡书中低一格者，皆世衢所续也。书本四卷，别以凡例、杂论、原序各图数，总名为一卷，冠于首。又以五行等十二图及其弟世履所作《五六天地之中合赋》一篇为一卷，附于末。（卷一一〇·子部·术数类存目一，第933页）

50.吉安·吉水【宋】杨万里（1127—1206）:《诚斋易传》二十卷江西巡抚采进本

宋杨万里撰。万里字廷秀，自号诚斋，吉水人。官至宝谟阁学士，致仕。韩侂胄召之，不起。开禧间，闻北伐启衅，忧愤不食，卒。后谥文节。事迹具《宋史·儒林传》。是书大旨本程氏，而多引史传以证之。初名《易外传》，后乃改定今名。宋代书肆，曾与程传并刊以行，谓之《程杨易传》。新安陈栎极非之，以为“足以耸文士之观瞻，而不足以服穷经士之心”。吴澄作跋，亦有微词。然圣人作《易》，本以吉凶悔吝示人事之所从。箕子之贞，鬼方之伐，帝乙之归妹，周公明著其人，则三百八十四爻，可以例举矣。舍人事而谈天道，正后儒说《易》之病，未可以引史证经病万里也。理宗嘉熙元年，尝给札写藏秘阁。其子长孺进状称：“自草创至脱稿，阅十有七年而后成。”亦可谓尽平生之精力矣。元胡一桂作《易本义附录纂疏》，博采诸家，独不录万里一字，所见盖与陈栎同。然其书究不可磨灭，至今犹在人间也。（卷三·经部·易类三，第14页）

51.吉安·吉水【宋】杨万里:《庸言》一卷永乐大典本

宋杨万里撰。万里有《易传》，已著录。是编乃其语录。大致规摹扬雄《法言》，颇极修饰之力。较其诗文又自为一体，而词工意浅，亦略近于雄。（卷九十五·子部·儒家类存目一，第805页）

52.吉安·吉水【宋】杨万里（伪托）:《诚斋挥麈录》一卷浙江鲍士恭家藏本

旧本题宋杨万里撰。左圭收入《百川学海》中。今检其文，实从王明清《挥麈录话》内摘出数十条，别题此名。凡明清自称其名者，俱改作万里字。盖坊刻赝本，自宋已然。《百川学海》在丛书中最有体要，然且如此，其余固无足责矣。（卷一二七·子部·杂家类存目四，第1093页）

53.吉安·吉水【宋】杨万里（伪托）:《四六膏馥》七卷永乐大典本

旧本题宋杨万里撰。其书割裂诸家四六字句，分类编次，以备挦扯。其曰膏馥者，盖取元稹作《杜甫墓志铭》“残膏剩馥，沾溉无穷”语也。然万里一代词宗，谬陋不应至此，此必坊贾托名耳。（卷一三七·子部·类书类存目一，第1162页）

54.吉安·吉水【宋】杨万里:《天问天对解》一卷浙江范懋柱家天一阁藏本

宋杨万里撰。万里有《易传》，已著录。是书取屈原《天问》、柳宗元《天对》，比附贯缀，各为之解。已载入《诚斋集》中，此其别行本也。训诂颇为浅易。其间有所辨证者，如《天问》“雄虺九首，倏忽焉在”，引《庄子》“南方之帝曰倏，北方之帝曰忽”，证王逸注“电光”之误。特因《天对》“倏忽之居帝南北海”而为之说。又如《天问》“鲮鱼何所，鬿堆焉处”，独谓“堆”当为“雀”，“鬿雀在北号山，如鸡虎爪食人”，证王逸注“奇兽”之误。亦因《天对》“鬿雀在北号，惟人是食”而为之说。未尝别有新义也。（卷一四八·集部·楚辞类存目，第1269页）

55.吉安·吉水【宋】杨万里:《诚斋集》一百三十三卷编修汪如藻家藏本

宋杨万里撰。万里有《诚斋易传》，已著录。此集则嘉定元年其子长孺所编也。万里立朝多大节，若乞留张栻，力争吕颐浩等配享及裁变应诏诸奏，今具载集中，丰采犹可想见。然其生平乃特以诗擅名，有《江湖集》七卷、《荆溪集》五卷、《西归集》二卷、《南海集》四卷、《朝天集》六卷、《江西道院集》二卷、《朝天续集》四卷、《江东集》五卷、《退休集》七卷，今并在集中。方回《瀛奎律髓》称其一官一集，每集必变一格。虽沿江西诗派之末流，不免有颓唐粗俚之处，而才思健拔，包孕富有，自为南宋一作手，非后来四灵、江湖诸派可得而并称。周必大尝跋其诗曰："诚斋大篇短章，七步而成，一字不改。皆扫千军，倒三峡，穿天心，出月胁之语。至于状物姿态，写人情意，则铺叙纤悉，曲尽其妙。笔端有口，句中有眼"云云。是亦细大不捐，雅俗并陈之一证也。南宋诗集传于今者，惟万里及陆游最富。游晚年隳节，为韩侂胄作《南园记》，得除从官。万里寄诗规之，有"不应李杜翻鲸海，更羡夔龙集凤池"句。罗大经《鹤林玉露》尝记其事。以诗品论，万里不及游之锻炼工细；以人品论，则万里倜乎远矣。其集卷帙繁重，久无刻版，故传写往往讹脱。考岳珂《桯史》记《朝天续集·韩信庙》诗"淮阴未必减文成"句，麻沙刻本讹"文成"为"宣成"。则当时已多误本。今核正其可考者，凡疑不能明者则姑阙焉。（卷一六〇·集部·别集类一三，第1380页）

56.吉安·吉水【宋】杨万里：《千虑策》二卷江西巡抚采进本

宋杨万里撰。万里有《诚斋易学》，已著录。是编凡《君道》三策、《国势》三策、《治原》三策、《人才》三策、《论相》二策、《论将》二策、《论兵》二策、《驭吏》三策、《选法》二策、《刑法》二策、《冗官》二策、《民政》三策。前有自序，已载于《诚斋集》中。此江西所刊别行本也。本传称虞允文为相，见此策，荐为国子博士，则当时已别行矣。（卷一七四·集部·别集类存目一，第1540页）

57.吉安·吉水【宋】杨万里（伪托）：《锦绣论》二卷永乐大典本

旧本题宋杨万里撰。考宋贡举条式，第二场试论一道，限五百字以上，则此编盖当时应试程式也。然体例拘陋，未必真出于万里，疑并书中"国子监批点"，皆坊贾托名耳。（卷一七四·集部·别集类存目一，第1540页）

58.吉安·吉水【宋】杨万里:《诚斋诗话》一卷江苏巡抚采进本

宋杨万里撰。万里有《诚斋易传》，已著录。此编题曰诗话，而论文之语乃多于诗，又颇及谐谑杂事。盖宋人所著，往往如斯，不但万里也。万里本以诗名，故所论往往中理。而万里为诗，好用文句及俚语。故以李师中之“山如仁者寿，水似圣之清”为善用经，以苏轼之“避谤诗寻医，畏病酒入务”、僧显万之“探支春色墙头朵，阑入风光竹外梢”为善用字。与自称其“立岸风大壮，还舟灯小明”，以诗篇名对《易》卦者，均非定论。又李商隐“夜半宴归宫漏永，薛王沉醉寿王醒”二句，暴扬国恶，至为无礼。万里以为微婉显晦，尽而不汙，尤宋人作诗好为讦激之习气矣。至于万里时代距南渡初不远，乃以隆祐太后布告中外手诏为劝进高宗手书，于考论典故亦为纰谬。殆所谓瑕瑜不掩，利钝互陈者欤？全书已编入《诚斋集》中。此乃别行之本，今亦别著于录焉。（卷一九五·集部·诗文评类一，第1787页）

59.吉安·吉水【宋】胡知柔:《象台首末》五卷浙江郑大节家藏本

宋胡知柔编。知柔父梦昱，字季昭，号竹林愚隐，吉水人。嘉定丁丑进士，官大理评事，以论济王事贬死象州。宝庆元年，追赠员外郎。咸淳三年，追谥刚简。知柔始末未详。考高斯得《耻堂存稿·有感》一首，称近者昌言，多出诸贤之后。其注中有胡评事梦昱之子，不著其名，或即知柔欤？则亦以忠谏世其家者也。知柔于宝祐四年编其奏疏遗文，后又益以谥议及诸家赠答题跋之作，以成此书，而弹文亦具载焉。其编次颇无法度。如第一卷《封事》及《上史弥远书》之下，忽搀以李孝先、梁成大纠弹梦昱二疏及徐瑄《救梦昱书》，其下又为梦昱《祭弟文》一篇，其下又以追复省札之类。共为一卷。第二卷告词行述之下，忽搀以梦昱所进札子四篇，其下又赘以赵文等所作《梦昱水石图赞》五首，共为一卷。第三卷诸人赠诗十八首之下，忽搀入梦昱《自咏步王卢溪韵》诗二首，再寄二首，其下又载他人诗七首，共为一卷。梦昱《自咏榕阴图》一首，其下又载他人诗十六首，共为一卷。第四卷为诸家哀词、祭文、题跋，而第五卷省札、谥议反居其后。末附像赞六首，又与《水石图赞》各编，而《出身印纸题跋》亦与《封事题跋》各编，均庞杂无绪。又其书作于宋理宗时，安得载及元、明人诗文？殆必其后人所窜乱，非知柔之旧矣。徒以梦昱气节足重，故流传至今。而《宋史》

梦昱无传，所载亦不免阙漏。今特著之录，以示表章之义焉。（卷五七·史部·传记类一，第516页）

60.吉安·吉水【宋】杨克弼:《伪豫传》一卷两淮盐政采进本

宋杨克弼撰。述刘豫降金，僭号始末。其序称“以豫逆臣，不当称伪齐，故削其国号而名称之，以示贬也”。传中载“豫阜昌八年，遣宣义郎杨克弼乞师大金，克弼他辞，乃改差韩元美”。是克弼亦尝仕豫，豫废后乃复归宋耳。陈振孙《书录解题》作“《逆臣刘豫传》，杨尧弼、杨载等撰”，与此本不同。“克”、“尧”字形相近，未知孰是也。（卷六四·史部·传记类存目六，第577页）

61.吉安·吉水【宋】晏天章:《元元[①]棋经》一卷永乐大典本

宋晏天章撰。张靖序曰，围棋之战，或言是兵法之类。今取生败之要，分十三篇。棋局第一，得算第二，权舆第三，合战第四，虚实第五，自知第六，审局第七，度情第八，斜正第九，洞微第十，名数第十一，品格第十二，杂说第十三。后有跋云:“自宋以善弈显名天下者，昔待诏老刘宗，今日刘仲甫、杨中隐、王琬、孙侁、郭范、李百详辈，皆能论此十三篇，体其常而生其变也。”其跋不署名氏。观称仲甫为“今日”，则为南宋初人。盖此书在当时已为弈家之模范矣。考《通志·图谱略》云，太宗《棋图》一卷，《邯郸艺术志御棋图》一卷，上为制局名之。凡十四局，有“逍遥自在”、“千变万化”、“凝神静心”、“元之又元”诸名。“元元”之名，或本诸此欤。（卷一一三·子部·艺术类二，第972页）

62.吉安·吉水【宋】罗大经:《鹤林玉露》十六卷两江总督采进本

宋罗大经撰。大经字景纶，庐陵人。事迹无考。惟所记“竹谷老人畏说”一条，有“同年欧阳景颜”语，知尝登第。又“高登忤秦桧”一条，有“为容州法曹掾”语，知尝官岭南耳。其书体例在诗话、语录之间，详于议论而略于考证。所引多朱子、张栻、真德秀、魏了翁、杨万里语，而又兼推

---

① “元元”或为“玄玄”，此则提要“元”均当作“玄”，避讳清圣祖玄烨。

陆九渊。极称欧阳修、苏轼之文，而又谓“司马光《资治通鉴》且为虚费精力，何况吕祖谦《文鉴》”，既引张栻之说谓“词科不可习”，又引真德秀之说谓“词科当习”。大抵本文章之士而兼慕道学之名，故每持两端，不能归一。然要其大旨，固不谬于圣贤也。陈耀文《学林就正》讥其载冯京《偷狗赋》乃捃摭滕元发事，伪托于京。今检《侯鲭录》所载滕赋，信然。盖是书多因事抒论，不甚以记事为主。偶据传闻，不复考核，其疏漏固不足异耳。（卷一二一·子部·杂家类五，第1047页）

63.吉安·吉水【宋】曾敏行（1118—1175）：《独醒杂志》十卷两淮盐政采进本

宋曾敏行撰。敏行字达臣，自号浮云居士，又曰独醒道人，又曰归愚老人，吉水人。吉水属庐陵郡，故又自题曰庐陵。曾祖孝先，祖君彦，皆当熙宁之时不肯以新学干科第。故敏行守其家法，多与正士游，胡铨、杨万里、谢谔皆其友也。年甫二十，以病废不能仕进，遂专意学问，积所闻见成此书。其子三聘编为十卷，以樊仁远所作行状及铨所作哀词附后，万里序之，谔跋之。后赵汝愚、周必大、楼钥亦皆为之跋。书中多纪两宋轶闻，可补史传之阙。间及杂事，亦足广见闻。于南渡后刘、岳诸将皆深相推挹，而于秦桧则惟记与翟汝文诟争一事，亦不甚置是非。于秦熺登第一事，亦仅借崔颀以寓之。考敏行卒于淳熙二年，去桧未远，殆犹有所避欤？书中称风鸢造自韩信，而不言所据。案唐李冗《独异志》载有是说，小说妄谈，于古无征。又唐改正月晦日为中和节，载于《邺侯家传》，当时尝以命题试士，其诗载于《文苑英华》，本非僻事，而试官谬举清明寒食之说，敏行亦不能纠正，盖以记录为主，不以考证为主也。但如仁宗朝二卫士论贵贱事，乃因《朝野佥载》唐魏征事而影撰，案：此事先载《能改斋漫录》中，《宾退录》尝辨之。京师知术者埋金事，乃因《国史补遗》晋隗炤事影撰，见《太平广记》二百十六卷。敏行皆不辨而述之。又蔡絛勒停，乃为其兄攸所轧，见《宋史·蔡京传》，而云以《西清诗话》为言者所劾；伪吕洞宾诗乃福州黄待聘所撰，当时已捕斩于马行街，见耿延禧《林灵素传》，案：此传载《宾退录》第一卷。而云真有洞宾现化事，尤失之不考。至于欲以人挽独轮车为阵，尤如儿戏，其谬更甚于房琯。杨万里序乃盛称之，可谓舍所长而誉所短矣。（卷一四一·子部·小说家类二，第1200页）

64.吉安·吉水【宋】王子俊:《格斋四六》一卷浙江鲍士恭家藏本

宋王子俊撰。子俊字材臣，吉水人。安丙帅蜀，尝辟为制置使属官。其始末则未详也。所著有《史论》、《师友绪言》、《三松类稿》诸书，俱已不传。此编原本题曰《格斋三松集》，疑即《类稿》中之一种，散佚仅存者。朱彝尊《曝书亭集》有是书跋，称钞得宋本《格斋四六》计一百二首。今检勘其数，与所跋相同，当即彝尊所见之本。杨万里尝谓其《史论》有迁、固之风，古文有韩、柳之则，诗有苏、黄之味。至于四六，踵六一、东坡之步武，超然绝尘，自汪彦章、孙仲益诸公而下不论。其推之甚至。今其他文已湮没不传，无由证所评之确否。但就此一卷而论，其典雅流丽，亦复斐然可观。故朱彝尊亦谓其由中而发，渐近自然，无组织之迹。必谓胜于汪藻、孙觌，固友朋标榜之词。要之，骖驾二人，亦足步其后尘矣。（卷一五九·集部·别集类一二，第1371页）

65.吉安·吉水【宋】文天祥[①]（1236—1283）:《文山集》二十一卷两淮马裕家藏本

宋文天祥撰。天祥事迹具《宋史》本传。天祥平生大节，照耀今古。而著作亦极雄赡，如长江大河，浩瀚无际。其廷试对策及上理宗诸书，持论剀直，尤不愧肝胆如铁石之目。故长谷真逸《农田余话》曰:“宋南渡后，文体破碎，诗体卑弱。惟范石湖、陆放翁为平正。至晦庵诸子，始欲一变时习，模仿古作，故有神头鬼面之论。时人渐染既久，莫之或改。及文天祥留意杜诗，所作顿去当时之凡陋，观《指南前后录》可见。不独忠义贯于一时，亦斯文间气之发见也。生平有《文山随笔》数十大册，常以自随，遭难后尽失之。元贞、大德间，其乡人搜访，编为《前集》三十二卷、《后集》七卷，世称道体堂刻本。”考天祥有《文山道体堂观大水记》，称“自文山门入，过障东桥，为道体堂”云云。则是堂本其里中名胜，而乡人以为刊版之地者也。书中原跋九条，并详载本事，颇可以资考证。明初其本散佚，尹凤岐从内阁得之，重加编次为诗文十七卷。起宝祐乙卯，迄咸淳甲戌，皆通籍后及赣州

① 文天祥籍贯有争议：《吉安县志》载录为吉安县人；《吉水县志》载录为吉水县人，并附录曾采堂《文天祥籍贯考证》一文（《宋史研究通讯》1986年第3期），该文以为《宋史·文天祥传》云其为吉水人之说无误。吉安籍友人习罡华君云，文天祥籍属吉安县，现属青原区。

以前之作。江西副使陈价、庐陵处士张祥先后刻之，附以《指南前录》一卷、《后录》二卷，则自德祐丙子天祥奉使入元营，间道浮海，誓师闽、粤，羁留燕邸，患难中手自编定者。《吟啸集》则当时书肆所刊行，与《指南录》颇相复出。《纪年录》一卷，亦天祥在狱时所自述，后又复集众说以益之。惟《集杜诗》以世久单行，未经收入。今各著于录。至原本所载序、记、碑、铭之类，乃其家子孙所缀录，冗杂颇甚，今并从删削焉。（卷一六四·集部·别集类一七，第1407—1408页）

66.吉安·吉水【宋】文天祥:《文信公集杜诗》四卷编修汪如藻家藏本

一名《文山诗史》，宋文天祥撰。盖被执赴燕后，于狱中所作。前有自序，题“岁上章执徐，月祝犁单阏，日上章协洽”。案上章执徐为庚辰岁，当元世祖至元十七年，乃其赴燕之次年，祝犁单阏当为己卯之月，上章协洽为庚未之日，于干支纪次不合。考是年正月癸卯朔，二月内当有三庚日、二未日，必传写者有所错互。至以岁阳岁名纪日，本于吴国山碑中“日惟重光大渊献”语。而并以纪月，则独见于此序。又序后有跋，称“壬午元日，则天祥授命之岁也”。诗凡二百篇，皆五言二韵，专集杜句而成。每篇之首，悉有标目次第，而题下叙次时事，于国家沦丧之由，生平阅历之境，及忠臣义士之周旋患难者，一一详志其实。颠末粲然，不愧“诗史”之目。吴之振《宋诗选》徒以“裁割巧合”评之，其所见抑亦末矣。刘定之序称原书序跋中有阙文，指元之君臣、宋之叛逆，阙而不书，今皆补之为白字。又题“姓某履善甫”者，即《指南集》中所谓越蠡改陶朱之意。案今本序跋并无阙字，盖即定之所补。而“履善甫”上已署天祥之名，则不知何人增入。又定之称分为四卷，而今本止一卷，殊失原第。今仍析为四卷，以存其旧焉。（卷一六四·集部·别集类一七，第1408页）

67.吉安·吉水【宋】彭叔夏:《文苑英华辨证》十卷内府藏本

宋彭叔夏撰。叔夏，庐陵人[1]，自署曰乡贡进士，其始末未详。《江西通志》亦但列其名于绍熙壬子乡举条下，不为立传，盖已无考矣。是书盖因

① 今属于吉水人（闵晓莲、张洁:《彭叔夏及其〈文苑英华辨证〉》，《江西图书馆学刊》2008年04期）。

周必大所校《文苑英华》而作。考必大《平园集》有《文苑英华跋》曰：孝宗皇帝欲刻江钿《文海》，臣奏其去取差谬不足观。乃诏馆阁裒集《皇朝文鉴》。臣因及《文苑英华》，虽秘阁有本，然舛误不可读，俄闻传旨取入，遂经乙览。时御前置校正书籍一二十员，往往妄加涂注，缮写装饰，付之秘阁。顷尝属荆帅范仲艺、筠倅丁介稍加校正。晚幸退休，求别本与士友详议，疑则阙之。惟是元修书非出一手，丛脞重复，首尾衡决。一诗或析为二，二诗或合为一。姓名差互，先后颠倒，不可胜计。其中赋多用员来，非读《泰誓正义》，安知今日之“云”字乃“员”之省文？以“尧韭”对“舜荣”，非读《本草注》，安知其为“菖蒲”？又如切磋之“磋”，驰驱之“驱”，挂帆之“帆”，仙装之“装”，《广韵》各有侧音，而流俗改切磋为“效课”，以“驻”易“驱”，以“席”易“帆”，以“仗”易“装”，今皆正之，详注逐篇之下，不复遍举。始于嘉泰初年，至四年秋讫工云云。是书之首，亦有嘉泰四年叔夏自序，称“益公先生退老邱园，命以校雠，考订商榷，用功为多，散在本文，览者难遍，因荟稡其说，以类而分，各举数端，不复具载”云云。则必大所称与士友详议者，盖即叔夏。故与必大校本同以嘉泰四年成书也。所分诸类，一曰用字，为目凡三；二曰用韵，为目凡二；三曰事证，无子目；四曰事误，为目凡二；五曰事疑，无子目；七曰人名，为目凡五；八曰官爵，为目凡三；九曰郡县，为目凡三；十曰年月，为目凡四；十一曰名氏，为目凡三；十二曰题目，为目凡二；十三曰门类，无子目；十四曰脱文，为目凡四；十五曰同异，十六曰离合，十七曰避讳，十八曰异域，十九曰鸟兽，二十曰草木，均无子目；二十一曰杂录，为目凡五。其中如磋、驱、帆、装诸字，与必大所举者合。然序文称小小异同，在所弗录。原注颇略，今则加详。其未注者，仍附此篇，则视必大原本亦多所损益矣。《文苑英华》本继《文选》而作，于唐代文章，采摭至备，号为词翰之渊薮。而卷帙既富，牴牾实多，在宋代已无善本。近日所行，又出明人所重刊，承讹踵谬，抑又甚矣。叔夏此书，考核精密，大抵分“承讹当改”、“别有依据，不可妄改”、“义可两存，不必遽改”三例。中如杜牧《请追尊号表》，以“高宗伐鬼方”为出《尚书》，显然误记，而叔夏疑是“逸书”，未免有持疑不决之处。然其用意谨严，不轻点窜古书，亦于是可见矣。（卷一八六·集部·总集类一，第1692页）

68.吉安·吉水【元】解蒙:《易精蕴大义》十二卷永乐大典本

元解蒙撰。蒙字求我，吉水人。《江西通志》作“字来我”，盖字形相近而误也。中天历乙巳江西乡试。与兄子尚字观我者，并以善《易》名于时。子尚所著《周易义疑通释》，久无传本。朱彝尊《经义考》载蒙此书，亦注曰“佚”。今检《永乐大典》所引蒙说尚多，自《豫》、《随》、《无妄》、《大壮》、《睽》、《蹇》、《中孚》七卦及《晋卦》之后四爻外，其他皆文义完备，釐然具存。其例于彖爻之下，采辑先儒之说，而末乃发明以己意，各以“蒙谓”二字别之。虽原为场屋经义而作，而荟萃群言，颇能得其精要。凡所自注，亦皆简明。如《颐》六三云:“颐养之道，以安静为无失。二三动体，故颠拂而凶。四五静体，故颠拂亦吉。《震》三爻凶，《艮》三爻吉。可见《恒象》云恒有二义，利贞者不易之恒，所以体常；利有攸往者不已之恒，所以尽变。天地圣人所以能恒者，以其能尽变也。”其义虽多根柢前人，而诠释明晰，亦殊有裨于后学。至所引诸家之说，往往不署名氏，盖用朱子《诗集传》例。虽不能尽考其由来，要皆宋元以前诸经师之绪论也。谨依文排比，正其讹舛，釐为十二卷，著之于录。解缙《春雨堂集》称是书为《易经精义》，《经义考》称是书为《周易精蕴》。考《永乐大典》所题，实作“解蒙《周易精蕴大义》”，二人皆偶误记也。今据以为断，庶不失其本名焉。(卷四·经部·易类四，第26页)

69.吉安·吉水【元】王充耘(1304—？):《读书管见》二卷两江总督采进本

元王充耘撰。黄虞稷《千顷堂书目》称充耘字与耕，而原序及梅鹗跋并称“耕野”，疑虞稷误也。吉水人。元统甲戌进士，授承务郎，同知永新州事。后弃官养母，著书授徒，因成是编。所说与蔡氏多异同。其中如谓《尧典》乃《舜典》之缘起，本为一篇，故曰《虞书》；谓“九族既睦”，既当训尽；谓“象以典刑”为各象其罪而加之，非垂象之意；谓“同为逆河”以海潮逆入而得名：皆非故为异说者。至于《洪范》错简之说，《伊训》改正不改月之辨，尚未能纠正。所附“周不改月惟鲁史改月”一条，尤为强辞。大醇小疵，别白观之可也。又《禹贡》篇“峄阳孤桐”一条，语不可解。梅鹗跋称此书得之西皋王氏，写者草草，其末尤甚。此条疑亦当时所讹脱。今无别本可校，姑仍其旧焉。(卷一二·经部·书类二，第97—98页)

70.吉安·吉水【元】王充耘:《书义矜式》六卷浙江范懋柱家天一阁藏本

元王充耘撰。充耘以《书经》登第，此乃所作经义程式也。自宋熙宁四年，始以经义取士，当时如张才叔《自靖人自献于先王义》，学者称为不可磨灭之文。吕祖谦编次《文鉴》，特录此一篇，以为程式。元仁宗皇庆初，复行科举，仍用经义，而体式视宋为小变。综其格律，有破题、接题、小讲，谓之冒子。冒子后入官题。官题下有原题，有大讲，有余意，亦曰从讲。又有原经，亦曰考经。有结尾。承袭既久，以冗长繁复为可厌，或稍稍变通之。而大要有冒题、原题、讲题、结题，则一定不可易。充耘即所业之经篇，摘数题各为程文，以示标准。其《慎徽五典》一书，引孔传"大录万几"为说，不全从蔡传。考《元史·选举志》载,《书》用蔡传及注疏。当时经义，犹不尽废旧说，故应试者得兼用之。此元代经学所以终胜明代也。案：此书乃科举程文，当归《集部》。然虽非诂经之书，实亦发明经义，人之《别集》为不类。故仍人《经部·附录》中。（卷一二·经部·书类二，第105—106页）

71.吉安·吉水【元】王充耘:《四书经疑贯通》八卷浙江范懋柱家天一阁藏本

元王充耘撰。充耘有《读书管见》，已著录。是编黄虞稷《千顷堂书目》谓其已佚。此本为明范钦天一阁旧钞，尚首尾完具。惟第二卷中脱一页，第八卷中脱一页，无从校补，则亦仅存之笈矣。其书以《四书》同异参互比较，各设问答以明之。盖延祐科举，经义之外有经疑，此与袁俊翁书皆程试之式也。其间辨别疑似，颇有发明，非经义之循题衍说可以影响揣摩者比。故有元一代，士犹笃志于研经。明洪武三年初行科举，其《四书疑问》以《大学》"古之欲明明德于天下者"二节与《孟子》"道在迩而求诸远"一节合为一题，问二书所言"平天下"大指同异案：此题见《日知录》，盖犹沿元制。至十七年改定格式，而经疑之法遂废。录此二书，犹可以见宋元以来明经取士之旧制也。（卷三六·经部·四书类二，第300页）

72.吉安·吉水【元】刘岳申:《申斋集》十五卷编修汪如藻家藏本

元刘岳申撰。岳申字高仲，吉水人。以吴澄荐，召为辽阳儒学副提举，不就。后授泰和州判，致仕。是集乃其门人萧洵所编，李祁为之序。元季尝付剞劂，久经兵毁。顾嗣立《元诗选》蒐罗至备，独不及此编。《江西通志》亦谓"岳申文集今已不传"。今此钞帙仅存，亦可云希觏之本矣。岳申文宗法韩、苏，故其气骨遒上，无南宋卑冗之习。《豫章人物志》称所作简约峻洁，殆非虚语。至集中碑志之作居什之四五，尤可据以考证史事。如《文天祥传》，比《宋史》所载为详。《夏贵墓志》称其出奇计，立战功甚悉，而贵之失节偷生，绝不为讳，且深致婉惜之词，亦非曲笔谀墓者可比。观其不妄许与，其文品之矜贵可知也。（卷一六七・集部・别集类二〇，第1436页）

73.吉安・吉水【元】郭钰（1316—？）：《静思集》十卷浙江鲍士恭家藏本

元郭钰撰。钰字彦章，吉水人。《江西通志》称其“元末遭乱，隐居不仕。明初以茂才征，辞疾不就”。集首有洪武二年庐陵罗大已序，亦称其“有经济，能自守”。今案集中有“辛亥秋诏举秀才，余以耳聋足躄，县司逼迫非情，因成短句”一诗，辛亥为洪武四年，又在作序后二年，则所谓“能自守”者，信矣。又《癸丑首正》诗中有“盲废倦题新甲子，醉来谩说旧山川。贞元朝士今谁在，东郭先生每自怜”之句，是其不忘故国，抗迹行吟，志操可以概见。又有《乙卯新元六十生辰》诗，则其入明已八年矣。迹其生平，大抵转侧兵戈，流离道路。目击时事阽危之状，故见诸吟咏者每多愁苦之词。如《悲庐陵》、《悲武昌》诸篇，慷慨激昂，于元末盗贼残破郡邑事实，言之确凿，尤足裨史传之阙。其遗集本藏于家。嘉靖间，罗洪先始为序而传之。而其孙廷诏等不知编次之法，前后舛错，殊无义例。以行世既久，今亦姑仍其旧录之云尔。（卷一六八・集部・别集类二一，第1458页）

74.吉安・吉水【元】杨允孚：《滦京杂咏》一卷浙江鲍士恭家藏本

元杨允孚撰。允孚字和吉，吉水人。其始末未详。惟集后罗大已跋称：“杨君以布衣襆被，岁走万里，穷西北之胜。凡山川、物产、典章、风俗，无不以咏歌记之。”则允孚似未登仕版者。然第四十九首注称“每汤羊一膳具数十六，餐余必赐左右大臣，日以为常。予尝职赐，故悉其详”云云，则亦顺帝时尚食供奉之官，非游士矣。又末数首中，一则曰“宫监何年百念消，冠簪惊见鬓萧萧。挑灯细说前朝事，客子朱颜一夕凋”，一则曰“强欲浇愁酒一卮，解鞍闲看古祠碑。居庸千载兴亡事，惟有中天月色知”，一则曰“试将往事记从头，老鬓征衫总是愁。天上人间今又昔，滦河珍重水长流”，则是集盖作于入明之后。故罗大已序有“兵燹所过，莽为邱墟，回视曩游，慨然永叹”语也。其诗凡一百八首，题曰《百咏》，盖举成数。其曰“滦京”者，以滦河迳上都城南，故元时亦有此称。诗中所记元一代避暑行幸之典，多史所未详。其诗下自注，亦皆赅悉。盖其体本王建《宫词》，而故宫禾黍之感，则与孟元老之《东京梦华录》、吴自牧之《梦粱录》、周密之《武林旧事》同一用意矣。（卷一六八·集部·别集类二一，第1458页）

75.吉安·吉水【元】周闻孙（1307—1360）：《鳌溪文集》二卷江西巡抚采进本

元周闻孙撰。闻孙字以立，庐陵人。是集前有永乐辛丑邹缉序，称其年三十五，举进士。会试中乙榜，揭傒斯荐入史馆。以论修《宋史》不合，出为鳌溪书院山长。复为贞文书院山长。遭乱还乡里，荐于行省。以便宜授白鹭书院山长。改教授袁州，未及赴而乱益甚，遂不仕。所著书凡二十卷，无复存者。此本乃明正统壬戌其曾孙翰林院侍读叙所辑，仅诗文各一卷而已。文末附《奏修三史以宋为正统论》一篇，全文已佚，仅载其略。邹缉序所论《宋史》不合者此也。自晋以来，《南北史》并传。朱子作《纲目》，亦南北朝分注。闻孙必尊宋比蜀汉，而抑辽、金不得比北魏。不知辽、金各自立国，与曹氏、孙氏以汉之臣子乘时篡窃不同。闻孙所执，殊为偏驳。以此去官，未见其有当也。（卷一七四·集部·别集类存目一，第1546页）

76.吉安·吉水【明】胡广（1370—1418）等:《周易大全》二十四卷内府藏本

明胡广等奉敕撰。考《明成祖实录》，永乐十二年十一月甲寅，命行在翰林院学士胡广、侍讲杨荣、金幼孜修《五经四书大全》，十三年九月告成。成祖亲制序，弁之卷首，命礼部刊赐天下。赐胡广等钞币有差，仍赐宴于礼部。同时预纂修者，自广、荣、幼孜外，尚有翰林编修叶时中等三十九人。此其《五经》之首也。朱彝尊《经义考》谓广等“就前儒成编，杂为钞录，而去其姓名。《易》则取诸天台、鄱阳二董氏，双湖、云峰二胡氏，于诸书外未寓目者至多”云云。天台董氏者，董楷之《周易传义附录》。鄱阳董氏者，董真卿之《周易会通》。双湖胡氏者，胡一桂之《周易本义附录纂疏》。云峰胡氏者，胡炳文之《周易本义通释》也。今勘验旧文，一一符合。彝尊所论，未可谓之苛求。然董楷、胡一桂、胡炳文笃守朱子，其说颇谨严。董真卿则以程、朱为主而博采诸家以翼之，其说颇为赅备。取材于四家之书，而刊除重复，勒为一编，虽不免守匮抱残，要其宗旨则尚可谓不失其正。且二百余年以此取士，一代之令甲在焉。录存其书，见有明儒者之经学，其初之不敢放轶者由于此，其后之不免固陋者亦由于此。郑晓《今言》曰："洪武开科，《五经》皆主古注疏及宋儒。《易》，程、朱。《书》，蔡。《诗》，朱。《春秋》，《左》、《公羊》、《谷梁》，程、胡、张。《礼记》，陈。后乃尽弃注疏，不知始于何时。或曰始于颁《五经大全》时，以为诸家说优者采入故耳。然古注疏终不可废也。"是当明盛时，识者已忧其弊矣。观于是编，未始非千古得失之林也。（卷五·经部·易类五，第28页）

77.吉安·吉水【明】胡广:《书传大全》十卷通行本

明胡广等奉敕撰。书以蔡沈《集传》为主，自延祐贡举条格已然。然元制犹兼用古注疏，故王充耘《书义程式》得本孔传立义也。明太祖亲验天象，知蔡传不尽可据，因命作《书传会选》。参考古义，以纠其失，颁行天下。是洪武中尚不以蔡传为主。其专主蔡传，定为功令者，则始自广等。是其书虽不似《诗经大全》之全钞刘瑾《诗传通释》，《春秋大全》之全钞汪克宽《胡传纂疏》，而实非广等所自纂。故朱彝尊《经义考》引吴任臣之言曰，《书传》旧为六卷，《大全》分为十卷，大旨本二陈氏。二陈氏者，一为陈栎《尚书集传纂疏》，一为陈师凯《书蔡传旁通》。《纂疏》皆墨守蔡传，《旁通》则于名物度数考证特详，虽回护蔡传之处在所不免，然大致较刘氏说《诗》、汪氏说《春秋》为有根柢。故是书在《五经大全》中尚为差胜云。（卷一二·经部·书类二，第99页）

78.吉安·吉水【明】胡广:《诗经大全》二十卷通行本

明胡广等奉敕撰。亦永乐中所修《五经大全》之一也。自北宋以前，说《诗》者无异学。欧阳修、苏辙以后，别解渐生。郑樵、周孚以后，争端大起。绍兴、绍熙之间，左右佩剑，相笑不休。迄宋末年，乃古义黜而新学立。故有元一代之说《诗》者，无非朱传之笺疏。至延祐行科举法，遂定为功令，而明制因之。广等是书，亦主于羽翼朱传，遵宪典也。然元人笃守师传，有所阐明，皆由心得。明则靖难以后，耆儒宿学，略已丧亡。广等无可与谋，乃剽窃旧文以应诏。此书名为官撰，实本元安城刘瑾所著《诗传通释》而稍损益之。今刘氏之书尚有传本，取以参校，大约于其太冗蔓者略删数条，而余文如故。惟改其中"瑾案"二字为"刘氏曰"，又刘书以《小序》分隶各篇，是书则从朱子旧本合为一篇，小变其例而已。顾炎武《日知录》、朱彝尊《经义考》并抉摘其非。陈启源《毛诗稽古编》但责广等采刘瑾之说太滥，犹未究其源也。其书本不足存，惟是恭逢圣代，考定艺文，既括千古之全书，则当备历朝之沿革，而后是非得失，釐然具明。此书为前明取士之制，故仍录而存之，犹小学类中存《洪武正韵》之例云尔。（卷一六·经部·诗类二，第128页）

79.吉安·吉水【明】胡广:《礼记大全》三十卷少詹事陆费墀家藏本

明胡广等奉敕撰。以陈澔《集说》为宗，所采掇诸儒之说，凡四十二家。朱彝尊《经义考》引陆元辅之言，谓"当日诸经《大全》，皆攘窃成书以罔其上。此亦必元人之成书，非诸臣所排纂"云云，虽颇涉邻人窃鈇之疑。然空穴来风，桐乳来巢，以他经之蹈袭例之，或亦未必无因欤？诸经之作，皆以明理，非虚悬而无薄。故《易》之理丽于象数，《书》之理丽于政事，《诗》之理丽于美刺，《春秋》之理丽于褒贬，《礼》之理丽于节文，皆不可以空言说，而《礼》为尤甚。陈澔《集说》，略度数而推义理，疏于考证，舛误相仍。纳喇性德至专作一书以攻之，凡所驳诘，多中其失。广等乃据以为主，根柢先失。其所援引，亦不过笺释文句，与澔说相发明。顾炎武《日知录》曰："自八股行而古学弃，《大全》出而经说亡。洪武、永乐之间，亦世道升降之一会。"诚深见其陋也。特欲全录明代《五经》，以见一朝之制度，姑并存之云尔。（卷二一·经部·礼类三，第170页）

80.吉安·吉水【明】胡广:《春秋大全》七十卷内府藏本

明永乐中胡广等奉敕撰。考宋胡安国《春秋传》，高宗时虽经奏进，而当时命题取士，实兼用三传。《礼部韵略》之后所附条例可考也。《元史·选举志》载延祐科举新制，始以《春秋》用胡安国传定为功令。汪克宽作《春秋纂疏》，一以安国为主，盖遵当代之法耳。广等之作是编，即因克宽之书，稍为点窜。朱彝尊《经义考》引吴任臣之言曰"永乐中敕修《春秋大全》，纂修官四十二人。其《发凡》云：纪年依汪氏《纂疏》，地名依李氏《会通》，经文以胡氏为据，例依林氏。实则全袭《纂疏》成书。虽奉敕纂修，实未纂修也。朝廷可罔，月给可糜，赐予可邀，天下后世讵可欺乎”云云，于广等之败阙，可谓发其覆矣。其书所采诸说，惟凭胡氏定去取，而不复考论是非。有明二百余年，虽以经文命题，实以传文立义。至于元代合题之制，尚考经文之异同。明代则割传中一字一句，牵连比附，亦谓之“合题”。使《春秋》大义日就榛芜，皆广等导其波也。迨我圣祖仁皇帝钦定《春秋传说汇纂》，于胡传溪刻不情、迂阔鲜当之论，始一一驳正，颁布学宫。我皇上又刊除场屋合题之例，以杜穿凿。笔削微旨，乃灼然复著于天下。广等旧本，原可覆瓿置之。然一朝取士之制，既不可不存以备考；且必睹荒途之蒙翳，而后见芟芜除秽之功；必经歧径之迷惑，而后知置邮树表之力。存此一编，俾学者互相参证，益以见前代学术之陋，而圣朝经训之明也。（卷二八·经部·春秋类三，第230页）

81.吉安·吉水【明】胡广：《四书大全》三十六卷通行本

明永乐十三年翰林学士胡广等奉敕撰。成祖御制序文，颁行天下，二百余年尊为取士之制者也。其书因元倪士毅《四书辑释》稍加点窜。顾炎武《日知录》曰“自朱子作《大学、中庸章句》、《或问》、《论语、孟子集注》之后，黄氏有《论语通释》。其采《语录》附于朱子《章句》之下，则始于真氏。祝氏仿之，为《附录》。后有蔡氏《四书集疏》、赵氏《四书纂疏》、吴氏《四书集成》，论者病其泛滥。于是陈氏作《四书发明》，胡氏作《四书通》，而定宇之门人倪氏案：定宇，陈栎之别号合二书为一，颇有删正，名曰《四书辑释》。永乐所纂《四书大全》，特小有增删。其详其简，或多不如倪氏。《大学》、《中庸》、《或问》则全不异，而间有舛误”云云，于是书本末言之悉矣。考士毅撰有《作义要诀》一卷，附刻陈悦道《书义断法》之末，今尚有传本，盖颇讲科举之学者。其作《辑释》，殆亦为经义而设，故广等以夙所诵习，剽剟成编欤？初与《五经大全》并颁，然当时程式以《四书》义为重，故《五经》率皆庋阁，所研究者惟《四书》，所辨订者亦惟《四书》。后来《四书》讲章，浩如烟海，皆是编为之滥觞。盖由汉至宋之经术，于是始尽变矣。特录存之，以著有明一代士大夫学问根柢具在于斯，亦足以资考镜焉。（卷三六·经部·四书类二，第301—302页）

82.吉安·吉水【明】胡广:《性理大全书》七十卷兵部侍郎纪昀家藏本

明胡广等奉敕撰。是书与《五经四书大全》同以永乐十三年九月告成奏进，故成祖御制序文称二百二十九卷，统七部而计之也。考自汉以来，弟子录其师说者，始于《郑记》、《郑志》，是即后世之语录。其裒诸儒之言以成一书者，则古无是例，《近思录》其权舆矣。宋景定、端平间，周、程、张、朱诸儒皆蒙褒赠，真德秀亦以讲学有名，得参大政。天下趋朝廷风尚，纂述日多。王孝友作《性理彝训》三卷，熊节作《性理群书句解》二十三卷，于是性理之名大著于世。广等所采宋儒之说凡一百二十家，其中自为卷帙者，为周子《太极图说》一卷、《通书》二卷，张子《西铭》一卷、《正蒙》二卷，邵子《皇极经世书》七卷，朱子《易学启蒙》四卷、《家礼》四卷，蔡元定《律吕新书》二卷，蔡沈《洪范皇极内篇》二卷，共二十六卷。自二十七卷以下，捃拾群言，分为十三目，曰理气，曰鬼神，曰性理，曰道统，曰圣贤，曰诸儒，曰学，曰诸子，曰历代，曰君道，曰治道，曰诗，曰文。大抵庞杂冗蔓，皆割裂襞积以成文，非能于道学渊源真有鉴别。圣祖仁皇帝特命儒臣，删其支离，存其纲要，钦定为《性理精义》一书。菁华既撷，所存者仅其糟粕矣。以后来刻性理者汗牛充栋，其源皆出于是书。将举其末，必有其本。姑录存之，著所自起云尔。（卷九三·子部·儒家类三，第790页）

83.吉安·吉水【明】胡广:《胡文穆杂著》一卷浙江范懋柱家天一阁藏本

明胡广撰。广字光大。建文庚辰进士第一。惠帝以其名与汉胡广同，更名靖，除翰林院修撰。靖难兵至，迎降。永乐初，复原名。累官文渊阁大学士，卒谥文穆。事迹具《明史》本传。所著有《晃庵》、《扈从》诸集。是书乃其随手札记，已载入《文穆集》中，此其别行之本也。其中如谓《资治通鉴》论维州悉怛谋事，司马光非不知李是牛非，特以意主和邻，不欲生衅，故矫为此言，引其临终与吕公著简为证，可谓深明时势。又谓灞陵尉禁人夜行，乃其本职，李广憾之为私意，谓子产论黄熊为启信妄喜怪之渐，谓申屠嘉大节凛然，班固称其学术不及陈平，其说非是，持论亦正。他如谓《易卦》吉凶皆戒，占者当反求诸己，与《左传》穆姜、南蒯之事合，谓问名、纳吉、纳币之卜，皆卜其日，非卜吉凶，程子所疑未可凭，谓李白非无与杜甫诗，《容斋随笔》所考未确，谓灌婴实定豫章，李白诗不误，而胡若思指为陈婴，反误，亦颇有考据。广《文集》未足名家，此书在明初说部之中则犹为可取。至论季布不死一条，谓班固之言抑扬太过，与其负王艮而迎成祖，截然相反，岂书作于建文壬午以前耶？然论汉黄生、宋苏轼武王非圣人之说，又似曲为靖难者解，或自知大节有亏，而故为成仁取义之言，以掩后世之耳目欤？（卷一二二·子部·杂家类六，第1053页）

84.吉安·吉水【明】胡广:《胡文穆集》二十卷江西巡抚采进本

明胡广撰。广有《胡文穆杂著》，已著录。是集其裔孙张书等所刻。凡诗八卷、应制诗文一卷、各体文七卷、题跋二卷、《扈从诗》及《扈从北征日记》一卷，其第十九卷即所谓《杂著》也。朱彝尊《明诗综》录其《杨白花》一首，谓世传袁景文赋此题。盖缘让皇逊国而作，不无故主之思。集中过颜平原、文信国、余青阳祠，辄有吊古之作。其题宋思陵所书《洛神赋》，词意凄惋，不类牧猪奴云云。似有意为广湔洗。又卷首米嘉绩序，极论靖难之事，斥死节诸臣之非，而以广之迎降为是。然公论久定，要非可以他说解也。集中论汉高祖初入关，秦王子婴献传国玺。王莽篡汉，亦从孺子婴取传国玺。其受传相似，所谓天时，非人力所致。又论李若水乃宋之贼，岂可以列之《忠义》，《宋史》失讨贼之公云云。持论殊为倒置。惟记《高昌碑》有裨史事，《李元忠神道碑》所载事迹颇详，亦足备唐史之阙耳。（卷一七五·集部·别集类存目二，第1552—1553页）

85.吉安·吉水【明】李陈玉:《三易大传》七十二卷江西巡抚采进本

明李陈玉撰。书分二册。一曰《先天古易》，以解图画。又每篇系以赞语。其最异者，以《无极》、《太极》、《无极而太极》分为三图，而先天八卦配以英辅九星之名，后天八卦配以疏附先后之名。支离破碎，全无理据。一曰《后天周易》，以解经、传。虽言象数，而皆出臆说。附以《易导》、《易钤》、《易眼》诸书。其《易钤》有云："若欲《易》学了彻，直须将一切训诂辞章尽情划却，即孔文之语亦不过《易》象一端之论，方有入处。"可谓敢为大言。盖言图画者病于支离破碎，谈心性者病于杳冥恍惚。陈玉兼二家之说，而各得二家之极弊，真所谓误用其心者也。（卷八·经部·易类存目二，第69页）

86.吉安·吉水【明】张絅(1485—1548):《古学偶编》一卷安徽巡抚采进本

旧本题“潜山张絅撰”,不著时代。考明代有吉水张絅[①],嘉靖癸未进士,官河南巡抚,非潜山人也。书中自注云“本之御制《周易述义》”云云,则知其为近时人。书止三卷。一曰《观物篇》,皆述《易》旨,犹图书家恒谈。一曰《月令夏小正同异说》,参校颇详,而牵引《先天易图》,则横生枝节。其言医书九十二候,不知所据。考宋林亿等校正《素问》有此文,然亿等所述乃《唐月令》,非医书也。《春秋天王辨》谓特书则称天,合书则称王。其特书而不称天者,乃阙文,孔子无贬削天王之理。其说甚正,然亦先儒旧义也。(卷三四·经部·五经总义类存目,第288页)

87.吉安·吉水【明】毛伯温(1482—1545):《毛襄懋奏议》二十卷江西巡抚采进本

明毛伯温撰。伯温字汝厉,吉水人,正德戊辰进士,官至佥都御史,巡抚宁夏、山西、顺天,晋工部尚书,改兵部尚书。天启初,追谥襄懋。事迹具《明史》本传。是集乃其历任奏疏,以一官为一集。凡《台中》、《抚台》、《内台》、《总边》、《宫宾》、《平南》、《总宪》、《枢垣》八集。其筹边诸议,颇详晰当时利弊云。(卷五六·史部·诏令奏议类存目,第505页)

88.吉安·吉水【明】毛伯温:《毛襄懋集》十八卷江西巡抚采进本

明毛伯温撰。伯温有《奏议》,已著录。此本凡诗十卷,文八卷。文格颇疏畅,诗则所造不深,词多浅易。盖伯温北拒蒙古,南服安南,以功名自见于世,文章非所专营。童承钦序称:“正德间,李、何首倡,《雅》、《颂》复振,嗣响有唐,伯温亦其一”。乃自尊其师之词,非公论也。(卷一七六·集部·别集类存目三,第1571—1572页)

89.吉安·吉水【明】毛伯温:《东塘诗集》十卷浙江范懋柱家天一阁藏本

明毛伯温撰。是集为伯温所自编,后并入全集,此乃其初出别行之本。(卷一七六·集部·别集类存目三,第1572页)

---

① 《江西通志》(四库全书本)卷七十九:张絅,字美中,吉水人。

90.吉安·吉水【明】解缙（1369—1415）:《古今列女传》三卷两江总督采进本

明解缙等奉敕撰。先是，明洪武中，孝慈高皇后每听女史读书，至《列女传》，谓宜加讨论，因请太祖命儒臣考订，未就。永乐元年，成祖既追上高皇后尊谥册宝，仁孝皇后因复以此书为言，遂命缙及黄淮、胡广、胡俨、杨荣、金幼孜、杨士奇、王洪、蒋骥、沈度等同加编辑。书成上进，帝自制序文，刊印颁行。上卷皆历代后妃，中卷诸侯大夫妻，下卷士庶人妻。时仁孝皇后又作《贞烈事实》，以阐幽显微，颇留意于风教。故诸臣编辑是书，稍为经意，不似《五经四书大全》之潦草。所录事迹，起自有虞，迄于元明。汉以前多本之刘向书，后代则略取各史《列女传》，而以明初人附益之。去取颇见审慎。盖在明代官书之中犹为善本。此本为秀水项元汴家所藏，犹明内府初刊之版。黄虞稷《千顷堂书目》称此书成于永乐元年十二月。今考成祖御制序，实题九月朔旦。知虞稷未见原书，仅据传闻著录矣。（卷五八·史部·传记类二，第523页）

91.吉安·吉水【明】解缙（伪托）:《春雨杂述》一卷两江总督采进本

旧本题明解缙撰。缙字大绅，吉水人。洪武戊辰进士，永乐中官翰林学士。出为广西参议，改交趾。后为汉王高煦所谮，下狱死。事迹具《明史》本传。是书论作诗、学书之法。谓诗当先除五俗，后极三来。谓书家用笔，有擫捺钩抵揭拒导送，当尽其妙于毫厘锋颖之间。又自汉、晋以迄宋、元，撮举能书姓名，各纪其源流授受。然多从诗话书谱中抄撮而成，罕逢新义，又逐条标题重复，漫无体例，疑或出于依托也。（卷一二七·子部·杂家类存目四，第1095页）

92.吉安·吉水【明】解缙:《永乐大典》二万二千八百七十七卷、《目录》六十卷翰林院藏本

明永乐元年七月奉敕撰。二年十一月奏进，赐名《文献大成》。总其事者为翰林院学士兼右春坊大学士解缙，与其事者凡一百四十七人。既而以所纂尚多未备，复命太子少保姚广孝、刑部侍郎刘季篪与缙同监修，而以翰林学士王景、侍读学士王达、国子祭酒胡俨、司经局洗马杨博、儒士陈济为总裁，以翰林侍读邹辑、修撰王褒、梁潜、吴溥、李贯、杨觏、曾棨、编修朱

纮、检讨王洪、蒋骥、潘畿、王偁、苏伯厚、张伯颖、典籍梁用行、庶吉士杨相、左春坊左中允尹昌隆、宗人府经历高得旸、吏部郎中叶砥、山东按察使佥事晏璧为副总裁，与其事者凡二千一百六十九人。于永乐五年十一月奏进，改赐名曰《永乐大典》案：以上俱见《明实录》，并命复写一部，锓诸梓，以永乐七年十月讫工案：事见明赵友同《存轩集·送礼部员外郎刘公复命序》，后以工费浩繁而罢。案：事见《旧京词林志》。定都北京以后，移贮文楼。案：文楼即今之宏义阁。嘉靖四十一年，选礼部儒士程道南等一百人重录正副二本，命高拱、张居正校理。案：事见《明实录》。至隆庆初告成，仍归原本于南京。案：事见《旧京词林志》。其正本贮文渊阁，副本别贮皇史宬。案：事见《春明梦余录》。明祚既倾，南京原本与皇史宬副本并毁。今贮翰林院库者，即文渊阁正本，仅残阙二千四百二十二卷。顾炎武《日知录》以为全部皆佚，盖传闻不确之说。书及目录共二万二千九百三十七卷，与原序原表并合。《明实录》作二万二千二百一十一卷，《明史·艺文志》作二万二千九百卷，亦字画之误也。考《明实录》载成祖谕解缙等，称尝观《韵府》、《回溪》二书，案：《回溪》谓《回溪史韵》也。事虽有统，而采摘不广，纪载太略。尔等其如朕意，凡书契以来，经史子集百家之书，至于天文、地志、阴阳、医卜、僧道、技艺之言，备辑为一书，无厌浩繁云云。故此书以《洪武正韵》为纲，全如韵府之体。其每字之下，详列各种书体，亦用颜真卿《韵海镜源》之例。惟其书割裂庞杂，漫无条理，或以一字一句分韵，或析取一篇，以篇名分韵，或全录一书，以书名分韵，与卷首凡例多不相应，殊乖编纂之体。疑其始亦如《韵府》之体，但每条备具始末，比《韵府》加详。今每韵前所载事韵，其初稿也。继以急于成书，遂不暇逐条采掇，而分隶以篇名，既而求竣益迫，更不暇逐篇分析，而分隶以书名。故参差无绪，至于如此。然元以前佚文秘典，世所不传者，转赖其全部全篇收入，得以排纂校订，复见于世，是殆天佑斯文，姑假手于解缙、姚广孝等俾汇存古籍，以待圣朝之表章，有莫知其然而然者，正不必以潦草追咎矣。今仰蒙指授，裒辑成编者凡经部六十六种，史部四十一种，子部一百三种，集部一百七十五种，共四千九百四十六卷。菁华已采，糟粕可捐，原可置不复道。然蒐罗编辑亦不可没其创始之功，故附存其目，并具载成书之始末，俾来者有考焉。（卷一三七·子部·类书类存目一，第1165页）

93.吉安·吉水【明】解缙:《文毅集》十六卷江西巡抚采进本

明解缙撰。缙字大绅，吉水人。洪武戊辰进士，永乐初官翰林学士，出为江西参议，改交阯。为汉王高煦所谮，下狱死。事迹具《明史》本传。缙所著有《白云稿》、《东山集》、《太平奏疏》等书，殁后多散佚。天顺初，金城黄谏始辑其遗文为三十卷，后亦渐湮。嘉靖中，同邑罗洪先复与缙从孙相辑成十卷。《千顷堂书目》又载有《似罗隐集》一卷、《学士集》二十卷，今并未见。此本十六卷，则康熙戊戌其十世孙悦所补辑也。缙才气放逸，下笔不能自休，当时有才子之目。迄今委巷流传其少年夙慧诸事，率多鄙诞不经。故李东阳《怀麓堂诗话》谓其诗无全稿，真伪相半，盖出于后人窜乱者为多。然其中佳句间存，亦复不减作者。至其奏议，如《大庖西封事》、《白李善长冤》诸篇，俱明白剀切。黄汝亨《狂言纪略》诋其文义繁缛，使当贾长沙，直是奴隶，苛矣。又案《大庖西封事》中有云："陛下好观韵府杂书，钞辑秽芜，略无文彩。若喜其便于检阅，愿集一二儒英，随事类别，勒成一经"云云。其后成祖修《永乐大典》，缙实为总裁官，果用分韵编类之法，勒为巨帙。一切遗文坠简，竟赖以传于今日，以待圣朝之表章。即以功在典籍而论，其著作亦宜存录，可不必铢铢两两而绳之也。（卷一七〇·集部·别集类二三，第1482页）

94.吉安·吉水【明】邓淮:《鹿城书院集》无卷数浙江巡抚采进本

明邓淮撰。淮，吉水人，成化辛丑进士，宏[①]治中官温州府知府。以南宋时温州之士游二程、张、朱之门者，有周行己等二十三人。乃命永嘉知县汪循即鹿城建书院，祀二程、张、朱，而以行己等侑焉。复辑诸人志铭、家传及其遗事绪论见于志书、语录中者，汇为此编。虽亦讲学家标榜之书，然永嘉学派，颇异新安。淮不分门户于其间，则视党同伐异者，其公私相去远矣。（卷六一·史部·传记类存目三，第550页）

95.吉安·吉水【明】陈诚:《使西域记》一卷编修程晋芳家藏本

明陈诚撰。诚，吉水人，洪武甲戌进士，永乐中官吏部员外郎。诚尝

① "宏"当为"弘"，避讳清高宗弘历。

副中使李达使西域诸国，所历哈烈、撒马儿罕等凡十七国，述其山川风俗物产，撰成此记。永乐十一年返命，上之。《明史·艺文志》载有陈诚《西域行程记》，即此书也。末有秀水沈德符跋，其所载音译，既多讹舛，且所历之地，不过涉嘉峪关外一二千里而止。见闻未广，大都传述失真，不足征信。（卷六四·史部·传记类存目六，第571—572页）

96.吉安·吉水【明】陈诚:《陈竹山文集》四卷江西巡抚采进本

明陈诚撰。诚有《使西域记》，已著录。是集分内、外二篇。《内篇》二卷，皆其奉使时所撰述，仅文十余首、诗一百三十余首。《外篇》二卷，则皆当时投赠诗文并其先世诸状也。（卷一七五·集部·别集类存目二，第1551页）

97.吉安·吉水【明】萧洵:《故宫遗录》一卷两淮马裕家藏本

明萧洵撰。洵，庐陵人。洪武初，为工部郎中。奉命毁元故宫，因记其制度。洵后为湖州长兴令，欲刊未果，其本归于吕山高氏家。洪武丙子，松陵吴节从高氏钞传。万历中，武进赵琦美得之，以张浙门家钞本互校，因行于世。其书序次典核，朱彝尊《日下旧闻》全载之，故今不重录焉。（卷七二·史部·地理类存目一，第635页）

98.吉安·吉水【明】邹元标（1551—1624）:《邹南皋语义合编》四卷浙江巡抚采进本

明邹元标撰。元标字尔瞻，吉水人。万历丁丑进士，官至左都御史，谥忠介。事迹具《明史》本传。是编乃其门人所辑，以讲学者曰会语，说经者曰解义，故总名曰《语义合编》。元标以气节重一时，其立首善书院，卒酿门户之争，功不补过。其学亦源出姚江，不能一一淳实。然其人则不愧于儒者，故仍存其目于儒家焉。（卷九六·子部·儒家类存目二，第815页）

99.吉安·吉水【明】邹元标:《愿学集》八卷两江总督采进本

明邹元标撰。元标字尔瞻，别号南皋，吉水人。万历辛丑进士，官至左都御史，谥忠介。事迹具《明史》本传。元标有《祭诸儒文》，自称甲戌闻道。盖是时年方弱冠，即从泰和胡直游也。其学亦阳明支派，而规矩准绳持之甚严，不堕二王流弊。初刻有《太平山房集》，后重订为此本，凡诗一卷、文七卷。其乡人龙遇奇巡视淮盐时为之锓版，序者无虑十数人，杂题万历丁未、庚戌、甲寅、己未等年。考元标起用在天启壬戌，此集刻于己未以前，故所载无非讲学之语，而后来奏议乃别行云。（卷一七二·集部·别集类二五，第1514页）

100.吉安·吉水【明】罗洪先（1504—1583）：《冬游记》一卷浙江范懋柱家天一阁藏本

明罗洪先撰。洪先字达夫，吉水人。嘉靖己丑进士第一，官至赞善。隆庆初赠太常寺少卿，谥文恭。事迹具《明史·儒林传》。洪先宗姚江良知之说，是书乃其赴召时取道金陵，与王守仁弟子王畿、王艮辈讲学语。所言性命学问，浸淫佛氏，沦于虚寂，并守仁本旨而失之。李贽诸人，沿流不返，遂至累及守仁，为儒者诟厉。其所从来者渐矣。（卷一二四·子部·杂家类存目一，第1071页）

101.吉安·吉水【明】罗洪先:《念庵集》二十二卷江西巡抚采进本

明罗洪先撰。洪先有《冬游记》，已著录。洪先不及见王守仁，而受学于其乡人李中。中之学出于杨珠，故其说仍以良知为宗。后作守仁年谱，乃自称曰门人，不免讲学家门户之习。其学惟静观本体，亦究不免于入禅。然人品高洁，严嵩欲荐之而不得，则可谓凤翔千仞者矣。其集初刻于抚州，再刻于应天。最后诸门人编为此本，而门人胡直序之。称其学凡三变，文亦因之。初效李梦阳，既而厌之，乃从唐顺之等相讲磨，晚乃自行己意。其《答友人书》取譬于水，谓“古之人有能者，必其中有自得实见，斯道之流行，无所不在，虽欲不为波涛湍澜之致不可得”。斯亦有见之言也。此本为雍正癸卯其六世孙继洪等重刻。洪先之裔，乃名继洪，理不可晓，岂误解不逮事则不讳耶？（卷一七二·集部·别集类二五，第1505页）

102.吉安·吉水【明】罗洪先:《别本罗念庵集》十三卷浙江汪汝瑮家藏本

明罗洪先撰。洪先有《冬游记》，已著录。是编为嘉靖癸亥其同年滁阳胡松所刻。凡“书”二卷，“杂著”一卷，“序记”、“传状”、“铭”、“表”，各一卷，“祭文”及“杂文”二卷，“古、律诗”二卷，盖初刊之本，非其全帙也。

（卷一七七·集部·别集类存目四，第1584页）

103.吉安·吉水【明】邹士元:《论学绪言》六卷江西巡抚采进本

明邹士元撰。士元字志尹，吉水人。是书首载邹元标序，万历时人也。其论学大抵以陈献章、王守仁为宗，而立论多堕于虚无。如《与欧南野书》云:“未发已发分不得先后，时时用吾灵明照察，则私欲客气纤毫容他住脚不得。”又《与刘一斋书》云:“吾性之灵乃先天太极未生之时无始之真也，吾气之灵乃后天阴阳交合有生之初赋畀之精也。”又《与邹东廓书》云:“真机不息，莫非物也，人情物理，莫非虚也。”其大旨略可见矣。（卷一二五·子部·杂家类存目二，第1079页）

104.吉安·吉水【明】刘教:《正思斋杂记》二卷浙江范懋柱家天一阁藏本

明刘教撰。教字因吾，吉水人。书中称孝宗为今上，则宏[①]治中人也。其书杂论古今轶事，颇崇道学。其开卷引陈亮之说，以岁建干支推宋、元、明国家盛衰至二千余言。大抵用《丙丁龟鉴》之剩论，殊附会无理。其取《伊洛渊源续录》之说，诋许衡、刘因不当仕元，尤明人偏驳之见。（卷一二七·子部·杂家类存目四，第1096页）

105.吉安·吉水【明】陈德文:《孤竹宾谈》四卷两淮盐政采进本

明陈德文撰。德文号石阳山人，吉水人。嘉靖中以顺天府尹行部永平，馆于夷齐庙。公事余闲，随笔纪载。以永平为古孤竹国，故以《孤竹宾谈》名书。其中论断，率多僻谬。如谓唐之房、杜不过一文人墨士，滕文公恨不与孔子生同时，扶苏、蒙恬得矫诏，当举兵称王之类。皆谬悠之谈，不足辨也。（卷一二七·子部·杂家类存目四，第1100页）

106.吉安·吉水【明】周述（？—1436）:《东墅诗集》六卷浙江范懋柱家天一阁藏本

明周述撰。述字崇述，东墅其别号也，吉水人，永乐甲申进士，官至左春坊左庶子，事迹具《明史》本传。述及第时，与从弟孟简同榜，成祖至比

① “宏”当为“弘”，避讳清高宗弘历。

之二苏。史亦称其文章雅赡，然其诗不出当时台阁之体也。（卷一七五·集部·别集类存目二，第1553页）

107.吉安·吉水【明】周叙（1392—1452）：《石溪文集》七卷、《附录》一卷江西巡抚采进本

明周叙撰。叙字功叙，吉水人，永乐戊戌进士，官至南京翰林院侍讲学士，事迹具《明史》本传。是编诗三卷、赋颂词一卷、文三卷，又以诰敕志传为《附录》一卷。史称叙初选庶吉士，作《黄鹦鹉赋》称旨，得授编修。今观所作，虽有春容宏敞之气，而不免失之肤廓。盖台阁一派，至是渐成矣。其集编次无法，至以五言六句别标一体，区之古诗之外，而五言长律反入于古诗之中，殊乖体例。（卷一七五·集部·别集类存目二，第1554页）

108.吉安·吉水【明】熊直:《西涧文集》十六卷浙江巡抚采进本

明熊直撰。直字敬方，吉水人。永乐中举人，以子概贵，赠右都御史。是集诗二卷、文十四卷。有宣德五年杨士奇序称："苏明允父子，一时皆有文名。而明允老成岿然，时号老苏，其官位竟不显。暨子贵，乃进身后之命。敬方亦今之明允乎？"今观其文，视明初宋濂、王祎，去之尚远，似未容上拟眉山也。（卷一七五·集部·别集类存目二，第1555页）

109.吉安·吉水【明】廖庄（1404—1466）：《廖恭敏佚稿》一卷、《附录》一卷江西巡抚采进本

明廖庄撰。庄字安止，号东山，吉水人，宣德庚戌进士，官至刑部左侍郎，谥恭敏，事迹具《明史》本传。庄为给事中时，尝劾辅臣杨士奇纵子稷恃势稔恶事，下狱。士奇固良相，而溺爱其子，庇之实甚。当其权位严重之日，已为言人所不敢言。景泰中疏请同群臣朝见上皇于南宫，又言皇侄犹子也，宜令亲儒臣，诵经书，以系人心，回天意。疏上，廷杖，贬官定羌驿丞。当新故嫌疑之际，尤为言人所难言。其劲节孤忠，足以震动一世。而文章则非所专门，所著有《东山居士集》，日久散佚，惟自序尚存。《千顷堂书目》则载庄《渔梁集》二卷，今亦惟存其自序。是两集皆亡，黄虞稷特据所征各家书目载之耳。此本为庄裔孙仲蔚及其里人李日东所辑，仅奏疏五

篇，其大要已见于本传。杂文二十篇、诗五首，则又草草应酬之作，庄固不必藉是以传。《附录》一卷，皆祭文、碑志之属，庄亦不必藉是为重也。（卷一七五·集部·别集类存目二，第1555—1556页）

110.吉安·吉水【明】刘俨（1394—1457）:《刘文介公集》三十卷两淮盐政采进本

明刘俨撰。俨字宣化，吉水人，正统壬戌进士第一，累官太常寺少卿、春坊大学士，掌院事，《明史》附见《周叙传》。称其景泰中典顺天乡试，力持公道，黜大学士陈循、王文之子，几得危祸，盖刚正不挠之士也。是集策表讲章一卷、记四卷、序十四卷、杂著六卷、五七言古今体诗五卷，尚沿台阁旧体，无疵累之可括，亦无精华之可挹。（卷一七五·集部·别集类存目二，第1557页）

111.吉安·吉水【明】彭教（1438—1480）:《东泷遗稿》四卷江西巡抚采进本

明彭教撰。教字敷五，号东泷，吉水人，天顺甲申进士第一，官至翰林院侍讲。集中诗文，类多应酬之作。李东阳序云："敷五年仅四十余，编摩考校之外，无由自试，而文又不尽其蕴。"盖亦微词也。（卷一七五·集部·别集类存目二，第1560页）

112.吉安·吉水【明】李中（1478—1542）:《谷平文集》五卷江西巡抚采进本

明李中撰。中字子庸，吉水人。正德甲戌进士，官至总督南京粮储、都察院副都御史，谥庄介。事迹具《明史》本传。是集为其门人罗洪先所编，其曰谷平者，以其所居之里名之也。凡疏二十有八，日录三百九十六，书问三十有三，诗文一百六十有五，大抵讲学者为多。（卷一七六·集部·别集类存目三，第1575页）

113.吉安·吉水【清】谢复苋:《周易纂解正宗》六卷江西巡抚采进本

国朝谢复苋撰。复苋字菁来，吉水人。其书先列朱子《本义》，以《直解》、《大全》、《蒙引》诸家之说各系于其下。其子能立以图说未备，重加纂订，别为一编，附之于后。盖里塾讲授之本也。（卷九·经部·易类存目三，第71页）

114.吉安·吉水【清】刘善:《纲鉴附评》二卷江西巡抚采进本

旧本题国朝刘善撰。善号黾斋，吉水人。考《江西通志》有刘善，临川人，洪武丁卯举人。是书所论，自夏帝启迄晋代为上卷，自南北朝迄明太祖即位为下卷，时代亦与相应。又似乎即明初之刘善，疑不能明也[①]。所评多剿袭旧文，大抵不出胡寅、尹起莘之说。其自立新意者，往往纵谈害理。如谓汉高当立赵王如意为太子，诸臣争之为非。又谓即立惠帝，亦当如钩弋夫人，先杀其母。可谓不揆于理，不近于情。他如因王珪子尚公主，珪令行妇礼一事，忽牵及珪昔事建成，今事太宗，犹妇之再醮于人，而忘所醮之即戕夫者。尤节外生枝，非其本事矣。（卷九〇·史部·史评类存目二，第765—766页）

115.吉安·吉水【清】施男:《筇竹杖》七卷两淮盐政采进本

国朝施男撰。男字伟长，吉水人。顺治初，随征广西，以军功授广西按察使副使。是编前三卷为男官桂林时所作，记峒黎风土，并所自作诗句。卷四、卷五则游于江、浙、吴、楚间所作，多记山川名胜。卷六为自著诗集。卷七则录刘湘客、杨廷麟、刘大璞、刘日襄、倪元璐五家之作。其所著诗文，词多险僻，盖犹沿明末公安、竟陵之余习也。（卷一四三·子部·小说家类存目一，第1225—1226页）

116.吉安·吉水【清】李元鼎:《灌研斋集》四卷江西巡抚采进本

国朝李元鼎撰。元鼎字梅公，吉水人。前明天启壬戌进士，入国朝，官至兵部左侍郎。所著诗文凡三十卷，统名之曰《石园集》。此集杂文四卷，乃其中之一种也。其曰“灌研斋”者，陆廷灿《南邨笔记》称，元鼎家有古研，五瓣如梅花，质如黄玉，相传为灌婴庙瓦，故以名斋，因以名集。考曾敏行《独醒杂志》，称赣之雩都尉厅后，旧有灌婴庙，临其池上，庙毁，瓴甓堕池中，岁年不可计矣。因刀镊工取半瓦以为砺石，人见而异之，遂求其瓦为研，于是有“灌瓦”之名云云。则亦非元鼎之创目也。（卷一八一·集

① 《纲鉴附评》的作者年代为清代（孔永红:《〈四库全书总目〉清代普及性史书提要订误六则》,《天中学刊》, 2017年第3期）。

部·别集类存目八，第1632页）

117.吉安·吉水【清】李振裕:《白石山房稿》十三卷江西巡抚采进本

国朝李振裕撰。振裕字维饶，吉水人。康熙庚戌进士，官至兵部尚书。是集凡诗三卷，文九卷，又附江南所作诗一卷，乃振裕督学江南时所刊。前有施世纶、汪琬序。世纶序惟述政绩，不及文章，琬序称其工于台阁之体，亦颇著微词。（卷一八三·集部·别集类存目一〇，第1656页）

118.吉安·吉水【清】李振裕:《别本白石山房稿》二十六卷浙江巡抚采进本

国朝李振裕撰。此本诗、文各十三卷，与刻于江南者大同小异，前后无序跋，亦无目录，不知何时所刻也。（卷一八三·集部·别集类存目一〇，第1656—1657页）

119.吉安·吉水【清】李振裕:《群雅集》十二卷内府藏本

国朝李振裕编。振裕有《白石山房稿》，已著录。是编乃其督学江南时，选录诸生诗赋杂文，汇刻成集，凡十二卷，而目录则作四卷。盖卷一中分四子卷，卷二分二子卷，卷三、卷四又各分三子卷。由于随时续镌，故辗转增益。其编次漫无体例，亦由于是也。（卷一九四·集部·总集类存目四，第1772页）

120.吉安·吉安县【宋】胡士行:《尚书详解》十三卷内府藏本

宋胡士行撰。士行，庐陵人。官临江军军学教授。是编焦竑《国史·经籍志》作《书集解》。朱彝尊《经义考》又作《初学尚书详解》。称名互异，其实一书也。其解经多以孔传为主，而存异说于后。孔传有未善，则引杨时、林之奇、吕祖谦、夏僎诸说补之。诸说复有所未备，则以己意解之。《尧典》星辰之伏见列为四图，以验分至。《洪范》“初一曰五行”，则补绘《太极图》以释“初”字，见五行生克之有本。虽皆根据旧说，要能荟萃以成一家言，犹解经之笃实者也。所引汉晋人训诂，间有异字。如《益稷篇》引郑康成云“黹，紩也，紩以为绣也”，与注疏所载不同。凡斯之类，亦见其留心古义，不但空谈名理矣。（卷一一·经部·书类一，第95—96页）

121.吉安·吉安县【宋】段昌武:《毛诗集解》二十五卷两江总督采进本

宋段昌武撰。昌武字子武，庐陵人。焦竑《国史·经籍志》作段文昌，盖因唐段文昌而误。朱睦㮮《授经图》作段武昌，则传写倒其文也。其始末无考，惟书首载其从子维清《请给据状》称"先叔朝奉昌武以《诗经》而两魁秋贡，以累举而擢第春官"而已。其书旧本题《丛桂毛诗集解》，盖以所居之堂名之。其书首为《学诗总说》，分《作诗之理》、《寓诗之乐》、《读诗之法》三则。次为《论诗总说》，分《诗之世》、《诗之次》、《诗之序》、《诗之体》、《诗之派》五则。余皆依章疏解，大致仿吕祖谦《读诗记》而词义较为浅显。原书三十卷。明代惟朱睦㮮万卷堂有宋椠完本，后没于汴梁之水。此本为孙承泽家所钞，仅存二十五卷。其《周颂·清庙之什》以下，并已脱佚。朱彝尊《经义考》载是书三十卷，注曰"阙"。又别载《读诗总说》一卷，注曰"存"。《读诗总说》今未见传本，而卷首《学诗总说》、《论诗总说》今在原目三十卷之外，疑即所谓《读诗总说》者。或一书而彝尊误分之，或两书而传写误合之，则莫可考矣。(卷一五·经部·诗类一，第125页)

122.吉安·吉安县【宋】李如圭:《仪礼集释》三十卷永乐大典本

宋李如圭撰。如圭字宝之，庐陵人。官至福建路抚干。案《文献通考》引宋《中兴艺文志》曰:"《仪礼》既废，学者不复诵习。乾道间有张淳，始订其讹，为《仪礼识误》。淳熙中，李如圭为《集释》，出入经传，又为《纲目》，以别章句之旨，为《释宫》以论宫室之制。朱熹尝与之校定礼书，盖习于礼者"云云。则如圭当与朱子同时。而陈振孙《书录解题》言"如圭淳熙癸丑进士"，《文献通考》引振孙语，又作"绍兴癸丑进士"。考淳熙纪元凡十六年，中间实无癸丑。绍兴癸丑为高宗改元之三年。朱子校正《仪礼》，乃在晚岁。疑当为绍熙癸丑，陈氏、马氏并讹一字也。宋自熙宁中废罢《仪礼》，学者鲜治是经。如圭乃全录郑康成注，而旁征博引以为之释，多发贾公彦疏所未备。又撰《纲目》、《释宫》各一篇，世无传本，故朱彝尊《经义考》云:"俱未见。"今从《永乐大典》录出，排纂成书。十七篇中，首尾完具者尚十五篇。惟《乡射》、《大射》二篇在《永乐大典》阙卷内，其纲目一篇亦阙，无从考补，姑仍其旧。然已得其十之九矣。《仪礼》一经，因治之者希，经文并注，往往讹脱。如圭生于南宋，尚见古本。今据以校正，补注疏本经文脱字二十四，改讹字十四，删衍字十，补注文脱字五百有三，改讹字一百三十二，删衍字一百六十九。并参考唐《石经》及陆德明《经典释文》、张淳《仪礼识误》及各本文句字体之殊，应加辩证者，不胜指数，各附案语于下方。其《乡射》、《大射》两篇，如圭之释虽佚，亦参取惠栋、沈大成二家所校宋本，证以唐《石经》本，补经文脱字七，改讹字四，删衍字二，补注文脱字四十一，改讹字三十九，删衍字十七，以成《仪礼》之完帙。如圭旧本本十七篇，篇自为卷，其间文句稍繁者，篇页太多，难于分帙，今析之得三十卷。其《释宫》则仍自为一书，别著于录焉。（卷二〇・经部・礼类二，第159页）

123.吉安・吉安县【宋】李如圭:《仪礼释宫》一卷永乐大典本

宋李如圭撰。如圭既为《仪礼集释》，又为是书，以考论古人宫室之制。仿《尔雅・释宫》，条分胪序，各引经、记、注、疏，参考证明。如据《顾命》东西序、东西夹、东西房之文，证寝庙之制异于明堂，而不用《郑志》"成王崩在镐京，宫室因文武不改作，故制同诸侯"之说按:《郑志》此条，见《顾命》孔《疏》。又如大夫、士，东房、西室之说，虽仍旧注，而据《聘礼》"宾馆于大夫、士"证其亦有右房。据《乡饮酒》及《少牢馈食》，证大夫、士亦有左房、东房之称，与天子诸侯言左对右、言东对西者同。其辨析详明，深得经意，发先儒之所未发，大抵类此，非以空言说礼者所能也。考《朱子大全集》亦载其文，与此大略相同，惟无序引。宋《中兴艺文志》称:"朱子尝与之较定礼书。"疑朱子固尝录如圭是篇，而集朱子之文者遂疑为朱子所撰，取以入集，犹苏轼书刘禹锡语题姜秀才课册，遂误编入轼集耳。观朱子《仪礼经传通解》，于《乡饮酒》荐"出自左房"、《聘礼》"负右房"，皆但存贾《疏》，与是篇所言不同。是亦不出朱子之一证矣。古者宫室，皆有定制，历代屡更，渐非其旧。如序、楹、楣、阿、箱、夹、牖、户、当荣、当碑之属，读《仪礼》者尚不能备知其处，则于陈设之地、进退之位俱不能知，甚或以后世之规模臆测先王之度数，殊失其真。是编之作，诚治《仪礼》者之圭臬也。宋陈汶尝序《集释》，刻之桂林郡学舍，兼刻是篇。今刻本不传，惟《永乐大典》内全录其文，别为一卷，题云《李如圭仪礼释宫》。盖其所据犹为宋本。今据以录出，仍与《集释》相附。其间字句与朱子本稍有异同，似彼为初稿，此为定

本。今悉从《永乐大典》所载，以存如圭之旧焉。（卷二〇・经部・礼类二，第159—160页）

124.吉安・吉安县【宋】李如圭:《释宫》一卷通行本

旧本题“宋朱子撰”。原载《晦庵大全集》中，此其别行之本也。然实李如圭作，编集者误入，说见如圭《释宫》条下。（卷二三・经部・礼类存目一，第189页）

125.吉安・吉安县【宋】欧阳德隆:《增修校正押韵释疑》五卷江苏巡抚采进本

《押韵释疑》，宋绍定庚寅庐陵进士欧阳德隆撰，景定甲子郭守正增修。守正字正己，自号紫云山民。《永乐大典》所引《紫云韵》，即此书也。初，德隆以《礼部韵略》有字同义异、义同字异者，与其友易有开因监本各为互注，以便程试之用。辰阳袁文焴为之序。后书肆屡为刊刻，多所窜乱。守正因取德隆之书，参以诸本，为删削增益各十余条，以成此书。前载文焴序，次守正自序，次《重修条例》，次《绍兴新制》，次《韵字沿革》，次《前代名姓有无音释之疑》，次《韵略音释与经史子音释异同之疑》，次《韵略字义与经史子字义异同之疑》，次《经史子训释音义异同之疑》，次《本韵字异义异经史子合而一之之疑》，次《两韵字同义异而无通押明文者》，次《出处连文两音之疑》，次《押韵经前史后之疑》，次《经史用古字今字之疑》，次《有司去取之疑》，次《世俗相传之误》，次《赋家用韵之疑》，次《疑字》，次《字同义异》，次《正误》，次《俗字》，皆列卷首。其每字之下，先列监注，次列补释，次列他韵他纽互见之字，详其音义点画之同异，而辨其可以重押通用与否。多引当时程试诗赋、某年某人某篇曾押用某字、考官看详故事以证之。每韵之末，列绍兴中黄启宗、淳熙中张贵谟等奏添之字。或常用之字而官韵不收者，如“帡幪”之“幪”诸字，则注曰“官韵不收，宜知”。考证颇为详密。但孰为德隆原注，孰为守正之所加，不复分别，未免体例混淆耳。别本《礼部韵略》注文甚简，与此不同，而亦载文焴、守正二序及《重修条例》十则。然其书与《条例》绝不相应，疑本佚其原序，而后人移掇此书以补之也。别本首载淳熙文书式数条，列当时避讳之例甚详，此本无之。然如“庆元中议宏字、殷字已祧不讳，可押韵，不可命题”、“绍兴中指挥以威字代桓字，如齐威、鲁威之类可用，不可押”、“丁丑福州补试士人押齐威字见黜”诸条，又较淳熙诸式为详备。名曰《释疑》，可谓不忝其名矣。其书久无刊版，此本犹从宋椠钞出。曹寅所刻别本，序中阙六字，《条例》中阙二字。此本皆完，知寅未见此本也。（卷四二・经部・小学类三，第361—362页）

126.吉安・吉安县【宋】刘辰翁（1232—1297）：《班马异同评》三十五卷浙江汪汝瑮家藏本

宋倪思撰，刘辰翁评。辰翁，字会孟，庐陵人。景定壬戌廷试对策，忤贾似道，置丙第，遂以亲老请掌濂溪书院。后召入史馆，及除太常博士，皆不就。宋亡后隐居以终。其文集散佚，仅存《四景诗》及《须溪记钞》，盖不及十分之一。今从《永乐大典》裒辑遗篇，始稍成卷帙。惟所评诸书尚传，此本亦其一也。辰翁人品颇高洁，而文章多涉僻涩。其点论古书，尤好为纤诡新颖之词，实于数百年前预开明末竟陵之派。此书据文义以评得失，尚较为切实。然于显然共见者，往往赘论，而笔削微意罕所发明。又倪思原书，本较其文之异同。辰翁所评，乃多及其事之是非，大抵以意断制，无所考证。既非论文，又非论古，未免两无所取。杨士奇跋以为臻极精妙，过矣。旧无专刻，仅附倪思书以行。然究为以辰翁之书乱思之书，故有疑《班马异同》即为辰翁作者。语详《班马异同》条下。今各著录，俾两不相淆焉。（卷四六・史部・正史类存目，第417页）

127.吉安・吉安县【宋】刘辰翁：《笺注评点李长吉歌诗》四卷、《外集》一卷江苏巡抚采进本

旧本题西泉吴正子笺注，须溪刘辰翁评点。辰翁所评《班马异同》，已著录。正子则不知何许人。近时王琦作《李长吉歌诗汇解》，亦称正子时代、爵里未详。考此本以辰翁之评列于其后，则当为南宋人。又《外集》之首注称“尝闻薛常州士龙言”云云，士龙为薛季宣字，据《书录解题》，季宣卒于乾道九年，则正子亦孝宗时人矣。注李贺诗者，明以来有徐渭、董懋策、曾益、余光、姚佺五家本。又有邱象升、邱象随、陈愫、陈开先、杨研、吴甫六家之《辨注》，孙枝蔚、张恂、蒋文运、胡廷佐、张星、谢启秀、朱潮远七家之评。王琦又采诸家之说，作为《汇解》。递相纠正，互有发明，而要以

正子是注为最古。贺之为诗，冥心孤诣，往往出笔墨蹊径之外，可意会而不可言传。严羽所谓“诗有别趣，非关于理”者，以品贺诗，最得其似。故杜牧序称其少加以理，可以奴仆命骚。而诸家所论，必欲一字一句为之诠释，故不免辗转轇轕，反成滞相。又所用典故，率多点化其意，藻饰其文，宛转关生，不名一格。如“羲和敲日玻璨声”句，因羲和驭日而生敲日，因敲日而生玻璨声，非真有敲日事也。又如“秋坟鬼唱鲍家诗”，因鲍照有《蒿里吟》而生鬼唱，因鬼唱而生秋坟，非真有唱诗事也。循文衍义，讵得其真？王琦解“塞土胭脂凝夜紫”，不用紫塞之说，而改“塞土”为“塞上”，引《隋书·长孙晟传》“望见碛北有赤气，为匈奴欲灭之征”，此岂复作者之意哉？正子此注，但略疏典故所出，而不一一穿凿其说，犹胜诸家之淆乱。辰翁论诗，以幽隽为宗，逗后来竟陵弊体。所评杜诗，每舍其大而求其细。王士祯顾极称之。好恶之偏，殆不可解。惟评贺诗，其宗派见解乃颇相近，故所得较多。今亦并录之，以资参证焉。（卷一五〇·集部·别集类三，第1293页）

128.吉安·吉安县；吉安·吉安县【宋】罗椅（1214—？）、刘辰翁：《放翁诗选前集》十卷、《后集》八卷、附《别集》一卷兵部侍郎纪昀家藏本

宋罗椅、刘辰翁所选陆游诗也。前集椅所选，元大德辛丑其孙憼始刻之，前有憼自序。后集辰翁所选，前后无序跋。椅间有圈点而无评论，辰翁则句下及篇末颇有附批，大致与所评杜甫、王维、李贺诸集相似。明人刻辰翁评书九种，是编不在其中。盖偶未见此本。详其词意，确为须溪门径，非伪托也。末有明人重刻旧跋，蠹蚀断烂，几不可读，并作者姓名亦莫辨。其可辨者，惟称宏[①]治某年，得于余杭学究家，属其同年余杭知县冉孝隆校刻之耳。又称“《放翁集》钞本尚存，然闻而未尝见。独罗涧谷、刘须溪所选在，胜国时书肆尝合而梓行，以故转相钞录，迄今渐出。而印本则见亦罕矣”云云。据其所言，则两人本各自为选。其前集、后集之目，盖元时坊贾所追题矣。跋又有“复者去之”之语。故两集所录，无一首重见。末附为别集一卷，不题编纂名氏。其诗皆见《瀛奎律髓》中。以跋中取方虚谷句推之，知即作跋者所缉，以补二集之遗。其中《睡起至园中》一首，已见前集

① “宏”当为“弘”，避讳清高宗弘历。

五卷中，盖偶误也。《剑南诗集》汲古阁刻本，今已盛行于世。然此选去取颇不苟，又宋人旧本。故以陈亮《欧阳文粹》之例，与本集并存之。椅字子远，号涧谷，庐陵人。宝祐四年进士，以秉义郎为江陵教官，改潭州。复知赣州信丰县，迁提辖榷货。德祐初，遭论罢。周密《齐东野语》记其当道学盛时，依托求进。道学势衰之后，遂弃去不相闻问，深不满之。明偶桓《乾坤清气集》皆录元人之诗，而有谢幼舆《折齿歌》一首。盖元初尚存。辰翁自有集，始末详见本条下。（卷一六〇·集部·别集类一三，第1381页）

129.吉安·吉安县【宋】刘辰翁:《须溪集》十卷永乐大典本

宋刘辰翁撰。辰翁字会孟，庐陵人。须溪其所居地名也。少补太学生，景定壬戌，廷试入丙第。以亲老，请濂溪书院山长。江万里、陈宜中荐居史馆，除太学博士，皆固辞。宋亡，遂不复出。辰翁当贾似道当国，对策极言"济邸无后可恸，忠良残害可伤，风节不竞可憾"，几为似道所中，以是得鲠直名。文章亦见重于世。其门生王梦应作祭文，至称"韩、欧后惟先生卓然秦汉巨笔"。然辰翁论诗评文，往往意取尖新，太伤佻巧，其所批点，如《杜甫集》、《世说新语》及《班马异同》诸书，今尚有传本，大率破碎纤仄，无裨来学。即其所作诗文，亦专以奇怪磊落为宗，务在艰涩其词，甚或至于不可句读，尤不免轶于绳墨之外。特其蹊径本自蒙庄，故惝恍迷离，亦间有意趣，不尽堕牛鬼蛇神。且其于宗邦沦覆之后，睠怀麦秀，寄托遥深，忠爱之忱，往往形诸笔墨。其志亦多有可取者，固不必概以体格绳之矣。《须溪集》明人见者甚罕，即诸书亦多不载其卷数。韩敬选订晚宋诸家之文，尝以不得辰翁全集为恨。闻兰溪胡应麟遗书中有其名，往求之，卒弗能获，盖其散失已久。世所传者惟《须溪记钞》及《须溪四景诗》二种，篇什寥寥。今检《永乐大典》所录记序、杂著、诗余尚多。谨采辑裒次，厘为十卷。其《天下同文集》及《记钞》所载，而不见于《永乐大典》者，亦别为抄补，以存其概。至《四景诗》则原属单行之本，今仍各著于录，故不复采入云。（卷一六五·集部·别集类一八，第1409—1410页）

130.吉安·吉安县【宋】刘辰翁:《须溪四景诗集》四卷编修汪如藻家藏本

宋刘辰翁撰。考晋、宋以前，无以古人诗句为题者。沈约始有《江蓠生幽渚诗》，以陆机《塘上行》句为题，是齐、梁以后例也。沿及唐、宋科举，始专以古句命题。其程试之作，唐莫详于《文苑英华》，宋莫详于《万宝诗山》。大抵以刻画为工，转相效仿。辰翁生于宋末，故是集各以四时写景之句命题。《春景》凡六十三题，诗七十二首。《夏景》凡三十二题，诗三十五首。《秋景》凡四十题，诗四十四首。《冬景》十六题，诗如题数。所作皆气韵生动，无堆排涂饰之习，在程试诗中，最为高格。末附《东桂堂赋》一篇，为刘端伯教子读书而作。此集殆亦授刘之子备科举之用者欤？（卷一六五·集部·别集类一八，第1410页）

131.吉安·吉安县【宋】刘辰翁：《须溪记钞》八卷副都御史黄登贤家藏本

宋刘辰翁撰。辰翁有《评点班马异同》，已著录。其集本一百卷，明代已不传。独存记七十篇，其十八世孙棻等重刻之，即此本也。今全集于《永乐大典》中重为裒辑，业已成帙。此残阙之本，可无庸复录，以孤行已久，姑附存其目焉。（卷一七四·集部·别集类存目一，第1543页）

132.吉安·吉安县【宋】罗泌：《路史》四十七卷两江总督采进本

宋罗泌撰。泌，字长源，庐陵人。是书成于乾道庚寅。凡《前纪》九卷，述初三皇至阴康无怀之事；《后纪》十四卷，述太昊至夏履癸之事；《国名纪》八卷，述上古至三代诸国姓氏地理，下逮两汉之末；《发挥》六卷、《余论》十卷，皆辨难考证之文。其《国名纪》第八卷，载《封建后论》一篇、《究言》一篇、《必正劄子》一篇、《国姓衍庆纪原》一篇，盖以类相附。惟归愚子《大衍数》一篇、《大衍说》一篇、《四象说》一篇，与《封建》渺无所涉。考《发挥》第一卷之首，有《论太极》一篇、《明易象象》一篇、《易之名》一篇，与《大衍》等三篇为类。疑本《发挥》之文，校刊者以卷帙相连，误窜入《国名纪》也。泌自序谓："皇甫谧之《世纪》、谯周之《史考》、张愔之《系谱》、马总之《通历》、诸葛耽之《帝录》、姚恭年之《历帝纪》、小司马之《补史》、刘恕之《通鉴外纪》，其学浅狭，不足取信。苏辙《古史》，第发明索隐之旧，未为全书。因著是编。"《余论》之首释名书之义，引《尔雅》训路为大，所谓《路史》，盖曰大史也。句下注文，题其子苹所撰。核其词义，与泌书详略相补，似出一手，殆自注而嫁名于子与？皇古之事，本为茫昧。泌多采纬书，已不足据。至于《太平经》、《洞神经》、《丹壶记》之类，皆道家依托之言，乃一一据为典要，殊不免庞杂之讥。《发挥》、《余论》皆深斥佛教。而说《易》数篇，乃义取道家。其“青阳遗珠”一条，论大惑有九，以贪仙为材者之惑、谀物为不材之惑，尤为偏驳。然引据浩博，文采瑰丽。刘勰《文心雕龙·正纬篇》曰：“羲、农、轩、皞之源，山、渎、钟律之要，白鱼、赤乌之符，黄金、紫玉之瑞，事丰奇伟，词富膏腴。无益经典，而有助文章。”是以后来词人，采摭英华。泌之是书，殆于此类。至其《国名纪》、《发挥》、《余论》，考证辨难，语多精核，亦颇有祛惑持正之论，固未可尽以好异斥矣。（卷五〇·史部·别史类，第449页）

133.吉安·吉安县【宋】萧常:《续后汉书》四十七卷编修庄承篯家藏本

宋萧常撰。常，庐陵人，乡贡进士。初，常父寿朋，病陈寿《三国志》帝魏黜蜀，欲为更定，未及成书而卒。常因述父志为此书。以昭烈帝为正统，作《帝纪》二卷、《年表》二卷、《列传》十八卷，以《吴》、《魏》为《载记》，凡二十卷。又别为《音义》四卷、《义例》一卷。于《蜀志》增传三十二，废传四。移《魏志》传入汉十。《吴志》废传二十。《魏志》废传八十九。多援《裴注》以入传，其增传亦皆取材于注。间有注所未及者，建安以前事则据范书，建安以后则不能复有所益。盖其大旨在书法，不在事实也。然其义例精审，实颇得史法。如魏、吴诸臣本附见二国《载记》之后，而中有一节可名，如孟宗、陈表等，则别入《孝友传》；杜德、张悌等，则别入《忠义传》；管宁、吴范等，则别入《隐逸方技传》。其体实本之《晋书》。又曹操封魏公，加九锡等事，《陈志》皆称天子命公，而此乃书操自为云云。则本之范蔚宗《后汉书》本纪。其他笔削，亦类多谨严。惟《陈志·先主传》称封涿县陆城亭侯，而常于《昭烈纪》但云封陆城侯。《陈志》建安十四年魏延为都督，而常则云拔魏延为镇远将军。《裴注》概无此语，不知常何所本。然常之所长，不在考证。殆偶然笔误，非别有典据也。常成此书时，尝以《表》自进于朝。所列但有本纪、表、传、载记，而无《音义》。至周必大序，始并《音义》言之。或成书之后，又续辑补入欤？（卷五〇·史部·别史类，第450—451页）

134.上饶·婺源；吉安·吉安县【宋】朱熹、李幼武：《名臣言行录前集》十卷、《后集》十四卷、《续集》八卷、《别集》二十六卷、《外集》十七卷浙江郑大节家藏本

《前集》、《后集》并朱子撰。《续集》、《别集》、《外集》李幼武所补编。幼武字士英，庐陵人。据其《续集》序文，盖理宗时所作。其始末则未详。观其《外集》所录皆道学宗派，则亦讲学家矣。赵希弁《读书附志》载此书七十二卷。今合五集计之，实七十五卷。殆传刻者误以“五”为“二”欤。朱子自序，谓读近代文集及纪传之书，多有裨于世教，于是掇取其要，聚为此书。乃编中所录如赵普之阴险，王安石之坚僻，吕惠卿之奸诈，与韩、范诸人并列，莫详其旨。明杨以任序，谓是书各胪其实，亦《春秋》劝惩之旨，非必专以取法。又解“名臣”之义，以为名以藏伪，有败有不败者。其置词颇巧。然刘安世气节凛然，争光日月，《尽言集》、《元城语录》今日尚传，当日不容不见，乃不登一字，则终非后人所能喻。考吕祖谦《东莱集》，有《与汪尚书书》曰：近建宁刻一书，名《五朝名臣言行录》案祖谦所见乃《前集》，故但称“五朝”，云是朱元晦所编，其间当考订处颇多。近亦往问元晦，未报。不知曾过目否？《晦庵集》中亦有《与祖谦书》曰：“《名臣言行录》一书，亦当时草草为之。其间自知尚多谬误，编次亦无法，初不成文字。因看得为订正，示及为幸”云云。则是书瑕瑜互见，朱子原不自讳。讲学家一字一句尊若《春秋》，恐转非朱子之意矣。又叶盛《水东日记》曰：今印行《宋名臣言行录前集》、《后集》、《续集》、《别集》、《外集》，有景定辛酉浚仪赵崇硂引云，其外孙李幼武所辑。且云朱子所编止八朝之前，士英所编则南渡中兴之后四朝诸名臣也。今观《后集》一卷有李纲，二卷有吕颐浩，三卷有张浚，皆另在卷前，不在《目录》中。又阙残脱版甚多。颇疑其非朱子手笔，为后人所增损必多。盖朱子纂辑本意，非为广闻见，期有补于世教，而深以虚浮怪诞之说为非。今其间吕夷简非正人，而记翦髭赐药之详；余襄公正人，而有杖臀怀金之耻；苏子瞻苏木私盐等事亦无甚关系；若此者盖不一也。李居安所谓翦截纂要，岂是之谓欤。尝见章副使绘有此书，巾箱小本。又闻叔简尚宝家有宋末庐陵钟尧俞所编《言行类编举要》十六卷《前后集》。尚俟借观，以祛所惑云云。则盛于此书亦颇有所疑。顾就其所录观之，宋一代之嘉言懿行，略具于斯。旁资检阅，固亦无所不可矣。幼武所补，大抵亦步亦趋，无甚出入，其所去取，不足以为重轻。以原本附骥而行，今亦姑并存之，备考

核焉。（卷五七·史部·传记类一，第519—520页）

135.吉安·吉安县【宋】欧阳士秀：《孔子世家补》十二卷永乐大典本

宋欧阳士秀撰。士秀，庐陵人，仕履未详。是书成于淳祐辛亥。大抵据《皇极经世》以驳《史记·孔子世家》之讹。然邵子精于数学，不闻精于史学，所书先圣事迹，亦未必尽确。自序又称虑夫事之精粗隐显，大小本末，错糅其间，而不易见。则著《年表》以提其纲，列《世本》以类其族，且缀《弟子年名》于其终。于以稽其是非，用决群疑，而祛己惑。今考《永乐大典》所载，已无所谓《年表》、《世本》、《弟子年名》者，则已非完书矣。（卷五九·史部·传记类存目一，第531页）

136.吉安·吉安县【宋】罗濬：《宝庆四明志》二十一卷、《开庆续志》十二卷两淮盐政采进本

宋罗濬撰。濬，庐陵人。官赣州录事参军。《文献通考》作罗璿，盖传写误也。先是，乾道中，知明州张津始纂辑《四明图经》，而搜采未备。宝庆三年，焕章阁学士、通议大夫、知庆元府兼沿海制置使庐陵胡榘复命校官方万里因《图经》旧本，重加增订。如唐刺史韩察之移州城、唐及五代郡守姓名，多据碑刻史传补入。其事未竟，会万里赴调中辍。濬与榘同里，适游四明，遂属之编定。凡一百五十日而成书，前十一卷为郡志，分《叙郡》、《叙山》、《叙水》、《叙产》、《叙赋》、《叙兵》、《叙人》、《叙祠》、《叙遗》九门，各门又分立四十六子目；第十二卷以下则为鄞、奉化、慈溪、定海、昌国、象山各县志，每县俱自为门目，不与郡志相混。盖当时明州虽建府号，而不置倚郭之县，州与县各领疆土。如今直隶州之体，特与他郡不同也。《宋史·艺文志》仅有张津《图经》十二卷及《四明风俗赋》一卷，不载是书。惟陈振孙《书录解题》载之，其卷数与此本相合，盖犹从宋椠抄存者。志中所列职官科第名姓及他事迹，或下及咸淳，距宝庆三四十年，盖后人已有所增益，非尽罗濬之旧。然但逐条缀附，而体例未更，故叙述谨严，不失古法。元袁桷《延祐四明志》亦据为蓝本，多采用焉。《续志》十二卷，则开庆元年庆元府学教授梅应发、添差通判镇江府刘锡所撰。共分子目三十有七。其自序称，《续志》之作，所以志大使丞相履斋先生吴公三年治鄞之政绩，其

已作而述者不复志，故所述多吴潜在官事实。而山川疆域已详于旧志者，则概未之及。是因一人而别修一郡之志。名为舆图，实则家传，于著作之体殊乖。然案《宋史·吴潜传》载，潜以右丞相罢为观文殿大学士，寻授沿海制置大使，判庆元府。至官，条具军民久远之计，告于政府，奏皆行之。又积钱百十七万三千八百有奇，代民输帛，前后所蠲五百四十九万一千七百有奇。是潜涖鄞以后，宦绩颇有可观。二人所述，尚不尽出于谀颂。至潜所著文集，世久无传。后人掇拾丛残，编为遗稿，亦殊伤阙略。此志载潜《吟稿》二卷，共古今体诗二百九首，《诗余》二卷，共词一百三十首，皆世所未睹。虽其词不必尽工，而名臣著作藉以获存，固亦足资援据。故今仍与罗濬书并录存焉。（卷六八·史部·地理类一，第599—600页）

137.吉安·吉安县【宋】周必大（1126—1204）：《玉堂杂记》三卷浙江鲍士恭家藏本

宋周必大撰。必大字子充，一字洪道，庐陵人。绍兴二十一年进士，中宏词科，权中书舍人。孝宗朝历右丞相，拜少傅，进益国公。宁宗朝以少傅致仕，卒谥文忠。事迹具《宋史》本传。此书皆记翰林故事，后编入必大文集中。此乃其别行之本也。宋代掌制，最号重职，往往由此致位二府。必大受知孝宗，两入翰苑，自权直院至学士承旨，皆遍为之。凡銮坡制度沿革，及一时宣召奏对之事，随笔纪录，集为此编。所纪如奉表德寿署名、赐安南国王嗣子诏书之类，皆能援引古义，合于典礼。其他琐闻遗事，亦多可资谈柄。洪遵《翰院群书》所录，皆唐代及汴都故帙。程俱《麟台故事》，亦成于绍兴间。其隆兴以后翰林故实，惟稍见于《馆阁续录》及洪迈《容斋随笔》中。得必大此书，互相稽考，南渡后玉堂旧典亦庶几乎釐然具矣。（卷七九·史部·职官类，第683—684页）

138.吉安·吉安县【宋】周必大:《唐昌玉蕊辨证》一卷内府藏本

宋周必大撰。必大有《玉堂杂记》，已著录。唐昌观玉蕊花，传自唐时。宋祁疑为琼花，黄庭坚以为玚花，必大以为皆非是，故记所目验者辨证之。原载《平园集》中。此本乃毛晋摘出，刻入《津逮秘书》者也。（卷一一六·子部·谱录类存目，第1002页）

139.吉安·吉安县【宋】周必大（伪托）：《裁纂类函》一百六十卷浙江汪启淑家藏本

不著撰人名氏。其书杂录《册府元龟》之文，而删易其篇目。前有虞集序，称相台庐陵周宏道先生所著。考道园《学古录》不载此文，所谓宏道先生亦无所考。据其文意推之，盖周必大《平园集》外尚有著述八十余种不传，奸黠书贾，因伪造此书，以依托求售。既讹必大之字洪道为宏道，又以必大先世郑州人，而加相台二字于庐陵之上。观其序词旨鄙俚，可资笑噱，正不足与辨真赝也。（卷一三七·子部·类书类存目一，第1163页）

140.吉安·吉安县【宋】周必大:《文忠集》二百卷浙江鲍士恭家藏本

宋周必大撰。必大有《玉堂杂记》，已著录。是集即史所称《平园集》者是也。开禧中，其子纶所手订。以其家尝刻《六一集》，故编次一遵其凡例，为《省斋文稿》四十卷、《平园续稿》四十卷、《省斋别稿》十卷、《词科旧稿》三卷、《掖垣类稿》七卷、《玉堂类稿》二十卷、《政府应制稿》一卷、《历官表奏》十二卷、《奏议》十二卷、《奉诏录》七卷、《承明集》十卷、《辛巳亲征录》一卷、《龙飞录》一卷、《归庐陵日记》一卷、《闲居录》一卷、《泛舟游山录》三卷、《乾道庚寅奏事录》一卷、《壬辰南归录》一卷、《思陵录》一卷、《玉堂杂记》三卷、《二老堂诗话》二卷、《二老堂杂志》五卷、《唐昌玉蕊辨证》一卷、近体乐府一卷、书稿三卷、札子十一卷、小简一卷。其年谱一卷，亦纶所编。又以祭文、行状、谥诰、神道碑等别为《附录》四卷终焉。陈振孙谓，初刻时以《奉诏录》、《亲征录》、《龙飞录》、《思陵录》十一卷所言，多及时事，托言未刊。郑子敬守吉时，募工人印得之，世始获见完书。今雕本久佚，止存抄帙。而《玉堂杂记》、《二老堂杂志》等编，世亦多有别本单行者，已各著于录。兹集所载，则依原书编次之例。仍为录入，以存其旧第焉。（卷一五九·集部·别集类一二，第1369页）

141.吉安·吉安县【宋】周必大:《二老堂诗话》一卷江苏巡抚采进本

宋周必大撰。必大有《玉堂杂记》，已著录。是书其论诗之语，凡四十六条，原载《平园集》中。此后人钞出别行者也。必大学问博洽，又熟于掌故，故所论多主于考证。如“王禹偁不知贡举”一条，“刘禹锡淮阴行”一条，“欧阳修诗报班齐”一条，又“陆游说苏轼诗”一条，“周紫芝论金锁甲”一条，“司空山李白诗”一条，“杜甫诗闲殷阑韵”一条，皆极精审。至于“奚斯作颂”一条，偏主扬雄之说，“梅葩坠素”一条，牵合韩愈之语，皆未免偏执。又辨“缥缈”字一条，知引苏轼诗，而不知出王延寿《灵光殿赋》。辨“一麾江海”一条，知不本颜延之诗，而不知出于崔豹《古今注》。是皆援据偶疏者。然较其大致，究非学有本原者不能作也。（卷一九五·集部·诗文评类一，第1787页）

142.吉安·吉安县【宋】周必大:《近体乐府》一卷安徽巡抚采进本

宋周必大撰。必大有《玉堂杂记》，已著录。此编凡词十二阕，已编入《文忠集》中。此卷乃毛晋摘录之本，刻于《六十家词》中者也。题下所注甲子，其可数者自丁亥至庚寅，大约不出四岁中所作。疑当周纶编次全集时，已掇拾散佚之余，非其完本矣。（卷二〇〇·集部·词曲类存目，第1830页）

143.吉安·吉安县【宋】曾宏父:《石刻铺叙》二卷副都御史黄登贤家藏本

宋曾宏父撰。宏父字幼卿，自称凤墅逸客，庐陵人。是书虽远引石经及秘阁诸本，而自述其所集凤墅帖特详。凡所征摭，皆有典则，而藏书家见者颇希。国朝初年，朱彝尊得射渎钞本，自为之跋，有珊瑚木难之喻。此本末有此跋及彝尊名字二印，盖犹其手迹。然跋中谓宏父名惇，以字行，则未免舛误。考宋有两曾宏父，其一名惇，字宏父，为曾布之孙，曾纡之子。后人避宁宗讳，多以字行，遂与此宏父混而为一。实则与作此书者，各一人也。跋又谓陈思《宝刻丛编》，其援据颇广，顾不及此。考《凤墅帖》刻于嘉熙、淳祐间。《铺叙》诸石刻，断手于戊申仲春，亦在淳祐八年。若《丛编》则成于绍定辛卯，实理宗即位之七年，相距凡十七八年，何由预见曾刻？彝尊亦偶误记也。近厉鹗等刻《南宋杂事诗》，直题此书为曾惇撰，是承彝尊之讹矣。（卷八六·史部·目录类二，第736页）

144.吉安·吉安县【宋】钟过:《皇极经世书类要》九卷永乐大典本

宋钟过撰。过字益斋，庐陵人。其书作于咸淳中。吴应丑序云：钟君取邵子之书类之，图即书，书即图矣。其类之目曰道，曰太极，曰阴阳，而以外篇之文分附之。考《皇极经世外篇》本邵子门人所说，故张行成亦别为

编次。此书捃拾排纂，初无所发明，更不及行成之索隐矣。（卷一一〇·子部·术数类存目一，第932页）

145.吉安·吉安县【宋】董史：《书录》三卷、《外篇》一卷浙江吴玉墀家藏本

宋董史撰。史字更良，不详其里贯[①]。自称闲中老叟，盖未登仕版者也。其书皆纪宋代书家姓氏，分上、中、下三篇。上篇载艺祖至高宗，中篇载北宋书家一百十人，下篇载南宋书家四十五人。有所见辄抄于帙，故不复以人品高下为铨次。凡诸书所有评论书法者，悉加采摭汇次，每人之后，更加外篇附于卷末。所载女子六人，盖仿《华阳国志》窭儒贫女有可纪者莫不咸具例也。录中所纪，虽未为赅备，而征引典核，考据精审，亦殊有体裁，非泛滥扯挦者可比。其书成于理宗淳祐壬寅，后景定元年庚申毁于火。度宗咸淳元年乙丑，从章氏得其旧本，乃重加修校，复成此编。原本书末有"至正丁未三月录办"云云一行，盖元时华亭孙氏所抄存者。后辗转传录，讹脱益甚，自序亦已残阙不可读。检勘诸本并同，无可校补，今姑仍其旧焉。（卷一一二·子部·艺术类一，第961页）

146.吉安·吉安县【宋】孙奕：《示儿编》二十三卷兵部侍郎纪昀家藏本

宋孙奕撰。奕字季昭，号履斋，庐陵人。其历官无可考。第十卷中称"绍熙丁巳三月，侍宴春华楼，闻大丞相周益公议论"。考之《宋史》，绍熙元年为庚戌，至五年甲寅，即内禅。丁巳实庆元三年。殆宁宗时尝官侍从，传写误为绍熙欤？是编凡总说一卷，经说五卷，文说、诗说共四卷，正误三卷，杂记四卷，字说六卷。中第九卷前为文说，后为诗说。李维桢序谓文说三卷，诗说二卷，误也。前有开禧元年自序，称"考评经传，渔猎训诂，非敢以污当代英明之眼，姑以示之子孙，故名曰《示儿编》"。其书杂引众说，往往曼衍，又征据既繁，时有笔误。如经说类中以《广雅》、《博雅》并言，而皆云张揖作，诗说类中以杜甫袭用白居易诗，杂记类中谓唐太宗纳巢剌王妃为妻嫂，字说类中谓《诗》有陈佗案：陈佗之名见于《诗序》，奕以为诗则非，皆失于考订。以至"荆舒是惩"句，经说类中反覆论僖公无此事，故《孟子》归之周公。正误类中

① 南宋吉州庐陵（今江西吉安）人，字良史，号闲中老叟。绍兴进士。华夏经纬网 http：//www.huaxia.com/lasd/hxrwk/gdrw/2004/01/476252.html

又谓僖公之事《孟子》误以为周公。王安石《字说》覇字条下，称其学务穿凿无定论。“艺苑雌黄”一条，又称熙、丰间定有成书，是正舛谬，学者不能深考，类以穿凿嗤之，亦间或自相矛盾。文说类中契丹空纸祭文一事，尤委巷不根之谈。其经说类中于窃比老彭训“彭”为“旁”，于黾勉从事训“黾”为“蛙”，王士祯《古夫于亭杂录》深取之，实亦附会之论。然其中字音、字训，辨别异同，可资考证者居多。其冗杂者可削，其精核者究不可废也。（卷一二一·子部·杂家类五，第1044—1045页）

147.吉安·吉安县【宋】王克贞（930—989）：《太平广记》五百卷内府藏本

宋李昉奉敕监修，同修者扈蒙、李穆、汤悦、徐铉、宋白、王克贞、张洎、董淳、赵邻几、陈鄂、吕文仲、吴淑十二人也。以太平兴国二年三月奉诏，三年八月表进，此据《宋会要》之文。《玉海》则作二年三月戊寅所集，八年十二月庚子书成。未详孰是。六年正月敕雕版印行。凡分五十五部，所采书三百四十五种，古来轶闻琐事，僻笈遗文咸在焉。卷帙轻者往往全部收入，盖小说家之渊海也。《玉海》称：“《广记》镂本颁天下，后以言者谓非后学所急，收版贮之太清楼，故北宋人多未及睹。”郑樵号为博洽，而《通志·校雠略》中，乃谓“《太平广记》为《太平御览》中别出《广记》一书，专记异事”。误合两书而一之，是樵亦未尝见矣。其书虽多谈神怪，而采摭繁富。名物典故，错出其间，词章家恒所采用，考证家亦多所取资。又唐以前书，世所不传者，断简残编，尚间存其什一，尤足贵也。此本为明嘉靖中右都御史谈恺所刊，卷页间有阙佚。胡应麟《二酉缀遗》曰：“谈于此书颇肆力校雠，第中阙《嗤鄙类》二卷，《无赖类》二卷，《轻薄类》一卷，而《酷暴类》阙‘胡淛’等五事，《妇人类》阙‘李诞’等七事。谈谓偏阅诸藏书家悉然，疑宋世已亡。”又曰，“《轻薄类》刘祥、许敬宗等，皆见六朝诸史及唐书杂说，谈已考补。余目中有名姓者，尚多互见诸书。惟出小说中而其书今亡者，难悉究矣”云云。则书在当时已非完帙，今亦姑仍旧本录之焉。（卷一四二·子部·小说家类三，第1212页）

148.吉安·吉安县【宋】刘才卲（1086—1158）：《檆溪居士集》十二卷永乐大典本

宋刘才卲撰。案：卲字从卩，不从邑，他书或从邑者，传写误也。才卲字美中，庐陵人，檆溪居士其自号也。大观二年上舍释褐，宣和二年又中宏词科，累迁校书郎，以养亲归。家居十年，绍兴初起为秘书丞，再掌制诰。官至工部侍郎，权吏部尚书，加显谟阁直学士。事迹具《宋史》本传。是集之名，亦见传中。然《艺文志》乃阙而不载。据周必大序，原本盖二十二卷。又自明以来，传本甚稀。厉鹗《宋诗纪事》从《诗话补遗》中录其《夜度娘歌》一首。今检勘原集，乃《相思曲》中之四句，误作全诗。知旧本久亡，故无从而考正矣。谨就《永乐大典》所载，裒辑编次，厘为诗三卷、内外制四卷、杂文五卷。其间如必大原序所举《清江引》、《大堤曲》诸诗，皆不复存。然约略卷帙，似尚得十之六七。其诗源出苏氏，故才气颇为纵横。其杂文亦多驯雅，而制诰诸作，尤有体裁。其他所纪朝廷典故，与《宋史》往往异同。如《地理志》谓南渡有淮平无盱眙，而集中有《向子固知盱眙军转官制》。《职官志》载政和七年易观察留后为承宣使，而集中《赐董先辞免新除承宣使恩命不允诏》，有"顷因留务之职，易以使名"之语。知承宣使之名乃始于绍兴不始于政和。又如《选举志》不载绍兴二十六年戒谕科举事。《张纲传》不载纲参知政事。《陈康伯传》不载其居馆职之类。皆可据以订讹补阙。惟所行秦桧制词，语多溢量。至称其"道义接丘、轲之传，勋名真伊、吕之佐"，尤为谬妄。史称其于权臣用事之时，能雍容逊避以保名节，颇著微词。其指此类欤？是则白璧之瑕矣。（卷一五六·集部·别集类九，第1349—1350页）

149.吉安·吉安县【宋】欧阳守道（1208—1272）：《巽斋文集》二十七卷大学士程景伊家藏本

宋欧阳守道撰。守道字公权，初名巽，字迂父，吉州人。淳祐元年进士，授雩都主簿，调赣州司户，入为秘书正字。累迁秘书郎，罢归。咸淳三年，以少傅吕文德荐，添差通判建昌军，迁著作佐郎，兼崇政殿说书，兼权都官郎中。终于著作郎。事迹具《宋史》本传。是编分甲、乙、丙、丁、戊五集。中如《复刘学士书》，辨李习之以守其中为慎独，非《中庸》本旨。《答丁教授书》，辨刘景云"中心为忠，如心为恕"之说，本之王安石《字说》，非"六书"本义。凡此之类，持论咸有根柢，非苟立异同。史称守道"少孤贫无师，自力于学。年未三十，翕然以德行为乡郡儒宗"。盖崛起特立，不由依托门户而来，故所见皆出自得也。史又称江万里作白鹭洲书院，首致守道，为诸生讲说。湖南转运副使吴子良又聘为岳麓书院山长。后万里为国子祭酒，复荐守道充史馆检阅。万里殉节忠臣。子良得叶適之传，其《林下偶谈》，妙解文章肯綮。观于所主，可以知其气类。《吉州人文纪略》又称，文天祥、刘辰翁皆守道门人，即守道益可知矣。然则读是集者，又乌可与诸家语录等类齐观乎？（卷一六四·集部·别集类一七，第1407页）

150.吉安·吉安县【宋】释少嵩（1194—？）：《渔父词集句》二卷永乐大典本

宋释少嵩撰。少嵩字亚愚。其序曰："嘉定壬申，予年十九。其秋自穆湖买船，由鄱阳九江之巴河，往来凡数月。每遇景感怀，因集句作《渔父词》以自适。"所集不甚工，亦李龏《翦绡集》之流亚耳。（卷一七四·集部·别集类存目一，第1542页）

151.吉安·吉安县【宋】王霆震:《古文集成前集》七十八卷浙江汪启淑家藏本

旧本题庐陵王霆震亨福编，不著时代。观其标识名字，魏征犹作"魏证"，而宋人奏议于朝廷国家诸字皆空一格，盖南宋书肆本也。卷端题"新刊诸儒评点"字，凡吕祖谦之《古文关键》，真德秀之《文章正宗》，楼昉之《迂斋古文标注》，一圈一点，无不具载。其理宗时所刊乎？集以十干为纪，而自甲至癸皆称曰"前某集"，则有"后集"而佚之矣。凡甲集六卷，乙集八卷，丙集七卷，丁集九卷，戊集八卷，己集八卷，庚集八卷，辛集七卷，壬集八卷，癸集九卷。所录自春秋以逮南宋，计文五百二十二首。其中宋文居十之八，虽多习见之作，而当日名流，其集不传于今者，如马存、程大昌、陈谦、方恬、郑景望诸人，亦颇赖以存。所引诸评，如槐城、松斋、斅斋、郎学士、戴溪笔议、东塾燕谈之类，今亦罕见其书，且有未知其名者。宋人选本，传世者稀，录而存之，亦足以资循览也。（卷一八七·集部·总集类二，第1702—1703页）

152.吉安·吉安县【宋】杨炎正（1145—？）：《西樵语业》一卷江苏巡抚采进本

宋杨炎正撰。炎正字济翁，庐陵人。陈振孙《书录解题》载《西樵语业》一卷，杨炎正济翁撰。马端临《文献通考》引之，误以"正"字为"止"字。毛晋刻《六十家词》，遂误以杨炎为姓名，以止济翁为别号。近时所印，始改刊杨炎正姓名。跋中止济翁字，亦追改为杨济翁。然旧印之本，与新印之本并行，名字两岐，颇滋疑惑。故厉鹗《宋诗纪事》辨之曰："尝见《西樵语业》旧抄本，作杨炎正济翁。后考《武林旧事》载杨炎正《钱塘迎酒歌》一首。《全芳备祖》亦载此诗，称杨济翁。是炎正其名，济翁其字可见"云云。今观辛弃疾《稼轩词》中，屡有与杨济翁赠答之作。又杨万里《诚斋诗话》曰："余族弟炎正，字济翁，年五十二乃登第。初为宁远簿，甚为京丞相所知。有启上丞相云：'秋惊一叶，感蒲柳之先知；春到千花，叹桑麻之后长。'丞相遂厚待，除掌故之令。"其始末甚明，足证厉鹗所辨为不误，而毛氏旧印之本为不足凭矣。是集词仅三十七首，而因辛弃疾作者凡六首。其纵横排奡之气，虽不足敌弃疾，而屏绝纤秾，自抒清俊，要非俗艳所可拟。一时投契，盖亦有由云。（卷一九八·集部·词曲类一，第1817页）

153.吉安·吉安县【元】朱祖义:《尚书句解》十三卷两江总督采进本

元朱祖义撰。祖义字子由，庐陵人。于诸经皆有句解，今多散佚，惟此书仅存。考《元史·选举志》，延祐中定经义取士之制，《尚书》以古注疏及蔡沈《集传》为宗。故王充耘《书义矜式》尚兼用孔传。迨其末流，病古注疏之繁，而蔡传遂独立于学官。业科举者童而习之，莫或出入。祖义是书，专为启迪幼学而设，故多宗蔡义，不复考证旧文。于训诂名物之间，亦罕所引据。然随文诠释，辞意显明，使殷盘周诰诘屈聱牙之句，皆可于展卷之下了然于心口。其亦古者"离经辨志"之意欤？以视附会穿凿，浮文妨要，反以晦蚀经义者，此犹有先儒笃实之遗矣。亦未可以其浅近废也。（卷一二·经部·书类二，第98页）

154.吉安·吉安县【元】刘玉汝:《诗缵绪》十八卷永乐大典本

元刘玉汝撰。玉汝，始末未详。惟以周霆震《石初集》考之，知其为庐陵人，字成之，尝举乡贡进士。所作《石初集序》，末题"洪武癸丑"，则明初尚存也。此书诸家书目皆未著录，独《永乐大典》颇载其文。其大旨专以发明朱子《集传》，故名曰《缵绪》。体例与辅广《童子问》相近。凡《集传》中一二字之斟酌，必求其命意所在。或存此说而遗彼说，或宗主此论而兼用彼论，无不寻绎其所以然。至论比兴之例，谓有有取义之兴，有无取义之兴，有一句兴通章，有数句兴一句，有兴兼比、赋兼比之类。明用韵之法，如曰隔句为韵，连章为韵，叠句为韵，重韵为韵之类。论《风》、《雅》之殊，如曰有腔调不同，有词义不同之类。于朱子比兴、叶韵之说，皆能反覆体究，缕析条分。虽未必尽合诗人之旨，而于《集传》一家之学，则可谓有所阐明矣。明以来诸家诗解，罕引其说，则亡佚已久。今就《永乐大典》所载，依经排纂，正其脱讹，定为一十八卷。（卷一六·经部·诗类二，第128页）

155.吉安·吉安县【元】黄复祖:《春秋经疑问对》二卷永乐大典本

元黄复祖撰。复祖字仲篪，庐陵人。《元史》："仁宗皇庆三年复科举法，汉人、南人第一场明经、经疑二问，《大学》、《论语》、《孟子》、《中庸》内出题。经义一道，各治一经。元统以后，少变程式。易汉人、南人第一场《四书》为本经。"复祖序云："至正辛巳大科载复有经疑之条。"即《元史·志》所谓变程式之时也。其书以经、传之事同辞异者求其常变，察其详略，以经核传，以传考经，以待学子之问。盖亦比事属辞之遗意。其大旨则专为场屋进取而作，故议论多，而义理则疏焉。（卷三〇·经部·春秋类存目一，第245页）

156.吉安·吉安县【元】曾先之:《十八史略》二卷浙江巡抚采进本

元曾先之撰。先之，字从野，庐陵人。自称曰前进士，而《江西通志·选举》中不载其名。盖前明之制，会试中式称进士，乡试中式者称举人，皆得铨注授官。自唐、宋至元，则贡于乡者皆称进士。试礼部中选，始谓之登第。不中选者，次举仍由本贯取解。南宋之季，始以三举不中选者一体径试于礼部，谓之免解进士。先之所谓进士，盖乡举而试不入选者，故志乘无名也。然李肇《国史补》称"唐时进士登第者，遇旧题名处增'前'字"。今先之自称"前进士"，则又相沿失考矣。其书抄节史文，简略殊甚。卷首冠以《歌括》，尤为弇陋。盖乡塾课蒙之本，视同时胡一桂《古今通略》，逊之远矣。（卷五〇·史部·别史类存目，第454页）

157.吉安·吉安县【元】陈致虚（1290—？）:《周易参同契分章注》三卷浙江巡抚采进本

元陈致虚撰。致虚字观吾，自号上阳子。年四十，始从赵友钦学道，讲神仙炼养之术。其说以金丹之道当以《阴符》、《道德》为祖，《金碧》、《参同》次之。又称丹书多不可信，得真诀者要必以《参同契》、《悟真篇》为主。所作《醒眼诗》有云：“端有长生不死方，常人缘浅岂承当？铅银砂汞分斤两，德厚恩深魏伯阳。”盖于伯阳之书尤所研讨也。此乃所作《参同契注》，凡分为三十五章，与彭晓注本分九十章者不同。又谓晓以《鼎器歌》一篇移置于后为非，仍依原本置之“法象成功”章之后。其所疏解，亦皆明白显畅。近时李光地注《参同契》，谓诸本之中惟《汉魏丛书》所载朱长春本为最得古意。今以朱本相勘，惟首篇“乾坤者易之门户”云云，不立章名，故自乾坤设位以下，只分为三十四章，视此较少一章。其余章次，悉与此本相同。盖朱本即钞此本而去其注，光地未考其渊源也。（卷一四六・子部・道家类，第1249页）

158.吉安・吉安县【元】陈致虚：《金丹大要》十卷浙江巡抚采进本

元陈致虚撰。致虚有《周易参同契分章注》，已著录。金丹二字，其源即出于《参同契》“巨胜尚延年，还丹可入口，金性不败朽，故为万物宝”之语。自唐人专以金石、炉火为丹药，服之反促其生，是循名而失其实也。致虚是书，犹不失魏氏之本旨。其牵合老、庄、佛氏之书，皆指为金丹之说，则未免附会。学术各有源流，非惟佛、道异途，即道家不能概以一轨也。（卷一四七・子部・道家类存目，第1261—1262页）

159.吉安・吉安县【元】赵文（1239—1315）：《青山集》八卷永乐大典本

元赵文撰。文字仪可，一字惟恭，号青山，庐陵人。宋景定、咸淳间尝冒宋姓，三贡于乡。后始复本姓，入学为上舍。宋亡入闽，依文天祥。元兵破汀州，与天祥相失，遁归故里。后为东湖书院山长，选授南雄文学。其卒也，程钜夫为作志铭，见于《雪楼集》，刘将孙作墓表，亦见于《养吾集》，载其行履颇详。近时顾嗣立《元诗选》小传，称其入元授清江教授，而程《志》实作南雄。钜夫与文交契甚厚，不容有误，疑嗣立所记乃偶然失考。又《永乐大典》书其名，多作“彣”字。案《集韵》，彣、文音义本通，亦非别有两名也。文与谢翱、王炎午同入文天祥幕府，沧桑以后，独不能深自晦匿，以迟暮余年重餐元禄，出处之际实不能无愧于诸人。然其文章，则时有

《哀江南赋》之余音。拟以古人，其庾信之流亚乎？文尝自言："行事使人皆可知可见者，为君子之行；为文使人读之可晓，考之有证者，为君子之言。"今观其诗文，皆自抒胸臆，绝无粉饰，亦可谓能践其言矣。焦竑《国史经籍志》载《青山稿》三十一卷，世鲜流传。今从《永乐大典》中裒辑编订，勒为八卷。（卷一六六·集部·别集类一九，第1425页）

160.吉安·吉安县【元】刘诜（1267—1350）：《桂隐文集》四卷、《诗集》四卷浙江鲍士恭家藏本

元刘诜撰。诜字桂翁，庐陵人。生于宋末，犹及见诸遗老，得其绪论。迨延祐复科举后，益肆力于名物、度数、训诂、笺注之学。既十年不第，乃刻意于诗、古文。江南行御史台屡以教官、馆职、遗逸荐，皆不报。至正十年卒，年八十三。王荣禄为之请于朝，谥曰文敏。事迹具《元史·儒学传》。此集为其门人罗如篪所编，有虞集、欧阳玄二序。本传称"其文根柢六经，躏跞诸子百家，融液今古，而不露其踔厉风发之状"。考集中有《与揭曼硕书》称："文章期于古而不期于袭，期于善而不期于同，期于理之达、神之超、变化起伏之妙，而不尽期于为收敛平缓之势。若以委怯为和平，迂挠为春容，如学西施者仅得其颦、学孙叔敖者仅得其衣冠谈笑，非善学者也。"盖其文章宗旨，主于自出机轴，而不以摹拟字句为古。欧阳元[①]序亦称"其文温柔敦厚似欧，明辨雄隽似苏。至论其妙，非相师，非不相师。"盖深得诜之用意。元又称其尤长于诗，诗又长于五言古体短篇，所论亦允。顾嗣立《元诗选》则称其律诗多佳句。案：集中近体，格力颇遒，实不仅以佳句见。且嗣立所摘诸联，如"燕子楼台人影瘦，海棠池馆月痕孤"，乃近小词，"君如硎刃千牛解，我似车轮四角方"，亦江湖习调，殊不足尽诜所长也。诜墓志亦欧阳元作，称其有古文若干卷、诸体诗若干卷、骈俪书札若干卷，总题曰《桂隐集》，均不著其卷数。疑作志时仅有稿本，尚未厘定成编。此本为明嘉靖间其族孙志孔所刊，凡文四卷、诗四卷，而不载骈俪书札，疑重刊时已有所散佚。又诗末有罗如篪跋，称先梓其诗十四卷。而今本实止四卷，殆亦编次者所合并欤？（卷一六六·集部·别集类一九，第1425—1426页）

---

① "元"当为"玄"，避讳清圣祖玄烨。

161.吉安·吉安县【元】刘将孙:《养吾斋集》三十二卷永乐大典本

元刘将孙撰。将孙字尚友，庐陵人，辰翁之子。尝为延平教官、临汀书院山长。辰翁以文名于宋末，当文体冗滥之余，欲矫以清新幽隽。故所评诸书，多标举纤巧，而所作亦多以诘屈为奇。然蹊径独开，亦遂别自成家，不可磨灭。将孙濡染家学，颇习父风，故当日有“小须”之目。吴澄为作集序，谓其浩瀚演迤，自成为“尚友之文”，如苏洵之有苏轼。曾以立序则谓“渊源所自，淹贯古今”。观其《感遇》诸作，皆效陈子昂、张九龄，虽音节不同，而寄托深远，时有名理。近体亦多佳句。序记、碑志诸文，虽伤于繁富，字句亦间涉钩棘，然叙事婉曲，善言情款，具有其父之所短，亦未尝不具有其父之所长。又宋、元之际故老遗民，如胡求鱼、聂济之问学，赵文、刘岳申之文章，郭汝介、涂世俊之孝行，多不见于他书，独是集能具其颠末，亦颇赖以传。至所云“欧、苏起而常变极于化，伊、洛兴而讲贯达于粹，然尚文者不能畅于理，尚理者不能推之文”，其言深中宋人之弊。又云：“时文之精即古文之理。韩、柳、欧、苏皆以时文擅名，其后为古文，如取之固有。皇甫湜、樊绍述、尹洙、穆修诸家，宁无奇字妙句，幽情苦思？所谓不得与韩、欧并，时文有不及焉故也。”其言尤足以砭高语奇古而不能文从字顺之病。虽所作不尽践其言，要不能不谓之通论也。据曾以立序，原集本四十卷。而自明以来，罕见藏弆。惟周南瑞《天下同文集》首有将孙序一篇，中录其文一篇，顾嗣立《元诗选》仅载其诗一首，盖亡佚久矣。今据《永乐大典》所载，辑为三十二卷，以备文章之一格，亦欧阳修偶思螺蛤之意尔。(卷一六六·集部·别集类一九，第1431页)

162.吉安·吉安县【元】王礼(1314—1386):《麟原文集》二十四卷两淮马裕家藏本

元王礼撰。礼字子尚，后更字子让，庐陵人。元末，为广东元帅府照磨。明兴，不仕，聘为考官，亦不就。《江西通志》载吉安人物有王子让，而无王礼，盖误以子让为名也。礼工于文章，著述甚富。尝选辑同时人诗为《天地间集》案：谢翱尝录宋遗民诗为《天地间集》，此袭其名，盖阴以自寓。，其名见于郭钰《静思集》中。今已久佚。惟是编尚存，分前、后两集，各十二卷。前有李祁、刘定之二序。定之序谓其“托耕凿以栖迹于运去物改之余，依麴蘖以逃名于头童齿豁之际。其文奇气硉矹胸臆，以未裸将周京故也。有与子让同出元科目，佐幕府，其气亦有掔碧海、戈苍旻之奇。及攀附龙凤，自拟留文成。然有所作，噫暗郁伊，扪舌骍颜，曩昔豪气澌泯无余矣。”意盖借礼以诋刘基，然所评与礼文不甚似。祁序称其“蔼然仁义之词，凛然忠愤之气，深切恳至，无不可人意者”。斯得之矣。（卷一六八·集部·别集类二一，第1460页）

163.吉安·吉安县【元】张昱:《可闲老人集》四卷浙江鲍士恭家藏本

元张昱撰。昱字光弼，自号一笑居士，庐陵人。元末，左丞杨旺扎勒原作杨完者，今改正。镇江浙，昱参谋军府，官至左右司员外郎，行枢密院判官。元末弃官不仕，张士诚招礼之，不屈。明太祖征之至京，召见，悯其老，曰“可闲矣”，厚赐遣归，更号可闲老人，放浪山水，年八十三乃卒。《明史·文苑传》附见《赵撝谦传》中，瞿宗吉《归田诗话》记其在杨旺扎勒幕中诸作，又记其酒酣自诵《歌风台》诗，以界尺击案，渊渊作金石声曰:“我死葬骨湖上，题曰‘诗人张员外墓’足矣。”其风调可以想见也。其诗学出于虞集，故具有典型。旧稿散佚。正统元年杨士奇始得残帙于给事中夏时，以授浮梁县丞时昌刻之。此本即从正统刻本传写者，士奇原序尚载于卷端。其诗才气纵逸，往往随笔酬答，或不免于颓唐。然如《五王行春图》、《歌风台》诸作，皆苍莽雄肆，有沈郁悲凉之概。《天宝宫词》、《辇下曲》、《宫中词》诸作，不独咏古之工，且足备史乘所未载。顾嗣立《元诗选》尝录其诗于辛集中，其小传引杨士奇序云云，所见盖即此本。旧版久佚，流传渐寡。国初金侃得毛晋家所藏别本，改题曰《庐陵集》。侃复为校正，间附案语于下方。然其本亦从此本传录，非两书也。（卷一六八·集部·别集类二一，第1463页）

164.吉安·吉安县【元】周南瑞:《天下同文集》四十四卷两淮马裕家藏本

元周南瑞撰。南瑞始末未详[1]，考吴澄《支言集》，有《赠周南瑞序》称:“安成周南瑞敬修，扁‘濂溪’二字于室，或者议之。”又称“敬修之文词，固已早冠于乡儒之上，自濂溪视之则陋也。盍暂舍其所已学，而勉其所

① 当为吉安人（曹寅《楝亭书目》卷四云:《天下同文集》，抄本一函二册，元庐陵周南瑞辑五十卷，刘将孙序）。

未学”云云。当即其人也。澄序多不满之词，至称其欲为濂溪后人，当知其门户路径。是明以冒称周子之裔诮之，其人盖好趋附高名者。观其目录末标“随有所传录，陆续刊行”九字，其体例与今时庸陋坊本无异，可以概见也。卷首有刘将孙一序，亦潦倒浅陋，似乎依托。然其所载颇有苏天爵《文类》所未收，而足资当日典故者。如《元史》崔彧上宝玺事，见于《成宗本纪》及彧本传，未详得玺月日，是集所载崔彧《献玺书文》，知为至元三十一年正月三十日。又《成宗本纪》“元贞元年三月乙巳朔，安南世子陈日燇遣使上表，并献方物”，而《安南国传》则纪其事于至元三十一年五月之下，与本纪互异。今考是集所载《安南国王贺成宗登极表》末云元贞元年三月初一日，知列传为误书。皆可以旁资考证。其他文亦多有可观者。其中十七卷、十八卷，三十一卷，三十四卷，三十五卷，四十一卷并阙。盖麻沙旧式，分卷破碎，传抄易于佚脱。今既无别本校补，亦姑仍原本录之，以存其真焉。（卷一八八·集部·总集类三，第1708页）

165.宜春·樟树；吉安·吉安县【元】傅习、孙存吾:《元风雅前集》十二卷、《后集》十二卷内府藏本

前集十二卷，元傅习所采集，孙存吾为之编次；后集十二卷，则存吾所续辑也。习字说卿，清江人。存吾字如山，庐陵人。习仕履不可考，存吾尝为儒学正，亦不详其始末也。前集首刘因，凡一百十四家，后集首邓文原，凡一百六十六家。间载作者爵里，俱不甚详。所录江西人诗最多，盖里闬之间，易于摭拾。惟一时随所见闻，旋得旋录，故首尾颇无伦序。或有一人而两见者，殊乖体例。然元时总集传于今者不数家，此集虽不甚赅备，而零章断什不载于他书者颇多，世不习见之人，与不经见之诗，赖以得存者，亦不少矣。又案：范氏天一阁所藏，有《元朝野诗集》二册，亦题曰《元风雅》，不知何人所编，其体例与此迥殊，又传写多讹，参差失序，几至不可句读，盖断烂不全之本，无足甄录。以二书同出元代，名又相淆，姑附著其异同于此，以祛来者之疑焉。（卷一八八·集部·总集类三，第1709页）

166.吉安·吉安县【明】胡经:《胡子易演》十八卷浙江汪启淑家藏本

明胡经撰。经号前冈，庐陵人。嘉靖己丑进士。《明史·艺文志》载胡经

《易演义》十八卷。此本但称《易演》，疑史衍文也。其书用注疏本，移《乾彖传》“大明终始”三句于“乃利贞”之下，谓是《周易》原本得之于师者。《蒙卦》六爻皆主君臣。凡若此类，大约喜为新说，务与朱子立异。夫朱子之《易》固不能无所遗议，然经以寻章摘句之学，于古义无所考证，而漫相牴牾，则过矣。（卷七·经部·易类存目一，第54页）

167.吉安·吉安县【明】刘昭:《东征忠义录》无卷数江西巡抚采进本

明刘昭撰。昭字仲贤，号东崖，庐陵人，宏[①]治癸丑进士，官至嘉兴府知府。正德中，昭罢官里居，宁王宸濠反，王守仁起兵讨之。昭时在幕府。及事平，昭纪其始末为此书。中间阙略颇多，而大旨在著己之长，暴王守仁等之短。所纪亦不尽实。如谓“守仁往福建勘事，至吉安始知遗敕书在赣，因不赴宸濠之宴”。又谓“伍文定、邢珣诸人破贼时，舟中金宝俱为所得。厥后伍、谢二绣衣以得银太多，假他事谪官”云云。考守仁讨宸濠，始末详见《明史》及《阳明全集》，俱不载遗敕书事。其有无盖不可知。至伍文定、邢珣之掳掠，当时诸珰忌守仁之功，沮其赏格，原有斯言，然究不得其确证。观昭所记，则文定等之谤，正以昭等争功故也。其自谓“破省城时禁止杀掠，释放胁从诸事，皆出其所画诺”。既不见于他书。又谓“守仁不听其言，奏捷疏迟，以致激怒武宗南巡，荼毒地方”。不知武宗数出游幸，诸珰皆欲邀功，亲征之诏固不在奏捷之迟速也。以此归罪守仁，是尤未免于巧诋矣。（卷五三·史部·杂史类存目二，第479页）

168.吉安·吉安县【明】彭以明:《二十一史论赞辑要》三十六卷浙江巡抚采进本

明彭以明编。以明，庐陵人，万历中诸生。是编采录诸史论赞，以课其子。抄撮之学，非读史之正法也。（卷六五·史部·史钞类存目，第581页）

169.吉安·吉安县【明】刘日升（1546—1617）:《符司纪》六卷副都御史黄登贤家藏本

明刘日升撰。日升，庐陵人。万历庚辰进士，官至应天府尹。是编乃其官尚宝司卿时所辑，具载典玺事规，及各官牙牌，各府卫金牌、令牌之制。

① “宏”当为“弘”，避讳清高宗弘历。

后有附录一卷，为秦嘉桢所续辑。嘉桢，德清人。续此书时官尚宝司丞，其始末未详。（卷八〇·史部·职官类存目，第691页）

170.南昌；吉安·吉安县；婺源【宋】南宫靖一、【明】晏彦文、【明】潘荣:《小学史断》二卷、《续集》一卷、附《通鉴总论》一卷浙江巡抚采进本

宋南宫靖一撰。靖一字仲靖，自号坡山主人，南昌人。是书上起周平王，下迄五代，叙述史事而裒集宋儒论断，联络成文。所采《读史管见》、《说斋讲义》为多，《通鉴》及《程朱语录》、《吕祖谦集》次之。至邵子之诗，亦摘句缀入。其他苏洵父子之属，则寥寥数则而已。知为讲学家也。前有端平丙申自序。其中持论最悖者，如谓始皇当别为后秦，晋元帝当复姓牛氏，皆祖胡寅之说，不能纠正。盖其书全取旧文，有如集句。遇先儒之论则收之，不敢有所异同故也。《续集》一卷，明庐陵晏彦文所编宋、元二代之事，附以辽、金，又附以西夏、安南，殊无义例。其以宋之南渡为道学之功，宋之不能恢复由伪学之禁。又以理宗能尊周、程，为知复古帝王之治。其大旨以道学之盛衰，定帝王之优劣。而一切国计民生，皆视为末务。视靖一原书，尤迂而寡当矣。是书旧无刊本。明嘉靖中，嘉兴府知府赵瀛文始为授梓，而以阳节潘荣《通鉴总论》附焉[①]，盖乡塾课蒙之本也。（卷八九·史部·史评类存目一，第758页）

171.吉安·吉安县【明】王概（1418—1474）:《王恭毅驳稿》二卷两江总督采进本

明王概撰，高铨编。概字同节，庐陵人。正统壬戌进士，官至刑部尚书，谥恭毅。铨字宗选，江都人。成化己未进士，官至南京户部尚书。《江右名贤编》云："概先为大理寺卿，与两法司会谳，多所平反。"是书即其官大理寺时案牍之文。时铨方为左评事，因为编次成帙。首列参驳文书式九条，而以所驳诸案分载于后。（卷一〇一·子部·法家类存目，第851页）

---

① 赵吉士《寄园寄所寄》卷十一（泛叶寄）：潘荣，字伯诚，桃溪人，隐居博学，通诸经，尤长于史。尝著《通鉴总论》，大要治天下有三：曰明曰断曰顺而已。明则君子进而小人退，断则有功劝而有罪惩，顺则万事理，人必悦，而天下和。三者之要，在身，身端心诚，不令而行矣。其说反覆数千言，又尝集苏句百篇，学者称为节斋先生（《婺源志》）。

172.吉安·吉安县【明】钟岳秀:《文苑四先生集》四卷浙江巡抚采进本

明钟岳秀撰。岳秀字泰华，自署曰江右人，其邑里则未详也[①]。是编仿苏易简《文房四谱》而稍广之。所采自唐韩愈《毛颖传》以下，凡为笔、墨、研纸而作者，分体编辑。其事迹则随文附见，而岳秀所自作者亦载焉。体例纤仄，采摭尤为芜杂，远不及苏氏书也。（卷一一六·子部·谱录类存目，第998页）

173.吉安·吉安县【明】李昌祺（1376—1452）:《运甓漫稿》七卷浙江巡抚采进本

明李昌祺撰。昌祺名祯，以字行，庐陵人。永乐甲申进士，选庶吉士，授礼部郎中。案：明初六科皆有庶吉士，不止翰林有之，故得以直授郎中。历官广西、河南左布政使。事迹具《明史》本传。是编皆古近体诗并诗余，乃天顺三年吉安教授郑纲所编。史称昌祺预修《永乐大典》，凡僻书疑事，人多就质。其诗清新华赡，音节自然。陈循序称其“本之以理，充之以气，故雅淡清丽，宏伟新奇，无不该备。不必远较于古，就今而论，千百之中不过数辈”。曹安《谰言长语》极推其《题文丞相研》一首。朱彝尊《静志居诗话》亦谓李祯诗“务谢朝华，力启夕秀。取材结体，颇与段柯古相似。盖由其一变绮靡纤巧之习，而以流逸出之。故别饶鲜润，迥异庸芜”。郑瑗《井观琐言》乃曰：“李布政昌祺，人多称其刚毅不挠。尝观其《运甓诗稿》，浮艳太逞，不类庄人雅士所为，所谓‘枨也欲，焉得刚’”云云。是《梅花》一赋，足累宋璟之生平矣。执《文章正宗》一编以进退古今之作者，不亦隘乎？惟其中《驺虞歌》、《汴城阅武》诸篇，或稍伤俚俗。然论一篇之诗，当字铢句两而求之。论一家之诗，则当统观其全局，不以一二章定工拙也。（卷一七〇·集部·别集类二三，第1485页）

174.吉安·吉安县【明】罗肃:《寅庵集》三卷、《外集》四卷、《附录》一卷两淮马裕家藏本

明罗肃撰。肃字汝敬，号寅庵，以字行，庐陵人，永乐甲申进士，官至

① 《江西通志》（四库全书本）卷五十：钟岳秀，庐陵人。

陕西巡抚。是集为其元[①]孙廷相所编。诗文无诡僻之习，亦无精深之致。《外集》四卷，皆诰敕、像赞、诔祭之词。《附录》一卷，为“桃林四景”诗文，盖罗氏聚族之地也。（卷一七五·集部·别集类存目二，第1553页）

175.吉安·吉安县【明】陈嘉谟（1521—1603）：《念初堂稿》四卷、《续集》二卷两淮马裕家藏本

明陈嘉谟撰。嘉谟，庐陵人。嘉靖丁未进士，官至四川按察司副使，隆庆庚午移疾归，召为湖广布政司左参政，不起，优游林下以终。其诗始于嘉靖丁未，终于万历癸卯，往来仕宦者二十三年，而闲居者三十三年，故多自适之言。序引邵子《击壤集》自拟，而诗中屡引陈献章语，其旨趣可知也。（卷一七七·集部·别集类存目四，第1595页）

176.吉安·吉安县【明】王业：《王冠九文集》无卷数江西巡抚采进本

明王业撰。业字蔚上，号冠九，其里贯未详[②]。明末尝为诸生，寻弃去。吴楚材序称其所著有《五经释义》、《性理约言》及《文集》八卷。是书仅杂文数十首，不分卷数，其史论诸篇，大抵为明季秕政而发，而文多冗赘。（卷一八〇·集部·别集类存目七，第1631页）

177.吉安·吉安县【清】萧正发：《翼艺典略》十卷江西巡抚采进本

国朝萧正发撰。正发字次方，庐陵人。是书首《至圣纪》一卷、《诸贤纪》一卷、《二帝三王纪》一卷、《春秋纪》三卷、《战国纪》一卷、《庞纪》三卷，皆诠释《四书》典故。曰“翼艺”者，据卷首刘吴龙序，谓以羽翼制艺也。其著书之意可知矣。（卷三七·经部·四书类存目，第319页）

178.吉安·吉安县【清】聂先：《名家词抄》无卷数浙江范懋柱家天一阁藏本

国朝聂先编。先字晋人，庐陵人。所选自吴伟业、龚鼎孳以下凡三十家。考卷首曾王孙序称百家名词与集中所载之数不符。又云：“词体之变迁，选者之诠次，例言自能详之。”而卷端亦无例言，似乎未完之本矣。（卷

① “元”当为“玄”，避讳清圣祖玄烨。

② 吉安人（庐陵王氏古贤著作（一））。http：//www.wwdoa.com/2016/0405/26429.html

二〇〇·集部·词曲类存目，第1834页）

179.吉安·安福【宋】陈经:《尚书详解》五十卷编修汪如藻家藏本

宋陈经撰。经字显之，一云字正甫，安福人。庆元中登进士第，官至奉议郎，泉州泊幹。所著有《诗讲义》、《存斋语录》诸书，已佚不传。是编《宋史·艺文志》作五十卷。今钞帙仅存，检勘卷目，犹为完本。宁宗之世，正蔡氏传初出之时，而此书多取古注疏，或间参以新意，与蔡氏颇有异同。每援后世之事以证古经，盖赵岐注《孟子》已有此例，无庸以驳杂为嫌。惟如解"说筑傅岩"，引伊川访董五经事之类，稍为泛滥，当分别观之。至于论"舜放四凶"，云"欲安其居止，俾无所忧愁"，则欲明先王爱物之心，转失圣人惩恶之义，颇有未协。又自序称："今日语诸友以读此书之法，当以古人之心求古人之书。吾心与是书相契而无间，然后知典、谟、训、诰、誓、命皆吾胸中之所有，亦吾日用之所能行"云云，尤近于陆九渊"六经注我"之说，殆传金溪之学派者，亦不可立训。然其句栉字比，疏证详明，往往发先儒所未发，实可与林之奇、夏僎诸家相为羽翼。固无庸拘蔡氏之学，执一格以相绳焉。（卷一一·经部·书类一，第94页）

180.吉安·安福【宋】刘弇（1048—1102）:《龙云集》三十二卷浙江鲍士恭家藏本

宋刘弇撰。弇字伟明，安福人。元丰二年进士，复中博学宏词科，初知峨眉县，改博士，元符改元，进《南郊大礼赋》，除秘书省正字，历实录院检讨。事迹具《宋史》本传。是集名曰"龙云"者，《书录解题》谓"龙云，安福乡名，弇所居也"。其文不名一格，大都气体宏整，词致敷腴。周必大作是集序，谓其"醺经饫史，吞吐百氏，为足继欧阳修之后，而上接韩文"，则推许未免溢分。《宋史》本传称其文剷削瑕颣，卓诡不凡，庶几乎近其实矣。诗虽才地稍弱，要亦峭拔不俗，异于庸音之足曲也。其集初刊于浦城，仅二十五卷。绍兴四年，其乡人罗良弼搜求别本，益以彭德源、曾如晦等所编，又得《宏词》、《时议》诸篇于郭明叔家，总六百三十一首，厘为三十二卷。后附志铭及良弼跋。岁久版佚。明宏[①]治中刘璋复序而重刊。吴之振撰

① "宏"当为"弘"，避讳清高宗弘历。

《宋诗钞》，不及弇集。曹庭栋撰《宋诗存》，始补收之。盖传本较稀，故之振偶未见云。（卷一五五·集部·别集类八，第1333页）

181.吉安·安福【宋】王庭珪（1080—1172）：《卢溪集》五十卷副都御史黄登贤家藏本

宋王庭珪撰。庭珪字民瞻，庐陵人[①]。政和八年进士第。调茶陵丞，与上官不合，弃官隐居卢溪。胡铨谪岭南时，庭珪以诗送之，有"痴儿不了公家事，男子须为天下奇"语。后坐是流岭南。孝宗时召对，赐国子监主簿。乾道六年复除直敷文阁。年九十三乃卒。卷首载胡铨、周必大等序文、题跋、志状，叙述始末甚详。其生平著作颇富，有《六经论语讲义》、《易解》、《语录》及《沧海遗珠》等书。今皆散佚，惟此集犹传。凡古近体诗二十五卷、杂文二十五卷。其脱稿不全者，亦附于卷末。读其所作，矫然伉厉之气，时流露于笔墨间。刘澄评其文，在庐陵可继欧阳修。后杨万里尝从之游，亦谓其诗出自少陵、昌黎，大要主于雄刚浑大。虽推挹之词，未免涉于溢量，要亦得其近似矣。（卷一五七·集部·别集类一〇，第1354—1355页）

182.吉安·安福【宋】王炎午（1252—1324）：《吾汶稿》十卷浙江鲍士恭家藏本

宋王炎午撰。炎午初名应梅，字鼎翁，后改今名，安成人。宋末为太学生。咸淳间，文天祥募兵勤王，炎午杖策谒之，留入幕府，旋以母老辞归。天祥被执北上，炎午为文生祭之，励以必死，尤世所称。入元后终身不出。因所居汶源里，名其稿曰《吾汶》，以示不仕异代之义。其稿凡文九卷，《附录》一卷，揭傒斯、欧阳元[②]皆为之序。然传本颇稀，明宣德中始行于世。正德中其裔孙伟乃刻之南京，后版散佚。万历中其裔孙伯洪重刊，乃摘抄为二卷，仅录文二十八首、词二首，又自以杂文数篇缀于末，去取失当，殊不足观。此本从旧刻录出，犹完帙之仅存者也。炎午大节不亏，而文章不甚著名。其集晚出，或后人有所窜入，珠砾混杂，亦未可知。然要当以人重，不当仅求之词藻间。王士祯《居易录》至以为"里社饼肆中庆吊卷轴之语"，

① 《江西通志》（四库全书本）卷七十五：王庭圭，字民瞻，安福人。《江西通志（四库全书本）》"珪"作"圭"

② "元"当为"玄"，避讳清圣祖玄烨。

又摭其干姚参政、贯学士书，并其人而丑诋之，则未免责备太甚矣。（卷一六五·集部·别集类一八，第1418页）

183.吉安·安福【元】刘瑾:《诗传通释》二十卷内府藏本

元刘瑾撰。瑾字公瑾，安福人。其学问渊源出于朱子。故是书大旨在于发明《集传》，与辅广《诗童子问》相同。陈启源作《毛诗稽古编》，于二家多所驳诘。然广书皆循文演义，故所驳惟训解之辞。瑾书兼辨订故实，故所驳多考证之语。如注《何彼襛矣》，以齐桓公为襄公之子。注《魏风》以魏为七国之魏。注《陟岵》，谓毛传先出，《尔雅》后出。注《绸缪》，谓心宿之象，三星鼎立。注《鹿鸣之什》，谓上下通用，止《小雅》二《南》，其《大雅》独为天子之乐。注《节南山》，以家父即《春秋》之家父，师尹即《春秋》之尹氏案：此项安世之说，见朱善《诗解颐》，瑾袭之而隐其名也。注《楚茨》，误读郑康成《玉藻注》，以楚茨为即采齐。注《甫田》，误读毛传车梁，以为即《小戎》之梁辀。注《殷武》，杜撰殷庙之昭穆，及祧庙世次。皆一经指摘，无可置辞。故启源讥胡广修《诗经大全》，收瑾说太滥案：《大全》即用瑾此书为蓝本，故全用其说。启源未以二书相较，故有此语。谨附订于此。然征实之学不足，而研究义理，究有渊源。议论亦颇笃实，于诗人美刺之旨尚有所发明，未可径废。至《周颂·丰年》篇，朱子《诗辨说》既驳其误，而《集传》乃用序说，自相矛盾。又三夏见于《周礼》，吕叔玉注以《时迈》、《执竞》、《思文》当之，朱子既用其说，乃又谓成康是二王谥，《执竞》是昭王后诗，则不应篇名先见《周礼》。瑾一一回护，亦为启源所纠。然汉儒务守师传，唐疏皆遵注义。此书既专为朱传而作，其委曲迁就，固势所必然，亦无庸过为责备也。（卷一六·经部·诗类二，第126—127页）

184.吉安·安福【元】刘瑾:《律吕成书》二卷永乐大典本

元刘瑾撰。瑾有《诗集传通释》，已著录。是书以候气为定律之本，因而推其方圆周径，以考求其积分。盖瑾之学笃信宋儒，故其注《诗》守朱子之说，不逾尺寸。其论乐守蔡氏、彭氏之说，亦不逾尺寸也。考《管子·地员篇》，称呼音中徵、中羽之数，及《吕氏春秋·古乐篇》称伶伦先制黄钟之宫，次制十有二筒，咸不言候气。至司马彪《续汉书志》，始载其法。相传为出于京房，然别无显证。《隋书》载："后齐信都芳能以管候气，仰观云色，尝与人对语，即指天曰：‘孟春之气至矣。’人往验管而飞灰果应。”又称“毛爽草《候气法》，述汉魏以来律尺稍长，灰悉不飞。其先人柄诚与其兄喜所为律管，皆飞灰有徵应。然后来均不用其法。”蔡邕有言：“古之为钟律者，以耳齐其声。后人不能，假器以定其度。以度量者可以文载口传，然不如耳治之明决也。”然则舍可辨之音，而求诸杳茫不可知之气，斯亦末矣。至蔡氏《律吕新书》推衍旧文，仍言候气。其数以“径一围三”立度，为算颇疏。彭氏觉其未合，改用祖冲之“径七围二十二”之率。然稽诸《隋志》，此犹约率，非密率也。瑾合二家之书，反覆推衍以成是编，较诸古人之神解，诚未必窥其精微。然宋儒论乐，所见不过如此。有元一代，著述尤稀，此书犹不甚支离者。长短兼存，以资考订，固亦不妨姑备一说云尔。（卷三八·经部·乐类，第323页）

185.吉安·安福【元】李廉：《春秋诸传会通》二十四卷浙江范懋柱家天一阁藏本

元李廉撰。廉字行简，庐陵人。明杨士奇《东里集》云：“廉于至正壬午以《春秋》举于乡，擢陈祖仁榜进士。官至信丰令。遇寇乱，守节死。时南北道梗，未及旌褒。明初修《元史》时，故交无在当路者，有司又不知采录以闻，故史竟遗之。”则廉实忠义之士，非以空言说经者矣。此书以诸家之说荟萃成编。自序谓：“先《左氏》，事之案也。次《公》、《谷》，传经之始也。次三传，注专门也。次疏义，释所疑也。总之以胡氏，贵乎断也。陈、张并列，择其长也。又备采诸儒成说及他传记，略加疏剔，于异同是非始末之际，每究心焉。”然是编虽以胡氏为主，而驳正殊多。又参考诸家，并能掇其长义。一事之疑，一辞之异，皆贯串全经以折衷之。如谓仲子非嫡，隐公不得谓之摄；齐桓之霸基于僖、襄；三桓之盛兆于鲁僖；不书吴败越、夫椒责其不能复仇；书葬昭公，罪鲁不以季氏为逆；书葬刘文公，罪畿内诸侯之僭；书筑蛇渊囿，责定公受女乐而荒：持论俱明白正大。《总论》百余条，权衡事理，尤得比事属辞之旨。故钦定《春秋传说汇纂》多采录焉。廉自序题“至正九年己丑”，又称：“读经三十年，窃第南归，叨录剧司，乃成是书。”考元史陈祖仁榜在顺帝至正二年。盖廉于乡举之岁即登进士第，而通籍颇晚。闭户著书，故得潜心古义，不同于科举之学也。（卷二八·经部·春秋类三，第227页）

186.吉安·安福【元】周霆震（1292—1379）：《石初集》十卷、《附录》一卷浙江鲍士恭家藏本

元周霆震撰。霆震字亨远，安成人。以先世居石门田西，自号“石田子初”，省其文则曰“石初”。早年刻意学问，多从宋诸遗老游，得其绪论。延祐中行科举法，再试不售，遂杜门专意诗古文。是集为庐陵晏璧所编，集后行状志铭之属，亦璧所附也。霆震生于前至元二十九年壬辰，卒于明洪武十二年己未，年八十有八。亲见元代之盛，又亲见元代之亡。故其诗忧时伤乱，感愤至深。如《二月十六日青兵逼城》、《古金城谣》、《李浔阳死节歌》、《兵前鼓》、《农谣》、《杜鹃行》、《过玉成砦》、《关城曲》、《郡城高》、《人食人》、《延平龙剑歌》、《寇至杂咏》、《寇自北来》、《军中苦乐谣》、《宿州歌》诸篇，并叙述乱离，沉痛酸楚，使异代尚如见其情状。昔汪元量《水云集》，论者以为宋末之诗史。霆震此集，其亦元末之诗史欤？（卷一六八·集部·别集类二一，第1457页）

187.吉安·安福【明】邓梦文:《八卦余生》十八卷江西巡抚采进本

明邓梦文撰。梦文字志文，安成人。是书前有永乐甲辰自序，称著是书时，梦神授以“八卦余生”之名，觉而不识其所谓。但既有所受之，则不敢不以是名之。其说甚怪。其书卷首列《总论》五条。一曰《偶感》，记经文之有会于心者，凡十九处。二曰《记臆》，指程子、苏轼二家之说大不合于经者，七十处。三曰《论应》，斥诸家某爻应某爻之非，而取其不谬于理者，十一处。四曰《论五位》，辨诸家以五爻为君之非，凡九处。五曰《论变》，谓卦不必至三爻而变，凡三处。其大旨主于以身为《易》，不假蓍筮而自然与造化相符。多掊击前人之说，而攻程传为尤甚。至《系辞》诸传则并攻传文。如《系辞》“成性存存”二句，则注曰：“其语意颇似老子，不类夫子口气。”“刳木为舟”节，则注曰：“自神农、黄帝、尧舜时始有舟楫，而当尧之时，天下犹未平，洪水横流，不知神农以前天下之民何以涉河？”“服牛乘马”节，则注曰：“牛马之用似不待取诸卦象而后然。”“古之葬者”节，则注曰：“《本义》云，送死大事而过于厚。然则圣人制葬埋之礼，盖亦自为大过矣，则于墨子之薄葬又何讥焉？”“《易》之兴也，其当殷之末世”节，则注曰：“此节与《易》道似无甚发挥，而又皆前经之所已言者。”又曰：

"夫子殷人也，纣之事所不忍言，即赞文王不须以纣，以纣赞文王亦非文王之所愿闻也。"《说卦传》"昔者圣人之作《易》也，将以顺性命之理"节，则注曰："仁知之不足以尽道也久矣，此云尔，似亦不合。""帝出乎《震》"节，则注曰："此节似弄字法。"《序封传》"饮食必有《讼》"二句，则注曰："《讼》何必专始于饮食？""《讼》必有众起"六句，则注曰："物自《蒙》之时必有所依附而后成立，《比》似莫切于此时，且不《比》何以成《师》，亦似在《师》之前。""有大而能《谦》必《豫》"二句，则注曰："必待《大有》能《谦》而后乐其为乐也，不亦隘乎？""《豫》必有《随》"二句，则注曰："《同人》而物归之，已《大有》矣，于此而始《随》乎？""有事而后可大"句，则注曰："然则《大有》者非人乎？""物大然后可《观》"句，则注曰："然则《同人》、《大有》之时，尚不可《观》乎？""《贲》者饰也"三句，则注曰："《大有》、《临》、《观》，尚未足亨乎？必待饰而后亨耶？""《复》则不妄矣"句，则注曰："然则《剥》以前诸卦皆妄乎？""物《畜》然后可养"句，则注曰："然则《需》不已早乎？""故受之以《坎》"三句，则注曰："既曰陷矣，而可受乎？圣人岂欲陷人者哉？""遁者退也"四句，则注曰："有是理否也？""物不可以终壮"句，则注曰："既不终壮而又《晋》，将欲何之？""伤于外者反其家"句，则注曰："似非确论。""《升》而不已必《困》"句，则注曰："《困》乎下者奈何？""《震》者动也"四句，则注曰："何待不可终动而后受之以《艮》耶？""《旅》而无所容"句，则注曰："然则不毁方耶？""《巽》者入也"四句，则注曰："是不得入则终不说矣。""《涣》者《离》也"二句，则注曰："然则是《离》、《涣》一卦也，以《涣》继《坎》，不亦可乎？"如是之类，不能殚举。是其所见，殆欲出《十翼》上矣。恐无此事也。（卷七・经部・易类存目一，第50—51页）

188.吉安・安福【明】邹德溥：《易会》八卷浙江郑大节家藏本

明邹德溥撰。德溥字汝光，安福人。万历癸未进士。官至司经局洗马。《明史・儒林传》附见其祖《守益传》末。是书用注疏本。其说多主义理，亦兼言象，自《系辞》以下所解甚略。自序谓"就心所会者述之"，故名《易会》。然往往亦借以寓意。如解"亢龙有悔"曰："亢而曰龙，则亢乎其所不得不亢也。盖人处时势之极，固有必亢而后济者。惟圣人纯乎天德，无一毫全躯保命之思，虽履盛满，蒙讥谤，冒天下之不韪而弗之避也。即势且至于悔，亦为天下甘之矣。若虑其有悔而先自处于不亢之地，则智士之所为耳，何龙德之云乎？”此明季清流之见，以愧选愞则可矣，实非经义也。（卷八·经部·易类存目二，第59页）

189.吉安·安福【明】邹德溥（伪托）：《春秋匡解》六卷浙江巡抚采进本

明邹德溥撰。德溥有《易会》，已著录。是书专拟《春秋》合题，每题拟一破题，下引胡传作注，又讲究作文之法。盖乡塾揣摩科举之本。德溥陋必不至是，疑或坊刻伪托耶？（卷三〇·经部·春秋类存目一，第248页）

190.吉安·安福【明】赵璜:《归闲述梦》一卷浙江范懋柱家天一阁藏本

明赵璜撰。璜字廷实，号西峰，安福人，宏[1]治庚戌进士，官至工部尚书，谥庄敏，事迹具《明史》本传。是书追述其平生居官事迹。卷首载自序一篇，诗数首，词皆朴俚。盖亦家传之类，特出于自作耳。璜本名臣。其所述核以本传不甚相远，犹非粉饰失真者比，然其大端已具于史矣。（卷六四·史部·传记类存目六，第572页）

191.吉安·安福【明】彭簪:《衡岳志》十三卷浙江汪启淑家藏本

明彭簪撰，姚宏谟重订。考《明史·艺文志》，载彭簪《衡岳志》八卷。此多五卷，当即宏谟所增。然宏谟序已称“续刻者随时窜入而不之究”，则未经重修以前已非簪之原本矣。序又称“总《形胜》于多景之前，补《事纪》于诸卷之首”，此本一卷为《事纪》，二卷、三卷为《形势》，知为宏谟所增。至所称“诗文以景附，景以类分”者，则散缀各卷，不可复考。簪自号石屋山人，安城人。官衡山县知县。其书成于嘉靖戊子。宏谟，秀水人。嘉靖癸丑进士，官至吏部左侍郎。其书成于隆庆辛未。时提督湖广学政，应知县章宣之请，续此编云。（卷七六·史部·地理类存目五，第659页）

① “宏”当为“弘”，避讳清高宗弘历。

192.吉安·安福 【明】刘阳:《论学要语》一卷、《洞语》一卷、《接善编》一卷、《人伦外史》一卷江西巡抚采进本

明刘阳撰。阳字一舒，安福人。由举人授砀山县知县，官至监察御史。阳初从族人刘晓受经。晓告以王守仁之学，遂往谒守仁于赣州。故《要语》、《洞语》大率不离良知之旨。其《接善编》多采先儒粹语，非所自作。其《人伦外史》即墓志、传状、诗咏等作，以其人系于孝弟忠义贞节之大，故以外史为名。旧总题曰《刘两峰集》，然实非诗文之属，未可著录于集部。故分列其目，隶之儒家类焉。（卷九六·子部·儒家类存目二，第810页）

193.吉安·安福【明】王尹:《道学迴澜》八卷江西巡抚采进本

明王尹撰。尹字莘民，号觉斋，安福人。尝从邹元标、高攀龙讲学于首善书院。会党祸起，乃归里。崇祯末，大学士陈演欲荐之，辞不就，盖薄演之为人也。是编乃其门人所录，大旨力闢心学，辨阳儒阴释之误。所取惟薛瑄、胡居仁、罗钦顺、霍韬四家，而于王守仁《朱子晚年定论》，则反覆掊击。虽邹元标为所信从，而于其完养吾心到纯熟处，义理自然流出之说，亦不少假借。其持论甚正，但文繁不杀，意重语复，衍至百六十二条，未免冗蔓耳。末附觉斋诗编一卷，皆谈理之作。又附录李长春所作尹传，其时尹尚无恙，仍未免明末标榜之习矣。（卷九六·子部·儒家类存目二，第820页）

194.吉安·安福【明】王时槐（1522—1605）:《广仁类编》四卷江西巡抚采进本

明王时槐撰。时槐字子植，号塘南，安福人。嘉靖丁未进士，官至太仆寺少卿，出为陕西布政使参政，中察典罢归。后起为太常寺卿，不赴，卒于家。事迹具《明史·儒林传》。是书分笃伦、德政、惠济、活物四类，各摭故实配隶之，时亦及因果报应之说。盖神道设教，以劝喻颛蒙，故不尽为儒者之言也。（卷一三一·子部·杂家类存目八，第1120页）

195.吉安·安福【明】王时槐:《友庆堂合稿》七卷江西巡抚采进本

明王时槐撰。时槐有《广仁类编》，已著录，是集凡书二卷，序、记、传、墓志一卷，语录一卷，说、跋及《石经大学略义》一卷，杂著、诗、词一卷。诗词不多作，亦非所长。文皆讲学之语，而兼出入于老、庄之间，明

季所谓心学者也。其《石经大学略义》，自云出于贾逵，而表章于郑晓。且称王守仁《大学古本》一依注疏之旧，味其文字，旨趣亦未甚莹，似不无错简云云。不知郑晓所传，乃丰坊之伪本。诸儒考证已明，谲妄毕露。时槐更嘘其残烬，误之甚矣。（卷一七七·集部·别集类存目四，第1595页）

196.吉安·安福【明】刘实（1396—1461）：《敏求机要》十六卷编修汪如藻家藏本

旧本题月梧刘实撰[1]，凤梧刘茂实注。而撰人于刘字之下实字之上空一字。疑二人兄弟，本以实字连名，旧本模糊，传写者因于撰者之名空一字也。前有自序，不著时代。考书中历代帝王条，称宋自庚申至丙子三百一十七年止，不数昰、昺二王，知为元人所作。书中尚往往称大宋，则宋遗民也。其书以历代故实编为歌括，以便记诵。卷一、二、三为历代帝王，卷四、五为历代圣贤群辅，卷六为称号相同，卷七为经书，卷八为诸子，卷九为史书，卷十为天文、律吕、节候，卷十一为地理、山泽，卷十二为官制沿革，卷十三为文武制度法禁，卷十四为纲常、德行、道艺，卷十五为人品、身体，卷十六为物产、服食、器用。盖乡塾课蒙之本，然其考证颇不苟。如《五德之运篇》中，称张仓水德说不主土德，贾谊尝推明公孙臣引黄龙见，从此汉运以土更，汉末方申火德说，赤伏符谶不虚设，东汉火德开中兴，蜀虽正统竟微绝云云。于王莽、刘歆始以汉为火德之事，考之最明。视《通鉴》误载淳方成语于成帝时即言火德者，转为精核，是亦寸有所长矣。（卷一三七·子部·类书类存目一，第1164页）

197.吉安·安福【明】彭时（1406—1475）：《可斋杂记》一卷浙江巡抚采进本

明彭时撰。时字纯道，安福人。正统戊辰进士第一，官至文渊阁大学士，谥文宪。事迹具《明史》本传。此书述其生平阅历，始正统乙丑在国子监肄业，多称李时勉善教事。次叙廷试第一及入翰林事，多陈梦兆、禨祥及诸琐事。次记景泰初入内阁事，所载英宗北狩，额森内侵，夺门复辟，曹吉祥谋逆，皆甚寥寥，王文入相事独详。叙周、钱二太后并尊及钱太后祔庙

---

① 《明史》卷一百六十一（列传第四十九）：刘实，字嘉秀，安福人。《江西通志》（四库全书本）卷七十八：刘实，字嘉秀，安福人。

事，往返曲折尤悉。盖平生经济在策项忠一事，平生大节则在此一事。证以本传，一一相合，知非诡词以自炫。惟称景泰初内外防御以于谦、陈循同功，似非公论。又记张英、刘长子之冤，以时方省亲，自家至京，不及申救为解。然其后时在内阁，亦未闻申攘功之诛，正骪法之罪，仅以笔记存公论，殊无谓也。时本贤相，殆以此自识其过乎？（卷一四三·子部·小说家类存目一，第1218页）

198.吉安·安福【明】彭时:《彭文宪集》四卷江西巡抚采进本

明彭时撰。时有《可斋杂记》，已著录。其集原本十卷，岁久散佚。此本乃其六世从孙笃福所刊，掇拾残剩，取盈卷帙，不足见所长矣。（卷一七五·集部·别集类存目二，第1558页）

199.吉安·安福【明】李时勉（1374—1450）:《古廉集》十一卷、《附录》一卷浙江孙仰曾家藏本

明李时勉撰。时勉本名懋，以字行，安福人。永乐甲申进士，官至国子监祭酒。卒谥文敬，成化中改谥忠文。事迹具《明史》本传。时勉学术刚正，初以三殿灾，条上时务忤成祖，继以奏上六事忤仁宗，终以不附王振为所构陷。前后濒死者三，而劲直之节始终如一。其在国学，以道义砥砺诸生，人才蔚起，与南京祭酒陈敬宗号“南陈北李”，而时勉尤为人望所归。明以来，司成均者莫能先也。至其为文，则平易通达，不露圭角，多蔼然仁义之言，岂非以躬行实践，所养者醇，故与讲学之家骄心盛气以大言劫伏者异欤？其所著作，以当代重其为人，脱稿多为人持去，故所存者无多。此集乃成化中其门人戴难所编，其孙长乐知县容所刊，并以墓志、传赞之类附录于末焉。（卷一七〇·集部·别集类二三，第1485页）

200.吉安·安福【明】刘球（1392—1443）:《两溪文集》二十四卷江西巡抚采进本

明刘球撰。球字求乐，更字廷振，安福人。永乐辛丑进士，授礼部主事，以杨士奇荐，入侍经筵，改侍讲。后忤王振，下诏狱，为振党马顺就狱中支解死。景泰初，赠翰林学士，谥忠愍。事迹具《明史》本传。是编皆所作杂文。球殁后二十八年，其子广东布政司参政钺所编，彭时、刘定之皆为之序。当王振盛时，侯伯公卿惴惴趋风恐后。而球以一文弱词臣，仗大义以与之抗，至死屹不少挠。沈德符《野获篇》记其见害之后，犹为厉于马顺家。《明史》亦载其事于本传。是其刚毅之气，亘生死而不可磨灭。今观其文，乃多和平温雅，殊不类其为人。其殆义理之勇，非气质用事者欤？然味其词旨，大都光明磊落，无依阿澳涊之态，所谓君子之文也。虽残章断简，犹当宝贵。况全集裒然具存，固宜亟为采录，以风厉名教者矣。（卷一七〇·集部·别集类二三，第1486页）

201.吉安·安福【明】吴节:《吴竹坡文集》五卷、《诗集》二十八卷江西巡抚采进本

明吴节撰。节字与俭，竹坡其号也，安成人，宣德庚戌进士，官至太常寺卿，兼侍读学士。是集为其七世孙琦所刊。后附彭华所作行状，称“其为文章，援笔即就，多至数千言，滔滔不竭，无刻苦艰窘态。于诗五七言古今体，随题命意，开合起伏，不拘拘摹拟，而自合矩度”云云。今观其诗文，皆直抒胸臆，纵笔所如，无不自达之意。华所论颇得其真。而渟蓄深厚，亦遂不及古人，所谓不践迹亦不入室者欤？（卷一七五·集部·别集类存目二，第1556页）

202.吉安·安福【明】彭华（1432—1496）:《彭文思集》六卷江西巡抚采进本

明彭华撰。华字彦实，安福人，景泰甲戌进士，官至吏部侍郎，入内阁，逾年以风疾去，卒谥文思，事迹附见《明史·万安传》。所著有《素庵集》九卷。李东阳序称其文“严整峭洁，力追古作者”。今未见传本。此本为其六世孙笃福所编，视原集仅十之三矣。（卷一七五·集部·别集类存目二，第1559页）

203.吉安·安福【明】邹守益（1491—1562）:《东廓集》十二卷江西巡抚采进本

明邹守益撰。守益字谦之，安福人，正德辛未进士，官至南京国子监祭酒。隆庆初，追谥文庄，事迹具《明史·儒林传》。守益传王守仁之学，诗文皆阐发心性之语，其门人陈辰始编录所作为《东廓初稿》。东廓，山名，守益讲学处也。诸门人又梓其切要者一百二十四篇，名曰《摘稿》，而晚年著述则未之备。是编为嘉靖中所刊，题“建宁府知府刘佃汇选，同知董燧编

次，通判黄文明抡集”。又题“门人周怡、宋仪望、邵廉续编，孙德涵等十八人重辑”。错互颠舛，莫知竟出谁手也。史称世宗欲去兴献帝本生之称，守益疏谏，下狱拷掠。嘉靖二十九年，九庙灾，守益疏陈上下交修之道，又忤旨落职。其疏具载本传，今集中乃不载。考《千顷堂书目》，此集之外尚有《东廓遗稿》十三卷，今未见其本，或别收于《遗稿》中欤？（卷一七六·集部·别集类存目三，第1572页）

204.吉安·安福 【明】邹德涵（1538—1581）：《邹聚所文集》六卷、《外集》一卷浙江巡抚采进本

明邹德涵撰。德涵字汝海，安福人。隆庆辛未进士，官至河南按察司佥事。《明史·儒林传》附见其祖《守益传》末。是集凡诗一卷，文五卷；其外集一卷，则皆历官诰敕及往来书牍也。诗文多涉禅机，持论亦往往偏驳。史称“守益子善，服习父训，践履无怠，称其家学。而德涵从耿定理游，定理不答，发愤湛思，自觉有得，于是专以悟为宗，于祖父所传，始一变”云。（卷一七九·集部·别集类存目六，第1611—1612页）

205.吉安·安福 【明】周泰、周寀:《存存稿》十卷、《续稿》三卷两江总督采进本

《存存稿》，明周泰编。《续稿》周寀编。皆其先世遗集也。《存存稿》凡《石初集》五卷，周霆震撰；《达止集》三卷，霆震子庄撰；《提举集》一卷，庄长子静撰；《蹄涔集》一卷，庄次子庸撰。泰合编之为十卷，泰即庸之孙也。其书成于正统丙寅。至万历十九年，其裔孙寀又益以周永锡《愚直存稿》一卷，周正方《佩韦存稿》二卷，名曰《续编》，合订成帙。案霆震《石初集》有单行之本，已别著录。其余五集特子孙自珍其手泽，为一家之书耳，实皆非霆震比也。其曰《存存稿》者，寀序称或取绵绵之义，或取存其所存。是其命名，其子孙已不得详之矣。（卷一九一·集部·总集类存目一，第1740页）

206.吉安·安福 【清】释智藏:《崇恩志略》七卷江西巡抚采进本

国朝僧智藏撰。智藏字竺堂，安福人。崇恩寺在庐陵，创自吴赤乌中，屡经废兴。康熙丙午，智藏重修之，因辑是书。一卷山水道场及历代住持上

堂语录，二卷记疏，三卷诗、对联，四卷序，五卷启书，六卷杂著法语，七卷法产。大旨在张皇佛教，以外护为至荣。体例芜杂之甚。（卷七七·史部·地理类存目六，第670页）

207.吉安·安福【清】吴云:《灵谷寺志》十六卷两江总督采进本

国朝吴云撰。云号舫翁，安福人。灵谷寺在江宁钟山之左，明太祖迁梁宝志塔于此，改赐今名，而号其山曰“紫金”。旧有景泰间僧洁庵、嘉靖间黄河二志。康熙庚辰，云重辑为是编。前有云自序，及寺僧寂曙所纪修辑缘起。凡分二十四类，其门目皆因明志之旧，仅略为删补耳。（卷七七·史部·地理类存目六，第670页）

208.吉安·泰和【宋】萧楚（1064—1130）:《春秋辨疑》四卷永乐大典本

宋萧楚撰。楚字子荆，庐陵人[①]。绍圣中游太学，贡礼部不第。于时蔡京方专国，楚愤疾其奸，谓京且将为宋王莽，誓不复仕，遂退而著书。明《春秋》之学，赵旸、冯澥、胡铨皆师事之。建炎四年始卒。曾敏行《独醒杂志》称所著《春秋经辨》行于庐陵。《宋史》亦载其《春秋经解》十卷。朱彝尊《经义考》谓其已佚，仅摭录胡铨之序。此本所载铨序，与《经义考》合，惟题曰《春秋辨疑》为小异。或后来更定，史弗及详欤？《江西通志》及《万姓统谱》皆云是书四十九篇。今止四十四篇，盖有佚脱。《宋志》云十卷，今《永乐大典》所载止二卷，则明人编辑所合并也。书之大旨，主于以统制归天王，而深戒威福之移于下。虽多为权奸柄国而发，而持论正大，实有合尼山笔削之义，与胡安国之牵合时事，动乖经义者有殊，与孙复之名为尊王，而务为深文巧诋者用心亦别。陈振孙《书录解题》称胡铨以《春秋》登第，归拜床下。楚告之曰：“学者非但拾一第，身可杀，学不可辱，毋祸我《春秋》乃佳。”厥后铨以孤忠谠论，震耀千秋，则其师弟之于《春秋》，非徒以口讲耳受者矣。每篇各有注文，皆楚自作，亦间有胡铨及他弟子所附入。谨以原注及胡铨附注别题之，而以今所校正附其下，俾各不相淆焉。（卷二六·经部·春秋类一，第217页）

---

① 《江西通志》第13部分：萧楚，字子荆，泰和人。

209.吉安·泰和【宋】刘过（1154—1206）：《龙洲集》十四卷、《附录》二卷浙江鲍士恭家藏本

宋刘过撰。过字改之，庐陵人[①]。当宋光宗、宁宗时，以诗游谒江湖。韩侂胄尝欲官之，使金国，而轻率漏言，卒以穷死。盖亦陈亮之流，而跅弛更甚者也。当其叩阍上书，请光宗过宫，颇得抗直声。然其时在廷诸臣已交章论奏，非廊庙不言，待于草野言之者。何必屋上架屋，为此哓哓？特巧于博名耳。又屡陈恢复大计，谓中原可不战而取，更不过附合时局，大言以倖功名。北伐之役，后竟何如耶？杨维祯吊其墓诗云："读君旧日伏阙疏，唤起开禧无限愁。"文人标榜之词，非笃论也。其诗文亦多粗豪抗厉，不甚协于雅音。特以跌宕纵横，才气坌溢，要非龌龊者所及，故今犹传焉。集凡十四卷，后附宋以来诸人所题诗文二卷，合十六卷。岳珂《桯史》记过始末颇详。称其开禧乙丑过京口，相与摭奇吊古，多见于诗。其《多景楼》一篇，广汉章以初升为之大书。词翰俱卓荦可喜，属为刻楼上，会兵起不果云云。今集中诗以此篇为冠，盖由于此。然《伏阙》一疏，今竟不载于集中，其尚有佚篇欤？至蒋子正《山房随笔》载其辛弃疾席上赋《羊腰肾羹》绝句，及为张栻作张浚挽诗，以集中不载，为遗珠之憾。核以岳珂《桯史》，盖小说之附会，非脱漏也。语详龙洲词条下。（卷一六二·集部·别集类一五，第1391页）

210.吉安·泰和【宋】刘过:《龙洲词》一卷安徽巡抚采进本

宋刘过撰。过有《龙洲集》，已著录。陈振孙《书录解题》载刘改之词一卷。此本为毛晋所刊，题曰《龙洲词》，从全集之名也。黄昇《花庵词选》谓改之乃稼轩之客，词多壮语，盖学稼轩。然过词凡赠辛弃疾者，则学其体，如"古岂无人，可以似吾稼轩者谁"等词是也。其余虽跌宕淋漓，实未尝全作辛体。陶九成《辍耕录》又谓改之造语赡逸有思致，《沁园春》二首尤纤丽可爱。今观集中《咏美人指甲》、《美人足》二阕，刻画猥亵，颇乖大雅。九成乃独加推许，不及张端义《贵耳集》独取其《南楼》一词为不失赏音矣。《渚山堂词话》云："改之《沁园春·绿鬓朱颜》一阕，系代寿韩平原。"然在当时，不知竟代谁作，今亦无从详考。观集中《贺新郎》第五首，注曰："平

---

① 《江西通志》（四库全书本）卷七十六：刘过，泰和人，自号龙洲道人。

原纳宠姬，奏方响，席上赋。”则改之且身预南园之宴，不止代人祝嘏矣。盖纵横游士，志在功名，固不能规言而矩行，亦不必曲为之讳也。又《沁园春》第七首，注曰：“寄辛承旨，时承旨招不赴。”此原注也，其事本明。又注或作“风雪中欲诣稼轩，久寓湖上，未能一往，赋此以解”。此毛晋校本注也，已自生讹异。《乐府纪闻》乃谓：“幼安守京口日，改之即敝衣曳履，承命赋诗。”是两人定交，在幼安未帅越之前。《山房随笔》载此词，又称“稼轩帅越东时，改之欲见，辛不纳。藉晦庵、南轩二人为之地，始得进见”云云。考岳珂与过相善，珂所作《桯史》第二卷载此事云：“嘉泰癸亥，改之在中都。时辛稼轩帅越，闻其名，遣介招之。适以事不及行，因效辛体《沁园春》一词”云云。与集中自注相合。则诸说之诬，审矣。珂又称“过诵此词，掀髯有得色”，珂乃以“白日见鬼”调之。其言虽戏，要亦未尝不中其病也。（卷一九九·集部·词曲类二，第1820页）

211.吉安·泰和【元】萧汉中：《读易考原》一卷两淮马裕家藏本

元萧汉中撰。汉中字景元，泰和人。此书成于泰定中。凡三篇，一论分卦，一论合卦，一论卦序。不敢显攻《序卦传》，而亦不用《序卦》之说。大旨以圆图《乾》、《坤》、《坎》、《离》居四正为上经之主卦，《兑》、《艮》、《巽》、《震》居四隅为下经之主卦。复按图列说，申明上经三十卦、下经三十四卦，多寡分合之不可易。及《乾》、《坤》之后受以《屯》、《蒙》，《屯》、《蒙》之后受以《需》、《讼》，次序之不可紊。卷后论三十六宫阴阳消长之机，以互明其义。汉中书不甚著，明初朱升作《周易旁注》，始采录其文，附于末卷。升自记称：“谨节缩为上、下经二图于右，而录其原文于下，以广其传。”则是书经升编缉，不尽汉中之旧。今升书残缺，而汉中书反附以得存，此本即从升书中录出别行者。朱彝尊《经义考》作三卷，盖以一篇为一卷，实无别本也。其说虽亦出于邵氏，而推阐卦序，颇具精理。盖犹依经立义，视黑白奇偶蔓衍而不可极者，固有殊焉。（卷四·经部·易类四，第25—26页）

212.吉安·泰和【元】曾贯：《易学变通》六卷永乐大典本

元曾贯撰。贯字传道，泰和人。天历辛巳举于乡。官绍兴府照磨。元季兵乱，弃官家居。乡人推率义军，后御龙泉寇，战败，抗节死。事迹见《江西通志》。所著《四书类辨》、《学庸标旨》诸书，俱湮没不传。惟朱彝尊《经义考》载有《周易变通》之名，亦以为已佚。今检《永乐大典》所录《周易》各卦下，收入贯说尚多，其标题实作《易学变通》。知彝尊未见原书，故称名小误矣。谨裒辑汇次，厘为六卷。其《豫》、《随》、《无妄》、《大壮》、《晋》、《睽》、《蹇》、《中孚》八卦为《永乐大典》所原阙者，今无可校补，亦姑仍其旧。是书纯以义理说《易》，其体例每篇统论一卦六爻之义，又举他卦辞义之相近者参互以求其异同之故。如《乾卦》云："《乾》六爻不言吉，无往而非吉也。初九处之以勿用，即初九之吉。上九处之以无悔，即上九之吉。二之见，五之飞，三四之无咎，皆然。盖位或过于中，而圣人处之则无不中。位或失于正，而圣人处之则无不正。所谓刚健中正，纯粹以精者。吉有大于此乎！"《坤卦》云："或疑六三王事为六五之事，然《乾》主君道，《坤》主臣道，王事乃九五大人之事，故《坤卦》三五，圣人皆有戒辞者，其所以正人臣之体，为虑深矣。"《艮卦》云："敦《临》、敦《艮》皆吉，何也？曰敦者，厚道也。厚于治人则人无不服者，《临》是也。厚于治己而己无不修者，《艮》是也。人之自处容可处于薄乎？"凡此诸条，立义皆为纯正。其他剖析微细，往往能出前儒训解之外。间取互体立说，兼存古义，尤善持平。在说《易》诸家，可谓明白而笃实。且其成仁取义，无愧完人。而《元史·忠义传》失于记载，殊伤漏略。今搜辑遗文，著之于录，非惟其书足重，亦因以表章大节，发潜德之幽光焉。（卷四·经部·易类四，第26页）

213.吉安·泰和【元】刘君贤:《学问要编》六卷浙江巡抚采进本

元刘君贤撰。君贤字文定，本泰和人。元末兵乱，依母族袁氏于雩昌，遂冒姓袁。故左修品序称刘文定，而郑应桂序则称袁文定。然修品序又谓："今其子孙为袁氏，而乡贤祠则仍称刘。"此本题刘君贤，盖从祀典也。是书初名《雩昌集》。应桂序称，自元及明，仅有写本，藏其后裔家。康熙庚辰，雩都县知县卢某始为刊行。其分天地、理学、经济、伦纪、论古、杂说六类，及八十六子目，亦卢所编定。修品重刊序则称据袁氏家谱，知《雩昌集》乃其诗文，而是书乃所著《学问要编》。考古人杂著笔记，往往编入诗文集，是书必原在集中，卷帙标题相属，故诗文虽佚，而是书仍冒《雩昌集》名。今既别行，则修品所改是也。编中所论，虽以洛学为宗，而诸所援据，乃尽属小说家言，实以杂学佐雄辩。又其好还类中第二条，称金俘宋于青城，元人俘金亦在青城。果为君贤所作，断无当元之世，自称元人之理。相其文格，亦全类明万历以后清言小品之蹊径。元人敦笃，无此体裁。毋乃后人伪托，抑或有所窜乱欤？（卷一二四·子部·杂家类存目一，第1067页）

214.吉安·泰和【明】龙子昂：《看易凡例图说》一卷江西巡抚采进本

明龙子昂撰。子昂，泰和人。嘉靖庚子举人。官知县。是编不标书名，前列《读易凡例》共三十二条，后列《图说》，则解《河图》、《洛书》及朱子《本义》九图象数之理。疑为全书之首卷，非完本也。（卷七·经部·易类存目一，第55页）

215.吉安·泰和【明】郭子章（1542—1618）[①]：《蠙衣生易解》十四卷江西巡抚采进本

明郭子章撰。子章字相奎，号青螺，又自号曰蠙衣生，泰和人。隆庆辛未进士。官至兵部尚书。是编成于万历丁巳，其归田以后所作也。卷一为《易论》六篇。卷二至卷九，六十四卦各为《总论》，少者一篇，多者至八篇。《总论》之外，又标举文句，发挥其义。自《师》、《谦》、《噬嗑》、《复》、《颐》、《大过》、《咸》、《恒》、《损》、《萃》、《革》、《鼎》、《旅》、《节》、《中孚》、《未济》十六卦无所标举外，余卦少者一条，多者至五条。十卷至十四卷，则杂论《系辞》、《说卦》，而《序卦》以下不及焉。其《易论》以《系辞》“生生之谓易”一句为本，而以人性当生生之理。其诸卦所论，乃皆不归此义，往往牵合时事，或阑入杂说。如论《谦卦》云：“汉文、宋仁皆谦德之君也。尉佗自王，元昊自帝，皆非撝谦之臣，故佗、昊后俱削弱。王导、刘裕皆勋劳之臣也。周顗之不顾导，刘毅之不敬裕，皆非撝谦之友，故顗、毅终见诛戮。”其论已不切当日情事。至论《遁卦》谓：“怀、愍不遁，故青衣行酒。徽、钦不遁，故献俘金朝。当时固执死社稷之说，

① 郭子章，明嘉靖二十一年十二月二十五日（1543年1月29日）生于江西泰和县（何光渝：《人谤而天怜——郭子章往事（一）》，《贵阳文史》2016年第03期）。明嘉靖二十一年为公元1542年。

为晋、宋大臣不学之过。”尤纰缪不足与辨。他如论《震卦》而及于雷之击人，已非经义。又谓雷之所击皆治其宿生之业，孔氏之门安得是言哉！（卷七・经部・易类存目一，第57—58页）

216.吉安・泰和【明】郭子章:《平播始末》二卷江西巡抚采进本

明郭子章撰。子章有《蠙衣生易解》，已著录。万历间，播州宣慰使杨应龙叛。子章方巡抚贵州，被命与李化龙同讨平之。化龙有《平播全书》，备录前后进剿机宜。子章亦尝有《黔记》，颇载其事。晚年退休家居，闻一二武弁造作平话案：《永乐大典》有平话一门，所收至夥，皆优人以前代轶事敷衍成文而口说之，左袒化龙，饰张功绩，多乖事实。乃仿纪事本末之例，以诸奏疏稍加诠次，复为此书，以辨其诬。（卷五四・史部・杂史类存目三，第485页）

217.吉安・泰和【明】郭子章:《圣门人物志》十二卷江西巡抚采进本

明郭子章撰。子章有《蠙衣生易解》，已著录。是书则子章官晋阳时所辑。凡游于圣门与私淑而得从祀庙庑者，各为之小传，附以赞论。首《孔子世家》，次《先贤》，次《先儒》，而以有明之会典祀仪终焉。其中杂以周汝登、罗汝芳诸人之论。其时心学横流，故子章多主张其说。《孟子传论》谓“孔子之学，以从心所欲不逾矩为的。颜子从之末由，而孟子云能者从之”。又云：“心之官则思，即孔子从心之旨。”犹主持门户之见也。（卷六二・史部・传记类存目四，第557页）

218.吉安・泰和【明】郭子章:《豫章书》一百二十二卷江西巡抚采进本

明郭子章撰。是书盖江西之总志，全用史体为之。分《大记》二十卷、《志》二十二卷、《表》十卷、《事纪》二卷、《列传》六十八卷，前无序而有《总目》。其《总目》以为《列传》六十六卷，刊本误也。其体例盖本诸《华阳国志》。然冗杂太甚，去常璩所撰远矣。（卷六二・史部・传记类存目四，第557页）

219.吉安・泰和【明】郭子章:《郡县释名》二十六卷浙江鲍士恭家藏本

明郭子章撰。子章有《蠙衣生易解》，已著录。其书以郡县地名一一诠释其文义，文义可通则略为训诂。如福州则云取百顺之名，永清则云取边境永清之类，皆固陋之甚。至不可解者则置而不言，亦何取于释名乎？（卷七二·史部·地理类存目一，第636页）

220.吉安·泰和【明】郭子章:《阿育王山志》十卷两淮马裕家藏本

明郭子章撰。子章有《蠙衣生易解》，已著录。阿育王山在浙江宁波府，去府治四十里。山有阿育王寺舍利塔，相传为地中涌出，因以名寺，遂因以名山。盖缁流梵筴有是异闻，年祀绵远，亦无从而究诘也。是志凡分十类。揆其大旨，主于阐释氏之显应。故标兹灵迹，以启彼信心，原不以核订地理、考证古今为事也。（卷七六·史部·地理类存目五，第660页）

221.吉安·泰和【明】郭子章:《蠙衣生剑记》一卷两江总督采进本

明郭子章撰。子章有《蠙衣生易解》，已著录。是编皆记剑事，分上、下二篇。前有自序，谓上篇据剑之实者纪之。下卷则纪其寓言，如《庄子》所谓天子剑、诸侯剑之类是也。（卷一一六·子部·谱录类存目，第996页）

222.吉安·泰和【明】郭子章:《蠙衣生马记》一卷两江总督采进本

明郭子章撰。子章有《蠙衣生易解》，已著录。是编摭载籍中所记马事，分上、下二篇。援引颇博，皆著所采书名，较明人他说部颇有根据。唯以宛马为晋泰始时所献，不知汉时已有之；又以果下马为出于《魏志》，不知亦载于《汉书》，摭拾未免稍略耳。（卷一一六·子部·谱录类存目，第1005页）

223.吉安·泰和【明】郭子章:《黔类》十八卷安徽巡抚采进本

明郭子章撰。子章有《蠙衣生易解》，已著录。是编为其巡抚贵州时所辑，故曰《黔类》，实隶事之书，非《黔志》也。凡分三十六门。自序称取古今轶事僻事类之，经书人所共读者略，类书已载者略。然皆耳目习见，殊罕异闻。且多引《玉海》、《太平御览》，辗转稗贩，割裂失真，并迷其本书之出处。而云类书已载者略，岂其然乎？（卷一三八·子部·类书类存目二，第1171页）

224.吉安·泰和【明】郭子章:《六语》三十卷浙江鲍士恭家藏本

明郭子章编。子章有《蠙衣生易解》,已著录。是编凡谣语七卷,谚语七卷,讔语二卷,谶语六卷,讥语二卷,谐语七卷。皆杂采诸书为之,颇足以资谈柄。而所录明代近事,往往猥杂。盖嗜博之过,失于翦裁也。(卷一四四·子部·小说家类存目二,第1235页)

225.吉安·泰和【明】郭子章:《粤草》十卷、《蜀草》七卷江西巡抚采进本

明郭子章撰。子章有《蠙衣生易解》,已著录。其平生所作之文,皆每官一地即为一集,此《粤草》,其官广东潮州知府时作;《蜀草》,其官四川提学佥事时作也。前有万历庚寅周应鳌序,称子章没于庐山,《粤草》先出,越若干年,《蜀草》乃出。盖作于诸草之前,而刻则在子章身后。其标题皆曰《自学编》,则子章诸草之总名云。(卷一七九·集部·别集类存目六,第1611页)

226.吉安·泰和【明】郭子章:《晋草》九卷、《楚草》十二卷、《家草》七卷江西巡抚采进本

明郭子章撰。是集以《晋草》、《楚草》、《家草》合为一编。《晋草》,乃其由浙江参政迁山西按察使时所作,在万历二十一年;《楚草》乃其由山西迁湖广布政使时所作,在二十二年;《家草》则由福建布政使入觐,归而乞休时作,在二十六年也。此后即接《黔草》矣。是集钞本,讹脱甚多,并佚其《家草》之第六卷。考其总目所阙,凡尺牍十八首。故原目八卷,今以七卷著录焉。(卷一七九·集部·别集类存目六,第1611页)

227.吉安·泰和【明】郭子章:《黔草》二十一卷浙江汪汝瑮家藏本

明郭子章撰。是集自为一编,乃其巡抚贵州时作,总目虽题二十一卷,而第八卷分九子卷,第九、第十、第十一、第十二、第十七卷,皆分二子卷,卷十四分三子卷,实三十四卷,不明其例。至卷十四后,既曰卷又十四,又曰卷又又十四,尤创见也。案《千顷堂书目》,子章所著尚有《闽草》十六卷,《留草》十卷,《浙草》十六卷,《闽藩草》九卷,《养草》一卷,《苫草》六卷,《传草》二十四卷,今皆未见。而《粤草》十卷,黄虞稷乃不

著录，盖当时随作随刻，又随意并数种为一帙。多寡分合，初无一定，故所见参差不一耳。（卷一七九·集部·别集类存目六，第1611页）

228.吉安·泰和【明】郭子章：《豫章诗话》六卷江西巡抚采进本

明郭子章撰。子章有《蠙衣生易解》，已著录。是编论其乡人之诗，与诗之作于其乡者。上起古初，下迄于明。然多据郡县志书，所采未免芜杂。如惠远七言绝句，子章能辨其伪。然寻真观玉简天篆，决非秦代语。岩下老人武帝问答，决非汉人语。乃以为四言之祖，何耶？又如房璘妻高氏碑刻之类，无与于诗话。而卢仝、韩愈用龙钟、蹱踵字之类，亦无与豫章。均有爱奇嗜博之失。（卷一九七·集部·诗文评类存目，第1802页）

229.吉安·泰和【明】杨士奇（1365—1444）：《三朝圣谕录》三卷左都御史张若淮家藏本

明杨士奇撰。士奇名寓，以字行，泰和人。建文中充翰林编修官。燕王篡位，入内阁典机务，官至华盖殿大学士。谥文贞。事迹具《明史》本传。士奇自降附燕王以后，历事仁宗、宣宗、英宗，以功名终始。是编乃自录其永乐、洪熙、宣德三朝面承诏旨及奏对之语。盖仿欧阳修《奏事录》、司马光《手录》之例。《明史》士奇本传多采用之。序题壬戌十二月，为正统七年，乃士奇未卒之前二年也。（卷五三·史部·杂史类存目二，第476页）

230.吉安·泰和【明】杨士奇：《历代名臣奏议》三百五十卷两淮盐政采进本

明永乐十四年黄淮、杨士奇等奉敕编。自商、周以迄宋、元，分六十四门。名目未免太繁，区分往往失当。又如文王、周公、太公、孔子、管仲、晏婴、鲍叔、庆郑、宫之奇、师旷、麦邱邑人诸言，皆一时答问之语，悉目之为奏议，则《尚书》飏言，何一不可采入，亦殊踳驳失伦。然自汉以后，收罗大备。凡历代典制沿革之由、政治得失之故，实可与《通鉴》、“三通”互相考证。当时书成，刊印仅数百本，颁诸学宫，而藏版禁中，世颇希有。崇祯间，太仓张溥始刻一节录之本。其序自言生长三十年，未尝一见其书。最后乃得太原藏本，为删节重刊，卷目均依其旧。所不同者此本有《慎刑》一门，张本无之。张本有《漕运》一门，此本无之。不知为溥所改移，为传本互异？然溥所去取，颇乏鉴裁，至唐、宋以后之文尽遭割裂，几于续凫断鹤，全失其真。此本为永乐时颁行原书，犹称完善。虽义例芜杂，而采摭赅备，固亦古今奏议之渊海也。（卷五五·史部·诏令奏议类，第502页）

231.吉安·泰和【明】杨士奇:《代言录》一卷江西巡抚采进本

明杨士奇撰。士奇有《三朝圣谕录》，已著录。是书乃其《东里别集》之一种。所录皆在内阁撰拟碑册诏诰之文。自永乐四年至正统九年，每篇末具标年月日。核诸《明实录》俱合。惟《上皇太后尊号诏》标曰洪熙元年七月十五日，而《明宣宗实录》是诏实载在七月丁丑。是月戊辰朔，丁丑则初十日也。又《实录》载七月乙亥上奉册宝尊母后张氏为皇太后。乙亥为是月初八日。未有初八日已上册，至十五日始下诏者。又《实录》载七月戊寅行在礼部奏恭上皇太后尊号，已诏告天下云云。戊寅为是月十一日，于十一日云已诏告天下，则诏在十一日以前无疑。此书标十五日，盖传写之误。又洪熙元年六月十二日《即位诏》款有云："原差去官养官员人等即便回京，毋致重扰军民。"《实录》载此篇"毋致重扰军民"句作"不许托故迟延"。则此书当为士奇初稿，临时或更加润饰，《实录》由定本录之耳。又加洪熙元年八月初六日《谕吏部申明荐举敕》"自中有廉洁公正"句下尚有十五句，而今本《实录》载此篇皆脱之。又如宣德二年十一月十五日《皇子生诏》第一条，载大赦天下，今《实录》于第一条则仅载"蠲免税粮盐粮三分"，而"大赦"反载在第六。此类文字异同，颇可与《实录》相参。然其事则皆史所已具也。（卷五六·史部·诏令奏议类存目，第503页）

232.吉安·泰和【明】杨士奇:《奏对录》一卷浙江巡抚采进本

明杨士奇撰。皆其正统初在内阁所上奏疏，凡十九篇。多关系军国大计，已载入《东里别集》中。此其单行之本也。（卷五六·史部·诏令奏议类存目，第504页）

233.吉安·泰和【明】杨士奇:《文渊阁书目》四卷内府藏本

明杨士奇编。士奇有《三朝圣谕录》，已著录。是编前有正统六年题本一通，称："各书自永乐十九年南京取来，一向于左顺门北廊收贮，未有完整书目。近奉旨移贮文渊阁东阁，臣等逐一打点清切，编置字号，写完一本，总名《文渊阁书目》。请用‘广运之宝’钤识备照，庶无遗失。”盖本当时阁中存记册籍，故所载书多不著撰人姓氏。又有册数而无卷数，惟略记若干部为一橱，若干橱为一号而已。考明自永乐间取南京藏书送北京，又命礼部尚书郑赐四出购求。所谓鋟板十三，抄本十七者，正统时尚完善无阙。此书以《千字文》排次，自“天”字至“往”字，凡得二十号，五十橱。今以《永乐大典》对勘，其所收之书，世无传本者，往往见于此目，亦可知其储庋之富。士奇等承诏编录，不能考订撰次，勒为成书，而徒草率以塞责。较刘向之编《七略》、荀勖之叙《中经》，诚为有愧。然考王肯堂《郁冈斋笔麈》，书在明代已残阙不完。王士祯《古夫于亭杂录》亦载国初曹贞吉为内阁典籍，文渊阁书散失殆尽。贞吉检阅，见宋椠欧阳修《居士集》八部，无一完者。今阅百载，已放失无余。惟藉此编之存，尚得略见一代秘书之名数，则亦考古所不废也。旧本不分卷数。黄虞稷《千顷堂书目》作十四卷，不知所据何本，殆传写者以意分析。今厘定为四卷云。（卷八五 · 史部 · 目录类一，第731页）

234.吉安 · 泰和【明】杨士奇:《东里全集》九十七卷、《别集》四卷江苏巡抚采进本

明杨士奇撰。士奇有《三朝圣谕录》，已著录。明初“三杨”并称，而士奇文章特优，制诰碑版，多出其手。仁宗雅好欧阳修文，士奇文亦平正纡余，得其仿佛。故郑瑗《井观琐言》称：“其文典则，无浮泛之病。杂录叙事，极平稳，不费力。后来馆阁著作，沿为流派，遂为七子之口实。”然李梦阳诗云“宣德文体多浑沦，伟哉东里廊庙珍”，亦不尽没其所长。盖其文虽乏新裁，而不失古格。前辈典型遂主持数十年之风气，非偶然也。集分正、续二编。正集所载较少，续集几至倍之。其《别集》四种，一即《代言录》，一为《圣谕录》，一为《奏对录》，一为士奇传志诸文，缀于末为《附录》。李东阳《怀麓堂诗话》曰：“杨文贞《东里集》，手自选择，刻之广东，为人窜入数首。后其子孙又刻为续集，非公意也。”然则《续集》乃士奇所自芟弃，非尽得意之作。以其搜罗较富，往往有足备考核者，故仍其旧并录之焉。（卷一七〇 · 集部 · 别集类二三，第1484页）

235.吉安 · 泰和【明】杨士奇:《别本东里文集》二十五卷江苏巡抚采进本

明杨士奇撰。士奇有《代言录》，已著录。是集记二卷、序六卷、题跋四

卷、碑铭十卷、杂文三卷。末一卷题曰《方外》，凡为二氏所作悉别编焉，盖用杨杰《无为集》例，疑即《怀麓堂诗话》所谓士奇自定之本。以不及全集之完备，故附存其目焉。（卷一七五·集部·别集类存目二，第1552页）

236.吉安·泰和【明】曾忭:《前川奏疏》二卷江西巡抚采进本

明曾忭撰。忭号前川，泰和人，嘉靖丙戌进士，官至兵部都给事中。《千顷堂书目》载《前川奏疏》二卷，与此本合。其作曹抃，则以字形相近而讹也。忭《明史》无传，惟《刘源清传》附载其申救源清下诏狱事。其疏今在集中。然疏中陈处置大同事宜颇详，申救源清，特其中之一事。则未审为史文之略，为其后人有所润色也。卷末有跋，不署名氏。核其语意，以忭族人所作，称“忭叔监察御史翀”，嘉靖乙未，亦以劾汪鋐廷杖死。泰和东门内有叔侄谏臣坊，即为翀、忭所建云。（卷五六·史部·诏令奏议类存目，第506页）

237.吉安·泰和【明】陈虞岳:《传信辨误录》一卷浙江吴玉墀家藏本

明陈虞岳撰。虞岳，泰和人。正统间辅臣陈循五世孙也。土木之变，循在内阁为首揆。及景帝欲废英宗太子，循依违不能匡正，以此为当世所讥。陈建《通纪》载其事。虞岳以为诬蔑其祖，乃作此书以辨之。首为诸名公叙略节略。次为传信六条，一曰《首定储宫之策》，一曰《力沮南迁之议》，一曰《计退德胜之围》、一曰《密运回銮之略》，一曰《保护南宫苦忠》，一曰《请复南迁谠疏》。所引诸书，惟“力沮南迁”一条，《弇山堂别集》及《丛记》载有循名，其五事则皆无确证。次辨诬五条。一曰辨不诤易储之误，一曰辨徐有贞馈玉带之误，一曰辨请治龚遂荣狱之误，一曰辨翰林用杂流之误，一曰辨申明制科之误。其意与《孤儿吁天录》同，亦孝子慈孙不得已之苦心也。（卷六〇·史部·传记类存目二，第540页）

238.吉安·泰和【明】尹直:《名相赞》一卷浙江范懋柱家天一阁藏本

明尹直撰。直字正言，泰和人，景泰甲戌进士，官至华盖殿大学士，谥文和，事迹具《明史》本传。是书取汉、唐、宋相业足称者，始萧何，终文天祥，凡八十七人。采摭事实，各为之赞。（卷六一·史部·传记类存目三，第549页）

239.吉安·泰和【明】尹直:《南宋名臣言行录》十六卷浙江范懋柱家天一阁藏本

明尹直撰。此书续朱子《名臣言行录》而作。前有宏①治癸亥自序，云“取《宋史》列传，自陈俊卿以下，芟繁节冗，撮采其要，得百二十有三人”。然朱子所作《名臣言行录》，原以网罗旧闻，搜载轶事，用备史氏之采择。若徒抄录史文，一无考证，则《宋史》列传具在，亦何必徒烦笔墨乎？（卷六一·史部·传记类存目三，第549页）

240.吉安·泰和【明】尹直:《明良交泰录》十八卷江西巡抚采进本

明尹直撰。直有《名臣赞》，已著录。是编为其致仕以后所作。成于宏②治十七年，而表上于正德六年。书中皆援引经史，附以论断。一卷《易》三篇，《书》十二篇。二卷《诗》五篇，《春秋传》五篇，《礼记》二篇，《孔子》三篇，《孟子》五篇。三卷以下，则备述历代君臣问答之语，治忽兴衰之故，始自汉高，迄明孝宗，而明事当古事二之一。盖亦范祖禹《帝学》多述宋代祖宗之意。惟末卷自录其献纳之词，连篇累牍，虽序中引夏侯胜、魏征、韩琦、司马光、欧阳修、杨士奇、李贤为例，然胜未尝著书，征事为王方庆所集，琦特自编奏议，修与光与士奇与贤皆自为记载，非自附诸古名臣后，表进于朝也。《明史》直本传载孝宗薄其为人，令致仕。宏③治九年，表贺万寿，并以太子当出阁，上承华箴，引先朝少保黄淮事，冀召对。帝却之。此书或亦是意欤？（卷九五·子部·儒家类存目一，第808页）

241.吉安·泰和【明】尹直:《謇斋琐缀录》八卷浙江范懋柱家天一阁藏本

明尹直撰。直有《明良交泰录》，已著录。是书所载，多明代掌故，于内阁尤详。于同时仕宦黜陟，恩怨报复之由，亦颇缕悉。而好恶之词，或所不免，其丑诋吴与弼不遗余力。案《明史·儒林传》，载与弼至京师，李贤推之上坐，以宾师礼事之。编修尹直至令坐于侧。直大愠，出即谤与弼。及与弼归，知府张璝谒见不得，大恚。募人代其弟投牒讼与弼，立遣吏摄之，大加

① “宏”当为“弘”，避讳清高宗弘历。
② “宏”当为“弘”，避讳清高宗弘历。
③ “宏”当为“弘”，避讳清高宗弘历。

侮慢，始遣还。编修张元祯不知其始末，遗书诮让，有“上告素王，正名讨罪，岂容先生久窃虚名”语。直复笔其事于《琐缀录》。又言与弼跋石亨族谱，自称门下士，士大夫用此訾与弼。又载顾允成之言，以为好事者为之。然与弼求名太急，实有矜心作意、刻画圣人之处。观其《日录》，约略可见。直之所记，当亦有所激而然欤？其论“续通鉴纲目”一条，谓宋太宗烛影斧声之事，由陈桱误增李焘之文，李焘又误改文莹之语，则考证颇详云。（卷一四三·子部·小说家类存目一，第1218—1219页）

242.吉安·泰和【明】郭孔延:《史通评释》二十卷编修励守谦家藏本

明李维桢评，郭孔延附评并释。维桢字本宁，京山人。隆庆戊辰进士，官至南京礼部尚书。事迹具《明史·文苑传》。孔延始末未详[①]。《史通》旧刻，传世者稀。故《永乐大典》网罗繁富，而独遗是书。其后有蜀本、吴本，文句脱略，互有异同。万历中复有张氏刻本，增七百三十余字，删六十余字。复于《曲笔》、《因习》二篇补其残阙，遂为完书。不知其所增益果据何本。然自是以后，皆以张本为祖矣。维桢因张氏之本，略为评论。孔延因续为评释，杂引诸书以证之。凡每篇之末标“评曰”字者，皆维桢语；标“附评”字者，则孔延所补也。维桢所评，不出明人游谈之习，无足置论。孔延所释，较有引据，而所征故事，率不著其出典，亦颇有舛漏。故王维俭以下注《史通》者数家，皆嫌其未惬，多所纠正焉。（卷八九·史部·史评类存目一，第757页）

243.吉安·泰和【明】罗钦顺（1465—1547）:《困知记》二卷、《续记》二卷、《附录》一卷左都御史张若溎家藏本

明罗钦顺撰。钦顺字允升，号整庵，泰和人。宏[②]治癸丑进士，官至南京吏部尚书，谥文庄。事迹具《明史·儒林传》。是书皆其晚年所作。前记成于嘉靖戊子，凡一百五十六章。《续记》成于嘉靖辛卯，凡一百一十三

① 刘海波、谢贵安云：“郭孔延，字延年，江西泰和人，生于明神宗万历二年（1574），卒年不详。”（《郭孔延〈史通评释〉探析》，《理论学刊》2016年第9期）

② “宏”当为“弘”，避讳清高宗弘历。

章。《附录》一卷，皆与人论学之书，凡六首。钦顺自称初官京师，与一老僧论佛，漫举禅语为答。意其必有所得，为之精思达旦，恍然而悟。既而官南雍，取圣贤之书潜玩，久之渐觉就实，始知所见者乃此心虚灵之妙，而非性之理。自此研磨体认，积数十年，始确然有以自信。盖其学由积渐体验而得，故专以躬行实践为务，而深斥姚江“良知”之非。尝与王守仁书，辨《朱子晚年定论》，于守仁颠倒年月之处，考证极详。此书明白笃实，亦深有裨于后学。盖其学初从禅入，久而尽知其利弊，故于疑似之介，剖析尤精，非泛相诃斥，不中窾要者比。高攀龙尝称“自来排斥佛氏，未有若是之明且悉者”，可谓知言矣。（卷九十三·子部·儒家类三，第792页）

244.吉安·泰和【明】罗钦顺:《整庵存稿》二十卷江西巡抚采进本

明罗钦顺撰。钦顺之学以穷理格物为宗，力攻王守仁良知之说。其大旨具见所作《困知记》中，已别著录。至词章之事，非其所好，谈艺家亦罕论及之。其弟钦蔼，作《仪训录》，尝称钦顺于应酬文字辞谢居多，下笔稿成，未尝自是。旧稿盈笥，晚年手自芟存，余悉焚去。谓二子曰：“此等文字世间不少，慎勿出以示人，姑留自观可也”云云。其志趣可以想见。然集中所作，虽意境稍涉平衍，而典雅醇正，犹未失成化以来旧格。诗虽近击壤派，尚不至为有韵之语录。以抗行作者则不能，在讲学诸家亦可云质有其文矣。（卷一七一·集部·别集类二四，第1497页）

245.上饶·余干；吉安·泰和【明】胡居仁（1434—1484）、陈凤梧（1475—1541）:《居业录类编》三十一卷两江总督采进本

明胡居仁撰。陈凤梧编。居仁有《易象钞》，已著录。凤梧字文鸣，庐陵人。宏[①]治丙辰进士。官至右都御史，巡抚应天。是编凡分三十一类，类为一卷。序云录旧无铨次，不便观览。顷自山东巡抚改佐南台，舟次之暇，辄手自编订，以类相从。付门人无锡陈大尹名世，校而刻之，以广其传。此本盖从刻本传写者。昔薛瑄《读书续录》亦有原本及分类二刻，然论者谓分类失瑄意，此本亦犹是也。（卷九五·子部·儒家类存目一，第808页）

---

① “宏”当为“弘”，避讳清高宗弘历。

246.吉安·泰和【明】胡直（1517—1585）:《胡子衡齐》八卷浙江郑大节家藏本

明胡直撰。直字正甫，泰和人。嘉靖丙辰进士，官至福建按察使。直之学出于欧阳德及罗洪先，故以王守仁为宗。尝与门人讲学螺水上，辑其问答之语为是书。分言末、理问、亡𫔎、博辨、明中、征孔、谈言、续问、申言凡九篇，篇有上下。其名《衡齐》者，意谓谈理者视此为均平云尔。大要以理在心不在天地万物，意在疏通守仁之旨。然守仁本谓我与天地万物一气流通，无有碍隔，故人心之理即天地万物之理。而直乃谓吾心所以造天地万物，匪是则黝没荒忽而天地万物熄矣。是竟指天地万物为无理，与守仁亦不相合，未免太失之高远。其文章则纵横恢诡，颇近子书，与他家语录稍异。盖直少攻古文词，年二十余始变而讲学，故颇能修饰章句，无弇陋粗鄙之状云。（卷九六·子部·儒家类存目二，第814页）

247.吉安·泰和【明】胡直:《衡庐精舍藏稿》三十卷、《续稿》十一卷江西巡抚采进本

明胡直撰。直有《胡子衡齐》，已著录。是集为其门人郭子章所刻。凡赋一卷、乐府一卷、古近体诗四卷、文十九卷、杂著四卷。又《续集》诗赋一卷、文十卷，不知何人所编。卷首《盛才赋》下注“少作”二字，殆其后人取初集简汰之余，与晚年未刻之作裒为一帙也。直家泰和，东距衡山不千里，北距庐山亦不千里，故取二山之名名其书室，因以名集。直初从欧阳德游，又从罗洪先游，其学一以姚江为宗。故所作《胡子衡齐》八卷，大抵阐明心学。然《明儒学案》称其:“少骀宕，好攻古文词。年二十六，始讲学。故其文章颇雅健有格，无抄撮语录之习”。又其宗旨谓“释氏主于出世，故其学止于明心，明心则虽照乎天地万物，而终归于无有。儒者主于经世，故其学在于尽心，尽心则能察乎天地万物，而常处于有。”故其文章亦颇笃实近理，未至王学末流之诞放。至于杂著诸篇，如《设罝》、《猎人》之类，诋諆薄俗，未免少伤忠厚。直初见欧阳德时，德病其疾恶太严，一切愤愤不平，是已先失仁体。殆亦其夙见未融，故嬉笑怒骂，不觉言之过欤!（卷一七二·集部·别集类二五，第1510页）

248.吉安·泰和【明】郭元鸿（？—1609）：《壶史》三卷内府藏本

明郭元鸿撰。元鸿，泰和人。是书成于万历丁丑。以投壶为射礼之遗，为之考订。首引群书，次载司马光《谱》，次列所创新名。（卷一一四·子部·艺术类存目，第981页）

249.吉安·泰和【明】曾大奇:《治平言》二卷江西巡抚采进本

明曾大奇撰。大奇字端甫，泰和人。明神宗之末，万事丛脞，门户之祸大起。大奇是书分经世、主术、辅臣、明法、责成、富国、赋役、兵制、养兵、庙算、马政、言路、资格、核举、听讼、宦竖十六议，而辅臣议分为二篇，凡十七篇。其体例指陈时弊，略仿贾谊《新书》，而文格则多近苏氏策论。然论弊则明，而论所以救弊之道则往往参以书生之见。知其一而不知其二云。（卷一二五·子部·杂家类存目二，第1078—1079页）

250.吉安·泰和【明】王贞善:《王氏二书选要》十一卷江西巡抚采进本

明王贞善撰。贞善字如性，泰和人。是编为邹元标所选定。凡《静谈》五卷，前四卷皆其语录，分十篇，各摘篇首二字为名。第五卷附杂文五篇，其《象山学辨辨》，则为霍韬《象山学辨》而作。盖贞善为陆九渊乡人，故持论以陆氏为宗也。又《读史法戒》六卷，前三卷为法言，后三卷为戒言，皆纪古人言行之有关劝惩者。前有元标序，其名为《王氏二书选要》，亦元标所题也。（卷一二五·子部·杂家类存目二，第1079页）

251.吉安·泰和【明】罗鹤:《应庵任意录》十四卷浙江范懋柱家天一阁藏本

明罗鹤撰。鹤字子应，号应庵，泰和人。是书计二百四十四条。大意欲仿《容斋随笔》、《学斋佔毕》诸书，而耳目颇隘，不能尽有援据考证，多据所闻见，以意褒贬而已。其持论有最偏驳者，如赤龙合庆都生尧，修己坼背生禹，本纬书妄说，皆反覆论辨，以为必然。又引章氏《家谱》、宏益《记闻》、东林论《易》语、尹氏之《性学指要》、赵说之《心学渊源后跋》、胡氏《大同论》一切琐说，文致周、程诸儒皆以僧为师。至以乡曲之私，谓建文逊国之时杨士奇不当死难，使务此小节则不足以为东里，尤为害义。其谓吕后名雉，高祖字之曰野鸡之类，杜撰故实，又其小疵矣。（卷一二八·子

部·杂家类存目五，第1100页）

252.吉安·泰和【明】周是修（1354—1402）：《纲常懿范》十卷江西巡抚采进本

明周是修撰。是修初名德，以字行，泰和人。洪武中举明经，由霍邱训导改衡府纪善。燕王兵入死之。事迹具《明史》本传。乾隆四十一年赐谥节愍。是编前有自序，称因闲居，感其母彭氏教以忠孝大端，因采辑前言往行，凡十六门，曰明王、良相、名将、循吏、忠烈、纯孝、女德、友悌、交契、儒宗、才杰、世昌、清隐、联芳、德报、同居，通一千三百九十有六条。解缙作是修墓志，杨士奇作是修传，亦皆称其尝撰是书，与此本合。史称其尝辑古今忠节事为《观感录》，与此不同，或一书而二名欤？案是修授命成仁，争光日月。作此书以培植纲常，行不愧言，尤足以风动百世。自宜录之以传久远。然核其所述，大抵荒陋鄙鄙，类村塾野老稍知字义者所为，殊不似是修之笔。殆原书久佚，而其后人赝补之，如张九龄《千秋金鉴录》类也。故今惟录其文集，而是书则附存目焉。（卷一三一·子部·杂家类存目八，第1118—1119页）

253.吉安·泰和【明】周是修:《刍荛集》六卷江西巡抚采进本

明周是修撰。是修有《纲常懿范》，已著录。是集为其孙应鳌所编。凡诗三卷，赋及杂文共三卷。大抵风骨棱棱，溢于楮墨，望而知为忠臣义士之文。其矩度波澜，亦具合古法，不在当时作者下。世不甚称，殆转以气节掩欤？史称是修由霍邱训导迁周王府纪善。王多不法，是修动绳以礼。今观集中，《修己十箴》与《保国》《直言》二篇，盖即是时之所作。其刚正不阿，不待后来始见矣。末附解缙所作《志铭》及杨士奇所作传。《志铭》但称归京师，为纪善，预翰林纂修以死，竟不言其殉节。传乃言其自经应天府学。盖缙作志在永乐九年，时党禁方严，故讳其事。士奇作传则在宣德四年，时公论稍明，故著其实也。传又称“是修数论国家大计，至指斥用事者误国，用事者怒，众共挫折之”云云。于当时情事，亦得其真。虽是修精贯三光，不待二人之文而显，二人之文尤不足以荣是修。然有誓死不死者，而后见真能死者之难；有委曲以文其不死者，而后见慷慨就死者之不愧不怍。并录存之，亦可以相形而益彰矣。（卷一七〇·集部·别集类二三，第1481页）

254.吉安·泰和【明】刘崧（1321—1381）:《槎翁诗集》八卷浙江汪汝瑮家藏本

明刘崧撰。崧字子高，初名楚，泰和人。元末举于乡。洪武三年以人材荐，授职方郎中。迁北平按察司副使，坐事输作京师。十三年，手敕召为礼部侍郎，擢吏部尚书致仕。十四年，复召为国子司业，未旬日卒。事迹具《明史》本传。崧七岁能赋诗，及长，日课一篇。读书天寒皲裂不少辍。其在官舍，孤灯讽诵，夜分不休。盖一生耽嗜吟咏，至为刻苦。故徐泰《诗谈》称其"如冬岭孤松，老而愈秀"。胡应麟《诗薮》称："当明之初，吴中诗派，昉于高启；越中诗派，昉于刘基；闽中诗派，昉于林鸿；岭南诗派，昉于孙蕡；而江右诗派，则昉于崧。"史亦称崧善为诗，豫章人宗之，为西江派。大抵以清和婉约之音，提导后进。迨杨士奇等嗣起，复变为台阁博大之体，久之遂浸成冗漫。北地信阳乃乘其弊而力排之，遂分正、嘉之门户。然崧诗平正典雅，实不失为正声。固不能以末流放失，并咎创始之人矣。（卷一六九·集部·别集类二二，第1467页）

255.吉安·泰和【明】刘崧:《槎翁集》八卷两淮马裕家藏本

明刘崧撰。崧有《槎翁诗集》，已著录。是编乃其文集，罗允升所校正，而吉安知府徐士元为之刊版。其文颇伤流易，殊不及其诗。（卷一七五·集部·别集类存目二，第1549页）

256.吉安·泰和【明】陈谟（1305—1400）:《海桑集》十卷江苏巡抚采进本

明陈谟撰。谟字一德，泰和人。生于元成宗时。洪武初召赴阙，以疾辞归。后屡聘为江浙考试官。事迹具《明史·儒林传》。是集有谟家传，称卒年九十六。考集中年月止于洪武十七年。晏璧于永乐七年作《海桑集序》，称谟卒后二十年，则卒于洪武二十一年戊辰也。谟《书刘氏西斋唱和卷后》称生大德间，为前朝太平幸民六十余年。由洪武戊辰上推大德元年丁酉，仅九十二年，或晏璧所称乃约成数也。其诗集、文集各五卷，为其甥杨士奇所编。国朝康熙庚申，其裔孙邦祥重刊。然《灵山寺》诗以五言长律入古体，《悼刘生》诗以七言拗律入古体，而《崆峒云居》诗又以古体入律体，士奇未必舛误如是，殆邦祥又有所窜乱欤？集中《通塞论》一篇，引微子、箕子反复申明，谓革代之时不必死节，最为害理。故其客韶州时为太祖吴元年，元尚未亡，已为卫官作贺表。而集中颂明功德，不一而足，无一语故君旧国之思。其不仕也，虽称以老病辞。然孙仲亨跋其墨迹，称“太祖龙兴，弓旌首至，先生虽老，犹舆曳就道。一时老师俗儒，曲学附会先生之论，动辄矛盾。是以所如不合，遂命驾还山，拂衣去国”云云，则与柴桑东篱之志固有殊矣。至于文体简洁，诗格舂容，则东里渊源实出于是。其在明初，固沨沨乎雅音也。（卷一六九·集部·别集类二二，第1476页）

257.吉安·泰和【明】梁兰:《畦乐诗集》一卷江西巡抚采进本

明梁兰撰。兰字庭秀，又字不移，泰和人。右赞善梁潜之父也。田居不仕，故以“畦乐”自号。于杨士奇为姻家，士奇尝从之学诗。此集即士奇所编，前有洪武三十一年士奇序。考士奇所作兰墓志，称卒于永乐八年，则编此集时，兰犹及见之也。旧本列《泊庵集》后，盖用《山谷集》后附刻《伐檀集》之例。今以各自为集，仍分著于录。原目列古今体诗二百三十四首，而五言古诗中注“阙七首”，实二百二十七首。题中有阙字二处，诗中亦有阙字二处，均无别本可补，今亦仍之。士奇序称其“志平而气和，识精而思巧，沨沨焉，穆穆焉，简寂者不失为舒徐，疏宕者必归于雅则。优柔而确，讥切而婉”。虽自重其师，过相推重。而于繁声曼调之中，独翛然存陶、韦之致，抑亦不愧于作者矣。（卷一六九·集部·别集类二二，第1476页）

258.吉安·泰和【明】梁潜（1366—1418）:《泊庵集》十六卷江西巡抚采进本

明梁潜撰。潜字用之，泰和人。洪武丙子举人，授苍溪训导，历知四会、阳江、阳春三县。永乐初，召修《太祖实录》，累迁右春坊右赞善。会修《永乐大典》，代礼部尚书郑赐为总裁，升侍读。永乐十五年北征，仁宗监国，以释陈千户事牵连坐死。事迹附见《明史·邹济传》。是集前有王直、胡俨二序。俨序称为潜子楘所编。考萧镃《尚约居士集》有《陈循墓志》，称“梁公潜以职务违错，被逮且籍之。梁平日所作诗文，悉估书册，卖钱入官。循遣人访求，倍价赎还。今锓梓以传者，循所赎也”云云。则其稿为潜所自编，因循而传于世。俨序不载其事，而但称其文章遭际，盖讳言其赐死耳。潜文格清隽，而兼有纵横浩瀚之气，在明初可自成一队。故郑瑗《井观琐言》称其“丰赡委曲，亦当代一作家”。杨士奇《潜墓志》称其“为文章，驰骋司马子长、韩退之、苏子瞻，亦间出庄、列为奇，务去陈言出新意。古诗高处逼晋、宋”。此本有文无诗。集末有康熙辛酉潜裔孙天清《续刻家集小引》云：“泊庵公诗集已瘗文冢，不复存人间。”则旧本久佚矣。（卷一七〇·集部·别集类二三，第1483页）

259.吉安·泰和【明】王直（1379—1462）：《抑庵集》十三卷、《后集》三十七卷两淮盐政采进本

明王直撰。直字行俭，泰和人。永乐甲申进士，正统间拜吏部尚书，天顺初以老疾乞休。卒谥文端。事迹具《明史》本传。直当景帝易储之时，持之不坚，为平生之遗憾。然于谦当国，亦不能争，其中殆有难言者。至于初谏亲征，继力争遣使迎英宗，侃侃不挠，至以出使自任，大节究为不愧。其器识厚重，在铨曹十六年，奉职公允，亦称名臣。诗文典雅纯正，有宋元之遗风。自永乐初为庶吉士，即承命入阁，典司制诰。后在翰林二十余年，朝廷著作多出其手。当时与王英齐名，有“西王”、“东王”之目。而直尤为老寿，岿然负一代重望。萧鎡作是集序，称其文“汗漫演迤，若大河长川，沿洄曲折，输写万状”。盖明自中叶以后，文士始好以矫激取名。直当宣德、正统间，去开国之初未远，淳朴之习，犹未全漓。文章不务胜人，惟求当理。故所作貌似平易，而温厚和平，实非后来所及。虽不能追古作者，亦可谓尚有典型者矣。集为其子检讨稹所编。成化初，其次子稙复加校订，而以原集未录及致仕后所作别为《后集》云。（卷一七〇·集部·别集类二三，第1484—1485页）

260.吉安·泰和【明】杨寅秋：《临皋文集》四卷江西巡抚采进本

明杨寅秋撰。寅秋字义叔，号临皋，庐陵人。万历甲戌进士，官至广西按察司副使、左江兵备道。其为贵州参议，平答千苗之乱。迁云南副使，平土夷普应春，斩之。为广西副使，克五山，绥安南，定府江。并赐金加秩。及征杨应龙，命为左监军，离安、杨之党，卒平播乱。其经济有足取者。其文章在当时不著名，是集《千顷堂书目》亦不著录。则明末传本已稀，故谈艺家罕所称述。然寅秋为杨士奇之裔孙，故家典型，流风余韵，犹有存者。故所作大抵和平典雅，有明初前辈之风，奏议尤委曲尽致。其《五山纪略》、

《平播条议》等篇，于边略亦多裨益，非徒托之空言者也。（卷一七二·集部·别集类二五，第1512—1513页）

261.吉安·泰和【明】郭祥鹏:《老泉文抄》无卷数编修励守谦家藏本

明郭祥鹏编。祥鹏，泰和人，成化辛丑进士。是集于《苏洵集》中摘取《权书》十篇、《衡论》十篇、《笺策》二篇，别为一集。案《洵全集》具存，其文章之妙，岂止于此？此选亦无谓甚矣。（卷一七四·集部·别集类存目一，第1536页）

262.吉安·泰和【明】尹昌隆（1369—1417）:《尹讷庵遗稿》八卷、《附录》二卷江西巡抚采进本

明尹昌隆撰。昌隆字彦谦，泰和人，洪武丁丑进士，永乐二年擢左春坊右中允，改礼部主事，为尚书吕震诬构见杀。事迹具《明史》本传。昌隆死非其罪，史称其为厉鬼以报震。然当燕王构逆之初，昌隆即劝惠帝以禅让，其说甚谬。燕王篡立之后，独以是奏得贷死，则其人亦不甚可重。是集为其八世孙应中所梓，邹元标序之。《附录》二卷，则载其诏敕、行状、序传之属也。传中称为中允时进讲，有《穿杨集》，仁宗命其家录进，中途舟覆没于水云云。朱彝尊《明诗综》只称有集而不载其名，盖未见此本。然所选《送孟潜阳先生教授邵武府学》五言古诗一首，是编亦不录。盖采自他书，编此集者又未见也。（卷一七五·集部·别集类存目二，第1551页）

263.吉安·泰和【明】梁本之（1370—1434）:《坦庵文集》八卷江西巡抚采进本

明梁本之撰。本之名混，以字行，坦庵其别号也。泰和人。洪武中为瑞州府学训导，迁溧阳教谕，改鲁王府纪善。本之与其兄潜齐名。萧鎡称所作泓渟澄深，端重典则，盖庄人学者之文。然规模与其兄相近，骨力根柢则皆不及其兄也。（卷一七五·集部·别集类存目二，第1552页）

264.吉安·泰和【明】彭百炼:《若金集》二卷江西巡抚采进本

明彭百炼撰。百炼字若金，泰和人，永乐乙未进士，官至广西道监察御史。是编前有任敬敏序，称遗文分为十四卷。而是编仅二卷，文三十九首、

诗四首，后附他人所为碑志题咏而已。考其族孙敏求跋，盖散佚之余，后复重抄成帙也。（卷一七五·集部·别集类存目二，第1554页）

265.吉安·泰和【明】陈循（1385—1462）：《芳洲集》十卷江西巡抚采进本

明陈循撰。循字德遵，泰和人，永乐乙未进士第一，官至户部尚书、华盖殿大学士。英宗复辟，谪戍铁岭。石亨败后，循上疏自讼，诏放还。事迹具《明史》本传。是编其裔孙以跃所辑。《附录》一卷，则谕祭文、志铭、祭文、挽诗、乞恩复官疏及祀乡贤文移。首列奏对而无章疏。其《自讼疏》本传尚载其略，乃削而不存，未喻何故，殆久而佚其稿耶？（卷一七五·集部·别集类存目二，第1554页）

266.吉安·泰和【明】陈循:《东行百咏集句》九卷、附《芳洲年谱》一卷浙江汪汝瑮家藏本

明陈循撰。是编乃其被谪东行时集古人诗句以成七绝。初得三百首，复叠和其韵至千余首。集句皆不著姓名，颇多窜易牵就。和韵诸作，更多累句。后附《年谱》一卷，乃其门人王翔所录。当时敕谕及循所进诗颂，俱载入其中，亦非体例也。（卷一七五·集部·别集类存目二，第1554页）

267.吉安·泰和【明】曾鹤龄（1383—1441）：《松臞集》二十八卷江西巡抚采进本

明曾鹤龄撰。鹤龄字延年，一字延之，泰和人，永乐辛丑进士第一，官至侍讲学士。诗多牵率之作，命意不深，而措词结局，往往为韵所窘，殆非所擅长。文则说理明畅，次序有法，大抵规橅欧阳，颇近王直《抑庵集》，而沉著则不及也。直为作墓志，于其文章亦无所称誉云。（卷一七五·集部·别集类存目二，第1554页）

268.吉安·泰和【明】萧镃（1393—1464）：《尚约居士集》无卷数江西巡抚采进本

明萧镃撰。镃字孟勤，泰和人，宣德丁未进士，官至户部尚书、文渊阁大学士，兼翰林院学士，事迹附见《明史·陈循传》。案镃为萧鹏举之子，鹏举学诗于刘崧，镃不坠其家法。史称其学问该博，文章尔雅。其门人邱濬序，称其文正大光明，不为浮诞奇崛。盖洪、宣间台阁之体大率如是也。（卷

一七五·集部·别集类存目二，第1556页）

269.吉安·泰和【明】陈宜:《静轩集》十三卷浙江汪汝瑮家藏本

明陈宜撰。宜字公宜，静轩其号也，泰和人，正统壬戌进士，官至兵部侍郎。路璧所作宜小传，称有《金台集》、《金陵集》、《滇南集》、《金台晚集》存于家。此本其季子佩所编录累朝诰敕、家谱、序与搢绅投赠之作，共为七卷，冠于前，并以为佩而作者附载卷内。自第八卷以后，始为宜所著诗文。编次殊无体例。（卷一七五·集部·别集类存目二，第1557页）

270.吉安·泰和【明】刘鸿:《七星诗文存》十二卷江西巡抚采进本

明刘鸿撰。鸿字云表，泰和人。以居七星坳，自号七星居士。成化丁酉举人。屡上公车不第，遂放游山水以终。是集为泰和知县区时行所编。前有正德五年罗钦顺序。其文风格疏畅，多自抒抑塞磊落之怀。诗则率意而成，兴寄颇浅。五言绝句中《西州词》第一首，乃全录《西州》古词四句，殊不可解。疑或手书是诗，其后人不考而误收也。（卷一七五·集部·别集类存目二，第1562页）

271.吉安·泰和【明】刘魁:《省愆稿》五卷江西巡抚采进本

明刘魁撰。魁字焕吾，泰和人。正德丁卯举人，官至工部员外郎。嘉靖初，疏谏雷坛工作太急，忤旨廷杖，与杨爵、周怡同长系镇抚司狱。久之，释归而卒。隆庆初，赠太常寺少卿，事迹具《明史》本传。所著有《晴川集》、《仁恩录》，今皆不传。此编乃其诗集，其六世族孙承琦所编，与黄淮《省愆集》同名，盖亦狱中作也。魁少从王守仁游，讲良知之学，登朝以气节著，吟咏非所注意，大抵皆一时遣兴之作而已。（卷一七六·集部·别集类存目三，第1571页）

272.吉安·泰和【明】欧阳铎（1487—1544）:《欧阳恭简集》二十二卷浙江巡抚采进本

明欧阳铎撰。铎字崇道，泰和人。正德戊辰进士，官至吏部右侍郎，谥恭简。事迹具《明史》本传。史称铎清介自持，内行修饬，尝知延平，毁淫祠百十所，以其材葺学宫坛庙。今考集中《延平改建山川坛记》，具载其事，与史相符。集中又有《上严嵩书》，然只叙述荣遇，而无一字及其相业，犹异于称功颂德之流。其文娟秀自喜，而边幅颇狭，诗多近体，又逊于文。（卷一七六·集部·别集类存目三，第1572页）

273.吉安·泰和【明】欧阳德（1496—1554）:《欧阳南野集》三十卷江苏巡抚采进本

明欧阳德撰。德字崇一，泰和人。嘉靖癸未进士，官至礼部尚书，卒谥文庄。事迹具《明史·儒林传》。是集为其门人王宗沐所编，凡《内集》十卷，皆讲学之文；《外集》六卷，皆应制及章奏、案牍之文；《别集》十四卷，则应俗之诗文也。德之学，宗法姚江，故惟以提唱良知者为内，而余则外之、别之云。（卷一七七·集部·别集类存目四，第1580页）

274.吉安·泰和【明】欧阳德:《南野文选》四卷江西巡抚采进本

明欧阳德撰。此本为隆庆中，其门人冯惟讷等所编。于全集仅十分取一，然德在朝著述，如建储、灾异诸疏，皆能言人所不能言，而是编不载，则惟讷等所录皆讲学之文故也，是可以观明儒之所尚矣。（卷一七七·集部·别集类存目四，第1580页）

275.吉安·泰和【明】陈昌积:《陈两湖集》三十四卷江西巡抚采进本

明陈昌积撰。昌积号两湖，泰和人。嘉靖戊戌进士，官至尚宝司少卿，兼翰林院学士。尝手删其文为《龙津稿》，后其子文扬、文振又益以古今体诗，合为此集。其诗文悉才调富有，而驰骤自喜，细大不捐。（卷一七七·集部·别集类存目四，第1591页）

276.吉安·泰和【明】陈昌积:《松风轩藏稿》八卷江西巡抚采进本

明陈昌积撰。此集《千顷堂书目》不著录，盖其初刻未定之本也。（卷一七七·集部·别集类存目四，第1591页）

277.吉安·泰和【明】杨载鸣:《大拙堂集》九卷浙江巡抚采进本

明杨载鸣撰。载鸣字虚卿，泰和人。嘉靖戊戌进士，官至通政使。是集前六卷为杂文，后二卷为诗，末一卷为杂著，载鸣为杨士奇之裔。士奇，泰

和人。嘉靖戊戌《题名碑录》亦作泰和人，而卷首称庐陵杨载鸣，盖署古郡名也。（卷一七七·集部·别集类存目四，第1592页）

278.吉安·泰和【清】梁机（1678—？）:《三华集》四卷兵部侍郎纪昀家藏本

国朝梁机撰。机字仙来，泰和人，康熙癸巳进士。是集机所自编，分四子部：一曰《入洛志胜》，多题咏古迹之作；一曰《燕云诗钞》，随侍其父宦游京邸之作，皆王士祯选定；一曰《征草》，则乾隆元年荐举博学鸿词，召试入都之作；一曰《还草》，则试不入格，归途之作也。（卷一八四·集部·别集类存目一一，第1671页）

279.吉安·泰和【清】萧伯升:《萧氏世集》无卷数山东巡抚采进本

国朝萧伯升编。伯升字孟昉，泰和人。是集皆录其先世诗文，曰《正固先生集》，诗文各一卷，萧岐撰。岐字尚仁，洪武初以贤良征，授潭府左长史，改平凉训导。自颜其斋曰“正固”。一曰《坦行自志》，岐子遵撰。遵字用道，号坦行，以明经荐，授靖江王府长史。永乐间谪宣府鹞儿岭巡检，有《仕学斋集》，散佚不存。独存其自志所载陈靖江王八启及《四门箴》一篇。曰《雪崖诗集》，萧晅撰。晅字仰善，号雪崖。宣德丁未进士，官南京礼部尚书。前有伯升自序，称与吏部郎中萧士玮《春浮园集》并士玮弟士琦《陶庵杂记》、《牍隽》诸书同时合刻，为《萧氏世集》。今士玮、士琦之书各有别本，而此帙之内均不载，未知何故也。（卷一九四·集部·总集类存目四，第1767页）

280.吉安·泰和【清】萧士琦:《牍隽》四卷兵部侍郎纪昀家藏本

国朝萧士琦撰。士琦字季公，泰和人，前明贡生。是编选自汉至宋尺牍，分三十二门。卷首有其子伯升所记缘起，大旨主于清省。故所录往往摘一二语，非其全文。又如“龚使者告隗炤妻”一条，原非尺牍，而亦载之，殊不可解也。（卷一九四·集部·总集类存目四，第1767页）

281.吉安·泰和【清】王愈扩、王愈融:《瑞竹亭合稿》四卷江西巡抚采进本

国朝王愈扩及其弟王愈融撰。愈扩字若先，泰和人，康熙庚戌进士。

俞融字侣新，终于诸生。兄弟俱从魏禧游。俞扩文长于论古，颇能曲折如意。盖其师授如是也。俞融笔力稍弱，风骨尚未老成，较亚于其兄。是集初刻毁于兵。后俞融子元坤得旧本于建昌布衣梁份所，又手录而重刊之。（卷一九四·集部·总集类存目四，第1772页）

282.吉安·万安【明】朱衡（1512—1584）：《道南源委录》十二卷浙江巡抚采进本

明朱衡撰。衡字士南，万安人，嘉靖壬辰进士，官至工部尚书，兼副都御史，总理河漕，事迹具《明史》本传。此书乃其视学闽中时，录道南源委以示诸生。托始于杨时，附以游酢、王蘋。凡闽士之沿波而起者则载焉。明代惟录陈真晟、周瑛、黄仲昭、蔡清四人。盖时代既近，其余尚未论定云。（卷六一·史部·传记类存目三，第554页）

283.吉安·万安【明】萧自开:《奕世文集》十六卷两江总督采进本

明萧自开编。自开，万安人。由荫生官詹事府主簿。是编辑其先世文集五种。凡《二休居士集》一卷，萧缵撰。《石岩山房集》四卷，萧乾元撰。《小石集》二卷，萧旸撰。《修业堂集》五卷，萧廪撰。《复庵集》四卷，萧中行撰。每集之后，各附以志铭传赞之属。缵字昌绪，成化癸卯举人，官潜江县知县。乾元字必充，宏①治己未进士，官云南金腾兵备副使。旸字惟宾，嘉靖壬午举人，官零陵县知县。廪字可发，号兑嵎，嘉靖乙丑进士，官兵部右侍郎。中行字复庵，太学生，即自开父也。（卷一九三·集部·总集类存目三，第1760页）

284.吉安·永丰【宋】欧阳修（1007—1072）：《毛诗本义》十六卷两江总督采进本

宋欧阳修撰。是书凡为说一百十有四篇，统解十篇，时世、本末二论，豳、鲁、序三问，而补亡郑谱及诗图总序附于卷末。修文章名一世，而经术亦复湛深。王宏撰《山志》，记嘉靖时欲以修从祀孔子庙，众论靡定。世宗谕大学士杨一清曰："朕阅《书·武成》篇，有引用欧阳修语，岂得谓修于《六经》无羽翼，于圣门无功乎？"一清对以"修之论说见于《武成》，盖仅有

① "宏"当为"弘"，避讳清高宗弘历。

者耳。其从祀一节，未敢轻议”云云。盖均不知修有此书也。自唐以来，说《诗》者莫敢议毛、郑。虽老师宿儒，亦谨守《小序》。至宋而新义日增，旧说俱废。推原所始，实发于修。然修之言曰：“后之学者，因迹先世之所传而较得失，或有之矣。使徒抱焚余残脱之经，伥伥于去圣人千百年后，不见先儒中间之说，而欲特立一家之学者，果有能哉？吾未之信也。”又曰：“先儒于经不能无失，而所得固已多矣。尽其说而理有不通，然后以论正之。”是修作是书，本出于和气平心，以意逆志。故其立论未尝轻议二家，而亦不曲徇二家。其所训释，往往得诗人之本志。后之学者，或务立新奇，自矜神解。至于王柏之流，乃并疑及圣经，使《周南》、《召南》俱遭删窜。则变本加厉之过，固不得以滥觞之始归咎于修矣。林光朝《艾轩集》有《与赵子直书》曰：“《诗本义》初得之如洗肠，读之三岁，觉有未稳处。大率欧阳、二苏及刘贡父谈经多如此。”又一书驳《本义》《关雎》、《樛木》、《兔罝》、《麟趾》诸解，辨难甚力。盖文士之说《诗》，多求其意。讲学者之说《诗》，则务绳以理，互相掊击，其势则然，然不必尽为定论也。（卷一五·经部·诗类一，第121页）

285.吉安·永丰【宋】欧阳修（伪托）：《左传节文》十五卷兵部侍郎纪昀家藏本

旧本题“宋欧阳修编”，明万历中刊版也。取《左传》之文略为删削。每篇之首，分标“叙事”、“议论”、“词令”诸目。又标“神品”、“能品”、“真品”、“具品”、“妙品”诸名及“章法”、“句法”、“字法”诸字。前有庆历五年修自序，序中称胡安国《春秋传》及真德秀《文章正宗》，是不足与辨矣。（卷三〇·经部·春秋类存目一，第244页）

286.吉安·永丰【宋】欧阳修：《新唐书》二百二十五卷内府刊本

宋欧阳修、宋祁等奉敕撰。其监修者则曾公亮，故书首《进表》以公亮为首。陈振孙《书录解题》曰：“旧例修书，止署官高一人名衔。欧公曰：‘宋公于我为前辈，且于此书用力久，何可没也？’遂于《纪传》各著之。宋公感其退逊，故书中《列传》题祁名，《本纪》、《表》、《志》题修名。”然考《隋书》诸志，已有此例，实不始于修与祁。又《宋史·吕夏卿传》，称《宰相世系表》夏卿所撰，而书中亦题修名，则仍以官高者为主。特诸史多用一人，此用二人为异耳。是书本以补正刘昫之舛漏，自称事增于前，文省于旧。刘安世《元城语录》则谓事增文省，正新书之失，而未明其所以然。今即其说而推之，史官记录，具载旧书，今必欲广所未备，势必搜及小说，而至于猥杂。唐代词章，体皆详赡，今必欲减其文句，势必变为涩体，而至于诘屈。安世之言，所谓中其病源者也。若夫《史》、《汉》本纪，多载诏令，古文简质，至多不过数行耳。唐代王言，率崇缛丽，骈四俪六，累牍连篇。宋敏求所辑《唐大诏令》，多至一百三十卷。使尽登《本记》，天下有是史体乎？祁一例刊除，事非得已，过相訾议，未见其然。至于吕夏卿私撰《兵志》，见晁氏《读书志》；宋祁别撰纪志，见王得臣《麈史》。则同局且私心不满。书甫颁行，吴缜《纠谬》即踵之而出。其所攻驳，亦未尝不切中其失。然一代史书，网罗浩博，门分类别，端绪纷拏。出一手则精力难周，出众手则体裁互异。爰从三史以逮八书，牴牾参差，均所不免。不独此书为然。吕宋之书，未知优劣。吴缜所纠，存备考证则可。因是以病新书，则一隅之见矣。（卷四六·史部·正史类二，第410页）

287.吉安·永丰【宋】欧阳修:《新五代史记》七十五卷内府刊本

宋欧阳修撰。本名《新五代史记》。世称《五代史》者，省其文也。唐以后所修诸史，惟是书为私撰，故当时未上于朝。修殁之后，始诏取其书，付国子监开雕，遂至今列为正史。大致褒贬祖《春秋》，故义例谨严；叙述祖《史记》，故文章高简；而事实则不甚经意。诸家攻驳，散见他书者无论。其特勒一编者，如吴缜之《五代史纂误》、杨陆荣之《五代史志疑》，引绳批根，动中要害，虽吹求或过，要不得谓之尽无当也。然则薛史如《左氏》之纪事，本末赅具，而断制多疏。欧史如《公》、《谷》之发例，褒贬分明，而传闻多谬。两家之并立，当如三传之俱存，尊此一书，谓可兼赅五季，是以名之轻重为史之优劣矣。且周官太史掌国之六典，汉法亦天下计书先上太史。史之所职，兼司掌故。八书十志，迁、固相因。作者沿波，递相撰述。使政刑礼乐，沿革分明，皆所谓国之大纪也。修作是书，仅《司天》、《职方》二考，寥寥数页，余概从删，虽曰世衰祚短，文献无征，然王溥《五代会要》搜辑遗编，尚裒然得三十卷，何以经修编录，乃至全付阙如。此由信《史通》之谬谈，刘知几欲废表志，见《史通》《表历》、《书志》二篇成兹偏见。元纂宋、辽、金三《史》，明纂《元史》，国朝纂《明史》，皆仍用旧规，不从修例。岂非以破坏古法，不可以训乎？此书之失，此为最大。若不考韩通之褒赠案：宋太祖褒赠韩通敕，今载《宋文鉴》中，有所讳而不立传者，一节偶疏，诸史类然，不足以为修病也。修之文章，冠冕有宋。此书一笔一削，尤具深心，其有裨于风教者甚大。惟其考证之疏，则有或不尽知者。故具论如右，俾来者有所别白。其注为徐无党作，颇为浅陋，相传已久，今仍并录之焉。（卷四六・史部・正史类二，第411—412页）

288.吉安・永丰【宋】欧阳修:《集古录》十卷通行本

宋欧阳修撰。修有《诗本义》，已著录。古人法书惟重真迹。自梁元帝始集录碑刻之文为《碑英》一百二十卷，见所撰《金楼子》，是为金石文字之祖。今其书不传。曾巩欲作《金石录》而未就，仅制一序存《元丰类稿》中。修始采摭佚遗，积至千卷。撮其大要，各为之说。至嘉祐治平间，修在政府，又各书其卷尾。于是文或小异，盖随时有所窜定也。修自书其后，题嘉祐癸卯。至熙宁二年己酉，修季子棐，复摭其略，别为目录。上距癸卯盖六年，而棐记称录既成之八年，则是录之成当在嘉祐六年辛丑。其真迹跋尾，则多系治平初年所书，亦间有在熙宁初者。知棐之目录，固承修之命而为之也。诸碑跋今皆具修集中。其跋自为书，则自宋方崧卿裒聚真迹，刻于庐陵。曾宏父《石刻铺叙》称有二百四十六跋，陈振孙《书录解题》称有三百五十跋，修子棐所记则曰凡二百九十六跋，修又自云凡四百余篇有跋。近日刻《集古录》者又为之说曰：“世所传集古跋四百余篇，而棐乃谓二百九十六。虽是时修尚无恙，然续跋不应多逾百篇，因疑写本误以三百为二百。”以今考之，则通此十卷，乃正符四百余跋之数。盖以集本与真迹合编，与专据集本者不同。宋时庐陵之刻，今已不传，无从核定，不必以棐记为疑矣。是书原本但随得随录，不复诠次年月。故修之自序曰：“有卷帙而无时世先后，盖其取多而未已也。”近来刻本，乃以时代先后为序，而于每卷之末附列原本卷帙次第。转有年月倒置、更易补正之处，故钱曾《读书敏求记》以为失其初意。然考毛晋跋是书曰：“自序谓上自周穆王以来，则当以吉日癸巳石刻为卷首。毛伯敦三铭是作序目后所得，宜在卷末，即子棐亦未敢妄为诠次。盖周益公未能考订”云云。据此，则周必大时之本已案时世为次，其由来固已久矣。今刻修文集者，但序时代，不复存每卷末之原次，则益

为疏耳。今仍依见行篇次著于录焉。（卷八六・史部・目录类二，第733页）

289.吉安・永丰【宋】欧阳修：《洛阳牡丹记》一卷浙江鲍士恭家藏本

宋欧阳修撰。修有《诗本义》，已著录，是记凡三篇。一曰花品，叙所列凡二十四种。二曰花释名，述花名之所自来。三曰风俗记，首略叙游宴及贡花，余皆接植栽灌之事，文格古雅有法。蔡襄尝书而刻之于家，以拓本遗修。修自为跋，已编入《文忠全集》，此其单行之本也。周必大作《欧集考异》，称当时士大夫家有修《牡丹谱》印本，始列花品，叙及名品，与此卷前两篇颇同。其后则曰叙事、宫禁、贵家、寺观、府署、元白诗、讥鄙、吴蜀、诗集、记异、杂记、本朝、双头花、进花、丁晋公续花谱，凡十六门，万余言。后有梅尧臣跋。其妄尤甚，盖出假托云云。据此，是宋时尚别有一本。《宋史・艺文志》以《牡丹谱》著录而不称《牡丹记》，盖已误承其讹矣。（卷一一五・子部・谱录类，第990—991页）

290.吉安・永丰【宋】欧阳修：《试笔》一卷兵部侍郎纪昀家藏本

旧本题宋欧阳修撰，末有苏辙、苏轼二跋。盖杂集其手书墨迹，录而成编，故往往与《六一诗话》、《归田录》语相出入。考陆游《渭南集》，有为杨元发跋东坡所书《兰亭记》曰：明窗净几，笔研纸墨皆极精良，是人间之至乐，六一居士尝以是为自得云云。今其语正载此编中，似非赝作。惟苏轼一跋，凡猥殊甚，决非轼语，或刊是书者所依托欤？（卷一二七・子部・杂家类存目四，第1093页）

291.吉安・永丰【宋】欧阳修：《归田录》二卷兵部侍郎纪昀家藏本

宋欧阳修撰。多记朝廷轶事及士大夫谈谐之言。自序谓以唐李肇《国史补》为法，而小异于肇者，不书人之过恶。陈氏《书录解题》曰：或言公为此录未成，而序先出，裕陵索之。其中本载时事及所经历见闻，不敢以进，旋为此本，而初本竟不复出。王明清《挥麈三录》则曰：欧阳公《归田录》初成未出，而序先传，神宗见之，遽命中使宣取。时公已致仕在颍州，因其间所记有未欲广布者，因尽删去之。又恶其太少，则杂记戏笑不急之事，以充满其卷帙。既缮写进入，而旧本亦不敢存。二说小异。周煇《清波杂志》

所记，与明清之说同。惟云原本亦尝出，与明清说又不合。大抵初稿为一本，宣进者又一本，实有此事。其旋为之说与删除之说，则传闻异词耳。惟修归颍上在神宗时，而录中称仁宗立今上为皇子，则似英宗时语。或平时札记，归田后乃排纂成之，偶忘追改欤？其中“不试而知制诰”一条，称宋惟杨亿、陈尧叟及修三人。费衮《梁溪漫志》举真宗至道三年四月以梁周翰夙负词名，令加奖擢，亦不试而知制诰，实在杨亿之前，纠修误记。是偶然疏舛，亦所不免。然大致可资考据，亦《国史补》之亚也。（卷一四〇·子部·小说家类一，第1190页）

292.吉安·永丰【宋】欧阳修:《文忠集》一百五十三卷、《附录》五卷
江西巡抚采进本

宋欧阳修撰。修有《诗本义》，已著录。案《宋史·艺文志》载修所著《文集》五十卷、《别集》二十卷、《六一集》七卷、《奏议》十八卷、《内外制集》十一卷、《从谏集》八卷。诸集之中，惟《居士集》为修晚年所自编。其余皆出后人裒辑。各自流传，如衢州刻《奏议》，韶州刻《从谏集》，浙西刻《四六集》之类。又有庐陵本、京师旧本、绵州本、宣和吉本、苏州本、闽本诸名，分合不一。陈振孙《书录解题》谓修集遍行海内，而无善本，盖以是也。此本为周必大所编定。自《居士集》至《书简集》，凡分十种。前有必大所作序。陈振孙以为益公解相印归，用诸本编校，刊之家塾。其子纶又以所得欧阳氏传家本、欧阳棐所编次者，属益公旧客曾三异校正，益完善无遗恨。然必大原序又称：“郡人孙谦益、承直郎丁朝佐遍搜旧本，与乡贡进士曾三异等互相编校，起绍熙辛亥，迄庆元庚辰。”据此，则是书非三异独校，亦非必大自辑。与振孙所言俱不合。检书中旧存编校人姓名，有题绍熙三年十月丁朝佐编次、孙谦益校正者，有题绍熙五年十月孙谦益、王伯刍校正者，又有题郡人罗泌校正者，亦无曾三异之名。惟卷末考异中多有云“公家定本作某者”，似即周纶所得之欧阳氏本。疑此书编次义例，本出必大。特意存让善，故序中不自居其名。而振孙所云纶得欧阳氏本付三异校正者，乃在朝佐等校定之后添入刊行，故序亦未之及欤？其书以诸本参校同异。见于所纪者曰《文纂》、曰《薛齐谊编年庆历文粹》、曰《熙宁时文》、曰《文海》、曰《文薮》、曰《京本英辞类稿》、曰《缄启新范》、曰《仕途必用》、曰《京师名贤简启》，皆广为搜讨。一字一句，必加考核。又有两本重见而删其复出者，如《濮王典礼奏》之类。有他本所无而旁采附入者，如《诗解》、《统序》之类。有别本所载而据理不取者，如钱缪等传之类。其鉴别亦最为详允。观楼钥《攻媿集》有濮议跋，称庐陵所刊《文忠集》，列于一百二十卷以后，首尾俱同。又第四卷《札子》注云："是岁十月撰，不曾进呈。"检勘所云，即指此本。以钥之博洽，而必引以为据，则其编订精密，亦概可见矣。（卷一五三·集部·别集类六，第1323—1324页）

293.吉安·永丰【宋】欧阳修:《居士集》五十卷内府藏本

宋欧阳修撰。前列苏轼序及《年谱》。旧本每卷有熙宁五年子发等编次数字。而轼序谓得于其子棐，乃次而论之。盖序作于元祐六年，时发已卒，故序中不及耳。庆元中周必大编次修集，自《居士集》外，有《外集》等九种，通一百五十三卷。此编仅三之一，然出自修所手辑。《文献通考》引叶梦得之言曰："欧阳文忠公晚年取平生所为文，自为编次。今所谓《居士集》者，往往一篇阅至数十过，有累日去取未决者。"则其选择为最审矣。此本又取淳熙间孙益谦所校重镌，卷末列诸本字句异同，极为详核。又一本为明代朝鲜所刊，校正亦极精审。以周必大所编《文忠集》已全部收入，无庸复录，故今惟存其目焉。（卷一七四·集部·别集类存目一，第1536页）

294.吉安·永丰【宋】欧阳修:《六一诗话》一卷江苏巡抚采进本

宋欧阳修撰。修有《诗本义》，已著录。是书前有自题一行，称退居汝阴时集之，以资闲谈。盖熙宁四年致仕以后所作。越一岁而修卒，其晚年最后之笔也。陈师道《后山诗话》谓修不喜杜甫诗，叶梦得《石林诗话》谓修力矫西昆体。而此编载"论蔡都尉诗"一条，"刘子仪诗"一条，殊不尽然。毛晋后跋所辨，亦公论也。其中如"风暖鸟声碎，日高花影重"一联，今见杜荀鹤《唐风集》，而修乃作周朴诗。魏泰作《临汉隐居诗话》，诋其谬误。然考宋吴聿《观林诗话》曰："杜荀鹤诗句鄙恶，世所传《唐风集》首篇'风暖鸟声碎，日高花影重'者，余甚疑不类荀鹤语。他日观唐人小说，见此诗乃周朴所作，而欧阳文忠公亦云尔。盖借此引编以行于世矣"云云。然则此诗一作周朴，实有根据，修不误也。惟九僧之名，顿遗其八，司马光《续诗

话》乃为补之，是则记忆偶疏耳。（卷一九五·集部·诗文评类一，第1781页）

295.吉安·永丰【宋】欧阳修：《六一词》一卷江苏巡抚采进本

宋欧阳修撰。修有《诗本义》，已著录。其词陈振孙《书录解题》作一卷。此为毛晋所刻，亦止一卷，而于总目中注“原本三卷”。盖庐陵旧刻，兼载《乐语》，分为三卷。晋删去《乐语》，仍并为一卷也。曾慥《乐府雅词序》有云：“欧公一代儒宗，风流自命，词章窈眇，世所矜式。乃小人或作艳曲，谬为公词。”蔡絛《西清诗话》云：“欧阳修之浅近者，谓是刘煇伪作。”《名臣录》亦云：“修知贡举，为下第举子刘煇等所忌，以《醉蓬莱》、《望江南》诬之。”则修词中已杂他人之作。又元丰中崔公度《跋冯延巳阳春录》，谓“其间有误入六一词者”，则修词又或窜入他集。盖在宋时已无定本矣。晋此刻亦多所厘正，然诸选本中有梅尧臣《少年游》“阑干十二独凭春”一首，吴曾《能改斋漫录》独引为修词，且云不惟圣俞、君复二词不及，虽求诸唐人温李集中，殆难与之为一。则尧臣当别有词，此词断当属修。晋未收此词，尚不能无所阙漏。又如《越溪春》结语“沈麝不烧金鸭，玲珑月照梨花”，系六字二句。集内尚沿坊本误“玲”为“冷”、“珑”为“笼”，遂以七字为句。是校雠亦未尽无讹。然终较他刻为稍善，故今从其本焉。（卷一九八·集部·词曲类一，第1808页）

296.吉安·永丰【宋】欧阳忞：《舆地广记》三十八卷浙江鲍士恭家藏本

宋欧阳忞撰。晁公武《读书志》谓实无其人，乃著书者所假托。陈振孙《书录解题》则以为其书成于政和中，忞，欧阳修从孙，以行名皆连“心”字为据。按此书非触时忌，何必隐名？疑振孙之说为是。然修庐陵人，而此本有忞自序，乃自称广陵。岂广、庐字形相近，传写致讹欤？其书前四卷，先叙历代疆域，提其纲要。五卷以后，乃列宋郡县名，体例特为清析。其前代州邑宋不能有，如燕云十六州之类者，亦附各道之末，名之曰化外州，亦足资考证。虽其时土宇狭隘，不足括舆地之全，而端委详明，较易寻览，亦舆记中之佳本也。（卷六八·史部·地理类一，第596页）

297.吉安·永丰【宋】罗公升:《罗沧洲集》五卷编修励守谦家藏本

旧本题宋罗公升撰。案厉鹗《宋诗纪事》载公升字时翁，永丰人。大父开礼，从文天祥勤王，兵败被执，不食死。公升以军功授本邑尉，北游图恢复，不果。有《沧洲先生集》云云。其文不甚了了。天祥既败，所谓军功者何功，所谓本邑尉者何人所授？且宋亡之后，孑然一匹夫，何以北上图恢复？皆于事理不甚近。毋乃据地志、家乘之文，疑以传疑乎？此本有曹溶名字二印，盖其所藏，题曰“宋礼部侍郎邓中斋中甫批点，明翰林国史修撰七世孙伦校正”。首载赋一篇。以下各体分编，而每体之中分《无名集》、《还山稿》、《抗尘集》、《痴业集》、《北行卷》五名，各为标题。其体例既为繁碎。而以绝句居律诗前，律诗居古体前，亦颇为倒置。意者其初五集自为卷帙，其后人以体分之，故杂乱如是耶？第二卷之首有《皇帝阁春帖子》二首、《端午帖子》一首、《皇后阁春帖子》一首、《夫人阁春帖子》一首、《端午帖子》一首。考帖子词为翰林学士之职，公升一县尉，何由得有此作？且其祖既于宋末殉节，则其孙必不及南宋承平之盛，而其词乃皆治世之音，殊为可疑。又第一卷末有《得家问》二首，一曰“乍喜平安报，俄增放逐愁”，又曰“东风严濑水，不是冷扁舟”，公升未放逐严州也；一曰“万里平泉梦，惟怜创业难”，又曰“长平门下客，知复几任安”，公升亦非故将相也；又皆与其生平不合。至于《燕城》《俗吏》诸作，词气鄙俚，如出二手，殆其子孙所为，以装点其忠义者，盖窜乱失真。其为果出公升与否，殊在影响之间矣。（卷一七四·集部·别集类存目一，第1544页）

298.吉安·永丰【元】陈雅言（1318—1385）:《书义卓跃》六卷浙江范懋柱家天一阁藏本

旧本题“庐陵陈雅言撰”。案《经义考》载邹缉所作《墓表》称雅言永丰人。庐陵盖举其郡名。又卷首彭勖序称“乡先生雅言陈公”，似乎雅言其字也。旧本又作元人。考黄虞稷《千顷堂书目》称其洪武中荐举不起，后领永丰教事以终。《墓表》称其著述多所发明，有《四书一览》、《大学管窥》、《中庸类编》、《书义卓跃》行于世。今其他书未见，此书则殊无可观。盖元代以经义取士，遂有拟题之书，以便剽窃。此书盖亦其一。故每段必以“此题”二字冠首。所论亦皆作文之法，于经旨无所发明。杨士奇跋亦称其专为科举设云。（卷一三·经部·书类存目一，第108页）

299.吉安·永丰【元】刘鹗（1290—1364）：《惟实集》四卷、《外集》一卷江西巡抚采进本

元刘鹗撰。鹗字楚奇，永丰人。皇庆间以荐授扬州学录。累官江州总管、江西行省参政。守韶州，以赣寇围城，力御不支，被执，抗节死。其事甚烈。明初修《元史》，失于采录，不为立传，并佚其名。近邵远平作《元史类编》，始为补入《忠义传》。然亦仅及其死节一事。其生平行履则已不可考矣。集为其子遂、述所编，初名《鹭溪文献》。其称《惟实集》者，盖本其祖训以诗道贵实之语也。鹗尝官翰林修撰，与虞集、欧阳玄、揭傒斯等游。所居浮云书院，诸人皆有题咏。玄为序其文集，称其诗六体皆善。傒斯序亦谓其高处在陶、阮之间。虽友朋推挹之词，例必稍过其量。然今观其集，大都落落不群，无米盐龌龊之气，可以想见其生平。二人所许，亦不尽出标榜也。且鹗身捍封疆，慷慨殉国，千秋万世，精贯三光。即其文稍不入格，亦当以其人重之。况体裁高秀，风骨清遒，实有卓然可传者乎！《外集》二卷，皆前人序记、挽诗，乃其裔孙于廷等所重辑。今仍附之集末，以补史传之阙漏焉。（卷一六七·集部·别集类二〇，第1439页）

300.吉安·永丰【明】彭勖（1390—1453）：《书传通释》六卷浙江吴玉墀家藏本

明彭勖撰。勖字祖期，永丰人。永乐乙未进士。官至山东按察司副使。事迹具《明史》本传。其书卷首备列《四代谱系图》，及《定时成岁》、《七政五辰》、《璿玑玉衡》、《河洛九畴》、《声音律吕》、《五服九州》等图。编内于蔡传之下摘录诸儒旧说，间于篇题之后，加以案语，总论一篇大旨，率皆陈因之谈。观其《自叙》，盖节录永乐中《书经大全》为之。考陆容《菽园杂记》曰“正统初，南畿提学彭御史勖，尝以永乐间纂修《四书五经大全》讨论欠精，诸儒之说有与《集注》背驰者，当删正自为一书，欲缮写以献。或以《大全序》出自御制而止”云云，则勖于《四书五经大全》均有删定之本，此特其一种耳。夫《大全》之谬在于偏主一家之说，荒弃古来之经义。勖更以其偏主为未坚，必锄尽异同而后已，门户之见尤为深固。史称勖官建宁教授时，疏请春秋祭朱子，蠲其子孙徭役。又刱尊贤堂祀胡安国、蔡沈、真德秀。盖尊信至深，所以欲尽废汉唐旧诂云。（卷一三·经部·书类存目一，第108页）

301.吉安·永丰【明】郭汝霖（1510—1580）：《使琉球录》二卷浙江巡抚采进本

明郭世霖撰。据《浙江遗书目录》称，世霖，永丰人，官吏科给事中。而《类姓登科考》载，嘉靖癸丑进士郭汝霖，永丰人，官至南京太仆寺卿。当即其人，特讹“世”为“汝”耳。万历中，萧崇业《使琉球录》，称陈侃、郭世霖二《录》，其明证也。初，嘉靖十一年，命吏科左给事中陈侃、行人高澄册封中山王尚清。侃述其事为《琉球录》，自为之序。至嘉靖三十七年，又遣世霖与行人司行人李际春册封中山王尚元。世霖因取侃旧本，缀续成编。所言大略与《明史·琉球传》合。惟每条列原录于前，而附所续于后，皆以“霖按”二字冠之。似乎考订旧闻，实则铺叙新事，于体例殊未协也。（卷五三·史部·杂史类存目二，第484页）

302.吉安·永丰【明】郭汝霖:《石泉山房集》十卷江西巡抚采进本

明郭汝霖撰。汝霖字时望，号一厓，永丰人。嘉靖癸丑进士，官至南京太常寺卿。汝霖从邹守益、欧阳德诸人讲学，故其议论与罗汝芳一派相近。古诗颇规模陈子昂、李白诸人，得其形似，近体则又次焉。（卷一七八·集部·别集类存目五，第1600页）

303.吉安·永丰【明】聂豹（1487—1563）：《困辨录》八卷浙江巡抚采进本

明聂豹撰。豹字文蔚，永丰人。正德丁丑进士，官至兵部尚书，谥贞襄。事迹具《明史》本传。豹之学出于姚江。是编乃其嘉靖丁未系诏狱时所札记，分辨中、辨易、辨心、辨素、辨过、辨仁、辨神、辨诚八类。罗洪先为之批注。（卷九六·子部·儒家类存目二，第811页）

304.吉安·永丰【明】聂豹:《双江文集》十四卷江西巡抚采进本

明聂豹撰。豹有《困辨录》，已著录。是集乃其侄礼部郎中静所编。第一卷至第十一卷皆文，第十二卷为诗，第十三卷又为寿文、杂著，而注曰“即《困辨录》”。疑静所编本十二卷，其后人又摭寿文及《困辨录》附见其后也。（卷一七六·集部·别集类存目三，第1576页）

305.吉安·永丰【明】罗伦（1431—1478）：《一峰集》十卷浙江汪汝瑮家藏本

明罗伦撰。伦字彝正，别号一峰，江西永丰人。成化丙戌进士第一，授修撰。释褐甫三月，以疏劾大学士李贤，谪泉州市舶副提举。明年诏还，复原官，改南京供职。寻以疾辞归，退居金牛山，授徒讲学以终。事迹具《明史》本传。伦与陈献章称石交，然献章以超悟为宗，而伦笃守宋儒之途辙，所学则殊。《明儒学案》云："伦刚介绝俗，生平不作合同之语，不为软巽之行。冻馁几于死亡，而无足以动其中，庶可谓之无欲。"今览其文，刚毅之气，形于楮墨。诗亦磊砢不凡，虽执义过坚，时或失于迂阔。又喜排叠先儒传注成语，少淘汰之功，或失于繁冗。然亦多心得之言，非外强中干者比也。后载《梦稿》二卷，记梦之词至三百余首，隐约幻渺，几莫测其用意所在，亦文集中罕见之体。以其人足重，故得附本集以传，今亦姑仍旧本录之焉。（卷一七一·集部·别集类二四，第1491页）

306.吉安·永丰【明】曾棨（1372—1432）：《西墅集》十卷浙江朱彝尊家曝书亭藏本

明曾棨撰。棨字子棨，永丰人，永乐甲申进士第一，官至少詹事。棨文章捷敏，信笔千百言立就。刘昌《悬笥琐探》称成祖尝御试《天马歌》，棨文先成，词旨浏亮，成祖赐以玛瑙带，其思速可见。然集中一题百首，往往才气用事，而按切肌理，不耐推敲，是亦速成之过也。此本乃万历中永丰知县德清吴期炤所选录，虽颇为简汰，而菁华终鲜。郑瑗《井观琐言》曰："曾子棨诗，佳处不减昆体。"曹安《谰言长语》亦曰："曾学士棨《巢睫集》，绝似唐人。"殆未确焉。（卷一七五·集部·别集类存目二，第1553页）

307.吉安·永丰【明】钟复（1399—1443）：《云川文集》六卷、附《恭愍遗文》一卷江西巡抚采进本

明钟复撰。复字彦彰，云川其号也，永丰人，宣德癸丑进士，官至翰林院侍讲。其诗文不出当时台阁之体。末附其子同遗文四篇，一曰《直言安国疏》，二曰《送叔祖士杰之任序》，三曰《送伯氏世桢南归序》，四曰《友兰轩诗跋》。同，字世京，号待时，景泰辛未进士，官至贵州道监察御史，以疏争建储下诏狱。一时献媚求荣者，欲借以倾动英宗，锻炼炮烙，备极惨毒。而同义不负故主，卒无一语连南内，竟拷毙于狱。天下悲之。事迹具《明

史》本传。卷末又附墓志一篇，章纶为撰文，廖庄为书丹，皆与同时建言受祸，幸而未死者也。志称同在狱所作诗文稿，纶藏于枕畔，为狱卒窃去，故所存止此。忠臣著作，理宜甄录。以寥寥不成卷帙，故附存其目于此，示表章焉。（卷一七五·集部·别集类存目二，第1556页）

308.吉安·永丰【明】宋仪望（1514—1578）：《华阳馆文集》十七卷、《续集》二卷江西巡抚采进本

明宋仪望撰。仪望字望之，永丰人。嘉靖丁未进士，授吴县知县，征拜御史。以劾胡宗宪、阮鹗忤严嵩，贬夷陵州判。嵩败，擢霸州兵备佥事，后官至大理寺卿。卒以忤张居正被劾归。事迹具《明史》本传。仪望少师聂豹，故其学以王守仁为宗。集中如刻《阳明文集》、《文粹》等“序”，足以见其大旨。其《从祀或问》亦即为守仁配享事作，故史称“守仁从祀，仪望有力焉”。其集凡文十二卷，诗五卷。续集第一卷，题曰《内篇》，即《从祀或问》；第二卷，则其督学福建时训饬士子条规。其文本名《华阳馆集》，其诗则别名《河东集》，此本合为一编，总题曰《华阳馆文集》，殆其后人所并欤？（卷一七七·集部·别集类存目四，第1596页）

309.吉安·永丰【明】宋仪望:《华阳文集》十二卷浙江汪汝瑮家藏本

明宋仪望撰。《千顷堂书目》载，《华阳馆文集》十二卷，又诗集十四卷。此集皆其杂文，卷数亦相合，盖犹仪望之原本。惟许宗鲁、张献翼诸人所作诗集序，皆附录集末，未喻何故。或装辑者误欤？然重编之本，仅有诗五卷，则十四卷之本久佚矣。又疑以诸序无所附丽，故缀之文集末也。（卷一七七·集部·别集类存目四，第1596页）

310.吉安·永丰【明】程士鲲:《云樵文集》八卷江西巡抚采进本

明程士鲲撰。士鲲字天修，号“云山樵叟”，永丰人。崇祯癸未副榜，官至乐平府推官。是集杂文二百余篇，所纪物产珍异之类，体或同于稗官，其编次体例亦颇无绪。（卷一八〇·集部·别集类存目七，第1630页）

311.吉安·永丰【清】陈图:《周易起元》十八卷江西巡抚采进本

国朝陈图撰。图字寄岩，永丰人。是书以太极、先天、河、洛诸图合而演之，支离曼衍，不可究诘。如周子《太极图》以无极作一空圈，此则变为一纯黑圈形，以为阳含于阴。至于《太极图》乃为半黑半白圈，是先生阴而后生阳，非太极生阴阳也。又以名山大川分配六十四卦之阴阳，尤为牵合。昔林至《水村易镜》以卦配星，以为仰观天文。此更以卦配地，以为俯察地理。此非惟圣人作《易》，虑不及此。即邵子、周子传陈抟之图，岂料其末流至此耶？其诠释经文，每句皆随意叶韵，如《象传》"天行健，君子以自强不息"，则以"天行"为一句，"健"为一句，"君子以自强"为一句，"不息"为一句，而注曰"行叶杭，息叶襄"。《坤卦》初爻则注曰："六叶翕，至叶室"，殆不知其何据。他如"云行雨施"、"飞龙在天"之类，必破为二字一句，虽嫌烦碎，理尚可通。至于《乾卦》三爻以"君子终日"为一句，"乾乾夕惕"为一句，"若厉"为一句，"无咎"为一句，则"君子终日"四字，不知是何文义矣。又经文之中多间以图，其图皆奇形怪状。如《文言传》"见龙在田"节下，附一物欲所蔽图，作纯黑壶卢形。上段分布五小白圈，中书"人欲一萌，血自攻心"云云四言诗十二句。下段则书"欲海茫茫不计深，其中灼灼产黄金"云云七言诗八句。左右注"致知格物"四字。下注云："此亦黑体用阴文。"其图大抵皆类此，真不知意欲何为也。（卷九·经部·易类存目三，第72—73页）

312.吉安·永丰【清】聂芳声:《丰阳人文纪略》十卷江西巡抚采进本

国朝聂芳声编。芳声字晦之，永丰人。是编裒其邑人之文，自宋至明，分类编辑。然宋、元不过十人，余皆明人之作也。（卷一九四·集部·总集类存目四，第1777页）

313.吉安·井冈山【明】龙遇奇:《圣学启关臆说》三卷浙江巡抚采进本

明龙遇奇撰。遇奇字才卿，号紫海，吉安人。万历辛丑进士，官至监察御史。是编乃其巡按陕西时与诸生讲学之语。分为八关，一曰迷悟，二曰浓淡，三曰剥复，四曰穷达，五曰死生，六曰圣凡，七曰内外安勉，八曰门户异同。又于八关之中别为子目，杂引诸儒语录以证之。虽众说兼陈，而大旨则姚江一派也。（卷九六·子部·儒家类存目二，第817页）

本书系江西省高校人文社会科学重点研究基地江西科技师范大学数字化社会与地方文化发展研究中心2016年度项目『四库江西文化资源调查与数字化资源开发』（项目批准号：JD16069）主要成果，2019年度校著作出版资助基金与文学院、历史文化学院学科建设经费资助

經史子集

四库江右先贤著作题录

下册

何发甦　王桃英　编著

江西人民出版社
Jiangxi People's Publishing House
全国百佳出版社

| 赣州 |

四库著录赣州先贤25人，著作32种，其中唐代1种，宋代6种，元代1种，明代16种，清代8种。

（一）四库赣州先贤著作简目

1.赣州 【明】池本理：《禽星易见》一卷浙江范懋柱家天一阁藏本（卷一〇九·子部·术数类二，第930—931页）

2.赣州 【清】刘宗魏：《历代帝系年号》二十卷江西巡抚采进本（卷八三·史部·政书类存目一，第720页）

3.赣州·瑞金 【明】杨以任（1600—1634）：《读史集》四卷江苏周厚堉家藏本（卷六五·史部·史钞类存目，第581页）

4.赣州·瑞金 【清】杨兆嶦：《钝斋文钞》七卷江西巡抚采进本（卷一八四·集部·别集类存目一一，第1666页）

5.赣州·瑞金 【清】杨长世（1606—1692）：《杨氏五家文钞》十二卷江西巡抚采进本（卷一九四·集部·总集类存目四，第1770页）

6.赣州·赣县 【宋】曾几（1085—1166）：《茶山集》八卷永乐大典本（卷一五八·集部·别集类一一，第1359页）

7.赣州·赣县 【明】谢诏：《天启赣州府志》二十卷两淮盐政采进本（卷七四·史部·地理类存目三，第645页）

8.赣州·赣县 【明】郭以隆：《南溪书院志》四卷两淮盐政采进本（卷七七·史部·地理类存目六，第669页）

9.赣州·大余 【明】刘节（1476—1555）：《春秋列传》五卷副都御史黄登贤家藏本（卷六一·史部·传记类存目三，第551页）

10.赣州·大余 【明】刘节：《声律发蒙》五卷内府藏本（卷一三七·子部·类书类存目一，第1164—1165页）

11.赣州·大余【明】刘节:《梅国集》四十一卷浙江孙仰曾家藏本（卷一七六·集部·别集类存目三，第1568页）

12.赣州·大余【明】刘节:《宝制堂录》二卷江西巡抚采进本（卷一七六·集部·别集类存目三，第1569页）

13.赣州·大余【明】刘节:《广文选》六十卷副都御史黄登贤家藏本（卷一九二·集部·总集类存目二，第1744页）

14.赣州·定南【宋】赖文俊:《催官篇》二卷通行本（卷一〇九·子部·术数类二，第922—923页）

15.赣州·于都【唐】曾文辿（854—916）:《青囊奥语》一卷、《青囊序》一卷通行本（卷一〇九·子部·术数类二，第921—922页）

16.赣州·于都【宋】朱申:《周礼句解》十二卷浙江范懋柱家天一阁藏本（卷一九·经部·礼类一，第152—153页）

17.赣州·于都【宋】廖瑀（依托）:《九星穴法》四卷通行本（卷一一一·子部·术数类存目二，第940—941页）

18.赣州·于都【明】黄宏纲:《黄洛邨集》二卷两江总督采进本（卷一七六·集部·别集类存目三，第1576页）

19.赣州·于都【明】李涞:《李中丞文集》二卷江西巡抚采进本（卷一七九·集部·别集类存目六，第1611页）

20.赣州·于都【清】易学实:《犀崖文集》二十五卷江西巡抚采进本（卷一八一·集部·别集类存目八，第1633页）

21.赣州·于都【清】易学实:《云湖堂集》六卷江西巡抚采进本（卷一八一·集部·别集类存目八，第1633页）

22.赣州·兴国【宋】李朴（1063—1127）:《丰清敏遗事》一卷浙江范懋柱家天一阁藏本（卷五九·史部·传记类存目一，第535—536页）

23.赣州·会昌【清】赖鲲升:《友声集》七卷浙江巡抚采进本（卷一九四·集部·总集类存目四，第1778页）

24.赣州·石城【清】吴调元:《同归集》十六卷内府藏本（卷一三三·子部·杂家类存目一〇，第1131页）

25.赣州·宁都【宋】郑獬（1022—1072）:《郧溪集》三十卷永乐大典本（卷一五三·集部·别集类六，第1318页）

26.赣州·宁都【元】萧士赟:《分类补注李太白集》三十卷通行本（卷一四九·集部·别集类二，第1280页）

27.赣州·宁都【明】杨文彩:《书绎》六卷江西巡抚采进本（卷一四·经部·书类存目二，第113页）

28.赣州·宁都【明】董越（1431—1502）:《朝鲜赋》一卷浙江范懋柱家天一阁藏本（卷七一·史部·地理类四，第632页）

29.赣州·宁都【明】董越（伪托）:《朝鲜杂志》一卷浙江范懋柱家天一阁藏本（卷七八·史部·地理类存目七，第679页）

30.赣州·宁都【明】董越:《使东日录》一卷浙江巡抚采进本（卷一七五·集部·别集类存目二，第1561页）

31.赣州·宁都【明】陈朝用:《京口三山续志》四卷浙江巡抚采进本（卷七六·史部·地理类存目五，第660页）

32.赣州·宁都【清】彭任（1624—1708）:《草亭文集》一卷江西巡抚采进本（卷一八二·集部·别集类存目九，第1652页）

（二）四库赣州先贤著作提要

1.赣州【明】池本理:《禽星易见》一卷浙江范懋柱家天一阁藏本

明池本理撰。本理，赣州人。《明史·艺文志》载所著有《禽遁大全》四卷，《禽星易见》四卷。此本仅作一卷，盖传抄者所合并也。禽星之用不一，此专取七元甲子局，用翻禽倒将之法推时日吉凶，以利于用。或以为其法始于张良，本风后神枢鬼藏之旨，为兵家秘传。盖好事者附会之说，其实于一切人事得失趋避，无所不占。凡行营立寨吉时，特间一及之而已。所论禽宫性情喜好吞啗进退取化之理，较他书为简明。而以时日禽为彼我公用之禽，专取翻禽为我，倒将为彼，乃其独得之解，尤为可采。惟不载治曜，较异于他书。至以斗木为蟹，故其性最弱静而安闲，非獬豸之獬，亦足订星家之讹异。存之以与壬遁诸书参览，犹不失为古之遗法焉。（卷一〇九·子部·术数类二，第930—931页）

2.赣州【清】刘宗魏:《历代帝系年号》二十卷 江西巡抚采进本

国朝刘宗魏撰。宗魏字友韩，号柚航，赣州人。乾隆戊辰进士，官至监察御史。是书以历代帝系年号为名，乃兼及割据、僭窃，下至李自成、张献忠亦入记载。而所列割据僭窃又不能详备，体例颇为冗碎。（卷八三·史部·政书类存目一，第720页）

3.赣州·瑞金【明】杨以任（1600—1634）:《读史集》四卷 江苏周厚堉家藏本

明杨以任撰。以任字维节，瑞金人，崇祯辛未进士，官国子监博士。是编摘诸史中事迹之可快可恨及有胆有识者，分为《快》、《恨》、《胆》、《识》四集，每条下略缀评语，词多佻纤。（卷六五·史部·史钞类存目，第581页）

4.赣州·瑞金【清】杨兆嶒:《钝斋文钞》七卷 江西巡抚采进本

国朝杨兆嶒撰。兆嶒字又平，瑞金人。是集前有自序，谓著文三百余首，汰其三之二授诸梓，则兆嶒所自定也。又有张尚瑗序，称其文似归有光。使汰其冗句俗字，固亦近之矣。（卷一八四·集部·别集类存目一一，第1666页）

5.赣州·瑞金【清】杨长世（1606—1692）:《杨氏五家文钞》十二卷 江西巡抚采进本

国朝杨长世及其从子以叡、以俨，从孙兆凤、兆年合刻稿也。长世字延会，瑞金人。官兴安县训导，著《影居文钞》一卷。以叡字维明，邑诸生，著《汲亭文钞》一卷、《诗钞》二卷。以俨字维庄，贡生，著《强恕斋文钞》四卷。兆凤字尔翔，官上饶县训导。著《寓鸿亭文钞》二卷。兆年字尔逢，官宜黄县训导，著《栩栩园文钞》二卷。以叡《汲亭稿》中有诗二卷，而总题曰《文钞》，用《文选》例也。（卷一九四·集部·总集类存目四，第1770页）

6.赣州·赣县【宋】曾几（1085—1166）:《茶山集》八卷 永乐大典本

宋曾几撰。几字吉甫，赣县人，徙居河南。以兄弼恤恩授将仕郎。试吏部优等，赐上舍出身，历校书郎。高宗朝历官江西、浙西提刑。忤秦桧去位，侨寓上饶茶山寺，自号茶山居士。桧死，召为秘书少监，权礼部侍郎。

提举玉隆观，致仕。卒谥文清。陆游为作墓志云：“公治经学道之余，发于文章。而诗尤工，以杜甫、黄庭坚为宗。”魏庆之《诗人玉屑》则云：“茶山之学出于韩子苍。”其说小异。然韩驹虽苏氏之徒，而名列江西诗派中，其格法实近于黄。殊途同归，实亦一而已矣。后几之学传于陆游，加以研练，面目略殊，遂为南渡之大宗。《诗人玉屑》载赵庚夫题《茶山集》曰：“清于月白初三夜，淡似汤烹第一泉。咄咄逼人门弟子，剑南已见一灯传。”其句律渊源固灼然可考也。又游跋几《奏议稿》曰：“绍兴末，先生居会稽禹迹精舍。某自敕局归，无三日不进见。见必闻忧国之言。先生时年过七十，聚族百口，未尝以为忧，忧国而已。”据此，则几之一饭不忘君，殆与杜甫之忠爱等。故发之文章，具有根柢，不当仅以诗人目之，求诸字句间矣。墓志称有文集三十卷、《易释象》五卷。《易释象》已不传，文集则《书录解题》及《宋史·艺文志》均作十五卷。是当时已佚其半。自明以来，并十五卷亦佚，仅仅散见各书，偶存一二。兹从《永乐大典》中搜采编辑，勒为八卷。凡得古今体五百五十八首。虽不足尽几之长，然较刘克庄《后村诗话》所记九百一十篇之数，所佚者不过三百五十二篇耳。残膏剩馥，要足沾匄无穷也。（卷一五八·集部·别集类一一，第1359页）

7.赣州·赣县【明】谢诏：《天启赣州府志》二十卷两淮盐政采进本

明谢诏撰。诏，赣县人。万历甲戌进士，官至四川左布政使。赣州旧志修于嘉靖丙申。天启元年辛酉，诏续修之。为类十四，为目七十九。其体例颇为舛互，亦多错误。如亭馆旧迹，例应叙于《古迹门》，乃悉归之《营建志》。则古来胜地，似悉建于明代矣。又《乡贤志》分《行业》、《忠义》、《孝友》各门，又别立《质行》一门，未免繁复。又《沿革门》谓晋太康三年改为南康郡。今考《晋书》，乃太康二年，非三年也。（卷七四·史部·地理类存目三，第645页）

8.赣州·赣县【明】郭以隆：《南溪书院志》四卷两淮盐政采进本

明叶廷祥、郭以隆、纪延誉、陈翘卿同撰。廷祥官尤溪县知县。以隆称署县事，疑为丞簿之类。延誉、翘卿则尤溪教谕、训导也，其里贯均未详。南溪者，朱子之父松，作尉尤溪，实生朱子于其地。理宗嘉熙初，尤溪令李修，以时方崇尚道学，人争攀附，遂于其地建二朱先生祠，即书院所自昉也。志中载书院额为帝显德祐元年所赐，而李韶所作记在嘉熙改元之岁，已称南溪书院。则初建时已有此名，但赐额在后耳。其书仅纪书院之迹，所附诗文，多不雅驯。延誉之序，以朱松、朱子及宋理宗皆跳行别书，使君臣相并，则欲尊朱子而不知所以尊，悖谬甚矣。（卷七七·史部·地理类存目六，第669页）

9.赣州·大余【明】刘节（1476—1555）:《春秋列传》五卷副都御史黄登贤家藏本

明刘节撰。节字介夫，号梅国，大庾人，宏[①]治乙丑进士，官至刑部侍郎。是编取《春秋内外传》所载列国诸臣，类次行事，各为之传。始祭公谋父，终蔡朝吴，凡二百有二人。全本旧文，无所考证，邹县潘榛为之训释，亦颇疏略。（卷六一·史部·传记类存目三，第551页）

10.赣州·大余【明】刘节:《声律发蒙》五卷内府藏本

元祝明撰，潘瑛续，明刘节校补。据高儒《百川书志》云，《声律启蒙》二卷，元博陵安平隐者祝明文卿撰。自一字七字至隔句各押一韵，对偶浑成，音响自合，共九十首，则此编前二卷为明书，后三卷瑛所续也。瑛不知何许人。节有《春秋列传》，已著录。其书每一韵先列韵字与注，而后列杂言对属之语。盖为初学发蒙而作，无所当于著述。《百川书志》所云，未免过情之誉也。（卷一三七·子部·类书类存目一，第1164—1165页）

11.赣州·大余【明】刘节:《梅国集》四十一卷浙江孙仰曾家藏本

明刘节撰。节有《春秋列传》，已著录。是集凡诗十二卷，附以诗余、杂文二十九卷，节所辑《广文选》，采摭浩博，而门目琐碎，体例冗杂，颇有贪多务得之失。其所自作，亦惟取明白条畅，尽所欲言。往往下笔不能自休，故不免稍伤于蔓衍。（卷一七六·集部·别集类存目三，第1568页）

① “宏”当为“弘”，避讳清高宗弘历。

12.赣州·大余【明】刘节:《宝制堂录》二卷江西巡抚采进本

明刘节撰。是集乃节官副都御史时，其子鲁掇拾杂稿而成。前有林庭㭿、吕柟、方豪三序，皆题曰《宝制堂私录》，以明非节所自编。此本标题乃皆作《宝制堂录》，盖其曾孙一翼等重刻所改也。然节之著作，备于《梅国集》中，此未全之本也。（卷一七六·集部·别集类存目三，第1569页）

13.赣州·大余【明】刘节:《广文选》六十卷副都御史黄登贤家藏本

旧本题明刘节编。节有《春秋列传》，已著录，是书以补《文选》之遗。前有王廷相、吕柟二序，皆称八十二卷，而此本实六十卷。卷末有晋江陈蕙跋，称“节旧本所录凡千七百九十六篇，其中讹字逸简杂出，又文义之甚悖而俚者间在焉。乃以视鹾之暇，与杨郡守王子松，教授林璧，训导曾辰、李世用，共校雠增损之，刻置淮扬书院。删去二百七十四篇，增入三十篇”云云。则此本为蕙等重编，非节之旧矣。萧统妙解文理，撷历代之菁华，以成一集。虽以杜甫文章凌跨百代，犹有熟精《文选》理之句，其推重讵出漫然？此可知当时去取别裁，具有深意。徐陵与统同时，所撰《玉台新咏》，颇采《文选》所遗，刘克庄已有“皆统弃余”之诮。则操笔继作，何可易言？节不度德量力，乃有是集。蕙等又谬种流传，如涂涂附。田艺蘅《留青日札》尝摘其张协诸人诗与《文选》复收，及阮嗣宗碑诸篇误改姓名之类，不一而足。今更校之，如其凡例以《焦仲卿妻诗》为俚俗，斥而不录。又《亢仓子》本唐王士元所撰，实非古书，而题曰周亢仓楚，特称其君道、政道等四篇为高古，所见已为甚浅。其编次亦仿《文选》分类，而颠舛百出。如《文选》陆机《文赋》无类可归，故别立论文一门。此书乃以荀卿《礼》、《智》二赋及扬雄《太玄赋》当之。其为学步，宁止寿陵余子耶？曹植《蝉赋》、傅咸《萤赋》入之鸟兽，而傅亮《金灯草赋》不入草木，谢朓《游后园赋》不入游览，陆云《南征赋》不入纪行；陶潜《桃花源诗》入咏史，《史记·礼书》、班固《律历志》入杂文，皆不可理解。又《胡姬年十五》一篇，本梁刘琨作，郭茂倩《乐府诗集》可考。而沿《文翰类选》之误，以为晋刘琨。庄忌本汉人，而误以为梁人。柏梁诗本联句，而注曰六首。徐乐上书本无标题，而名曰《论土崩瓦解书》。《左传》“吕相绝秦”本为口语，而名曰《绝秦书》。《史记·自序》中“下大夫壶遂”云云，本文中之一段，而删除前后，名曰《答壶问》，隔数卷后又出《太史公自序》一篇。《文心雕龙·序志篇》本其第五十篇，而改名曰《文心雕龙序》。至于诸葛亮《黄陵庙记》之类，以赝文窜入，更无论矣。（卷一九二·集部·总集类存目二，第1744页）

14.赣州·定南【宋】赖文俊:《催官篇》二卷通行本

宋赖文俊撰。文俊字大素，处州人[①]。尝官于建阳，好相地之术。弃职浪游，自号布衣子，故世称曰赖布衣。所著有《绍兴大地八钤》及《三十六钤》，今俱未见。是书分龙、穴、砂、水四篇，各为之歌。龙以二十四山分阴阳，以震、庚、亥为三吉，巽、辛、艮、丙、兑、丁为六秀，而著其变换受穴吉凶之应。穴仍以龙为主，而受气有挨左挨右之异。砂、水二篇亦以方位为断。其说颇具悬解。如谓寅甲二龙出疯跛者，木盛生风，又星应尾箕而好风，震为足，风淫末疾，故主疯跛。丙方上应星马，故有蚕丝之祥。丁方上应寿星，故多寿考之兆。兑龙辰水，辰有金杀，兑为口舌，为毁折，故主阙唇露齿。又辰酉逢合，土塞金声，故主重舌含糊。其言虽颇涉于神怪，而于阴阳五行，生克制化，实能言之成理。视悠谬无根之谈，侈言休咎而不能明其所以然者，胜之多矣。书中旧有注解，不知何人所作，阐发颇为详尽。其传已久，并录之以资考订焉。（卷一〇九·子部·术数类二，第922—923页）

15.赣州·于都【唐】曾文辿（854—916）:《青囊奥语》一卷、《青囊序》一卷通行本

《青囊奥语》旧本题唐杨筠松撰。其序则题筠松弟子曾文辿所作。相传文辿赣水人[②]。其父求己，先奔江南，节制李司空辟行南康军事，文辿因

① “处”为“虔”之讹误？李佳明点校《古本催官篇集注》（九州出版社，2017年）以赖文俊为江西省定南县凤山冈人。又有云赖文俊为赣州宁都县肖田乡美佳山村人。http：//www.ciduw.com/laibuyi/76909.html

② 《江西通志》（四库全书本）卷一百六：曾文辿，雩都崇贤里人，师事杨筠松，凡天文、讖纬、黄庭内景之书，靡不根究，尤精地理。梁贞明间至袁州万载，爱西山之胜，谓其徒曰死葬我于此。卒如其言。后其徒忽见于豫章，归启其官，无有也。所著有《八分歌》二卷。《豫章书》。

得筠松之术，后传于陈抟。是书即其所授师说也。案赵希弁《读书后志》有《青囊本旨》一卷，云不记撰人，演郭璞《相墓经》。陈氏《书录解题》有《杨公遗诀曜金歌并三十六图象》一卷，注云杨即筠松也。今是书以阴阳顺逆九星化曜辨山水之贵贱吉凶，未审与曜金歌为一为二。惟郑樵《通志·艺文略》别载有曾氏《青囊子歌》一卷，又杨、曾二家《青囊经》一卷，或即是书之原名欤？其中多引而不发之语。如坤壬乙巨门从头出一节，历来注家罕能详其起例。至序内二十四山分顺逆一条，则大旨以木火金水分属甲丙庚壬乙丁辛癸，互起长生。如甲木生于亥，库于未，乙木生于午，库于戌之类。因以亥卯未寅午戌巳酉丑申子辰为四局，反覆衍之，得四十八局。阳用左旋，阴从右转，盖本之说卦阳顺阴逆之例，为地学理气家之权舆。明人伪造之吴公《教子书》、刘秉忠《玉尺经》，盖即窃其绪余，衍为图局。逮僧彻莹作《直指元真》，专以三元水口随地可以定向，于是谈地学者舍形法而言理气。剽窃傅会，俱以是编为口实。然不以流派多岐，并咎其创法之始也。旧本有注，托名刘基。李国木复加润色，芜蔓殊甚。又妄据伪《玉尺经》窜改原文，尤为诞妄。今据旧本更正，并削去其注，以无滋淆惑焉。（卷一〇九·子部·术数类二，第921—922页）

16.赣州·于都【宋】朱申：《周礼句解》十二卷浙江范懋柱家天一阁藏本

宋朱申撰。申事迹无考，里贯亦未详。按《江西通志》有朱申字继宣，宋太学生[①]。又李心传《道命录》有淳祐十一年新安朱申序，其结衔题“朝散大夫知江州军州兼管内劝农营田事”。似为二人，不知此书谁所著也。逐句诠释，大略根据注、疏，义取简约。其中所见有与注、疏异者。若太宰之职“五曰贡赋”，郑注曰：“赋，口率出泉也。贡，功也，九职之功所税也。”是书则易之曰：“赋，税也。贡，献也。”有力主注、疏而曲为引证者。若《大司徒》诸公之地封疆方五百里以下，则坚守注中“半为附庸”之说，而不执《孟子》、《王制》以疑《周礼》。至于注、疏之疑不能决者，若《小司徒》“四丘

① 此书作者待考。《江西通志》第15部分：朱申，字维宣，雩都人。皇祐间有声太学。尤好谈兵，以忧归。创青云阁，读书其中。所交皆当世知名士。已而居京师十余年，偃蹇不遇。桂帅怜其才，用边劳奏补摄尉龙平。期年而罢。居家，极贫。著《边防兵论》百余篇，时不能用。

为甸”以下，注谓旁加之数乃治洫浍之数；《大司乐》“圜钟为宫”以下，注谓天宫夹钟不用中吕等律，以其与地宫同位之类，则皆阙而不载。虽循文诂义，无大发明。而较之窜乱古经、横生新义者，犹不失谨严之义。惟《序官》乃经文之纲领，申以其无假诠释，遂削而不载，颇乖体要。是则因陋就简之失矣。（卷一九·经部·礼类一，第152—153页）

17.赣州·于都【宋】廖瑀（依托）：《九星穴法》四卷通行本

旧本题宋廖瑀撰。地理家以杨、曾、廖、赖并称，而瑀书独佚不传，故诸家著录，皆无其目。是书莫知所自来，盖依托也。其法专以九星辨穴体。所谓九星者，太阳、太阴、金水、紫气、天财、凹脑、双脑、平脑三体，合天罡燥火为九。其中又分正体、开口、悬乳、弓脚、双臂、单股、侧脑、没骨、平面为九等，各系以图与说，已不免强无定之形以就一定之格。至其双臂太阴一条云，若两臂太尖，名夹刃，主杀人至毒，须人力锄去尖头，使令圆净，则变凶为吉。是人不受气于地，地转受形于人矣。但择一吉地之图，依其高下而培筑剷削之，固不难尺寸悉符，曲折相肖也，然有是理欤？（卷一一一·子部·术数类存目二，第940—941页）

18.赣州·于都【明】黄宏纲：《黄洛邨集》二卷两江总督采进本

明黄宏纲撰。宏纲字正之，雩都人。正德丙子举人，官至刑部主事。是集乃其孙宜璞所刻，上卷书翰，多与邹守益、罗洪先、聂豹辈讲学之语。盖宏纲师事王守仁，传良知之说也。下卷杂著及诗数十首，则率皆应俗之作。（卷一七六·集部·别集类存目三，第1576页）

19.赣州·于都【明】李涞：《李中丞文集》二卷江西巡抚采进本

明李涞撰。涞字源甫，号养愚，雩都人。隆庆辛未进士，官至右佥都御史，巡抚应天。是集为国朝康熙十年其里人易学实所刻，大抵皆应俗之作。盖涞本以清介著，学实之刻其遗文，特重其为人耳。（卷一七九·集部·别集类存目六，第1611页）

20.赣州·于都【清】易学实：《犀崖文集》二十五卷江西巡抚采进本

国朝易学实撰。学实字去浮，雩都人，前明崇祯己卯举人。是集学实所

自编，其文一往有骏气，而微伤于剽。（卷一八一·集部·别集类存目八，第1633页）

21.赣州·于都【清】易学实:《云湖堂集》六卷江西巡抚采进本

国朝易学实撰。是编乃其诗集，第一卷曰《湖山诗》，二卷曰《北征诗》，三卷曰《南归诗》，四卷曰《寓情诗》，五卷曰《赠怀诗》，六卷曰《离忧诗》，皆入国朝以后作也。（卷一八一·集部·别集类存目八，第1633页）

22.赣州·兴国【宋】李朴（1063—1127）:《丰清敏遗事》一卷浙江范懋柱家天一阁藏本

宋李朴撰。朴字先之，兴国人，绍圣中进士，官至国子祭酒，事迹具《宋史》本传。是书编次其师礼部尚书丰稷事迹。《宋志》著录一卷，与今本同。末有绍熙二年朱子后序，并附《墓志》、《本传》于后。稷历仕神宗、哲宗、徽宗三朝，屡著谠论，时称名臣。朴所叙录，较史传为详。书末又有稷注《孟子》三章、《幸学诗》一首及曾巩所赠歌行、袁桷《祠记》，则明景泰中其十一世孙河南参政庆所搜讨增入也。（卷五九·史部·传记类存目一，第535—536页）

23.赣州·会昌【清】赖鲲升:《友声集》七卷浙江巡抚采进本

国朝赖鲲升编。鲲升字沧峤，会昌人。其父方勃偕弟方度于邑治之西辟霞绮园，与邑人沈开进、胡应相、曾鉴、欧有骏读书其中，一时多为题咏。后鲲升兄弟复读书园中，因辑投赠之作合为一编。凡序记、书、传、赋二卷，诗五卷，盖仿《玉山草堂集例》也。（卷一九四·集部·总集类存目四，第1778页）

24.赣州·石城【清】吴调元:《同归集》十六卷内府藏本

国朝吴调元撰。调元字雨苍，石城人。据卷首胡世安序，盖尝以举人官教谕者也。是书成于顺治丁酉，杂采前古至明末国初故实，分孝顺、忠爱、孝行、世德、义门、女范、放生、佛果八门。每条附以论断，大旨主因果之说。故其自序称，愿以是集告天下之读孔、孟书而存菩提心者云。（卷一三三·子部·杂家类存目一〇，第1131页）

25.赣州·宁都【宋】郑獬（1022—1072）：《郧溪集》三十卷永乐大典本

宋郑獬撰。獬字毅夫，安陆人。皇祐五年进士第一，通判陈州，入直集贤院、知制诰。英宗即位，数上疏论事，出知荆南，还判三班院。神宗初，召拜翰林学士，权知开封府。以不肯行新法忤王安石，出知杭州。徙青州，又力言青苗之害，引疾提举鸿庆宫，卒。事迹具《宋史》本传。初，獬以进士较试于廷，舍人刘敞得獬卷，曰此文似皇甫湜。獬尝与敞书，亦言"韩退之时用文章雄立一世者，独李翱、皇甫湜、张籍耳。然翱之文尚质而少工，湜之文务实而不肆，张籍歌行，乃胜于诗。至于他文不少见，计亦在歌诗下。使之质而工，奇而肆，则退之作也"云云。观其所言，知文章宗旨实源出韩门矣。《宋志》载《郧溪集》五十卷，淳熙十三年秦焴尝序而刊之，今已久佚，惟从《永乐大典》内裒辑编次，又以《宋文鉴》、《两宋名贤小集》诸书所载，分类补入，勒为三十卷。王得臣《麈史》称："郑内翰久游场屋，词藻振时。唱名之日，同试进士皆欢曰：'好状元！'仁宗为之慰悦。"本传亦称其文章豪伟峭整，议论剀切，精练民事。今以所存诸作核之，殆非虚美。秦焴序称："于《论绥州》见其计深虑远，于《论毁誉》见其居宠思危，《辨杨绘救祖无择》则特立不诡随。"今其文虽不尽传，然大概亦可想见矣。（卷一五三·集部·别集类六，第1318页）

26.赣州·宁都【元】萧士赟:《分类补注李太白集》三十卷通行本

宋杨齐贤集注，而元萧士赟所删补也。杜甫集自北宋以来注者不下数十家，李白集注宋、元人所撰辑者，今惟此本行世而已。康熙中，吴县缪曰芑翻刻宋本《李翰林集》，前二十三卷为歌诗，后六卷为杂著。此本前二十五卷为古赋乐府歌诗，后五卷为杂文。且分标门类，与缪本目次不同。其为齐贤改编，或士赟改编，原书无序跋，已不可考。惟所辑注文，则以"齐贤曰"、"士赟曰"互为标题以别之，故犹可辨识。注中多征引故实，兼及意义。卷帙浩博，不能无失。唐觐《延州笔记》尝摘士赟注《寄远诗》第七首"灭烛解罗衣"句，不知出《史记·滑稽传》淳于髡语，乃泛引谢瞻、曹植诸诗。又如《临江王节士歌》，齐贤以为史失其名，士赟则引乐府《游侠曲》证之。不知《汉书·艺文志》《临江王》及《愁思节士歌》原各为一篇，自南齐陆厥始并作《临江王节士歌》，后来庾信、杜甫俱承其误，白诗亦属沿讹。齐贤等不为辨析，而转以为史失名。此类俱未为精核。然其大致详赡，足资检阅。中如《广武战场怀古》一首，士赟谓非太白之诗，厘置卷末，亦具有所见。其于白集固不为无功焉。齐贤字子见，舂陵人。士赟字粹可，宁都人，宋辰州通判立等之子。笃学工诗，与吴澄相友善。所著有《诗评》二十余篇及《冰崖集》，俱已久佚，独此本为世所共传云。（卷一四九·集部·别集类二，第1280页）

27.赣州·宁都【明】杨文彩:《书绎》六卷江西巡抚采进本

明杨文彩撰。文彩字治文，宁都人。是编冠以《指略》十六条、《先儒论》二十一条、《四十二篇亡书目》、次《汲冢周书篇名》。其余卷次，一如蔡传。文彩崇信古文，其注或如策论，或如语录，或如时文批语，无复先儒诂经之体。前有其门人魏禧序，推尊甚至。文彩自序亦谓："与门人魏叔子共处一室，相与扬搉，正谬薙繁。义有未尽，复著为论，以补所未逮。是书之成，其功为多。"然禧工于文章，而学问则多讲权略，解经亦非所长也。（卷一四·经部·书类存目二，第113页）

28.赣州·宁都【明】董越（1431—1502）:《朝鲜赋》一卷浙江范懋柱家天一阁藏本

明董越撰。越字尚矩，宁都人。成化己丑进士，官至南京工部尚书，谥文僖。孝宗即位，越以右春坊右庶子兼翰林院侍讲，同刑科给事中王敞使朝鲜，因述所见闻，以作此赋。又用谢灵运《山居赋》例，自为之注。所言与《明史·朝鲜传》皆合。知其信而有征，非凿空也。考越自正月出使，五月还朝，留其地者仅一月有余。而凡其土地之沿革，风俗之变易，以及山川、亭馆、人物、畜产，无不详录。自序所谓得于传闻周览，与彼国所具风俗帖者，恐不能如是之周匝。其亦奉使之始，预访图经，还朝以后，更征典籍，参以耳目所及，以成是制乎？越有《文僖集》四十二卷，今未见其本。又别有《使东日录》一卷，亦其往返所作诗文，不及此赋之典核。别本孤行，此一卷固已足矣。（卷七一·史部·地理类四，第632页）

29.赣州·宁都【明】董越（伪托）:《朝鲜杂志》一卷浙江范懋柱家天一阁藏本

旧本题明董越撰。越有《朝鲜赋》，已著录。是书繁碎无体例。以越所撰

《朝鲜赋》校之，皆赋中越所自注。盖好事者抄出别行，伪立名目，非越又有此书也。（卷七八・史部・地理类存目七，第679页）

30.赣州・宁都【明】董越:《使东日录》一卷浙江巡抚采进本

明董越撰。越有《朝鲜赋》，已著录。是集乃宏[①]治元年越为朝鲜颁诏正使途中纪行之诗。考越奉使时官庶子，而刻本首行结衔乃作儒林郎大理寺。“寺”字以下刊版刓灭，不可辨其姓名，疑或校刊者所题欤？（卷一七五・集部・别集类存目二，第1561页）

31.赣州・宁都【明】陈朝用:《京口三山续志》四卷浙江巡抚采进本

明徐邦佐、陈朝用、朱文山同撰。邦佐号雁洲，浦城人。官镇江府教授。朝用号南湖，宁都人；文山号仰泉，常宁人。皆官镇江府训导。是书成于隆庆中，以补史宗道《三山志》之阙，故以《续志》为名。专取当时人游览诗赋，汇萃成帙、而邦佐等所自作，附录尤夥。盖意在钓名，于三山考订无涉也。（卷七六・史部・地理类存目五，第660页）

32.赣州・宁都【清】彭任（1624—1708）:《草亭文集》一卷江西巡抚采进本

国朝彭任撰。任字逊仕，号中叔，宁都人。同邑魏禧尝集同志九人，讲学于“易堂”，任其一也。是集前有《行略》一篇，称所著有《草堂诗文集》二卷。此一卷，其文集也。大致与魏禧同派，而质胜于文，词多于意，未能与禧抗行。其辨朱、陆异同，谓学者之病不在于辩之不晰，而在于行之不笃。持论颇平。至尊信丰坊伪《诗传》，则失考矣。（卷一八二・集部・别集类存目九，第1652页）

① “宏”当为“弘”，避讳清高宗弘历。

抚州

四库著录抚州先贤171人，著作241种（除去3种重复），其中宋代54种，金代1人，元代28种，明代111种（除去3种重复），清代47种（与明代作者共作者，不复计2种）。

（一）四库抚州先贤著作简目

1.抚州·临川【宋】雷思齐:《易图通变》五卷、《易筮通变》三卷两江总督采进本（卷三·经部·易类三，第21页）

2.抚州·临川【宋】王安石（1021—1086）:《周官新义》十六卷、附《考工记解》二卷永乐大典本（卷一九·经部·礼类一，第149—150页）

3.抚州·临川【宋】王安石:《临川集》一百卷内府藏本（卷一五三·集部·别集类六，第1325页）

4.抚州·临川【宋】王安石:《唐百家诗选》二十卷内府藏本（卷一八六·集部·总集类一，第1693—1694页）

5.抚州·临川【宋】俞庭椿:《周礼复古编》一卷山东巡抚采进本（卷一九·经部·礼类一，第150—151页）

6.抚州·临川【宋】过源（1036—1106）:《浩斋语录》二卷江西巡抚采进本（卷九五·子部·儒家类存目一，第803—804页）

7.抚州·临川【宋】陈自明（1190—1270）:《妇人大全良方》二十四卷大学士英廉家藏本（卷一〇三·子部·医家类一，第866页）

8.抚州·临川【宋】陈郁（1184—1275）:《藏一话腴》四卷两江总督采进本（卷一二一·子部·杂家类五，第1048页）

9.抚州·临川【宋】邓名世:《古今姓氏书辨证》四十卷永乐大典本（卷一三五·子部·类书类一，第1147页）

10.抚州·临川【宋】晏殊（991—1055）:《类要》一百卷浙江范懋柱家天一阁藏本（卷

一三七·子部·类书类存目一，第1160—1161页）

11.抚州·临川【宋】晏殊：《晏元献遗文》一卷江西巡抚采进本（卷一五二·集部·别集类五，第1308—1309页）

12.抚州·临川【宋】晏殊：《珠玉词》一卷江苏巡抚采进本（卷一九八·集部·词曲类一，第1807页）

13.抚州·临川【宋】陈世崇（1245—1309）：《随隐漫录》五卷兵部侍郎纪昀家藏本（卷一四一·子部·小说家类二，第1201—1202页）

14.抚州·临川【宋】释晓莹：《罗湖野录》四卷浙江鲍士恭家藏本（卷一四五·子部·释家类，第1239页）

15.抚州·临川【宋】王雱（1044—1076）：《南华真经新传》二十卷两淮盐政采进本（卷一四六·子部·道家类，第1246页）

16.抚州·临川【宋】王安礼（1034—1095）：《王魏公集》八卷永乐大典本（卷一五三·集部·别集类六，第1321页）

17.抚州·临川【宋】饶节（1065—1129）：《倚松老人集》二卷两淮马裕家藏本（卷一五四·集部·别集类七，第1333页）

18.抚州·临川【宋】谢逸（1068—1113）：《溪堂集》十卷永乐大典本（卷一五五·集部·别集类八，第1338—1339页）

19.抚州·临川【宋】谢逸：《溪堂词》一卷安徽巡抚采进本（卷一九八·集部·词曲类一，第1810—1811页）

20.抚州·临川【宋】谢薖（1074—1116）：《竹友集》十卷编修汪如藻家藏本（卷一五五·集部·别集类八，第1339页）

21.抚州·临川【宋】曾极：《金陵百咏》一卷浙江鲍士恭家藏本（卷一六〇·集部·别集类一三，第1381—1382页）

22.抚州·临川【宋】晏几道（1038—1110）：《小山词》一卷江苏巡抚采进本（卷一九八·集部·词曲类一，第1809—1810页）

23.抚州·临川【元】詹道传：《四书纂笺》二十八卷内府藏本（卷三六·经部·四书类二，第300页）

24.抚州·临川【元】吴皋：《吾吾类稿》三卷永乐大典本（卷一六八·集部·别集类二一，第1457页）

25.抚州·临川【元】元淮（1130—？）：《水镜集》一卷两淮马裕家藏本（卷

一七四·集部·别集类存目一，第1545页）

26.抚州·临川【明】陈际泰（1567—1641）：《易经说意》七卷浙江吴玉墀家藏本（卷八·经部·易类存目二，第66页）

27.抚州·临川【明】陈际泰：《周易翼简捷解》十六卷、附《群经辅易说》一卷浙江巡抚采进本（卷八·经部·易类存目二，第66页）

28.抚州·临川【明】陈际泰：《五经读》五卷浙江巡抚采进本（卷三四·经部·五经总义类存目，第284页）

29.抚州·临川【明】陈际泰：《四书读》十卷江西巡抚采进本（卷三七·经部·四书类存目，第313页）

30.抚州·临川【明】章世纯：《四书留书》六卷江苏巡抚采进本（卷三六·经部·四书类二，第303页）

31.抚州·临川【明】汤显祖（1550—1616）（伪托）：《五侯鲭字海》二十卷安徽巡抚采进本（卷四三·经部·小学类存目一，第376页）

32.抚州·临川【明】汤显祖：《别本茶经》三卷浙江鲍士恭家藏本（卷一一六·子部·谱录类存目，第1000页）

33.抚州·临川【明】汤显祖：《玉茗堂集》二十九卷两江总督采进本（卷一七九·集部·别集类存目六，第1621页）

34.抚州·临川【明】周孔教：《周中丞疏稿》十六卷江西巡抚采进本（卷五六·史部·诏令奏议类存目，第509页）

35.抚州·金溪；临川；临川【明】谢廷谅、周孔教、姜宏范：《千金堤志》八卷浙江范懋柱家天一阁藏本（卷七五·史部·地理类存目四，第652—653页）

36.抚州·临川【明】周孔教：《救荒事宜》一卷江西巡抚采进本（卷八四·史部·政书类存目二，第724页）

37.抚州·临川【明】伍余福：《陕西志》三十卷两淮盐政采进本（卷七三·史部·地理类存目二，第638页）

38.抚州·临川【明】伍余福：《三吴水利论》一卷户部尚书王际华家藏本（卷七五·史部·地理类存目四，第650—651页）

39.抚州·临川【明】伍余福：《苹野纂闻》一卷编修程晋芳家藏本（卷一四三·子部·小说家类存目一，第1221页）

40.抚州·临川【明】黎久之：《黎子杂释》一卷浙江郑大节家藏本（卷一二四·子

部·杂家类存目一，第1067—1068页）

41.抚州·临川【明】胡澄：《警时新录》一卷浙江巡抚采进本（卷一二四·子部·杂家类存目一，第1068页）

42.抚州·临川【明】熊鼎（1322—1376）：《公子书》三卷永乐大典本（卷一三一·子部·杂家类存目八，第1118页）

43.抚州·临川【明】罗万藻（？—1646）：《十三经类语》十四卷浙江巡抚采进本（卷一三八·子部·类书类存目二，第1174—1175页）

44.抚州·临川【明】罗万藻：《此观堂集》六卷江西巡抚采进本（卷一八〇·集部·别集类存目七，第1627页）

45.抚州·临川【明】陈九川（1494—1562）：《明水文集》十四卷两江总督采进本（卷一七六·集部·别集类存目三，第1576页）

46.抚州·临川【明】章衮：《章介菴集》十一卷江西巡抚采进本（卷一七七·集部·别集类存目四，第1580页）

47.抚州·临川【明】万道光：《交翠馆集》十卷江西巡抚采进本（卷一七九·集部·别集类存目六，第1612页）

48.抚州·临川【明】陈文焕：《钓台集》六卷两江总督采进本（卷一九三·集部·总集类存目三，第1755页）

49.抚州·临川【明】邱兆麟（1572—1629）（伪托）：《明文隽》八卷江苏巡抚采进本（卷一九三·集部·总集类存目三，第1757页）

50.抚州·临川【明】单宇：《菊坡丛话》二十六卷两淮盐政采进本（卷一九七·集部·诗文评类存目，第1800页）

51.抚州·临川【清】汤秀琦（1625—1699）：《读易近解》二卷江西巡抚采进本（卷九·经部·易类存目三，第72页）

52.抚州·临川【清】汤秀琦：《春秋志》十五卷河南巡抚采进本（卷三一·经部·春秋类存目二，第253—254页）

53.抚州·临川【清】黄家杰：《易经辑疏》四卷江西巡抚采进本（卷一〇·经部·易类存目四，第87页）

54.抚州·临川【清】李绂（1673—1750）：《陆象山年谱》二卷江西巡抚采进本（卷六〇·史部·传记类存目二，第546页）

55.抚州·临川【清】李绂：《朱子晚年全论》八卷江西巡抚采进本（卷九八·子

部·儒家类存目四，第830页）

56.抚州·临川【清】李绂：《陆子学谱》二十卷江西巡抚采进本（卷九八·子部·儒家类存目四，第830—831页）

57.抚州·临川【清】李曰涤：《竹裕园笔语》十二卷礼部尚书曹秀先家藏本（卷一三四·子部·杂家类存目一一，第1139—1140页）

58.抚州·临川【清】刘命清：《虎溪渔叟集》十卷江西巡抚采进本（卷一八一·集部·别集类存目八，第1638页）

59.抚州·临川【清】李来泰（1624—1682）：《莲龛集》十五卷江西巡抚采进本（卷一八二·集部·别集类存目九，第1645页）

60.抚州·临川【清】李茹旻（1657—1734）：《二水楼诗集》十八卷、《文集》十卷江西巡抚采进本（卷一八四·集部·别集类存目一一，第1671页）

61.抚州·临川【清】王相：《尺牍嘤鸣集》十二卷内府藏本（卷一九四·集部·总集类存目四，第1774页）

62.抚州·崇仁【宋】吴沆（1116—1172）：《易璇玑》三卷两江总督采进本（卷三·经部·易类三，第9—10页）

63.抚州·崇仁【宋】吴沆：《通言》一卷永乐大典本（卷九五·子部·儒家类存目一，第804页）

64.抚州·崇仁【宋】吴沆：《环溪诗话》一卷永乐大典本（卷一九五·集部·诗文评类一，第1786页）

65.抚州·崇仁【宋】吴曾：《能改斋漫录》十八卷浙江巡抚采进本（卷一一八·子部·杂家类二，第1018—1019页）

66.抚州·崇仁【宋】欧阳澈（1091—1127）：《欧阳修撰集》七卷编修汪如藻家藏本（卷一五七·集部·别集类一〇，第1358页）

67.抚州·崇仁【宋】陈元晋：《渔墅类稿》八卷永乐大典本（卷一六二·集部·别集类一五，第1395页）

68.抚州·崇仁【宋】李刘（1175—1245）：《四六标准》四十卷内府藏本（卷一六三·集部·别集类一六，第1396页）

69.抚州·崇仁【元】虞集（1272—1348）：《平猺记》一卷浙江吴玉墀家藏本（卷五二·史部·杂史类存目一，第474页）

70.抚州·崇仁【元】吴当（1297—1361）：《学言诗稿》六卷江西巡抚采进本（卷

一六八·集部·别集类二一，第1455页）

71.抚州·崇仁【明】吴道南（1550—1623）：《河渠志》一卷江苏巡抚采进本（卷七五·史部·地理类存目四，第653页）

72.抚州·崇仁【明】吴道南：《残本文华大训箴解》三卷浙江巡抚采进本（卷九六·子部·儒家类存目二，第816页）

73.抚州·崇仁【明】吴道南：《秘笈新书》十三卷、《别集》三卷山西巡抚采进本（卷一三八·子部·类书类存目二，第1172页）

74.抚州·崇仁【明】吴与弼（1391—1469）：《康斋文集》十二卷江苏周厚堉家藏本（卷一七〇·集部·别集类二三，第1490—1491页）

75.抚州·崇仁【明】吴宣：《野菴文集》十卷江西巡抚采进本（卷一七五·集部·别集类存目二，第1558页）

76.抚州·乐安【宋】曾丰（1142—1224）：《缘督集》二十卷永乐大典本（卷一六〇·集部·别集类一三，第1376页）

77.抚州·乐安【宋】曾丰：《别本缘督集》十二卷浙江鲍士恭家藏本（卷一七四·集部·别集类存目一，第1541页）

78.抚州·乐安【宋】何希之：《鸡肋集》一卷江西巡抚采进本（卷一七四·集部·别集类存目一，第1543页）

79.抚州·乐安【元】吴澄（1249—1333）：《易纂言》十卷内府藏本（卷四·经部·易类四，第22页）

80.抚州·乐安【元】吴澄：《易纂言外翼》八卷永乐大典本（卷四·经部·易类四，第23页）

81.抚州·乐安【元】吴澄：《书纂言》四卷内府藏本（卷一二·经部·书类二，第96页）

82.抚州·乐安【元】吴澄：《仪礼逸经传》二卷两江总督采进本（卷二〇·经部·礼类二，第160—161页）

83.抚州·乐安【元】吴澄：《礼记纂言》三十六卷两淮马裕家藏本（卷二一·经部·礼类三，第169—170页）

84.抚州·乐安【元】吴澄（疑伪托）：《月令七十二候集解》一卷通行本（卷二四·经部·礼类存目二，第192—193页）

85.抚州·乐安；宜春·高安【元】吴澄、【清】朱轼（1665—1736）：

《校补礼记纂言》三十六卷江西巡抚采进本（卷二四·经部·礼类存目二，第198页）

86.抚州·乐安【元】吴澄（伪托）：《三礼考注》六十四卷两淮马裕家藏本（卷二五·经部·礼类存目三，第200页）

87.抚州·乐安【元】吴澄：《春秋纂言》十二卷、《总例》一卷两淮盐政采进本（卷二八·经部·春秋类三，第225页）

88.抚州·乐安【元】吴澄：《孝经定本》一卷两江总督采进本（卷三二·经部·孝经类，第265页）

89.抚州·乐安【元】吴澄：《道德真经注》四卷两淮盐政采进本（卷一四六·子部·道家类，第1243页）

90.抚州·乐安【元】吴澄：《吴文正集》一百卷浙江孙仰曾家藏本（卷一六六·集部·别集类一九，第1428页）

91.抚州·乐安【元】何中（1265—1332）：《通鉴纲目测海》三卷江西巡抚采进本（卷四八·史部·编年类存目，第432—433页）

92.抚州·乐安【元】何中：《通书问》一卷江西巡抚采进本（卷九五·子部·儒家类存目一，第802页）

93.抚州·乐安【元】何中：《知非堂稿》六卷江西巡抚采进本（卷一六七·集部·别集类二〇，第1438页）

94.抚州·乐安【明】萧仪（1384—1423）：《袜线集》十五卷江西巡抚采进本（卷一七五·集部·别集类存目二，第1554页）

95.抚州·乐安【明】姜洪（1400—？）：《松冈集》十一卷浙江汪汝瑮家藏本（卷一七五·集部·别集类存目二，第1556页）

96.抚州·乐安【明】王烈：《寻乐堂集》十一卷江西巡抚采进本（卷一七六·集部·别集类存目三，第1570页）

97.抚州·乐安【明】谭宝焕：《谭樵海集》六卷、附《幽谷集》一卷、《霜岩集》一卷江西巡抚采进本（卷一七六·集部·别集类存目三，第1579页）

98.抚州·乐安【明】谭宝焕：《性理吟》二卷江西巡抚采进本（卷一七六·集部·别集类存目三，第1579页）

99.抚州·乐安【明】董燧（1503—1586）：《蓉山集》十六卷江西巡抚采进本（卷一七七·集部·别集类存目四，第1586页）

100.抚州·乐安【明】董绪：《龟川诗集》四卷江西巡抚采进本（卷一七八·集

部·别集类存目五，第1607页）

101.抚州·乐安【明】詹事讲：《詹养贞集》三卷江西巡抚采进本（卷一七九·集部·别集类存目六，第1614页）

102.抚州·乐安【明】曾维伦：《来复堂集》二十五卷江西巡抚采进本（卷一七九·集部·别集类存目六，第1616页）

103.抚州·乐安【清】原良：《听潮居存业》十卷江西巡抚采进本（卷一二九·子部·杂家类存目六，第1108页）

104.抚州·南丰【宋】曾巩（1019—1083）（伪托）：《隆平集》二十卷两江总督采进本（卷五〇·史部·别史类，第447页）

105.抚州·南丰【宋】曾巩：《元丰类稿》五十卷江西巡抚采进本（卷一五三·集部·别集类六，第1319页）

106.抚州·南丰【宋】曾肇（1047—1107）：《曲阜集》四卷浙江鲍士恭家藏本（卷一五三·集部·别集类六，第1322—1323页）

107.抚州·南丰【宋】曾协（？—1173）：《云庄集》五卷永乐大典本（卷一五八·集部·别集类一一，第1365页）

108.抚州·南丰【宋】赵长卿：《惜香乐府》十卷安徽巡抚采进本（卷一九九·集部·词曲类二，第1819—1820页）

109.抚州·南丰【元】危亦林（1277—1347）：《世医得效方》二十卷两淮盐政采进本（卷一〇四·子部·医家类二，第871页）

110.抚州·南丰【元】刘壎（1240—1319）：《隐居通议》三十一卷江西巡抚采进本（卷一二二·子部·杂家类六，第1049页）

111.抚州·南丰【元】刘壎：《水云村稿》十五卷江西巡抚采进本（卷一六六·集部·别集类一九，第1426页）

112.抚州·南丰【元】刘壎：《水云村泯稿》二卷编修汪如藻家藏本（卷一七四·集部·别集类存目一，第1544—1545页）

113.抚州·南丰【元】赵景良：《忠义集》七卷编修汪如藻家藏本（卷一八八·集部·总集类三，第1708—1709页）

114.抚州·南丰【明】李经纶：《礼经类编》三十卷江西巡抚采进本（卷二五·经部·礼类存目三，第202页）

115.抚州·南丰【明】李经纶：《大学稽中传》三卷江西巡抚采进本（卷三七·经

部·四书类存目，第310页）

116.抚州·南丰；抚州·南丰 【明】李经纶、【清】汤倓：《洪范皇极注》四卷江西巡抚采进本（卷一一〇·子部·术数类存目一，第933页）

117.抚州·南丰 【明】谢文洊（1615—1681）：《学庸切己录》·二卷（江西巡抚采进本）（卷三七·经部·四书类存目，第314页）

118.抚州·南丰 【明】谢文洊：《谢程山集》十八卷江苏巡抚采进本（卷一八一·集部·别集类存目八，第1637页）

119.抚州·南丰 【明】李万实：《崇质堂集》二十卷江西巡抚采进本（卷一七七·集部·别集类存目四，第1594页）

120.抚州·南丰 【清】汤奕瑞：《禹贡方域考》一卷江西巡抚采进本（卷一四·经部·书类存目二，第116页）

121.抚州·南丰 【清】刘凝：《稽礼辨论》一卷江西巡抚采进本（卷二五·经部·礼类存目三，第203页）

122.抚州·南丰 【清】刘凝：《韵原表》一卷两淮马裕家藏本（卷四三·经部·小学类存目一，第379页）

123.抚州·南丰 【清】刘凝：《石鼓文定本》二卷两江总督采进本（卷四三·经部·小学类存目一，第379页）

124.抚州·南丰；抚州·南丰 【明】李经纶、【清】汤倓：《洪范皇极注》四卷江西巡抚采进本（卷一一〇·子部·术数类存目一，第933页）

125.抚州·南丰 【清】李灏：《易范同宗录》无卷数江西巡抚采进本（卷一一〇·子部·术数类存目一，第933—934页）

126.抚州·南丰 【清】汤来贺：《内省斋文集》三十二卷江西巡抚采进本（卷一八一·集部·别集类存目八，第1633页）

127.抚州·南丰 【清】梁份（1641—1729）：《怀葛堂文集》十五卷江西巡抚采进本（卷一八二·集部·别集类存目九，第1652页）

128.抚州·南丰 【清】汤斯祚：《亦庐诗集》二十八卷江西巡抚采进本（卷一八五·集部·别集类存目一二，第1678页）

129.抚州·广昌 【宋】何坦：《西畴常言》一卷内府藏本（卷一二四·子部·杂家类存目一，第1066页）

130.抚州·广昌 【元】左祥：《琴堂谕俗编》二卷永乐大典本（卷一二一·子

部·杂家类五，第1046—1047页）

131.抚州·广昌【明】何乔新（1427—1502）：《周礼集注》七卷两淮马裕家藏本（卷二三·经部·礼类存目一，第182页）

132.抚州·广昌【明】何乔新：《策府群玉》三卷江西巡抚采进本（卷一三七·子部·类书类存目一，第1166页）

133.抚州·广昌【明】何乔新：《椒邱文集》四十四卷两江总督采进本（卷一七〇·集部·别集类二三，第1489页）

134.抚州·广昌【明】饶秉鉴：《春秋提要》四卷江西巡抚采进本（卷三〇·经部·春秋类存目一，第246页）

135.抚州·广昌【明】曾梧：《栋峰遗稿》二卷浙江孙仰曾家藏本（卷一七六·集部·别集类存目三，第1578页）

136.抚州·广昌【明】何涛：《平山文集》八卷、《诗集》八卷直隶总督采进本（卷一七八·集部·别集类存目五，第1597页）

137.抚州·广昌【明】何源（1519—1589）：《心泉集》二十五卷浙江孙仰曾家藏本（卷一七八·集部·别集类存目五，第1601页）

138.抚州·广昌【明】刘文卿：《刘直洲集》十卷浙江孙仰曾家藏本（卷一七九·集部·别集类存目六，第1617页）

139.抚州·广昌【清】饶一辛（1684—1741）：《经义管见》一卷浙江巡抚采进本（卷一〇·经部·易类存目四，第81页）

140.抚州·广昌【清】何属乾：《又尚集》二卷江西巡抚采进本（卷六三·史部·传记类存目五，第568页）

141.抚州·广昌【清】揭暄：《璇玑遗述》七卷两江总督采进本（卷一〇七·子部·天文算法类存目，第912页）

142.抚州·广昌【清】魏方泰（1657—1728）：《行年录》无卷数礼部尚书曹秀先家藏本（卷一三九·子部·类书类存目三，第1179页）

143.抚州·广昌【清】黄永年（1699—1751）：《黄静山集》十二卷江苏巡抚采进本（卷一八五·集部·别集类存目一二，第1681页）

144.抚州·金溪【宋】陆九渊（1139—1193）：《象山集》二十八卷、《外集》四卷、附《语录》四卷大理寺卿陆锡熊家藏本（卷一六〇·集部·别集类一三，第1376—1377页）

145.抚州·金溪 【宋】陆九渊:《别本象山文集》六卷江西巡抚采进本（卷一七四·集部·别集类存目一，第1541页）

146.抚州·金溪 【元】吴会:《书山遗集》二十卷江西巡抚采进本（卷一七四·集部·别集类存目一，第1547页）

147.抚州·金溪 【明】傅文兆:《羲经十一翼》二卷浙江巡抚采进本（卷七·经部·易类存目一，第58页）

148.抚州·金溪 【明】王宣:《风姬易溯》五卷江西巡抚采进本（卷八·经部·易类存目二，第64页）

149.抚州·金溪 【明】吴世忠:《书传洪范考疑》一卷浙江巡抚采进本（卷一三·经部·书类存目一，第108—109页）

150.抚州·金溪 【明】李纪:《史略详注补遗大成》十卷内府藏本（卷五〇·史部·别史类存目，第455页）

151.抚州·金溪 【明】危素（1303—1372）:《草庐年谱》二卷、《附录》二卷编修汪如藻家藏本（卷六〇·史部·传记类存目二，第538页）

152.抚州·金溪 【明】危素（伪托）:《元海运志》一卷编修程晋芳家藏本（卷八四·史部·政书类存目二，第721页）

153.抚州·金溪 【明】危素:《说学斋稿》四卷浙江鲍士恭家藏本（卷一六九·集部·别集类二二，第1466页）

154.抚州·金溪 【明】危素:《云林集》二卷浙江鲍士恭家藏本（卷一六九·集部·别集类二二，第1466页）

155.抚州·金溪 【明】危素:《危学士全集》十四卷江西巡抚采进本（卷一七五·集部·别集类存目二，第1549页）

156.抚州·金溪 【明】吴悌（1502—1568）:《吴疏山集》十七卷江南巡抚采进本（卷六〇·史部·传记类存目二，第541页）

157.抚州·金溪 【明】王蕡:《忠义录》十四卷浙江范懋柱家天一阁藏本（卷六一·史部·传记类存目三，第549页）

158.抚州·金溪 【明】王蕡:《东石讲学录》十一卷浙江范懋柱家天一阁藏本（卷九六·子部·儒家类存目二，第810页）

159.抚州·金溪 【明】王蕡:《心学录》四卷浙江范懋柱家天一阁藏本（卷九六·子部·儒家类存目二，第811页）

160.抚州·金溪 【明】王蕡:《大儒心学语录》二十七卷江苏巡抚采进本(卷九六·子部·儒家类存目二,第811页)

161.抚州·金溪 【明】王蕡:《草庐吴先生辑粹》六卷浙江范懋柱家天一阁藏本(卷一七四·集部·别集类存目一,第1545页)

162.抚州·金溪;临川;临川 【明】谢廷谅、周孔教、姜宏范:《千金堤志》八卷浙江范懋柱家天一阁藏本(卷七五·史部·地理类存目四,第652—653页)

163.抚州·金溪 【明】谢廷谅:《清晖馆集》二卷两江总督采进本(卷一七九·集部·别集类存目六,第1619页)

164.抚州·金溪 【明】谢廷谅:《薄游草》十五卷浙江巡抚采进本(卷一七九·集部·别集类存目六,第1619页)

165.抚州·金溪 【明】姚张斌:《尚絅小语》三卷浙江巡抚采进本(卷一二五·子部·杂家类存目二,第1081—1082页)

166.抚州·金溪 【明】吴伯宗(1334—1384):《荣进集》四卷江西巡抚采进本(卷一六九·集部·别集类二二,第1477页)

167.抚州·金溪 【明】吴仁度(1548—1625):《吴继疏集》十二卷江苏巡抚采进本(卷一七九·集部·别集类存目六,第1617页)

168.抚州·金溪 【明】吴兆璧:《丰麓集》七卷江西巡抚采进本(卷一八〇·集部·别集类存目七,第1623页)

169.抚州·金溪 【清】冯咏:《桐村诗》九卷江西巡抚采进本(卷一八四·集部·别集类存目一一,第1673页)

170.抚州·南城 【宋】谢叔孙:《诗义断法》五卷浙江范懋柱家天一阁藏本(卷一七·经部·诗类存目一,第138页)

171.抚州·南城 【宋】陈彭年(966—1017):《重修广韵》五卷两淮马裕家藏本(卷四二·经部·小学类三,第358—359页)

172.抚州·南城 【宋】陈彭年:《江南别录》一卷安徽巡抚采进本(卷六六·史部·载记类,第585—586页)

173.抚州·南城 【宋】陈彭年:《贡举叙略》一卷编修程晋芳家藏本(卷八三·史部·政书类存目一,第714—715页)

174.抚州·南城 【宋】黄继善:《史学提要》一卷江西巡抚采进本(卷八九·史部·史评类存目一,第758—759页)

175.抚州·南城【宋】王君玉:《国老谈苑》二卷浙江鲍士恭家藏本(卷一四一·子部·小说家类二,第1195页)

176.抚州·南城【宋】童宗说:《增广注释音辨柳集》四十三卷内府藏本(卷一五〇·集部·别集类三,第1289页)

177.抚州·南城【宋】包恢(1182—1268):《敝帚稿略》八卷永乐大典本(卷一六三·集部·别集类一六,第1399页)

178.抚州·南城【金】利鸾孙:《春秋握奇图》一卷永乐大典本(卷三〇·经部·春秋类存目一,第245页)

179.抚州·南城【明】罗汝芳(1515—1588):《孝经宗旨》一卷通行本(卷三二·经部·孝经类,第267页)

180.抚州·南城【明】罗汝芳:《明通宝义》一卷、《广通宝义》一卷浙江范懋柱家天一阁藏本(卷八四·史部·政书类存目二,第723页)

181.抚州·南城【明】罗汝芳:《一贯编》四卷江西巡抚采进本(卷一二四·子部·杂家类存目一,第1073页)

182.抚州·南城【明】罗汝芳:《近溪子明道录》八卷江苏巡抚采进本(卷一二四·子部·杂家类存目一,第1073页)

183.抚州·南城【明】罗汝芳:《会语续录》二卷浙江巡抚采进本(卷一二四·子部·杂家类存目一,第1073页)

184.抚州·南城【明】罗汝芳:《识仁编》二卷两江总督采进本(卷一二五·子部·杂家类存目二,第1074页)

185.抚州·南城【明】罗汝芳:《近溪子文集》五卷江苏巡抚采进本(卷一七八·集部·别集类存目五,第1600页)

186.抚州·南城;南城;南城【明】左宗郢、【清】何天爵、邱时彬:《续刻麻姑山志》十七卷浙江汪启淑家藏本(卷七六·史部·地理类存目五,第660页)

187.抚州·南城【明】夏良胜(1480—1538):《中庸衍义》十七卷两淮马裕家藏本(卷九三·子部·儒家类三,第793页)

188.抚州·南城【明】夏良胜:《东洲初稿》十四卷浙江巡抚采进本(卷一七一·集部·别集类二四,第1501页)

189.抚州·南城【明】黄希宪(1517—1586):《续自警编》八卷两江总督采进本(卷一三一·子部·杂家类存目八,第1120页)

190.抚州·南城【明】罗玘（1447—1519）：《罗圭峰文集》三十卷江苏巡抚采进本（卷一七一·集部·别集类二四，第1494—1495页）

191.抚州·南城【明】左赞（？—1489）：《桂坡集》十五卷浙江汪汝瑮家藏本（卷一七五·集部·别集类存目二，第1559页）

192.抚州·南城【明】张昇（1442—1517）：《张文僖公文集》十四卷、《诗集》二十二卷浙江巡抚采进本（卷一七五·集部·别集类存目二，第1561页）

193.抚州·南城【明】孙奎：《曲涧遗稿》十五卷江西巡抚采进本（卷一八〇·集部·别集类存目七，第1628页）

194.抚州·南城；南城；南城【明】左宗郢、【清】何天爵、邱时彬：《续刻麻姑山志》十七卷浙江汪启淑家藏本（卷七六·史部·地理类存目五，第660页）［本条与第186条同，因三位著作者分属明清两朝，故分置两处］

195.抚州·南城【清】萧韵：《丹霞洞天志》十七卷两江总督采进本（卷七七·史部·地理类存目六，第670页）

196.抚州·南城【清】黄采：《性图》一卷江西巡抚采进本（卷九七·子部·儒家类存目三，第822页）

197.抚州·南城【清】陶成：《皇极数钞》二卷江西巡抚采进本（卷一一〇·子部·术数类存目一，第933页）

198.抚州·南城【清】陶成：《吾庐遗书》无卷数江西巡抚采进本（卷一八四·集部·别集类存目一一，第1670页）

199.抚州·南城【清】杨忍本：《笔史》二卷两淮盐政采进本（卷一四四·子部·小说家类存目二，第1235页）

200.抚州·南城【清】潘安礼：《东山草堂集》六卷江西巡抚采进本（卷一八五·集部·别集类存目一二，第1681页）

201.抚州·资溪【宋】李觏（1009—1059）：《盱江集》三十七卷、《年谱》一卷、《外集》三卷浙江孙仰曾家藏本（卷一五三·集部·别集类六，第1316页）

202.抚州·黎川【宋】吕南公（1047—1086）：《灌园集》二十卷永乐大典本（卷一五五·集部·别集类八，第1339页）

203.抚州·黎川【宋】吕南公：《吕次儒集》一卷编修汪如藻家藏本（卷一七四·集部·别集类存目一，第1537页）

204.抚州·黎川【元】朱倬：《诗疑问》七卷、附《诗辨说》一卷内府藏本（卷

一六·经部·诗类二，第127—128页）

205.抚州·黎川【明】黄端伯（1585—1645）：《易疏》五卷浙江吴玉墀家藏本（卷八·经部·易类存目二，第66页）

206.抚州·黎川【明】黄端伯:《瑶光阁集》十三卷江西巡抚采进本（卷一八〇·集部·别集类存目七，第1628—1629页）

207.抚州·黎川【明】邓元锡（1528—1593）：《三礼编绎》二十六卷两淮盐政采进本（卷二五·经部·礼类存目三，第201—202页）

208.抚州·黎川【明】邓元锡:《五经绎》十五卷江西巡抚采进本（卷三四·经部·五经总义类存目，第282页）

209.抚州·黎川【明】邓元锡:《函史上编》八十一卷、《下编》二十一卷江西巡抚采进本（卷五〇·史部·别史类存目，第455—456页）

210.抚州·黎川【明】邓元锡:《明书》四十五卷浙江鲍士恭家藏本（卷五〇·史部·别史类存目，第456页）

211.抚州·黎川【明】邓元锡:《潜学稿》十二卷湖北巡抚采进本（卷一七八·集部·别集类存目五，第1600页）

212.抚州·黎川【明】鲁论:《四书通义》三十八卷江西巡抚采进本（卷三七·经部·四书类存目，第313页）

213.抚州·黎川【明】鲁论:《仕学全书》三十五卷江西巡抚采进本（卷八〇·史部·职官类存目，第693页）

214.抚州·黎川【明】张槚:《存笥录》一卷江西巡抚采进本（卷五六·史部·诏令奏议类存目，第507页）

215.抚州·黎川【明】王材（1509—1586）：《念初堂集》十二卷江西巡抚采进本（卷八〇·史部·职官类存目，第690页）

216.抚州·黎川【明】王材:《黎川文绪》四卷江西巡抚采进本（卷一九二·集部·总集类存目二，第1749页）

217.抚州·黎川【明】冯渠:《进修录》三卷江西巡抚采进本（卷一二五·子部·杂家类存目二，第1076页）

218.抚州·黎川【明】邓渼（1569—1628）：《大旭山房集》一卷江西巡抚采进本（卷一七九·集部·别集类存目六，第1620页）

219.抚州·黎川【明】涂伯昌（？—1650）：《涂子一杯水》五卷江西巡抚采进本

（卷一八〇·集部·别集类存目七，第1629页）

220.抚州·黎川【明】杨思本:《榴馆初函集选》十二卷江西巡抚采进本（卷一八〇·集部·别集类存目七，第1630页）

221.抚州·黎川【清】徐志遴:《尚书举隅》六卷江南巡抚采进本（卷一四·经部·书类存目二，第116页）

222.抚州·黎川【清】何国材:《虚谷遗书》三卷江西巡抚采进本（卷九八·子部·儒家类存目四，第831页）

223.抚州·黎川【清】孔尚典:《孔天征文集》无卷数江苏巡抚采进本（卷一八二·集部·别集类存目九，第1652页）

224.抚州·黎川【清】孔毓琼:《孔钟英集》十卷江西巡抚采进本（卷一八二·集部·别集类存目九，第1652—1653页）

225.抚州·黎川【清】孔毓功:《孔惟叙集》六卷江西巡抚采进本（卷一八二·集部·别集类存目九，第1653页）

226.抚州·黎川【清】陈道（1707—1760）:《凝斋遗集》八卷江西巡抚采进本（卷一八五·集部·别集类存目一二，第1682页）

227.抚州·东乡【明】艾南英（1583—1646）:《禹贡图注》无卷数江西巡抚采进本（卷一四·经部·书类存目二，第112页）

228.抚州·东乡【明】徐良傅:《爱吾庐集》八卷江西巡抚采进本（卷一七七·集部·别集类存目四，第1591页）

229.抚州·宜黄【宋】乐史（930—1007）:《广卓异记》二十卷浙江鲍士恭家藏本（卷六一·史部·传记类存目三，第547页）

230.抚州·宜黄【宋】乐史:《太平寰宇记》一百九十三卷浙江汪启淑家藏本（卷六八·史部·地理类一，第595—596页）

231.抚州·宜黄【宋】黄希、黄鹤:《黄氏补注杜诗》三十六卷内府藏本（卷一四九·集部·别集类二，第1281页）

232.抚州·宜黄【明】邓来鸾:《春秋实录》十二卷浙江吴玉墀家藏本（卷三〇·经部·春秋类存目一，第249页）

233.抚州·宜黄【明】谭纶（1520—1577）:《谭襄敏奏议》十卷两江总督采进本（卷五五·史部·诏令奏议类，第500页）

234.抚州·宜黄【明】罗鹗:《太极图分解》一卷浙江范懋柱家天一阁藏本（卷九五·子

部·儒家类存目一，第801页）

235.抚州·宜黄【明】涂几：《类稿》十卷江西巡抚采进本（卷一七六·集部·别集类存目三，第1570页）

236.抚州·宜黄【清】应麟：《易经粹言》三卷江西巡抚采进本（卷九·经部·易类存目三，第78页）

237.抚州·宜黄【清】应麟：《诗经旁参》二卷江西巡抚采进本（卷一八·经部·诗类存目二，第146页）

238.抚州·宜黄【清】应麟：《春秋剩义》二卷江西巡抚采进本（卷三一·经部·春秋类存目二，第258—259页）

239.抚州·宜黄【清】应是：《读孝经》四卷江西巡抚采进本（卷三二·经部·孝经类，第267页）

240.抚州·宜黄【清】应是：《纵钓居文集》八卷江西巡抚采进本（卷一八三·集部·别集类存目一〇，第1656页）

241.抚州·宜黄【清】黄为鹗：《理解体要》二卷江西巡抚采进本（卷九八·子部·儒家类存目四，第834页）

242.抚州·宜黄【清】黄宫绣（1720—1817）：《医学求真录总论》五卷江西巡抚采进本（卷一〇五·子部·医家类存目，第889页）

243.抚州·宜黄【清】周礼：《月岩集》五卷江西巡抚采进本（卷一八一·集部·别集类存目八，第1644页）

244.抚州·宜黄【清】蓝千秋：《蓝户部集》二十六卷江西巡抚采进本（卷一八五·集部·别集类存目一二，第1680页）

（二）四库抚州先贤著作提要

1.抚州·临川【宋】雷思齐：《易图通变》五卷、《易筮通变》三卷两江总督采进本

宋雷思齐撰。思齐字齐贤，临川人。宋亡之后，弃儒服为道士，居乌石观。后终于广信。事迹具袁桷所撰《墓志铭》。是编前有揭傒斯序，称所著有《老子本义》、《庄子旨义》数十卷及《和陶诗》三卷。吴全节序又称其有《文集》二十卷。今皆未见，惟此二书存。其《易图通变自序》，谓"《河图》之数以八卦成列，相荡相错，参天两地，参伍以变，其数实为四十，而以其十五会通于中”。所述《河图洛书参天两地倚数之图》、《错综会变》等图，及《河图遗论》，大旨以天一为坎、地二为坤，天三为震、地四为巽、天七为兑、地六为乾，天九为离，地八为艮，而五十则为虚数，其说虽与先儒不同，而案以“出震齐巽”之义，亦颇相吻合。林至《易裨传序》所谓“易道变化不穷，得其一端，皆足以为说”者也。其《易筮通变》凡五篇：一曰卜筮、二曰立卦、三曰九六、四曰衍数、五曰命蓍，亦多自出新意，不主旧法。白云霁《道藏目录》载二书于《太元[①]部》若字号中。盖图书之学，实出道家，思齐又本道家衍说之，以附于《易》，固亦有由云。（卷三·经部·易类三，第21页）

2.抚州·临川【宋】王安石（1021—1086）：《周官新义》十六卷、附《考工记解》二卷永乐大典本

宋王安石撰。安石事迹详《宋史》本传。晁公武《读书志》曰：“熙宁中置经义局，撰《三经义》，皆本王安石《经说》。‘三经’，《书》、《诗》、《周礼》也。”新经《毛诗义》凡二十卷，《尚书义》凡十三卷，今并佚。《周礼新义》本二十二卷，明万历中《重编内阁书目》尚载其名，故朱彝尊《经义考》不敢著其已佚，但注曰“未见”。然外间实无传本，即明以来内阁旧籍，亦实无此书。惟《永乐大典》中所载最夥。盖《内阁书目》据《文渊阁书目》，《文渊阁书目》即修《永乐大典》所征之书。其时尚有完帙，故采之最详也。考蔡絛《铁围山丛谈》曰“王元泽奉诏为《三经义》，时王丞相介甫为之提举。《诗》、《书》盖多出元泽及诸门弟子手，《周礼新义》实丞相亲为之笔削者。政和中，有司上言，天府所籍吴氏资多有王丞相文书。于是朝廷悉藏诸秘阁，用是吾得见之。《周礼新义》，笔迹如斜风细雨，诚介甫亲书”云云，然则《三经义》中惟《周礼》为安石手著矣。安石以《周礼》乱宋，学者类能言之。然《周礼》之不可行于后世，微特人人知之，安石亦未尝不知也。安石之意，本以宋当积弱之后，而欲济之以富强。又惧富强之说必为儒者所排击，于是附会经义以钳儒者之口，实非真信《周礼》为可行。迨其后用之不得其人，行之不得其道，百弊丛生，而宋以大坏。其弊亦非真缘

① 当为“玄”，讳清圣祖玄烨。

《周礼》以致误。罗大经《鹤林玉露》《咏安石放鱼》诗曰："错认苍姬六典书，中原从此变萧疏。"是犹为安石所绐，未究其假借六艺之本怀也。因是而攻《周礼》，因是而攻安石所注之《周礼》，是宽其影附之巧谋，而科以迂腐之薄谴矣。故安石怙权植党之罪，万万无可辞。安石解经之说，则与所立新法各为一事。程子取其《易解》，朱子、王应麟均取其《尚书义》，所谓言各有当也。今观此书，惟训诂多用《字说》，病其牵合。其余依经诠义，如所解"八则"之治都鄙，"八统"之驭万民，"九两"之系邦国者，皆具有发明，无所谓舞文害道之处。故王昭禹、林之奇、王与之、陈友仁等注《周礼》，颇据其说，钦定《周官义疏》亦不废采用。又安可尽以人废耶？安石神宗时所上《五事劄子》及《神宗日录》，载安石所引《周官》及杨时《龟山集》中所驳平颁兴积一条，其文皆在《地官》中。今《永乐大典》阙《地官》、《夏官》二卷，其说遂不可考。然所佚适属其瑕类，则所存者益不必苛诋矣。安石本未解《考工记》，而《永乐大典》乃备载其说。据晁公武《读书志》，盖郑宗颜辑安石《字说》为之，以补其阙。今亦并录其解，备一家之书焉。（卷一九·经部·礼类一，第149—150页）

3.抚州·临川【宋】王安石:《临川集》一百卷内府藏本

宋王安石撰。安石有《周礼新义》，已著录。案《宋史·艺文志》载王安石集一百卷，陈振孙《书录解题》亦同。晁公武《读书志》则作一百三十卷，焦竑《国史经籍志》亦作一百卷，而别出《后集》八十卷，并与史志参错不合。今世所行本实止一百卷，乃绍兴十年郡守桐庐詹大和校定重刻，而豫章黄次山为之序。次山谓集原有闽、浙二本。殆刊版不一，著录者各据所见，故卷数互异欤？案蔡絛《西清诗话》载："安石尝云：'李汉岂知韩退之，辑其文不择美恶，有不可以示子孙者，况垂世乎？'以此语门弟子，意有在焉。而其文迄无善本。如'春残密叶花枝少'云云，皆王元之诗。《金陵独酌寄刘原甫》，皆王君玉诗。'临津艳艳花千树'云云，皆王平甫诗。"陈善《扪虱新话》所载，亦大略相同。据二人所言，则安石诗文本出门弟子排比，非所自定。故当时已议其舛错。而叶梦得《石林诗话》又称："蔡天启称荆公尝作诗，得'青山扪虱坐，黄鸟挟书眠'，自谓不减杜诗，然不能举全篇。薛肇明被旨编公集，遍求之，终莫之得。"肇明为薛昂字，是昂亦曾奉诏编定其集。顾蔡絛与昂同时，而并未言及。次山序中亦只举闽、浙本而不称别有敕定之书，其殆为之而未成欤？又考吴曾《能改斋漫录》，称荆公尝题一绝句于夏旼扇，本集不载，见《湟川集》。又称“荆公尝任鄞县令，昔见一士人，收公亲札诗文一卷，有两篇今世所刊文集无之。其一《马上》，其一《书会别亭》”云云。是当时遗篇逸句，未经搜辑者尚夥。其编订之不审，有不仅如《西清诗话》所讥者。然此百卷之内，菁华具在。其波澜法度，实足自传不朽。朱子《楚辞后语》谓安石致位宰相，流毒四海。而其言与生平行事心术，略无毫发肖。夫子所以有“于予改是”之叹。斯诚千古之定评矣。（卷一五三·集部·别集类六，第1325页）

4.抚州·临川【宋】王安石:《唐百家诗选》二十卷内府藏本

旧本题宋王安石编。安石有《周礼新义》，已著录。是书去取，绝不可解。自宋以来，疑之者不一，曲为解者亦不一，然大抵指为安石。惟晁公武《读书志》云:《唐百家诗选》二十卷，皇朝宋敏求次道编。次道为三司判官，尝取其家所藏唐人一百八家诗，选择其佳者凡一千二百四十六首，为一编。王介甫观之，因再有所去取，且题曰：欲观唐诗者，观此足矣。世遂以为介甫所纂，其说与诸家特异。案《读书志》作于南宋之初，去安石未远。又晁氏自元祐以来，旧家文献，绪论相承，其言当必有自。邵博《闻见后录》引晁说之之言，谓王荆公与宋次道同为群牧司判官，次道家多唐人诗集，荆公尽即其本，择善者签帖其上，令吏钞之，吏厌书字多，辄移所取长诗签，置所不取小诗上。荆公性忽略，不复更视。今世所谓《唐百家诗选》曰“荆公定”乃群牧司吏人定也。其说与公武又异。然说之果有是说，不应公武反不知。考周煇《清波杂志》，亦有是说，与博所记相合。煇之曾祖与安石为中表，故煇持论多左袒安石。当由安石之党以此书不惬于公论，造为是说以解之，托其言于说之，博不考而载之耳。此本为宋乾道中倪仲传所刊，前有仲传序。其书世久不传。国朝康熙中，商邱宋荦始购得残本八卷刻之。既又得其全本，续刻以行，而二十卷之数复完，当时有疑其伪者。阎若璩历引高棅《唐诗品汇》所称以元宗《早渡蒲关诗》为开卷第一，陈振孙《书录解题》所称非惟不及李、杜、韩三家，即王维、韦应物、元、白、刘、柳、孟郊、张籍皆不及，以证其真。又残本佚去安石原序，若璩以《临川集》所载补之，其文俱载若璩《潜邱札记》中。惟今本所录共一千二百六十二首，较晁氏所记多十六首。若璩未及置论，或传写《读书志》者，误以六十二为四十六欤？至王昌龄《出塞诗》，诸本皆作“若使龙城飞将在”，惟此本作“卢城飞将在”，若璩引唐平州治卢龙县以证之。然唐三百年，更无一人称“卢龙”为“卢城”者，何独昌龄杜撰地名？此则其过尊宋本之失矣。（卷一八六·集部·总集类一，第1693—1694页）

5.抚州·临川【宋】俞庭椿:《周礼复古编》一卷山东巡抚采进本

宋俞庭椿撰。庭椿字寿翁，临川人。乾道八年进士，官古田令。是书《宋志》作三卷。今本作一卷，标曰：“陈友仁编”。盖友仁订正《周礼集说》，而以此书附其后也。庭椿之说，谓五官所属皆六十，不得有羡，其羡者皆取以补《冬官》。凿空臆断，其谬妄殆不足辨。又谓《天官·世妇》与《春官·世妇》、《夏官·环人》与《秋官·环人》，为一官复出，当省并之。其说似巧而其谬尤甚。二世妇与二环人无论职掌各殊，即以《序官》考之，《天官》世妇为王之后宫，故与九嫔八十一御女皆无官属。至于《春官》世妇为王之宫官，故每宫卿一人，下大夫四人，中士八人，女府二人，女史二人，奚十六人，与《天官》世妇显异。郑《注》以汉之大长秋、詹事、中少府、太仆为证，其说本确。庭椿乃合而一之，是误以《春官》之世妇为妇人也。至于《司马》环人之属下士六人，史二人，徒十有二人。《秋官》环人之属中士四人，史四人，胥四人，徒四十人。若二环人是一官，何所属之中、下士及史、胥、徒乃各不同如此耶？此好立异说者之适以自蔽也。然复古之说始于庭椿，厥后邱葵、吴澄皆袭其谬，说《周礼》者遂有《冬官》不亡之一派。分门别户，辗转蔓延，其弊至明末而未已。故特存其书，著窜乱圣经之始，为学者之炯戒焉。（卷一九·经部·礼类一，第150—151页）

6.抚州·临川【宋】过源（1036—1106）:《浩斋语录》二卷江西巡抚采进本

旧本题宋过源撰。卷末有源行实一编，称源字道源，号浩斋，其先浙东人。至高祖徙于临川。源生有异征，笃志圣贤之学，以斯文自任。嘉祐间召为国子直讲，不赴。卒于崇宁丙戌九月。并载所著述甚富，今皆不传，惟此书仅存上卷，为其门人永新龙图所录。下卷为其门人白城章伟所录，而其从孙勖刊之。然所列书名，《宋史》及诸家书目皆不著录，其中疑窦尤多。如行实称源生于丙子，不著年号，以召于嘉祐，卒于崇宁推之，当生于仁宗景祐丙子，则卒时年七十一，召时年二十余，是于邵、周、张、程皆为行辈。当时所称，不过曰尧夫、茂叔、子厚、伯淳、正叔而已。诸家之书可考，而此曰邵子、周子、张子、程子，非同时语也。李焘《长编》凡所有征召，如胡瑗、孙复、常秩之类，无不具书。源见征既在嘉祐中，何以嘉祐首尾八年，《长编》皆不见其事？伊川《易传》据杨时跋，则临没以稿授张绎，至政和初时乃排比成书。源卒于崇宁五年，在伊川前。其时《易传》未出，何以论程传之得失？自朱子以前，无以《大学》为曾子作者，故攻朱子者以《章句》为口实，此书乃已称曾子，何以自北宋以来无人引及？《大学》、《中庸》自二程子始表章其书，于《礼记》中取出别行，后人辨难者惟引梁武帝有《中庸义疏》，宋仁宗尝书《大学》赐进士，以为先于程子而已。此书乃先有《大学》定本、《中庸》定本，又何以宋儒无一语及之耶？观其论乐以黄钟为三寸九分，是《吕氏春秋》之文李文利不得其解，衍为异说者也。万历以前，安有是僻论乎？其跋称有秦观、谢无逸二序。观《淮海集》具在，实无此文。无逸《溪堂集》虽佚，而诗文散见《永乐大典》中，今已裒辑成帙，亦无此文。其依托可以概见。又末附其从孙勖《祖光赋》，称“宣和乙巳，余在辽阳”。乙巳为靖康前一年，两国兵交，信使且艰于往来，游学之士安能越国至是？其伪尤不问而知矣。（卷九五·子部·儒家类存目一，第803—804页）

7.抚州·临川【宋】陈自明（1190—1270）：《妇人大全良方》二十四卷

大学士英廉家藏本

宋陈自明撰。自明字良父，临川人。官建府医学教授。是编凡分八门，首调经，次众疾，次求嗣，次胎教，次妊娠，次坐月，次产难，次产后。每门数十证，总二百六十余论，论后附方案。妇人专科始唐昝殷《产宝》，其后有李师圣之《产育宝庆集》，陆子正之《胎产经验方》。大抵卷帙简略，流传亦鲜，自明采摭诸家，提纲挈领，于妇科证治，详悉无遗。明薛己《医案》曾以己意删订，附入治验，自为一书。是编刻于勤有书堂，犹为自明原本。前有嘉熙元年自序，称三世学医，家藏医书若干卷，又遍行东南，所至必索方书以观。其用心亦可云勤矣。（卷一〇三·子部·医家类一，第866页）

8.抚州·临川【宋】陈郁（1184—1275）：《藏一话腴》四卷两江总督采进本

宋陈郁撰。郁字仲文，号藏一，临川人。理宗朝充缉熙殿应制，又充东宫讲堂掌书。始末略见其子世崇《随隐漫录》中。世崇载度宗尝赞郁像，有“文窥西汉、诗到盛唐”之语，宠奖甚至。岳珂序称其闭户终日，穷讨编籍，足不蹈毁誉之域，身不登权势之门。然刘壎《隐居通议》有度宗御札跋，惜其下访陈郁父子之卑陋语详《隐居通议》条下。又周密《武林旧事》载诸色伎艺人姓名，所列御前应制者八人，姜特立为首而郁居第四，则亦特立之流。惟特立名列《宋史·佞幸传》，而郁不与焉，似乎未可同日语耳。是书分甲乙二集，又各分上下卷，多记南北宋杂事，间及诗话，亦或自抒议论。珂序又称其出入经史，研究本末，具有法度。而风月梦怪，嘲戏讹诞，淫丽气习，净洗无遗。今观所载，如谓周子游庐山大林寺诗“水色含云白，禽声应谷清”一联，前句是明，后句是诚，附会迂谬，殆可笑噱。惠洪解杜甫“老妻画纸为棋局，稚子敲针作钓钩”一联，以老妻比臣，以稚子比君，固为妄诞。郁必谓上句比君子之直道事君，下句比小人之以直为曲，亦穿凿无理。所录诸诗，亦皆不工。其持论，如谓孔子不当作《世家》，豫让不当入《刺客传》，斥《史记》不醇，颇涉庸肤。谓李虚中以年月日时推命，而不知韩愈作虚中墓志，其推命实不用时，尤失考证。然所记遗闻，多资劝戒，亦未尝无一节之可取焉。（卷一二一·子部·杂家类五，第1048页）

9.抚州·临川【宋】邓名世:《古今姓氏书辨证》四十卷永乐大典本

宋邓名世撰。而其子椿裒次之。名世字元亚，临川人。祖孝甫，见《宋史·隐逸传》，即原序所称文昌先生者是也。椿有《书继》，已著录。李心传《系年要录》称绍兴三年十月，诏抚州进士邓名世赴行在，以御史刘大中荐也。四年三月乙亥，上此书。时吏部尚书胡松年以其贯穿群书，用心刻苦，遂引对，命为右迪功郎。王应麟《玉海》所载亦同，惟言名世初以草泽得召，上书后始诏赐出身，充史馆校勘。《朱子语类》又谓其以赵汝愚荐，以白衣起为著作郎，后忤秦桧勒停。均与心传所记不同，则未详孰是耳。《文献通考》、《宋艺文志》俱作四十卷，惟《宋会要》作十四卷，《中兴书目》作十二卷，殆传写之讹。其书长于辨论，大抵以《左传》、《国语》为主。自《风俗通》以下各采其是者从之，而于《元和姓纂》抉摘独详，又以《熙宁姓纂》、

《宋百官公卿家谱》二书互为参校，亦往往足补史传之阙。盖始于政宣而成于绍兴之中年，父子相继，以就是编，故较他姓氏书特为精核。《朱子语类》谓名世学甚博，姓氏一部，考证甚详，盖不虚也。后椿作《书继》，亦号赅洽，殆承其讨论之余绪乎？宋时绍兴有刊本，今已散佚。《永乐大典》散附《千家姓》下，已非旧第。惟考王应麟所引原序，称始于国姓，余分四声，则其体例与《元和姓纂》相同。今亦以韵隶姓，重为编辑，仍厘为四十卷，目录二卷。其复姓则以首字为主，附见于各韵之后。间有征引讹谬者，并附著案语，各为纠正焉。（卷一三五·子部·类书类一，第1147页）

10.抚州·临川【宋】晏殊（991—1055）：《类要》一百卷浙江范懋柱家天一阁藏本

宋晏殊撰。殊字同叔，抚州临川人[①]。景德初，张知白以神童荐，赐同进士出身，擢秘书省正字。官至集贤殿学士，同平章事，兼枢密使，卒谥元献。事迹具《宋史》本传。是编乃所作类事之书，体例略如《北堂书钞》，白氏《六帖》，而详赡则过之。叶梦得《避暑录话》称殊生平未尝弃一纸，虽封皮亦十百为沓。每读书得一故事，则批一封皮。后批门类，命书吏传写，即今《类要》也。故所载皆从原书采掇，不似他类书互相剽窃，辗转传讹。然自宋代所传名目，卷帙已多互异。欧阳修作殊神道碑，称类集古今为集选二百卷，曾巩作序则称上中下帙七十四篇，惟《宋史》本传称一百卷，与今本合。据其四世孙知雅州袤进书原表，则南渡后已多阙佚，袤续加编录，于开禧二年上进。故今书中有于篇目下题四世孙袤补阙者，皆袤所增，非殊之旧矣。自明以来，传本甚罕，惟浙江范氏天一阁所藏尚从宋本抄存，而中间残阙至四十三卷。别有两淮所进本，仅存三十七卷，门类次序，尤多颠倒，且传写相沿，讹谬脱落，甚至不可句读。盖与《太平御览》同为宋代类书之善本，而其不可校正则较《御览》为更甚，故今惟附存其目焉。（卷一三七·子部·类书类存目一，第1160—1161页）

① 《中国历代人名辞典》（第502页）云，晏殊为抚州临川人。另云晏殊为北宋抚州府临川城人即今江西进贤县文港镇沙河人（古诗文网https：//so.gushiwen.org/search.aspx?value=%E6%99%8F%E6%AE%8A）。

11.抚州·临川【宋】晏殊:《晏元献遗文》一卷江西巡抚采进本

宋晏殊撰。殊有《类要》，已著录，《东都事略》称殊有文集二百四十卷。《中兴书目》作九十四卷。《文献通考》载《临川集》三十卷，《紫薇集》一卷。陈振孙《书录解题》云："其五世孙大正，为《年谱》一卷。言先元献尝自差次起儒馆至学士为《临川集》三十卷，起枢廷至宰席为《二府集》二十五卷"云云。今皆不传。此本为国朝康熙中慈溪胡亦堂所辑，仅文六篇、诗六首，余皆诗余。殊当北宋盛时，日与诸名士文酒唱和，其零章断什，往往散见诸书，如《复斋漫录》、《古今岁时杂咏》、《侯鲭录》、《西清诗话》所载诸诗，此本皆未收入，未为完备。然殊在北宋，号曰能文。虽二宋之作，亦资其点定，如《能改斋漫录》所记"白雪久残梁复道，黄头闲守汉楼船"者，其推重可以想见。原集既已无存，则此裒辑之编，仅存什一于千百者，亦不能不录备一家矣。（卷一五二·集部·别集类五，第1308—1309页）

12.抚州·临川【宋】晏殊:《珠玉词》一卷江苏巡抚采进本

宋晏殊撰。殊有《类要》，已著录。陈振孙《书录解题》载殊词有《珠玉集》一卷。此本为毛晋所刻，与陈氏所记合，盖犹旧本。《名臣录》称"殊词名《珠玉集》，张子野为之序"。子野，张先字也。今卷首无先序，盖传写佚之矣。殊赋性刚峻，而词语特婉丽。故刘攽《中山诗话》谓元献喜冯延巳歌词，其所自作，亦不减延巳。赵与旹《宾退录》记殊幼子几道，尝称殊词不作妇人语。今观其集，绮艳之词不少。盖几道欲重其父名，故作是言，非确论也。集中《浣溪沙·春恨词》"无可奈何花落去，似曾相识燕归来"二句，乃殊示张寺丞、王校勘七言律中腹联，《复斋漫录》尝述之。今复填入词内，岂自爱其造语之工，故不嫌复用耶？考唐许浑集中"一尊酒尽青山暮，千里书回碧树秋"二句，亦前后两见，知古人原有此例矣。（卷一九八·集部·词曲类一，第1807页）

13.抚州·临川【宋】陈世崇（1245—1309）:《随隐漫录》五卷兵部侍郎纪昀家藏本

旧本题宋临川陈随隐撰。盖后人以书中自称随隐，而称陈郁为先君，知为临川陈姓，故题此名，实则随隐非名也。据所载钱舜选诗，其人尝于理宗景定四年以布衣官东宫掌书。又载辛巳八月己丑，为元世祖至元十八年，则其人盖已入元。案刘埙《水云村泯稿》载宋度宗御批一道云，令旨付藏一，所有陈世崇诗文稿都好，可再拣几篇来。在来日定要，千万千万。四月五日辰初付陈藏一。埙跋其后，以为度宗在春宫时，盛年潜跃，汲汲斯文。惜不遇园、绮羽翼，乃下访藏一父子之卑陋。藏一为郁字，则其子当即世崇。证以书中所记，与此批一一吻合，知随隐即世崇号也。其书多记同时人诗话，而于南宋故事言之尤详。如紫宸殿上寿仪，赐太子玉食批，直书阁，夫人名数，孩儿班服饰，孟享驾出仪，太子问安，展书仪带格三十二种诸条，颇有史传所未及者。他所记诗话杂事，亦多可采。其第二卷内论汉平帝后、晋愍怀太子妃以下五条，皆假借古事以寓南宋臣降君辱之惨，与所以致败之由，而终无一言之显斥，犹有黍离诗人悱恻忠厚之遗，尤非他说部所及也。（卷一四一・子部・小说家类二，第1201—1202页）

14.抚州・临川【宋】释晓莹:《罗湖野录》四卷浙江鲍士恭家藏本

宋释晓莹撰。晓莹字仲温，江西人[①]。颇解吟咏。其南昌道中一律，载《宋高僧诗选》中。绍定间释绍嵩作《江浙纪行诗》，广集唐、宋名句，晓莹亦与焉。则在当时亦能以词翰著也。是书卷首有绍兴乙亥自序，谓以倦游归憩罗湖之上，因追忆昔所闻见，录为四卷。其中多载禅门公案，及机锋语句。盖亦《林间录》之流。而缁徒故实，纪述颇详，所载士大夫投赠往来篇什尤夥。遗闻逸事，多藉流传，亦颇有资于谈柄。末有绍兴庚辰后跋一首，不署姓名，而跋中自称曰妙总，则亦僧作也。近厉鹗撰《宋诗纪事》，多采此书。然如普首座诗，取其别众绝句，而山居一绝，反不见录。则鹗所捃摭，尚未尽其菁华矣。（卷一四五・子部・释家类，第1239页）

15.抚州・临川【宋】王雱（1044—1076）:《南华真经新传》二十卷两淮盐政采进本

宋王雱撰。字元泽，临川人，王安石子也。未冠登进士，累官龙图阁直学士。事迹附见《宋史・安石传》。是书体例略仿郭象之注，而更约其词。标举大意，不屑屑诠释文句。大旨谓内七篇皆有次序纶贯，其十五外篇、

① ［明］释如惺:《明高僧传》卷第八有“江西罗湖沙门释晓莹传十二”。罗湖镇在江西省抚州市临川区东北部。

十一杂篇，不过蒇内篇之宏绰幽广，故所说内篇为详。后附拾遗杂说一卷，以发挥余义，疑其书成后所补缀也。史称雱睥睨一世，无所顾忌，其很愎本不足道。顾率其傲然自恣之意，与庄周之滉漾肆论，破规矩而任自然者，反若相近，故往往能得其微旨。孙应鼇序谓取言不以人废，谅矣。是书《宋志》不著录，晁公武《读书志》作十卷，此本倍之，疑《读书志》误脱“二”字。或明人重刊，每卷分为二欤？王宏撰《山志》曰：注《道德》、《南华》者无虑百家，而吕惠卿、王雱所作颇称善，雱之才尤异。使当时从学于程子之门，所就当不可量。又曰：窃又疑惠卿之奸谄，雱之恣戾，岂宜有此？小人攫名，或倩门客为之，亦未可知。案小人凶狡，其依凭道学，不过假借声名。邢恕何尝不及程子之门，见《伊洛渊源录》。章惇何尝不及邵子之门，见《闻见录》。而一旦决裂，不可收拾。安见雱一从程子，必有所就？至于雱之材学，原自出群，王安石所作《新经义》，惟《周礼》是其手稿，其于皆雱所助成。蔡絛《铁围山丛谈》言之甚详，又何有于《庄子注》，而必需假手乎？宏撰所言，不过好为议论，均未详考其实也。（卷一四六·子部·道家类，第1246页）

16.抚州·临川【宋】王安礼（1034—1095）：《王魏公集》八卷永乐大典本

宋王安礼撰。安礼字和甫，临川人。安石之弟也。登嘉祐六年进士第，历官翰林学士、知开封府、尚书左丞，迁资政殿学士，知太原府。事迹具《宋史》本传。安石兄弟三人，惟安国数以正议见绌，其文集亦湮没不传。安礼位稍通显，史称其以经济自任，而阔略细谨。故其生平，一以知湖、润两州与倡女共饭论罢，一以贪论罢。屡踬屡起，盖亦跅弛于法度之外者。然其知制诰时，因彗星见，极言执政大臣不察上惠养元元之意，用力殚于沟瘠，取利究于园夫。其语皆以讥刺新法，则于大体尚能持正，固未可以一节概贬之矣。其集本二十卷，见于《宋史·艺文志》、陈振孙《书录解题》者并同。明叶盛《菉竹堂书目》亦载有《王魏公集》六册，是明初尚有传本。厥后诸家书目，皆不著录。盖自明中叶以后，已佚不存。今从《永乐大典》散见各韵者，裒辑汇编，釐为八卷。其中内外制草，颇典重可观。叙事之文，亦具有法度。至若沈季良、元绛诸志铭，尤足补史传之阙。以视安石，虽规模稍隘，而核其体格，固亦约略相似也。安礼封魏公，史所不载。惟田昼所撰《王和甫家传》有云：“累勋至上柱国，爵魏郡开国公，食邑三千户，食实封五百户。”盖宋世每遇郊恩，辄赐群臣勋封。名号冗滥，故史不尽载。观安礼所修《灵台秘苑》，今著录子部中者，书前有安礼署衔一条，题上骑都尉剧县开国男。而本传亦未之及。则其为史所略者，固已多矣。（卷一五三·集部·别集类六，第1321页）

17.抚州·临川【宋】饶节（1065—1129）：《倚松老人集》二卷两淮马裕家藏本

宋饶节撰。节字德操，抚州人。尝为曾布客，后与布书论新法不合，乃祝发为浮屠，更名如璧，挂锡灵隐。晚主襄阳之天宁寺。尝作偈云："闲携经卷倚松立，试问客从何处来？”遂号倚松道人。集中诗大半为僧后所作。吕本中《紫微诗话》称其萧散似潘邠老。陆游《老学菴笔记》亦称为当时诗僧第一。《宋史·艺文志》载《倚松集》十四卷。今止存抄本二卷，末有"庆元己未校官黄汝嘉重刊"一行。盖犹沿宋刻之旧。又今所传本与谢薖、韩驹二集行款相同。卷首标目下俱别题"江西诗派"四字，与他诗集不同。或即宋人所编《江西诗派集》一百三十七卷内之三种。旧本残阙，后人析出单行欤？（卷一五四·集部·别集类七，第1333页）（卷一五四·集部·别集类七，第1333页）

18.抚州·临川【宋】谢逸（1068—1113）：《溪堂集》十卷永乐大典本

宋谢逸撰。逸字无逸，临川人。屡举不第，然以诗文名一时。吕本中作《江西诗派》，列黄庭坚而下凡二十五人，逸与弟薖并与焉。本中尝称逸才力富赡，不减康乐。刘克庄作《江西诗派序》，则谓逸轻快有余而欠工緻，颇以本中之言为失实。今观其诗，虽稍近寒瘦，然风格隽拔，时露清新。上方黄、陈则不足，下比江湖诗派则沨沨乎雅音矣。且克庄序中又称："宣政间有歧路可进身。韩子苍诸人或自鬻其技至贵显。二谢乃老死布衣，其高节为不可及。”而本中《东莱诗话》亦载汪华赠逸诗云："但得丹霞访庞老，何须狗监荐相如。新年更励于陵节，妻子同鉏五亩蔬。”则知当时兼以人品重之，不独以其诗也。考江西派中有集者二十四人。逸所著文集二十卷、诗集五卷、补遗二卷、诗余一卷，尤称繁富。今自黄、陈、吕、晁诸家外，惟韩驹《陵阳集》及薖之《竹友集》犹有写本。逸集已久佚无传。故王士祯跋《竹友集》，以未见逸集为歉。近时厉鹗撰《宋诗纪事》，蒐罗极广，所采逸诗亦止十余首。今从《永乐大典》所载，裒集缀辑，尚得诗文数百篇。中间如《冷斋夜话》所载“贪夫蚁旋磨，冷官鱼上竿”句，又《豫章诗话》所引逸《蝴蝶》诗“狂随柳絮有时见，舞入梨花何处寻。江天春暖晚风细，相逐卖花人过桥”等句，虽皆已失其全篇，然其存者，诗词约什之七八，文亦约什之四五，已可略见其大概。谨订正讹舛，釐为十卷。庶考江西诗派者，犹得以备一家焉。（卷一五五·集部·别集类八，第1338—1339页）

19.抚州·临川【宋】谢逸：《溪堂词》一卷安徽巡抚采进本

宋谢逸撰。《宋史·艺文志》载逸有集二十卷，《溪堂诗》五卷。岁久散佚。今已从《永乐大典》中蒐辑成编，已著录。《书录解题》别载《溪堂词》一卷。今刊本一卷，末有毛晋跋，称既得《溪堂全集》，末载乐府一卷，遂依其章次就梓。盖其集明末尚未佚，晋故得而见之也。逸以诗名宣、政间，然《复斋漫录》载其尝过黄州杏花村馆，题《江神子》一阕于驿壁，过者必索笔于驿卒。卒苦之，因以泥涂焉。其词亦见重一时矣。是作今载集中，语意清丽，良非虚美。其他作亦极煅炼之工。卷首有序，署漫叟而不名。其所称“黛浅眉痕沁，红添酒面潮”二句，乃《菩萨蛮》第一阕中句。“鱼跃冰池抛玉尺，云横石岭拂鲛绡”乃《望江南》第二阕中句。然“红潮登颊醉槟榔”本苏轼语，“鱼跃练江抛玉尺”亦王令语，皆剽窃前辈旧文，不为佳句。乃独摘以为极工，可谓舍长而取短，殊非定论。晋跋语又载《花心动》一阕，谓出近来吴门抄本，疑是赝笔。乃沈天羽作《续词谱》，独收此词。朱彝尊《词综》选逸词，因亦首登是阕。考宋人词集，如史达祖、周邦彦、张元幹、赵长卿、高观国诸人皆有此调。其音律平仄，如出一辙。独是词随意填凑，颇多失调，措语尤鄙俚不文。其为赝作，盖无疑义。晋刊此集，削而不载，特为有见。今亦不复补入，庶免鱼目之混焉。（卷一九八·集部·词曲类一，第1810—1811页）

20.抚州·临川【宋】谢薖（1074—1116）：《竹友集》十卷编修汪如藻家藏本

宋谢薖撰。薖字幼槃，临川人。《宋史·艺文志》、陈振孙《书录解题》载薖《竹友集》俱作十卷。而世所行本止四卷，又有诗无文。盖流传仅存，已多阙佚。此本乃明谢肇淛从内府钞出。凡古诗四卷、律诗三卷、杂文三卷。与宋时卷数相合，盖犹旧本。卷末有绍兴壬申抚州州学教授建康苗昌言题识，称“二谢文集合三卷，邦之学士欲刊之而未能。朝议大夫赵士鹏来守是邦，始命勒其书于学宫，以称邦人之美意。”详其词气，盖与谢逸《溪堂集》同时授梓，故吕本中原跋亦总二集而言之也。本中称薖诗似谢玄晖，不免誉之太过。刘克庄《诗话》则谓薖视逸差苦思，而合玄晖者亦少。王士祯《居易录》又谓薖在江西派中，亦清逸可喜。然涪翁沈雄刚健之气，去之尚远。所评骘俱为不诬。士祯又极称其《颜鲁公祠堂》、《十八学士图》诸长歌及“寻山红叶半旬雨，过我黄花三径秋”二句、《靡靡江蓠只唤愁》一诗。持论亦属允当。至所称“挼挲蕉叶展新绿，从臾榴花开晚红。瘦藤拄下万峰顶，老鹤来归千岁巢”，则殊不尽薖所长。盖一时兴到之言，非笃论也。（卷一五五·集部·别集类八，第1339页）

21.抚州·临川【宋】曾极：《金陵百咏》一卷浙江鲍士恭家藏本

宋曾极撰。极字景建，临川布衣。晚以《江湖集》事得罪，谪道州卒。所著《舂陵小雅》，今已不传。此乃其咏建康故迹之作，皆七言绝句，凡一百首。词旨悲壮，有磊落不羁之气。罗椅尝谢其惠《百咏》书云：“不知景建是何肺腑，能办此等恼人语于千载下。”今观其诗，如《天门山》云：“高屋建瓴无计取，二梁刚把当殽函。”《新亭》云：“江右于今成乐土，新亭垂泪亦无人。”大抵皆以南渡君臣画江自守，无志中原而作，其寓意颇为深远。《豫章人物志》载：“极游金陵，题行宫龙屏，忤时相史弥远，以是获谴。”是编有《古龙屏风》一首云：“乘云游雾过江东，绘事当年笑叶公。可恨横空千丈势，翦裁今入小屏风。”与《人物志》所纪相合。盖其愤激之词，虽不无过于径直，而淋漓感慨，与刘过《龙洲集》中诗句气格往往相同，固不徒以模山范水为工者也。刘壎《隐居通议》摘其“可惜当年杀严续，无人为益决囚灯”二语，谓续始终全美，未尝被杀，不免误用故事。考《资治通鉴》，载陈觉使周还，矫世宗诏，命李景杀严续。景表请于周，明续无罪。觉诈始露，而续得免。是续实未被杀，壎所驳良是。究其致谬之由，盖以姚宽《西溪丛语》有“钟谟奉使归唐，以陈觉矫周帝之命斩严续事，言于唐主”云云。所言不具首尾，极遂以为实有是事。又“决囚灯”事以中主误为后主，亦为乖舛。是则考证之偶疏，固不必为之讳矣。（卷一六〇·集部·别集类一三，第

1381—1382页）

22.抚州·临川【宋】晏几道（1038—1110）：《小山词》一卷江苏巡抚采进本

宋晏几道撰。几道字叔原，号小山。殊之幼子。监颍昌许田镇。熙宁中郑侠上书下狱，悉治平时所往还厚善者，几道亦在其中。从侠家搜得其诗，裕陵称之，始得释。事见《侯鲭录》。黄庭坚《小山集》序曰："其乐府可谓狭邪之大雅，豪士之鼓吹。其合者高唐洛神之流，其下者岂減桃叶、团扇哉？"又《古今词话》载程叔微之言曰："伊川闻人诵叔原词：'梦魂惯得无拘检，又踏杨花过谢桥。'曰鬼语也。"意颇赏之。然则几道之词固甚为当时推挹矣。马端临《文献通考》载《小山词》一卷，并录黄庭坚全序。此本佚去，惟存无名氏跋后一篇。据其所云："似几道词本名《补亡》，以为补乐府之亡。单文孤证，未敢遽改，姑仍旧本题之。"至旧本字句，往往讹异。如"泛清波摘遍"一阕，"暗惜光阴恨多少"句，此于"光"字上误增"花"字，衍作八字句。《词汇》遂改"阴"作"饮"，再误为"暗惜花光饮恨多少"。如斯之类，殊失其真，今并订正焉。（卷一九八·集部·词曲类一，第1809—1810页）

23.抚州·临川【元】詹道传:《四书纂笺》二十八卷内府藏本

元詹道传撰。道传，临川人。其始末未详。是书略仿古经笺疏之体，取朱子《四书章句集注》、《或问》，正其音读，考其名物度数，各注于本句之下，亦间释朱子所引之成语。如"真积力久"出《荀子·劝学篇》，"孝子爱日"出《扬子·孝至篇》，皆为证其出处。其所援引，亦间有牴牾。如《论语》"夏瑚、商琏"，朱子本引包咸旧《注》案：咸《注》久佚，此据何晏《集解》所引。道传既引《明堂位》"夏后氏之四琏、殷之六瑚"，辨其异同，而复谓"夏曰瑚，商曰琏"本于《尔雅·释器》。今检校《尔雅》，实无此文，则道传杜撰附会也。又此书于朱子所引诸儒，皆详其名字、里居。而《孟子·尽心章》引陈氏厌于嫡母之说，实陈耆卿《孟子记蒙》中语。耆卿字寿老，临海人，见叶适《水心集》。此独失载，亦未免有所疏漏。然大致皆有根柢，犹元儒之务实学者。与张存中《四书通证》相较，固犹在其上矣。（卷三六·经部·四书类二，第300页）

24.抚州·临川【元】吴皋:《吾吾类稿》三卷永乐大典本

元吴皋传。皋《元史》无传，志乘亦失载其姓名。独《永乐大典》各韵中颇采录其诗文，题作《吴舜举吾吾类稿》。又别收胡居敬等原序二篇，略具行履。知其为临川人，乃宋丞相吴潜诸孙。早游吴澂之门，尝官临江路儒学教授。元亡后抗志不出，遁迹以终。而不著其名。惟王圻《续文献通考》载有吴皋《吾吾类稿》之目，而集中祝文亦有“皋忝游宦”语。知皋为其名，舜举乃其字也。皋工于韵语，所作大都以朴澹为主，不涉元末佻巧纤靡之习。诗中纪年，多有庚寅、壬辰及癸卯、甲辰等岁名。时值至正之季，盗贼纵横，目击艰危，每深忧愤。如《和刘闻廷拟古十章》，反覆于国步将倾，藩维弛节，而继之以“堂堂浔阳守，重义知所本”云云，特表李黼之忠烈，以激厉当时。其志有可悯者。虽其骨格未坚，尚不能抗行古作者，而缠绵悱恻，要不失变雅之遗意焉。集佚已久。顾嗣立《元诗选》蒐罗最广，亦阙而不载。今从《永乐大典》裒辑，共得诗一百二十余首，厘为三卷。其杂文十余首，亦附于后备考核焉。（卷一六八·集部·别集类二一，第1457页）

25.抚州·临川【元】元淮（1130—？）:《水镜集》一卷两淮马裕家藏本

元元淮撰。淮字国泉，号水镜，临川人[①]，至元初以军功显于闽，官至溧阳路总管。是编一名《金困集》。困古渊字，与仇远《金渊集》同名。盖远亦尝官溧阳教授，均取义于投金濑耳。其诗有《击壤集》之风，而理趣不逮，视远诗则不可同日语矣。（卷一七四·集部·别集类存目一，第1545页）

26.抚州·临川【明】陈际泰（1567—1641）:《易经说意》七卷浙江吴玉墀家藏本

明陈际泰撰。际泰字大士，临川人。崇祯甲戌进士。官行人司行人。《明史·文苑传》附见《艾南英传》中。际泰本以时文名，故其说经亦即用时文之法，中间或有竟作两比者。自有训诂以来，一二千年无此体例也。（卷八·经部·易类存目二，第66页）

① 又云“抚州崇仁人”。https://baike.baidu.com/item/%E5%85%83%E6%B7%AE/3778361?fr=aladdin

27.抚州·临川【明】陈际泰:《周易翼简捷解》十六卷、附《群经辅易说》一卷浙江巡抚采进本

明陈际泰撰。是编谓《河图》、《洛书》体用相为附丽，表里经纬，悉师羲《易》。首卷载古今诸图，中十六卷为《捷解》，末卷又为《图说》二十四条，《拾遗》九条，散漫支离，未得要领。附载《群经辅易说》一卷，仅十四页。大旨谓《大学》、《中庸》诸书皆所以明《易》，而西方之教独与之背。盖明末心学横流，大抵以狂禅解《易》，故为此论以救之。所见特为笃实。其八比高出一时，亦由其根柢之正也。(卷八·经部·易类存目二，第66页)

28.抚州·临川【明】陈际泰:《五经读》五卷浙江巡抚采进本

明陈际泰撰。际泰有《易经说意》，已著录。其平生以制艺传，经术非所专门。故是编诠释《五经》，亦皆似时文之语，所谓习惯成自然也。(卷三四·经部·五经总义类存目，第284页)

29.抚州·临川【明】陈际泰:《四书读》十卷江西巡抚采进本

明陈际泰撰。际泰有《易经说意》，已著录。际泰以制义名一代，是编诠发《四书》大义，亦略如制艺散行之体。其议论骏发，视章世纯《留书》过之，而不及世纯《留书》时有精义。盖际泰用纵横之才，去说经之道远；世纯用深湛之思，去说经之道稍近也。(卷三七·经部·四书类存目，第313页)

30.抚州·临川【明】章世纯:《四书留书》六卷江苏巡抚采进本

明章世纯撰。世纯字大力，临川人。天启辛酉举人，官至柳州府知府。闻流寇陷京师，悲愤而卒。《明史·文苑传》附见《艾南英传》中。所著总名曰《留书》。此其说《四书》者六卷。又别有《内集》一卷，乃所著子书；《散集》一卷，乃所作笔记。《明史·艺文志》总题曰《留书》，入之《儒家类》中。然说《四书》六卷之前，有天启丁卯世纯自序，后有世纯自作《四书留书跋》，皆言诠释《四书》之意，不及其他。其书分章抒论，体例类刘敞《春秋意林》。但敞不标经文，此标某章某章耳。解经家本有此体，入之子书，殊非其类。今割其《内集》、《散集》别著录，而说《四书》者入《经部》，存其实也。世纯与艾南英、罗万藻、陈际泰号“临川四家”，悉以制义

名一时，而世纯运思尤锐。其诂释《四书》，往往于文字之外标举精义，发前人所未发。不规规于训诂，而亦未尝如讲良知者至于滉漾以自恣。扬雄所谓“好深湛之思”者，世纯有焉。（卷三六·经部·四书类二，第303页）

31.抚州·临川【明】汤显祖（1550—1616）（伪托）：《五侯鲭字海》二十卷安徽巡抚采进本

不著撰人名氏，题曰“汤海若订正”。考汤显祖号曰若士，亦曰海若，临川人。万历辛丑进士。官至礼部主事，终于遂昌县知县。《明史》有传。则当为显祖所作矣。前有陈继儒序云：“取《海篇》原本，遵依《洪武正韵》，参合成书。”然其注释极为简略，体例亦颇芜杂。每字皆用直音，尤多讹谬。至卷首以《四书五经难字》别为一篇，则弇陋弥甚。显祖犹当日胜流，何至于此？盖明末坊贾所依托也。（卷四三·经部·小学类存目一，第376页）

32.抚州·临川【明】汤显祖：《别本茶经》三卷浙江鲍士恭家藏本

旧本题曰玉茗堂主人阅。玉茗堂主人，汤显祖之别号也。显祖有《五侯鲭》、《字海》，已著录。是编取陆羽之书合为一卷，后附《水辨》、《外集》各一卷，然编次无法，疏舛颇多。如皇甫冉送陆鸿渐山人采茶诗，讹为皇甫曾。欧阳修大明水、浮槎山水二记，列东坡《志林》之后。雀舌下材一条出沈括《梦溪笔谈》，题下失注书名，连于唐人张又《新煎茶水记》之后，遂似又新之作。皮日休《茶中杂咏》序删诗存序，以冠篇首，改名《茶经序》。《陆羽传》删去《唐书》旧赞，别加童史氏承叙赞语。冗杂颠倒，毫无体例，显祖似不至此，殆庸劣坊贾托名欤？（卷一一六·子部·谱录类存目，第1000页）

33.抚州·临川【明】汤显祖：《玉茗堂集》二十九卷两江总督采进本

明汤显祖撰。显祖有《五侯鲭》、《字海》，已著录。显祖于王世贞为后进，世贞与李攀龙持上追秦、汉之说，奔走天下，归有光独诋为庸妄。显祖亦毅然不附，至涂乙其四部稿，使世贞见之。然有光才不逮世贞，而学问深密过之。显祖则才与学皆不逮，而议论识见，则较世贞为笃实。故排王、李者，亦称焉。是集凡诗十三卷，文十卷，尺牍六卷。前有南丰朱廷诲序，称其：解阴符五贼禽制之法，序《春秋》辑略，发仁孝动天下之旨，记小辨明

复小乾大之一致。非无根据之学者，然终非有光匹也。（卷一七九·集部·别集类存目六，第1621页）

34.抚州·临川【明】周孔教：《周中丞疏稿》十六卷江西巡抚采进本

明周孔教撰。孔教字明行，临川人，万历庚辰进士，官至右都御史，总理河道。是集凡《西台疏稿》二卷、《中州疏稿》五卷、《江南疏稿》九卷。其《西台疏》内极论赵志皋、石星等封日本弃朝鲜之非。《江南疏》内停织造、止加派及丁未救荒诸疏，尤具见风力。其余则案牍之文为多。据赵南星序，此集乃孔教由应天巡抚迁总督河道时所刊。其时吴中士民请留孔教，言者劾为孔教阴使之。孔教由此去国，乃裒刊平日之疏，使南星序之。而顾宪成、高攀龙亦为之序。三人皆一代名臣，所言当不假借。然当嫌疑交起之际，而急刻《疏稿》以自表。日相激薄，党祸遂成。是则东林诸人负气求胜之过，难尽委诸命数也。（卷五六·史部·诏令奏议类存目，第509页）

35.抚州·金溪；临川；临川【明】谢廷谅、周孔教、姜宏范：《千金堤志》八卷浙江范懋柱家天一阁藏本

明谢廷谅、周孔教、姜宏范同撰。廷谅字友可，金溪人。万历乙未进士，官至顺庆府知府，事迹附见《明史·谢廷瓒传》。孔教有《中丞疏稿》，已著录。宏范，临川人，仕履未详。千金堤在抚州府城东，当汝水之冲，即唐之千金陂，屡有兴废。万历五年，知府古之贤率属重修，廷谅等因述此志，以纪其事。凡《形胜》、《沿革》、《经画》、《人物》各一卷，《艺文》四卷，皆一时颂美之词也。（卷七五·史部·地理类存目四，第652—653页）

36.抚州·临川【明】周孔教：《救荒事宜》一卷江西巡抚采进本

明周孔教撰。孔教有《中丞疏稿》，已著录。是编乃其官应天巡抚时以三吴被水而作。分目二十三条，附议三条，大旨不出《周官·荒政》之意。盖当时所颁条教，而其属官为之刊行也。（卷八四·史部·政书类存目二，第724页）

37.抚州·临川【明】伍余福：《陕西志》三十卷两淮盐政采进本

明伍余福撰。余福字天锡，临川人。正德丁丑进士，官陕西按察司副

使。是编成于成化乙未，以府、州、县、卫、所、寺、监为纲，而各系门目于其下，如《一统志》之例。陕西为古都会地，旧迹颇多，金石尤富，诸书记载颇详。其所采摭，尚未能详备。（卷七三·史部·地理类存目二，第638页）

38.抚州·临川【明】伍余福:《三吴水利论》一卷户部尚书王际华家藏本

明伍余福撰。余福有《陕西志》，已著录，是书凡分八篇。一论五堰，二论九阳江，三论夹苧干，四论荆溪，五论百渎，六论七十三溇，七论长桥百洞，八论震泽。皆吴中水利要害，大旨本宋单锷所论，而推广之。（卷七五·史部·地理类存目四，第650—651页）

39.抚州·临川【明】伍余福:《苹野纂闻》一卷编修程晋芳家藏本

明伍余福撰。余福有《成化陕西志》，已著录。是书所纪仅二十条，皆吴中故实，间及朝政。末有其子忠光跋，谓余福家食时所纂，殁后始于笥中检出，因鋟诸梓云。（卷一四三·子部·小说家类存目一，第1221页）

40.抚州·临川【明】黎久之:《黎子杂释》一卷浙江郑大节家藏本

明黎久之撰。久之字未斋，临川人。官高要县知县。书中有永乐、宣德年号，则宣宗后人也。其书杂举奇幻之事，推求其理，词极辨博，而大旨仍归于神怪。如炼铜为银，点石成金，以及器之能聚宝者，皆以为有理可推，其言颇谬。末缀论文二条。一谓诗即文，文即诗，杜诗即其文，韩文即其诗。一缀“鲁两生礼乐百年后兴”语，“董仲舒道之大原出于天”语，“韩愈尧以是传之舜”数语，为汉、唐人精于讲学之证，举《太极图说》、《通书》、东西铭等数篇为宋、元人工于文章之证，皆务反旧说，未为确论。（卷一二四·子部·杂家类存目一，第1067—1068页）

41.抚州·临川【明】胡澄:《警时新录》一卷浙江巡抚采进本

明胡澄撰。澄字景高，临川人。是书末附澄墓志，称生于永乐丙申，卒于宏[1]治乙卯。是书则作于天顺庚辰，凡五十篇，篇有标题，皆警戒下愚之

① “宏”当为“弘”，避讳清高宗弘历。

语，故其词不文。各证以见闻实事，亦多芜杂。（卷一二四·子部·杂家类存目一，第1068页）

42.抚州·临川【明】熊鼎（1322—1376）：《公子书》三卷永乐大典本

明洪武中熊鼎等奉敕撰。采摭古事，分为三类。一良臣门，一忠臣门，一奸臣门。其词较《永鉴录》尤俚浅，盖以训开国武臣之子弟，故务取通俗云。（卷一三一·子部·杂家类存目八，第1118页）

43.抚州·临川【明】罗万藻（？—1646）：《十三经类语》十四卷浙江巡抚采进本

旧本题明罗万藻编。万藻字文止，江西人①。天启丁卯举人。福王时官上杭县知县。唐王僭号于福建，擢为礼部主事，未几卒。故至今时文家称曰罗仪部，《明史·文苑传》附见艾南英传中。是书因坊本《五经类语》，更取十三经广之，分一百三十四类，杭州鲁民重又为之注。案万藻虽仅以时文名家，而所学具有原本，其时文幽渺湛深，纯以意运，亦决不用此饾饤之功。况其时张溥与张采立复社，艾南英与章世纯、陈际泰及万藻立豫章社，会南英选刻时文，涂乙过当，为众所诟。乃取己及三人之文亦分合作、摘谬二例，涂乙其半，刊以示公。溥等因以离间其交，世纯、际泰皆为所动，而万藻恬于名誉，独不从溥。今此书之首乃有溥序，与当日情事尤为乖剌。殆民重托称万藻，籍豫章社之名以行，又伪撰溥序，藉复社之名以取重。总之，坊贾伎俩而已。（卷一三八·子部·类书类存目二，第1174—1175页）

44.抚州·临川【明】罗万藻：《此观堂集》六卷江西巡抚采进本

明罗万藻撰。万藻有《十三经类语》，已著录。万藻与同邑章世纯、陈际泰、东乡艾南英，并以制义名一时，号江西四家。《明史》以是收之《文苑传》中。此集制义之序居三分之一，盖其平生精力所萃也。四家之中，南英最好立门户，近与南城张自烈互诟，远与华亭陈子龙相争；又最祖护

① 《明史》卷二百八十八（列传第一百七十六，《文苑四》）："章世纯，字大力，临川人。……罗万藻，字文止，世纯同县人。"《江西通志》第14部分《人物志》：罗万藻，字文止，临川人。天启丁卯举人，与大士、千子、大力主文章之柄者四十余年，海内称为四先生。

严嵩，务与公论相反。以是终南英之身，无日不叫嚣跳踉，呶呶然与天下辩，虽世纯、际泰，后亦隙末。惟万藻日与南英游，而泊然一无所与，盖其天性静穆，不以声气为名高，故其文气焰不及南英，而恬雅则胜之云。（卷一八〇·集部·别集类存目七，第1627页）

45.抚州·临川【明】陈九川（1494—1562）:《明水文集》十四卷两江总督采进本

明陈九川撰。九川字惟濬，号竹亭，临川人。正德甲戌进士，官太常寺博士，时以直谏，廷杖。嘉靖初为礼部主客司郎中，复以事谪戍，放还，居明水山，遂易号明水。初九川释褐时，告归谒王守仁，讲无善无恶之旨，遂称弟子。抚州为姚江之学者自九川始。是集乃其门人董君和所编，凡文八卷，大抵皆讲学之语，诗六卷，小有韵致，而不免薄弱。（卷一七六·集部·别集类存目三，第1576页）

46.抚州·临川【明】章衮:《章介庵集》十一卷江西巡抚采进本

明章衮撰。衮字汝明，临川人。嘉靖癸未进士，官至陕西按察司副使。是集首载《大学口义》、《中庸口义》各一卷，皆训释章句之语，三卷以下皆杂文，十卷为各体诗，而以《随笔》、《琐言》终焉。《琐言》者，衮所作语录也。其文疏爽，而颇乏体要。《序王临川集》几万言，极论新法之善，谓：元祐若能守而不变，孰非继述之善。又论：公以瞑眩之药，攻治之于先，司马公又以瞑眩之药，溃乱之于后，遂使国论屡摇，民心再扰云云。毅然翻久定之案，可谓桑梓情深矣。（卷一七七·集部·别集类存目四，第1580页）

47.抚州·临川【明】万道光:《交翠馆集》十卷江西巡抚采进本

明万道光撰。道光字日章，临川人。是集诗文皆未入格，其学以金溪为宗，《说经》诸篇，皆疏于考证。如或谓纲目不出朱子手，道光以为无的考，是不知有赵师渊也。伊尹放之于桐，“放”字为“教”字之误，乃沈括《梦溪笔谈》之说，道光亦未能引据。（卷一七九·集部·别集类存目六，第1612页）

48.抚州·临川【明】陈文焕:《钓台集》六卷两江总督采进本

明陈文焕编。文焕字静菴，临川人。官严州府知府。是集成于万历丙

子，因《钓台集》旧本，续以后来诗文，别无发凡起例之处。（卷一九三·集部·总集类存目三，第1755页）

49.抚州·临川【明】邱兆麟（1572—1629）（伪托）：《明文隽》八卷 江苏巡抚采进本

旧本题曰袁宏道精选，邱兆麟参补，陈继儒标旨，张鼐校阅，吴从光解释，陈万言汇评。盖坊间刻本，托宏道等以行。前有周宗建序，谓有志公车业者，其沈酣之无后，亦必非宗建语也。（卷一九三·集部·总集类存目三，第1757页）

50.抚州·临川【明】单宇:《菊坡丛话》二十六卷 两淮盐政采进本

明单宇撰。宇字时泰，菊坡其号也，临川人。正统己未进士，官侯官县知县。事迹具《明史》本传。其书采古今论文之语，编次成帙，分二十六门。凡论诗者二十四卷，论四六者一卷，论乐府者一卷。所采自乐府古词以下，宋人居多。元人如萨都剌等，亦间引及，然寥寥无几。每条各注所出，亦有但注“菊坡”二字者，则宇自记其语也。史载宇待铨吏部时，值英宗北狩，上书请罢监军内官，又上书请毁王振所建大兴隆寺，其人亦铮铮者，而于论诗不甚当行。是编大旨欲配胡仔之书，故仍以丛话为名。然采摭不及其博。又仔书多论文，此书多记事，仔书多考证，此书但抄撮旧文。例亦小殊。（卷一九七·集部·诗文评类存目，第1800页）

51.抚州·临川【清】汤秀琦（1625—1699）:《读易近解》二卷 江西巡抚采进本

国朝汤秀琦撰。秀琦号弓菴，临川人。顺治中以岁贡生官鄱阳县训导。是编取《周易图说》为之发明，使浅显易解。旧有图者，因图而推衍之。旧有说而无图者，补图以证佐之。盖于《易》专主数，于数专主宋学者也。（卷九·经部·易类存目三，第72页）

52.抚州·临川【清】汤秀琦:《春秋志》十五卷 河南巡抚采进本

国朝汤秀琦撰。秀琦有《读易近解》，已著录。是书为表者八：曰《春秋事迹年表》，曰《春秋大纲年表》，曰《天王年表》，曰《十二伯主年表》，曰

《鲁十二公年表》，曰《列国年表》，曰《经传小国年表》，曰《列国卿大夫世表》。为书法者四：曰《书法精义》，曰《书法条例》，曰《书法比事》，曰《书法遗旨》。表以考事，书法以考义也。考《南史》称司马迁作表，旁行斜上，体仿《周谱》。盖以端绪参差，恐其瞀乱，故或国经而年纬，或国纬而年经，使一纵一横，丝牵绳贯，虽篇章隔越，而脉络可寻。秀琦所作八表，惟《列国年表》不失古法，其余年表但以字之多少，每半页分为数格，横读之成文，纵读之即不相贯。半页以外，则格数宽狭多寡互异，并横读亦不可通。其《经传小国年表》、《列国卿大夫世表》，或半页之中、一行之内，参差界书，各自为文，更纵读、横读皆不相属，乌在其为年表也？《书法精义》皆依违胡安国之文，《书法条例》亦剽窃崔子方之式，惟《书法比事》谓有顺文上下以为比者，有分别事类以为比者。如方有天王之事而遽会虫牢，著其无王；楚灭江而晋伐秦，讥其不救；既伐邾而公如齐，则侵小附强可知；介再朝而后侵萧，则求援举兵可知。如斯之类，皆顺文上下，以见褒贬，其说为沈棐诸家所未及。又《书法遗旨》自抒己论，虽不免间有骑墙，而驳正处时有特见，其长亦不可没耳。盖秀琦之说，本可分系经文之下，共为一书，而必欲变例见奇，多分门目，转致重复纠结，治丝而棼。亦可谓不善用长矣。（卷三一・经部・春秋类存目二，第253—254页）

53.抚州・临川【清】黄家杰：《易经辑疏》四卷江西巡抚采进本

国朝黄家杰撰。家杰，临川人。其书删邵子之横图，谓此邵子之《易》，非羲、文之《易》，而不免仍用先天之说。又谓来知德之卦错、卦综胜于卦变，而不免仍用卦变之说。观其自序，称来《易》恐不近于举业。是既欲诂经，又牵合以就程试，遂两者骑墙耳。（卷一〇・经部・易类存目四，第87页）

54.抚州・临川【清】李绂（1673—1750）：《陆象山年谱》二卷江西巡抚采进本

国朝李绂撰。绂字巨来，号穆堂，临川人，康熙己丑进士，官至内阁学士，兼礼部侍郎。《陆九渊年谱》为其门人袁燮、傅子云同编。宝祐四年，李子愿又重辑之，刘林为刊版于衡阳。绂病陆氏家祠所刻，凡文与本集重见者，多所刊削，又病其不载陆九龄、陆九韶事迹，乃重加补辑，定为此

本。大旨申王守仁朱子晚年定论之说。(卷六〇·史部·传记类存目二,第546页)

55.抚州·临川【清】李绂:《朱子晚年全论》八卷江西巡抚采进本

国朝李绂编。绂字巨来,号穆堂,临川人。康熙己丑进士,官至内阁学士,兼礼部侍郎。朱、陆之徒,自宋代即如水火,厥后各尊所闻,转相诟厉,于是执学问之异同,以争门户之胜负。其最著者,王守仁作《朱子晚年定论》,引朱以合陆。至万历中,东莞陈建作《学蔀通辨》,又尊朱以攻陆。程曈,朱子之乡人也,因作《闲闢录》以申朱子之说。绂,陆氏之乡人也,乃又作此书以尊陆氏之学。大旨谓陈建之书与朱子之论,援据未全,且语录出门人所记,不足为据,乃取朱子正、续、别三集所载,自五十岁至七十一岁与人答问及讲义、题词之类,排比编次,逐条各附考证论辨于下,以成是书。其说甚辨。案韩愈《送王秀才序》,称"孔子之道大而能博","学焉而各得其性之所近"。故子贡之敏悟,曾子之笃实,皆得闻一贯之旨,而当时未尝相非。后之儒者,各明一义,理亦如斯。惟其私见不除,人人欲希孔庭之俎豆,于是始于争名,终于分党,遂寻仇报复而不已,实非圣贤立教之本旨。即以近代而论,陆陇其力尊程、朱之学,汤斌远绍陆、王之绪,而盖棺论定,均号名臣。盖各有所得,即各足自立,亦何必强而同之,使之各失故步乎?绂此书皆以朱子悔悟为言,又举凡朱子所称切实近理用功者,一概归之心学。夫回也屡空,焦竑以"心无罣碍,空诸所有"解之矣,颜子其果受之乎?仍各尊所闻而已矣。(卷九八·子部·儒家类存目四,第830页)

56.抚州·临川【清】李绂:《陆子学谱》二十卷江西巡抚采进本

国朝李绂撰。是编发明陆九渊之学。首列八目,曰辨志,曰求放心,曰讲明,曰践履,曰定宗仰,曰闢异学,曰读书,曰为政。次为友教。次为家学。次为弟子。次为门人。次为私淑。而终之以附录。考陆氏学派之端委,盖莫备于是书。惟其必欲牵朱入陆,以就其晚年全论之说,所列弟子如吕祖俭之类,亦不免有所假借。是则终为乡曲之私耳。(卷九八·子部·儒家类存目四,第830—831页)

57.抚州·临川【清】李曰涤:《竹裕园笔语》十二卷礼部尚书曹秀先家藏本

国朝李曰涤撰。曰涤字亦白，临川人。前明岁贡生。是编裒其平生杂著为之。一曰迩言一卷，皆辨析事理之谈。二曰蛩草一卷，三曰梅草一卷，皆戊子秋冬避兵山居所札记。三书识趣议论，出入于屠隆、袁宏道、陈继儒之间，盖明末风气如是也。四曰驱暑草一卷，皆其客楚时作。前为或问十章，缀以无富、无分、无过、无不过四论，皆借以发抒心迹。五曰余草一卷，皆所作杂文。六曰四书笔语六卷，依经生义，自抒所怀，与章世纯《雷书》相类；二人本同时，又相善也。（卷一三四·子部·杂家类存目一一，第1139—1140页）

58.抚州·临川【清】刘命清:《虎溪渔叟集》十卷江西巡抚采进本

国朝刘命清撰。命清字穆叔，临川人。是书前后无序跋，惟冠以《临川县志》小传一篇，称其明末捍御土寇有方略，福王时，揭重熙荐充馆职，辞不就；入国朝，以布衣终。是集凡经论二卷，史论二卷，文二卷，诗三卷，词一卷。其经论称朱子弃《子贡诗传》、《子夏诗序》，有骇于听闻。案朱子但尝驳诗序耳，其《子贡诗传》，至明始出，朱子乌得而见之？又谓鲁之《春秋》本用周正，孔子始改用夏正，以秦正建亥而吕不韦作月令，乃用夏时为例。是不特按之经文无一相合，且案《史记·秦始皇本纪》，吕不韦死在十二年，以十月为岁首，在二十六年。又《〈吕氏春秋〉后序》称岁在涒滩，乃始皇之八年，与改用亥正远不相及，引以为证，尤考之不详。史论颇多臆断，其诋诸葛诛马谡之非，及力袒王安石而深斥苏洵《辨奸论》，与吕公著《弹文》，尤不免颠倒是非。诗文亦皆不入格，盖倜傥自豪之士，负气纵横，而学问则未能深造也。（卷一八一·集部·别集类存目八，第1638页）

59.抚州·临川【清】李来泰（1624—1682）:《莲龛集》十五卷江西巡抚采进本

国朝李来泰撰。来泰字仲章，号石台，临川人。顺治壬辰进士，官工部虞衡司主事。康熙己未，召试博学鸿词，授翰林院侍讲。其制艺才藻富艳，有几社之余风，诗、古文则不逮也。（卷一八二·集部·别集类存目九，第1645页）

60.抚州·临川【清】李茹旻（1657—1734）：《二水楼诗集》十八卷、《文集》十卷江西巡抚采进本

国朝李茹旻撰。茹旻字覆如，临川人，康熙癸巳进士，官中书舍人。尝预修《广西通志》、《抚州府志》，所作凡例及诸传序，皆载集中。（卷一八四·集部·别集类存目一一，第1671页）

61.抚州·临川【清】王相:《尺牍嘤鸣集》十二卷内府藏本

国朝王相编。相字晋升，临川人。是书成于康熙己丑。采明末及国初简札分十二类，类中又分子目四十有三。大抵轻佻纤巧，沿陈继儒等之余习。（卷一九四·集部·总集类存目四，第1774页）

62.抚州·崇仁【宋】吴沆（1116—1172）：《易璇玑》三卷两江总督采进本

宋吴沆撰。沆字德远，临川人。绍兴十六年，与其弟澥诣行在献书。澥所献曰《宇内辨》，曰《历代疆域志》。沆所献曰《易璇玑》，曰《三坟训义》。澥书皆不传，沆《三坟训义》为太学博士王之望所驳，亦不传。惟此书仅存。凡为论二十有七：曰法天，曰通六子，曰贵中，曰初上定位，曰六九定名，曰天地变卦，曰论变有四，曰有象，曰求象，曰明位，曰明君道，曰明君子，曰论养，曰论刑，曰论伐，曰辨圣，曰辨内外，曰辨吉凶，曰通卦，曰通象，曰通爻，曰通辞，曰通证，曰释卦，曰释系，曰存互体，曰广演。每九篇为一卷。自序谓“上卷明天理之自然，中卷讲人事之修，下卷备注疏之失。”其大旨主于观《象》，因《象》而求之卦，求之象，求之爻。其曰“璇玑”者，取王弼《易略例·明象篇》“处璇玑以观大运”语也。胡一桂称沆尚有《易礼图说》，有《或问》六条，《图说》十二轴。今未见其书，殆亦散佚。惟其《环溪诗话》为人所记者，尚载《永乐大典》中，今别著录于《集部》云。（卷三·经部·易类三，第9—10页）

63.抚州·崇仁【宋】吴沆:《通言》一卷永乐大典本

宋吴沆撰。沆有《易璇玑》，已著录。此书亦语录之类。如曰：“不求过于人而人不能及之者，善道也；不求合于人而人不能离之者，善德也。”又曰：“立朝廷而后见山林之志，享富贵而后见贫贱之节。”论亦间有可取。然

其自序有曰：“孟轲谈仁义，至杨、墨而不通；其道小，不足以容杨、墨故也，孔子则无所否矣。韩愈原道德，至佛、老而不通；其道小，不足以容佛、老故也，王通则有所可矣。”其宗旨殊为谬诞，不可训也。（卷九五·子部·儒家类存目一，第804页）

64.抚州·崇仁【宋】吴沆：《环溪诗话》一卷永乐大典本

不著撰人名氏。皆品评吴沆之诗，及述沆论诗之语。卷首称沆为先环溪，又注其下曰：“此集非门人所编，只称先生为环溪，盖其后人所追记。”赵与旹《宾退录》称为吴德远《环溪诗话》，似乎沆所自著者误也。沆所著有《三坟训义》、《易璇玑》、《论语发微》、《易礼图说》、《老子解》、《环溪集》诸书。今惟《易璇玑》存，已著于录。其经术颇有足取，而诗亦戛戛自为，不囿于当时风气。其大旨以杜甫为一祖，李白、韩愈为二宗，亦间作黄庭坚体，然非所专主。其与张右丞论杜诗“旌旗日暖龙蛇动”句为一句能言五物，“乾坤日夜浮”句为一句能满天下一条案：第一条孙尚书下注曰：“环溪所与人议论。只称官职不敢指名字。”故《宾退录》不知张右丞之名。今亦仍其原文。《宾退录》尝驳之曰：“若以句中事物之多为工，则必皆如陈无已‘椒桧楠栌枫柞樟’之句案：陈师道此句实本之《柏梁台诗》“枇杷橘栗桃李梅”，非所自创，赵与旹不引汉诗而引此句，或以汉诗仅六物欤？，而后可以独步，虽杜子美亦不能专美。若以‘乾坤日夜浮’为满天下句，则凡言天地宇宙四海者皆足以当之矣，何谓无也？张辅喜司马子长五十万言纪三千年事，张右丞喜杜子美一句谈五物，识趣正同”云云。其掊击颇当。盖宋诗多空疏率易，故沆立“多用实字则健”之说。而主持太过，遂至于偏。又所举白间黄里，杀青生白、素王黄帝、小乌大白、竹马木牛、玉山银海诸偶句，亦小巧细碎，颇于雅调有乖。所自为诗如“草迷花径烦调护，水汨莲塘欠节宣”之类，自谓摹仿豫章，实仅得其不佳处，尤不可训。然其取法终高，宗旨终正，在宋人诗话之中，不能不存备一家也。赵与虤《娱书堂诗话》亦称其《观获诗》“新月辉辉动，黄云渐渐收”之句为形容最工云。（卷一九五·集部·诗文评类一，第1786页）

65.抚州·崇仁【宋】吴曾：《能改斋漫录》十八卷浙江巡抚采进本

宋吴曾撰。曾字虎臣，崇仁人。秦桧当国时，曾上所业得官。绍兴癸酉，自敕局改右承奉郎，主奉常簿，为玉牒检讨官。迁工部郎中，出知严州，致仕卒。此书末有其子复跋，称所记凡二千余条，厘为十八卷。自元初以来，刊本久绝，此本乃明人从秘阁抄出，原阙首尾二卷。焦竑家传写之本，遂以第二卷、第十七卷各分为二，以足其数，实非完帙。又书中分事始、辨误、事实、沿袭、地理、议论、记诗、谨正、记事、记文、方物、乐府、神仙鬼怪共十三类。而诸家传本，或分卷各殊，或次序颠倒，或并为十五卷，或以第十一卷分作两卷，而并第九卷入第八卷内，或无谨正一类、而并入记事类中，或多类对一门、诙谐戏谑一门。盖辗转缮录，不免意为改窜，故参错百出，莫知孰为原帙也。赵彦卫《云麓漫抄》又记秦桧卒后，曾不敢出其第十九卷。则当日已无定本，无怪后来之纷纷矣。是书考证颇详，而当时殊为众论所不满。刘昌诗《芦浦笔记》常摘其舛误十一条，又称其比事门中（案：今本无比事之名）。多所漏略，举《史记》八事以例其余。赵彦卫《云麓漫抄》亦摘其中论佛法与天地并原一条，为所学之诬妄，并称其诟訾前贤不少。如诗人得句偶有相犯，即以为蹈袭，及恃记博，妄有穿凿。周煇《清波杂志》则谓其记荆王元俨戏剧批判及宗室子好尚之僻诸事，有论其不应言者，旋被旨毁版。盛如梓《恕斋丛谈》又载当日有知麻城县郑显文者，遣其子之翰赴御史台论曾事涉讪谤，有旨曾、显文各降两官。臣僚缴奏乃黜显文，送其子汀州编管。后京镗爱其书，始版行。与煇所记不同，未详孰是。王士祯《池北偶谈》以为曾书多不满王安石，显文殆又袭党人故智。今观其书，以荀彧为汉之忠臣，以冯道为大人，其是非甚为乖剌。又如孙仲鼇贺秦桧诗，曾惇上秦桧书事十绝句，皆胪载无遗。是其党附权奸，昭然可见。并其书遭人攻击，盖由于此，士祯偶未详考也。然曾记诵渊博，故援据极为赅洽，辨析亦多精核，当时虽恶其人，而诸家考证之文，则不能不征引其说，几与洪迈《容斋随笔》相埒。置其人品而论其学问，弃其瑕类而取其英华，在南宋说部之中，要称佳本，则亦未可竟废矣。（卷一一八・子部・杂家类二，第1018—1019页）

66.抚州・崇仁【宋】欧阳澈（1091—1127）：《欧阳修撰集》七卷（编修汪如藻家藏本）

宋欧阳澈撰。澈字德明，崇仁人。建炎初徒步走行在，伏阙上书，请诛黄潜善、汪伯彦，与陈东俱论死。后高宗悔之，追赠秘阁修撰。事迹具《宋史・忠义传》。绍兴二十六年，吴沆次其诗为《飘然集》三卷，并为作序。

至嘉定甲申，会稽胡衍又取其所上三书，并序而刻之，釐为六卷。元季版毁于兵。明永乐丙申，澈十世孙永康县丞齐重刊之。金华唐光祖跋，称其书编为三卷，诗文事迹为四卷。当时陈东所同上之书，亦为掇拾，无所失坠，并取附为一卷。合为八卷。所称赞府士庄甫，即齐字也。而永乐丁酉崇仁知县王克义序，乃称齐录前后奏议，次继《飘然集》，分为六卷。与光祖跋不同。盖词有详略，实即一本。万历甲寅，澈二十世孙钺再新其版，吴道南为序。此本即从钺刻传写，而阙第八卷陈东之书。然东已有别集单行，可不必附录于此。今亦仍从此本，定为七卷焉。（卷一五七・集部・别集类一〇，第1358页）

67.抚州・崇仁【宋】陈元晋:《渔墅类稿》八卷永乐大典本

宋陈元晋撰。元晋《宋史》无传。惟《江西通志》载其字明父，崇仁人①。登嘉定四年进士。初授雩都尉，迁知福州、融州。累官邕管安抚使。尝建渔墅书院，因以名集。然考赵汸《东山存稿》有虞集行状，称集之祖解组过临川，寓公陈元晋之夫人为其女弟，因迎以归。则元晋亦蜀人，侨居崇仁。《通志》尚考之未详也。焦竑《经籍志》载有元晋《渔墅类稿》十卷。诸家悉不著录。今检《永乐大典》中，尚存杂文八十余首，各体诗一百一十余首。谨以类编辑，釐为八卷。《江西志》称元晋嗜学好义，为德于乡人者甚多。历官所至，俱著政绩。今观集中，如《乞差甲首科札子》，则极论当时赋役之弊。《上曾知院事》，则力陈上流防江之策。且谓天下非事功难立之为忧，而人心不睦之可畏。又谓边遽戒警，则号召郡国不教之卒，坐縻粟于长江以南，谓之警报。及日远则散遣解弛，又复置之度外。自开国以来，同一痼病。其于南宋废弛聚讼之象，指陈痛切，可谓深中膏肓。又《上魏了翁启》有云："善类之势不振，付之乍佞乍贤。正论之脉仅存，听其自鸣自息。以奔趋为捷径，以软熟为圆机。习成脂韦，病入骨髓。"皆愤世嫉俗之言。则知其生平必伉直不谐于时者。读其遗文，犹可以见其人也。（卷一六二・集部・别集类一五，第1395页）

① 此提要后文又考证陈元晋亦蜀人，侨居崇仁。

68.抚州·崇仁【宋】李刘（1175—1245）：《四六标准》四十卷内府藏本

宋李刘撰。明孙云翼笺释。刘字公甫，崇仁人。嘉定七年进士，历官宝章阁待制。云翼有《橘山四六笺注》，已著录。刘平生无他事可述，惟以俪语为专门。所著《类稿》、《续类稿》、《梅亭四六》，今皆未见。此本乃其门人罗逢吉所编。以刘初年馆何异家，及在湖南、蜀中所作汇为一集。题曰“标准”，盖门弟子尊师之词也。凡分七十一目，共一千九十六首。自六代以来，笺启即多骈偶。然其时文体皆然，非以是别为一格也。至宋而岁时通候、仕宦迁除、吉凶庆吊，无一事不用启，无一人不用启，其启必以四六，遂于四六之内别有专门。南渡之始，古法犹存。孙觌、汪藻诸人，名篇不乏。迨刘晚出，惟以流丽稳贴为宗，无复前人之典重。沿波不返，遂变为类书之外编、公牍之副本，而冗滥极矣。然刘之所作，颇为隶事亲切，措词明畅。在彼法之中，犹为寸有所长。故旧本流传，至今犹在。录而存之，见文章之中有此一体为别派，别派之中有此一人为名家，亦足以观风会之升降也。至云翼之注，芜杂特甚，然亦有足备考证者。旧本所载，亦姑附存焉。（卷一六三·集部·别集类一六，第1396页）

69.抚州·崇仁【元】虞集（1272—1348）：《平猺记》一卷浙江吴玉墀家藏本

元虞集撰。集字伯生，号道园，崇仁人，仕至翰林直学士，兼国子祭酒，事迹具《元史》本传。元统二年冬，猺寇贺州、富州，至元元年，广西宣尉使章巴颜案：“巴颜”原本作“伯颜”，今改正。讨平之。集为记其始末。后有旧跋云：此纪章巴颜平粤西猺洞事迹，备国史之采也。而同事出师之人，不记其姓名，及上功于朝之诸臣名，以某某概之，失史家法矣。今核其文体，乃勒石纪功之作，非勒为一书上之于史馆者。故所存之稿皆阙其名姓以待填。犹之唐、宋文集，书首称年月日某再拜，墓志之末称某年月日葬公于某原例耳。遽以有乖史法诋之，非也。（卷五二·史部·杂史类存目一，第474页）

70.抚州·崇仁【元】吴当（1297—1361）：《学言诗稿》六卷江西巡抚采进本

元吴当撰。当字伯尚，崇仁人，澄之孙也。以荫授万亿四库照磨。荐为国子助教，预修宋、辽、金三史。除翰林修撰，累迁直学士。江南兵起，拜江西肃政廉访使，左迁抚州路总管。旋罢归，后复擢江西行省参知政事。未上官而陈友谅已陷江西，遂遁迹不出。友谅遣人召之，当坚卧，以死自誓。舁床载送江州，拘留一年，终不屈。友谅灭，乃免。洪武初，复迫致之。见太祖，长揖不拜，竟得放归。隐居吉水之谷坪，完节以终。所著有《周礼纂言》，今已佚。惟此集存。原本九卷，明崇仁知县新安叶良贵所刊。此本六卷，则国朝临川李绂重刊所并也。澄于元代，致位通显，号曰大儒，然实宋咸淳乡贡士。出处之间，犹不免责备于贤者。当不受僭窃之辟，则高于张宪诸人。乃天下已定，仍不降礼于万乘，尤在杨维桢诸人上。盖死生久付之度外，其不为谢枋得者，特天幸耳。有元遗老，当其最矫矫乎！其诗风格遒健，忠义之气，凛凛如生，亦元季之翘楚。顾嗣立《元百家诗》仅摭其《浔阳舟中诗》三首，《送樊秀才诗》一首，附澄《草庐集》末。其殆未见此本欤？（卷一六八·集部·别集类二一，第1455页）

71.抚州·崇仁【明】吴道南（1550—1623）：《河渠志》一卷江苏巡抚采进本

明吴道南撰。道南字会甫，崇仁人。万历己丑进士，官至文渊阁大学士，谥文恪。事迹具《明史》本传。万历甲午，陈于廷建议修国史，令翰林诸臣分门受事。道南领修《河渠志》，此即其原稿也。凡三篇，曰《运河》，曰《黄河》，曰《通惠河》，其余皆未之及。按《明史·艺文志》作二卷，则是本已非全帙矣。前有总序，谓冠以图策，载其领要。今此书无图，盖传写者失之。考《元史》以前诸志，皆无图绘，此例盖道南所首创也。（卷七五·史部·地理类存目四，第653页）

72.抚州·崇仁【明】吴道南：《残本文华大训箴解》三卷浙江巡抚采进本

明吴道南撰。道南有《河渠志》，已著录。初，宪宗成化十八年十二月，以御制《文华大训》二十八卷赐皇太子。嘉靖八年，世宗御制序文颁行。道南因按其篇章，前为之序，次为之解，次为之箴，以嘉靖十四年正月表上。此本仅存三卷，已非完书。（卷九六·子部·儒家类存目二，第816页）

73.抚州·崇仁【明】吴道南：《秘笈新书》十三卷、《别集》三卷山西巡抚采进本

明吴道南编。道南有《河渠志》，已著录。是书自序以为本谢枋得未及付梓之书，为之增补。然所载皆职官故实，故标题有簪缨必用字。别集首卷为君

道，二卷、三卷为类姓，割裂琐碎，尤多挂漏，断非枋得所作。盖后人假其名以取重，道南未及详考耳。（卷一三八·子部·类书类存目二，第1172页）

74.抚州·崇仁【明】吴与弼（1391—1469）：《康斋文集》十二卷江苏周厚堉家藏本

明吴与弼撰。弼字子傅，临川人①。天顺元年以忠国公石亨荐，征至京师，授左春坊左谕德，辞不就职，诏行人护送归。事迹具《明史·儒林传》。其集初刻于抚州，凡四卷，岁久漫漶。此本乃崇祯壬申江南提学副使陈维新所刻。分为诗七卷，奏疏、书、杂著一卷，序一卷，记一卷，目录一卷，跋、赞、铭、启、墓志、墓表、祭文一卷。其诗自永乐庚寅至正统辛酉，皆编年。以下则有《洪都稿》、《游金陵稿》、《适上饶稿》、《金台往复稿》、《西游稿》、《适闽稿》、《东游稿》、《东游饶州稿》诸名，而所注某稿止此之后，又有附赘之诗，盖亦以编年续入者也。与弼出处之间，物论颇有异同。尹直作《琐缀录》，诋之尤力。虽不免恩怨之口，然为石亨作族谱跋称"天顺戊寅七月二十一日门下士崇仁吴与弼拜观"，其文今载十二卷中，决非尹直所窜入。陈维新序引薛瑄受知王振为解，刘世节序又引孔子欲见佛肸为解，究不能厌天下之心也。其讲学之功，备见于日录。第一条即称乙巳梦见孔子、文王。第二条又称梦见朱子。后又称丙子三月初一日梦访朱子。五月二十五夜梦孔子之孙奉孔子之命来访。辛巳食后倦寝，梦朱子父子来枉顾。此犹可云向慕之极，因心生象，于理亦或有之。至称新居栽竹夜归，其妻亦梦一老人，携二从者，云孔夫子到此相访，则无乃其妻戏侮弄之，而与弼不觉欤？观其称随处惟叹圣人难学，又称一味学圣人，克其不似圣人者。其高自位置，真可谓久假而不归，乌知其非有也。然与弼之学，实能兼采朱、陆之长，而刻苦自立。其及门弟子陈献章得其静观涵养，遂开白沙之宗。胡居仁得其笃志力行，遂启余干之学。有明一代，两派递传，皆自与弼倡之，其功未可以尽没。其诗文亦皆淳实近理，无后来滉漾恣肆之谈。又不得以其急于行道，躁于求名，遂并其书而诋之也。（卷一七〇·集部·别集类二三，第1490—1491页）

① 《明儒学案卷一·崇仁学案一》：吴与弼字子傅，号康斋，抚州之崇仁人也。

75.抚州·崇仁【明】吴宣:《野庵文集》十卷江西巡抚采进本

明吴宣撰。宣字师尼，野庵其别号也，崇仁人。景泰癸酉举人，授左军督府经历，坐劾长官不法系狱，十年始得释。改中府，升镇远府知府，道病卒。其文落落有气，而格律未严。是集乃其门人王君谟等所编，未经刊行，其玄孙道南复订正藏于家。前有道南《自述颠末》一篇。（卷一七五·集部·别集类存目二，第1558页）

76.抚州·乐安【宋】曾丰（1142—1224）:《缘督集》二十卷永乐大典本

宋曾丰撰。丰字幼度，乐安人。乾道五年进士，官至知德庆府事。真德秀幼尝受学于丰，及执政，奏取其集入《崇文四部》。当时尝版行于世。岁久不传。元元统间，丰五世孙德安购其遗集，得四十卷，翰林学士虞集为之叙。谓其气刚而义严，辞直而理胜，有得于《易》之奇、《诗》之葩。其文今见《道园学古录》中。然当时欲授梓不果。至明嘉靖间，詹事讲始选录十有二卷，刻于宣城。卷末有万锜后序，称摘其尤者存之。今观所分诸体，如五言排律类中惟有排律一二首，余皆五言古诗。七言排律类中皆七言古诗，无一首为律。是古今体且不能辨，其去取乖谬，大概可知。盖事讲从罗洪先游，日以讨论心学为事。文章一道，非所深研。遂使丰之菁华，反因此选而散佚，殊堪惋惜。惟《永乐大典》编自明初，尚见丰之原集。其所收录，较刊本多至数倍。今据以增补，乃裒然几还旧观。佚而复存，亦云幸矣。丰仕迹不显，颇以著述自负。集中如《六经论》之类，根柢深邃，得马、郑诸儒所未发。其他诗文，虽间有好奇之癖，要皆有物之言，非肤浅者所可企及。亦南宋一作者也。丰晚年筑室，自号曰撙斋。故是编一名《撙斋集》，见于《宋史·艺文志》。今从虞集所序，仍以《缘督》为名。集序称凡四十卷，而《宋志》乃作十四卷，盖刊刻传写，误倒其文。今原目不可复睹，谨据所存各体，以类区分，共釐为二十卷。（卷一六〇·集部·别集类一三，第1376页）

77.抚州·乐安【宋】曾丰:《别本缘督集》十二卷浙江鲍士恭家藏本

宋曾丰撰。丰集久无完本，近始采《永乐大典》所载，葺缀成帙，已著于录。此本为其十世孙自明所辑。万历癸未，詹事讲为选而刻之。据事讲自序，其先本曾氏裔也。所选仅诗三卷、文九卷，挂漏颇多。今已采其中《永

乐大典》所未载者，编入新本，故附存其目，不更缮录焉。（卷一七四·集部·别集类存目一，第1541页）

78.抚州·乐安【宋】何希之:《鸡肋集》一卷江西巡抚采进本

宋何希之撰。希之，抚州乐安人，咸淳甲戌进士，署零陵教授。宋亡后，遁迹以终。此本首冠以廷试、省试策二篇，后附以诗文五十余篇。皆其子孙搜辑而成，故体制舛错，编次殊为无法。文格亦多平衍。盖阙帙之余，其菁华已不复存矣。（卷一七四·集部·别集类存目一，第1543页）

79.抚州·乐安【元】吴澄（1249—1333）:《易纂言》十卷内府藏本

元吴澄撰。澄字幼清，号草庐，崇仁人[①]。宋咸淳末举进士不第。入元以荐擢翰林应奉文字，官至翰林学士。卒谥文正。事迹具《元史》本传。是书用吕祖谦古《易》本经文，每卦先列卦变主爻，每爻先列变爻，次列象占。《十翼》亦各分章数。其训解各附句下，音释考证则经附每卦之末，传附每章之末。间有文义相因即附辨于句下者，偶一二见，非通例也。澄于诸经，好臆为点窜。惟此书所改则有根据者为多。如《师卦》“丈人吉”改“大人吉”，据崔憬所引《子夏传》。《比卦》“比之匪人”下增“凶”字，据王肃本。《小畜卦》，“舆说辐”改“舆说輹”，据许慎《说文》。“尚德载”改“尚得载”，据京房、虞翻、子夏本。《泰卦》“包荒”改“包巟”，据《说文》及虞翻本。《大畜卦》“曰闲舆卫”改“日闲舆卫”，从郑玄、虞翻、陆希声本。《萃卦》“萃亨”，删“亨”字，从马融、郑玄、虞翻、陆绩本。《困卦》“劓刖”改“臲卼”，据荀爽、王肃、陆绩本。《鼎卦》“其形渥”改“其刑剭”，据郑玄本。《比彖》“比吉也”，删“也”字，据王昭素本。《贲彖》补“刚柔交错”四字，据王弼注。《震彖》“惊远而惧迩也”下补“不丧匕鬯”四字，据王昭素所引徐氏本。《渐彖》“女归吉也”改“女归吉，利贞”，据王肃本。《坤象》“履霜坚冰”，改“初六履霜”，据《魏志》。《坎象》“樽酒簋贰”删

① 吴澄，字幼清，生于咸口（今乐安鳌溪镇咸口村）。乐安县人民政府网站：http：//www.jxlean.gov.cn/art/2018/3/12/art_615_1609613.html；方国灿：《理学大师——吴澄》，《抚州师专学报》1989年第4期；路剑：《吴澄年谱》，《抚州师专学报》，1992第2期。

“贰”字，据陆德明《释文》案：澄注明言旧本有“贰”字，陆氏《释文》无之。今世所行张弧、陆希声本皆同，是传文已删去“贰”字。徐氏通志堂本乃剷补刊板增入“贰”字，是顾湄等校正之时以不误为误也，谨附订于此。。《系辞上传》“系辞焉而明吉凶”下补“悔吝”二字，据虞翻本。《系辞下传》“何以守位曰仁”改“何以守位曰人”，据王肃本。“耒耨之利”改“耒耜之利”，据王昭素本。“以济不通”下删“致远以利天下”六字，据陆德明《释文》。《序卦传》“故受之以履”下补“履者，礼也”四字，据韩康伯本。皆援引古义，具有源流，不比师心变乱。其余亦多依傍胡瑗、程子、朱子诸说，澄所自为改正者，不过数条而已。惟以《系辞传》中说上、下经十六卦十八爻之文定为错简，移置于《文言传》中，则悍然臆断，不可以为训矣。然其解释经义，词简理明，融贯旧闻，亦颇赅洽，在元人说《易》诸家，固终为巨擘焉。（卷四·经部·易类四，第22页）

80.抚州·乐安【元】吴澄:《易纂言外翼》八卷永乐大典本

元吴澄撰。澄所著《易纂言》义例，散见各卦中，不相统贯。卷首所陈卦画，亦粗具梗概，未及详言。因复作此书以畅明之。《纂言》有通志堂刻本，久行于世。此书则传本渐罕，近遂散佚无存。朱彝尊《经义考》云：“见明昆山叶氏书目，载有四册，而亦未睹其书。”今惟《永乐大典》尚分载各韵之下。考澄所作《小序》，原书盖共十二篇：一曰《卦统》，以八经卦之纯体合体者为经，六十四卦之杂体者为纬，乃上、下经篇之所由分。二曰《卦对》，以奇偶反易成二卦，成上下篇相对。三曰《卦变》，言奇偶复生奇偶，其用无穷。四曰《卦主》，因《无妄》传而推之，以明一经之义。五曰《变卦》，言刚柔交相变，而一卦可为六十四卦。六曰《互卦》，言中四爻复具二卦，以为一卦。七曰《象例》，凡经之取象皆类聚之，以观其通。八曰《占例》，言元、亨、利、贞、吉凶、无咎，其义皆本于天道。九曰《辞例》，乃《象例》、《占例》所未备，而可以互见者。十曰《变例》，言揲蓍四营十八变之法。十一曰《易原》，明《河图》、《洛书》、《先后天图》。十二曰《易流》，备举扬雄以下拟《易》之书。今缺《卦变》、《变卦》、《互卦》三篇，《易流》缺半篇，《易原》疑亦不完。然其余尚首尾整齐，无所遗失。自唐定《正义》，《易》遂以王弼为宗，象数之学，久置不讲。澄为《纂言》，一决于象。史谓其能尽破传注之穿凿，故言《易》者多宗之。是编类聚区分，以求其理之会通。如《卦统》、《卦对》二篇，言经之所以釐为上下，乃程、朱所未及。《象例》诸篇，阐明古义，尤非元、明诸儒空谈妙悟者可比。虽稍有残缺，而宏纲巨目，尚可推寻。谨依原目编次，析为八卷，俾与《纂言》相辅而行焉。（卷四·经部·易类四，第23页）

81.抚州·乐安【元】吴澄:《书纂言》四卷内府藏本

元吴澄撰。澄有《易纂言》，已著录，是编其《书》解也。《古文尚书》自贞观敕作《正义》以后，终唐世无异说。宋吴棫作《书裨传》，始稍稍掊击，《朱子语录》亦疑其伪。然言性、言心、言学之语，宋人据以立教者，其端皆发自古文，故亦无肯轻议者。其考定今文、古文，自陈振孙《尚书说》始。其分编今文、古文，自赵孟頫《书古今文集注》始。其专释今文，则自澄此书始。自序谓“晋世晚出之书，别见于后。”然此四卷以外，实未释古文一篇。朱彝尊《经义考》以为权词，其说是也。考汉代治《尚书》者伏生今文，传为大小夏侯、欧阳三家。孔安国古文，别传都尉朝、庸生、胡常，自为一派。是今文、古文本各为师说。澄专释今文，尚为有合于古义，非王柏《诗疑》举历代相传之古经，肆意刊削者比。惟其颠倒错简，皆以意自为，且不明言所以改窜之故，与所作《易纂言》体例迥殊。是则不可以为训，读者取所长而无效所短，可矣。（卷一二·经部·书类二，第96页）

82.抚州·乐安【元】吴澄:《仪礼逸经传》二卷两江总督采进本

元吴澄撰。澄有《易纂言》，已著录。是篇掇拾逸经，以补《仪礼》之遗。凡经八篇。曰《投壶礼》，曰《奔丧礼》，取之《礼记》。曰《公冠礼》，曰《诸侯迁庙礼》，曰《诸侯衅庙礼》，取之《大戴礼记》，而以《小戴礼记》相参定。曰《中霤礼》、曰《禘于太庙礼》、曰《王居明堂礼》，取之郑康成《三礼注》所引逸文。其编次先后，皆依行礼之节次，不尽从其原文，盖仿朱子《仪礼经传通解》之例。其引二戴《记》，著所出，郑《注》，不著所出，则与王应麟《郑氏易》同。由古人著书，不及后来体例之密，不足异也。其传十篇，则皆取之二戴《记》，曰《冠仪》，曰《昏仪》，曰《士相见仪》，曰《乡饮酒仪》，曰《乡射仪》，曰《燕仪》，曰《大射仪》，曰《聘仪》，曰《公食大夫仪》，曰《朝事仪》。其《乡射仪》、《大射仪》取《礼记·射仪篇》所陈天子诸侯卿大夫之射，釐之为二。其《士相见》、《公食大夫》二仪则取宋刘敞之所补。敞拟《记》而作者尚有《投壶仪》一篇，亦见《公是集》中，澄偶遗之。明何乔新尝取以次《朝事仪》后，并为之跋。通志堂刻《九经解》，复佚其文。盖所据乃未补之旧本，非乔新本也。又阎若璩《尚书古文疏证》第二十一篇曰："汉兴，高堂生传《礼》十七篇。孔壁出，多三十九篇，谓之《逸礼》。平帝时，王莽立之，旋废。犹相传至东汉，郑康成注三《礼》曾引之。《天子巡狩礼》云：制币丈八尺，纯四䋊。《中霤礼》云：以功布为道布，属于几。《烝尝礼》云：射豕者。《军礼》云：无干车，无自后射。《朝贡礼》云：纯四䋊，制丈八尺。《禘于太庙礼》云：日用丁亥，不得丁亥则己亥、辛亥亦用之，无则苟有亥焉可也。又《中霤礼》云：凡祭五祀于庙用特牲，有主有尸，皆先设席于奥。祀户之礼，南面设主于户内之西，乃制脾及肾为俎，奠于主北。又设盛于俎西，祭黍稷、祭肉、祭醴，皆三。祭肉，脾一，肾再。既祭，彻之，更陈鼎俎设馔于筵前。迎尸略如祭宗庙之仪。《王居明堂礼》云：出十五里迎岁。又云：带以弓韣，礼之禖下，其子必得天材。又云：季春出疫于郊，以攘春气。又《中霤礼》云：祀灶之礼，先席于门之奥，东面设主于灶陉，乃制肺及心肝为俎，奠于主西。又设盛于俎南，亦祭黍三，祭肺、心、肝各一，祭醴三。亦既祭彻之，更陈鼎俎设馔于筵前。迎尸如祀户之礼。又《王居明堂礼》云：毋宿于国。又《中霤礼》云：祀中霤之礼，设主于牖下，乃制心及肺、肝为俎，其祭肉，心，肺、肝各一，他皆如祀户之礼。又云：祀门之礼，北面设主于门左枢，乃制肝及肺、心为俎，奠于主南，又设盛于俎东。其他皆如祭灶之礼。又《王居明堂礼》云：仲秋九门磔禳，以发陈气，御止疾疫。又云：仲秋农隙，民毕入于室，曰时杀将至，毋罹其灾。又云：季秋除道致梁，以利农也。又《中霤礼》云：祀行之礼，北面设主于軷上，乃制肾及脾为俎，奠于主南，又设盛于俎东。祭肉，肾一，脾再。其他皆如祀门之礼。又《王居明堂礼》云：孟冬之月，命农毕积聚，系牧牛马。又云：季冬命国为酒，以合三族。君子说，小人乐。又云：仲秋乃命国醵逸奔《丧礼》云：不及殡日于又哭，犹括发即位，不袒告事毕者，五哭而不复哭也。又云：哭父族与母党于庙，妻之党于寝，朋友于寝门外，壹哭而已，不踊。又云：凡拜吉丧，皆尚左手。又云：无服袒免为位者唯嫂与叔，凡为其男子服，其妇人降而无服者麻。凡二十五条。为篇名者八，吴草庐《逸经》八篇，仅及其三"云云，则亦不免有所疏漏。

然较之汪克宽书，则条理精密多矣。《明一统志》："沅州刘有年，洪武中为监察御史，永乐中上《仪礼逸经》十有八篇。"杨慎求之内阁，不见其书。朱彝尊《经义考》谓有年所进即澄此本，《逸经》八篇，传十篇，适符其数。其说似乎有据。今世传《内阁书目》，惟载澄书，不著有年姓名。盖当时亦知出于澄矣。（卷二〇·经部·礼类二，第160—161页）

83.抚州·乐安【元】吴澄：《礼记纂言》三十六卷两淮马裕家藏本

元吴澄撰。澄有《易纂言》，已著录。案危素作澄《年谱》，载至顺三年澄年八十四，留抚州郡学，《礼记纂言》成。而虞集《行状》则称成于至顺四年，即澄卒之岁。其言颇不相合。然要为澄晚年手定之本也。其书每一卷为一篇。大旨以《戴记》经文庞杂，疑多错简，故每一篇中，其文皆以类相从，俾上下意义联属贯通，而识其章句于左。其三十六篇次第，亦以类相从。凡《通礼》九篇、《丧礼》十一篇、《祭礼》四篇、《通论》十一篇，各为标目。如《通礼》首《曲礼》，则以《少仪》、《玉藻》等篇附之，皆非小戴之旧。他如《大学》、《中庸》依程朱别为一书，《投壶》、《奔丧》归于《仪礼》，《冠义》等六篇别辑为《仪礼传》，亦并与古不同。虞集称其"始终先后，最为精密。先王之遗制，圣贤之格言，其仅存可考得，既表而存之，各有所附。而其纠纷固泥于专门名家之手者，一旦各有条理，无复余蕴"，其推重甚至。考《汉书·艺文志》，《礼记》本一百三十一篇，戴德删为八十五，戴圣删为四十九。与《易》、《书》、《诗》、《春秋》经圣人手定者固殊。然《旧唐书·元行冲传》，载行冲上《类礼义疏》，张说驳奏曰"今之《礼记》，历代传习，著为经教，不可刊削。魏孙炎始改旧本，先儒所非，竟不行用。贞观中，魏征因孙炎所修更加整比，兼为之注，其书竟亦不行。今行冲等解征所注，勒成一家。然与先儒第乖，章句隔绝。若欲行用，窃恐未可"云云，则古人屡经修缉，迄不能变汉儒旧本。唐以前儒风淳实，不摇惑于新说，此亦一征。澄复改并旧文，俨然删述，恐亦不免僭圣之议。以其排比贯串，颇有伦次，所解亦时有发明，较诸王柏删《诗》，尚为有间，故录存之，而附论其失如右。（卷二一·经部·礼类三，第169—170页）

84.抚州·乐安【元】吴澄（疑伪托）:《月令七十二候集解》一卷通行本

旧本题“元吴澄撰”。其书以七十二候分属于二十四气，各训释其所以然。考《礼记·月令》，本无七十二候之说。《逸周书·时训解》乃以五日为一候。澄作《礼记纂言》亦引《唐月令》，分著五日一候之义，然不闻更有此书。其说以经文所记多指北方，非南方之所习见，乃博考《说文》、《埤雅》诸书，兼访之于农牧，著为此编。然考证名物，罕所发明。又既以蝼蝈为土狗，又载鼫鼠五技之说，自相矛盾。既以虹为日映雨气，又引虹首如驴之说，兼采杂书，亦乖解经之法。疑好事者为之，托名于澄也。（卷二四·经部·礼类存目二，第192—193页）

85.抚州·乐安；宜春·高安【元】吴澄、【清】朱轼（1665—1736）:《校补礼记纂言》三十六卷江西巡抚采进本

元吴澄原本。国朝朱轼重订。澄有《易纂言》，轼有《周易传义合订》，皆已著录。是书篇目、注释，一仍原刻。惟轼有所辨定发明者，以“轼案”二字为别，附载于澄注之末，然不及十分之一二。其中间有旁涉他文者。如注《曲礼》“左青龙而右白虎”一节云：“轼按此节，一首绝好古诗。‘急缮其怒’四字，摹写入神。予尝阅兵，壁垒森严，旌旗四匝，中建大纛，鼓停金静，寂无人语。已而风动大纛，如惊鸿乍起，急不可引。又如雷声，山鸣谷应，奔涛骇浪，澎湃冲击。乃知‘急缮其怒’四字之妙。”殆偶有所见，即笔于书，后来编录校刊之时失于删削欤？（卷二四·经部·礼类存目二，第198页）

86.抚州·乐安【元】吴澄（伪托）:《三礼考注》六十四卷两淮马裕家藏本

旧本题“元吴澄撰”。其书据《尚书·周官篇》以改《周礼》六官之属。分《大司徒》之半以补《冬官》，而《考工记》别为一卷。《仪礼》十七篇为正经，于《大、小戴记》中取六篇为《仪礼》逸经，取十六篇为《仪礼》传。别有《曲礼》八篇。然澄作《尚书纂言》，不信古文，何乃据《周官》以定《周礼》。即以澄《三礼叙录》及《礼记纂言》考之，所列篇目亦不合。其经义混淆，先后矛盾者，不一而足。虞集作澄《墓志》，宋濂《元史》澄本传，皆不言澄有此书。相传初藏庐陵康震家，后为郡人晏璧所得，遂掩为己

作，经杨士奇等钞传改正。然士奇序及成化中罗伦《校刻序》皆疑其为璧所作，则当时固有异论矣。士奇又言："闻诸长老，澄晚年于此书不及考订，授意于其孙当，当尝为之而未就。"朱彝尊《经义考》言："曾购得当所补《周官礼》，以验今书，多不合。"又张尔岐《蒿菴闲话》曰："愚读《仪礼》，偶得吴氏《考注》，其注皆采自郑、贾，往往失其端末。其不用郑、贾者四十余事。惟《少牢篇》'尸入正祭'章补入'尸授祭肺'四字为有功于经，余皆支离之甚。草庐名宿，岂应疏谬至此？后得《三礼考注序》云，辄因朱子所分礼章，重加伦纪，其经后之记，依经章次秩序，其文不敢割裂，一仍其旧。今此书则割裂记文，散附经内矣。序又云，二戴之记中有经篇，离之为逸经。礼各有义，则经之传也。以戴氏所存兼刘氏所补合之而为传，传十五篇。今此书十五篇则具矣，《士相见》、《公食大夫》二篇但采掇《礼记》之文以充数，求所谓清江刘氏之书无有也。至于逸经八篇，序详列其目，《公冠》、《迁庙》、《衅庙》取之大戴，《奔丧》、《投壶》取之小戴，《中霤》、《禘于太庙》、《王居明堂》取之郑氏注。逸经虽曰八篇，实具其书者五篇而已。其三篇仅存篇题，非实有其书也。今此书大戴《明堂》列之第二，盖不知王居明堂之与明堂为有辨也。三者与序皆不合，其不出于吴氏也审矣。序又云，正经居首，逸经次之，传终焉，皆别为卷而不相紊。此外悉以归诸戴氏之记。朱子所辑及黄氏《丧礼》杨氏《祭礼》亦参伍以去其重复，名曰《朱氏记》，而与二戴为三。本书次第，略见于此。今此书《朱记》了不可见，而又杂取二戴之书名为《曲礼》者八篇，庞杂萃会，望之欲迷。与所云悉以归诸戴氏之记者又不合。何物妄人，谬诬先儒至此"云云，然则是书之伪，可以无庸疑似矣。（卷二五·经部·礼类存目三，第200页）

87.抚州·乐安【元】吴澄：《春秋纂言》十二卷、《总例》一卷两淮盐政采进本

元吴澄撰。澄有《易纂言》，已著录。是书采摭诸家传注，而间以己意论断之。首为《总例》，凡分七纲、八十一目，其天道、人纪二例，澄所创作。余吉、凶、军、宾、嘉五例，则与宋张大亨《春秋五礼例宗》互相出入，似乎蹈袭。然澄非蹈袭人书者，盖澄之学派，兼出于金溪、新安之间，而大亨之学派，则出于苏氏。澄殆以门户不同，未观其书，故与之暗合而不知也。然其缕析条分，则较大亨为密矣。至于经文行款多所割裂，而经之阙

文亦皆补以方空，于体例殊为未协。盖澄于诸经率皆有所点窜，不独《春秋》为然。读是书者取其长而置其所短可也。明嘉靖中，嘉兴府知府蒋若愚尝为鋟木，湛若水序之。岁久散佚，世罕传本。王士祯《居易录》自云“未见其书”，又云“朱检讨曾见之吴郡陆医其清家。”是朱彝尊《经义考》之注“存”，亦仅一睹。此本为两淮所采进，殆即传写陆氏本欤？久微而著，固亦可宝之笈矣。（卷二八・经部・春秋类三，第225页）

88.抚州・乐安【元】吴澄：《孝经定本》一卷两江总督采进本

元吴澄撰。澄有《易纂言》，已著录。此书以今文《孝经》为本，仍从朱子《刊误》之例，分列经、传。其经则合今文六章为一章。其传则依今文为十二章，而改易其次序。至朱子所删一百七十二字案：朱子《刊误》凡删二百二十三字，中有句删其字者。此惟裁所删之句，故止一百七十二字，与古文《闺门章》二十四字，并附录于后。后有大德癸卯澄门人河南张恒跋，称澄“观邢《疏》而知古文之伪，观朱子所论知今文亦有可疑，因整齐诸说，附入已见，为家塾课子之书。不欲传之，未尝示人”云云。盖心亦有所不安也。其谓汉初诸儒始见此书，盖未考魏文侯尝为作传，见于蔡邕《明堂论》中。至其据许氏《说文》所引古文《孝经》“仲尼居”无“闲”字，知古文之“仲尼闲居”为刘炫所妄增。又据桓谭《新论》称古文千八百七十二字，与今文异者四百余字。今刘炫本止有千八百七十字，多于今文八字。除增《闺门》一章二十四字外，与今文异字仅二十余字。则较司马贞之攻古文但泛称文句鄙俗者，特有根据。所定篇第虽多分裂旧文，而铨解简明，亦秩然成理。朱子《刊误》既不可废，则澄此书亦不能不存。盖至是而《孝经》有二改本矣。（卷三二・经部・孝经类，第265页）

89.抚州・乐安【元】吴澄：《道德真经注》四卷两淮盐政采进本

元吴澄撰。澄有《易纂言》，已著录。据澄年谱，称大德十一年澄辞疾归。自京南下，留清都观，与门人论及《老》、《庄》、《太玄》等书，因为正厥讹伪而著其说。澄学出象山，以尊德性为本，故此注所言，与苏辙指意略同。虽不免援儒入墨，而就彼法言之，则较诸方士之所注，精邃多矣。篇末有澄跋云，庄君平所传章七十二，诸家所传章八十一，然有不当分而分者，定为六十八章。上篇三十二章，二千三百六十六字，下篇三十六章，二千九百六十二字，凡五千二百九十二字。然大抵以意为之，不必于古有所考。盖澄好窜改古经，故于是书亦多所更定，殆习惯成自然云。（卷一四六·子部·道家类，第1243页）

90.抚州·乐安【元】吴澄：《吴文正集》一百卷浙江孙仰曾家藏本

元吴澄撰。澄有《易纂言》，已著录。是集为其孙当所编。永乐丙戌，其五世孙爟所重刊。后有爟跋曰："《支言集》一百卷、《私录》二卷，皆大父县尹公手所编类，刊行于世。不幸刻版俱毁于兵火，旧本散落，虽获存者间亦残阙。迨永乐甲申，始克取家藏旧刻本，重寿诸梓。篇类卷次，悉存其旧，不敢更改。惟卷首增入年谱、神道碑、行状、国史传以冠之。但旧所阙简，遍求不得完本，今故止将残阙篇题列于各卷之末，以俟补续"云云。则此本乃残阙之余，非初刻之旧矣。然检其卷尾阙目，惟十七卷《徐君顺诗序》一篇、五十四卷《题赵天放桃源卷后》一篇、五十七卷《题约说后》一篇，又三十七卷《滹南王先生祠堂记》末，注"此下有阙文"而已，所佚尚不多也。初，许衡之卒，诏欧阳玄作神道碑。及澄之卒，又诏揭傒斯撰神道碑，首称"皇元受命，天降真儒。北有许衡，南有吴澄。所以恢宏至道，润色鸿业，有以知斯文未丧，景运方兴"云云。当时盖以二人为南北学者之宗。然衡之学主于笃实以化人，澄之学主于著作以立教。故世传《鲁斋遗书》，仅寥寥数卷，而澄于注解诸经以外，订正张子、邵子书，旁及《老子》、《庄子》、《太玄》、《乐律》、《八阵图》、《葬经》之类，皆有撰论，而文集尚裒然盈百卷。衡之文明白质朴，达意而止，澄则词华典雅，往往斐然可观。据其文章论之，澄其尤彬彬乎？吴当所编，过于求备，片言只字，无不收拾，有不必存而存者，未免病于稍滥。然此自南宋以来编次遗集之通弊，亦不能独为当责矣。（卷一六六·集部·别集类一九，第1428页）

91.抚州·乐安【元】何中（1265—1332）：《通鉴纲目测海》三卷江西巡抚采进本

元何中撰。中，字太虚，一字养正，抚州人，事迹具《元史·儒学传》。是书以纠《通鉴纲目》书法之同异。卷末有大德丙午自跋曰：朱子作《纲目》、续《春秋》，然其间书法，可商略者犹多。间附己意，缉成《纲目测海》三卷，示儿辈云云。盖不知《纲目》出赵师渊之手，犹误以为朱子书也。书中所列凡三例。一辨胡、吕二家所注。如“魏徙都大梁”条，胡氏谓魏王不恨不用孟子，而恨不听公叔之言，中以为徙都之后六年，孟子方至魏之类是也。一发明二家所未注。如“秦人诛卫鞅”条下，中补注曰：书秦人何？鞅得罪于众，犹共诛之之类是也。一乃纠正本书之讹异。于全书之中，不过十之二三耳。其中如“秦魏冉出其故君之妃归于魏”一条，中谓诸侯之妻宜称夫人，不宜称妃。不知元妃孟子，固《左传》文也。又“汉元狩六年封三王”一条，中谓宜载诰策之辞。不知《纲目》纪事之书，非载文之书也。又“莽废孺子”一条，中谓既书始建国元年，则不必书莽。不知孺子废而后成为始建国也。又“秦王世民杀太子建成”一条，中谓宜削秦王字，此泥以爵字为褒贬例也。又“张柬之等举兵讨武氏”一条，中谓多“之乱”二字，不知书法在“讨”字，此二字删之固可，存之亦无害也。又“晋主重贵发大梁”一条，中谓“宜书北迁”，不知朱子宋人，避二帝北迁之事，变其文也。其他间有可取，不过摭拾细碎，不能深裨于史学。《纲目》非无可纠，如中此书，尚未足以纠《纲目》也。（卷四八・史部・编年类存目，第432—433页）

92.抚州・乐安【元】何中:《通书问》一卷江西巡抚采进本

元何中撰。中有《通鉴纲目测海》，已著录。是书因朱子谓周子《通书》乃发明《太极图说》之义，故所注《通书》，皆比附于太极阴阳五行中。则谓二书各自为义，不必字字牵合，故作此书以辨之。前有自序，谓自天地以来，止有一理，理之同者，虽百世之上，百世之下，九州之内，四荒之外，无不同也。而况一人之心，一人之言，岂有不相通者乎？朱子释《通书》，显微阐幽，有功于学者至矣。然必欲以《通书》发明《图说》，则恐非周子著书之本意云云。其持论颇精核，所疑各条，亦皆中理。卷末附记称，窃窥朱子之意，同时学者固有疑《图说》非周子之书。而朱子主张甚力，遂以《图说》为主，而以《通书》为发明《图说》而作云云，尤深得当时有激而立言之故。然二书分而解之，固各有义理；合而解之，于本意亦无所害。既非宏旨所关，又何必字句之间徒滋聚讼耶。（卷九五・子部・儒家类存目一，第802页）

93.抚州・乐安【元】何中:《知非堂稿》六卷江西巡抚采进本

元何中撰。中有《通鉴纲目测海》，已著录。据中自序，所著尚有《易类象》三卷、《书传补遗》十卷、《吴才老叶韵补遗》一卷、《六书纲领》一卷、《补六书故》三十二卷、《通书问》一卷、《苏邱述游录》一卷、《措颐录》十卷。今自《通鉴测海》以外，惟《通书问》及此集仅存。然自序称有《知非堂稿》十七卷、《外稿》十六卷。顾嗣立《元诗选》载《知非堂稿》十七卷，与自序合。王士祯《居易录》作十六卷，亦与自序、外稿合。此集止六卷，似非完书。然嗣立之所录与士祯之所称者，已均在此六卷之中，又似无所亡佚者。岂后人传写，或合并其卷数？抑或重为选录，汰其繁冗，故篇帙虽减，而名章隽句一一具存欤？诗集之富，唐无若白居易，宋无若陆游、杨万里。而珠砾并存，往往使后人以多为憾。是编佳制具存，而芜词较少，可谓刊糟粕而存菁华。即非足本，亦不必以不完为歉矣。（卷一六七·集部·别集类二〇，第1438页）

94.抚州·乐安【明】萧仪（1384—1423）:《袜线集》十五卷江西巡抚采进本

明萧仪撰。仪字德容，乐安人，永乐乙未进士，官吏部主事，以疏论迁都北京不便，忤旨见杀，《明史》附见《夏原吉传》中。是集乃其子超进所编。据其原目，凡文十卷、诗十卷。此本仅十五卷，盖诗佚其五卷矣。其文有纡徐曲折之致，而意境不深。其诗为朱彝尊《明诗综》所不录，殆偶未见欤？（卷一七五·集部·别集类存目二，第1554页）

95.抚州·乐安【明】姜洪（1400—？）:《松冈集》十一卷浙江汪汝瑮家藏本

明姜洪撰。洪字启洪，号松冈，江西乐安人，宣德癸丑进士，改庶吉士，除检讨，升修撰，以疾乞归。是集序二卷、记一卷、歌诗二卷、赋颂铭赞表一卷、近体诗五卷。文颇平淡，诗亦妥适，而步趋东里，得其形似，格律未能遒上也。（卷一七五·集部·别集类存目二，第1556页）

96.抚州·乐安【明】王烈:《寻乐堂集》十一卷江西巡抚采进本

明王烈撰。烈字正邦，乐安人，寻乐其别号也。成化宏[①]治间诸生。是集文五卷，诗六卷。末附其族孙澄江府经历素节所撰《行实》一篇，载其论

① “宏”当为“弘”，避讳清高宗弘历。

文、论经史之语，盖志大而学则未广者也。（卷一七六·集部·别集类存目三，第1570页）

97.抚州·乐安 【明】谭宝焕:《谭樵海集》六卷、附《幽谷集》一卷、《霜岩集》一卷江西巡抚采进本

明谭宝焕撰。宝焕，江西乐安人，樵海其号也。集凡文三卷，诗三卷。宝焕少好讲学，为文多涉理趣，诗尤沿《击壤集》流派，如《自示》云:“从今脊骨刚如铁，一担纲常勿放肩。”《寄邓九邱》云:“还与先生磨太极，乾坤肯负苦心人？”较《定山集》抑又甚矣。末附《幽谷集》一卷，其孙钦瑗作，《霜岩集》一卷，其曾孙清严作也。（卷一七六·集部·别集类存目三，第1579页）

98.抚州·乐安 【明】谭宝焕:《性理吟》二卷江西巡抚采进本

明谭宝焕撰。是集成于正德壬申，前有自序，皆以“四书”及性理中字句为题，前列朱子之说，而以一诗括其意。前集一卷为七言绝句，后集一卷为七言律诗，其意不在于诗，亦遂难以诗论也。（卷一七六·集部·别集类存目三，第1579页）

99.抚州·乐安 【明】董燧（1503—1586）:《蓉山集》十六卷江西巡抚采进本

明董燧撰。燧字兆时，蓉山其号也，临川人[①]。嘉靖辛卯举人，官至南京刑部郎中。燧少从王艮、聂豹讲良知之学，是集自首卷至六卷，皆其问答会语，七卷至十卷为诗，十一卷至十六卷为杂文。（卷一七七·集部·别集类存目四，第1586页）

100.抚州·乐安 【明】董绪:《龟川诗集》四卷江西巡抚采进本

明董绪撰。绪字禹方，乐安人。少从邹守益、聂豹游，讲良知之学，故其诗不求工于声律，以理趣为主，盖濂、洛风雅之流派也。其子刑部尚书裕初刻于东莞，岁久版漶，其裔孙又为重刻。然此本亦字多残阙，殆难卒读。

① 抚州乐安人。

据其目录，尚有附录志状之属，亦佚之矣。（卷一七八·集部·别集类存目五，第1607页）

101.抚州·乐安【明】詹事讲:《詹养贞集》三卷江西巡抚采进本

明詹事讲撰。事讲字明甫，别号养贞，江西乐安人。万历丁丑进士，官至北直隶提学御史。其集初刻于万历戊戌，凡文三卷，诗四卷，后诗集散佚，仅存文集。国朝乾隆庚申，其元孙道行重刊之，即此本也。事讲从罗洪先游，传姚江良知之学，《陈献章、王守仁之从祀》，实允事讲之请，集中以此疏为冠。盖其生平宗旨所在也。（卷一七九·集部·别集类存目六，第1614页）

102.抚州·乐安【明】曾维伦:《来复堂集》二十五卷江西巡抚采进本

明曾维伦撰。维伦字惇吾，江西乐安人。万历庚辰进士，官至嘉兴府同知。是集前有万历丁亥黄洪宪序，称维伦出诗古文一编。则是集原本为所自定。然未及授梓，岁久渐佚。乾隆壬戌，其六世孙廷试，乃裒辑佚稿刊版，即此本也。维伦学出姚江，与焦竑、李材、罗汝芳等，共阐良知之旨。故文集十九卷，以《理学见解》三卷为冠；诗集六卷，以“理学诗”六十一首为冠云。（卷一七九·集部·别集类存目六，第1616页）

103.抚州·乐安【清】原良:《听潮居存业》十卷江西巡抚采进本

国朝原良撰。良字鸣喜，江西乐安人。顺治中贡生，官宁都县训导。是书分十编，各立四字标目。一曰明宗正学。前多讲学之语，后亦杂论经义，如谓孔子学问源于契及成汤、武丁，谓删《诗》存车邻为预知秦有赵高之祸，皆失之附会。二曰身世要则。多论世故。如“阴德”一条，既云阴德非惟不求人知，亦不可求天知。“报应缓急”一条，又称天不急性，却有记性，吾辈于善念善事须忍耐为之，隔半页而自相矛盾。附以读书作文十六则，亦殊不伦。三曰史会大纲，四曰友古特评，五曰群古对观，六曰左国补议，皆史论也。但大纲多论世运盛衰，特评则品藻人物，对观则摭古之相类者论之，补议则仿吕祖谦《左氏博议》、柳宗元《非国语》而斟酌其说耳。七曰读余志略。大致如王世贞《读书后》而弥为肤浅。如以《考工记》为三代以上之书，不宜附之于周，是并“郑之削、宋之斤、吴越之剑”诸句亦未读也。八曰元圃余珍。剽掇旧事，略加评断，亦史论之旁支。九曰韵林随笔。皆所作诗话，如谓庾信诗为梁之特出，唐之先鞭，而《文选》少载。又谓刘禹锡、元稹、白居易与宗楚客同赋金陵怀古诗，则其他可以概见矣。十曰山野寤言。皆私撰经世之策，尤多迂阔之谈。大抵好为议论，而所学则未能淹贯者也。（卷一二九・子部・杂家类存目六，第1108页）

104.抚州・南丰【宋】曾巩（1019—1083）（伪托）：《隆平集》二十卷两江总督采进本

旧本题宋曾巩撰。巩，字子固，南丰人。嘉祐二年进士。调太平州司法参军，召为集贤校理，出知福、明诸州。神宗时官至中书舍人。事迹具《宋史》本传。是书纪太祖至英宗五朝之事，凡分目二十有六，体似会要。又立传二百八十四，各以其官为类。前有绍兴十二年赵伯卫序。其记载简略琐碎，颇不合史法。晁公武《读书志》摘其记《太平御览》与《总类》为两书之误，疑其非巩所作。今考巩本传，不载此集。曾肇作巩行状，及韩维撰巩神道碑，胪述所著书甚备，亦无此集。据《玉海》，元丰四年七月，巩充史馆修撰。十一月，巩上《太祖总论》，不称上意，遂罢修五朝史。巩在史馆，首尾仅五月，不容遽撰此本以进。其出于依托，殆无疑义。然自北宋之末已行于世。李焘作《续通鉴长编》，如李至拜罢等事，间取其说，则当时固存而不废。至元修《宋史》、袁桷作《搜访遗书条例》，亦列及此书，以为可资援证。盖虽不出于巩，要为宋人之旧笈。故今亦过而存之，备一说焉。（卷五〇・史部・别史类，第447页）

105.抚州・南丰【宋】曾巩：《元丰类稿》五十卷江西巡抚采进本

宋曾巩撰。巩字子固，建昌南丰人。嘉祐二年进士，官至中书舍人。事迹具《宋史》本传。巩所作《元丰类稿》本五十卷，见于《郡斋读书志》。韩维撰巩神道碑，又载有《续稿》四十卷、《外集》十卷，《宋史》本传亦同。至南渡后，《续稿》、《外集》已散佚不传。开禧中，建昌郡守赵汝砺始得其本于巩族孙濰，阙误颇多。乃同郡丞陈东合《续稿》、《外集》校定之，而删其伪者，仍编定为四十卷，以符原数。元季兵燹，其本又亡。今所存者惟此五十卷而已。吴曾《能改斋漫录》所载《怀友》一首，庄绰《鸡肋编》

所载《厄台记》一首，高似孙《纬略》所载《实录院谢赐砚纸笔墨表》一首，及世所传《书魏郑公传后》诸佚文，见于《宋文鉴》、《宋文选》者，当即《外集》、《续稿》之文。故今悉不见集中也。今世所行凡有二本：一为明成化六年南丰知县杨参所刊。前有元丰八年王震序，后有大德甲辰东平丁思敬序。又有年谱序二篇，无撰人姓名，而年谱已佚。盖已非宋本之旧，其中舛谬尤多。一为国朝康熙中长洲顾崧龄所刊。以宋本参较，补入第七卷中《水西亭书事》诗一首、第四十七卷中《太子宾客陈公神道碑铭》中阙文四百六十八字，颇为清整。然何焯《义门读书记》中有《校正元丰类稿》五卷，其中有如《杂诗》五首之颠倒次序者，有如《会稽绝句》之妄增题目者，有如《寄郓州邵资政诗》诸篇之脱落原注者。其他字句异同，不可殚举。顾本尚未一一改正。今以顾本著录，而以何本所点勘者补正其讹脱。较诸明刻，差为完善焉。（卷一五三·集部·别集类六，第1319页）

106.抚州·南丰【宋】曾肇（1047—1107）：《曲阜集》四卷浙江鲍士恭家藏本

宋曾肇撰。肇字子开，南丰人。巩、布之弟也。治平四年进士，官至中书舍人、龙图阁学士。以元祐党籍贬濮州团练副使，汀州安置。崇宁中，复朝散郎，归润州而卒。绍兴初，追谥文昭。事迹具《宋史》本传。肇行状载所著《曲阜集》四十卷、《外集》十卷、《奏议》十二卷、《迩英进故事》一卷、《元祐外制集》十二卷、《庚辰外制集》三卷、《内制集》五卷、《尚书讲义》八卷、《曾氏谱图》一卷。杨时所作神道碑、《曲阜集奏议》目次，并与行状同。而《西掖集》十二卷、《内制》五十卷、《外制》三十卷，则与行状稍异。明永乐十年，其裔孙刊行《奏议》，曾棨为序。有“兹特《曲阜集》中一卷，尚当为刻全文”之语。则明初原集尚存，其后乃渐就散佚，传本遂绝。国朝康熙中，其裔孙俨等，取所存《奏议》，益以诏制、碑表诸逸篇，掇拾编次，别为此集。前三卷皆诗文，后一卷则附录也。肇立朝有守，属党论翻覆，以一身转侧其间，往往龃龉不合。又尝力谏其兄布宜引用善类，而布不从。所上奏议，如《乞复转对》、《宣仁皇后受册》、《百官上寿》、《救韩维》、《缴王觌外任》诸篇，皆为史所称述。今并在集中，可以考见大概。其制诰亦尔雅典则，得训词之体。虽深厚不及其兄巩，而渊懿温纯，犹能不失家法。惜其全本已亡，掇拾多有未尽。如《进〈元丰九域志〉表》为肇所

撰，见于王应麟《玉海》，而集中亦无之。则其佳文之散失者，固不少矣。（卷一五三·集部·别集类六，第1322—1323页）

107.抚州·南丰【宋】曾协（？—1173）：《云庄集》五卷永乐大典本

宋曾协撰。协字同季，南丰人。《宋史》无传，志乘亦不载其名。据傅伯寿所作集序，知为曾肇之孙，曾纁之子。而所叙仕履但曰官零陵太守，不及其详。且宋无零陵郡，亦无太守之名，殊非实事。今以集中诗文考之，知绍兴中举进士不第，以世赏得官。初为长兴丞，迁嵊县丞。继为镇江通判，迁临安通判。乾道癸巳权知永州事以卒。伯寿所云，盖以古地名与古官名假借用之，文人换字之陋习耳。伯寿又称："庆元庚申，协没已二十八年。其子直敷文阁、福建转运副使炎辑其文为二十通。"考刘禹锡作《柳宗元集序》，称一卷为一通，则原集盖二十卷。今传于世者，惟《咏芭蕉》一诗，仅见陈景沂《全芳备祖》中。他不概见，则其亡已久矣。今捃拾《永乐大典》所载，以类编次，尚得五卷。又得傅伯寿序一篇，亦并录入。序称其古诗多效选体。然合诸作观之，大抵源出苏轼、陈与义。故《同沈正卿作仇池石诗》用轼韵，《陈晞贤过零陵赠诗》亦用与义韵，而绝不及于他家。知其唱和讲求在二家旧格也。杂文颇雅饬有法。《宾对》一赋为集中巨篇，语特伟丽。而大旨以安享太平为浑穆之王风，以恢复中原为战争之霸术。夸大其词，以文偏安之陋。曲学阿世，持论殊乖。姑以文采录之，从《昭明文选》不废《剧秦美新》之例。读其文者，分别观之可矣。（卷一五八·集部·别集类一一，第1365页）

108.抚州·南丰【宋】赵长卿：《惜香乐府》十卷安徽巡抚采进本

宋赵长卿撰。长卿自号仙源居士，南丰人，宗室子也。是集分类编次。凡春景三卷，夏景一卷，冬景一卷，总词三卷，拾遗一卷。据毛晋跋语，乃当时乡贡进士刘泽所定，其体例殊属无谓。且夏景中如《减字木兰花·咏柳》一阕，《画堂春·辇下游西湖》一阕，宜属之春。冬景中《永遇乐》一阕，宜属之秋。是分隶亦未尽惬也。其词往往瑕瑜互见。如卷二中《水龙吟》第四阕，以了、少、峭叶昼、秀。纯用江右乡音，终非正律。卷五中《一剪梅》尾句"才下眉尖，恰上心头"，剿袭李清照此调原句，窜易二字，殆于点金成铁。卷六中《叨叨令》一阕，纯作俳体，已成北曲。至卷七中

《一丛花》一阕，本追和张先作。前半第四句，张词三字一句，四字一句，此乃作七字一句。后半末三句，张词四字二句，五字一句，此乃作三字一句，五字二句。是并音律亦多不协。然长卿恬于仕进，觞咏自娱，随意成吟，多得淡远萧疏之致，固不以一眚废之。他如《小重山》前阕结句，用"疏雨"韵入"芭蕉"六字，亦不合谱。殆毛晋刊本误增"雨"字。又卷六中《梅词》一首，题曰《一剪梅》，而注曰或刻《摊破丑奴儿》。不知此调非《一剪梅》，当以别本为是。卷五之《似娘儿》即卷八之《青杏儿》，亦即名《丑奴儿》。晋于《似娘儿》下注云："或作《青杏儿》。"于《青杏儿》下注云："旧刊《摊破丑奴儿》，非。"不知误在"摊破"二字，《丑奴儿》实非误刻。是又明人校雠之失，其过不在长卿矣。（卷一九九·集部·词曲类二，第1819—1820页）

109.抚州·南丰【元】危亦林（1277—1347）:《世医得效方》二十卷两淮盐政采进本

元危亦林撰。亦林字达斋，南丰人。官本州医学教授。是编积其高祖以下五世所集医方，合而成书。一曰大方脉科，分子目九十有一。二曰小方脉科，分子目七十有一。三曰风科，分子目十。四曰产科兼妇人杂病科，分子目三十有三。五曰眼科，分子目十二。六曰口齿兼咽喉科，分子目六。七曰正骨兼金镞科，分子目二十九。八曰疮肿科，分子目二十四。共十九卷，附以孙真人养生法节文一卷。其总目针灸一科，有录无书。校检其文，皆散附各科之中，盖标题疏舛，实非阙佚。自序称刱始于天历元年，讫功于后至元三年，其用力亦云勤笃。前有至元五年太医院题识，备列院使十一人，同知院事二人，佥院事二人，同佥院事二人，判官二人，经历二人，都事二人，掾史一人衔名。盖江西官医提举司以是书牒医院，下诸路提举司重校，覆白于医院，而后刊行，亦颇矜慎。序中称其高祖遇仙人董奉二十五世孙，传其秘方。虽技术家依托之言，不足深诘，而所载古方至多，皆可以资考据，未可以罕所发明废之也。（卷一〇四·子部·医家类二，第871页）

110.抚州·南丰【元】刘壎（1240—1319）:《隐居通议》三十一卷江西巡抚采进本

元刘壎撰。壎字起潜，南丰人。书中自称开庆元年年二十，则宋亡之时已年三十六，故于宋多内词。然书中又称至大辛亥为南剑州学官，计其年已七十二矣。日暮途穷，复食元禄，而是书乃以隐居为名，殊不可解。考其《水云村稿》中延祐己未重题梅氏海棠诗，有花甲重周人八十之句，则壎入元四十四年尚存，最为老寿。是书当其晚岁退休时所著也。凡分十一门。理学三卷，古赋二卷，诗歌七卷，文章八卷，骈俪三卷，经史三卷，礼乐、造化、地理、鬼神杂录各一卷。其论理学，以悟为宗，尊陆九渊为正传，而援引朱子以合之。至谓朱子后与道士白玉蟾游，始知读书为徒劳，盖姚江晚年定论之说源出于此。皆乡曲门户之私，无庸深辨。其经史以下六门，考证亦未为精核，且多饾飣，而鬼神一门，尤近于稗官小说。惟评诗、论文之二十卷，则壎生于宋末，旧集多存，其所称引之文，今多未见其篇帙，其所称引之人，今亦多莫识其姓名，又多备录全篇，首尾完具，足以补诸家总集之遗。如宋璟《梅花赋》，今惟据田艺衡《留青日札》传鲜于枢所书一篇，又据李纲《忠定集》，知原赋已亡，纲为补作。今观壎所录，知宋、元间行于世者乃有二本。又如陆游之从韩侂胄，以牵于爱妾幼子之故，为他书之所未言，厉鹗《宋诗纪事》载李义山诗，不能举其仕履，观壎所记，乃知其尝以江东提刑守池州。凡此之类，颇足以广闻见。至于论诗、论文，尤多前辈绪余，皆出于诸家说部之外，于征文考献，皆为有裨，固谈艺者所必录也。壎所著《水云村稿》，世有二本，其一本别题曰《泯稿》，卷帙颇少，不知何人删取是书三分之一，附诸稿末，殊为阙略。此为三十一卷之足本，固罕觏之秘笈矣。书中间有案语，盖其后人所附，自署其名曰凝。考国初有南丰刘凝字二至，尝撰《稽礼辨论》、《韵原表》、《石鼓文定本》三书，或即其人欤？（卷一二二・子部・杂家类六，第1049页）

111.抚州・南丰【元】刘壎:《水云村稿》十五卷江西巡抚采进本

元刘壎撰。壎有《隐居通议》，已著录。其文集旧有二本，一曰《水云村泯稿》，乃明洪武间其孙瑛所手抄，篇目无多，而多杂采《隐居通议》中语，缀辑成帙，不为完本；一即此本，乃其裔孙凝收拾遗佚，别加排次，蒐采较为赅备。惟原目二十卷，而所存止十五卷，自十六卷以下有录无书，当由传写者失之。然此五卷所载，皆青词、祝文，无关体要之作。其存佚无足为轻重，则虽阙犹不阙矣。壎才力雄放，尤长于四六。集中所载诸启劄，大抵皆在宋世所作。考《隐居通议》，自述其得意之笔，如《代吴浚谢建阃表》、《吊吴浚文》、《代赵必岊谢庙堂启》、《通丁应奎启》，今皆不见于集中。则其散佚者亦自不少。然即所存者观之，隶事铸词，亦复颇见精采。壎尝自言，赵必岊称其能以散文为四六，正是片段议论，非若世俗抽黄对白，而血脉不贯者。盖生平得力，有甘苦自知者矣。其他古文则多入元以后所作。灝瀚流转，颇为有气。而时以俳句绮语搀杂其间，颇乖典则。则覃精俪偶，先入者深，有不知其故态之萌者矣。惟其年过七旬，复出食元禄。而《晚春郊行诗》云："路少过军仍鼓吹，地多遗老自衣冠。"《丙子闽山诗》云："汉祚纵移诸葛在，唐兵虽散子仪侯。"《贾似道诗》云："汉祖有恩惭马邑，怀王何罪老咸阳。"皆其未出山时所作，是则可以不存耳。（卷一六六·集部·别集类一九，第1426页）

112.抚州·南丰【元】刘壎:《水云村泯稿》二卷编修汪如藻家藏本

元刘壎撰。壎有《隐居通议》，已著录。又有《水云村稿》，亦著录。此集上卷凡赋三篇、记十一篇、传一篇、题跋四十九篇、碑二篇、墓表二篇、圹志一篇、墓志铭五篇、赞十四篇、铭五篇、启二十篇、书十一篇、诗九十篇、笔记七则，下卷则皆其笔记。疑笔记在当日自为一卷，传写者误割数段入上卷也。考其诗文皆《水云村稿》所载，其笔记亦《隐居通议》所载。盖洪武癸丑孙瑛摘录二书，并为一帙，非其旧本也。下卷载有瑛跋二段，杂于书中，疑后人传写误乱其次。又周密《齐东野语》一段，突出不伦，亦瑛所附录，误合于壎书耳。（卷一七四·集部·别集类存目一，第1544—1545页）

113.抚州·南丰【元】赵景良:《忠义集》七卷编修汪如藻家藏本

元赵景良编。初，南丰刘壎作《补史十忠诗》一卷，述宋末李芾、赵卯发、文天祥、陆秀夫、江万里、密祐、李庭芝、陈文龙、张世杰、张珏之事，壎自为序。其子麟瑞，复取宋末节义之士，撰述遗事，赋五十律，题曰《昭忠逸咏》，凡四卷，亦自为前后序。又有岳天祐者序之。景良合二集为一编，又采宋末遗老诸作，续为二卷，而并麟瑞诗四卷为三，总名之曰《忠义集》。于时《宋史》未修，盖藉诗以存史也。其书在元不甚著，明宏[①]治中，

① "宏"当为"弘"，避讳清高宗弘历。

江右何乔新始序而梓之。序言附录中有汪元量诗，然此本实无之，未详其故。又方回背宋降元，为世僇笑，其人最不足道，而景良列之忠义中，亦所未解也。壥有《隐居通议》，已著录。麟瑞号如村，至治中人；景良字秉善，二刘之乡人也。（卷一八八·集部·总集类三，第1708—1709页）

114.抚州·南丰【明】李经纶:《礼经类编》三十卷江西巡抚采进本

明李经纶撰。经纶字大经，号寅清，南丰人。正、嘉间诸生。是编取《周礼》、《仪礼》、《礼记》合而汇之。大意谓圣人之命礼有三：曰经礼也，曲礼也，制度之礼也。经礼所以接神人，曲礼所以正言行，制度之礼所以治名物。后儒昧于分辨，知有经、曲而不知有制度。故以《曲礼》、《经礼》、《制礼》三者为大纲，而各系以目。《曲礼》之目分为五：一曰《曲礼正经》、二曰《曲礼别经》、三曰《曲礼逸经》、四曰《曲礼传》、五曰《曲礼增经》。诸目中又杂分子目。其《别经·盛德篇》，皆《大戴记》之文。《逸经》则兼采三传、《国语》及《说苑》、《列女传》。其所谓《增经》则全录《乡党》、《孝经》文也。《经礼》之目亦分为五：一曰《经礼之经》，二曰《经礼之变礼》，三曰《经礼之曲礼》，四曰《经礼之制礼》，五曰《经礼之传》。然仍以吉、凶、军、宾、嘉为经，而以五者纬焉。其经文有《正经》、《析经》、《逸经》、《补经》、《增经》之别，传亦如之。《正经》者，《仪礼》之正文。《析经》者，旧混为一，今析而出之。他如郊天之采乎《家语》、藉田之采乎《国语》，则名《逸经》。又如取《尚书·康王之诰》增天王即位礼，取《夏官·司士》之文补天王听朝礼，则名《增经》、《补经》也。《制礼》之目分为二：一曰《制礼之经》，则《王制》、《月令》、《周官》之文并《深衣》、《考工》等篇是也。二曰《制礼之传》，《学记》、《乐记》等篇是也。三大纲之后，又有《三礼通传》。谓经、曲、制度合而论者不可以强分，如《礼运》、《礼器》、《坊记》、《表记》及《哀公问》等篇是也。合是数者又冠之以《大学》，终之以《中庸》。《大学》曰“礼冒之经”，谓其规模节目之该括，如五玉之有瑁也，故其诸篇以明德、新民、格致、诚正、修齐、治平分配焉。《中庸》曰“礼藉之经”，谓由博返约，所以为承藉，犹四圭之有邸也。其于《大学》，以止至善配焉。末又以《明堂位》、《儒行》及诸篇之疵复者别为《外记》一卷，以示区别。其条分缕析，用力亦为勤挚。然而割裂经文，参糅杂说，取凭胸臆，随意增删，殊失先儒谨严之意。是欲踵朱子《仪礼经传通解》而失其初旨者也。（卷二五・经部・礼类存目三，第202页）

115.抚州・南丰【明】李经纶:《大学稽中传》三卷江西巡抚采进本

明李经纶撰。经纶有《礼经类编》，已著录。是编攻击朱子《大学章句》，深辟格物之说，而以诚意为根本，盖推衍姚江古本义也。上卷凡十章。一为《稽中》，二为《原明》，三为《稽圣经》，四为《原敬》，五为《慎致知之要》，六为《原内外动静之合一》，七为《原诚意》，八为《原正心》，九为《原修身》，十为《举全书》。每章各疏大意于末。其不及治平之事，则谓天德修而王道随之也。中卷为《辨疑》四条，设问答以申上卷之旨，兼抉摘句读之谬。如"举而不能先命也"，以"先命"二字连读，谓不能先命以官，尚可强通。至下句以"远过"二字连读，训过为责，谓不能屏之远方而责之，则无此文义矣。下卷为《考证》。引朱子书七条、陆九渊书六条，谓二人其初均有弊，其终均无所偏。亦王守仁晚年定论之余绪耳。（卷三七・经部・四书类存目，第310页）

116.抚州・南丰；抚州・南丰【明】李经纶、【清】汤傚:《洪范皇极注》四卷江西巡抚采进本

明李经纶注，国朝汤傚增注。经纶有《礼经类编》，已著录。傚号漫湖，南丰人。经纶先注此书，名曰《范数观通》，傚又改此名。凡书中称漫湖曰者，皆傚说也。其书首卷著揲法筮占说辨诸条，以下则分内外篇，末缀以范数之分，而每卷皆系以图，盖专为占筮而作。朱彝尊《经义考》载经纶有《诗教考》，极驳其宗王柏之说，删改圣经，盖亦好异之士。此书则彝尊不载，不知原本之卷数，中间经傚更定，殆亦非其旧帙矣。（卷一一〇・子部・术数类存目一，第933页）

117.抚州・南丰【明】谢文洊（1615—1681）:《学庸切己录》・二卷江西巡抚采进本

明谢文洊撰。文洊字约斋，号程山，南丰人。其书首作《君子有三畏讲义》一篇，发明张子主敬之旨。次为《程山十则》，亦以躬行实践为主。书中皆随文讲解，旁采《大全》诸儒之说，而参以己见，其体颇似语录。卷末附《西铭解》一篇，谓其立义宏深，为学者究竟指归，篇名不可不尊，因易之曰《事天谟》，以示崇信之意。然究不免自我作古也。（卷三七·经部·四书类存目，第314页）

118.抚州·南丰【明】谢文洊:《谢程山集》十八卷江苏巡抚采进本

国朝谢文洊撰[①]。文洊有《学庸切己录》，已著录。是集初只《日录》三卷，《讲易义》三卷，《书》三卷，乃其门人甘京、黄采所编，乾隆乙丑文洊元孙鸣谦又收合杂文遗稿，与新城涂登、陈道编为此本。甘京序称，其早习举子业，为诸生，年二十，学禅有所得，三十后始宗儒，越四十，始一以程、朱为宗，年六十七而卒。将卒，自作《墓志》曰:《大学》、《中庸》、《切己录》凡八九易稿始定，窃欲折衷先儒，期足以启发来学，自订所体验者《日录》三卷，易堂诸友节行文章为海内所重，某不自量，亦欲学其诗文，才短终不能就，而己学亦遂旁泄云云。盖文洊生平以讲学为主，文章则其余事耳。（卷一八一·集部·别集类存目八，第1637页）

119.抚州·南丰【明】李万实:《崇质堂集》二十卷江西巡抚采进本

明李万实撰。万实字少虚，南丰人。嘉靖甲辰进士，官至浙江按察司副使，其为给事中时，尝疏论权珰改官，盖亦骨鲠之士。是集凡诗九卷，文十一卷，《江西通志》称：所作奏疏别名《恬仕录》，徐龙川序，而此集末亦载有奏疏三卷，盖其初别本单行，后又编入集中也。万实传姚江之说，其文体平正，不事锤镕，犹讲学家之格。其诗颇学韦、柳，意取清妍，虽风骨未就，而姿致可观，则其天分之高也。（卷一七七·集部·别集类存目四，第1594页）

120.抚州·南丰【清】汤奕瑞:《禹贡方域考》一卷江西巡抚采进本

国朝汤奕瑞撰。奕瑞号玉峰，南丰人。雍正中官福建盐场大使。其书载

---

① 《四库全书总目》在《学庸切己录》二卷（卷三七·经部·四书类存目，第314页）云：谢文洊（1615—1681）为明朝人。本书统一录其为明朝人。

《禹贡》本文，而专疏其方域界址。附《江河入海记》、《河源记》数篇于后。前有自序，谓删撮胡渭《禹贡锥指》而为之。故卷首自称曰“纂辑”，明为渭书之节本云。（卷一四·经部·书类存目二，第116页）

121.抚州·南丰【清】刘凝：《稽礼辨论》一卷江西巡抚采进本

国朝刘凝撰。凝字二至，南丰人。由贡生官崇义县训导。是书凡为《论》者十六、为《辨》者六，合二十二篇。引证颇古，而考核未精。若《月令论》一篇，谓太尉不始于秦，即《国语》之元尉及《夏官》之军司马。今考《汉百官表》，太尉与大司马更置。《黄霸传》亦云：“以丞相兼之。”《续汉志》又云：“太尉，公一人。”若《夏官》之军司马，则位在小司马之下，与太尉尊卑悬绝。又《晋语》曰：“知祁奚之果而不淫也，使为元尉。”韦昭注：“元尉，中军尉也。”又云：“知铎遏寇之恭敬而信彊也，使为舆尉。”韦昭注：“舆尉，上军尉也。”盖古者三军皆有尉。《尉缭子》曰：“长伯教成，合之兵尉。兵尉教成，合之裨将。”兵尉即《国语》之元尉、舆尉也，其职位在军将下。今凝以元尉为太尉，尤属不伦。又若《续唐仲友周礼武成孟子论》一篇，谓诸侯百里为井者万，以十井起乘。天子千里为井者百万，以百井起乘。今考井田以一甸起乘，无分天子、诸侯。《成公元年》“三月，作丘甲。”杜注：“长毂一乘，甸所赋，今鲁使丘出之。讥重敛，故书。”丘，十六井也。诸侯以十六井起乘，尚乖于制，则谓以十井起乘者，不尤谬乎？又若《公路公行公族论》一篇，谓《诗》、《左传》之公行即《周礼》之诸子。《文王世子》之庶子专掌庶子之政令。《诸子》文曰“掌国子之倅”，对適子与母弟言之，故云副贰也。今考《诸子职》又云：“国有大事，则帅国子而致于太子。”《周礼》全经凡称国子者，无不统有適庶。《师氏》“以三德教国子”，《保氏》“养国子以道”，《大司乐》“以乐德、乐语、乐舞教国子”，《乐师》“掌国学之政以教国子小舞”，皆是也。今凝独以诸子所帅之国子为妾子，与全经无一可通。且凝既知诸子即庶子，而《文王世子》曰：“庶子以公族之无事者守于公宫，正室守太庙。”郑注：“正室，適子也。”是庶子明掌適子之政，而凝乃误以国子之倅为適子母弟之副贰，遂误以诸子所掌惟妾子之政，使合于《左传》之公行。不特不会郑注“倅”字之义，且并《周礼》全经及《文王世子》之文亦皆乖剌矣。又若《十二章服辨》一篇，谓郊天未至泰坛，先服狐白裘，次加衮服，为裼衣，衮服上加大裘，狐白与黑羔相为表里，即《家语》所云“天子大裘以黼之”是也。当祀之时，脱裘而服狐白及衮，即《家语》所云“既至泰坛，王脱裘”是也。今考《司服》曰：“祀昊天上帝则服大裘。”如凝之说，则是服狐白裘而冕矣。又《玉藻疏》引刘氏说，凡六冕之裘皆用羔；引熊氏说，谓六冕皆用狐青裘。盖冕服皆玄，羔及狐青裘色亦玄。今以衮表狐白裘，则裘裼异色。又《玉藻》曰：“惟君有黼裘以誓省。”郑注：“以羔与狐白杂为黼文。”而凝乃以内服狐白、外服黑羔为黼文，穿凿尤甚。凝是书于三《礼》之学颇勤，亦间能致力于汉魏诸书，而喜新好异，故持论往往不确焉。（卷二五·经部·礼类存目三，第203页）

122.抚州·南丰【清】刘凝:《韵原表》一卷两淮马裕家藏本

国朝刘凝撰。凝有《稽礼辨论》，已著录。凝初作《文字韵原》一编，谓《说文》以形相次，《韵原》以声相从。又以《韵原》限于篇幅，其层次排列，未免间断，而生生之序不见，乃仿《史记》诸表之例，从各字偏旁，序其世系，分其支派，以济《韵原》之穷。然篆隶屡更，变化不定，必一一谓某生于某，终未免失于穿凿也。（卷四三·经部·小学类存目一，第379页）

123.抚州·南丰【清】刘凝:《石鼓文定本》二卷两江总督采进本

国朝刘凝撰。是书上卷为《石鼓音训释文》，下卷为《附录古今人辨说及诗歌石鼓刻文》。且以残阙搨本渐不可辨，惟以摹本及释文相传。释文之中，潘迪最著。摹本之中，薛尚功、杨慎最著。案宋金以前争石鼓之时代，龂龂不休。元以来真伪论定矣，而争文字者又閧而聚讼。凝作此书，既不以今日所存之三百二十余字以考定其真，又不详列诸家之本以纠其异。徒以杨慎伪本犹属全文，而据以为主，根本先谬。又加以意为增减，弥起纠纷。如第四鼓“其写”上之“吾”字、第五鼓“霝雨”下之“濩”字，为各本所无，莫知何以增入。至于后卷《辨说》第一条，即载薛尚功云云，而薛尚功跋语内亦无其文，皆不可解。又以石鼓之文强合于《说文》之籀体。案赵师尹《石鼓文考注》所摭《说文》与石鼓相同之字，员、辞、皮、树、西、则、旁、中、囿九字而已。然“旁”字石鼓无之，乃杨慎以壬鼓“𤔲其用导”用字妄改为旁。其余诸字亦均有同异。凝必欲附会其文，亦郑樵以秦权一二字

之合，定为秦鼓之类矣。（卷四三·经部·小学类存目一，第379页）

124.抚州·南丰；抚州·南丰【明】李经纶、【清】汤傚：《洪范皇极注》四卷江西巡抚采进本

明李经纶注，国朝汤傚增注。经纶有《礼经类编》，已著录。傚号漫湖，南丰人。经纶先注此书，名曰《范数观通》，傚又改此名。凡书中称漫湖曰者，皆傚说也。其书首卷著揲法筮占说辨诸条，以下则分内外篇，末缀以范数之分，而每卷皆系以图，盖专为占筮而作。朱彝尊《经义考》载经纶有《诗教考》，极驳其宗王柏之说，删改圣经，盖亦好异之士。此书则彝尊不载，不知原本之卷数，中间经傚更定，殆亦非其旧帙矣。（卷一一〇·子部·术数类存目一，第933页）

125.抚州·南丰【清】李灏：《易范同宗录》无卷数江西巡抚采进本

国朝李灏撰，灏字柱文。卷首自署曰南丰，而前有雍正丁未自序，又自署曰嘉禾，未之详也。其说取刘歆《河图》、《洛书》相为经纬之义，以《易》与《洪范》合而一之，分三篇。一曰河洛，其总纲也。二曰易卦，三曰范数，其两目也。河洛列图书表里之图，易象列伏羲卦图、文王之易、周公之易、孔子之易，而终以揲法、占法。范数列箕子之范、九峰蔡氏之范、寅清李氏之范，附以所作数词，又附改定蔡氏占法。夫图书之说，纠纷极矣，牵《洛书》以解《易》，已为附会，又必取《洪范》以合于《易》，其说于是益支。且以《易》为蓍筮，范为龟卜，是又因龟文之说而缀合为一，于古亦无据也。（卷一一〇·子部·术数类存目一，第933—934页）

126.抚州·南丰【清】汤来贺：《内省斋文集》三十二卷江西巡抚采进本

国朝汤来贺撰。来贺字佐平，改字念平，号惕庵，南丰人。前明崇祯庚辰进士，官至广东按察司佥事。明亡归里，主白鹿书院讲席以终。其文多以砥砺薄俗，警劝愚蒙，故词多质朴，务求尽意而后止。江右之俗，无不尊其乡先生。而来贺论王彦章为忠于贼，不可为死节，独深斥欧阳修《新五代史》之非。则为明季降闯诸人而发，所谓有为而言之者也。（卷一八一·集部·别集类存目八，第1633页）

127.抚州·南丰【清】梁份（1641—1729）：《怀葛堂文集》十五卷江西巡抚采进本

国朝梁份撰。份字质人，南丰人。尝学于宁都魏禧，得其文律。是集前十四卷为杂文，末一卷为诗十二首，《漫游杂录》十一条。（卷一八二·集部·别集类存目九，第1652页）

128.抚州·南丰【清】汤斯祚:《亦庐诗集》二十八卷江西巡抚采进本

国朝汤斯祚撰。斯祚字衍之，号亦庐，南丰人，雍正中以岁贡生官江西新昌县训导。是集以编年为次。其居家则有《超遥书堂草》、《茗柯山房草》；游楚则为《匡庐山草》，《沔阳草》；泊归而复出，则有《茗柯山房后草》，《崇真禅院草》，《沅湘草》；充贡以后，则有《北征》、《燕山》、《南辕》诸草；为学官以后，则为《宜丰草》、《俸满草》、《回任草》、《宜丰后草》。其诗笔力颇爽健，惟功候未深耳。（卷一八五·集部·别集类存目一二，第1678页）

129.抚州·广昌【宋】何坦:《西畴常言》一卷内府藏本

宋何坦撰。坦，盱江人[①]。是编分讲学、律己、应世、明道、莅官、原治、评古、用人、正弊九门，大抵因旧说而衍之。其讲学篇谓性与天道子贡不得闻，而以后世学者窃袭陈言，自谓穷理尽性为妄。明道篇谓儒者之待异端，甚于拒寇敌。盖皆有为而发。然其论心如槃水，措之正则表里莹然，微风过之，则湛浊动于下，方未动时，非有以去其滓污也，澄之而已。风之过，非有物入之也，挠动则浊起也。所见颇近于禅。又谓孟子之辟杨、墨，深排峻拒，词费而力殆，其说皆不可训也。（卷一二四·子部·杂家类存目一，第1066页）

130.抚州·广昌【元】左祥:《琴堂谕俗编》二卷永乐大典本

案《宋史·艺文志》载郑玉道《谕俗编》一卷，彭仲刚《谕俗续》一卷。虽相因而作，实各自为书。此本为宜丰令应俊辑二家之书为一编，而又

---

① 《江西通志》（四库全书本）卷八十三：何坦，字少平，广昌人。

为之补论。其末择交游一篇，又元人左祥所增入，以拾原书之遗者也。其书大抵采摭经史故事关于伦常日用者，旁证曲喻，以示劝戒，故曰《谕俗》。文义颇涉于鄙俚，然本为乡里愚民设，不为士大夫设，故取其浅近易明，可以家喻户晓。以文章工拙论之，则乖著书之本意矣。《宋志》列之子部杂家，而史部刑法类中又出郑玉道《谕俗编》一条，不但前后重复，且非狱牍之词，亦非禁令之事，列于刑法，殊踳驳不伦。今仍列之杂家，庶不失其实焉。（卷一二一·子部·杂家类五，第1046—1047页）

131.抚州·广昌【明】何乔新（1427—1502）：《周礼集注》七卷两淮马裕家藏本

明何乔新撰。乔新字廷秀，江西广昌人。景泰甲戌进士，官至刑部尚书。谥文肃。事迹具《明史》本传。是书谓《冬官》不亡，大约沿俞庭椿、王与之、邱葵及晏璧伪托吴澄之说，臆为窜乱。如引邱葵说，谓太史直笔而书，为天官之属无疑，不知《太史》之文曰“读礼书而协事”，又曰“以书协礼事”，又曰“执其礼事”，然则《太史》当入《春官》，经有明文可据。《唐职官志》以太史合属礼曹，是其遗意。今并入《天官》，既不通经，且不明史矣。又如引伪本吴澄《考注》说，谓诸子掌国子之倅，使之修德学道，当入教官之属，不知《诸子》之职曰“若有兵甲之事，则授之车甲，合其卒伍，置其有司，以军法治之”，盖主以戎事诏国子，故隶《司马》。今徒以修德学道之语，并入《司徒》，则《夏官·都司马》之职曰“掌其政学”，亦未尝不及于教，将并移入《司徒》欤？是皆妄取前人谬戾之论，割裂倒置，踵其失而加甚。故前后义例，率不能自通，徒为谈《周礼》者所诟病耳。（卷二三·经部·礼类存目一，第182页）

132.抚州·广昌【明】何乔新:《策府群玉》三卷江西巡抚采进本

明何乔新撰。乔新有《周礼集注》，已著录，是编乃私备对策之用，捃拾补缀，不足以言著书。盖康熙甲辰其裔孙在闇欲刊印《椒邱全书》，而力不能及，谋之其友魏应桂，先刻此书，取其易于剽窃，可炫俗目，人必争售。冀借纸墨之赢资，以助全集剞劂之功，其用心良苦。然以射利之故，使乔新以此等书传，殊非乔新意也。（卷一三七·子部·类书类存目一，第1166页）

133.抚州·广昌【明】何乔新:《椒邱文集》四十四卷两江总督采进本

明何乔新撰。乔新有《周礼集注》，已著录。《明史》乔新本传载其历仕中外，多著政绩，又以气节刚方为万安刘吉所排，故迄不得大用。又载江西巡抚林俊为乔新请谥时，中旨诘乔新致仕之由。给事中吴世忠为讼冤，以邹鲁之劾乔新，比于蒋之奇劾欧阳修、胡纮劾朱子。是诚太过。然核其立朝始末，岳岳怀方，在成化、宏[①]治之间，不能不谓之名臣也。是集前三卷为策略，盖科举之学；次五卷为史论；次十二卷为杂文；次十四卷为诗；次六卷为碑、诔；次三卷为奏议。《外集》一卷，则往来赠答之文，为婺源余莹所编辑。乔新不以文章名，而所作详明剀切，直抒胸臆。学问经济，实具见于斯。史称其博综群籍，闻异书辄借钞，积三万余帙，皆手自校雠，著述甚富。则有本之言，固宜与枵腹高谈者异矣。（卷一七〇·集部·别集类二三，第1489页）

134.抚州·广昌【明】饶秉鉴:《春秋提要》四卷江西巡抚采进本

明饶秉鉴撰。秉鉴字宪章，号雯峰，广昌人。正统甲子举人，官至廉州府知府。朱彝尊《经义考》载秉鉴《春秋会通》十五卷，《提要》一卷。今按此书实四卷，与《春秋会通》另为一书。彝尊盖未见其本，故传闻讹异。其书以《春秋》书时书月难于记诵，故错综而次序之，分十二公为十二篇。先列经文于右，而总论其义于后，大旨以胡传为宗。（卷三〇·经部·春秋类存目一，第246页）

135.抚州·广昌【明】曾梧:《栋峰遗稿》二卷浙江孙仰曾家藏本

明曾梧撰。梧字于易，江西广昌人。正德辛巳进士，官至常州府知府。是集凡文一卷，诗一卷，文冠以《应诏疏》，反覆申明合祀天地之说，盖是事古今聚讼，儒者各尊其所闻，不足异也。初鋟于嘉靖中，后毁于火，天启辛酉，其曾孙邦泰又重刻焉。（卷一七六·集部·别集类存目三，第1578页）

① “宏”当为“弘”，避讳清高宗弘历。

136.抚州·广昌【明】何涛:《平山文集》八卷、《诗集》八卷直隶总督采进本

明何涛撰。涛字仲平，江西广昌人，嘉靖己酉举人。据集中所言，盖尝官于安庆，不知为安庆何官也。诗文皆率其所欲言，诗集第五卷，有《读白集卒业》一首，可以知其宗尚矣。（卷一七八·集部·别集类存目五，第1597页）

137.抚州·广昌【明】何源（1519—1589）:《心泉集》二十五卷浙江孙仰曾家藏本

明何源撰。源字仲深，号心泉，江西广昌人。嘉靖己未进士，官至刑部左侍郎，谥靖惠。源官吏部文选司主事时，张居正以亲故托之，拒弗应，缘是引疾归。及为南京吏部侍郎，京察黜陟公允，为海瑞所称，以为士人致身报主当如是。后卒于官，贫几不能殓，盖亦气节自负者。是集为其子孔贤、孔宾所编，凡文二十二卷，诗赋、歌词三卷。大抵非公牍即应酬之作。然源之足以不朽者，固不在此也。（卷一七八·集部·别集类存目五，第1601页）

138.抚州·广昌【明】刘文卿:《刘直洲集》十卷浙江孙仰曾家藏本

明刘文卿撰。文卿字徯如，江西广昌人。万历己丑进士，官至南京兵部员外郎。文卿性孤介，尝以忤权奸左迁，其文颇有英气。惟年仅三十三而卒，功候未深，故风格未就。集中如《急选被论辩疏》及《海防》二议，《台州、金华二府兴革条议》，亦可以考见时政也。（卷一七九·集部·别集类存目六，第1617页）

139.抚州·广昌【清】饶一辛（1684—1741）:《经义管见》一卷浙江巡抚采进本

国朝饶一辛撰。一辛字冶人，南城人[①]。是书成于雍正丙午。凡《图说》七、《周易统天旋卦赋》一、《说卦传论》一、《纳音五行论》一、《古今本得失论》一。于周子《太极图》、邵子《先天图》多所攻驳，而其所自造之图，亦初无所受。至拟《归藏》、《连山》等图，则以《乾》北、《坤》南、《坎》东、《离》西、《艮》东北、《兑》西南、《震》东南、《巽》西北为位，尤于古无征。（卷一〇·经部·易类存目四，第81页）

---

① 《江西通志》（四库全书本）卷五十六：饶一辛，广昌人，新建教谕。

140.抚州·广昌【清】何属乾:《又尚集》二卷江西巡抚采进本

国朝何属乾撰。属乾字不息，江西广昌人，由副榜贡生官永新县训导。是书纂辑永新名宦、乡贤事迹，以已入祀典者各撰《小传》。自三国分疆，迄国朝康熙中，分为上下二卷。其传末论断，多附见轶事，与传意不相重复，颇得《史记》遗意云。（卷六三·史部·传记类存目五，第568页）

141.抚州·广昌【清】揭暄:《璇玑遗述》七卷两江总督采进本

国朝揭暄撰。暄字子宣，江西广昌人。是书一名《写天新语》。言天地大象，七曜运旋，兼采欧逻巴义，杂以理气之说。康熙己巳，尝以草稿寄梅文鼎。文鼎抄其精语为一卷，称其深明西术，而又别有悟入。又称其谓“七政小轮皆出自然，亦如盘水之运旋，而周遭以行疾而生漩涡，遂成留逆”一条，为古今之所未发。今观其全书，大抵与游艺《天经或问》相表里。然艺书切实平正，词意简明，暄则持论新奇，颇伤庞杂。其考历变，考潮汐，辨分野，辨天气地气所发育，方以智尝谓其于易道有所发明。然如论日月东行如槽之滚丸，而月质不变。又谓天坚地虚，旧蛋白蛋黄之喻徒得形似，而喻为饼中有饼。其说殊自相矛盾。至五星有西行之时，日月有盈缩之度，虽设譬多方，似乎言之成理，而揆以实占，多属矫强，均不足据为典要也。（卷一〇七·子部·天文算法类存目，第912页）

142.抚州·广昌【清】魏方泰（1657—1728）:《行年录》无卷数礼部尚书曹秀先家藏本

国朝魏方泰撰。方泰字日乾，号鲁峰，江西广昌人。康熙癸未进士，官至礼部右侍郎，翰林院学士。是书取古人事迹有年可纪者，各以其年编之，每一岁为一篇。其但有几十岁字而不得其畸零之数者则各立几十余一篇，其并无几十字可考者，则分立初生、童幼、少壮、老年四篇，而冠以各朝历及制令，附以生辰同生，学生、遗腹、前后身四篇。原本不分卷数，亦无目录，次第颇为颠倒。如凡例称冠以各朝历，而此本以前后身为冠，知非方泰之旧矣。所列儒异兼陈，不免稍失于杂。又随所见闻，即据其书载入，不复究其本源，亦稍失之疏略。（卷一三九·子部·类书类存目三，第1179页）

143.抚州·广昌【清】黄永年（1699—1751）：《黄静山集》十二卷江苏巡抚采进本

国朝黄永年撰。永年字静山，江西广昌人。乾隆丙辰进士，官至常州府知府。是集前有雷鋐所作《墓志铭》，称所著有《希贤编》、《春秋四传异同辨》、《崧甫文类》、《南庄类稿》、《白云诗钞》、《静子日录》。此本仅《南庄类编稿》八卷，《白云诗钞》二卷，《奉使集》一卷，《静子日录》一卷，而他集不见。其《春秋四传异同辨》，今在《南庄类稿》第二卷中，亦不别为书，未喻其故。又一别本仅有《南庄类稿》、《奉使集》、《静子日录》三种，疑其随刻随印，皆非完本云。（卷一八五·集部·别集类存目一二，第1681页）

144.抚州·金溪【宋】陆九渊（1139—1193）：《象山集》二十八卷、《外集》四卷、附《语录》四卷大理寺卿陆锡熊家藏本

宋陆九渊撰。九渊字子静，金溪人。乾道八年进士，绍熙初官至奉议郎、知荆门军，卒于官。事迹具《宋史》本传。据九渊年谱，集为其子持之所编，其门人袁燮刊于江西提举仓司者，凡三十二卷。《宋史·艺文志》、《文献通考》并作《象山集》二十八卷、外集四卷。总而计之，与燮所刊本卷数相符。独年谱称持之所编外集为六卷，殆传写讹“四”为“六”欤？此本前有燮序，又有杨简序。燮序作于嘉定五年，简序作于开禧元年，在燮序前七年，而列于燮后。盖刊版之时，以新序弁首，故翻刻者仍之。又有嘉定庚辰吴杰跋，称是集为建安陈氏所刊。而年谱未载此本，岂持之偶未见欤？前十七卷为书，十八卷为表奏，十九卷为记，二十卷为序赠，二十一卷至二十四卷为杂著，二十五卷为诗，二十六卷为祭文，二十七卷、二十八卷为墓志、墓碣、墓表。外集四卷皆程试之文。末为谥议、行状，则吴杰所续入也。其语录四卷，本于集外别行。正德辛巳，抚州守李茂元重刻是集，乃并附集末，以成《陆氏全书》。其说与集中论学诸书互相发明。合而观之，益足勘证。今亦仍附于末，不别著录焉。（卷一六〇·集部·别集类一三，第1376—1377页）

145.抚州·金溪【宋】陆九渊:《别本象山文集》六卷江西巡抚采进本

宋陆九渊撰。旧本题九渊门人傅子云编。首卷为年谱，次卷为讲学语录，后四卷为诗文，末附以谥议、行状。前有万历乙卯金溪傅文兆重刻序，

称文集已经七刻，殊无善本。友人周希旦得全集而刻之金陵，集中不敢刊削一字。又称吾家子云与先生同里云云。考九渊子持之所作年谱云：开禧元年乙丑，持之编遗文为二十八卷、《外集》八卷，杨简序之。三年丁卯，抚州守括苍高商老刊于抚州，是为初本。又云：嘉定五年壬申八月，张衎编遗文成，傅子云序之，未言刊版与否，是为第二本。是年九月，江西提举袁燮刊其文集三十二卷于仓司，称为持之所裒益，是为第三本。绍熙四年辛卯，燮之子甫文重刊之，是为第四本。《文献通考》作《象山集》二十八卷、《外集》四卷，与三十二卷数合，并载燮序于后。《宋史·艺文志》亦同，无所谓六卷之本，亦无所谓傅子云编之事。其文仅全集五分之一，则不敢刊削一字之说，尤为诞妄，盖后人选刻之本。文兆以宗族之故，借张衎本有子云作序一事，遂题其名，实非当日之旧。其年谱亦多所窜乱，如载形家占其先墓之言，有"糊糊涂涂生一个大孔夫子"之语，显为不学者所妄加也。（卷一七四·集部·别集类存目一，第1541页）

146.抚州·金溪【元】吴会:《书山遗集》二十卷江西巡抚采进本

元吴会撰。会字庆伯，金溪人。至正三年，尝举乡荐第一。入明不仕，至洪武戊辰乃卒。以一足病废，自称独足先生。所作诗文，即名《独足雅言》，凡二十卷。李梦阳《怀麓堂诗话》尚引其《輓张性诗》，证《杜律注》非虞集作，则正德间尚存。近世已久无传本。是集为其裔孙尚絅所蒐辑。以已非原本，故改题曰《书山遗集》，而仍编为二十卷，以存其旧。原刻《独足雅言解》一篇，仍冠于首。会自序云："和乐畅易，清平时所著，为最先；愁促感激，辟地时所著，其次也；超逸迈放，学仙时所著，为最后也。"今观其诗，雕缋有余，而兴寄颇浅。在元末明初，尚未能独立一帜。卷首载明初潭王梓一序，文理俚谬。又称会卒之后见梦于梓而求作。其事荒怪不经，殆不足辨，或好事者为之也。（卷一七四·集部·别集类存目一，第1547页）

147.抚州·金溪【明】傅文兆:《羲经十一翼》二卷浙江巡抚采进本

明傅文兆撰。文兆，金溪人。其书凡分五篇。《上古易》第一，《观象篇》第二，《玩词篇》第三，《观变篇》第四，《观占篇》第五。其论爻辞，以为文王所作。大旨专主图书象数之学。其称"十一翼"者，盖以孔子传

《易》为《十翼》而其又翼孔子，故曰“十一”也。核其名称，殊为僭妄。《明史·艺文志》载此书五卷，《经义考》亦注曰“存”。此本仅有《上古易》一卷，《观象篇》一卷，其《玩辞》、《观变》、《观占》三卷并阙。其近时始佚欤？（卷七·经部·易类存目一，第58页）

148.抚州·金溪【明】王宣:《风姬易溯》五卷江西巡抚采进本

明王宣撰。宣字纪卿，一字虚舟，金溪人。其书止上、下经卦爻辞。前有自序曰“风，伏羲姓。遡风者，溯卦。姬，文周姓。溯姬者，溯彖。爻独不遡孔者，余观象家，非举业家也。”如其所言，则孔子《十翼》，竟为举业而作，其妄谬殆不足道。此因四圣人各自有《易》之说，而报雠流为行劫者也。所言多主于象，亦破碎支离，不尽合于经义。（卷八·经部·易类存目二，第64页）

149.抚州·金溪【明】吴世忠:《书传洪范考疑》一卷浙江巡抚采进本

明吴世忠撰。世忠字懋贞，金溪人。宏治庚戌进士，官至延绥巡抚佥都御史。是书取蔡沈所释《洪范》，有疑于心者，略为考正。大旨归本于治法，立意未尝不善。然如以“六三德”为驭臣之法，以刚克、柔克为恩威之义，用张景之说，尚为可通。以《禹贡》贡金之类解五行，已觉附会。至五福、六极皆指刑赏而言，以保全爱养不使短折为寿之之法，以杀戮剿绝不使得寿为凶短折之法，则牵强太甚矣。（卷一三·经部·书类存目一，第108—109页）

150.抚州·金溪【明】李纪:《史略详注补遗大成》十卷内府藏本

明李纪撰。纪字大正，金溪人。初，元庐陵曾先之撰《十八史略》，至宋而止。明初临川梁孟寅益以元事，名《十九史略》。嘉靖戊戌，纪复以旧注未备，为增补以成是编，然弇陋亦甚。据所列引用书目十余种，曰万氏《史略筌蹄》，曰郭氏《帝王世纪》，曰朱子《四书》，曰倪氏《四书辑释》，曰蔡氏《书传》，曰邹氏《音释》，曰陈氏《礼记集说》，曰朱子《诗传》，曰《资治通鉴》，曰《吕氏集注》，曰刘氏《翰墨全书》，曰《左氏春秋传》，曰《林朱音训》，曰李氏、刘氏《宋鉴》。是恶足以谈史乎。（卷五〇·史部·别史类存目，第455页）

151.抚州·金溪【明】危素（1303—1372）:《草庐年谱》二卷、《附录》二卷编修汪如藻家藏本

明危素撰。素字太朴，金溪人，元至正中官至礼部尚书、参知政事、翰林学士承旨。出为岭北行省左丞，后退居房山。淮王监国，起为承旨如故。明洪武二年，授翰林侍讲学士。后因御史王著等论素不宜列侍从，谪居和州以卒。事迹具《明史·文苑传》。初，吴澄孙当尝编次其祖生平事迹为年谱。素为澄之门人，因重加订正，刻于至正乙巳。至明嘉靖甲寅，澄裔孙朝祯复增入行状神道碑列传祭文一卷及历代褒典奏议文移一卷，邹守益为之序，即此本也。（卷六〇·史部·传记类存目二，第538页）

152.抚州·金溪【明】危素（伪托）:《元海运志》一卷编修程晋芳家藏本

旧本题明危素撰。素有《草庐年谱》，已著录。是编载曹溶《学海类编》中。验其文，乃邱濬《大学衍义补》之“海运”一条也。亦不善作伪矣。（卷八四·史部·政书类存目二，第721页）

153.抚州·金溪【明】危素:《说学斋稿》四卷浙江鲍士恭家藏本

明危素撰。素有《草庐年谱》，已著录。据《千顷堂书目》，其文集本五十卷，明代已散佚不存。此本乃嘉靖三十八年归有光从吴氏得素手稿传钞。其文不分卷帙，但于纸尾记所作年岁，皆在元时所作。有光跋称共一百三十六篇，此本乃止一百三十三篇。又王懋竑《白田杂著》有是集跋，称赋三、赞二、铭二、颂三、记五十有一、序七十有六，共一百三十八首，以有光跋为传写之误。然据懋竑所列，实止一百三十七首，数亦不符。殆旧无刊版，好事者递相传录，故篇数参差，不能画一，实则一本也。素晚节不终，为世僇笑，其人本不足称，而文章则欧、虞、黄、柳之后，屹为大宗。懋竑跋称其文“演迤澄泓，视之若平易，而实不可几及，非熙甫莫知其深”。其珍重钞传，盖非漫然矣。（卷一六九·集部·别集类二二，第1466页）

154.抚州·金溪【明】危素:《云林集》二卷浙江鲍士恭家藏本

明危素撰。皆在元代所作之诗，纳新为编次成集者也。素家居临川，相近有云林山，尝读书其上。方方壶为作《云林图》，陈旅等俱赋诗以记其事，

故集即以是为名。朱彝尊《曝书亭集》有是书跋，称发雕于后至元三年。则彝尊所见，乃元时旧版。此本卷帙相符，盖犹从原刻钞传者。特彝尊跋称前有虞集序，而此本所载乃集《赠行序》一篇，绝与诗集无涉，似为后人所附入。观其《静志居诗话》，亦称前有虞集《送行序》，则已自知其误而改之矣。素于元末负盛名，入明以后，其人不为世所重，其文亦遂不复收拾。故《说学斋集》仅存在元之文，而此集亦仅存在元之诗，不足尽素之著作。然气格雄伟，风骨遒上，足以陵轹一时。就诗论诗，要不能不推为元季一作者矣。原集共诗七十六首，浙江鲍氏知不足斋本复从他书蒐采，增入补遗十四首，较为完备，今并仍而录之焉。（卷一六九·集部·别集类二二，第1466页）

155.抚州·金溪【明】危素:《危学士全集》十四卷江西巡抚采进本

明危素撰。素有《草庐年谱》，已著录。其原集本五十卷，世久无传。明归有光得其手稿，因编为《说学斋稿》，凡一百三十余篇。又所作诗名《云林集》，乃纳新所编。此本文十三卷、诗一卷，乃其乡人取二集汇辑而成。虽名全集，实非原本。故今仍录《说学斋稿》、《云林集》以存其旧，此本则附《存目》焉。（卷一七五·集部·别集类存目二，第1549页）

156.抚州·金溪【明】吴悌（1502—1568）:《吴疏山集》十七卷江南巡抚采进本

明吴悌撰。悌字思诚，疏山其别号也。金溪人，嘉靖壬辰进士，官至兵部侍郎，谥文庄，事迹具《明史·儒林传》。其学出于王守仁，然清苦刚介，卓然不愧于儒者，非姚江末流，提唱心学，恣为横议者比。集止三卷。然据原跋，则尚有赝作《聂氏墓志》、《胡氏表》二篇窜入。第四卷为《言行录》，乃悌门人李约所编。第五卷以下皆诰敕及表章颂美之文，其后人屡屡重刊，辗转附益者。盖原本名《纪实录》，乃传记之流，体例不妨如是。此本改题曰集，遂使附录之文至十四卷。末大于本，失其初编之旨矣。今从《崔与之集》之例，仍入之传记类焉。（卷六〇·史部·传记类存目二，第541页）

157.抚州·金溪【明】王蓂:《忠义录》十四卷浙江范懋柱家天一阁藏本

明王蓂撰。蓂字时祯，金溪人，景泰辛未进士，官至浙江按察使。是书取史传忠义之事，分类编辑。以伯夷以下五百九十七人为上，张良以下五百七人次之，各节录事实。有祠墓可考者，并详其地。孟达等八十七人，或失节于前，或死不足赎；解文卿以下十人，或事非其主，或言非其时，皆不以忠义与之，持论颇正。其王究以下一百四人，始终一姓，忠义皎然，乃以其为辽、金、元之臣，私意区分，曲相排抑，则悖谬甚矣。又自谓此书旁搜诸子百家，庶几全备。而唐宋间如成三朗、苏安恒、韩通、张旦辈，俱未及载，则亦未能无所遗漏也。（卷六一·史部·传记类存目三，第549页）

158.抚州·金溪【明】王蓂:《东石讲学录》十一卷浙江范懋柱家天一阁藏本

明王蓂撰。蓂有《忠义录》，已著录。是集为其门人黄文龙所编，皆平生讲学之语。蓂与陆九渊为乡人，故其说一以九渊为本云。（卷九六·子部·儒家类存目二，第810页）

159.抚州·金溪【明】王蓂:《心学录》四卷浙江范懋柱家天一阁藏本

明王蓂撰。是编乃蓂养亲家居之时，取陆九渊之言，择其发明心学者，汇为一编。凡五百二十条，而以己意推阐之，大旨亦主王守仁晚年定论。（卷九六·子部·儒家类存目二，第811页）

160.抚州·金溪【明】王蓂:《大儒心学语录》二十七卷江苏巡抚采进本

明王蓂撰。是编亦其归养之时所辑诸儒语录。凡周子、程子、张子、邵子、杨时、谢良佐、吕大临、尹焞、罗从彦、李侗、胡宏、朱子、陆九渊、张栻、吕祖谦、黄榦、蔡沈、陈淳、真德秀、薛瑄、吴与弼、陈献章、胡居仁二十四家，皆论心学之语也。（卷九六·子部·儒家类存目二，第811页）

161.抚州·金溪【明】王蓂:《草庐吴先生辑粹》六卷浙江范懋柱家天一阁藏本

明王蓂所选吴澄文也。蓂有《忠义录》，已著录。是编以《草庐全集》浩繁难竟，乃择其尤精者录为六卷，以便诵读。澄之学诵说程、朱，而源实出于陆九渊。蓂，金溪人，与九渊为同里，故力为表章云。（卷一七四·集部·别集类存目一，第1545页）

162.抚州·金溪；临川；临川【明】谢廷谅、周孔教、姜宏范：《千金堤志》八卷浙江范懋柱家天一阁藏本

明谢廷谅、周孔教、姜宏范同撰。廷谅字友可，金溪人。万历乙未进士，官至顺庆府知府，事迹附见《明史·谢廷瓒传》。孔教有《中丞疏稿》，已著录。宏范，临川人，仕履未详。千金堤在抚州府城东，当汝水之冲，即唐之千金陂，屡有兴废。万历五年，知府古之贤率属重修，廷谅等因述此志，以纪其事。凡《形胜》、《沿革》、《经画》、《人物》各一卷，《艺文》四卷，皆一时颂美之词也。（卷七五·史部·地理类存目四，第652—653页）

163.抚州·金溪【明】谢廷谅：《清晖馆集》二卷两江总督采进本

明谢廷谅撰。廷谅有《千金堤志》，已著录。是集上卷为诗，下卷为文，前有万历戊子陈文烛序，称其学问日富，变化无穷，与胡应麟并称。今观其所作，亦颇工丽自喜，而边幅太狭，犹在《少室山房集》下也。（卷一七九·集部·别集类存目六，第1619页）

164.抚州·金溪【明】谢廷谅：《薄游草》十五卷浙江巡抚采进本

明谢廷谅撰。此集皆其宦游时所作，故以《薄游》为名。凡诗六卷，文九卷。《明史·艺文志》载廷谅《薄游草》二十四卷，此止十五卷，殆非完本矣。（卷一七九·集部·别集类存目六，第1619页）

165.抚州·金溪【明】姚张斌：《尚絅小语》三卷浙江巡抚采进本

明姚张斌撰。张斌号尚絅，亦号絅生，金溪人。天启乙丑进士。是编皆其杂著笔记，多论人情世事，所见颇粗。而自序乃上援孔子，亦云妄矣。（卷一二五·子部·杂家类存目二，第1081—1082页）

166.抚州·金溪【明】吴伯宗（1334—1384）：《荣进集》四卷江西巡抚采进本

明吴伯宗撰。伯宗名佑，以字行，金溪人。洪武辛未进士第一，官至武英殿大学士，后降检讨以终。事迹具《明史》本传。伯宗守正不阿，虽忤旨贬谪，不少悔。胡惟庸擅权之日，势焰张甚，独毅然上疏劾之，风节棱棱，殊不可及。所著有《南宫集》、《使交集》、《成均集》，共二十卷，又《玉堂集》四卷，今皆未见。此本中有《奉使安南》、《国学释奠》、《玉堂燕坐》诸诗，疑原集散佚，后人掇拾残剩，合为此编也。一卷冠以廖道南《殿阁词林记小传》一篇，次为乡试、会试、御试卷。二卷、三卷皆诗，而附以赋及诗补遗。四卷为杂文。目录首列序文，而卷首无之，盖传写佚脱。诗文皆雍容典雅，有开国之规模。明一代台阁之体，胚胎于此。其乡试、会试诸篇，可以考见当时取士之制，与文字之式。惟陆深《金台纪闻》称："洪武前三科犹沿元制，用经疑。至二十一年戊辰，始定今三场之制。"而集中所载试卷，乃经义而非经疑，殊不可解。又第三卷有《上问安南事》五言诗，与诸选本所载日本使臣嗒哩嘛哈《答明太祖诏问日本风俗诗》，仅字句小异，未详孰是。然其诗皆夸大日本之词，不应出自伯宗之手，或伯宗后人因其曾使安南，误剽入之欤？今姑仍旧本录之，而记其所疑，以备参考焉。（卷一六九·集部·别集类二二，第1477页）

167.抚州·金溪【明】吴仁度（1548—1625）：《吴继疏集》十二卷江苏巡抚采进本

明吴仁度撰。仁度字君重，金溪人。万历己丑进士，官至工部侍郎。《明史·儒林传》附载其父悌传末。其集初刻于万历乙卯，此本为其六世从孙廷相所重编。凡《中书考功奏疏》一卷，《抚晋奏议》六卷，《抚晋全草》三卷，各注原本卷次于下；又《遗稿》二卷，各注新增字。《抚州府志》称其为文不拘训诂，每脱稿，即弃去，故无存者。此二卷盖廷相摭拾残剩，附于奏议、公牍之后者也。仁度初除中书舍人时，尝争"三王并封"之事，其疏今载第一卷中。抚晋时，亦颇有擘画。《遗稿》则随笔写意而已。（卷一七九·集部·别集类存目六，第1617页）

168.抚州·金溪【明】吴兆璧：《丰麓集》七卷江西巡抚采进本

明吴兆璧撰。兆璧字文焕，一字子谷，丰麓其别号也，金溪人。万历乙卯辛酉两中副榜，卒不第，以廪贡生官连州学正。是集皆所著杂文，末附圹志，而以门人周懋文所作家传冠于卷端。（卷一八〇·集部·别集类存目七，第1623页）

169.抚州·金溪【清】冯咏:《桐村诗》九卷 江西巡抚采进本

国朝冯咏撰。咏字夔飏，金溪人。康熙辛丑进士，官翰林院编修。是编一卷为一集：一曰《江汉集》、二曰《日下集》、三曰《章江集》、四曰《南海集》、五曰《南海二集》、六曰《公车集》、七曰《玉堂集》、八曰《京口集》、九曰《黔中集》，分年编次，各以作诗之地为名，始于康熙癸巳，迄于雍正己酉，共十七年之诗。前有自序，题康熙甲午。盖《江汉集》之序，刊版时取冠全诗尔。（卷一八四·集部·别集类存目一一，第1673页）

170.抚州·南城【宋】谢叔孙:《诗义断法》五卷 浙江范懋柱家天一阁藏本

不著撰人名氏。卷首有"建安日新书堂刊行"字，又有"至正丙戌"字，盖元时所刻。朱彝尊《经义考》载宋谢叔孙《诗义断法》，不列卷数，注引《江西通志》曰："叔孙，南城人，举进士，官翰林编修。"又载《诗义断法》一卷，不著名氏，注曰："见《菉竹堂书目》。"并云"已佚"。此本五卷，与后一部一卷之数不符，其叔孙之书欤？首有自序，词极鄙俚，殆不成文。卷前冠以《作义之法》，分总论、冒题、原题、讲题、结题五则。次为《学诗入门须知》。次为《先儒格言》。次为《总论六义》。皆剽窃陈言，不出兔园册子。又书中但列拟题，于经文刊削十七。始于《鄘风》之《干旄》，不知何取。盖揣摩弋取之书，本不为解经而作也。（卷一七·经部·诗类存目一，第138页）

171.抚州·南城【宋】陈彭年（966—1017）:《重修广韵》五卷 两淮马裕家藏本

宋陈彭年、邱雍等奉敕撰。初，隋陆法言以吕静等六家韵书各有乖互，因与刘臻、颜之推、魏渊、卢思道、李若、萧该、辛德源、薛道衡八人撰为《切韵》五卷。书成于仁寿元年。唐仪凤二年，长孙讷言为之注。后郭知元[①]、关亮、薛峋、王仁煦、祝尚邱递有增加。天宝十载，陈州司法孙愐重为刊定，改名《唐韵》。后严宝文、裴务齐、陈道固又各有添字。宋景德四年，以旧本偏旁差讹，传写漏落，又注解未备，乃命重修。大中祥符四年书成，赐名《大宋重修广韵》，即是书也。旧本不题撰人。

① 当为"玄"，讳清圣祖玄烨。

以丁度《集韵》考之，知为彭年、雍等尔。其书二百六韵，仍陆氏之旧，所收凡二万六千一百九十四字。考唐《封演闻见记》，载陆法言《韵》凡一万二千一百五十八字，则所增凡一万四千三十六字矣。此本为苏州张士俊从宋椠翻雕，中间已阙钦宗讳，盖建炎以后重刊。朱彝尊序之，力斥刘渊《韵》合殷于文、合隐于吻、合焮于问之非。然此本实合殷、隐、焮于文、吻、问，彝尊未及检也。注文凡一十九万一千六百九十二字，较旧本为详，而冗漫颇甚。如“公”字之下载姓氏至千余言，殊乏翦裁。“东”字之下称东宫得臣为齐大夫，亦多纰缪。考孙愐《唐韵序》，称异闻、奇怪、传说、姓氏、原由、土地、物产、山河、草木、禽兽、虫鱼备载其间，已极蔓引。彭年等又从而益之，宜为丁度之所议。潘耒序乃以注文繁复为可贵，是将以韵书为类书也。著书各有体例，岂可以便于剽剟，遂推为善本哉？流传既久，存以备韵书之源流可矣。（卷四二・经部・小学类三，第358—359页）

172.抚州・南城【宋】陈彭年:《江南别录》一卷安徽巡抚采进本

宋陈彭年撰。彭年字永年，抚州南城人。太平兴国中进士，官至兵部侍郎、参知政事，谥曰文。事迹具《宋史》本传。此书所纪为南唐义祖、烈祖、元宗、后主四代事实。时汤悦、徐铉等奉诏撰《江南录》，彭年是编，盖私相纂述，以补所未备，故以《别录》为名。《宋史・艺文志》、晁公武《读书志》俱作四卷，当以一代为一卷。此本一卷，疑后人所合并也。其书颇好语怪，如“徐知诲妻吕氏为祟”、“陈仁杲神助战”、“赵希操闻鬼语”诸条，皆体近稗官。又元[①]宗初名景通，即位后改名璟，既称臣于周，避周讳，又改名景。此书乃谓初名景，与史不合。又烈祖迁吴让皇于润州，一年而殂，又一年始迁其族于泰州。而此书并叙于烈祖受禅之初，端绪亦未分明。然其他可取者多，盖彭年年十三即著《皇纲论》万余言，为江左名辈所赏，李后主尝召入宫中，令与其子仲宣游处，故于李氏有国时事见闻最详。又《册府元龟》亦彭年所预辑，其僭伪部中“李昪”一条，称昪自云永王璘之裔，未免附会。此书但言唐之宗室，亦深得传疑之义。以《资治通鉴》相参校，其为司马光所采用者甚夥，固异乎传闻影响之说也。（卷六六・史部・载记类，第

① “元”当为“玄”，避讳清圣祖玄烨。

585—586页）

173.抚州·南城【宋】陈彭年:《贡举叙略》一卷编修程晋芳家藏本

旧本题宋陈彭年撰。载曹溶《学海类编》中，实《册府元龟·贡举》一门之《总序》。以彭年为作序五人之一，遂题彭年之名。然原本不言此序出彭年也。（卷八三·史部·政书类存目一，第714—715页）

174.抚州·南城【宋】黄继善:《史学提要》一卷江西巡抚采进本

宋黄继善撰。继善字成性，盱江人[①]。其书以四言韵语编贯诸史，始自上古，迄于宋末，以便初学记诵。然旧本题继善宋人，而述宋亡且称德祐幼主降于大元，何耶？宁都魏禧集有是书序，并云重订其讹阙，又属盱江涂大訒允恒补撰二篇，复为之注。考宋人所述，宜止于五代。此本既止于宋，则仅补一篇，且又无注，未必即禧之所序。观大元之称，当为元人所增也。（卷八九·史部·史评类存目一，第758—759页）

175.抚州·南城【宋】王君玉:《国老谈苑》二卷浙江鲍士恭家藏本

旧本题夷门隐叟王君玉撰。考陈振孙《书录解题》、《宋史·艺文志》作《国老闲谈》，卷数与此相合，而注称夷门君玉撰，不著其姓。然则此名后人所改，王字亦后人所增也。是编所纪乃宋太祖、太宗、真宗三朝杂事，于当时士大夫颇有所毁誉，尤推重田锡而贬斥陶谷，其余如冯拯诸人，俱不免于微词。虽间或抑扬过情，而大致犹据实可信。如"范质不受赂遗"、"窦仪议令皇帝开封尹署敕"、"赵普请从征上党"、"曹彬平蜀回囊中惟图书"诸条，《宋史》皆采入本传中。他亦多叙述详赡，足与史文相参考。惟记太祖清流关之战，谓临阵亲斩伪骁将皇甫晖，不知晖兵败见擒，送寿州行在，周世宗尚赐以金带鞍马，因创甚不肯治而死，并非戮之阵前。又谓是时环滁僧寺皆鸣钟，遂为定制。案滁人一日五时鸣钟，乃后人感晖之义，以资追荐，亦非为太祖助战而起，此则传闻之讹异，未可概从。至谓太宗嚮用老成，寇

---

① 《江西通志》（四库全书本）卷八十三：黄继善，字成性，南城人。著《史学提要》，以四言韵语编贯诸史，始上古，终宋，条理井井。宁都魏禧自广陵携入江西，见者惊叹，以为秘本。旧有程元海序，今不传。（《魏叔子集》）

准欲求速进，遂饵地黄、芦菔以求白发，恐准亦未必至是也。（卷一四一·子部·小说家类二，第1195页）

176.抚州·南城【宋】童宗说：《增广注释音辩柳集》四十三卷内府藏本

旧本题宋童宗说注释，张敦颐音辩，潘纬音义。宗说，南城人。始末未详。敦颐有《六朝事迹》，已著录。纬字仲宝，云间人。据乾道三年吴郡陆之渊序，称为乙丑年甲科，官灊山广文。亦不知其终于何官也。之渊序但题《柳文音义》。序中所述，亦仅及韩仿、祝充《韩文音义传》、《柳氏释音》，不及宗说与敦颐。书中所注，各以“童云”、“张云”、“潘云”别之，亦不似纬自撰之体例。盖宗说之注释、敦颐之音辩，本各自为书。坊贾合纬之音义，刊为一编，故书首不以《柳文音义》标目，而别题曰《增广注释音辩唐柳先生集》也。其本以宗元本集、外集合而为一，分类排次，已非刘禹锡所编之旧。而不收王铚伪《龙城录》之类，则尚为谨严。其音释虽随文注解，无大考证。而于僻音难字，一一疏通，以云详博则不足，以云简明易晓，以省检阅篇韵之烦，则于读柳文者亦不为无益矣。旧有明代刊本，颇多讹字。此本为麻沙小字版，尚不失其真云。（卷一五〇·集部·别集类三，第1289页）

177.抚州·南城【宋】包恢（1182—1268）：《敝帚稿略》八卷永乐大典本

宋包恢撰。恢字宏父，建昌人。嘉定十三年进士。历官刑部尚书，签书枢密院事。封南城县侯，以资政殿学士致仕，卒赠少保，谥文肃。《宋史》本传称恢诸父皆从朱子学，少时即闻心性之旨。历官所至，破豪猾，去奸民，治蛊狱，课盆盐。然于《贾似道传》又称似道行公田法时，恢知平江，督买民田，至以肉刑从事。两传皆出托克托手，乃贤奸迥异。盖《宋史》于道学诸人，例多褒美。虽有恶迹，亦讳之不书。而似道传中则偶忘刊削此事，故有是矛盾也。恢平生不以文名，史传亦绝不及其著作。惟元刘壎《隐居通议》有云：“恢以学文为时师表，平生为人作丰碑巨刻，每下笔辄汪洋放肆，根据义理，娓娓不穷。盖其学力深厚，不可涯涘”云云。独推重之甚至。今观所作，大都疏通畅达，沛然有余。其奏劄诸篇，亦剀切详明，得敷奏之体。虽附合权奸，不免负其所学。置其人而论其文，固亦不失为儒者之言矣。《隐居通议》又称恢“平生最疑《周礼》，以为非圣哲之书。遂著书剖其非，号曰《周礼六官辨》。景定壬戌，恢与刘克庄同侍缉熙殿，克庄奏之。有诏宣取，欧圣弼为作进表。虽所辨未当，而表则极佳”云云。此事本传失载，而《六官辨》亦不在集中。意其有别本单行，故未经收入欤？集为恢所自编。《宋史·艺文志》、马氏《经籍考》皆未著录。世亦别无传本，原目已不可考。今从《永乐大典》采掇编辑，共得文七十余首、诗八十余首，釐为八卷。而以恢自识及门人郑无妄书后附于末简。尚略见是集之始末也。（卷一六三·集部·别集类一六，第1399页）

178.抚州·南城【金】利鸾孙:《春秋握奇图》一卷永乐大典本

金利鸾孙撰。鸾孙字士贵，盱江人[①]。前有自序，称“《握奇图》者，《春秋》家之学也。二百四十二年而该之万八千言。编年以为经，而列五伯内外诸侯以纬之。纵取则年与事类，衡切则国之本末具在。乃各叙事略于其后，一览而思过半矣”云云。据其所言，则此书所重在于《年表》。今《年表》散佚，祇存其论，已非銮孙著书之本旨，不足取矣。（卷三〇·经部·春秋类存目一，第245页）

179.抚州·南城【明】罗汝芳（1515—1588）:《孝经宗旨》一卷通行本

明罗汝芳撰。汝芳字维德，南城人。嘉靖癸丑进士，官至布政使参政。《明史·儒林传》附见《王畿传》中。此书皆发明《孝经》之大旨，用问答以畅己说，与依文诠释者不同。汝芳讲良知之学，书中专明此旨，故以“宗旨”二字标题。朱彝尊《经义考》以为“未见”，而陈继儒《秘笈》中实有此本，彝尊殆偶然失考。黄虞稷《千顷堂书目》又别引一说，以为罗洪先撰，亦非也。（卷三二·经部·孝经类，第267页）

180.抚州·南城【明】罗汝芳:《明通宝义》一卷、《广通宝义》一卷浙江范懋柱家天一阁藏本

明罗汝芳撰。汝芳有《孝经宗旨》，已著录。前明钱钞通行，其弊百出。汝芳督屯滇省，以滇为铸钱之薮，因作此书，以明其利弊。大旨以钱制大小

① 《江西通志》（四库全书本）卷五十一：利鸾孙，南城人。

轻重，贵在持平，乃足为万世之利。历引古来钱制，始自太昊、轩辕，下迄唐宋，胪列具备。其第一篇本义，引据唐人《钱谱》，谓秦世八铢，失之太重；汉初榆荚，失之太轻。按《文献通考》，秦兼天下，铜钱质如周钱，文曰半两；汉高后二年，始行八铢钱。是八铢之名定于汉，谓秦世八铢，非也。又考唐武德四年废五铢钱，铸开通元宝钱，其文则欧阳询所书，回环读之曰"开通元宝"，今书悉谓"开元通宝"，亦非本义。（卷八四·史部·政书类存目二，第723页）

181.抚州·南城【明】罗汝芳:《一贯编》四卷江西巡抚采进本

明罗汝芳撰。汝芳有《孝经宗旨》，已著录。王守仁之学一传而为王艮，再传而为徐樾，三传而为颜钧；钧即所谓颜山农。凡弟子投谒，必先殴三拳以为贽礼者也。汝芳习其师说，故持论洸洋恣肆，纯涉禅宗，并失守仁之本旨。是编为其门人熊滨所辑。冠以一贯说，次为讲论五经四书之说，次为心性之说。前有滨序，又有杨起元序；起元亦汝芳之门人也。案《明史·杨时乔传》曰：时乔受业永丰吕怀，最不喜王守仁之学，辟之甚力，尤恶罗汝芳。官通政时，具疏斥之曰："佛氏之学初不溷于儒，乃汝芳假圣贤仁义心性之言，倡为见性成佛之教，谓吾学直捷，不假修为，于是以传注为支离，以经书为糟粕，以躬行实践为迂腐，以纲纪法度为桎梏。逾闲荡检，反道乱德，莫此为甚。请敕所司明禁，用彰风教。诏从其言"云云。是当时持正之士已纠其谬，朝廷且悬为禁令。然运当末造，风气浇漓，好异者终不绝也。所以世道人心日加佻薄，相率而趋于乱亡欤。（卷一二四·子部·杂家类存目一，第1073页）

182.抚州·南城【明】罗汝芳:《近溪子明道录》八卷江苏巡抚采进本

明罗汝芳撰。前有昆明郭斗序，称汝芳以家居富美堂及云南五华书院所集讲义二卷，合而刻之。一题曰《五华会语》，一题曰《双玉会语》。其门人杜应奎又附以所记汝芳论学编为三卷，题曰《近溪先生会语》。此本题曰《明道录》，作八卷，又每卷但题会语，不标其地。卷端题门人乐安詹事讲校梓。盖应奎编于前，事讲又编于后，故书名卷帙，各不同也。（卷一二四·子部·杂家类存目一，第1073页）

183.抚州·南城【明】罗汝芳:《会语续录》二卷浙江巡抚采进本

明罗汝芳撰。是编乃万历丙戌汝芳游南京时讲学之语。其门人杨起元加以评语，国子监祭酒赵志皋为之付梓。以先有《会语》，故名《续录》。前有自题，称"与年友周君到白下，声闻大老，络绎往来。时周君以小恙先归，余未得去。时诸大老于兴善方丈，鸡鸣凭虚，久亦联有讲会，拉余偕往。乃裒成兹帙，既而大司成瀔阳赵老先生贻音促付梓氏。且云诸老先生意固均此"云云。盖以夸讲席之盛。其开章第一条云，"今日吾侪聚讲凭虚，是天下文明一大机会。大宗师诸僚及诸俊彦不下千人，皆应期而集，以昌明昭代圣化。于道脉固当光显，即文字精英亦于此须发露妙义"云云。其词气亦似禅僧登座语也。（卷一二四·子部·杂家类存目一，第1073页）

184.抚州·南城【明】罗汝芳:《识仁编》二卷两江总督采进本

明罗汝芳撰。其门人杨起元编。名以识仁者，盖取程子"为学须先识仁"之语也。然是书皆提唱禅宗，恣为幻杳之论，特假借程子以为名耳。（卷一二五·子部·杂家类存目二，第1074页）

185.抚州·南城【明】罗汝芳:《近溪子文集》五卷江苏巡抚采进本

明罗汝芳撰。汝芳有《孝经宗旨》，已著录。其学出于颜钧，承姚江之末流，而极于泛滥。故其说放诞自如，敢为高论。著述最易成编，多至四五十种，即其集亦非一刻。有《近溪子集》，其门人杜应奎编；有《近溪子全集》，其孙怀祖刊；有《批点近溪子集》，耿定向所编；有《批点近溪子续集》，杨起元所编；有《明德公文集》、《近溪先生诗集》、《近溪子附集》、《近溪子外编》，有《从姑山集》、《续集》，并其孙怀智所编；有《明德诗集》，其门人左宗郢刊。今多散佚。此集则其曾孙万先所刊也。（卷一七八·集部·别集类存目五，第1600页）

186.抚州·南城；南城；南城【明】左宗郢、【清】何天爵、邱时彬:《续刻麻姑山志》十七卷浙江汪启淑家藏本

明左宗郢撰，国朝何天爵、邱时彬重修。宗郢，南城人。万历己丑进士，官至太常寺少卿。天爵、时彬皆建昌人。麻姑山唐时隶抚州，故颜真卿《麻姑仙坛记》有“抚州南城县”之语，今则在建昌府城西十里。宗郢《志》见于《明史·艺文志》，著录卷数相同。此本每卷标题，或称麻姑而去“山”字，或又加“洞天”字，或加“丹霞”字。名目纷然，可知体例之庞杂。考《明史》作《续刻麻姑山志》，今姑从标目焉。（卷七六·史部·地理类存目五，第660页）

187.抚州·南城【明】夏良胜（1480—1538）:《中庸衍义》十七卷两淮马裕家藏本

明夏良胜撰。良胜字于中，南城人。正德戊辰进士。官至太常寺少卿。事迹具《明史》本传，自宋以来，取古经之义，括举条目而推衍其说者，始叶时《礼经会元》，嗣则真德秀《大学衍义》，良胜又因德秀之例，以阐发《中庸》。其书成于嘉靖间，盖以《大礼疏稿》事谪戍辽海时作也。自性、道、教、达道、达德、九经、三重之属，一一援据古今，推广演绎。至于崇神仙，好符瑞，改祖制，抑善类数端，尤究极流弊，惓惓言之。盖皆为世宗时事而发。然务抒献纳之忱，而无一毫怨怼讥讪之意，斯所以为纯臣之言也。中颇采邱濬《大学衍义》之说。考良胜于正德嘉靖间两以鲠直杖谪，风节凛然，为当世所重。其书虽近于濬书，至其人品则非濬所可企及矣。（卷九三·子部·儒家类三，第793页）

188.抚州·南城【明】夏良胜:《东洲初稿》十四卷浙江巡抚采进本

明夏良胜撰。良胜有《中庸衍义》，已著录。《明史》本传称良胜除名以后，辑其部中章奏，名曰《铨司存稿》，凡议礼诸疏俱在。今已不传。此其诗文集也。前七卷为杂文，第八卷为诗，第九卷为《考定皇极指掌诸图》，第十卷为《天文便览》，自十一卷以下皆题曰《仕止随录》，十一、十二两卷杂录谏南巡下狱疏奏诗文及同时诸人投赠申救之作，十三、十四两卷杂录家居诗文。自十三卷以前皆题门人滇池罗江编，十四卷则题门人钟陵江治续编。《明史·艺文志》载《东洲稿》十二卷，诗八卷，与此本卷帙互异。然此本题曰《初稿》，刻于正德十五年。其嘉靖以后诸作，咸未之及。史所载者，殆其全集之卷数欤？良胜两以直谏谪，风节凛然。其诗文无意求工，而皆岳岳有直气。虽不以词藻著名，要非雕章绘句之士所可同日语也。（卷一七一·集部·别集类二四，第1501页）

189.抚州·南城【明】黄希宪（1517—1586）：《续自警编》八卷两江总督采进本

明黄希宪撰。希宪字毅所，金溪人[1]。嘉靖癸丑进士，官至应天巡抚。是书续宋赵善璙《自警编》而作，杂采自宋至明格言善事，分类记载。然编次丛脞，纲目混淆。目列十六卷，而书止八卷，检其所载门目，又一一无差。至以修身、修己分为二门，又以考正祀典、考复古礼入之将帅门中，而末一卷乃全录山林放旷之词，非复儒者修省语，尤为庞杂。（卷一三一·子部·杂家类存目八，第1120页）

190.抚州·南城【明】罗玘（1447—1519）：《罗圭峰文集》三十卷江苏巡抚采进本

明罗玘撰。玘字景鸣，南城人，成化丁未进士，官至南京吏部右侍郎，谥文肃，事迹具《明史·文苑传》。玘以气节重一时。其《乞定宗社大计》二疏及《上李东阳书》，皆言人之所难言。其文规橅韩愈，戛戛独造，多抑掩其意，迂折其词，使人思之于言外。陈洪谟序称："闻其为文，必呕心积虑，至扃户牖，或踞木石隐度逾旬日，或逾岁时，神生境具，而后命笔，稍涉于萎陋讪诞之微，虽数易稿不惮，盖与宋陈师道之吟诗不甚相远。其幽渺奥折也固宜，而磊落嵚崎，有意作态，不能如韩文之浑噩，亦缘于是。殆性耽孤僻，有所偏诣欤？"然在明人之中，亦可谓为其难者矣。明制，以翰林教习宦官，谓之内馆。据玘所作《白江墓碑》，盖尝充是任者。故集中诸文，为宦官作者颇多。虽玘之风概，可以共谅于后世，然其为微瑕，不止陶集之闲情。顾一一录之，是所不可解也。《因树屋书影》称玘集一刻于盱眙，再刻于南国子监，又有武进孙氏本，今皆未见。据此本所叙，则初刻于常州，再刻于荆州，版皆佚。嘉靖五年，陈洪谟得荆州本六卷，又得《续集》二卷、《奏议》一卷，汇而重刊。后其乡人黄端伯又于玘曾孙宽处求得逸稿，合原集编为三十卷。是其集辗转增入，已非其旧。兹数篇者，毋乃端伯所增入欤？此本为康熙庚午玘八世从孙美才所刊，编次颇无体例。如文以寿文为冠，而以奏议列杂著后；诗亦以寿诗为冠，而名之曰"古乐府"。又以词置赋之后、诗之前，皆为颠舛。其《凡例》第二条云："集中详加评缀，凡有资举业者，

① 《同治金溪县志》：黄希宪，字伯容，狮溪人。抚州府金溪县顺政乡三十三都狮溪今属南城县。

联圈标出。”所见如是，则其失于刊削，以多为贵亦宜矣。（卷一七一·集部·别集类二四，第1494—1495页）

191.抚州·南城【明】左赞（？—1489）:《桂坡集》十五卷浙江汪汝瑮家藏本

明左赞撰。赞字时翊，南城人，天顺丁丑进士，官至广东布政使。是编凡《前集》五卷、《后集》八卷，皆诗赋杂文，而以所作方外诸篇别为一卷，附于末，盖用杨杰《无为集》例。至于《乐府》一卷之中，如《关山月》、《杨白华》之类，皆古题，而忽以词曲续其后，则从来无此体例。殆以宋人词曲亦标乐府之名，故合为一。不知源流递变，格律各殊，不可以宋之乐府竟当古乐府也。赞尝删定《李觏集》，盖亦颇留心诗古文者，然所作质朴而不能健，清浅而不能腴，其于古格，仅仅具体云尔。（卷一七五·集部·别集类存目二，第1559页）

192.抚州·南城【明】张昇（1442—1517）:《张文僖公文集》十四卷、《诗集》二十二卷浙江巡抚采进本

明张昇撰。昇字启昭，南城人，成化己丑进士第一，官至礼部尚书，事迹具《明史》本传。是编乃其子浙江布政使元锡所刊。前有嘉靖元年邵宝序，谓此书本名《柏崖集》。刻成而赐谥之命适至，遂以名之。然本传不言有谥，或偶漏欤？昇立朝颇著风节，而其文多应酬之作。末附《瀛涯胜览》及《北行录》、《西行录》，皆缕述见闻，无所考证。其诗近体多于古体，而七言近体尤多于五言。是足验其所得矣。（卷一七五·集部·别集类存目二，第1561页）

193.抚州·南城【明】孙奎:《曲涧遗稿》十五卷江西巡抚采进本

明孙奎撰。奎字启文，南城人。生平以讲学为事，故诗文多杂理语，盖非所长。至溺信堪舆之说，反覆辨明，不一而足。其《风水评》一篇，援引营洛卜兆事，及驳朱彦修语，尤为未允矣。（卷一八〇·集部·别集类存目七，第1628页）

194.抚州·南城；南城；南城【明】左宗郢、【清】何天爵、邱时彬：《续刻麻姑山志》十七卷浙江汪启淑家藏本

明左宗郢撰，国朝何天爵、邱时彬重修。宗郢，南城人。万历己丑进士，官至太常寺少卿。天爵、时彬皆建昌人。麻姑山唐时隶抚州，故颜真卿《麻姑仙坛记》有"抚州南城县"之语，今则在建昌府城西十里。宗郢志见于《明史·艺文志》，著录卷数相同。此本每卷标题，或称麻姑而去"山"字，或又加"洞天"字，或加"丹霞"字。名目纷然，可知体例之庞杂。考《明史》作《续刻麻姑山志》，今姑从标目焉。（卷七六·史部·地理类存目五，第660页）

195.抚州·南城【清】萧韵：《丹霞洞天志》十七卷两江总督采进本

国朝萧韵撰。韵字明彝，南城人。康熙中举人。明万历中，建昌府知府邬齐云，尝属郡人左宗郢为《麻姑山志》，久而版毁。康熙中，湖东道罗森，复令韵增补成之。首系以图，次列考、表、志、记诸目，而于题咏词赋为尤详。（卷七七·史部·地理类存目六，第670页）

196.抚州·南城【清】黄采：《性图》一卷江西巡抚采进本

国朝黄采撰。采字亮公，号复堂，南城人。是书立为六图，以发明心性之旨。一曰性图，二曰心图，三曰情质图，四曰气质图，五曰心性情气质总图，六曰中和图。附以辛未会语及再复陶企夫书，皆辨论六图之义。其大旨以孟子四端为说，力矫静观未发之失，论颇笃实。惟以心与性分为二物，则究未为协也。（卷九七·子部·儒家类存目三，第822页）

197.抚州·南城【清】陶成：《皇极数钞》二卷江西巡抚采进本

国朝陶成撰。成，南城人。康熙己丑进士，官翰林院编修。其书以洛书印合河图，而推其数以占卜。上卷采掇蔡沈之说，下卷采掇李经纶之说，而推衍以己意。大旨重一为三，重三为九，九复合一为十，以通河洛之数。夫奇偶相乘，无不可以成数。成遽谓蓍之生也每一茎而百根，可为大衍之数者二。筮易已用其一，安知非储其一以待蔡子数筮之用？是剽《易》之旁支，俨然欲以配《易》矣。蔡沈之说何可与羲、文、周、孔并言也？（卷

一一〇·子部·术数类存目一，第933页）

198.抚州·南城【清】陶成:《吾庐遗书》无卷数江西巡抚采进本

国朝陶成撰。成有《皇极数钞》，已著录。是集为其子其愫所编，皆所作杂文，颇纯正有轨度，而稍狭于波澜。其中《象纬考》一篇，有录无书，意传写佚之，或于订定时删去，而误留其目也。（卷一八四·集部·别集类存目一一，第1670页）

199.抚州·南城【清】杨忍本:《笔史》二卷两淮盐政采进本

国朝杨忍本撰。忍本字因之，南城人。其书内编一卷，分原始、定名、属籍、结撰、效用、膺秩、宠遇、引退、考成九门，外编一卷，分征事上下及述赞三门。大旨由韩愈《毛颖传》而推衍之，杂引故典，抄撮为书，不以著作论也。（卷一四四·子部·小说家类存目二，第1235页）

200.抚州·南城【清】潘安礼:《东山草堂集》六卷江西巡抚采进本

国朝潘安礼撰。安礼字立夫，南城人。乾隆丙辰召试博学鸿词，官翰林院编修。是编皆其官京师时所作律、赋，凡三十九首，其门人为注而刻之。（卷一八五·集部·别集类存目一二，第1681页）

201.抚州·资溪【宋】李觏（1009—1059）:《盱江集》三十七卷、《年谱》一卷、《外集》三卷浙江孙仰曾家藏本

宋李觏撰。觏字泰伯，建昌南城人[①]。皇祐初以荐授太学助教，终海门主簿、太学说书。事迹具《宋史·儒林传》。考觏年谱，称庆历三年癸未，集《退居类稿》十二卷。又皇祐四年庚辰，集《皇祐续稿》八卷。此集为明南城左赞所编。凡诗文杂著三十七卷，前列年谱一卷，后以制诰、荐章之类为外集三卷。盖非当日之旧。宋人多称觏不喜《孟子》，余允文《尊孟辨》中载

① 有认为资溪长山是李觏的祖居地；南城麻源及建昌军郡所在地是李觏一生生活和学术活动的主要地方；黎川是李觏的寓居之所（罗伽禄、河山:《李觏家世考》,《抚州师专学报》2002年第4期）。有认为李觏当属黎川乡贤［宋秀珍、王菊梅:《乡贤李觏新考》,《东华理工大学学报（社会科学版）》2010年第2期］。

觏常语十七条，而此集所载仅“仲尼之徒无道桓文之事”及“伊尹废太甲”、“周公封鲁”三条，盖赞讳而删之。集首载祖无择《退居类稿序》，特以孟子比觏。又集中《答李观书》云：“孟氏、荀、扬醇疵之说不可复轻重。”其他文中亦颇引及《孟子》，与宋人所记种种相反。以所删常语推之，毋亦赞所窜乱欤？觏文格次于欧、曾，其论治体，悉可见于实用。故朱子谓觏文实有得于经。不喜《孟子》，特偶然偏见。与欧阳修不喜《系辞》同，可以置而不论。赞必欲委曲弥缝，务灭其迹，所见陋矣。集中《平土书》、《明堂》、《五宗》皆别有图。此本不载，则或久佚不传，未必赞所刊除也。觏在宋不以诗名，然王士祯《居易录》尝称其《王方平》、《璧月》、《梁元帝》、《送僧还庐山》、《忆钱塘江》五绝句，以为风致似义山。今观诸诗，惟《梁元帝》一首，不免伧父面目，余皆不愧所称，亦可谓渊明之赋闲情矣。《湘山野录》载觏《望海亭席上作》一首，集中不载。考是时蔡襄守福唐，于此亭邀觏与陈烈饮。烈闻官妓唱歌，才一发声，即越墙攀树遁去。讲学家以为美谈，觏所谓“山鸟不知红粉乐，一声拍板便惊飞”者，正以嘲烈。殆亦左赞病其轻薄，讳而删之欤？（卷一五三·集部·别集类六，第1316页）

202.抚州·黎川【宋】吕南公（1047—1086）：《灌园集》二十卷永乐大典本

宋吕南公撰。南公字次儒，南城人[①]。《宋史·文苑传》称其于书无所不读，于文不肯缀辑陈言。熙宁中，士方推崇马融、王肃、许慎之业案：熙宁中科举所用乃王安石《三经新义》及《字说》，非马融、王肃、许慎之学，此语殊为乖妄，《宋史》荒陋此亦一端，谨附纠其谬于此，剽掠临摹。南公度不能逐时好，一试礼闱不偶，退筑室灌园，不复以进取为意。元祐初，立十科荐士。中书舍人曾肇上疏，荐其不事俗学，安贫守道，堪充师表。廷议欲命以官，未及而卒。陈振孙《书录解题》称南公欲修《三国志》，名其斋曰衮斧。将成而南公卒，书亦不传。惟其子郁编次遗文为三十卷。然刊版久佚，流传遂绝。仅存抄本《吕次儒集》一卷，惟录《麻姑山诗》二十四首、《福山诗》一首及《钱邓州不烧纸镪颂》、《义鹰志》、《龙母墓》三篇。盖后人从《宋文鉴》及《麻姑山志》抄撮而成，十不存一。今据《永乐大典》所载，裒辑荟萃，篇帙尚夥。谨依类排次，釐为二十卷。虽不必尽符原数，视世所传本则赅备多矣。南公

① 建昌军南城县丰义乡即今江西黎川县裘坊乡一带。

《与汪秘校论文书》，自言“于庄、列、六经、百家、十八代史因文见道，沈酣而演绎之。私心自许，谓文学之事虽使圣人复生，不得废吾所是。惟当勒成一家，俟之百世”。又曰：“尧、舜以来，扬、马以前，与夫韩、柳之作，此某所谓文者。若乃场屋诡伪劫剽、穿凿猥冗之文，则某之所耻者。必若黄河、泰山，峻厚高简，浑灏奔注，与天地齐同，而日月不能老之者，此某之所以究心。”今读其集，虽所言不无过夸，然其覃精殚思，以力追秦、汉，要亦毅然不惑于俗学者也。（卷一五五·集部·别集类八，第1339页）

203.抚州·黎川【宋】吕南公:《吕次儒集》一卷编修汪如藻家藏本

宋吕南公撰。南公有《灌园集》，已于《永乐大典》中裒辑成编。此本乃后人采掇而成，仅《麻姑山诗》二十四首，《福山诗》一首，文三首，仍以符行中原序冠之。其《麻姑山诗》盖出《麻姑山志》，前有《小引》。《西江诗话》所载之《葛仙峰诗》，即在其中，而题作《上葛仙坛》，标目小异。其《钱邓州不烧楮镪颂》一首，则自吕祖谦《宋文鉴》中录出者也。篇帙寥寥，采摭殊为寒窘。今既别编巨帙，此为废稿矣。（卷一七四·集部·别集类存目一，第1537页）

204.抚州·黎川【元】朱倬:《诗疑问》七卷、附《诗辨说》一卷内府藏本

元朱倬撰。倬字孟章，建昌新城人。至正二年进士。官遂安县尹。壬辰秋，寇至，吏卒逃散，倬独坐公所以待尽。及寇焚廨舍，乃赴水死。盖亦忠节之士，《元史》遗漏未载。国朝纳喇性德作是书序，始据《新安文献志》汪叡所作《哀辞》，为表章其始末。其书略举诗篇大旨发问，而各以所注列于下，亦有阙而不注者。刘锦文序称“其间有问无答者，岂真以为疑哉？在乎学者深思而自得之耳”，又称“旧本先后无绪，今为之论定，使语同而旨小异者，因得以互观焉”，是此本乃锦文所重编，非倬之旧。其有问无答者，或亦传写佚脱，而锦文曲为之辞欤？末有赵悳《诗辨说》一卷。悳，宋宗室，举进士，入元隐居豫章东湖。其书与倬书略相类，殆后人以倬忠烈，悳高隐，其人足以相配，故合而编之欤？倬书七卷，附以悳书为八卷。朱睦㮮《授经图》、焦竑《经籍志》乃皆作六卷，疑为传写之讹。或倬原书六卷，刘锦文重编之时析为七卷，亦未可定也。（卷一六·经部·诗类二，第127—128页）

205.抚州·黎川【明】黄端伯（1585—1645）：《易疏》五卷浙江吴玉墀家藏本

明黄端伯撰。端伯字元公，江西新城人[①]。崇祯戊辰进士。除宁波府推官。福王时官礼部仪制司郎中。南京破，死难。事迹附见《明史·高倬传》。乾隆乙未，赐谥忠节。其书专主京房《易传》，卷首所列诸图，皆以发明京氏卦变之义。旁及《阴符》、《乾凿度》、《握奇》、《遁甲》等书，其说颇近荒渺。又《先天图》《震》《巽》互易，《后天图》《乾》《艮》互易，亦从来所未有也。（卷八·经部·易类存目二，第66页）

206.抚州·黎川【明】黄端伯:《瑶光阁集》十三卷江西巡抚采进本

明黄端伯撰。端伯有《易疏》，已著录。端伯生平好佛，尝镌私印曰“海岸道人”，取《楞严经》引诸沈冥出于苦海之语。及晚年，磨去印文，改镌“忠孝廉节”四字，终以殉国流芳，可谓不负其志。是集古近体诗二卷，杂文十卷，为僧作者居其大半，其措词如偈、如疏、如禅家语录，非欲以词章名世者，甚至“五经”、“四书”颂，亦以禅语阑入，如《春秋颂》云“通身手、通身胆，句中有眼定乾坤，识者须从声外凿”云云。盖其性癖如是，其人足重，其学则不可训也。别附《外篇》一卷，李绂序谓其当明季古文大坏之时，独安雅无迂怪之习，惟时时杂佛氏语，因别择编为《外编》，以明其先迷后悟之旨，无使世俗之人以佛溷先生，亦不令学佛者，借先生以张佛云云。亦委曲回护之言耳。（卷一八〇·集部·别集类存目七，第1628—1629页）

207.抚州·黎川【明】邓元锡（1528—1593）：《三礼编绎》二十六卷两淮盐政采进本

明邓元锡撰。元锡字汝极，南城人[②]。嘉靖乙卯举人，万历中以翰林待诏征，未至而卒。事迹具《明史·儒林传》。是编以“三礼”为名，而实非历

---

① 建昌新城即今江西省黎川县。

② 《明儒学案》“征君邓潜谷先生元锡”：“邓元锡字汝极，号潜谷，江西南城人。”《明史》卷二百八十三（列传第一百七十一）：“邓元锡，字汝极，南城人。”今属于黎川。杨萍:《美德千秋颂，华章万古传——新城（黎川）邓元锡世家》，《江西图书馆学刊》，2004第4期。

代相传之三《礼》。一曰《曲礼》，以《礼经》所载杂仪细曲者为经，以《表记》、《坊记》、《缁衣》为记。二曰《仪礼》，以十七篇为经，以《射义》诸篇为记。三曰《周礼》，以《周官》为经，而《考工记》、《大戴礼》、《家语》及《礼记》诸篇不可分入《曲礼》者，皆汇列于后为记。句下夹注，音训颇简，盖非所重。其自为发明者，则大书而附经文下，所谓“绎”也。昔俞庭椿首乱《周礼》，儒者所讥。朱子作《仪礼经传通解》，虽列附《礼记》，而仍以《仪礼》为主，不过引经证经。至吴澄《礼记纂言》，始删削其文，颠倒其次。贡汝成因而更定三《礼》，弥为变乱纷纭，已大乖先儒谨严之意。至元锡此书，则非惟乱其部帙，并割裂经文，移甲入乙，别为标目分属之，甚至采掇他书，臆为窜入，古经于是乎荡尽矣。非圣人而删定六籍，不亦异乎？（卷二五·经部·礼类存目三，第201—202页）

208.抚州·黎川【明】邓元锡：《五经绎》十五卷江西巡抚采进本

明邓元锡撰。元锡有《三礼编绎》，已著录。是书凡《易》五卷、《书》二卷、《诗》三卷、《三礼》四卷、《春秋》一卷。元锡先有《三礼编绎》二十卷别行，故此编惟摘录其中自作发明之语，而删其经文及注。《书》、《诗》、《春秋》亦不载经文，惟存篇目。其所诠释，多属空谈。《易》则虽载经文而颇更其次第。如《乾卦》“乾，元亨利贞”句下继以“大哉乾元”至“万国咸宁”五十七字，又继以“元者善之长也”至“故曰乾元亨利贞”六十四字，又继以“乾元者”至“天下平也”五十七字，又继以“天行健”十字，乃继以六爻及《小象》，《小象》以后复继以《文言》“初九曰”以下之文。皆元锡以意更定。其《系辞》、《说卦》、《序卦》、《杂卦》则全删传文，而自撰《天图原》等三卷以代之。其凭臆杜撰，亦略与《三礼编绎》等也。（卷三四·经部·五经总义类存目，第282页）

209.抚州·黎川【明】邓元锡：《函史上编》八十一卷、《下编》二十一卷江西巡抚采进本

明邓元锡撰。元锡有《三礼绎》，已著录。是编盖仿郑樵《通志》而作，上编即其《纪传》，下编即其《二十略》也。然樵之《纪传》病于因，故体例各随旧史，不能画一。其《二十略》病于创，故多夸大不根之论。元锡是

编则又《纪传》病于太创，诸《志》病于太因。如《纪传》分立多名，以古初至商为《表》；自周以下，正统谓之《纪》，偏霸列国谓之《志》，后妃谓之《内纪》，宰相谓之《谟》，儒者谓之《述》，大儒谓之《训》；尊如孔子，则别名曰《表》；次则西汉经学及王通则并称《训》，余则总名曰《列传》。《列传》之中，又分《大臣》、《贞臣》、《良臣》、《争臣》、《忠节》、《名将》、《循吏》、《独行》诸子目。又以《经学》、《行义》、《文学》、《笃行》、《道学》、《儒学》、《循良》各别立一传，分附历代之末。以《隐逸》、《方技》、《货殖》、《列女》各合立一传，总附全编之末。已为糅杂。至《物性》一志，或归之《下编》之中，尚为有例。而缀于《上编》，与人并列，更属不伦。其尤诞者，南北史中南朝全载吴、晋、宋、齐、梁、陈，而北朝但有北魏，其北齐、周、隋俱削其君臣不录，惟隋录王通一人；宋、金、辽、元四史中惟录宋、元，亦不涉辽、金一字；而十六国乃得立志。舛谬颠倒，殆难仆数。《下编》凡《天官》、《方域》、《人官》、《时令》、《历数》、《灾祥》、《土田》、《赋役》、《漕河》、《封建》、《任官》、《学校》、《经籍》、《礼仪》、《乐律》、《财贿》、《刑法》、《兵制》、《边防》、《戎狄》、《异教》二十一门。而名书者三，名考者八，名志者八，名记者二。亦芜杂可厌。其所叙述，亦仅类书策略之陈言，毫无所发明考订。与所作《五经绎》，均无可取也。（卷五〇·史部·别史类存目，第455—456页）

210.抚州·黎川【明】邓元锡:《明书》四十五卷浙江鲍士恭家藏本

明邓元锡撰。是书所纪，起于太祖，终于世宗。凡《帝典》十卷、《后妃内纪》一卷、《外戚传》一卷、《宦官传》一卷、《臣谟》五卷、《名臣》九卷、《循吏》三卷、《能吏》一卷、《忠节》一卷、《将谟》二卷、《名将》一卷、《理学》三卷、《文学》二卷、《笃行》一卷、《孝行》《义行》《货殖》《方技》共一卷、《心学》三卷、《列女》一卷。案：二十二史皆列后妃于传，惟《后汉书》以后为纪，为后儒所讥。元锡独尊用之，殊为乖剌。他如分《臣谟》、《名臣》、《将谟》、《名将》，又别《笃行》、《义行》于《孝行》之外，则皆元锡之创例，繁碎亦甚。至于《道学》之外别立《心学》一门。考元锡之学渊源于王守仁，而不尽宗其说。当心学盛行之时，皆谓学惟求觉，不必致力群书，元锡力排其说，别《心学》于《道学》之外，其说固是。然史者纪一代之政事，其他皆在所轻。《宋史》别《道学》于《儒林》，已为门户。此更别《心学》于《道学》，是学案而非国史矣。若夫史家之例，必列《外戚》、《宦官》于各传之后。兹先《外戚》，次《宦者》，而《臣谟》诸传又次之。次序颠倒，尤不可解。至以张璁、桂萼列于《臣谟》，则曲笔更不免矣。（卷五〇·史部·别史类存目，第456页）

211.抚州·黎川【明】邓元锡:《潜学稿》十二卷湖北巡抚采进本

明邓元锡撰。元锡有《三礼绎》，已著录。此其所作杂文及语录也。其语录力辟心学，在当时尚为笃实，文章则颇为朴僿，未足擅长。（卷一七八·集部·别集类存目五，第1600页）

212.抚州·黎川【明】鲁论:《四书通义》三十八卷江西巡抚采进本

明鲁论撰。论字孔壁，号西麓，江西新城人。天启中以贡生授颍州州同，官至福州府同知。论以取士必重制科之经义，崇祯时杂用荐举，不足以得人，乃作此书以发明体用合一之理。其解《大学》“平天下”章，言“潢池弄兵，外患踵至，势不得不加田赋。而聚敛之臣半以聚之于国，半且以聚之于囊，以致天畜流行而不常之命已去”，专为明末时事而发。又解《孟子》“许行”章，谓“尧之钦明足以知人，四岳之咸举，为之师锡，犹其难其慎，然则枚卜岂易易哉”，亦以隐指庄烈帝命相之非。全书大旨不出于此，故往往杂引史事以相发明，固不主于阐绎经义也。（卷三七·经部·四书类存目，第313页）

213.抚州·黎川【明】鲁论:《仕学全书》三十五卷江西巡抚采进本

明鲁论撰。论有《四书通议》，已著录。是书初名《闻见录》，以明代官制法令，仿《周礼》六官分类编载，各附论断，盖亦备场屋对策之用者。分上下二编，上编为六部大政，下编则自京朝直省各官职守，终于掖庭、宗藩。（卷八〇·史部·职官类存目，第693页）

214.抚州·黎川【明】张槚:《存笥录》一卷江西巡抚采进本

明张槚撰。槚字叔养，号心吾，江西新城人，嘉靖己未进士，官至南京工部右侍郎，事迹附见《明史·邹应龙传》。是编乃其曾孙道登所刻。首载诰敕，末录墓碑志铭。所载横文，惟奏疏六篇而已。一为救论严嵩言官吴时来，一复召上论三事，一荐王世贞，一荐石星，一劾内监滕祥，一劾大学士高拱。卷首标题之下，侧注"摘要"二字，盖非完本也。（卷五六·史部·诏令奏议类存目，第507页）

215.抚州·黎川【明】王材（1509—1586）:《念初堂集》十二卷江西巡抚采进本

不著撰人名氏。首题《念初堂集》，其书则志太学之略也。案，邓元锡《函史》下编，载"嘉靖间王祭酒材官司业时，考稽典训，作《太学志》六编。编为之序，序各有志，并抄撮其略"云云。盖即是书也。书列《典制》、《谟训》、《礼乐》、《政事》、《论议》、《人材》六门，门各分上下二卷。材，江西新城人。嘉靖辛丑进士，官至太常寺卿，掌国子监祭酒事。元锡竟称为祭酒，非也。（卷八〇·史部·职官类存目，第690页）

216.抚州·黎川【明】王材:《黎川文绪》四卷江西巡抚采进本

明王材编。材字子难，江西新城人。嘉靖辛丑进士，官至太常寺卿，掌国子监祭酒事。黎滩镇自宋绍兴中析置，故称黎川。宋以来人文颇盛，具见虞集所作《新城学记》。今惟李觏《盱江》一集尚孤行无恙，其余多不显于世。材搜辑遗佚，分为文三卷，诗一卷。然终以李觏为主，他家特辅之而已。（卷一九二·集部·总集类存目二，第1749页）

217.抚州·黎川【明】冯渠:《进修录》三卷江西巡抚采进本

明冯渠撰。渠字谦川，江西新城人。万历癸未进士。是书全规仿《论语》之文，复仿《论语》分为二十篇。盖又王通《中说》之重佁也。（卷一二五·子部·杂家类存目二，第1076页）

218.抚州·黎川【明】邓渼（1569—1628）:《大旭山房集》一卷江西巡抚采进本

明邓渼撰。渼字远游，自号箫曲山人，建昌人。万历戊戌进士，官至佥都御史，巡抚顺天。忤魏忠贤，谪戍贵州。崇祯初，放还，卒。是集皆散体之文。案明版《唐文粹》之首，有渼序曰"文家法秦、汉，非不善也，然摹拟工则蹊径太露，构撰富则窠臼转多，至近日肤浅之法，畏难好易，眉山盛而昌黎、河东二氏诎”云云。颇中明季古文两派之病。其自作则未能凌跨一时也。《千顷堂书目》有《渼留夷馆集》四卷、《南中集》四卷，《红帛集》四卷，不载此集，殆偶未见欤？（卷一七九·集部·别集类存目六，第1620页）

219.抚州·黎川【明】涂伯昌（？—1650）:《涂子一杯水》五卷江西巡抚采进本

明涂伯昌撰。伯昌字子期，南昌人[①]，崇祯庚午举人。是集名《一杯水》者，自序云：取澹然无味之义也。集中多杂释、老之说，其《书唐武宗毁佛复僧后》一篇，以三才三教并称，其《格物述》及古本《大学》通序数篇，颇以朱子为非，盖江右之学，多从陆氏，自宋、元已然也，诗多染竟陵末派，惟五言律诗间有可观。（卷一八〇·集部·别集类存目七，第1629页）

220.抚州·黎川【明】杨思本:《榴馆初函集选》十二卷江西巡抚采进本

明杨思本撰。思本有《笔史》，已著录。是集首为《释道十笺》一卷，中佚二篇，已非完本。其中如《形神篇》云：“君子静对于无，动观诸有，不劳形以坏神之舍，不伤神以竭形之君”诸语，宗旨颇杂于二氏。次为《经国十书》一卷，其《荣气》、《集虚》、《尊神》诸篇，亦同清净之旨。又《续经国十书》一卷，其《化盗篇》言：“盗与民互相消长，有一定之民，而无一定之盗。”《钧俗篇》言：“奢侈之费甚于天菑”，皆切明季时事以立言。次为《古疑义》一卷，大抵臆断之语，至谓《西厢》一曲，实具一大公案，世误认为淫词，但观西厢二字，则知王实甫从声色场中、转大法轮云云，尤不可为训。次为《太平三策》，次为文五卷，赋一卷，诗词二卷，皆以藻缋为宗，世俗所谓才子之文也。（卷一八〇·集部·别集类存目七，第1630页）

221.抚州·黎川【清】徐志遴:《尚书举隅》六卷江南巡抚采进本

国朝徐志遴撰。志遴字抡英，江西新城人。雍正甲辰举人。其书删节蔡

---

① 抚州黎川人［谢苍霖:《〈明史〉人名正误一则》,《江西教育学院学报（社会科学）》2005年04期］。

传，而于蔡传后每条各以已意附注一二语，简略殊甚。盖于举业之中更辟捷径矣。（卷一四·经部·书类存目二，第116页）

222.抚州·黎川【清】何国材：《虚谷遗书》三卷江西巡抚采进本

国朝何国材撰。国材字维楚，江西新城人。是编凡分四种，祖陆九渊求放心之说而为《心学释疑》，本王守仁致良知之说而为《格物质疑》，采魏伯阳《参同契》之说而著《易图测》，仿岳元声研几私乘之说而为《研几录》。大旨坚护陆、王，为门户而著书，非为学问而著书也。（卷九八·子部·儒家类存目四，第831页）

223.抚州·黎川【清】孔尚典：《孔天征文集》无卷数江苏巡抚采进本

国朝孔尚典撰。尚典字天征，号汶林，江西新城人。顺治中岁贡生，《新城县志》载，尚典有文集数卷，乃其师魏禧所评定。今此本只二册，诗文杂编，又附以他人之诗，殆编次未成之稿欤？（卷一八二·集部·别集类存目九，第1652页）

224.抚州·黎川【清】孔毓琼：《孔钟英集》十卷江西巡抚采进本

国朝孔毓琼撰。毓琼字钟英，江西新城人。尝学于魏礼。礼为是集序，称其学古于世所不学之日。其文颇有健气，而意言并尽，殆由蕴酿未深欤？（卷一八二·集部·别集类存目九，第1652—1653页）

225.抚州·黎川【清】孔毓功：《孔惟叙集》六卷江西巡抚采进本

国朝孔毓功撰。毓功字惟叙，江西新城人，亦受学于魏礼。是集皆所作杂文，以年为次，不分体类，目录前有自记，歉歉然自以为未信，而欲待他年之删改，亦可谓笃志斯事者。虽骨格未坚，其规模固有自矣。（卷一八二·集部·别集类存目九，第1653页）

226.抚州·黎川【清】陈道（1707—1760）：《凝斋遗集》八卷江西巡抚采进本

国朝陈道撰。道字绍洙，号凝斋，江西新城人，乾隆戊辰进士。是集为其子守诚等所刊，凡文六卷，诗二卷，中颇多讲学之作。（卷一八五·集部·别集类存目一二，第1682页）

227.抚州·东乡【明】艾南英（1583—1646）:《禹贡图注》无卷数江西巡抚采进本

明艾南英撰。南英字千子，东乡人。天启甲子举人。朱聿键僭号于福建，以为监察御史。病卒于延平。事迹具《明史·文苑传》。杨陆荣《三藩纪事本末》则以为殉节自经。传闻异辞，莫之详也。是编以《禹贡》九州分绘九图，列于各州经文之前。又绘《五服图》，列于"五百里甸服"一节之前。后附《舆地总图》，据明代郡县，纪其大略。采录蔡注之简明者为内注，有不可废者仍录为外注。其图与注俱颇简略，无足以资考证，南英自序亦云为便于童蒙记诵也。（卷一四·经部·书类存目二，第112页）

228.抚州·东乡【明】徐良傅:《爱吾庐集》八卷江西巡抚采进本

明徐良傅撰。良傅字子弼，东乡人。嘉靖戊戌进士，官至吏科给事中，以言事斥为民。其门人汤显祖所作传，载其行履颇详。集凡八卷，诗体略近七子，气度安雅，而风骨不足以振之。古文则序多至数十篇，而论、碑、记、祭文，仅得六篇。第八卷中，题曰瑞金杨子庄采补。疑本有散佚，而后人掇拾刊行之，非其全也。（卷一七七·集部·别集类存目四，第1591页）

229.抚州·宜黄【宋】乐史（930—1007）:《广卓异记》二十卷浙江鲍士恭家藏本

宋乐史撰。史字正子，宜黄人，官太常博士，直史馆，事迹附载《宋史·乐黄中传》。是编前有自序，称唐李翱《卓异记》三卷案:《卓异记》非李翱作，史盖考之未详，谨附订于此，述唐代君臣卓绝盛事，中多漏录。史初为《续记》三卷，以补其阙。后复以仅载唐代，未为广博，因纂集汉魏以下迄五代并唐事，共为一帙，名《广卓异记》，分为二十卷。首卷记帝王，次卷记后妃、王子、公主，三卷杂录，四卷至十七卷皆记臣下贵盛之极与显达之速者，十八卷杂录，十九卷举选，二十卷专记神仙之事。大抵牵引驳杂，讹谬亦多。如所称《晋书》王导以下至王褒九世，皆自有史传。中有"俭子仲宝，仲宝子规"云云。案史，仲宝乃王俭字，非其子名也。俭之子名骞，骞之子名规，非仲宝子名规也。且规子褒附见《规传》，亦非自有传。诸传杂见于《宋》、《齐》、《梁书》及《南史》，亦非全在《晋书》。舛谬殊甚。又石勒每更间鼓鼙声，武士獲闻空中言唐公为天子，与梦高祖乘白马上天之类，神怪无稽，颇为芜杂。至引录传称周时尹氏贵盛，会食家数千人，遭饥荒，罗粟作糜吮之，吮糜之声闻于数十里，亦不近事理之谈。其末卷则于自撰《总仙记》中撮其殊异者入此书。所言不出全家登仙，祖孙兄弟登仙，及三世四世五世登仙，四人六人七人登仙之类，重复支离，尤不足信。自序称采自汉魏而下，而编中乃及楚孙叔敖、周尹氏。末卷所列神仙，并及尧、舜之时，与序自相矛盾，又其小失矣。（卷六一・史部・传记类存目三，第547页）

230.抚州・宜黄【宋】乐史:《太平寰宇记》一百九十三卷浙江汪启淑家藏本

宋乐史撰。史有《广卓异记》，已著录。宋太宗时，始平闽、越并北汉，史因合舆图所隶，考寻始末，条分件系，以成此书。始于东京，迄于四裔。然是时幽、妫、营、檀等十六州，晋所割以赂辽者，实未入眅章。史乃因贾耽《十道志》、李吉甫《元和郡县志》之旧，概列其名。盖太宗置封椿库，冀复燕、云，终身未尝少置。史亦预探其志，载之于篇，非无所因而漫录也。史进书序讥贾耽、李吉甫为漏阙，故其书采摭繁富，惟取赅博。于列朝人物，一一并登。至于题咏古迹若张祐《金山诗》之类，亦皆并录。后来方志必列人物、艺文者，其体皆始于史。盖地理之书，记载至是书而始详，体例亦自是而大变。然史书虽卷帙浩博，而考据特为精核，要不得以末流冗杂、追咎滥觞之源矣。原本二百卷，诸家藏本并多残阙。惟浙江汪氏进本，所阙自一百十三卷至一百十九卷，仅佚七卷。又每卷末附校正一页，不知何人所作。辨析颇详，较诸本最为精善，今据以著录。《文献通考》作《太平寰宇志》。此本标题实作《太平寰宇记》。诸书所引，名亦两岐。今考史进书原序亦作“记”字，则《通考》为传写之误，不足据也。（卷六八・史部・地理类一，第595—596页）

231.抚州・宜黄【宋】黄希、黄鹤:《黄氏补注杜诗》三十六卷内府藏本

宋黄希原本，而其子鹤续成之者也。希字梦得，宜黄人。登进士第，官至永新令。尝作春风堂于县治，杨万里为作记，今载《诚斋集》中。鹤字叔似，著有《北窗寓言集》，今已久佚。希以杜诗旧注每多遗舛，尝为随文补缉，未竟而殁。鹤因取椠本集注即遗稿为之正定。又益以所见，积三十余年之力，至嘉定丙子，始克成编。书首原题《补千家集注杜工部诗史》。所列注家姓氏，实止一百五十一人。注中征引则王洙、赵次公、师尹、鲍彪、杜

修可、鲁訔诸家之说为多，其他亦寥寥罕见。而当时所称伪苏注者，乃并见采缀。盖坊行原有千家注本，鹤特因而广之，故以“补注”为名。其郭知达《九家注》、蔡梦弼《草堂诗笺》，视鹤本成书稍前案：知达本成于淳熙辛丑，在鹤本前三十余年。梦弼成于嘉泰甲子，在鹤本前十有二年，而注内无一字引及。殆流传未广，偶未之见也。书中凡原注各称“某曰”，其补注则称“希曰”、“鹤曰”以别之。大旨在于案年编诗，故冠以《年谱辨疑》，用为纲领。而诗中各以所作岁月注于逐篇之下，使读者得考见其先后出处之大致。其例盖始于黄伯思，后鲁訔等踵加考订，至鹤父子而益推明之。钩稽辨证，亦颇具苦心。其间牴牾不合者，如《赠李白》一首，鹤以为开元二十四年游齐、赵时作。不知甫与白初未相见，至天宝三四载白自供奉被放后，始相遇于东都。观甫《寄白二十韵》诗所云“乞归优诏许，遇我宿心亲”者，是其确证，鹤说殊误。又《郑驸马宅宴洞中》一首，鹤谓与《重题郑氏东亭诗》皆在河南新安县作。不知《长安志》有莲花洞，在神禾原郑驸马之居，即诗所云“洞中”，并不在新安，不可与东亭混而为一。又《高都护骢马行》，鹤以为天宝七载作。考高仙芝平小勃律后，以天宝八载方入朝，诗中有“飘飘远自流沙至”语，则当在八载，而非七载。又《遣兴》诗“赫赫萧京兆”句，鹤以京兆为萧至忠。不知至忠未尝官京兆尹，诗中所指当是萧炅。又《喜雨》一首，鹤谓永泰元年所作。考诗末甫自注“浙右多盗贼”语，正指宝应元年袁晁之乱，诗当作于是年。时甫方在梓、阆间，故有巴人之句，鹤说非是。似此者尚数十条，皆为疏于考核。又题与诗皆无明文，不可考其年月者，亦牵合其一字一句，强为编排，殊伤穿凿。然其考据精核者，后来注杜诸家亦往往援以为证。故无不攻驳其书，而终不能废弃其书焉。（卷一四九・集部・别集类二，第1281页）

232.抚州・宜黄【明】邓来鸾：《春秋实录》十二卷浙江吴玉墀家藏本

明邓来鸾撰。来鸾字绣青，宜黄人。天启壬戌进士，官至武昌府知府。是编专为科举而作，故其《凡例》曰：“《春秋》从胡，凡左与胡舛者必削，定是非也。”又曰：“《春秋左传》，惟有关经题者载之，从简便也。”其书可不必问矣。（卷三〇・经部・春秋类存目一，第249页）

233.抚州·宜黄【明】谭纶（1520—1577）：《谭襄敏奏议》十卷两江总督采进本

明谭纶撰。纶字子理，宜黄人，嘉靖甲辰进士，官至兵部尚书，襄敏其谥也，事迹具《明史》本传。此编乃其历官疏草，分为三集。曰《闽稿》，嘉靖四十二年再起为右佥都御史，巡抚福建时所上也。曰《蜀稿》，嘉靖四十四年起为陕西巡抚，会大足民作乱，陷七城，调任四川以后所上也。曰《蓟辽稿》，隆庆元年至四年，由兵部右侍郎进左侍郎，兼右佥都御史，总督蓟辽保定军务时所上也。史称纶沉毅知兵，为台州知府时，即与戚继光立束伍法，练兵破倭寇，禽斩殆尽。官浙江海道副使时，又连破之。再起为浙江右参政时，破饶平贼林朝曦。调福建参政时，郡县多为倭所陷，力战恢复，闽地以平。官四川巡抚时，灭云南叛酋凤继祖于会理。总督两广时，岑冈贼江月照等望风而降。朝廷倚以办贼，遇警辄调，居官无淹岁。后在蓟辽，与戚继光协力修边备，三卫诸部迄不敢南牧。终始兵事垂三十年，积首功二万一千五百。计其功名，不在王守仁下。而儒者顾艳称守仁，则以守仁聚徒讲学，羽翼者众也。今特录是集，以见其谋画之大略，庶不没其实焉。（卷五五·史部·诏令奏议类，第500页）

234.抚州·宜黄【明】罗鹗:《太极图分解》一卷浙江范懋柱家天一阁藏本

不著撰人名氏。《天一阁书目》作罗鹤撰，然书中自称鹗曰，则名鹗非名鹤矣。考《江西通志》，罗鹗，宜黄人。嘉靖辛酉举人，官至思南府同知。当即其人，范氏误以鹗为鹤也案：嘉靖中别有罗鹤，泰和人，所注有《应菴任意录》，详杂家类中本条下。其书列周子《太极图说》与朱子之注，而申陆九渊之说以驳之。案圣人立教，使天下知所持循而已，未有辨也。孟子始辨性善，亦阐明四端而已，未争诸性以前也。至宋儒因性而言理气，因理气而言天，因天而言及天之先，辗转相推，而太极、无极之辨生焉。朱、陆之说既已连篇累牍，衍朱、陆之说者又复充栋汗牛。夫性善性恶，关乎民彝天理，此不得不辨者也。若夫言太极不言无极，于阳变阴合之妙，修吉悖凶之理，未有害也。言太极兼言无极，于阳变阴合之妙，修吉悖凶之理，亦未有害也。顾舍人事而争天，又舍共睹共闻之天而争耳目不及之天，其所争者毫无与人事之得失，而曰吾以卫道。学问之醇疵，心术人品之邪正，天下国家之治乱，果系于此二字乎？医家之论三焦也，或曰有名而无形，或曰上焦如雾，中焦如沤，下焦如渎，实有名而有形，轇轕喧阒，动盈卷帙。及问其虚实之诊，则有形与无形一也。问其补泻之方，则有形与无形亦一也。然则非争病之生死，特争说之胜负耳。太极、无极之辨，适类于是。故今于两家之说率置不录，谨发其例于此，后不缕辨焉。（卷九五·子部·儒家类存目一，第801页）

235.抚州·宜黄【明】涂几:《类稿》十卷江西巡抚采进本

明涂几撰。几字守约，又字孟规，宜黄人。以隐居著述称。然朱彝尊《静志居诗话》谓“几尝撰时事策十九篇，上言孝庙，大言不怍，盖非安于遁世者云云”。今观其集，亦不甚讲经世之学也。（卷一七六·集部·别集类存目三，第1570页）

236.抚州·宜黄【清】应麟:《易经粹言》三卷江西巡抚采进本

国朝应麟撰。麟字囿呈，宜黄人。康熙丁酉举人。是编不载经文。首卷总论卦图，上、下二卷依上、下经卦次解之，《十翼》则略焉。《河图》、《洛书》，数学也，邵子之传也；吉凶、法戒，理学也，程子之传也；兼而言之，是朱子之传也。麟讲图书与所说卦爻不相关，其讲卦爻与所说图书又不相关。兼而取之，又分而治之，亦足见先天之说与爻象为两事矣。（卷九·经部·易类存目三，第78页）

237.抚州·宜黄【清】应麟:《诗经旁参》二卷江西巡抚采进本

国朝应麟撰。麟有《易经粹言》，已著录。是编于三百篇中摘篇标目，略为之说。大抵因朱传而敷衍其余意。（卷一八·经部·诗类存目二，第146页）

238.抚州·宜黄【清】应麟:《春秋剩义》二卷江西巡抚采进本

国朝应麟撰。麟有《易经粹言》，已著录。是编亦摘经文标题而各为之说。其论“春王正月”，以为夫子行夏之时，改周正朔，大端已失。其他亦皆陈因之论。（卷三一·经部·春秋类存目二，第258—259页）

239.抚州·宜黄【清】应是:《读孝经》·四卷江西巡抚采进本

国朝应是撰。是字敬非，号敬斋，宜黄人。康熙己酉举人。是书以唐宋注疏为主，参以陈选《集注》及各家之说。其自为之注者，称“愚案”。多循文摘句，无所发明。（卷三二·经部·孝经类，第267页）

240.抚州·宜黄【清】应是:《纵钓居文集》八卷江西巡抚采进本

国朝应是撰。是有《读孝经》，已著录。是编皆所著杂文，集中多载论策，盖康熙丁未改八比为论策时所拟作，其文多摹拟苏氏父子，辨论澜翻，而未免过求骏快，遂剽而不留。其他序、记、传、志诸篇，则欲拟其乡人王安石，而边幅亦微狭焉。（卷一八三·集部·别集类存目一〇，第1656页）

241.抚州·宜黄【清】黄为鹗:《理解体要》二卷江西巡抚采进本

国朝黄为鹗撰。为鹗，宜黄人。其书凡一百三十八条。绘图列说，皆杂采宋人讲学之语，融贯成篇。（卷九八·子部·儒家类存目四，第834页）

242.抚州·宜黄【清】黄宫绣（1720—1817）:《医学求真录总论》五卷江西巡抚采进本

国朝黄宫绣撰。宫绣宜黄人。是书成于乾隆庚午。据其凡例，称尝著《医学求真录》十六卷。别钞其篇首总论，勒为五卷，以标明其宗旨。议论亦明白易解，然不无臆脱。如论风土不齐，而云西北人不可温补，则未免胶柱而鼓瑟矣。（卷一〇五·子部·医家类存目，第889页）

243.抚州·宜黄【清】周礼:《月岩集》五卷江西巡抚采进本

国朝周礼撰。礼字情畊，号月岩，宜黄人。是集文四卷，诗一卷，其文力摹欧、苏，顿挫曲折，颇为形似。诗则多不入格，盖殚力于古文，而吟咏其余事也。（卷一八一·集部·别集类存目八，第1644页）

244.抚州·宜黄【清】蓝千秋:《蓝户部集》二十六卷江西巡抚采进本

国朝蓝千秋撰。千秋字长青，宜黄人。以荐授国子监学正，官至盛京户部员外郎。是集刻于乾隆丙寅，凡诗四卷，文二十二卷。（卷一八五·集部·别集类存目一二，第1680页）

宜春

四库著录宜春先贤96人，著作150种（除去重复1种），其中唐代1种，南唐2种，宋代46种，元代21种，明代62种，清代18种。

（一）四库宜春先贤著作简目

1.宜春【明】张自烈（1597—1673）：《四书大全辨》三十八卷、《附录》六卷江苏周厚堉家藏本（卷三七·经部·四书类存目，第314页）

2.宜春【明】张自烈：《正字通》十二卷通行本（卷四三·经部·小学类存目一，第378页）

3.宜春【明】张自勋：《纲目续麟》二十卷、《校正凡例》一卷、《附录》一卷、《汇览》三卷江西巡抚采进本（卷四七·史部·编年类，第424页）

4.宜春【明】张自勋：《廿一史独断》二十一卷江西巡抚采进本（卷九〇·史部·史评类存目二，第765页）

5.宜春【明】张自勋：《卓庵心书》四卷江西巡抚采进本（卷九六·子部·儒家类存目二，第820页）

6.宜春·丰城【宋】熊方：《补后汉书年表》十卷编修汪如藻家藏本（卷四五·史部·正史类一，第402—403页）

7.宜春·丰城【宋】徐鹿卿（1189—1250）：《清正存稿》六卷、《附录》一卷浙江鲍士恭家藏本（卷一六三·集部·别集类一六，第1399页）

8.宜春·丰城【宋】徐经孙（1192—1273）：《矩山存稿》五卷衍圣公孔昭焕家藏本（卷一六三·集部·别集类一六，第1401页）

9.宜春·丰城【宋】杨至质：《勿斋集》二卷编修汪如藻家藏本（卷一六四·集部·别集类一七，第1407页）

10.宜春·丰城【宋】陈杰：《自堂存稿》四卷永乐大典本（卷一六五·集部·别集类一八，第1419页）

11.宜春·丰城【元】熊朋来（1246—1323）：《五经说》七卷江苏巡抚采进本（卷三三·经部·五经总义类，第273页）

12.宜春·丰城【元】熊朋来：《瑟谱》六卷永乐大典本（卷三八·经部·乐类，第322—323页）

13.宜春·丰城【元】李克家：《戎事类占》二十一卷浙江巡抚采进本（卷一一〇·子部·术数类存目一，第938页）

14.宜春·丰城【元】熊太古：《冀越集记》二卷浙江巡抚采进本（卷一四三·子部·小说家类存目一，第1218页）

15.宜春·丰城【元】王义山（1214—1287）：《稼村类稿》三十卷两淮盐政采进本（卷一六六·集部·别集类一九，第1423页）

16.宜春·丰城【元】程钜夫（1249—1318）：《雪楼集》三十卷两淮马裕家藏本（卷一六六·集部·别集类一九，第1433—1434页）

17.宜春·丰城【元】揭傒斯（1274—1344）：《文安集》十四卷编修汪如藻家藏本（卷一六七·集部·别集类二〇，第1441—1442页）

18.宜春·丰城【元】揭傒斯：《揭曼硕遗文》一卷江苏巡抚采进本（卷一七四·集部·别集类存目一，第1546页）

19.宜春·丰城【明】朱善（1314—1385）：《诗解颐》四卷内府藏本（卷一六·经部·诗类二，第128页）

20.宜春·丰城【明】朱善：《一斋集》十六卷福建巡抚采进本（卷一七五·集部·别集类存目二，第1550页）

21.宜春·丰城【明】徐即登：《周礼说》十四卷两淮马裕家藏本（卷二三·经部·礼类存目一，第183页）

22.宜春·丰城【明】雷礼（1505—1581）：《明大政记》二十五卷内府藏本（卷四八·史部·编年类存目，第434页）

23.宜春·丰城【明】雷礼（伪托）：《明六朝索隐》·十六卷（两江总督采进本）（卷四八·史部·编年类存目，第434页）

24.宜春·丰城【明】雷礼：《列卿纪》一百六十五卷浙江巡抚采进本（卷六一·史部·传记类存目三，第554页）

25.宜春·丰城【明】雷礼：《嘉靖真定府志》三十三卷两淮盐政采进本（卷七四·史部·地理类存目三，第643页）

26.宜春·丰城【明】雷礼：《南京太仆寺志》十一卷浙江巡抚采进本（卷八〇·史部·职官类存目，第689页）

27.宜春·丰城【明】杨暄：《复辟录》一卷浙江吴玉墀家藏本（卷五三·史部·杂史类存目二，第477页）

28.宜春·丰城【明】杨惟休：《泰昌日录》一卷浙江汪启淑家藏本（卷五四·史部·杂史类存目三，第487页）

29.宜春·丰城【明】李遂（1504—1566）：《督抚经略疏》八卷浙江巡抚采进本（卷五六·史部·诏令奏议类存目，第506页）

30.宜春·丰城【明】李贵（1522—1571）：《宋五先生郡邑政绩》一卷浙江范懋柱家天一阁藏本（卷六一·史部·传记类存目三，第555页）

31.宜春·丰城【明】张鸣凤：《西迁注》一卷两淮盐政采进本（卷六四·史部·传记类存目六，第573页）

32.宜春·丰城【明】游季勋：《新河成疏》无卷数浙江范懋柱家天一阁藏本（卷七五·史部·地理类存目四，第652页）

33.宜春·丰城【明】熊尚文：《兰曹读史日记》四卷副都御史黄登贤家藏本（卷九〇·史部·史评类存目二，第763页）

34.宜春·丰城【明】李材（1497—1575）：《李见罗书》二十卷江苏巡抚采进本（卷九六·子部·儒家类存目二，第814页）

35.宜春·丰城【明】李材：《将将纪》二十四卷内府藏本（卷一〇〇·子部·兵家类存目，第844页）

36.宜春·丰城【明】李材：《观我堂摘稿》十二卷安徽巡抚采进本（卷一七八·集部·别集类存目五，第1602页）

37.宜春·丰城【明】章世纯（1575—1644）：《留书别集》二卷江苏巡抚采进本（卷九六·子部·儒家类存目二，第818—819页）

38.宜春·丰城【明】章世纯：《己未留》二卷浙江巡抚采进本（卷九六·子部·儒家类存目二，第819页）

39.宜春·丰城【明】朱隐老（？—1357）：《皇极经世书说》十八卷内府藏本（卷一一〇·子部·术数类存目一，第932页）

40.宜春·丰城【明】李栻：《困学纂言》六卷浙江巡抚采进本（卷一三一·子部·杂家类存目八，第1121页）

41.宜春·丰城 【明】徐鉴:《诸书考录》四卷内府藏本（卷一三八·子部·类书类存目二，第1172页）

42.宜春·丰城 【明】徐鉴:《诸经纪数》十四卷浙江巡抚采进本（卷一三八·子部·类书类存目二，第1172页）

43.宜春·丰城 【明】游潜:《博物志补》二卷两江总督采进本（卷一四四·子部·小说家类存目二，第1234页）

44.宜春·丰城 【明】游潜:《梦蕉存稿》四卷浙江汪汝瑮家藏本（卷一七六·集部·别集类存目三，第1567页）

45.宜春·丰城 【明】游潜:《梦蕉诗话》二卷编修程晋芳家藏本（卷一九七·集部·诗文评类存目，第1800页）

46.宜春·丰城 【明】杨廉（1452—1525）:《月湖集》四十八卷浙江巡抚采进本（卷一七五·集部·别集类存目二，第1564页）

47.宜春·丰城 【明】李玑:《西野遗稿》十四卷两江总督采进本（卷一七七·集部·别集类存目四，第1589页）

48.宜春·丰城 【明】孙樋:《世玉集选》二卷江西巡抚采进本（卷一九三·集部·总集类存目三，第1757页）

49.宜春·丰城:【清】黄文澍:《经解》五卷、《经义杂著》一卷浙江巡抚采进本（卷三四·经部·五经总义类存目，第288页）

50.宜春·丰城 【清】黄文澍:《童子问》一卷浙江巡抚采进本（卷九八·子部·儒家类存目四，第834页）

51.宜春·丰城 【清】黄文澍:《敬义录》·一卷（浙江巡抚采进本）（卷九八·子部·儒家类存目四，第834页）

52.宜春·袁州 【唐】郑谷:《云台编》三卷江苏巡抚采进本（卷一五一·集部·别集类四，第1301页）

53.宜春·袁州 【宋】赵希弁:《郡斋读书志》四卷、《后志》二卷、《考异》一卷、《附志》一卷两江总督采进本（卷八五·史部·目录类一，第729页）

54.宜春·袁州 【宋】赵希鹄:《洞天清录》一卷两淮盐政采进本（卷一二三·子部·杂家类七，第1057页）

55.宜春·袁州 【宋】赵汝鐩（1172—1246）:《野谷诗稿》六卷两淮马裕家藏本（卷一六二·集部·别集类一五，第1392—1393页）

56.宜春·袁州【元】袁俊翁:《四书疑节》十二卷浙江汪启淑家藏本(卷三六·经部·四书类二,第300页)

57.宜春·高安【宋】刘恕(1032—1078):《通鉴外纪》十卷、《目录》五卷少詹事陆费墀家藏本(卷四七·史部·编年类,第422—423页)

58.宜春·高安【宋】刘涣、刘恕、刘羲仲:《三刘家集》一卷江西巡抚采进本(卷一八六·集部·总集类一,第1694—1695页)

59.宜春·高安【宋】陈仲微(1212—1283):《广王卫王本末》一卷浙江汪启淑家藏本(卷五二·史部·杂史类存目一,第473页)

60.宜春·高安【宋】刘羲仲(1059—1120):《通鉴问疑》一卷浙江范懋柱家天一阁藏本(卷八八·史部·史评类,第752页)

61.宜春·高安【宋】刘涣、刘恕、刘羲仲:《三刘家集》一卷江西巡抚采进本(卷一八六·集部·总集类一,第1694—1695页)

62.宜春·高安【宋】涂近正:《明伦集》三卷永乐大典本(卷九五·子部·儒家类存目一,第805页)

63.宜春·高安【宋】彭乘(伪托):《墨客挥犀》十卷兵部侍郎纪昀家藏本(卷一四一·子部·小说家类二,第1195—1196页)

64.宜春·高安【宋】幸元龙(1169—1232):《松垣集》十一卷衍圣公孔昭焕家藏本(卷一七四·集部·别集类存目一,第1542页)

65.宜春·高安【元】周德清:《中原音韵》二卷内府藏本(卷一九九·集部·词曲类二,第1828—1829页)

66.宜春·高安【明】陈邦瞻(?—1623):《宋史纪事本末》二十六卷两淮盐政采进本(卷四九·史部·纪事本末类,第439页)

67.宜春·高安【明】陈邦瞻:《元史纪事本末》四卷江苏巡抚采进本(卷四九·史部·纪事本末类,第439页)

68.宜春·高安【明】朱吾弼:《朱子奏议》十五卷两江总督采进本(卷五六·史部·诏令奏议类存目,第504页)

69.宜春·高安【明】朱吾弼:《留台奏议》二十卷浙江巡抚采进本(卷五六·史部·诏令奏议类存目,第512页)

70.宜春·高安【明】吴山:《河治通考》十卷浙江汪启淑家藏本(卷七五·史部·地理类存目四,第651页)

71.宜春·高安【明】喻有功：《周易悬镜》十卷浙江吴玉墀家藏本（卷一一一·子部·术数类存目二，第945页）

72.宜春·高安【明】陈汝锜：《甘露园长书》六卷、《短书》十一卷江西巡抚采进本（卷一二五·子部·杂家类存目二，第1075页）

73.宜春·高安【明】况叔祺：《考古辞宗》二十卷浙江汪启淑家藏本（卷一三七·子部·类书类存目一，第1168页）

74.宜春·高安【明】况叔祺：《大雅堂摘稿》无卷数江西巡抚采进本（卷一七八·集部·别集类存目五，第1597页）

75.宜春·高安【明】陈益（？—1454）：《敝帚集》二卷江苏巡抚采进本（卷一七五·集部·别集类存目二，第1555页）

76.宜春·高安【明】陈汝玚：《湛然堂诗稿》无卷数江西巡抚采进本（卷一七八·集部·别集类存目五，第1607页）

77.宜春·高安【明】陈邦科：《片玉集》四卷江西巡抚采进本（卷一七九·集部·别集类存目六，第1614页）

78.宜春·高安【明】陈邦仪：《弹剑草》无卷数江苏巡抚采进本（卷一八〇·集部·别集类存目七，第1631页）

79.宜春·高安【清】朱轼（1665—1736）：《周易传义合订》十二卷江西巡抚采进本（卷六·经部·易类六，第41页）

80.抚州·乐安；宜春·高安【元】吴澄（1249—1333）、【清】朱轼：《校补礼记纂言》三十六卷江西巡抚采进本（卷二四·经部·礼类存目二，第198页）

81.宜春·高安【清】朱轼：《仪礼节要》二十卷江西巡抚采进本（卷二五·经部·礼类存目三，第205页）

82.宜春·高安【清】朱轼：《春秋钞》十卷江西巡抚采进本（卷三一·经部·春秋类存目二，第257页）

83.宜春·高安【清】朱轼：《孝经》一卷江西巡抚采进本（卷三二·经部·孝经类，第268页）

84.宜春·高安【清】朱轼：《史传三编》五十六卷江西巡抚采进本（卷五八·史部·传记类二，第528页）

85.宜春·樟树【宋】刘敞（1019—1068）：《春秋权衡》十七卷内府藏本（卷二六·经部·春秋类一，第215页）

86.宜春·樟树【宋】刘敞：《春秋传》十五卷内府藏本（卷二六·经部·春秋类一，第215页）

87.宜春·樟树【宋】刘敞：《春秋意林》二卷内府藏本（卷二六·经部·春秋类一，第215—216页）

88.宜春·樟树【宋】刘敞：《春秋传说例》一卷永乐大典本（卷二六·经部·春秋类一，第216页）

89.宜春·樟树【宋】刘敞：《七经小传》三卷两江总督采进本（卷三三·经部·五经总义类，第270页）

90.宜春·樟树【宋】刘敞：《公是先生弟子记》四卷浙江巡抚采进本（卷九二·子部·儒家类二，第778页）

91.宜春·樟树【宋】刘敞（伪托）：《极没要紧》一卷浙江巡抚采进本（卷一四七·子部·道家类存目，第1260页）

92.宜春·樟树【宋】刘敞：《公是集》五十四卷永乐大典本（卷一五三·集部·别集类六，第1316—1317页）

93.宜春·樟树【宋】刘敞：《别本公是集》六卷山东巡抚采进本（卷一七四·集部·别集类存目一，第1536页）

94.宜春·樟树【宋】张洽（1161—1237）：《春秋集注》十一卷、《纲领》一卷江西巡抚采进本（卷二七·经部·春秋类二，第222—223页）

95.宜春·樟树【宋】徐梦莘（1126—1207）：《三朝北盟会编》二百五十卷左都御史张若淮家藏本（卷四九·史部·纪事本末类，第438页）

96.宜春·樟树【宋】章颖（1141—1218）：《南渡十将传》十卷两淮盐政采进本（卷六一·史部·传记类存目三，第548页）

97.宜春·樟树【宋】徐天麟：《西汉会要》七十卷浙江汪启淑家藏本（卷八一·史部·政书类一，第695页）

98.宜春·樟树【宋】徐天麟：《东汉会要》四十卷浙江范懋柱家天一阁藏本（卷八一·史部·政书类一，第695—696页）

99.宜春·樟树【宋】刘清之（1134—1190）：《戒子通录》八卷永乐大典本（卷九二·子部·儒家类二，第782页）

100.宜春·樟树【宋】王贵学：《兰谱》一卷两江总督采进本（卷一一六·子部·谱录类存目，第1003页）

101.宜春·樟树 【宋】刘昌诗:《芦浦笔记》十卷两淮盐政采进本（卷一一八·子部·杂家类二，第1021页）

102.宜春·樟树 【宋】刘攽（1023—1089）（伪托）:《文选类林》十八卷浙江范懋柱家天一阁藏本（卷一三七·子部·类书类存目一，第1161页）

103.宜春·樟树 【宋】刘攽:《彭城集》四十卷永乐大典本（卷一五三·集部·别集类六，第1317页）

104.宜春·樟树 【宋】刘攽:《中山诗话》一卷江苏巡抚采进本（卷一九五·集部·诗文评类一，第1781页）

105.宜春·樟树 【宋】彭龟年（1142—1206）:《止堂集》二十卷永乐大典本（卷一六〇·集部·别集类一三，第1376页）

106.宜春·樟树 【宋】向子諲（1085—1152）:《酒边词》二卷江西巡抚采进本（卷一九八·集部·词曲类一，第1813页）

107.宜春·樟树 【宋】扬无咎（1097—1171）:《逃禅词》一卷安徽巡抚采进本（卷一九八·集部·词曲类一，第1815页）

108.宜春市·樟树【元】张理:《大易象数钩深图》三卷内府藏本（卷四·经部·易类四，第25页）

109.宜春·樟树 【元】张理:《易象图说内篇》三卷、《外篇》三卷两江总督采进本（卷一〇八·子部·术数类一，第918—919页）

110.宜春·樟树 【元】范梈（1271—1330）:《范德机诗》七卷山东巡抚采进本（卷一六七·集部·别集类二〇，第1441页）

111.宜春·樟树 【元】范梈:《范文白诗集》六卷山东巡抚采进本（卷一七四·集部·别集类存目一，第1546页）

112.宜春·樟树 【元】范梈（伪托）:《木天禁语》一卷两江总督采进本（卷一九七·集部·诗文评类存目，第1799页）

113.宜春·樟树 【元】范梈（伪托）:《诗学禁脔》一卷两江总督采进本（卷一九七·集部·诗文评类存目，第1799页）

114.宜春·樟树 【元】杜本（1275—1350）:《清江碧嶂集》一卷浙江鲍士恭家藏本（卷一七四·集部·别集类存目一，第1545页）

115.宜春·樟树 【元】杜本:《谷音》二卷江苏巡抚采进本（卷一八八·集部·总集类三，第1707页）

116.宜春·樟树；吉安·吉安县【元】傅习、孙存吾：《元风雅前集》十二卷、《后集》十二卷内府藏本（卷一八八·集部·总集类三，第1709页）

117.宜春·樟树【明】张九韶：《元史节要》十四卷两淮盐政采进本（卷六五·史部·史钞类存目，第579页）

118.宜春·樟树【明】张九韶：《理学类编》八卷浙江巡抚采进本（卷九三·子部·儒家类三，第790页）

119.宜春·樟树【明】张九韶：《群书拾唾》十二卷浙江巡抚采进本（卷一三七·子部·类书类存目一，第1165页）

120.宜春·樟树【明】张九韶：《群书备数》十二卷内府藏本（卷一三七·子部·类书类存目一，第1165页）

121.宜春·樟树【明】敖英：《慎言集训》二卷浙江鲍士恭家藏本（卷九六·子部·儒家类存目二，第811页）

122.宜春·樟树【明】敖英：《东谷赘言》二卷两江总督采进本（卷一二七·子部·杂家类存目四，第1097页）

123.宜春·樟树【明】敖英：《绿雪亭杂言》一卷浙江吴玉墀家藏本（卷一二七·子部·杂家类存目四，第1097页）

124.宜春·樟树【明】程达：《警语类抄》八卷安徽巡抚采进本（卷一三二·子部·杂家类存目九，第1122页）

125.宜春·樟树【明】熊逵：《清江二家诗》四卷浙江范懋柱家天一阁藏本（卷一九二·集部·总集类存目二，第1752页）

126.宜春·樟树【清】杨锡绂（1703—1769）：《节妇传》十五卷江西巡抚采进本（卷六三·史部·传记类存目五，第569页）

127.宜春·万载【南唐】宋齐邱（885—958）：《玉管照神局》三卷永乐大典本（卷一〇九·子部·术数类二，第928—929页）

128.宜春·万载【南唐】宋齐邱：《化书》六卷江西巡抚采进本（卷一一七·子部·杂家类一，第1011页）

129.宜春·上高【清】晏斯盛（1689—1752）：《楚蒙山房易经解》十六卷江西巡抚采进本（卷六·经部·易类六，第42页）

130.宜春·上高【清】晏斯盛：《禹贡解》八卷浙江巡抚采进本（卷一四·经部·书类存目二，第115—116页）

131.宜春·上高 【清】黄光岳:《三诗合编》三卷江西巡抚采进本（卷一九四·集部·总集类存目四，第1776页）

132.宜春·宜丰 【宋】释惠洪（1071—1128）:《冷斋夜话》十卷江苏巡抚采进本（卷一二〇·子部·杂家类四，第1038—1039页）

133.宜春·宜丰 【宋】释惠洪:《僧宝传》三十二卷安徽巡抚采进本（卷一四五·子部·释家类，第1238页）

134.宜春·宜丰 【宋】释惠洪:《林间录》二卷、《后集》一卷浙江巡抚采进本（卷一四五·子部·释家类，第1238页）

135.宜春·宜丰 【宋】释惠洪:《石门文字禅》三十卷内府藏本（卷一五四·集部·别集类七，第1331—1332页）

136.宜春·宜丰 【宋】释惠洪:《天厨禁脔》三卷浙江巡抚采进本（卷一九七·集部·诗文评类存目，第1797页）

137.宜春·宜丰 【宋】姚勉（1216—1262）:《雪坡文集》五十卷江苏巡抚采进本（卷一六四·集部·别集类一七，第1407页）

138.宜春·宜丰 【元】释圆至（1256—1298）:《牧潜集》七卷编修汪如藻家藏本（卷一六六·集部·别集类一九，第1429页）

139.宜春·宜丰 【元】释圆至:《唐诗说》二十一卷两淮盐政采进本（卷一九一·集部·总集类存目一，第1737页）

140.宜春·宜丰 【明】袁彬:《北征事迹》一卷浙江范懋柱家天一阁藏本（卷五三·史部·杂史类存目二，第478页）

141.宜春·宜丰 【明】邹维琏（？—1635）:《达观楼集》二十四卷江西巡抚采进本（卷一七九·集部·别集类存目六，第1622页）

142.宜春·奉新 【宋】阴时夫:《韵府群玉》二十卷兵部侍郎纪昀家藏本（卷一三五·子部·类书类一，第1152页）

143.宜春·奉新 【明】邓显麒:《梦虹奏议》二卷江西巡抚采进本（卷五六·史部·诏令奏议类存目，第506页）

144.宜春·奉新 【明】徐灿:《徐阳溪集》六卷江西巡抚采进本（卷一七七·集部·别集类存目四，第1591页）

145.宜春·奉新 【明】蔡国珍（1528—1611）:《恰云堂集》十卷江西巡抚采进本（卷一七八·集部·别集类存目五，第1601页）

146.宜春·奉新【清】刘应棠:《梭山农谱》三卷江西巡抚采进本(卷一〇二·子部·农家类存目,第855页)

147.宜春·奉新【清】帅我(1648—1725):《墨澜亭集》无卷数江西巡抚采进本(卷一八四·集部·别集类存目一一,第1671页)

148.宜春·奉新【清】帅仍祖:《嗜退山房稿》五卷江西巡抚采进本(卷一八四·集部·别集类存目一一,第1672页)

149.宜春·奉新【清】帅念祖:《树人堂诗》七卷江西巡抚采进本(卷一八五·集部·别集类存目一二,第1675页)

150.宜春·奉新【清】帅家相:《卓山诗集》十二卷江西巡抚采进本(卷一八五·集部·别集类存目一二,第1682页)

151.宜春·靖安【宋】舒邦佐(1137—1214):《双峰存稿》六卷江西巡抚采进本(卷一七四·集部·别集类存目一,第1539页)

(二)四库宜春先贤著作提要

1.宜春【明】张自烈(1597—1673):《四书大全辨》三十八卷、《附录》六卷江苏周厚堉家藏本

明张自烈撰。自烈字尔公,宜春人。崇祯末南京国子监生。自烈与艾南英为同乡,而各立门户,以评选时文相轧,诟厉喧呶,没世乃休。盖亦社党之余派也。是编举永乐中胡广等所修《四书大全》条析而辨之。冠以古本《大学》一卷,明道程子、伊川程子改定《大学》各一卷,顾起元《中庸外传》一卷,王应麟《论语孟子考异》各一卷,福王时,尝以擅改祖宗颁行之书,挂诸弹章,至愤而嚣哗于朝。案《四书大全》诚为猥杂,然自烈所辨又往往强生分别,不过负气求胜,借以立名。观其首列揭帖、序文之类,盈一巨册,而所列参订姓氏至四百八十六人,非惟马、郑以来无是体例,即宋人盛相标榜,亦未至是也。(卷三七·经部·四书类存目,第314页)

2.宜春【明】张自烈:《正字通》十二卷通行本

旧本或题"明张自烈撰",或题"国朝廖文英撰",或题"自烈文英同撰”。考钮琇《觚賸·粤觚下篇》，载此书本自烈作，文英以金购得之，因掩为己有，叙其始末甚详。然其前列国书十二字母，则自烈之时所未有，殆文英续加也。裘君宏《妙贯堂余谈》又称文英殁后，其子售版于连帅刘炳。有海幢寺僧阿字知本为自烈书，为炳言之，炳乃改刻自烈之名。诸本互异，盖以此也。其书视梅膺祚《字汇》，考据稍博，然征引繁芜，颇多舛驳。又喜排斥许慎《说文》，尤不免穿凿附会，非善本也。自烈字尔公，南昌人①。文英字百子，连州人。康熙中官南康府知府，故得鬻自烈之书云。（卷四三·经部·小学类存目一，第378页）

3.宜春 【明】张自勋:《纲目续麟》二十卷、《校正凡例》一卷、《附录》一卷、《汇览》三卷江西巡抚采进本

明张自勋撰。自勋，字卓菴，南昌人②。是编成于崇祯癸未。首为《校正凡例》一卷，列朱子《凡例》与刘友益《书法凡例》，而各著所疑。次为《附录》一卷，备列朱子论《纲目》手书十二篇及李方子《〈纲目〉后序》、王柏《书〈纲目大全〉后》、徐昭文《纲目考证序证》。《纲目》一书，非惟分注非朱子手定，即正纲亦多出赵师渊手，并证刘友益误以晚年未定之本为中年已定之本，遂不求端讯末，强辨诬真。其《续麟》二十卷，则案原书次第，摘列《纲目》及《考异》、《书法》、《发明》、《考证》之文，而一一辨正其是非。《汇览》三卷，则列增删正纲者三千六百四十余字，增删分注者四百四十余字。盖《汇览》为改正之本，而《续麟》则《发明》改正之所以然。分注之文，《汇览》仅改其年号、君名、谥号之类，而其他所当改者，以其文太繁，则散见于《续麟》中。盖二书详略互见，相辅为用者也。其宗方孝孺之论，不以统予秦、晋、隋，未免儒生胶固之见。然其他参互比校，每能推其致误之所以然。如唐以前太子即位皆书名，至唐独不书名，刘友益曲为之说，自勋则以为太子即位，前史皆书名，至《唐书本纪》独不书名，《纲目》不过误从史文，不必强为穿凿。又如汉景帝中元年十二月晦日食，《纲目》漏

① 《江西通志》（四库全书本）卷七十二：张自烈，字尔公，宜春人。

② 《江西通志》（四库全书本）卷七十二：张自烈，字尔公，宜春人。张自勋，字卓庵，与其兄张自烈、张自熙并以学行名当时。

书。三年九月晦日食既，《纲目》漏书“既”字。自勋以为皆《汉书本纪》先漏，《纲目》但据《本纪》而未见《五行志》，故有此失，别无他义。皆足破陋儒附会之说。他若唐太宗贞观元年书征隋秘书监刘子翼不至，刘友益《书法》称“书不至何？美子翼也。”尹起莘《发明》亦以特书隋官为美之。自勋则据《唐书·刘祎之传》，载子翼后复召拜吴王府功曹参军，终著作郎、宏[①]文馆直学士，谓《纲目》失考，误以为陶潜一例。如是之类，其说皆凿凿有征，非故与朱子为难者比。至于《凡例》称曹丕、刘裕书姓，而《纲目》书宋王裕乃无“刘”字。又《凡例》称宦者封爵皆加“宦者”字，如郑众之属，而《纲目》书郑众封鄛乡侯乃无“宦者”字。用证《纲目》传写刊刻，不免讹脱，不必以钞胥刻工之失，执为朱子之笔削。尤为洞悉事理之言，视徒博尊朱子之名而牵合迂谬，反晦朱子之本旨者，相去远矣。（卷四七·史部·编年类，第424页）

4.宜春【明】张自勋:《廿一史独断》二十一卷江西巡抚采进本

明张自勋撰。自勋有《纲目续麟》，已著录。是书于二十一史，各纠其失，每一史为一卷。其中纠体例之失者十之三四，纠议论之失者十之六七。而所谓体例之失者，不过某人之传不当在某人前，某人之传不当在某人后，及某人当与某人合传，某人不当与某人合传而已。大抵取其篇目论赞，互相比勘，而断以己意。非能旁引曲证，一一究其异同，核其虚实也。其凡例谓先儒已驳者不复置喙，性耻蹈袭，绝无剿说。然如开卷论《史记·项羽本纪》、《陈涉世家》，即皆刘知几《史通》之说。是亦未及博征之一验矣。（卷九〇·史部·史评类存目二，第765页）

5.宜春【明】张自勋:《卓庵心书》四卷江西巡抚采进本

明张自勋撰。自勋有《纲目续麟》，已著录。其论学以求放心为本。谓阳明言良知，是偶有所见，故从此推出，遂主张立说不若言正心，尤为探本穷源之论。然自勋之学实沿阳明之余波，观其自跋可见。故书中于象山、白沙、甘泉、龙溪之说多所采掇也。（卷九六·子部·儒家类存目二，第820页）

---

① “宏”当为“弘”，避讳清高宗弘历。

6.宜春·丰城【宋】熊方:《补后汉书年表》十卷编修汪如藻家藏本

宋熊方撰。方字广居，丰城人，由上舍生官至右迪功郎，权澧州司户参军。是书前后《进表》，不著年月。表中有“皇帝陛下奋神武以拨乱，致太平而中兴，仰稽圣功，同符光武”之语。又有“洒宸翰于九经，永光庠序；焕云章于八法，冠绝钟王”之语。御书《太学石经》乃高宗时事，则方为南渡初人矣。昔司马迁作《史记》，始立十《表》。《梁书·王僧虔传》称其旁行斜上，体仿周谱，盖三代之遗法也。班固八《表》，实沿其例。范蔚宗作《后汉书》，独阙斯制，遂使东京典故，散缀于范传之内，不能丝联绳贯，开帙厘然。方因作此编，补所未备。凡《同姓侯王表》二卷、《异姓诸侯表》六卷、《百官表》二卷。其所证据，一本范氏旧文，义例则仿之前书，而稍为通变。如《王子外戚恩泽诸侯表》皆不复分析，惟各书其状于始封之下，而以功以亲自可了如指掌。又百官虽因西汉，而废置不一。方取刘昭之《志》，自太傅至河南尹凡二十有三等，以系于年，而除拜薨免之实悉见。其贯穿钩考，极为精详。纲目条章，亦俱灿然有法。惟中间端绪繁密，故踳驳之处亦间有之。如海昏侯会邑、安众侯松，其肇封固自西汉，而前书皆云今见为侯。则明章以后尚嗣封弗绝，自应在东京列侯之数。虽史文阙略，不能得其传世之详。亦当标其国号名属，而注云后阙，始合史法。方乃因其世系无征，遂黜其名，仅以“见前书《王子侯表》”一语附识篇末。审如是，则城阳恭王祉亦见前书《王子侯表》，何以此书又得载入乎？此其为例不纯者也。又如伏完乃伏湛七世孙，袭封不其侯，见于《湛传》及《皇后纪》者甚明。惟袁宏《汉纪》有建安元年封董承、伏完十三人为列侯之文，范史误采入《本纪》中。方不加考辨，于伏湛下既书侯完嗣爵，而孝献时诸侯表内又别出一列侯伏完，殊为复舛。又《皇后纪》称完为屯骑校尉，建安十四年卒，子典嗣。是曹操弑伏后时完已先卒，故史但称操杀后兄弟宗族而不及完。方乃误以为曹操所诛国除，而于侯典一代竟不列入。又如汉寿亭侯世但称寿亭侯，沿习旧讹，未能纠正。此其考核偶疏者也。又汉制以太傅至将军为五府。自大将军、车骑将军、度辽将军以外，其余杂将军号随时建置，见于纪传者尚多。乃于《百官表》内概不之及，颇伤阙漏。此其采摭之未备者也。凡此数端，皆为所短。要其经纬周密，叙次井然，使读者按部可稽，深为有禆于史学。《丰城县志》称方作是书，自题其堂曰“补史”。其深自矜重，殆亦非徒然矣。（卷四五·史部·正史类一，第402—403页）

7.宜春·丰城【宋】徐鹿卿（1189—1250）：《清正存稿》六卷、《附录》一卷浙江鲍士恭家藏本

宋徐鹿卿撰。鹿卿字德夫，号泉谷，丰城人。嘉定十六年进士，官至礼部侍郎，以华文阁待制致仕，卒谥清正。事迹具《宋史》本传。其所著有《泉谷文集》、《奏议》、《讲议》、《盐楮议》、《政稿》、《历官对越集》诸书。今俱散佚。此本乃明万历中其十二世孙鉴巡按福建，于家乘中蒐辑刊行者也。鹿卿博通经史，居官廉约清峻，多惠政。凡所建白，皆忠悃激发，不少隐讳。今观是集，如都城火，则上封事言惑嬖宠、溺燕私、用小人三事，迁国子监主簿入对，则陈洗凡陋、昭劝惩等六事，为太府少卿入对，则言定国本、正纪纲、立规模诸事，大抵真挚恳切，深中当时积弊。刘克庄以董子之醇、贾生之通许之，虽标榜之词，不无稍过。要其纯忠亮节，无愧古人，固非矫激以取名者所得而比拟矣。（卷一六三·集部·别集类一六，第1399页）

8.宜春·丰城【宋】徐经孙1192—1273:《矩山存稿》五卷衍圣公孔昭焕家藏本

宋徐经孙撰。经孙字仲立，初名子柔，丰城人。宝庆二年进士，授浏阳主簿。历官刑部侍郎、太子詹事，拜翰林学士，知制诰。以忤贾似道罢归。闲居十年，卒赠金紫光禄大夫，谥文惠。事迹具《宋史》本传。经孙家在洪、抚之间，有山方正，因号曰矩山，并以名集。前后无序跋，惟附录刘克庄赠其先人文集序一篇。殆传写佚脱欤？经孙以伉直自许，立朝大节，多有可称。熊朋来铭其墓有云：“是在乌台而不畏权贵者，是在鸾台而不畏近侍者。”其丰裁严正，可以想见。文章则非所注意，故往往直抒胸臆，不复以研炼为长。然其理明辞达，亦殊有汪洋浩瀚之致。至于奏疏诸篇，或指陈时弊，或弹劾权奸，皆敷陈剀切，辞旨凛然，尤想见正笏垂绅气象。虽谓之独得雄直气，发为古文章可也。惟诗笔俚浅，实非所长。其留于今日，盖以其人而传之，为全集琬琰之藉可矣。（卷一六三·集部·别集类一六，第1401页）

9.宜春·丰城【宋】杨至质:《勿斋集》二卷编修汪如藻家藏本

宋杨至质撰。至质字休文，号勿斋，阁皂山道士。淳祐中敕赐高士、右街鉴仪，主管教门公事。是集皆四六书启，多与一时当事酬答之作。其《兼领旌德观都监谢京尹赵节斋启》云:“观以道名，境随人重。知章有学，始专鉴曲之烟霞。清老能诗，故奉金陵之香火。倘酒瓮饭囊之辈，徒斋钟粥鼓之羞”云云。盖亦以文学自负，不屑等于黄冠者流。第二卷中大抵代人之作。当由娴于词翰，故士大夫假手者多也。宋末启劄之文，多喜配合经史成语，凑泊生硬，又喜参文句，往往冗长萎弱，唐以前旧格荡然。至质所作，虽边幅少狭，而对偶工緻，吐属雅洁，犹有樊南《甲乙集》之遗，正未可以方外轻之矣。(卷一六四·集部·别集类一七，第1407页)

10.宜春·丰城【宋】陈杰:《自堂存稿》四卷永乐大典本

宋陈杰撰。厉鹗《宋诗纪事》载，杰字寿夫，分宁人[①]，淳祐十年进士，制置司属官，有《自堂存稿》。然鹗仅录其《题梅坛毛庆甫云悦楼诗》一首，云出梅仙事实。则尚未见其集，故所载爵里亦不能具其始末。今从《永乐大典》裒辑遗篇，尚得四卷。以其诗语考之，四言古诗中《春日江永》诸篇自注曰“端平以来”，是当理宗之初已能吟咏，其年当在二十左右。下距帝㬎德祐乙亥凡四十二年，则宋亡时已近六旬。《闲舣记》之末署延祐二年七月，是岁乙卯，上距宋亡又四十年，则杰年已在百岁外，不应如是之寿考，时代似不相及。又《闲舣记》末称使其子樵书而刻之。元鹿皮子陈樵，实婺州东阳人，里籍亦不相符。是记殆陈樵之父所作，《永乐大典》误题杰名欤?然观集中《重过西湖感事》诸篇，则为宋之遗老，入元尚在，固可无疑也。集中有《和大阃芍药谦诗》，作于淮南。又有《宣檄随府诗》，称“溯楚三千里，离淮第一程”，则先官淮幕，后官楚幕，与厉鹗所载制置司属官语合。又有《与节东归和同幕送行诗》，称宜黜而升愧在中。又有《请代诗》，称郡小凋残最。又有《乙丑元旦寿昌拜表诗》，则后亦守郡，非竟终于幕僚。厉鹗所载，尚为未尽矣。其诗虽源出江西，而风姿峭蒨，颇参以石湖、剑南格调。

① 籍贯应为丰城(梅俊道:《陈杰与他的〈自堂存稿〉》，《九江学院学报》2010年第3期。)

视宋末江湖一派气含蔬笱者戛然有殊，在黄茅白苇之中不可不谓之翘楚。据其《戊辰重过弋阳石桥诗注》，盖与谢枋得相善。又《读邸报》诸作，排斥奸谀，语皆忠愤。而《和郭应酉诗》自称“扶惫效死，客自杭来，谈江上师溃，及京师非才误国，极为不平”云云，并附录郭诗而注曰“郭后赴厓山”。其志节亦可想见，则不徒诗之足传也。（卷一六五・集部・别集类一八，第1419页）

11.宜春・丰城【元】熊朋来（1246—1323）：《五经说》七卷江苏巡抚采进本

元熊朋来撰。朋来字与可，南昌人[①]。登宋咸淳十年进士，仕元为福清县判官。事迹具《元史・儒学传》。朋来之学恪守宋人，故《易》亦言《先天》、《后天》、《河图》、《洛书》，《书》亦言《洪范》错简，《诗》亦不主《小序》，《春秋》亦不主三传。盖当时老师宿儒，相传如是，门户所限，弗敢尺寸逾也。惠栋《九经古义》诋其论《大学》“亲民”一条，不知亲新通用，本马郑之解《金縢》，为夏虫之见；又诋其论“言乃讙”一条，不考《史记・鲁世家》所引《无逸》及裴骃《集解》所引郑《注》，论《周礼・乐师》“皋”字与《大祝》“皋”字，不考皋、告、皞三字相同，乃谓郑氏先后异读，均为妄下雌黄。盖于古义、古音亦多所出入。然其书发明义理，论颇醇正，于《礼经》尤疏证明白。在宋学之中，亦可谓切实不支矣。寸有所长，固无妨录备一家也。（卷三三・经部・五经总义类，第273页）

12.宜春・丰城【元】熊朋来：《瑟谱》六卷永乐大典本

元熊朋来撰。朋来有《五经说》，已著录。是书大旨以为在礼堂上侑歌，惟瑟而已，他弦莫侑，为古人所最重。自瑟教废而歌《诗》者莫为之谱。既作《瑟赋》二篇，发明其理，复援据古义，参以新意，定为一编。首为《瑟弦律图》；次为《旋宫六十调图》；次为《雅律通俗谱例》；次为《指法》；次为《诗旧谱》，凡《鹿鸣》、《四牡》、《皇皇者华》、《鱼丽》、《南有嘉鱼》、《南山有台》、《关雎》、《葛覃》、《卷耳》、《鹊巢》、《采蘩》、

① 《江西通志》（四库全书本）卷五十一：熊朋来，丰城人。又卷六十七：熊朋来，字与可，富州人。此富州即即今江西丰城市。

《采蘋》十二篇，即赵彦肃所传《开元十二诗谱》；次曰《诗新谱》，凡《驺虞》、《淇奥》、《考槃》、《黍离》、《缁衣》、《伐檀》、《蒹葭》、《衡门》、《七月》、《菁菁者莪》、《鹤鸣》、《白驹》、《文王》、《抑》、《崧高》、《烝民》、《駉》十七篇，皆朋来所补；次曰《乐章谱》，为学宫释奠乐章；终以《瑟谱后录》，则古来论瑟之语也。其《瑟弦律图》以中弦为极清之弦，虚而不用，驳姜氏《瑟图》二十五弦全用之非。案聂崇义《三礼图》，雅瑟二十三弦，其常用者十九弦，其余四弦谓之番。番，赢也。颂瑟二十五弦尽用之。又《庄子》、《淮南子》均有“鼓之二十五弦皆动”之文，则姜氏之说于古义有征，未可尽斥。其《旋宫图》内所列六十调，皆据蔡氏《律吕新书》所推。其十二宫则用《礼记正义》黄钟一、林钟二之次，与蔡氏黄钟一、大吕二之次不同。又改“二变”为“二少”，少与老相应，变与正不相应，实不如《律吕新书》之确。又黄钟一均，惟黄钟宫用七正律，无射商则一正一半五变半，夷则角则二正二半三变半。朋来列七正律于黄钟宫之前，而无射商以下不书正变及半律、变半律，亦为疏略。其《乐章谱》既用唐乐三和之法，注曰“如大吕为角，则于大吕均取中吕起调毕曲。太蔟为徵，则于太蔟均取南吕起调毕曲。应钟为羽，则于应钟均取夷则起调毕曲。”然于黄钟为宫无义，又曰“今释奠迎神或祗用黄钟为宫一曲叠奏之”云云。案范镇《皇祐新乐图记》曰：“黄钟为角者，夷则为宫。黄钟之角者，姑洗为角。十二律之于五声，皆如此率。而世俗之说乃去之字，谓太蔟曰黄钟商、姑洗曰黄钟角、林钟曰黄钟徵、南吕曰黄钟羽。”其义至明。今因大吕为角而取中吕起调毕曲，太蔟为徵而取南吕起调毕曲，应钟为羽而取夷则起调毕曲，则是大吕之角、太蔟之徵、应钟之羽，而非大吕为角、太蔟为徵、应钟为羽矣。至于黄钟为宫，与黄钟之宫则同一黄钟，无以异也。朋来既用唐制，而又云只用黄钟为宫一曲叠奏，岂非于意亦有所未安，而为骑墙之论欤？他如《后录》中以尧作十五弦之瑟见于《吕览》者误为《乐记》，记忆偶疏，又其小疵矣。然乐律一门，诸家著录，琴谱为多。瑟则东晋之初尚有桓伊歌曹植诗事，以后传者寥寥。钱起所云“二十五弦弹夜月”，李商隐所云“锦瑟无端五十弦”者，特诗人寄兴之词，不必真有其事。古调之仅存者不过郊庙朝会，备雅乐之一种而已。朋来于旧谱放佚之余，为之考订蒐罗，尚存梗概。史称其通晓乐律，尤善鼓瑟，则与儒者不通宫调而坐谈乐理者，尚属有殊。存之亦足见

古乐之遗也。（卷三八·经部·乐类，第322—323页）

13.宜春·丰城【元】李克家：《戎事类占》二十一卷浙江巡抚采进本

元李克家撰。考《江西通志》，李克家，字肖翁，南昌富州人①。至正末，任本学教谕，迁辽阳儒学提举，即其人也。是书取兵家占候，采辑成编。卷首为天象图、分野图，中分天类，日类、月类、星野类、星类、风类、云气类、蒙雾类、虹霓类、雨雹类、雷电类、霜露类、冰雪类、五行类、时日类、厌胜类凡十五门。夫天远人迩，非私智小数所能窥，此甲彼乙，徒荧众听，至于厌胜，尤属鬼谋。郭京六甲神兵，岂足以拒金源耶？此真妖妄之言，法所必斥者也。（卷一一〇·子部·术数类存目一，第938页）

14.宜春·丰城【元】熊太古：《冀越集记》二卷浙江巡抚采进本

元熊太古撰。太古，丰城人。熊朋来之孙也。登进士，官至江西行省郎中。至正末，天下盗起，太古力陈守御计。当事者不能从，遂弃官去。入明后不仕而终。此书自序题乙未岁，为至正十五年，犹在元代所作也。太古生平足迹半天下，北涉滦河，西泛洞庭，东游浙右，南至交、广，故举南北所至以冀越名其集。杂记见闻，亦颇赅博，明李时珍辈撰《本草纲目》，颇援据之。然记载每不甚确，如《元史·天文志》言郭守敬为太史，四海测景之所凡二十有七，太古乃云：奏遣使者十四辈，分隶十四处，殊未详考。又河源之说据翰林学士潘昂霄、道士朱思本所记，谓张骞所言乃葱岭支川，以今核之，亦多妄传失实也。（卷一四三·子部·小说家类存目一，第1218页）

15.宜春·丰城【元】王义山（1214—1287）：《稼村类稿》三十卷两淮盐政采进本

元王义山撰。义山字元高，丰城人。宋景定中进士，知新喻县，历永州户曹。入元，官提举江西学事。原刻题曰宋人，非其实也。是集乃其子惟肖所编。以义山退老东湖之上，扁读书之室曰“稼村”，因以为名。凡各体诗三卷、杂文二十七卷。诗文皆沿宋季单弱之习，绝少警策。故王士祯《居易录》以为芜浅无足取，且诋为最下最传。然观义山在湖南时，湘潭县豪因争田不

① 即今江西丰城市。

遂，献之学。义山引《春秋》“齐人来归汶阳之田”断其非，颇合经义。故集中说经之作，亦往往自出新意。如解《周礼》“师氏职中大夫、保氏职下大夫”，而谓郑注称周公、召公兼摄之非。又解“古者天子冕服备十二章”，而谓郑注九章、五章之非。皆颇有根据，不同剿袭。至表启诸作，亦颇织组自然，实与刘克庄《后村集》蹊迳相近。虽榛楛[1]之勿翦，亦蒙茸于集翠。概加排斥，则又太过之论矣。（卷一六六·集部·别集类一九，第1423页）

16.宜春·丰城【元】程钜夫（1249—1318）：《雪楼集》三十卷两淮马裕家藏本

元程钜夫撰。钜夫初名文海，以字行，建昌人。雪楼者，郢州有白雪楼，钜夫尝以名所寓，故世即以是称之。少与吴澄同学，宋亡后从季父飞卿入元，遂留宿卫。世祖试以笔札，改授应奉翰林文字，累官翰林学士承旨。追封楚国公，谥文宪。事迹具《元史》本传。钜夫宏才博学，被遇四朝。忠亮鲠直，为时名臣。文章亦舂容大雅，有北宋馆阁余风。其《顺宗谥册》诸篇，宋濂等采入《元史》。苏天爵撰《文类》，亦录其文十余篇，大抵皆诏诰碑版纪功铭德之作，而不及其诗。然其诗亦磊落俊伟，具有气格。近体稍肤廓，当由不耐研思之故。古诗落落自将，七言尤多遒警。当其合作，不减元祐诸人，非竟不工韵语者。天爵偶尔见遗，非定论也。所著《玉堂集类稿》、《奏议存稿》及诗文杂著，本各自为部。其子大本，合辑为四十五卷，门人揭傒斯校正之。此本并作三十卷，乃至正癸卯其曾孙潽所重编。明太祖洪武甲戌，诏取其本入秘阁。盖数十年后，已隔异代，犹重为著作典型云。（卷一六六·集部·别集类一九，第1433—1434页）

17.宜春·丰城【元】揭傒斯（1274—1344）：《文安集》十四卷编修汪如藻家藏本

元揭傒斯撰。傒斯字曼硕，龙兴富州人。延祐初以荐授国史院编修官，应奉翰林文字。迁国子助教，告归。复召还。天历初开奎章阁，首擢为授经郎，与修《经世大典》。累官翰林侍讲学士，总修辽、金、宋三史。卒于官，追封豫章郡公，谥文安。事迹具《元史》本传。傒斯与虞集、范梈、杨载齐名。其文章叙事严整，语简而当。凡朝廷大典册及碑版之文，多出其手，一时

---

① “楛”疑当为“楉”，形近而讹。

推为钜制。独于诗则清丽婉转，别饶风韵，与其文如出二手。然神骨秀削，寄托自深，要非嫣红姹紫，徒矜姿媚者所可比也。虞集尝目其诗如三日新妇，而自目所作如汉庭老吏。傒斯颇不平。故作《忆昨诗》有"学士诗成每自夸"句。集见之，答以诗曰："故人不肯宿山家，夜半驱车踏月华。寄语旁人休大笑，诗成端的向谁夸。"且题其后曰："今日新妇老矣。"是二人虽契好最深，而甲乙间乃两不相下。考杨维桢《竹枝词序》曰："揭曼硕文章居虞之次，如欧之有苏、曾。"其殆定论乎？顾嗣立《元诗选》载傒斯诗，题曰《秋宜集》，今未见。焦竑《国史经籍志》载《傒斯集》一卷，今亦未见。此本凡诗四卷，又《续集》二卷、《制表书序记碑志杂文》八卷，乃其门人锡喇布哈原作爕理溥化，今改正。所编。锡喇布哈字元普，泰定四年进士。第九卷有《送锡元普序》，即其人也。所编虽不足尽傒斯之著作，然师弟相传，得诸亲授，终较他本为善。观《元诗选》所载《秋宜集》中，《晓出顺承门有怀太虚绝句》曰："步出城南门，遥望江南路。前日风雪中，故人从此去。"乃割裂汉乐府半首为傒斯之诗，则所收必不甚精矣。（卷一六七·集部·别集类二〇，第1441—1442页）

18.宜春·丰城【元】揭傒斯:《揭曼硕遗文》一卷江苏巡抚采进本

元揭傒斯撰。傒斯有全集，已著录。是编记序碑述凡九篇，为宜黄刘肇虞所辑。前有肇虞序，称揭集版兵燹毁没，今不可遽购。因于诸书所散见者，摭拾若干，不复别择，概为编次云云。盖不知原集犹存也。惟其中《吴澄墓志》一篇，为全集之所未收，然已刻于《支言集》首矣。（卷一七四·集部·别集类存目一，第1546页）

19.宜春·丰城【明】朱善（1314—1385）:《诗解颐》四卷内府藏本

明朱善撰。善字备万，号一斋，丰城人。洪武中官至文渊阁大学士。事迹附见《明史·刘三吾传》。是编不载经文，但以《诗》之篇题标目。大抵推衍朱子《集传》为说，亦有阙而不说者，则并其篇目略之。其说不甚训诂字句，惟意主借《诗》以立训。故反覆发明，务在阐兴观群怨之旨，温柔敦厚之意，而于兴衰治乱，尤推求源本，剀切著明。在经解中为别体，而实较诸儒之争竞异同者为有裨于人事。其论《何彼襛矣》为后人误编于《召南》，盖沿王柏之谬说不足为据。其论《二子乘舟》，谓"寿可谓之悌弟、伋不可谓之孝子”，律以“大杖则逃”之文，固责备贤者之意。实则申生自缢，《春秋》无贬。尚论古人，亦未可若是苛也。然论其大旨，要归醇正，不失为儒者之言。其于“太王翦商”一条，引金履祥之言，补《集传》所未备。其据宣王在位四十六年，谓“节彼南山”之申伯蹶父、皇父尹氏，皆非当日之旧人，驳项安世之说，亦时有考据。《明史》载其引据往史，驳律禁姑舅、两姨为婚之说，极为典核。知其研思典籍，具有发明。盖元儒笃实之风，明初尤有存焉，非后来空谈高论者比也。（卷一六・经部・诗类二，第128页）

20.宜春・丰城【明】朱善:《一斋集》十六卷福建巡抚采进本

明朱善撰。善有《诗解颐》，已著录。是集首载聂铉所作《墓志》，称名善继。然集中自称曰朱善，而《诗经解颐》亦题曰朱善，则“继”字殆刊本误也。是编《前集》十卷，《后集》五卷。又《广游集》一卷，附刊于后。善以文章为明太祖所知。然核其品第，究不能与宋濂诸人雁行。（卷一七五・集部・别集类存目二，第1550页）

21.宜春・丰城【明】徐即登:《周礼说》十四卷两淮马裕家藏本

明徐即登撰。即登字献和，又字德峻，号匡岳，丰城人。万历癸未进士，官至河南按察使。其书前十三卷解五官，不载《考工记》。末一卷为《冬官阙疑》，盖亦取俞庭椿之说，但尚未敢改经耳。然明言某官移易为最允，某官移易为未协，已毅然断为当改矣，何阙疑之云乎？（卷二三・经部・礼类存目一，第183页）

22.宜春・丰城【明】雷礼（1505—1581）:《明大政记》二十五卷内府藏本

明雷礼撰。礼，字必进，丰城人，嘉靖壬辰进士，官至工部尚书。《明史・艺文志》载礼《大政记》三十六卷。此本为万历中应天周时泰所刊。其中礼所辑者至武宗而止，仅二十卷。其《世宗》四卷，即范守己之《肃皇外史》。《穆宗》一卷，则谭希思所续编。卷目与史志不符，盖时泰已有所合并也。礼明习朝典，以史学自任。而所记多采撮实录，详略未能得中，异同亦甚少能考据。（卷四八・史部・编年类存目，第434页）

23.宜春·丰城【明】雷礼（伪托）:《明六朝索隐》·十六卷两江总督采进本

旧本题明雷礼撰，何应元校。应元不知何许人。其书以正统、景泰、天顺、成化、弘治、正德六朝事迹编年纪录。考《明史·艺文志》不载是书。疑后人从实录抄撮而成，托名于礼。其称《索隐》，亦不知何所取义也。（卷四八·史部·编年类存目，第434页）

24.宜春·丰城【明】雷礼:《列卿纪》一百六十五卷浙江巡抚采进本

明雷礼撰。礼有《六朝索隐》，已著录。是书胪列明代职官姓名，起自洪武初，终于嘉靖四十五年。凡内而内阁、部院以至府、司、寺、监长官，外而总督、巡抚，皆以拜罢年月为次。上标人名，而各著其出身里籍于下为《年表》。又于《年表》之后附载其居官事迹为《行实》。《年表》但以次题名，不用旁行斜上之例。《行实》略仿各史《列传》，而又不详具始末，止书其事之大者而已。惟第八卷至十三卷为《内阁行实》，颇为详备，论断亦多持公道。如谓解缙等尽忠纳诲，而责其不能死建文之难；谓陈山存心险刻，临事乖方，《明史》颇采之。独史谓陈文猥鄙无所建白，而礼称其政体多达，勋德未昭。文，庐陵人，与礼同乡。盖曲徇桑梓之私，非公论矣。（卷六一·史部·传记类存目三，第554页）

25.宜春·丰城【明】雷礼:《嘉靖真定府志》三十三卷两淮盐政采进本

明雷礼撰。礼有《六朝索隐》，已著录。是编乃礼以吏部考功司郎中谪大名通判时奉檄所修。为图一，表四，纪四，志九，传十五。法纲目体，大书以叙事，分注以载言。又分立《诸侯王表》、《帝系传》、《后妃传》、《世家传》，均与地志之例不合。又表、传所载，事皆复出，尤非体也。（卷七四·史部·地理类存目三，第643页）

26.宜春·丰城【明】雷礼:《南京太仆寺志》十一卷浙江巡抚采进本

明雷礼撰。礼有《明六朝索隐》，已著录。是书乃其官南京太仆寺少卿时所作。据其凡例，称首载洪武以后历朝谕旨，次以《事例》、《官司》、《辖属》、《规制》、《官田》、《种马》、《草场》、《册籍》、《俸徭》九志，而《列传》、《遗文》终焉。兹本祗十一卷，《草场》以下全佚，非完书矣。（卷

八〇·史部·职官类存目，第689页）

27.宜春·丰城【明】杨暄:《复辟录》一卷浙江吴玉墀家藏本

明杨暄撰。暄字廷献，丰城人，景泰甲戌进士，官至浙江按察使。当徐有贞等夺门时，暄官御史，事皆目睹。又尝劾曹吉祥、石亨，坐谴论戍，于二人事迹，知之尤悉。故其辨于谦、王文之被诬，石亨、曹吉祥之恣肆，皆与史合。后附李贤《天顺日录》、祝允明《苏材小纂》、陈循《辨冤疏》、叶盛《水东日记》、王琼《双溪杂记》数条，盖皆同时亲与其事者。故引以为据，明所述之不诬云。（卷五三·史部·杂史类存目二，第477页）

28.宜春·丰城【明】杨惟休:《泰昌日录》一卷浙江汪启淑家藏本

明杨惟休撰。惟休字叔度，丰城人，天启中监生。明光宗以万历四十八年八月朔即位，改明年为泰昌元年。九月庚辰，熹宗即位，又改明年为天启。于是以万历四十八年八月以后为泰昌。是书所记光宗在位一月之事，皆正史所具，无甚异同，文句亦颇蹇拙。末载所撰《河清赋》，亦不甚工。（卷五四·史部·杂史类存目三，第487页）

29.宜春·丰城【明】李遂（1504—1566）:《督抚经略疏》八卷浙江巡抚采进本

明李遂撰。遂字邦良，号克斋，丰城人，嘉靖丙戌进士，官至南京参赞机务、兵部尚书，谥襄敏，事迹具《明史》本传。是编乃其以右佥都御史巡抚凤阳四府时所上奏疏。起嘉靖三十六年，至三十八年迁秩还京，因裒辑成帙。史称遂官巡抚时，淮扬三中倭，岁复大水，且日役民輓大木输京师。遂请饷增兵，恤民节用，次第画战守计。刘景韶序亦称其时值凋弊之秋，独以急病厚生为念，请蠲恤之疏不下数十章。今观集中请恤疏止数篇，余皆言倭寇事。序弁书前，不应显相矛盾，或有所删汰欤。（卷五六·史部·诏令奏议类存目，第506页）

30.宜春·丰城【明】李贵（1522—1571）:《宋五先生郡邑政绩》一卷浙江范懋柱家天一阁藏本

明李贵撰。贵字廷良，丰城人，嘉靖癸丑进士，改庶吉士。贵先尝编次《程明道郡邑政绩》一卷。此复增入周、张、朱、陆四子涖民之事，合为一

书。然皆史传文集所已载，无庸贵之表章也。（卷六一·史部·传记类存目三，第555页）

31.宜春·丰城【明】张鸣凤:《西迁注》一卷两淮盐政采进本

明张鸣凤撰。鸣凤字羽王，丰城人，嘉靖壬子举人，官桂林府通判。此编乃鸣凤谪官利州时，自京赴蜀，复自蜀还京，记其道路所见名胜古迹。于碑刻多载全文，颇裨考证。前有自序。后有其子揆跋，称其在道不挈书自随，但直写所记忆。故征引亦多牴牾，如以良乡料石冈为辽石冈之类是也。（卷六四·史部·传记类存目六，第573页）

32.宜春·丰城【明】游季勋:《新河成疏》无卷数浙江范懋柱家天一阁藏本

明工部都水郎中游季勋、沈子木、朱应时、涂渊，主事陈楠、张纯、唐炼同编。初，嘉靖四十四年七月，黄河决浸沛县诸处，工部尚书朱衡与都御史潘季驯等相度地势，议于南阳至留城一带，别开新河。自留城至白洋浅一带，则挑复旧河。于时朝议不一，然迄从衡议。是编皆其前后案牍，凡图五，奏疏十有一。其称古之治河，惟避其害；今之治河，则又欲藉以通漕事。与贾让等异，所言极为明晰。又称居民之情在新河者，则称新河可开；在旧河者，则称旧河可复。皆为市廛之私，非为国家运道之计。亦究悉物情之言也。（卷七五·史部·地理类存目四，第652页）

33.宜春·丰城 【明】熊尚文:《兰曹读史日记》四卷副都御史黄登贤家藏本**（卷九〇·史部·史评类存目二，第763页）**

明熊尚文撰。尚文字益中，丰城人。万历乙未进士，官至工部右侍郎。是编杂采史传旧文，上起唐尧，下迄元代，随事论断。全类时文评语，颇乖著书之体。（卷九〇·史部·史评类存目二，第763页）

34.宜春·丰城【明】李材（1497—1575）:《李见罗书》二十卷江苏巡抚采进本

明李复阳编。皆其师李材讲学之书。材字孟诚，丰城人。嘉靖壬戌进士，官至右佥都御史，巡抚郧阳。事迹具《明史》本传。材尝患世之学者每以朱、王两家格物致知之说争衡聚讼，因揭修身为本一言，以为孔、曾宗传。而谓知止即知本，又谓格物之功散见八条目中，以朱子补传为误。其学较姚江末派稍为近实，故顾宪成颇称之。然材在郧阳，侵营地为书院，至于激变诸军，狼狈弃城，仅以身免。及被劾遣戍，犹用督抚仪从赴谪所，为当代所非。黄宗羲《明儒学案》记之最详，则亦何贵乎讲学耶？是编凡大学古义一卷，道性善编一卷，论语大意四卷，书问九卷，门人记述四卷，而以旧本序别缀于末为一卷。复阳为无锡知县时所刊也。（卷九六・子部・儒家类存目二，第814页）

35.宜春・丰城【明】李材：《将将纪》二十四卷内府藏本

明李材撰。材有《李见罗书》，已著录。是书大旨专重御将，而首卷至九卷详载汉、唐、宋七帝本纪之文，牵连并书，殊无断制。十卷至二十一卷分别得失，用为法戒。自虞、夏迄于南宋，各缀数条，亦未完备。二十二卷至二十四卷援摭经文，旁及子史，议论尤迂。据《明史》本传，材于隆庆中官广东按察使佥事，尝破罗旁贼，屡歼倭寇。万历中官云南按察使，备兵金腾时，又屡破缅甸之众。则非全不知兵者，而其书乃拘腐如是。盖材以讲学著名，恐儒者以不谈王道病之故也。（卷一〇〇・子部・兵家类存目，第844页）

36.宜春・丰城【明】李材：《观我堂摘稿》十二卷安徽巡抚采进本

明李材撰。材有《李见罗书》，已著录。其学出于姚江，而稍变其说。遂开止修一派，与良知一派并传。然制行颇率意自恣，官巡抚时，毁参将署为书院，致激兵变。后云南巡按御史劾其破蛮冒功，逮问坐系十余年，谪戍福建，乃仍用巡抚仪从以往，为当时所怪。黄宗羲《明儒学案》谓：其以师道自任，不因患难而改，不知者谓其不忘开府门面，则失之。然师道尊严，岂在鼓吹张盖？宗羲以姚江一派门户相同，从而为之曲说耳。是集凡《大学古本义》一卷，《书问》十卷，《杂著》一卷，皆其讲学之文也。（卷一七八・集部・别集类存目五，第1602页）

37.宜春・丰城【明】章世纯（1575—1644）：《留书别集》二卷江苏巡抚采进本

明章世纯撰。世纯有《四书留书》，已著录。是编内集一卷，分四十三篇，篇各有名，多摹仿周秦诸子。散集一卷，皆内集之绪余，不立篇名，故谓之散。前有世纯自序总谓之别集，以有说四书者故也。两书自序甚明，《明史》合为一编，殊非世纯之意，今分载之。又此书内集、散集各一卷，合四书六卷仅得八卷，而《明史》乃作十卷。然四书六卷无所阙佚。内集列有目录，无所散失，散集亦首尾完具。盖是集初名已未留，亦编为二卷，周钟序之。张炜如以刊本未善，因为编定先后，考正标题，定为此本，虽有小异，实即一书。《明史》殆以两本并行，故合之称十卷欤？（卷九六·子部·儒家类存目二，第818—819页）

38.宜春·丰城【明】章世纯:《已未留》二卷浙江巡抚采进本

明章世纯撰。此本前有周钟序。其文与张炜如所编《留书别集》相出入，但次序小异，又不标篇名。炜如所谓坊刻贸讹、零失篇目者，盖即此本也。（卷九六·子部·儒家类存目二，第819页）

39.宜春·丰城【明】朱隐老（？—1357）:《皇极经世书说》十八卷内府藏本

明朱隐老撰。隐老字子方，号灊峰，丰城人。洪武中大学士朱善之父，盖元末、明初人也。隐老以邵子《皇极经世》义趣深奥，学者猝不能得其说，因以己意训解。凡邵子所未及者，皆折衷而论定之。若邵子所自为说者，则又姑取至浅近之理以为之指示，欲令读者易得其津涯。然邵子作此书，其大旨主于推步。隐老乃多讲义理，而于数学罕所发明，则仍未能得其纲领也。（卷一一〇·子部·术数类存目一，第932页）

40.宜春·丰城【明】李栻:《困学纂言》六卷浙江巡抚采进本

明李栻撰。栻字孟敬，丰城人。嘉靖乙丑进士，官至浙江按察司副使。是编乃隆庆庚午栻为肥乡知县时所刊。分十二门，曰学问，曰立志，曰存心，曰精思，曰实践，曰谨言，曰敬事，曰求师，曰取友，曰读书，曰作文，曰举业。皆采摭古人议论近于讲学者，分类次叙。然讲学及于作文，抑已末矣，作文之外又别立举业一门，其说尤未免于杂也。（卷一三一·子部·杂家类存目八，第1121页）

41.宜春·丰城【明】徐鉴:《诸书考录》四卷内府藏本

明徐鉴撰。鉴字观父，丰城人，万历辛丑进士。官监察御史，提督应天学政。是编采诸书新艳字句，分三十六门，而地理一类又自分都邑、山水、杂录三门，实三十八门。捃拾寒窘，殊罕创睹。又多不注出典，其注出典者亦多删改原文，勘验本书，率不相应。盖皆剽窃于类书之中，非根柢之学也。（卷一三八·子部·类书类存目二，第1172页）

42.宜春·丰城【明】徐鉴:《诸经纪数》十四卷浙江巡抚采进本

明徐鉴撰。是书于十三经成语中摘取其数，以类相比，自一数至万数，其有一句兼诸数者，则别称为叠数，而无数目字者不录。各标本语，略引上下文及注疏附于其下，盖欲仿《小学绀珠》之例。然杂事不妨类隶，岂容割裂圣经以供挦撦也。（卷一三八·子部·类书类存目二，第1172页）

43.宜春·丰城【明】游潜:《博物志补》二卷两江总督采进本

明游潜撰。潜字用之，丰城人。宏[①]治辛酉举人，官云南宾川知州。是编补张华之书，体例略如李石所续，而猥杂冗滥，无一异闻，又出石书之下。（卷一四四·子部·小说家类存目二，第1234页）

44.宜春·丰城【明】游潜:《梦蕉存稿》四卷浙江汪汝瑮家藏本

明游潜撰。潜有《博物志补》，已著录。是集凡诗三卷，文一卷。其诗工拙互见，七言如"蘼芜晓雨湿蝴蝶，杨柳晚风吹栗留"，"云深野岸客稀到，天阁斜阳鸦乱啼"等句，皆颇有作意。古诗则摹拟温、李，而才力未至。散体不多作，仅二三十篇，亦未入格。其集曰"梦蕉"者，案集中有《梦蕉亭睡起》诗，自注云：亭在钟城山隙处。盖其别业云。（卷一七六·集部·别集类存目三，第1567页）

45.宜春·丰城【明】游潜:《梦蕉诗话》二卷编修程晋芳家藏本

明游潜撰。潜有《博物志补》，已著录。此书中论蔡确一条，谓因自称不肖而人误以为不笑，既而误以不笑为哭，既而又误以哭为酷，遂为部使者所斥。潜殆以"酷"罢官欤？所论诸诗，明人居其大半，率无深解。或借以自摅不平，尤为褊浅。如河源袭都实之说，嫦娥祖史绳祖、白斑之论，未免

① "宏"当为"弘"，避讳清高宗弘历。

剽剟陈言。论洪武正韵一条，谓“沈约在宋、齐、梁、陈时，并居钧要，谱韵以词赋取士，积习久矣。及唐有天下，亦竟因之”云云。考沈约卒于梁代，实未入陈。以诗赋试进士始于唐高宗调露二年，梁代安有是制？更为杜撰。惟驳许彦周《诗话》论杜牧诗一条，特有深解，非他家之所及耳。（卷一九七·集部·诗文评类存目，第1800页）

46.宜春·丰城【明】杨廉（1452—1525）:《月湖集》四十八卷浙江巡抚采进本

明杨廉撰。廉字方震，丰城人，成化丁未进士，官至南京礼部尚书，谥文恪，事迹具《明史·儒林传》。是编凡分六集。以所作岁月核之，《月湖净稿》十九卷、《续稿》二卷、《遗稿》一卷，当在前；《月湖四稿》十卷、《五稿》七卷、《六稿》七卷，当在后。原本次序颠倒，盖编次偶误也。廉以气节称，而其父崇尝从吴与弼游，因亦喜讲学。请颁薛瑄《读书录》于同朝，请跻周、程、张、朱于汉、唐诸儒上，皆其所奏。故其诗多涉理路，其文亦概似语录云。（卷一七五·集部·别集类存目二，第1564页）

47.宜春·丰城【明】李玑:《西野遗稿》十四卷两江总督采进本

明李玑撰。玑字邦在，号西野，丰城人，嘉靖乙未进士，官至南京礼部尚书。是集，前有何镗序，称玑文稿多毁于火，仲孙自茂掇拾其仅存者，裒为五帙授梓。此本多至十四卷，又崇祯中，其曾孙九畴所刻也。凡文十卷，诗三卷，杂著一卷，诗中以古体与五言古风，分为二目，殊乖体例。（卷一七七·集部·别集类存目四，第1589页）

48.宜春·丰城【明】孙梗:《世玉集选》二卷江西巡抚采进本

明孙梗编。梗字汝良，丰城人。孙氏在丰城为望族，世有闻人。是编次其先世诗文，自明初国子监博士贞，讫嘉靖中泰州知州樾，凡二十四人。上卷为诗词赋，下卷为杂文。书成于万历辛卯。（卷一九三·集部·总集类存目三，第1757页）

49.宜春·丰城:【清】黄文澍:《经解》五卷、《经义杂著》一卷浙江巡抚采进本

国朝黄文澍撰。文澍字雨田，一曰谷田，又曰谷亭，丰城人。是编每卷

首题曰“桃谷山房稿”，而侧注其下曰“石畦集经解”、“石畦集经义杂著”。盖《桃谷山房稿》者，其集之总名。《石畦集》者，其稿中之一种。《经解》诸书，又其集中之子部也。《经解》凡《易》二卷，《书》一卷，《诗》、《春秋》共一卷，《礼》一卷。《易》多衍图书之学。书多辨《禹贡》山川，因而蔓延于舆地、形胜为经所不载者。《诗》最寥寥，惟主废《小序》而尊朱传。《春秋》多排击三传。《礼》多拘泥古制，纠世俗之非。大抵皆衍宋儒旧说。《经义杂著》凡序四篇、说十一篇、辨二篇，大旨亦不出所著《经解》之内。其《颜子心斋坐忘辨》二篇，乃《庄子》之文，无关经义，泛滥及之，亦犹《经解》之中，因解《禹贡》而及《五岭以南山川脉络考》也。书只一卷，而标题乃曰“卷之一”。或刊版未竟，抑装缉者有所遗欤？（卷三四·经部·五经总义类存目，第288页）

50.宜春·丰城【清】黄文澍:《童子问》一卷浙江巡抚采进本

国朝黄文澍撰。文澍有《经解经义杂著》，已著录。是编刊本题《石畦集》，《童子问》盖其集中之一种也。设为童子问，而文澍答以驳王守仁之学。凡十四章。（卷九八·子部·儒家类存目四，第834页）

51.宜春·丰城【清】黄文澍:《敬义录》·一卷（浙江巡抚采进本）

国朝黄文澍撰。亦《石畦集》中之一也。大旨述程、朱之绪言，驳陆、王之高论，无所发明，亦无所乖剌。惟其中一条云，庄子尚有见地，荀子则茫然无所见，止识得一个学字。乃转似金溪姚江所说，与全书南辕北辙，则不解其何故也。（卷九八·子部·儒家类存目四，第834页）

52.宜春·袁州【唐】郑谷:《云台编》三卷江苏巡抚采进本

唐郑谷撰。谷字守愚，宜春人。光启三年进士，乾宁中仕至都官郎中。谷父尝为永州刺史，与司空图同院。图见谷，即奇之，谓当为一代风骚主。诗名盛于唐末，人多传讽，称为郑都官。史不立传，其事迹颇见计有功《唐诗纪事》中。《新唐书·艺文志》载谷所著有《云台编》三卷、《宜阳集》三卷。今《宜阳集》已佚，惟此编存，所录诗约三百首。其云《云台编》者，据自序称：“乾宁初上幸三峰，朝谒多暇，寓止云台道舍，因以所纪编而成之。”盖昭宗幸华州时也。谷以《鹧鸪》诗得名，至有“郑鹧鸪”之称。而其诗格调卑下，第七句“相呼相唤”字，尤重复。寇宗奭《本草衍义》引作“相呼相应”，差无语病，然亦非上乘。方回《瀛奎律髓》又称谷诗多用“僧”字，凡四十余处，谷自有句云“诗无僧字格还卑”，此与张端义《贵耳集》谓“诗句中有‘梅花’二字，便觉有清意”者，同一雅中之俗，未可遽举为美谈。至其他作，则往往于风调之中独饶思致。汰其肤浅，撷其菁华，固亦晚唐之巨擘矣。（卷一五一·集部·别集类四，第1301页）

53.宜春·袁州【宋】赵希弁:《郡斋读书志》四卷、《后志》二卷、《考异》一卷、《附志》一卷两江总督采进本

《郡斋读书志》四卷，宋晁公武撰。《后志》二卷，亦公武所撰，赵希弁重编。《附志》一卷则希弁所续辑也。公武字子止，钜野人。冲之之子。官至敷文阁直学士、临安少尹。岳珂《桯史》记隆兴二年汤思退罢相，洪适草制作平语，侍御史晁公武击之，则亦骨鲠之士。希弁，袁州人，宋宗室子。自题称江西漕贡进士，秘书省校勘。以辈行推之，盖太祖之九世孙也。始南阳井宪孟为四川转运使，家多藏书，悉举以赠公武。乃躬自雠校，疏其大略为此书。以时方守荣州，故名《郡斋读书志》。后书散佚，而志独存。淳祐己酉，鄱阳黎安朝守袁州，因令希弁即其家所藏书目参校。删其重复，摭所未有，益为《附志》一卷，而重刻之，是为袁本。时南充游钧守衢州，亦取公武门人姚应绩所编蜀本刊传，是为衢本。当时二书并行于世。惟衢本分析至二十卷，增加书目甚多。卷首公武自序一篇，文亦互有详略。希弁以衢本所增乃公武晚年续裒之书，而非所得井氏之旧，因别摘出为《后志》二卷。又以袁、衢二本异同，别为《考异》一卷，附之编末。盖原志四卷为井氏书，《后志》二卷为晁氏书，并至南渡而止。《附志》一卷则希弁家书，故兼及于庆元以后也。马端临作《经籍考》，全以是书及陈氏《书录解题》为据。然以此本与《经籍考》互校，往往乖迕不合。如《京房易传》，此本仅注三十余字，而马氏所引，其文多至十倍。又如《宋太祖实录》、《太宗实录》、《建康实录》、《汲冢周书》之类，此志本仅述其撰人时代及卷数而止，而马氏所引，尚有考据议论凡数十言。其余文之多寡，词之增损互异者，不可胜数。又希弁《考异》称，袁本《毗陵易传》，衢本作《东坡易传》。袁本《芸阁先

生易解》，衢本作《吕氏章句》。今《经籍考》所题，并同衢本，似马端临原据衢本采掇。然如《晋公谈录》、《六祖坛经》之类，希弁《考异》称袁本所载而衢本所遗者，今《经籍考》实并引晁氏之说。则当时亦兼用袁本。疑此书已经后人删削，不特衢本不可复见，即袁本亦非尽旧文，故与马氏所引，不能一一符合欤？又前志《子部·序录》，称九曰《小说类》，十曰《天文历算类》，十一曰《兵家类》，十二曰《刑家类》，十三曰《杂艺类》，十四曰《医家类》，十五曰《神仙类》，十六曰《释家类》，而志中所列小说类《鸡跖集》后即为《群仙会真记》、《王氏神仙传》、葛洪《神仙传》三种。是《天文》、《历算》等五类全佚，而《神仙类》亦脱其标目。则其他类之残阙，盖可例推矣。然书虽非旧，而梗概仍存，终为考证者所取资也。（卷八五·史部·目录类一，第729页）

54.宜春·袁州【宋】赵希鹄:《洞天清录》一卷两淮盐政采进本

宋赵希鹄撰。希鹄本宗室子，《宋史·世系表》列其名于燕王德昭房下，盖太祖之后，始末则不可考。据书中有嘉熙庚子自岭右回至宜春语，则家于袁州者也。是书所论皆鉴别古器之事，凡古琴辨三十二条，古砚辨十二条，古钟鼎彝器辨二十条，怪石辨十一条，砚屏辨五条，笔格辨三条，水滴辨二条，古翰墨真迹辨四条，古今石刻辨五条，古今纸花印色辨十五条，古画辨二十九条。大抵洞悉源流，辨析精审。如谓刁斗乃行军炊具，今世所见古刁斗乃王莽威斗之类，为厌胜家所用。又谓今所见铜犀牛、天禄、蟾蜍之属皆古人以贮油点灯，今人误以为水滴。其援引考证，类皆确凿，固赏鉴家之指南也。明宁献王权尝为刊版于江西，见《宁藩书目》。曹溶《续艺圃搜奇》所载，与此本同，盖皆从宁王旧刻传录。明钱塘钟人杰辑《唐宋丛书》，别载一本，与此本迥异。考其中有杨慎之说，宁庶人宸濠之名，及永乐、宣德、成化年号，希鹄何自知之？其为未见此本而剌取他书以赝其名，固不待辨矣。（卷一二三·子部·杂家类七，第1057页）

55.宜春·袁州【宋】赵汝鐩（1172—1246）:《野谷诗稿》六卷两淮马裕家藏本

宋赵汝鐩撰。汝鐩字明翁，袁州人。其称开封者，汝鐩为太宗八世孙，追溯祖系，不忘本源，犹唐代诸李皆称陇西成纪也。登嘉泰二年进士，授馆职。嘉定中分司镇江管榷。王士祯《池北偶谈》载黄虞稷尝钞宋人小集二十八家。士祯手钞姜夔、周弼、邓林三家。余摘录佳句者十九家，以汝鐩为首。所录凡五言二十联、七言一联，称其五言律时有佳句，七言俚俗，歌行漫无音节顿挫。而谓刘克庄序推其跌宕真剸蛟缚虎手，又许以建安、黄初，皆失之妄。又评释斯植《采芝集》曰："此君及赵汝鐩五言，皆多佳句，而无远神。"其论良允。然自唐以来，兼擅诸体者，不过数家。余皆互有短长。孟浩然、韦应物以五言笼罩千古，而七言则皆不工。无论姚合以下，至于晚唐、五季，以迨九僧、四灵，刻意苦吟，不过求工于五字。盖江湖一派，门径如斯，不能兼责以他体。一花一石，时饶佳致，如汝鐩之流，固亦谈艺者所不废也。（卷一六二・集部・别集类一五，第1392—1393页）

56.宜春・袁州【元】袁俊翁:《四书疑节》十二卷浙江汪启淑家藏本

元袁俊翁撰。俊翁字敏斋，袁州人。前有黎立武、李应星序，又有彭元龙序二篇。应星、元龙序，皆称"俊翁"，独立武序作"隽翁"，盖传写字异也。其仕履无可考。立武序称以"重吾榜"，应星序亦称"奕奕魁文"，知尝首举于乡矣。立武、应星序及元龙前一序，并侧注"经史疑义"字。元龙后一序，又侧注"四书经疑"字。而卷首标题，则作"待问集四书疑节"，互相参错。考俊翁题词，称科目以《四书》设疑，以经史发策，因取《四书》经史门分而类析之。盖《待问集》者其总名，《经史疑义》、《四书经疑》其中之子部。今《经史疑义》已佚，故序与书两不相应也。惟"疑节"之名不甚可解。卷首有"溪山家塾刊行"字，或重刻时有所删节，故改题曰"节"欤？朱彝尊《经义考》中载之，注曰"未见"。此本犹从元版传钞，其例以《四书》之文互相参对为题，或似异而实同，或似同而实异，或阐义理，或用考证，皆标问于前，列答于后。盖当时之体如是。虽亦科举之学，然非融贯经义，昭晰无疑，则格阂不能下一语，非犹夫明人科举之学也。（卷三六・经部・四书类二，第300页）

57.宜春・高安【宋】刘恕（1032—1078）:《通鉴外纪》十卷、《目录》五卷少詹事陆费墀家藏本

宋刘恕撰。恕，字道原，其先世京兆万年人。祖受为临川令，葬于高

安，因家焉。《宋史》本传称其举进士入高等，不著何年。考司马光作此书序，称恕卒于元丰元年九月，年四十七，则当生于明道元年。又称其登第时年十八，则皇祐元年进士也。初授钜鹿主簿，寻迁知和州、翁源二县。会司马光受诏修《资治通鉴》，奏以恕同司编纂，转著作郎。熙宁四年以忤王安石乞终养，改秘书丞，仍令就家续成前书，遂终于家。此书乃其临没所成也。盖修《资治通鉴》时，恕欲与司马光采宋一祖四宗实录国史为《后纪》，而摭周威烈王以前事迹为《前纪》。会遭忧遘疾，右股痹废，知远方不可得国书，《后纪》必不能就。乃口授其子义仲，以成此书，改名曰《外纪》。凡《包羲以来纪》一卷，《夏纪》、《商纪》共一卷，《周纪》八卷，又《目录》五卷。年经事纬，上列朔闰天象，下列《外纪》之卷数，悉与司马光《通鉴目录》例相同。金履祥作《通鉴前编》，诋其好奇。今观其书周成王元年丙戌，称周公摄王之元年，越七年癸巳，始称成王元年，则是周公殆类新莽之为矣。又称鲁惠公为隐公娶于宋，见其女好而自纳之，生桓公，是惠公先有卫宣之丑。如斯之类，颇为不经。又如齐桓观龙，殆如戏剧；熊渠射虎，何预劝惩。虽曰细大不捐，亦未免贪多务得。履祥所论，未可谓之吹求。然《外纪》于上古之事，可信者大书，其异同舛误以及荒远茫昧者，或分注，或细书，未尝不具有别裁。《目录》于共和以后据《史记年表》编年，共和以前皆谓之疑年，不标岁阳、岁阴之名，并不缕列其数，亦特为审慎。且其自序称"陶潜豫为《祭文》，杜牧自撰《墓志》，夜台甫迩，归心若飞，不能作《前后纪》而为《外纪》。他日书成，公为《前后纪》，则可删削《外纪》之繁冗而为《前纪》，以备古今一家之言"云云。则恕作此书，特创为草稿，储材备用，如《通鉴》之有《长编》，以待司马光之刊定耳。履祥不察当日书局编纂之例，遽加轻诋，操之未免已蹙矣。（卷四七·史部·编年类，第422—423页）

58.宜春·高安【宋】刘涣、刘恕、刘羲仲:《三刘家集》一卷江西巡抚采进本（卷一八六·集部·总集类一，第1694—1695页）

宋刘涣、刘恕、刘羲仲撰。涣字凝之，筠州人，登天圣八年进士，为颍上令，以太子中允致仕。恕，涣之子，有《通鉴外纪》；羲仲，恕之子，有《通鉴问疑》，并已著录。涣祖孙父子，并刚直有史才，而恕最优。司马光称其“博闻强记，细大之事，皆有稽据”，诚公论也。是集为咸淳中，其裔孙御史元亨所辑。盖南宋之末，已无传本，仅掇拾于残阙之余，故涣仅诗四首，文二首；恕仅《通鉴外纪序》一首，并其子所记《通鉴问疑》；羲仲仅《家书》一首。余皆同时诸人唱和之作，及他人之文有关于涣父子者也。其中称涣曰“西涧先生”，称恕曰“秘丞”，称羲仲曰“检讨”，固其子孙之词；至于诸人诗文，标题一概删去其称字之文，而改曰西涧先生、秘丞、检讨，则非其实矣，是其编次之陋也。至明万安贪鄙无耻，为世僇笑，而独存其一跋于卷末。涣父子祖孙岂藉是人以表彰乎？今刊除之，俾无为三人玷焉。（卷一八六・集部・总集类一，第1694—1695页）

59.宜春・高安【宋】陈仲微（1212—1283）：《广王卫王本末》一卷浙江汪启淑家藏本

宋陈仲微撰。仲微字致广，高安人，嘉泰二年举进士。调莆田尉。咸淳中为兵部侍郎。丙子宋亡，从二王入广。目击时事，逐日抄录。厓山败，仲微遁入安南而殁。事迹具《宋史》本传。其后安南国使携此书入觐，因传于世。文多简略，不甚赅备。其书载入《宋季三朝政要》中，后人抄出别行。而卷末跋语犹《政要》原文，则其失于刊削也。（卷五二・史部・杂史类存目一，第473页）

60.宜春・高安【宋】刘羲仲（1059—1120）：《通鉴问疑》一卷浙江范懋柱家天一阁藏本

宋刘羲仲撰。羲仲，筠州人。秘书丞恕之长子，《宋史》附见恕传末。但称恕死后七年，《通鉴》成，追录其劳，官其子羲仲案：《宋史》原本作义仲，《癸辛杂识》亦作义仲，均传写之误，今改正。为郊社斋郎，其始末则未详也。史称司马光编次《资治通鉴》，英宗命自择馆阁英才共修之。光对曰：“馆阁文学之士诚多，至于专精史学，臣得而知者惟刘恕耳。”即召为局僚，遇史事纷杂难治者，辄以诿恕。恕于魏晋以后事考证差谬，最为精详。羲仲此书即裒录恕与光往还论难之词。据书末称，“方今《春秋》尚废，况此书乎”云云。盖成于熙宁以后。邵伯温《闻见录》称，《通鉴》以《史记》前后《汉》属刘攽，以唐逮五代属范祖禹，以三国历九朝至隋属恕，故此书所论皆三国至南北朝事也。凡所辨论，皆极精核。史所称笃好史学，自太史公所记，下至周显德末，私记杂说，无所不览。上下数千载间，钜细之事，如指诸掌者，殆非虚语。《通鉴》帝魏，朱子修《纲目》

改帝蜀。讲学家以为申明大义，上继《春秋》。今观是书，则恕尝以蜀比东晋，拟绍正统，与光力争而不从。是不但习凿齿、刘知几先有此说，即修《通鉴》时亦未尝无人议及矣。末附羲仲与范祖禹书一篇，称其父在书局，止类事迹，勒成《长编》。其是非予夺之际，一出君实笔削，而羲仲不及见君实，不备知凡例中是非予夺所以然之故。范淳父亦尝预修《通鉴》，乃书所疑问焉。所举凡八事，复载得祖禹答书，具为剖析，乃深悔其诘难之误。且自言恐复有小言破言，小道害道，如己之所云者，故载之使后世有考焉。其能显先人之善，而又不自讳其所失。尤足见涑水之徒，犹有先儒质直之遗也。（卷八八・史部・史评类，第752页）

61.宜春・高安【宋】刘涣、刘恕、刘羲仲:《三刘家集》一卷江西巡抚采进本

宋刘涣、刘恕、刘羲仲撰。涣字凝之，筠州人，登天圣八年进士，为颍上令，以太子中允致仕。恕，涣之子，有《通鉴外纪》；羲仲，恕之子，有《通鉴问疑》，并已著录。涣祖孙父子，并刚直有史才，而恕最优。司马光称其"博闻强记，细大之事，皆有稽据"，诚公论也。是集为咸淳中，其裔孙御史元亨所辑。盖南宋之末，已无传本，仅掇拾于残阙之余，故涣仅诗四首，文二首；恕仅《通鉴外纪序》一首，并其子所记《通鉴问疑》；羲仲仅《家书》一首。余皆同时诸人唱和之作，及他人之文有关于涣父子者也。其中称涣曰"西涧先生"，称恕曰"秘丞"，称羲仲曰"检讨"，固其子孙之词；至于诸人诗文，标题一概删去其称字之文，而改曰西涧先生、秘丞、检讨，则非其实矣，是其编次之陋也。至明万安贪鄙无耻，为世僇笑，而独存其一跋于卷末。涣父子祖孙岂藉是人以表彰乎？今刊除之，俾无为三人玷焉。（卷一八六・集部・总集类一，第1694—1695页）

62.宜春・高安【宋】涂近正:《明伦集》三卷永乐大典本

宋涂近正撰。近正字尊爵，筠阳人。欧阳伟跋谓其隐德弗耀，以私淑诸人为己任，谢枢跋则称致政涂公。自序亦题嘉定六年承务郎致仕涂近正，则近正故尝通籍矣。是集杂采前言往行，分为十类，一曰尽事，二曰养志，三曰勿辱，四曰移忠，五曰移治，六曰因睦，七曰广孝，八曰念德，九曰家学，十曰扬名。自序有曰：考诸载籍，随事而书。衣冠之族，必志其家法，

而不问阀阅。文章之录，必志其行实，而不取浮华。其论周公曰：尝读《金縢》之书，《棠棣》之诗，见周公之仁兄弟，而不见周公之诛管、蔡。后世信以为周公自诛管、蔡者，起于孔安国传书之妄，与汉儒序诗之误。“我之弗辟”，辟者，避也，言即日以冢宰之事付之召公、毕公，而身乃避居东都以待命。安国训辟为法，遂使周公之志不白于天下。其于经亦间有发明。惟所录多习见之事，未免为床上床、屋下屋耳。（卷九五・子部・儒家类存目一，第805页）

63.宜春・高安【宋】彭乘（伪托）：《墨客挥犀》十卷兵部侍郎纪昀家藏本

宋彭乘撰。案北宋有两彭乘，一为华阳人。真宗时进士，官至翰林学士，《宋史》有传，其作此书者则筠州高安人，史不载其仕履，故始末无可考见。书中称尝为中书检正，又称至和中赴任邕州，而不言其为何官，又自称尝至儋耳。其所议论，大抵推重苏、黄，疑亦蜀党中人也。陈振孙《书录解题》载此书十卷，续十卷，称不知撰人名氏。今本为商濬刻入《稗海》者，卷首直题彭乘姓名，盖以书中所自称名为据，而止有十卷，则已佚其续集矣。书中如“陈莹中言后苑牧豭豘”、“潘大临作满城风雨近重阳诗”、“彭渊材游兴国寺”诸条，惠洪所作《冷斋夜话》亦载之，皆全同其文，不易一字。惠洪本高安彭氏子，与乘同族同时，不应显相蹈袭若此。又如“魏舒诣野店张华博物”、“傅融有三子”诸条，皆全录《晋书》、《北魏书》原文，别无考证，亦不相类。疑原本残阙，后人又有所窜入。然于宋代遗闻轶事，以及诗话文评，征引详洽，存之亦颇资参考焉。（卷一四一・子部・小说家类二，第1195—1196页）

64.宜春・高安【宋】幸元龙（1169—1232）：《松垣集》十一卷衍圣公孔昭焕家藏本

旧本题宋幸元龙撰。元龙字震父，高安人。《宋史》不为立传。据集中所言，尝举进士。理宗朝任朝奉郎、郢州通判。以论史弥远，为陈晐所劾，罢归。是集《宋志》亦不著录。所载凡疏三篇、书四篇、记事六篇、序一篇、行状一篇、墓志铭一篇、诗十首。前有像赞及传，今已佚。后为事迹一卷，载所判岳飞、万俟卨子孙争田事，不知何人所记，疑即集中称滨谷居士者所为。滨谷名鸣鹤，即元龙后裔，搜辑遗稿，编成此帙者也。诗文各系以评语，间有注释，亦颇疏略。元龙事迹无考。其题曰幸清节公，亦莫详其得谥之由。首篇《论国是疏》内自引所作与陈晐、刘之杰二律，而终之曰二诗之意切矣。殊非臣子对君之体。他文亦多鄙浅。而诗谓一篇为一韵，尤古无是例，殆出依托。其《事迹类》中载万俟卨子孙与岳飞家争田，委问一十三州府县不能决，理宗御批金牌，敕赐诸侯剑、皁纛旗、衮龙笔架、玳瑁砚，委公裁断。又称判毕奏闻，上大喜，赐绯鱼袋一、象笏一、玉带一、金帛百端、梅花金台盏一副。是直委巷之语矣，古来有是事乎？（卷一七四·集部·别集类存目一，第1542页）

65.宜春·高安【元】周德清:《中原音韵》二卷内府藏本

元周德清撰。德清字挺斋，高安人。是书成于泰定甲子，原本不分卷帙。考其《中原音韵》起例以下，即列诸部字数。正语作词起例以下，即列作词诸法。盖前为韵书，后为附论，畛域显然。今据此釐为二卷，以便省览。其音韵之例，以平声分为阴阳，以入声配隶三声，分为十九部。一曰东、钟，二曰江、阳，三曰支、思，四曰齐、微，五曰鱼、模，六曰皆、来，七曰真、文，八曰寒、山，九曰桓、欢，十曰先、天，十一曰萧、豪，十二曰歌、戈，十三曰家、麻，十四曰车、遮，十五曰庚、青，十六曰尤、侯。十七曰侵、寻，十八曰盐、咸，十九曰廉、纤。盖全为北曲而作。考齐、梁以前，平、上、去无别。至唐时，如元稹诸人作长律，尚有遗风。惟入声则各自为部，不叶三声。然如《檀弓》称子辱与弥牟之弟游，注谓文子名木，缓读之则为弥牟。又古乐府《江南曲》以“鱼戏莲叶北”韵“鱼戏莲叶西”，注亦称“北”读为“悲”。是以入叶平，已萌于古。又《春秋》“盟于蔑”，《谷梁》作“盟于昧”。《春秋》定姒卒，《公羊》作定弋卒。是亦方言相近，故上、去、入可以转通也。北音舒长迟重，不能作收藏短促之声。凡入声皆读入三声，自其风土使然。乐府既为北调，自应歌以北音。德清此谱，盖亦因其自然之节。所以作北曲者沿用至今，言各有当，此之谓也。至于因而掊击古音，则拘于一偏，主持太过。夫语言各有方域，时代递有变迁，文章亦各有体裁。三百篇中，东阳不叶。而孔子《象传》以中韵当，老子《道经》以聋韵盲。此参用方音者也。《楚骚》之音，异于风雅。汉、魏之音，异于屈宋。此随时变转者也。左思作《三都赋》，纯用古体，则纯用古音。及其作《白发赋》，与《咏史》、《招隐》诸诗，纯用晋代之体，则亦纯用晋代之音。沈约诗赋皆用四声，至于《冠子祝文》则化字乃作平读。又文章用韵，各因体裁之明证也。词曲本里巷之乐，不可律以正声。其体创于唐。然唐无词韵，凡词韵与诗皆同。唐初回波诸篇，唐末《花间》一集可覆按也。其法密于宋。渐有以入代平，以上代平诸例。而三百年作者如云，亦无词韵。间或参以方音，但取歌者顺吻，听者悦耳而已矣。一则去古未远，方音犹与韵合，故无所出入。一则去古渐远，知其不合古音，而又诸方各随其口语，不可定以一格。故均无书也。至元而中原一统，北曲盛行。既已别立专门，自宜各为一谱。此亦理势之自然。德清乃以后来变例，据一时以排千古，其傎殊甚。观其瑟注音史，塞注音死。今日四海之内，宁有此音？不又将执以排德清哉？然德清轻诋古书，所见虽谬，而所定之谱，则至今为北曲之准绳。或以变乱古法诋之，是又不知乐府之韵本于韵外别行矣。故今录存其书，以备一代之学，而并论其源流得失如右。（卷一九九·集部·词曲类二，第1828—1829页）

66.宜春·高安 【明】陈邦瞻（？—1623）：《宋史纪事本末》二十六卷

两淮盐政采进本

明陈邦瞻撰。邦瞻，字德远，高安人，万历戊戌进士，官至兵部左侍郎，事迹具《明史》本传。初，礼部侍郎临朐冯琦，欲仿《通鉴纪事本末》例，论次宋事，分类相比，以续袁枢之书，未就而没。御史南昌刘曰梧得其遗稿，因属邦瞻增订成编。大抵本于琦者十之三，出于邦瞻者十之七。自太祖代周，迄文、谢之死，凡分一百九目。于一代兴废治乱之迹，梗概略具。袁枢义例，最为赅博，其镕铸贯串，亦极精密。邦瞻能墨守不变，故铨叙颇有条理。诸史之中，《宋史》最为芜秽，不似《资治通鉴》本有脉络可寻。此书部列区分，使一一就绪。其书虽亚于枢，其寻绎之功，乃视枢为倍矣。惟是书中纪事既兼及辽、金两朝，当时南北分疆，未能统一，自当称《宋辽金三史纪事》，方于体例无乖。乃专用《宋史》标名，殊涉偏见。至《元史纪事本末》，邦瞻已别有成书。此内如《蒙古诸帝之立》、《蒙古立国之制》诸篇，皆专纪元初事实，即应析归《元纪》之中，使其首尾相接。乃以临安未破，一概列在《宋编》，尤失于限断，此外因仍《宋史》之旧，舛讹疏漏，未及订正者，亦所不免。然于记载冗杂之内，实有披榛得路之功。读《通鉴》者不可无袁枢之书，读《宋史》者亦不可无此一编也。（卷四九·史部·纪事本末类，第439页）

67.宜春·高安【明】陈邦瞻:《元史纪事本末》四卷江苏巡抚采进本

明陈邦瞻撰。凡列目二十有七。其"律令之定"一条下注一"补"字，则归安臧懋修所增也。明修《元史》，仅八月而成书，潦草殊甚。后商辂等撰《续纲目》，不能旁征博采，于元事亦多不详。此书采掇不出二书之外，故未能及《宋史纪事》之赅博。又于元、明间事皆以为应入明国史，遂于徐达破大都，顺帝驻应昌诸事，皆略而不书。夫元初草创之迹，邦瞻既列于《宋编》。又以燕京不守，元帝北徂，为当入《明史》。是一代兴废之大纲，皆没而不著。揆以史例，未见其然。至至正二十六年，韩林儿之死，乃廖永忠沈之瓜步。洪武中，宁王权作《通鉴博论》，已明著其事。不过以太祖尝奉其年号，嫌于项羽、义帝之事，归其狱于永忠耳。邦瞻更讳之书卒，尤为曲笔。库库特穆尔自顺帝北迁之后，尚为元尽力，屡用兵以图兴复。故太祖称王保保真男子，以为胜常遇春。后秦王樉妃即纳其女。邦瞻乃以为不知所终，亦不免于失实。特是元代推步之法、科举学校之制，以及漕运河渠诸大政，措置极详。邦瞻于此数端，纪载颇为明晰。其他治乱之迹，亦尚能撮举大概，揽其指要。固未尝不可以资考镜也。（卷四九·史部·纪事本末类，第439页）

68.宜春·高安【明】朱吾弼:《朱子奏议》十五卷两江总督采进本

明朱吾弼编。吾弼字谐卿，号密林，高安人。万历己丑进士。官至南京太仆寺卿。事迹具《明史》本传。是编皆自《晦庵集》中抄出，凡章奏十卷，书状、札子五卷。《朱子文集》，家弦户诵，此刻可谓屋下屋，床上床矣。（卷五六·史部·诏令奏议类存目，第504页）

69.宜春·高安【明】朱吾弼:《留台奏议》二十卷浙江巡抚采进本

明朱吾弼、李云鹄、萧如松、孙居相同编。取正、嘉、隆、万间南京御史所上奏疏，分二十门。所载诸疏，四人自撰者为多。露才扬己，盖所不免焉。吾弼有《朱子奏议》，已著录。云鹄字黄羽，内乡人，万历壬辰进士。如松字鹤侣，内江人。居相字伯辅，沁水人。并万历壬辰进士。时皆官南京御史，故与吾弼同辑是编也。（卷五六·史部·诏令奏议类存目，第512页）

70.宜春·高安【明】吴山：《河治通考》十卷浙江汪启淑家藏本

明吴山撰。山，高安人。嘉靖乙未进士，官至礼部尚书，谥文端。是书大旨谓河虽经数省，而自龙门下趋，则梁地当其冲，故河患为甚。前有自序云："近日所刻《治河总考》，疏漏混复，乃重加校辑，汇分序次。"一卷曰《河源考》，二卷曰《河决考》，三卷至九卷曰《议河治河考》，末卷曰《理河职官考》。上溯夏周，下迄明代，总为十卷。前有崇祯戊寅其曾孙士颜序略，盖重刊时所作也。（卷七五·史部·地理类存目四，第651页）

71.宜春·高安【明】喻有功：《周易悬镜》十卷浙江吴玉墀家藏本

明喻有功撰。有功字若无，又字混初，高安人。其书专言轨策之数。序称其术出邵子，然别无证验，盖方技家依托也。大旨以《皇极经世》为宗，而杂及于后世占卜之法。虽有依傍卦爻立说者，然皆非经之本义。邵子之《易》，朱子已称为《易》外别传，此又别传之别传矣。末纂左氏传繇象，并郭氏洞林，皆主占验之学者也。卷首有甘士价序，称为七卷，而此书实十卷。其第九卷帝王经世甲子，内载至国朝康熙二十三年甲子，则当是后人有所增入，故卷数加多耳。（卷一一一·子部·术数类存目二，第945页）

72.宜春·高安【明】陈汝锜：《甘露园长书》六卷、《短书》十一卷江西巡抚采进本

明陈汝锜撰。汝锜字伯容，高安人。嘉靖中由贡生官建阳县训导。是编前有自序云，文之有首尾，稍纡徐曲折者，为长书。其边幅稍狭，辞不加纯缘，若语录、说家之类者，为短书。题曰甘露园，从所居也。长书于经史及古今人物各为论一篇，大约多纵横之辞，持论亦多纰缪。如论宋和议，谓李通归附，韩常、王镇、崔庆辈乞降，皆乌珠案：乌珠原作兀术今改正阴指使之，而岳飞不悟，偶以班师，故不舆尸返耳。又斥胡铨封事为欲使其君为无父无母之人。又论张巡遮蔽江淮，食人以守，死不为功。至力为王安石辨冤作史谤一十九条，其中如辨安石排滕甫、贬吕公著皆引《东轩笔录》以证之。考魏泰为曾布妇

弟，倾险无行，所作《东轩笔录》与《碧云騢》，皆党邪丑正，颠倒是非，可据以为公论乎？《短书》尤议论多而考证少，亦间记时事，大致失之佻巧，已开屠隆、陈继儒等小品风气。其论入定苦行诸条，则全入于外道。更笃信轮回之说，历引古事以证，且谓刘基为北斗六星，王守仁为南安上座，殊属荒渺不经。至谓尝至法云寺见阿罗汉像，一一如旧相识，一僧在旁知其意，谓尔原此会中人，遂悟平生因缘云云，尤恍惚不足诘。初，其从子兵部侍郎邦瞻取短书汰其十一刊行，后其同里刘愿人以邦瞻所删过甚，又据原本增刊之。愿人刻书凡例曰：司马公刻短书，删有十之一。余细细求之，大都司马公胆较小耳。其胆之小，以官之大也云云。可谓悍然无忌矣。（卷一二五・子部・杂家类存目二，第1075页）

73.宜春・高安【明】况叔祺:《考古辞宗》二十卷浙江汪启淑家藏本

明况叔祺编。叔祺字吉甫，高安人。嘉靖庚戌进士，官至贵州提学佥事。是书以浦南金所编《修辞指南》为蓝本，而增抄《文选・双字类要》于各类之下。一切分目体式，及每类之前半，皆仍浦氏之旧。因人成事，不足尚也。（卷一三七・子部・类书类存目一，第1168页）

74.宜春・高安【明】况叔祺:《大雅堂摘稿》无卷数江西巡抚采进本

明况叔祺撰。叔祺有《考古词综》，已著录。是集《千顷堂书目》不载，《江西通志》亦称，是时王、李之学盛行，有后五子、广五子等目，而不及叔祺。《大雅堂集》世亦罕有传者，则明代已不行于世矣。此本题云《摘稿》，则尚非叔祺之全集，诗止近体无古体，叔祺尤不应若是之陋，或选录者不谙古体，惟取其所能解耶？（卷一七八・集部・别集类存目五，第1597页）

75.宜春・高安【明】陈益（？—1454）:《敝帚集》二卷江苏巡抚采进本

明陈益撰。益字启行，自号行素，高安人，永乐间以五经教授于其乡，至景泰甲戌始卒。是集乃弘治乙未其子杨所刊，后毁于火，万历中其裔孙德又重刊之。所载皆古今体诗，杂文仅寥寥数篇。其意境颇清，而歉于深厚，文亦如之。末以同时诸人哀輓之作别为一卷，附于集末，则皆德所裒集也。（卷一七五・集部・别集类存目二，第1555页）

76.宜春·高安【明】陈汝玚:《湛然堂诗稿》无卷数江西巡抚采进本

明陈汝玚撰。汝玚字席珍，高安人，官广昌县知县。其自叙诗注云：望五贡荐。盖由贡生起家也。是集为其子邦纶属陈起元所选定，格意颇为平实，然不足自名一家。（卷一七八·集部·别集类存目五，第1607页）

77.宜春·高安【明】陈邦科:《片玉集》四卷江西巡抚采进本

明陈邦科撰。邦科字俊卿，号警亭，高安人。万历丁丑进士，官至河间府知府。是集凡《阆瀛漫语》一卷，《言责要览》一卷，《留台疏稿》一卷，《听花轩摘稿》一卷。其《阆瀛漫语》，皆设为问答以辨析物理，力辟星命轮回之说，持论甚正。其谓欲端善败之原者谨诸德，握治乱之机者慎诸人，尤为切实。至谓理之变者为怪，气之变者非怪，国家之盛衰本于乖和，不关祥异，则主持太过。欲破谶纬之妄，转岐天人而二之，不几于天变不足畏乎？《言责要览》及《留台疏稿》皆其官南京御史时所作。明至万历以后，居言路者大率矫激攻讦，以致国是纷拏，迄于乱亡而未已。邦科所列十一条，分目为四十三，中有当缓言者三，婉言者二，勿轻言者七，勿为人言者五，可谓曲中明季诸臣之习。其《疏稿》，如《论罪谪言官救李材》、《论西夏抚贼失策》诸篇，亦颇剀切。惟诗笔粗厉，全不入格耳，敖文祯作《邦科墓志》云：“所著尚有《循良模范》、《辨问录》二书。”今集中未见，或选刻时所佚欤？（卷一七九·集部·别集类存目六，第1614页）

78.宜春·高安【明】陈邦仪:《弹剑草》无卷数江苏巡抚采进本

明陈邦仪撰。邦仪字开甫，高安人。崇祯中诸生。是编分为二集，《前集》刻于崇祯庚午，《续集》则崇祯壬午至甲申作也。邦仪生当乱世，奔窜于兵火之间，故所作语多悲楚，然如《闻乱饮酒诗》所云：“今日也饮酒，明日也饮酒，饮得醉时天地宽”云云，殊伤犷率也。（卷一八〇·集部·别集类存目七，第1631页）

79.宜春·高安【清】朱轼（1665—1736）:《周易传义合订》十二卷江西巡抚采进本

国朝朱轼撰。轼字若瞻，高安人。康熙甲戌进士。官至大学士。谥文端。是编因程子《易传》、朱子《易本义》互有异同，为参校以归一是，不复两可其说，以滋岐贰。惟两义各有发明，可以并行不悖者，仍俱录焉，而附以诸儒之论。其诸儒之论有实胜《传》、《义》者，则竟舍《传》、《义》以从之，轼所见亦各附于后。其《凡例》有曰："遗象言理，自王辅嗣始。然《易》者象也，有象斯有理，理从象生也。孔子《彖》、《象》二传，何尝非言象？雷、风、山、泽以及《乾》马、《坤》牛、《震》龙、《巽》鸡之类，皆象也。即卦之刚柔、上下、应比承乘，亦何莫非象乎？舍是而言理，不知所谓理者安在矣。《易》道之取类大，精粗巨细，无所不有。即纳甲、飞伏等术数之学，不可谓非《易》之一端也。况中爻、互卦、倒《巽》、倒《兑》、厚《离》、厚《坎》之象，皆卦体之显而易明者乎？"又称："卦有对易、反易。反易之义，先儒言之已备，来知德谓之卦综，谬矣。"又称："程子不取卦变，谓凡卦皆自《乾》、《坤》来，然合之《彖传》，究未尽协。今一遵朱子一阴一阳自《姤》复之说。"又称"宋元以来《易》图不下数千，于四圣人之精义，全无干涉，今一概不录。止缕析朱子各图之义而图仍不载"云云。其全书宗旨，具见于斯。较之分门别户，尊一先生之言，而先儒古义无不曲肆掊击者，其识量相去远矣。其书，轼存之日未及刊行，乾隆丁巳，两广总督鄂弥达始为校付剞劂，恭呈御览。蒙皇上笃念旧学，亲洒宸翰，弁于编首。称其"简而当，博而不支，钩深探赜而不凿。盖玩之熟，故择言也精；体之深，故析理也密"。天藻表扬，昭垂日月，非惟是书仰托以不朽，即天下万世伏绎圣谟，亦均能得读《易》之津梁，窥画卦之阃奥，晓然知所向方也，又岂独轼一人之幸哉！（卷六·经部·易类六，第41页）

80.抚州·乐安；宜春·高安【元】吴澄（1249—1333）、【清】朱轼：《校补礼记纂言》三十六卷江西巡抚采进本

元吴澄原本。国朝朱轼重订。澄有《易纂言》，轼有《周易传义合订》，皆已著录。是书篇目、注释，一仍原刻。惟轼有所辨定发明者，以"轼案"二字为别，附载于澄注之末，然不及十分之一二。其中间有旁涉他文者。如注《曲礼》"左青龙而右白虎"一节云："轼按此节，一首绝好古诗。'急缮其怒'四字，摹写入神。予尝阅兵，壁垒森严，旌旗四匝，中建大纛，鼓停金静，寂无人语。已而风动大纛，如惊鸿乍起，急不可引。又如雷声，山鸣谷应，奔涛骇浪，澎湃冲击。乃知'急缮其怒'四字之妙。"殆偶有所见，即

笔于书，后来编录校刊之时失于删削欤？（卷二四·经部·礼类存目二，第198页）

81.宜春·高安【清】朱轼:《仪礼节要》二十卷江西巡抚采进本

国朝朱轼撰。轼有《周易传义合订》，已著录。是编分《冠》、《昏》、《丧》、《祭》四大纲。而《冠礼》后附以《学义》，《昏礼》后附以《士相见》、《乡饮酒》，于丧、祭二礼尤详。附图三卷，则其门人王叶滋所为，轼所订定者也。大旨以朱子《家礼》为主，杂采诸儒之说而断以己意。意盖欲权衡于今古之间，故于今礼多所纠正，于古礼亦多所变通。然如《士相见》、《乡饮酒》二篇，朱子以为今不可行，盖通儒明晰事势之言。轼事事遵朱子，惟此条所见与朱子相左，必欲复之。然其说迄不可行，则终以朱子为是也。是书别有一本，仅三卷，乃轼之初稿。此本成于康熙己亥，盖其后来定本云。（卷二五·经部·礼类存目三，第205页）

82.宜春·高安【清】朱轼:《春秋钞》十卷江西巡抚采进本

国朝朱轼撰。轼有《周易传义合订》，已著录。是编不全载经文，但有所论说者标经文为题，而注某年于其下。其《叙》虽称"惟恪守胡传，间有词旨未畅及意有所未安者，始妄陈管窥之见"，然驳胡传者不一而足。如"春王正月"即驳夏时之说，"伯姬归于纪"即驳诸侯亲迎之说，"州吁弑其君完"即驳不称公子为责君之说，桓公、宣公书"有年"即驳变异之说，"诸侯盟于幽"即驳首叛盟之说，"楚宜申来献捷"即驳当力拒楚使上告天王之说，"齐人侵西鄙，公追齐师"即驳书人见示弱、书师见伏众之说，"阳处父救江"即驳责晋不合诸侯之说，"齐人弑其君商人"即驳归罪国人之说，"楚子围郑"即驳嘉楚讨贼之说，"新宫灾"即驳神主未入哭为非礼之说，"甯喜弑其君剽"即驳废立之说，"叔孙豹会虢"即驳尚信之说，"公如晋，至河乃复"即驳从权适变之说，"暨齐平"即驳暨为不得已之说，"季孙意如会厥憖"即驳力不能加之说，"盗杀卫侯之兄絷"即驳归狱宗鲁之说，"从祀先公"即驳出于阳虎之说。如斯之类，不可殚数。所谓恪守胡传，盖逊词耳。至于攻击《左传》，则颇伤臆断。如以郑叔段"餬口四方"为诡词，谓段果出奔，郑庄岂置之不问？以"戎伐凡伯于楚丘以归"为凡伯忍辱而自归，非戎挟之以去；以

"楚执蔡世子有用之"为犹后世执盖行酒之类，断无杀而用祭之理；以《哀公八年》"宋执曹伯阳"为未尝灭曹：揆之古书，皆无佐证；核以事理，亦未尽安。他如"以成宋乱"之说，从刘敞而驳杜预。然圣经之意，正以始于义而终于利，两节相形，其事婉而章耳。如直书先公之助乱，暴扬国恶，《春秋》无此法也。"许叔入许"，责其不告于王，不知乘隙复国，机在呼吸，往反告王，不衣冠而救焚溺乎？召陵之役，不声楚僭王之罪，自以王樵之说为定，而必谓苟以去王号责楚，迫于大义，当无不从，似非当日之事势。至首止之会，责王世子不能为伯夷、泰伯，抑又强天下以所难矣。其持论大旨，往往类此。虽驳胡传，实仍在胡传门径之中，不及所作《周易传义合订》远矣。（卷三一·经部·春秋类存目二，第257页）

83.宜春·高安【清】朱轼:《孝经》一卷江西巡抚采进本

国朝朱轼注。轼有《周易传义合订》，已著录。是编用吴澄考定之本，而略为推衍其义。凡不题姓名者，皆澄原文。凡称"轼按"者，皆所加也。前有自序，又有梁份、殷元福二序。份序称"其书不标目第，自称曰朱某学。公，大儒也，大臣也，而撝谦若是"云云。按汉儒传经如梁邱氏《易》、夏侯氏《尚书》之类，多不立名目，轼盖从此例。又何休注《公羊传》，称"何休学"，亦非轼所自创也。（卷三二·经部·孝经类，第268页）

84.宜春·高安【清】朱轼:《史传三编》五十六卷江西巡抚采进本

国朝朱轼撰。轼有《周易传义合订》，已著录。是编凡《名儒传》八卷、《名臣传》三十五卷，又《续编》五卷、《循吏传》八卷。成于雍正戊申。时《明史》尚未成书，故所录至元而止。明以来传名儒者大抵宗宋而祧汉唐，而宋又断自濂、洛以下。轼所为传，上起田何、伏生、申公诸人，不没其传经之功；中及董仲舒、韩愈诸人，不没其明道之力；于宋则胡瑗、孙复、石介、刘敞、陈襄，虽轨辙稍殊，亦并见甄录，绝不存门户之见，可谓得圣贤之大公。其以迁就利禄，削扬雄、马融；以祖尚玄虚，削王弼、何晏；以假借经术，削匡衡、王安石，亦特为平允。惟胡寅修怨于生母，王柏披猖恣肆，至删改孔子之圣经，咸预斯列，似为少滥。据王福畤之虚词，为薛收作《赞》，亦未免失之不考耳。《名臣传》所列凡一百八十人，去取颇为矜慎。

《续编》所列又三十九人，其《凡例》曰：“《续编》者何，择其次焉者也。或卷帙编次已定，附之于后焉耳。然见为稍亚而乙之，与失于偶漏而补之，其品第则有间矣。”混而无别，亦稍疏也。《循吏传》所列凡一百二十一人，虽体例谨严，而颇未赅备。如何易于之类，表表在人耳目者，多见刊削。其去取之例，亦未明言，殆不可解。要其标举典型，以示效法。所附论断，亦皆醇正。固不失为有裨世教之书矣。前有轼及蔡世远总序二篇，又三编各有专序一篇。盖《名儒传》为李清植所纂。《名臣传》为张江、蓝鼎元、李钟侨所纂。《循吏传》为张福昶所纂。世远商榷之，而轼则裁定之云。（卷五八·史部·传记类二，第528页）

85.宜春·樟树【宋】刘敞（1019—1068）:《春秋权衡》十七卷内府藏本

宋刘敞撰。敞字原父，临江新喻人。庆历中举进士，官至集贤院学士。事迹具《宋史》本传。据其弟攽作敞《行状》，及欧阳修作敞《墓志》，俱称敞《春秋传》十五卷、《权衡》十七卷、《说例》二卷、《文权》二卷、《意林》五卷。王应麟《玉海》所记亦同。陈振孙《书录解题》曰：“原父始为《权衡》，以平三家之得失。然后集众说，断以己意而为之传。传所不尽者，见之《意林》。”然则传之作在《意林》前，此书又在传前。敞《春秋》之学，此其根柢矣。自序谓《权衡》始出，未有能读者。又谓非达学通人，则亦必不能观之。其自命甚高。叶梦得作《石林春秋传》，于诸家义疏多所排斥，尤诋孙复《尊王发微》，谓其不深于礼学，故其言多自牴牾，有甚害于经者。虽概以礼论当时之过，而不能尽礼之制，尤为肤浅。惟于敞则推其渊源之正。盖敞邃于礼，故是书进退诸说，往往依经立义，不似复之意为断制。此亦说贵征实之一验也。（卷二六·经部·春秋类一，第215页）

86.宜春·樟树【宋】刘敞:《春秋传》十五卷内府藏本

宋刘敞撰。敞所作《春秋权衡》及《意林》，宋时即有刊本。此传则诸家藏弆，皆写本相传。近时通志堂刻入经解，始有版本。故论者或疑其伪。然核其议论体裁，与敞所著他书，一一吻合，非后人所能赝作也。其书皆节录三传事迹，断以己意。其褒贬义例，多取诸《公羊》、《谷梁》。如以庄公围郕师还为仁义，以公孙宁、仪行父为有存国之功，以晋杀先縠为疾过，以九月用郊为用人，而“赵鞅入晋阳以叛”一条，尚沿二传以地正国之谬，皆不免于胶固。其经文杂用三传，不主一家。每以经、传连书，不复区画，颇病混淆。又好减损三传字句，往往改窜失真。如《左传》“惜也，越竟乃免”句，后人本疑非孔子之言，敞改为讨贼则免，而仍以“孔子曰”冠之，殊为踳驳。考黄伯思《东观余论》，称考正《书·武成》实始于敞，则宋代改经之例，敞导其先，宜其视改传为固然矣。然论其大致，则得经意者为多。盖北宋以来，出新意解《春秋》者，自孙复与敞始。复沿啖、赵之余波，几于尽废三传。敞则不尽从传，亦不尽废传，故所训释为远胜于复焉。（卷二六·经部·春秋类一，第215页）

87.宜春·樟树【宋】刘敞:《春秋意林》二卷内府藏本

宋刘敞撰。《宋史·艺文志》作二卷。王应麟《玉海》作五卷。马端临《经籍考》则并《春秋权衡》、《春秋传》、《春秋意林》总题三十四卷。今考《权衡》实十七卷，传实十五卷，合以《意林》二卷，正得三十四卷，与《宋志》合。则《玉海》作五卷，传写误也。元吴莱尝作是书后序曰：“刘子作《春秋权衡》，自称书成，世无有能读者。至《意林》犹未脱稿，多遗阙。今观其书，或仅标经文数字，不置一辞。或草草数言，文不相属，而下注云云二字。或一条之下，别标他目一两字，与本文迥不相关。或诘屈聱牙，猝难句读。或仅引其端而词如未毕。其为随笔札记，属稿未竟之书，显然可证。”莱所说诚不诬也。又敞既苦志研求，运意深曲，又好雕琢其词，使在可解不可解之间。然考叶梦得《石林春秋传》，称不知经者以其难人，或诋以为用意太过，出于穿凿。然熟读深思，其间正名分，别嫌疑，大义微言，灼然圣人之意者，亦颇不少。文体之涩，存而不论可矣。（卷二六·经部·春秋类一，第215—216页）

88.宜春·樟树【宋】刘敞:《春秋传说例》一卷永乐大典本

宋刘敞撰。案敞《行状》、《墓志》俱称《春秋说例》二卷。陈振孙《书录解题》则以为一卷。盖传钞分合，互有不同。至《宋史·艺文志》，独称敞《说例》十一卷，殆传写误衍一“十”字，或竟以十一篇为十一卷也。敞《春秋传》、《权衡》、《意林》三书，《通志堂经解》有刊版。《文权》与《说例》二书，则仅有其名，绝无传本。今检《永乐大典》，尚杂引《说例》之文。谨详加缀辑，仍釐为一卷。据《书录解题》称，《说例》凡四十九条。今之所裒，仅二十五条，止得其半。且多零篇断句，不尽全文。又惟“公即位例”、“与例”、“使来例”、“师行例”、“大夫奔例”、“杀大夫例”、“弗不例”七条载有原文标目，余则说存而标目复佚。今并详释本文，仿原存诸条体例，为之校补。又诸书所载，俱称《春秋说例》，惟《永乐大典》加“传”字。案是编比事以发论，乃其传文褒贬之大旨，《永乐大典》所载，似尚属宋刻之旧。今亦从之。敞说《春秋》，颇出新意，而文体则多摹《公》、《谷》。诸书皆然，是编尤为简古。惟说“大夫帅师例”一条，称鲁不当有三军，而以《周礼》为后人附会，未免稍偏。又宣公十八年经文“归父还自晋”，敞《春秋传》从《左氏》作“至笙”，而是编则从《公》、《谷》作“至柽”，亦颇自相牴牾。其余则大致精核，多得经意。而宋元说经诸家都未征引，可知自宋以后，已称罕觏。是编崖略幸存，固《春秋》家所当宝贵矣。（卷二六・经部・春秋类一，第216页）

89.宜春・樟树【宋】刘敞:《七经小传》三卷 两江总督采进本

宋刘敞撰。敞有《春秋传》，已著录。是编乃其杂论经义之语。其曰“七经”者，一《尚书》，二《毛诗》，三《周礼》，四《仪礼》，五《礼记》，六《公羊传》，七《论语》也。然《公羊传》仅一条，又皆校正传文衍字，于传义无所辨正，后又有《左传》一条、《国语》一条，亦不应独以《公羊》标目。盖敞本欲作《七经传》，惟《春秋》先成。凡所札记，已编入《春秋传》、《意林》、《权衡》、《文权》、《说例》五书中。此三条一校衍字，一论都城百雉，一论禘郊祖宗报，于经文无所附丽，故其文仍在此书中。其标题当为《春秋》，故得兼及《外传》。传写者见第一条为《公羊》，第二条末亦有“公羊”字，遂题曰《公羊》而注曰“《国语》附”，失其旨矣。《论语》诸条，有与诸经一例者，又有直书《经》文而夹注句下如注疏体者，亦注《论语》而未成，以所注杂录其中也。吴曾《能改斋漫录》曰:“庆历以前，多尊章句注疏之学。至刘原甫为《七经小传》，始异诸儒之说。王荆公修经义，盖本于原甫。”案:《读书志》亦载此文，以为元祐史官之说晁公武《读书志》亦证以所说“汤伐桀升自陑”之类，与《新经义》同，为王安石剿取敞说之证。大旨均不满于敞。《朱子语类》乃云"《七经小传》甚好",其说不同。今观其书,如谓《尚书》"愿而恭"当作"愿而荼"、"此厥不听"当作"此厥不德";谓《毛诗》"烝也无戎"当作"烝也无戍";谓《周礼》"诛以驭其过"当作"诛以驭其祸","士田贾田"当作"工田贾田","九簭,五曰巫易"当作"巫阳";谓《礼记》"诸侯以《貍首》为节"当作"以《鹊巢》为节":皆改易经字以就己说。至《礼记》"若夫坐如尸"一节则疑有脱简,"人喜则斯陶"九句则疑有遗文,"礼不王不禘及庶子王亦如之"则疑有倒句。而《尚书·武成》一篇考定先后,移其次序,实在蔡沈之前。盖好以己意改经,变先儒淳实之风者,实自敞始。又如解《尚书》"鸟兽跄跄",谓古者制乐或法于鸟,或法于兽;解《毛诗》"葛之覃兮",谓葛之茂盛,则有人就而刈之,以为絺绤,如后妃在家,德美充茂,则王者就而聘之,以为后妃;解《论语》"乘桴浮于海",谓夫子周流列国,如桴之在海,流转不定:其说亦往往穿凿,与安石相同。故流俗传闻,致遭斯谤。然考所著《弟子记》,排斥安石,不一而足,实与新学介然异趣。且安石刚愎,亦非肯步趋于敞者。谓敞之说经,开南宋臆断之弊,敞不得辞。谓安石之学由于敞,则窃鈇之疑矣。且略其卮词,采其粹语,疏通剔抉,精凿者多,又何可以末流之失并废敞书欤?(卷三三·经部·五经总义类,第270页)

90.宜春·樟树【宋】刘敞:《公是先生弟子记》四卷浙江巡抚采进本

宋刘敞撰。敞有《春秋传》,已著录。是编题曰弟子记者,盖托言弟子之所记,而文格古雅,与敞所注《春秋》词气如出一手,似非其弟子所能。故晁公武《读书志》以为敞自记其问答之言,当必有据也。公武又称,书中于王安石、杨慥之徒书名,王深甫、欧阳永叔之徒书字,以示褒贬。今考公武所说,亦大概以意推之。即如王回一人,论四岳荐鲧一条,论圣人一条,则书其名。论泰伯一条,论晋武公一条,则书其字。是于褒贬居何等乎?且其书固多攻王氏新学,而亦兼寓针砭元祐诸贤之意,故其言曰:淫声出乎律吕,而非所以正律吕也;小道生乎仁义,而非所以明仁义也。又曰:八音不同物而同声,同声乃和;贤能不同术而同治,同治乃平。又曰:忘情者自以为达,悖情者自以为难,直情者自以为真,三者异趋而同乱。又曰:学不可行者,君子弗取也;言不可用者,君子弗询也。又曰:智不求隐,辨不求给，名不求难，行不求异。又曰：无为而治者，因尧之臣，袭尧之俗，用尧之政，斯孔子谓之无为也。又曰：夫贤者为人所能为而已矣。人所不能为，贤者不为也。又曰：君子耻过而欲改之，小人耻过而欲遂之；君子欲善而自反，小人欲善而自欺。又曰：矜小名以售大伪，饰小廉以钩大利者，惟钜孱尔。盖是时三党交讧，而敞独萧然于门户之外，故其言和平如是。至于称老子之无为，则为安石之新法发。辨孟子之"人皆可以为尧舜"，则为安石之自命圣人发。其说稍激，则有为言之者也。又王守仁谓无善无恶者性之体，有善有恶者意之用。明人龂龂辨正，称为卫道。今观是书，乃知王安石先有是说，敞已辞而辟之。是其发明正学，又在程、朱之前。其或谓仁义礼智不若道之全一条，谓道固仁义礼智之名，仁义礼智弗在焉，安用道？亦预杜后来狂禅之弊，所见甚正。徒以独抱遗经，澹于声誉，未与伊、洛诸人倾意周旋，故讲学家视为异党，抑之不称耳。实则元丰、熙宁间卓然一醇儒也。其书宋时蜀中有刻版。乾道十年，豫章谢谔得之于刘文濬，付三衢江溥重刊。淳熙元年，赵不黯又于敞从曾孙子和及子和从叔椿家得二旧本，较正舛脱，就江本改刻十八页，补三百七十字。此本即从不黯所刻抄出者，末有谔、溥、不黯三跋，证以《永乐大典》所引，一一符合，知为原书，亦可谓罕觏之笈矣。敞墓志及《宋史》本传俱称《弟子记》五卷，《读书志》则作一卷，盖南宋之初已病其繁碎，合并为一。今以篇页稍多，厘为四卷，以酌其中。又钱曾《读书敏求记》载《极没要紧》一卷，注曰：即刘原父弟子记也。考浙江所进遗书，有《极没要紧》一卷，亦题公是先生撰。其文皆采掇郭象《庄子注》语，似出依托，与此显为二书。今别存其目于道家中，庶真赝不相淆焉。（卷九二·子部·儒家类二，第778页）

91.宜春·樟树【宋】刘敞（伪托）：《极没要紧》一卷浙江巡抚采进本

旧本题公是先生撰。公是先生，宋刘敞别号也。钱曾《读书敏求记》曰：《极没要紧》一卷，即刘原父弟子记也。于时人或书名，或书字，盖以微旨别其人之贤否。案公是先生《弟子记》载晁公武《读书志》，曾所述，即公武之语。然其书尚有传本。今别著录此书，皆采掇郭象《庄子注》语，联缀成文，与《弟子记》迥别，不知曾何以合为一书。岂曾所见别一本，而此为好事者所依托欤？《弟子记》本属儒家，此书既剽《庄子注》，则道家言矣。故附存

其目于道家，而辨其伪妄焉。（卷一四七·子部·道家类存目，第1260页）

92.宜春·樟树【宋】刘敞：《公是集》五十四卷永乐大典本

宋刘敞撰。敞有《春秋传》，已著录。叶梦得《避暑录话》称敞集一百七十五卷。据其弟攽所作集序，称《公是总集》七十五卷，叙为五种，曰古诗二十卷、律诗十五卷、内集二十卷、外集十五卷、小集五卷。《文献通考》亦作七十五卷。则梦得所记为误矣。原本不传。今新喻所刻《三刘文集》，《公是集》仅四卷。大约采自《宋文鉴》者居多，而又以刘跂《赵氏金石录序》、《泰山泰篆谱序》误入集中。即攽所作《公是集序》，亦采自《文献通考》，而未见其全。故注云失名。其编次疏舛可知。又钱塘吴允嘉别编《公是集》六卷，亦殊阙略。考史有之《序春秋意林》曰："清江为二刘、三孔之乡，文献宜征而足。今《三孔集》故在，独二刘所著毁于兵。"则其佚已久矣。惟《永乐大典》所载颇富，今裒辑排次，釐为五十四卷。疑当时重其兄弟之文，全部收入，故所存独多也。敞之谈经，虽好与先儒立异，而淹通典籍，具由心得，究非南宋诸家游谈无根者比。故其文湛深经术，具有本原。攽序称其合众美为己用，超伦类而独得，瑰伟奇特，放肆自若。又称其考百子之杂博，六经可以折衷。极帝王之治功，今日可以案行。学圣人而得其道，所以优出于前人。友于之情，虽未免推扬太过。然曾肇《曲阜集》有敞《赠特进制》曰："经术文章，追古作者。"朱子《晦菴集》有"《墨庄记》曰：'学士舍人兄弟，皆以文章大显于时而名后世。'"《语录》曰："原父文才思极多，涌将出来。每作文，多法古，绝相似。有几件文字学《礼记》，《春秋说》学《公》、《谷》。"又曰"刘侍读气平文缓，乃自经书中来。比之苏公，有高古之趣"云云。则其文词古雅，可以概见矣。晁公武《读书志》谓欧阳修尝短其文于韩琦。叶適《习学记言》亦谓敞言经旨，间以谑语酬修，积不能平。复忤韩琦，遂不得为翰林学士。盖祖公武之说。今考修草敞知制诰诏曰："议论宏博，词章烂然。"又作其父立之墓志曰："敞与攽皆贤而有文章。"又作敞墓志曰："于学博，自六经百氏、古今传记，下至天文地理、卜医数术、浮屠老庄之说，无所不通。为文章尤敏赡。尝直紫薇阁，一日追封皇子、公主九人，方将下直，止马却坐，一挥九制数千言。文辞典雅，各得其体。"其铭词曰："惟其文章灿日星，虽欲有毁知莫能。"则修亦

雅重之。晁氏、叶氏所言，殆非其实欤？（卷一五三·集部·别集类六，第1316—1317页）

93.宜春·樟树【宋】刘敞:《别本公是集》六卷山东巡抚采进本

宋刘敞撰。敞有《春秋传》，已著录。其文集久佚，今始从《永乐大典》编次成帙。此本乃钱塘吴允嘉从诸书中搜辑而成。考《宋文鉴》尚有敞所作《续谥法》一篇，唐顺之《右编》有奏议六篇，此集均未收入。又误载刘攽诗及诗文重复文同题异者数篇。又《舜让禹》以下三篇，抄录舛错，原目亦颇失先后之序。然较之新喻所刻《三刘集》，采摭稍富。故今仍存其目，不没其蒐辑之劳焉。（卷一七四·集部·别集类存目一，第1536页）

94.宜春·樟树【宋】张洽（1161—1237）:《春秋集注》十一卷、《纲领》一卷江西巡抚采进本

宋张洽撰。洽字元德，清江人。嘉定中进士，官至著作佐郎。端平元年，朝廷知洽家居著书，宣命临江军守臣，以礼延访，赍纸札誊写以进。书既上，除洽知宝章阁。会洽卒，谥之曰文宪。以其书付秘阁。书首有洽《进书状》，自言“于汉唐以来诸儒之议论，莫不考核研究，取其足以发明圣人之意者，附于每事之左，名曰《春秋集传》。既又因此书之粗备，复仿先师文公《语》、《孟》之书，会其精意，诠次其说，以为《集注》”云云。考《朱子语录》深驳胡安国夏时冠周月之说。洽此书以春为建子之月，与《左传》王周正月义合，足破支离轇轕之陋。车若水《脚气集》乃深以洽改从周正为非，门户之见，殊不足据。至若水谓“《春秋》一书，质实判断不得，除非起孔子出来，说当时之事，与所以褒贬去取之意方得。今作《集注》，便是质实判断，此照《语》、《孟》例不得。《语》、《孟》是说道理，《春秋》是纪事。且首先数句便难明。惠公仲子，不知惠公之仲子耶？或惠公同仲子耶？尹氏卒，一边道是妇人，一边道是天子之世卿。诸儒讥世卿之说，自是明训。恐是举烛尚明之论，理虽是而事则非也”云云，其论亦颇中洽之病。要其合者不可废也。明洪武中，以此书与胡安国传同立学官。迨永乐间，胡广等剽袭汪克宽《纂疏》为《大全》。其说专主胡传，科场用为程式，洽书遂废不行。今此书遗本仅存，而所谓《集传》则佚之久矣。（卷二七·经部·春秋

类二，第222—223页）

95.宜春·樟树 【宋】徐梦莘（1126—1207）：《三朝北盟会编》二百五十卷左都御史张若淮家藏本

宋徐梦莘撰。梦莘，字商老，临江人。绍兴二十四年进士。为南安军教授，改知湘阴县。官至知宾州，以议盐法不合，罢归。事迹具《宋史·儒林传》。梦莘嗜学博闻，生平多所著述。史称其恬于荣进，每念生靖康之乱，思究见颠末，乃网罗旧闻，荟稡同异，为《三朝北盟会编》。自政和七年海上之盟，迄绍兴三十一年，上下四十五年。凡敕制、诰诏、国书、书疏、奏议、记序、碑志，登载靡遗。帝闻而嘉之，擢直秘省云云。今其书钞本尚存，凡分上、中、下三帙。上为政、宣二十五卷，中为靖康七十五卷，下为炎、兴一百五十卷。其起讫年月，与史所言合。所引书一百二种，杂考私书八十四种，金国诸录十种，共一百九十六种，而文集之类尚不数焉。史所言者殊未尽也。凡宋、金通和用兵之事，悉为诠次本末。年经月纬，案日胪载。惟靖康中帙之末有《诸录杂记》五卷，则以无年月可系者，别加编次，附之于末。其征引皆全录原文，无所去取，亦无所论断。盖是非并见，同异互存，以备史家之采择，故以《会编》为名。然自汴都丧败，及南渡立国之始，其治乱得失，循文考证，比事推求，已皆可具见其所以然，非徒饾饤琐碎已也。虽其时说部糅杂，所记金人事迹，往往传闻失实，不尽可凭。又当日臣僚劄奏，亦多夸张无据之词。梦莘概录全文，均未能持择。要其博赡淹通，南宋诸野史中，自李心传《系年要录》以外，未有能过之者，固不以繁芜病矣。考梦莘成此书后，又以前载不尽者五家，续编次于中、下二帙，以补其阙。靖康、炎兴各为二十五卷，名曰《北盟集补》。今此本无之。殆当时二本各行，故久而亡佚欤？（卷四九·史部·纪事本末类，第438页）

96.宜春·樟树【宋】章颖（1141—1218）：《南渡十将传》十卷两淮盐政采进本

宋章颖撰。十将者，刘锜、岳飞、李显忠、魏胜、韩世忠、张俊、虞允文、张子盖、张宗颜、吴玠也。刘、岳、李、魏四传，开禧二年表上。后六传未上。核以《宋史》本传，此所采摭，未为详核。且抑世忠于胜、显忠后，似亦未安。子盖、宗颜，战功寥寥，允文亦侥幸不败，乃与诸人并数，皆未

免不伦也。(卷六一·史部·传记类存目三，第548页)

97.宜春·樟树【宋】徐天麟:《西汉会要》七十卷浙江汪启淑家藏本

宋徐天麟撰。天麟字仲祥，临江人。开禧元年进士，调抚州教授。历武学博士，通判惠、潭二州，权知英德府。事迹附见《宋史·徐梦莘传》。传称天麟为通直郎得之之子，梦莘之从子。晁公武《读书志》则称为梦莘之子。考楼钥《攻媿集》有《西汉会要序》，曰徐思叔为《左氏国纪》，其兄秘阁商老为《北盟录》。已而思叔之子孟坚，著《汉官考》;次子仲祥，又作《汉会要》。商老，梦莘之字。思叔，得之之字也。然则史不误而晁氏误矣。其书仿《唐会要》之体，取《汉书》所载制度典章见于纪、志、表、传者，以类相从，分门编载。其无可隶者，亦依苏冕旧例，以《杂录》附之。凡分十有五门，共三百六十七事。嘉定四年，具表进之于朝，有旨付尚书省，藏之秘阁。班固书最称博赡，于一代礼乐刑政，悉综括其大端。而理密文繁，骤难得其体要。天麟为之区分别白，经纬本末，一一犁然，其诠次极为精审。惟所采只据本史，故于汉制之见于他书者，概不采掇，未免失之于隘。又如《舆服门》中于司马相如、扬雄诸赋，铺张扬厉之语，一概摘入。殊非事实，亦为有乖义例。然其贯串详洽，实未有能过之者。昔人称颜师古为《汉书》功臣，若天麟者，固亦无愧斯目矣。(卷八一·史部·政书类一，第695页)

98.宜春·樟树【宋】徐天麟:《东汉会要》四十卷浙江范懋柱家天一阁藏本

宋徐天麟撰。天麟官抚州教授时，既奏进《西汉会要》。后官武学博士时，续成此书，于宝庆二年复奏进之。其体例皆与前书相合。所列亦十五门，分三百八十四事。惟《西汉会要》不加论断，而此书则间附以案语，及杂引他人论说。盖亦用苏冕《驳议》之例也。东汉自光武中兴，明章嗣轨，皆汲汲以修举废坠为事。典章文物，视西京为盛。而当时载笔之士，如《东观纪》及华峤、司马彪、袁宏之类，遗编断简，亦间有留传。他若《汉官仪》、《汉杂事》、《汉旧仪》诸书，为传注所征引者，亦颇犁然可考。故东汉一代故事，较西汉差为详备。天麟据范书为本，而旁贯诸家，悉加裒次。其分门区目，排比整齐，实深有裨于考证。中间如献帝子济阴王熙、山阳王懿、济北王邈、东海王敦，虽为曹氏所置，旋即降为列侯。然既以封建立国，自当著之帝系皇子条下，以表其实。乃因范书无传，遂削而不书，未免阙漏。又天麟自序中称刘昭因范氏遗绪，注补八志，而不知其为司马彪《续汉书志》，实非范书。晁公武已讥之，则亦偶然失检。然其大体详密，即稍有踳驳，固不足以为累也。其书世所传者皆据宋本传抄，第三十七、三十八两卷全阙，三十六、三十九两卷亦各佚其半。无可考补，今亦并仍之焉。（卷八一·史部·政书类一，第695—696页）

99.宜春·樟树【宋】刘清之（1134—1190）:《戒子通录》八卷永乐大典本

宋刘清之撰。清之字子澄，号静春，临江人。绍兴二年进士。光宗时知袁州。《宋史》本传称其生平著述甚多，是书其一也。其书博采经史群籍，凡有关庭训者，皆节录其大要，至于母训阃教，亦备述焉。史称其甘贫力学，博极群书。故是编采摭繁富，或不免于冗杂。然其随事示教，不惮于委曲详明，虽琐语碎事，莫非劝戒之资，固不以过多为患也。元虞集甚重其书，尝劝其后人刻诸金溪。后崔栋复为重刻。顾自宋以来，史志及诸家书目皆不著录。惟《文渊阁书目》载有二册，亦无卷数。外间传本尤稀。今谨据《永乐大典》所载，约略篇页，厘为八卷。所引诸条，原本于标目之下各粗举其人之始末，其中间有未备者，今并为考补增注，以一体例。惟自宋以前时代错出，颇无伦次，盖一时随手摘录，未经排比之故。今亦姑存其旧焉。（卷九二·子部·儒家类二，第782页）

100.宜春·樟树【宋】王贵学:《兰谱》一卷两江总督采进本

宋王贵学撰。贵学字进叔，临江人。谱凡六则，一曰品第之等，二曰灌溉之候，三曰分析之法，四曰沙泥之宜，五曰爱养之地，六曰兰品之产。贵学不知何许人。是书诸家书目亦皆不著录，惟见于陶宗仪《说郛》。王世贞尝云，《兰谱》惟宋王进叔本为最善，盖即指《说郛》本也。此本为毛晋所刊，盖得诸金坛于锵者。然视《说郛》本尚少三十余条，则已非完书矣。（卷一一六·子部·谱录类存目，第1003页）

101.宜春·樟树【宋】刘昌诗:《芦浦笔记》十卷两淮盐政采进本

宋刘昌诗撰。昌诗字兴伯，江西清江人。第七卷仙卜一条，称开禧乙丑窃太常第，则宁宗元年登进士。书末有嘉定乙亥自跋，称捐俸刻于六峰县斋，则尝为县令。但六峰不知为何地。前有嘉定癸酉自序，称服役海陬，卖盐外无职事，惟繙书以自娱。凡先儒之训传，历代之故实，文字之讹舛，地理之迁变，皆得溯其源而寻其流。盖其监华亭芦沥场盐课时作，故以芦浦为名也。书中"草鞵大王"一条称"绍兴癸丑余客淮南"云云，癸丑为绍兴三年，下距嘉定乙亥凡八十三年，计其年且百余岁，必无尚为县令之理。即距开禧乙丑亦七十三年，计其年当过九旬，更必无登第之理。考绍熙五年亦为癸丑，或传写讹舛，以"熙"为"兴"欤？其书多纠吴曾《能改斋漫录》之失。其论泥轼、屏星、金根车、诸葛亮表脱句、孙叔敖碑舛讹、欧阳修误题《多心经》、杜甫诗错简，皆有特识。又张栻《慇斋铭》，本集不载，黄庭坚咏藕诗，实胡藏之作，皆足以资考据。王士祯《池北偶谈》尤称其记王复死节之事，可补《宋史》之阙。又称其书流传甚少，此本为丹阳贺氏所藏，而绥安谢兆申所传抄，则亦可宝之笈矣。惟"涂山启母"一条，不能辨《淮南子》之妄，而转引后来诞语以实之，未免失之附会，是则文士好奇之弊也。（卷一一八·子部·杂家类二，第1021页）

102.宜春·樟树【宋】刘攽（1023—1089）（伪托）:《文选类林》十八卷浙江范懋柱家天一阁藏本

旧本题宋刘攽撰。攽字贡父，新喻人[①]，敞之弟也。与敞同举庆历六年进士。历官秘书少监，出知蔡州，后终于中书舍人。事迹具《宋史》本传。是编取《文选》字句可供词赋之用者，分门标目，共五百四十九类。然攽兄弟以文章学问与欧阳修、苏轼诸人驰骋上下，未必为此饾饤之学，疑亦南宋时业词科者所依托也。（卷一三七·子部·类书类存目一，第1161页）

① 樟树市人。http：//www.zhangshu.gov.cn/yzs/002005/002005002/20180125/c5ea1ec1—6538—4dae—89b8—4de1c7046570.html

103.宜春·樟树【宋】刘攽:《彭城集》四十卷永乐大典本

宋刘攽撰。攽字贡父。号公非。与兄敞同登庆历六年进士第，官至中书舍人。事迹具《宋史》本传。史称攽未冠通五经，博览群书。沈作喆《寓简》亦曰:“国朝六经之学，自贾文元倡之，而原父兄弟为最高。”司马光修《资治通鉴》，自辟所属，极天下之选，而任《史记》、前后《汉书》者，攽也。其知兖、亳二州，以不能奉行新法，黜监衡州盐仓。哲宗初，起知襄州。入为秘书少监。钱勰草制，极称其词艺之富。后以直龙图阁出知蔡州。孙觉、胡宗愈、苏轼、范百禄交荐之，言攽博记能文章，政事侔古循吏，身兼数器，守道不回。乃召拜中书舍人。苏轼草制，称其能读典、坟、邱、索之书，习知汉、魏、晋、唐之故。其没也，曾巩祭文有曰:“强学博敏，超绝一世。肇自载籍，孔墨百氏。太史所录，俚闻野记，延及荒外，阴阳鬼神，细大万殊，一载以身。下至律令，老吏所疑，故事旧章，盈廷不知。有问于子，归如得师。直贯傍穿，水决矢飞。一时书林，众俊并驰。满堂贤豪，视子麈挥”云云。盖一时廷评士论，莫不共推。即朱子于元祐诸人，自洛党以外多所不满，而《语录》云:“贡父文字，工于摹仿，学《公羊》、《仪礼》亦复称之。”岂非攽学问博洽，词章奥雅，有不可遏抑者乎！史载所著诸书有《文集》五十卷、《五代春秋》十五卷、《内传国语》二十卷、《经史新议》七卷、《东汉刊误》四卷、《诗话》二卷,《汉官仪》三卷、《芍药谱》三卷。今所存者自《诗话》以外，惟《东汉刊误》散附北监本《后汉书》中，近日始有刻本。《芍药谱》亦仅而不亡。《文集》则《宋史·艺文志》、《文献通考》俱作六十卷。明《文渊阁书目》有《彭城集》十五册，不列卷数。今所传《三刘文集》，仅有《公非集》一卷，凡诗四首、文二十三篇。盖掇拾于散佚之余，多所阙漏。即《宋文鉴》所选者且不尽载，其他可知。至以刘颜之《辅弼召对序》误属之攽，舛谬尤属显然，殊不足据。今检《永乐大典》所载，篇章尚富。盖即据《彭城集》收入。谨掇拾排比，厘为四十卷。较之原书，所少不过十之一二。与新编其兄敞《公是集》，钜制鸿裁，旧观几复。在北宋诸家中，可谓超轶三孔，而凭陵两宋者矣。（卷一五三·集部·别集类六，第1317页）

104.宜春·樟树【宋】刘攽:《中山诗话》一卷江苏巡抚采进本

宋刘攽撰。攽有《文选类林》,已著录。当熙宁、元祐之间,攽兄弟以博洽名一世,而吟咏则不甚著,惟此论诗之语独传。宋人所引,多称《刘贡父诗话》。此本名曰中山,疑本无标目,后人用其郡望追题,以别于他家诗话也。花蕊夫人《宫词》本一百首,攽称仅见三十余篇。疑王安国初传之时,或好事者有所摘抄,攽未见其全本也。其论李商隐《锦瑟诗》,以为令狐楚青衣之名,颇为影撰。其论“赫连勃勃蒸土”一条,亦不确当。不但解杜甫诗“功曹非复汉萧何”句,考之未审,为晁公武所纠,至开卷第二条所引刘子仪诗,误以《论语》“师也辟”为“师也达”,漫无驳正,亦不可解。所载嘲谑之词,尤为冗杂。攽好诙谐,尝坐是为马默所弹。殆性之所近,不觉滥收欤?北宋诗话惟欧阳修、司马光及攽三家号为最古。此编较欧阳、司马二家虽似不及,然攽在元祐诸人之中,学问最有根柢。其考证论议,可取者多,究非江湖末派、钩棘字句以空谈说诗者比也。(卷一九五·集部·诗文评类一,第1781页)

105.宜春·樟树【宋】彭龟年(1142—1206):《止堂集》二十卷永乐大典本

宋彭龟年撰。龟年字子寿,清江人。乾道五年进士,历官焕章阁待制,知江陵府。迁湖北安抚使,坐事落职。寻复官,以宝谟阁待制致仕。卒谥忠肃。事迹具《宋史》本传。龟年官右史时,面折廷诤,劘切人主,有古直臣之风。集中所存奏疏、劄子尚五十五篇,敷陈明确,多关于国家大计。其论光宗不朝重华宫,疏凡三四上,至于伏地叩额,血渍甃甓,光宗亦为之感动。又尝事宁宗于藩邸,有旧学之恩。即位后数进谠言,拳拳恳到。因风雷示变,极陈小人之窃权。及朱子以论韩侂胄被绌,龟年又上疏请与同斥。今诸疏并在集中,其严气正性,凛然犹可想见。史称其学识正大,议论简直,善恶是非,辨析甚严。故生平虽不以文章名,而恳恻之忱与刚劲之气,浩然直达,语不求工而自工。固非鞶帨为文者所得絜其长短也。《宋史·艺文志》载其集四十七卷,世久失传。今从《永乐大典》所载,益以《历代名臣奏议》所录,共得文二百二十三首、诗二百二十首。依类编次,釐为二十卷。虽得诸残阙之余,而其一生建白,史所未尽载者,已略具于是。传龟年之文,益足传龟年之人矣。(卷一六〇·集部·别集类一三,第1376页)

106.宜春·樟树【宋】向子諲（1085—1152）：《酒边词》二卷江西巡抚采进本

宋向子諲撰。子諲字伯恭，临江人。钦圣宪肃皇后再从侄。元符初，以恩补官。南渡初，历徽猷阁直学士，知平江府。事迹具《宋史》本传。子諲晚年以忤秦桧致仕，卜筑于清江五柳坊杨遵道光禄之别墅，号所居曰芗林。既作七言绝句以纪其事，而复广其声为《鹧鸪天》一阕。楼钥《攻媿集》尝纪其事。然钥仅述其诗而不及其词。又子諲之号芗林居士，据《西江月》"五柳坊中烟绿"一阕注，是已在政和年间，钥亦考之未审也。《书录解题》载子諲词有《酒边集》一卷，《乐府纪闻》则称四卷。此本毛晋所刊，分为二卷。上卷曰《江南新词》，下卷曰《江北旧词》，题下多自注甲子。新词所注皆绍兴中作，旧词所注则政和、宣和中作也。卷首有胡寅序，称退江北所作于后，而进江南所作于前，以枯木之心，幻出葩华，酌元酒之尊，弃置醇味。玩其词意，此集似子諲所自定。然《减字木兰花》"斜江叠翠"一阕注"兼纪绝笔"云云，已属后人缀入。而此词以后所载甚多，年月先后，又不以甲子为次。殆后人又有所窜乱，非原本耶？其《浣溪沙》"咏岩桂"第二阕，"别样清芬扑鼻来"一首，据注云"曾端伯和"。盖以端伯和词附录集内，而目录乃并作子諲之词，题为《浣溪沙》十二首。则非其旧次明矣。（卷一九八·集部·词曲类一，第1813页）

107.宜春·樟树【宋】扬无咎（1097—1171）：《逃禅词》一卷安徽巡抚采进本

宋扬无咎撰。无咎字补之，自号逃禅老人，清江人。诸书"扬"或作"杨"。按《图绘宝鉴》称："无咎祖汉子云，其书从才，不从木，则作'杨'误也。"高宗时秦桧擅权，无咎耻于依附，遂屡征不起。其人品甚高。所画墨梅，历代宝重，遂以技艺掩其文章。然词格殊工，在南宋之初，不忝作者。陈振孙《书录解题》载无咎《逃禅词》一卷，与今本合。毛晋跋称或误以为晁补之词。则晁无咎亦字补之，二人名字俱同，故传写误也。集中"明月棹孤舟"四首，晋注云："向误作《夜行船》，今按谱正之。"案此调即是《夜行船》，亦即是《雨中花》。诸家词虽有小异，按其音律，要非二调。无咎此词，实与赵长卿、吴文英词中所载之《夜行船》无一字不同。晋第见《词谱》收黄在轩词名"明月棹孤舟"，不知明月即夜，棹即行，孤舟即船。近时《万树词律》始辨之，晋盖未及察也。又《相见欢》本唐腔正名，宋人则名为《乌夜啼》，与《锦堂春》之亦名《乌夜啼》名同实异。晋注向作《乌夜啼》，误，尤考之未详。至《点绛唇》原注用苏轼韵，其后阕尾韵，旧本作“裹”字。晋因改作“堁”字，并详载“堁”字义训于下。实则苏词末句乃破字韵，此“裹”字且误，而“堁”字尤为臆改。明人刊书，好以意窜乱，往往如此。今姑仍晋本录之，而附纠其谬如右。（卷一九八·集部·词曲类一，第1815页）

108.宜春市·樟树市【元】张理：《大易象数钩深图》三卷内府藏本

元张理撰。理字仲纯，清江人。延祐中官福建儒学提举。是书上卷《太极图》，即周子之图。其《八卦方位图》，则本乎《说卦》。又有《乾知大始》、《坤作成物》、《参天两地》及《大衍五十五数》诸图，又有《仰观俯察》、《刚柔相摩》、《八卦相荡》诸图，而皆溯源于河洛。中卷《天地数》、《万物数》二图，仍即大衍策数。又有《元会运数》、《乾坤大父母》、《复姤小父母》、《八卦生六十四卦》、《八卦变六十四卦图》，又有《反对变与不变》诸卦图。以下则六十四卦之图，分见于中、下二卷，而参伍错综，《序卦》、《杂卦》亦皆为之图。盖纯主陈抟先天之学，朱子所谓“《易》外别传”者也。其书初少传本，《通志堂经解》刻本与刘牧之书均从《道藏》录出。诸家著录，卷帙亦复不同。朱睦㮮《授经图》载理之书有《周易图》三卷、《易象数钩深图》六卷、《易象图说》六卷。焦竑《经籍志》书目与《授经图》同而《钩深图》则作三卷。朱彝尊《经义考》止载《易象图说》六卷，而不载此书之名。盖由未见其本，但据书目传钞，故辗转岐误。白云霁《道藏目录》以《易数钩隐图》与理此书并属之刘牧，亦由但据标题缮录，未及核作者之异同。今以徐氏刻本定著三卷，并详考舛异之故，以袪来者之疑焉。（卷四·经部·易类四，第25页）

109.宜春·樟树【元】张理：《易象图说内篇》三卷、《外篇》三卷两江总督采进本

元张理撰。理有《大易象数钩深图》，已著录。是书内篇凡三，曰本图书，曰原卦画，曰明蓍策。外篇亦三，曰象数，曰卦爻，曰度数。其于元会运世之升降，岁时寒暑之进退，日月行度之盈缩，以及治乱之所以倚伏，理欲之所以消长，先王制礼作乐，画井封疆，一切推本于图书。盖与张行成

《易通变》相类，皆《皇极经世》之支流也。图书之学，王湜以为自陈抟以前莫知所自来，而说者则谓为秘于道家，至抟乃显。此书引《参同契》巽辛见平明十五乾体就云云，以明圆图，引朔旦为复阳气始通姤始纪绪履霜最先云云，以明方图，其说颇相胳合。意所谓遭秦焚书，此图流于方外者，即影附此类欤？黄虞稷谓邓锜《大易图说》与理此书俱为道藏所录，今以《白云霁道藏目录》考之，实在洞真部灵图类灵字号中。则其说出道家可知矣。（卷一〇八·子部·术数类一，第918—919页）

110.宜春·樟树【元】范梈（1271—1330）:《范德机诗》七卷山东巡抚采进本

元范梈撰。梈字亨父，一字德机，清江人。以荐为左卫教授，迁翰林院编修官，出为岭海廉访使照磨，历转江西、湖东。后选充翰林应奉，又改闽海道知事，移疾归。天历二年授湖南岭北道廉访使经历，以母老未赴。明年母丧，竟以毁卒。所著有《燕然稿》、《东方稿》、《豫章稿》、《侯官稿》、《江夏稿》、《百丈稿》凡十二卷。此本七卷，不知何人所并。叶子奇《草木子》载：梈有与危素同晚步，得“雨止修竹闲案：诸本多讹“闲”为“开”，今据原本改正，流萤夜深至”二句，喜甚，既而曰“语太幽，殆类鬼作”云云。即今集中《苍山感秋诗》也。其语清微妙远，为诗家所称。然梈诗豪宕清遒，兼擅诸胜，实不专此一格。《闽书》又载其为闽海道知事时，以文绣局取良家子为绣工，作《闽州歌》述其事，廉访使遂奏革其弊。《歌》今亦载集中。然其事可记，其诗则语颇近俗。与沈作喆《哀扇工歌》仅相伯仲，尤不当以是概梈也。揭傒斯序其集曰：“虞伯生称德机如唐临晋帖，终未逼真。”改评之曰：“范德机诗如秋空行云，晴雷卷雨，纵横变化，出入无朕。又如空山道者辟谷学仙，瘦骨崚嶒，神气自若。又如豪鹰掠野，独鹤叫群，四顾无人，一碧万里”云云。傒斯之语虽务反虞集之评，未免形容过当。然梈诗格实高，其机杼亦多自运，未尝规规刻画古人，固未可以“唐临晋帖”一语据为定论矣。（卷一六七·集部·别集类二〇，第1441页）

111.宜春·樟树【元】范梈:《范文白诗集》六卷山东巡抚采进本

元范梈撰。梈诗别有七卷之本，题《范德机集》者，乃临川葛雝所编刊于闽中，已著录。是集为明杨翚所选，所取才十之六，其删汰亦不尽当。（卷

一七四·集部·别集类存目一，第1546页）

112.宜春·樟树【元】范椁（伪托）：《木天禁语》一卷两江总督采进本

旧本题元范德机撰。德机，范椁字也。椁有诗集，已著录。是编开卷标内篇二字，然别无外篇，不知何故独名为内。其体例丛脞冗杂，殆难枚举。其大纲以篇法、句法、字法、气象、家数、音节谓之六关。每关又系子目，各引唐人一诗以实之。其七言律诗一条，称唐人李淑有《诗苑》一书，今世罕传。所述篇法止有六格，今广为十三格。考晁公武《读书志》，《诗苑类格》三卷，李淑撰。宝元三年，豫王出阁，淑为皇子傅，因纂成此书上之。然则淑为宋仁宗时人，安得称唐。明华阳王宣墡作《诗心珠会》，全引此条，亦作唐字。知原本实误以为唐人，非刊本有误。其荒陋已可想见。又云"十三格犹六十四卦之动，不出八卦。八卦之生，不离奇偶"，可谓神矣。目曰"屠龙绝艺，此法一泄，大道显然"云云。殆类道经授法之语。盖与杨载《诗法家数》出一手伪撰。考二书所论，多见赵撝谦《学范》中。知庸妄书贾剽取《学范》为之耳。（卷一九七·集部·诗文评类存目，第1799页）

113.宜春·樟树【元】范椁（伪托）：《诗学禁脔》一卷两江总督采进本

旧本题元范德机撰。凡分十五格，每格选唐诗一篇为式，而逐句解释。其浅陋尤甚，亦必非真本。（卷一九七·集部·诗文评类存目，第1799页）

114.宜春·樟树【元】杜本（1275—1350）：《清江碧嶂集》一卷浙江鲍士恭家藏本

元杜本撰。本字伯原，清江人，事迹具《元史·隐逸传》。父谦，在文天祥幕中，尝毁家以佐军。本读书能文，颇留心于经世。吴越岁饥，本上救荒策，江浙行省丞相布呼密用其言，米价顿平。遂荐于武宗，召至京。已而去，居武夷山。文宗即位，再征不起，终于家。尝辑宋遗民诗为《谷音》一卷，鉴别极精。而所自作诗乃粗浅不入格。顾嗣立《元百家诗选》讥其多应酬俚近之作，非苛论也。（卷一七四·集部·别集类存目一，第1545页）

115.宜春·樟树【元】杜本：《谷音》二卷江苏巡抚采进本

元杜本编。本有《清江碧嶂集》，已著录。是编末有张榘跋，称右诗一卷，凡二十三人，无名者四人，共一百首。明毛晋跋，则称《谷音》二卷，宋末逸民诗也，凡二十有九人，诗百篇。此本上卷凡十人，诗五十首；下卷凡十五人，无名者五人，诗五十一首。当为三十人，诗一百一首。与二跋皆不合。其厘为二卷，亦不知始自何人也。每人各载小传，惟柯芝、柯茂谦父子共一传，杨应登、杨零祖孙共一传。凡小传二十有八，其间如王浍、程自修、冉琇、元吉、孟鲠，皆金元间人。张璜以牙兵战没，汪涯以不草露布为贾似道所杀，毛晋以为皆宋逸民，亦约略大概言之耳。本所著《清江碧嶂集》，词意粗浅，不称其名，而是集所录，乃皆古直悲凉，风格遒上，无宋末江湖龌龊之习。其人又皆仗节守义之士，足为诗重。王士祯《论诗绝句》曰"谁嗣箧中冰雪句，《谷音》一卷独铮铮"，其品题当矣。（卷一八八·集部·总集类三，第1707页）

116.宜春·樟树；吉安·吉安县【元】傅习、孙存吾：《元风雅前集》十二卷、《后集》十二卷内府藏本

前集十二卷，元傅习所采集，孙存吾为之编次；后集十二卷，则存吾所续辑也。习字说卿，清江人。存吾字如山，庐陵人。习仕履不可考，存吾尝为儒学正，亦不详其始末也。前集首刘因，凡一百十四家，后集首邓文原，凡一百六十六家。间载作者爵里，俱不甚详。所录江西人诗最多，盖里闬之间，易于摭拾。惟一时随所见闻，旋得旋录，故首尾颇无伦序。或有一人而两见者，殊乖体例。然元时总集传于今者不数家，此集虽不甚赅备，而零章断什不载于他书者颇多，世不习见之人，与不经见之诗，赖以得存者，亦不少矣。又案：范氏"天一阁"所藏，有《元朝野诗集》二册，亦题曰《元风雅》，不知何人所编，其体例与此迥殊，又传写多讹，参差失序，几至不可句读，盖断烂不全之本，无足甄录。以二书同出元代，名又相淆，姑附著其异同于此，以祛来者之疑焉。（卷一八八·集部·总集类三，第1709页）

117.宜春·樟树【明】张九韶：《元史节要》十四卷两淮盐政采进本

明张九韶撰。九韶字美和，清江人。洪武十年，以荐为国子助教，升翰林院编修。是编因当时所修《元史》版藏内府，人间多不得见。于是仿曾先之《十八史略》例，节其要为一书。其编年系事，则仍用《通鉴》之体。前

有洪武甲子自序一篇。然纪载多不具首尾，未为该备。且此书成于洪武间，而《顺帝纪》内多有称“明太祖高皇帝”者，疑其经后人所改窜，非九韶原本也。（卷六五·史部·史钞类存目，第579页）

118.宜春·樟树【明】张九韶:《理学类编》八卷浙江巡抚采进本

明张九韶撰。九韶字美和，后以字行。故《明史》附见宋讷传作张美和。清江人。元末累举不仕。洪武三年，以荐为县学教谕，迁国子助教。改翰林编修，致仕归。后复征入校书，书成遣还。兹编成于至正丙午，乃未入明时所作。其初本名《格物编》，临川吴当见之，以为所辑天地、鬼神、人物、性命之说乃格物之一端，不足以尽格物之义，因为易今名。凡天地一卷，天文二卷，地理一卷，鬼神一卷，人物一卷，性命一卷，异端一卷，以周、程、张、邵、朱六子之言为主，而以荀子以下五十三家之说辅之，复于每篇之末绎以己见。其所采撷，大都摘取精要，不事博引繁称，故条理次序，颇为精密。前代如扬雄、谷永、《淮南子》之说，近世如洪迈《容斋五笔》、罗大经《鹤林玉露》之说，并加摭集，以参观互证，亦不蹈讲学家门户之见。其异端一门，于阴阳、相术、谶纬诸家斥驳明切，尤足以破世俗之惑。史载明初司国子监者有宋讷、王嘉会、龚斆，而九韶与聂铉、贝琼亦皆名儒，当洪武时，先后为博士、助教、学录，以故诸生多所成就。知其躬行导率，无忝师范，与徒为高论者异矣。（卷九十三·子部·儒家类三，第790页）

119.宜春·樟树【明】张九韶:《群书拾唾》十二卷浙江巡抚采进本

明张九韶撰。九韶有《元史节要》，已著录。其书仿王应麟《小学绀珠》之例，以数记事。分十二门，共一千一百二十五条，颇便检阅，然特饾饤之学。李登序谓其超出乎《类聚》、《通考》等书，则过论矣。（卷一三七·子部·类书类存目一，第1165页）

120.宜春·樟树【明】张九韶:《群书备数》十二卷内府藏本

明张九韶撰。检核其文，与《群书拾唾》一字不异，盖书肆重刊，改新名以炫俗也。（卷一三七·子部·类书类存目一，第1165页）

121.宜春·樟树【明】敖英:《慎言集训》二卷浙江鲍士恭家藏本

明敖英撰。英字子发，清江人。正德辛巳进士，官至河南右布政使。是书上卷二十二目，二百四十二条，以戒多言为首。下卷十目，九十二条，以言贵简为首。采经史子集分类编次，而间附己说于其下。盖英督学陕西时刊以示诸生者也。（卷九六·子部·儒家类存目二，第811页）

122.宜春·樟树【明】敖英:《东谷赘言》二卷两江总督采进本

明敖英撰。英有《慎言集训》，已著录。是书上卷杂论立身处世之道，多举古事为证，下卷亦杂论诗文。所载明初都督府军数、太仆寺马数有禁，不令人知，并额派、岁派、坐派之始末，尚宾馆之聘士，皆足补史志所未备，亦识小之类也。（卷一二七·子部·杂家类存目四，第1097页）

123.宜春·樟树【明】敖英:《绿雪亭杂言》一卷浙江吴玉墀家藏本

明敖英撰。其自序曰，蜀台清戎之西，有亭曰绿雪。环亭有竹百余竿，日与此君相对，翛然有吏隐之适。因追忆见闻，窃有评论，随笔杂记。其书前半卷皆议论，大抵老生常谈。至谓宋进士尹引谷潭州死节为贤者之过，则偏驳过当。又如谓富字为文下从田，言富自田起也，上从一口，言有田人贵食之者寡也。其说字穿凿，又在王安石上矣。后半多记杂事，往往兼及灵怪，近小说家言。卷末颇评文章得失，至谓《昭明文选》既已载诗，即不当题曰《文选》，然则诸史《文苑传》外亦当别出《诗苑传》乎？（卷一二七·子部·杂家类存目四，第1097页）

124.宜春·樟树【明】程达:《警语类抄》八卷安徽巡抚采进本

明程达撰。达字顺甫，清江人。万历丁丑进士。官至漳泉兵备道。是编取先哲格言善行，分类编次。其目六十，割裂冗杂，殊无伦次。凡例云，是编重理学，故诸儒要语独详。然于仙则信淮南之上昇，王母之降汉，于释则言灭佛之报应，谈禅之超悟，均不免自乱其例也。（卷一三二·子部·杂家类存目九，第1122页）

125.宜春·樟树【明】熊逵:《清江二家诗》四卷浙江范懋柱家天一阁藏本

明熊逵编。逵，清江人。是编选录孙伟、敖英二人之诗。伟字朝望，号鹭沙，弘治壬辰进士，官至鹤庆府知府。其诗曰《鹭沙集》。英有《慎言集训》，已著录。其诗曰《心远稿》。二人皆与逵同乡里，逵因删录其集，各为二卷，并为之评点。然去取不甚允惬，且往往滥载寿诗。殆以桑梓之故，因诗以存其人。又书成于嘉靖丁巳。是时严嵩已败矣，而伟集开卷即录《送嵩北上诗》六首，亦可以不必也。（卷一九二·集部·总集类存目二，第1752页）

126.宜春·樟树【清】杨锡绂（1703—1769）:《节妇传》十五卷江西巡抚采进本

国朝杨锡绂撰。锡绂字方来，清江人，雍正丁未进士，官至漕运总督，谥勤悫。是编搜采近时节烈事迹，各为小传。惟据其耳目所及，故未能赅备。又每得一人，即为续刊。故印行之本，卷帙多寡往往不同云。（卷六三·史部·传记类存目五，第569页）

127.宜春·万载【南唐】宋齐邱（885—958）:《玉管照神局》三卷永乐大典本

旧本题南唐宋齐邱撰。齐邱字超回，改字子嵩，庐陵人①。初以布衣事李昪，授殿直军判官，擢右司员外郎，累迁同平章事，兼知尚书省事。李璟嗣立，以太傅领剑南东川节度使，封楚国公。寻得罪被废，自经死。事迹具《南唐书》本传。齐邱生五季俶扰之世，以权谲自喜，尤好术数。凡挟象纬青乌姑布壬遁之术居门下者，常数十辈，皆厚以资之。是书专论相术，疑即出其门下客所撰集，而假齐邱名以行世者也。《宋史·艺文志》、焦竑《经籍志》皆称《玉管照神局》二卷，其名与此本同。陈振孙《书录解题》则称《玉管照神》而无局字，且仅有一卷。疑所见本非完帙。吴任臣《十国春秋》则载齐邱有《玉管照神经》十卷，名目稍异，而卷数亦与《宋志》不符。钱曾《读书敏求记》所载，与《十国春秋》相合。且称上局所论，皆人之体貌，有形可见，故谓之阳局。下局所论，皆出形之外，无象可观，故谓

① 2011年新发现墓碑云为宜春万载人。万载论坛http：//bbs.wz320.com/thread—3696—1—1.html

之阴局。其言体例甚悉。此本为《永乐大典》所载，大指皆以形状立论，与钱氏所云有阴阳二局者不符。疑此本即《宋志》所称之二卷，故与十卷之本多所同异欤。术家之书，为后人缘饰增损，彼此牴牾，往往如此，不足深诘。特以其议论颇为精晰，而所取各书，尤多世所未睹，犹属相传旧文，故稍加订正，厘为三卷，录备一家焉。（卷一〇九・子部・术数类二，第928—929页）

128.宜春・万载【南唐】宋齐邱:《化书》六卷江西巡抚采进本

旧本题曰齐邱子，称南唐宋齐邱撰[①]。宋张耒跋其书，遂谓齐邱犬鼠之雄，盖不足道。晁公武亦以齐邱所撰著于录。然宋碧虚子陈景元跋，称旧传陈抟言，谭峭景昇在终南著《化书》，因游三茅，历建康，见齐邱有道骨，因以授之，曰："是书之化，其化无穷。愿子序之，流于后世。"于是杖靸而去。齐邱遂夺为己有而序之，则此书为峭所撰，称齐邱子者非也。书凡六篇，曰道化，术化，德化，仁化，食化，俭化。其说多本黄、老道德之旨，文笔亦简劲奥质。元陆友仁《砚北杂志》称谭景昇书世未尝见，他书言其论书道，钟、王而下一人而已。今考书道一条，见在仁化篇中，而友仁顾未之见，则元世流传盖已罕矣。明初代王府尝为刊行，后复有刘氏、申氏诸本。今仍改题《化书》，而以陈景元跋附焉。峭为唐国子司业洙之子。师嵩山道士，得辟谷养气之术。见沈汾《续仙传》中。其说神怪，不足深辨。又道家称峭为紫霄真人。而《五代史・闽世家》称王昶好巫，拜道士谭紫霄为正一先生。其事与峭同时，不知即为一人否？方外之士，行踪靡定，亦无从而究诘矣。（卷一一七・子部・杂家类一，第1011页）

129.宜春・上高【清】晏斯盛（1689—1752）:《楚蒙山房易经解》十六卷江西巡抚采进本

国朝晏斯盛撰。斯盛字一斋，新喻人。康熙辛丑进士。官至湖北巡抚。是书凡《学易初津》二卷，《易翼宗》六卷，《易翼说》八卷。《学易初津》为全书之宗旨，谓今所传图书乃大衍之数，因《大传》之言而图之，不取

---

① 《四库全书总目》以为此书为谭峭所撰。

《河》、《洛》奇偶之说，所见最确。又谓辞占不遗《彖辞》而不取卦变、互体之说，则尽废汉《易》之古法，未免主持稍过。《易翼宗》以经文为主，而割《十翼》散附于句下，意在以经解经，颇伤破碎。又每爻之首，画一全卦而间以一动爻，奇作○，偶作○，亦自我作古。《易翼说》全解《十翼》，而先《系辞》，次《说卦》，次《序卦》，次《杂卦》，次《彖传》，次《文言》，次《象传》，非古非今，更不知所据何本。然不废象数而不为方技、术数之曲说，不废义理而不为理气、心性之空谈，在近日说《易》之家，犹可云笃实近理焉。（卷六・经部・易类六，第42页）

130.宜春・上高【清】晏斯盛:《禹贡解》八卷 浙江巡抚采进本

国朝晏斯盛撰。斯盛有《楚蒙山房易经解》，已著录。《禹贡》一篇，自注疏而外，无虑数十百家。迨胡渭《禹贡锥指》出，条分缕晰，辨正详博。斯盛是编，大概全取渭书而变其体例。中如渭引《水经注》“漳至斥漳县入河”，斯盛则以《汉志》“斥漳”下应劭云“漳水出治北入河”盖言汉时漳水在治北，其云“入河”者，以下流至阜城言也。漳水径行邺东，已当入故大河，若汉时阜城以上安得有河？渭据《水经注》“济历琅槐县故城北，淄入马车渎，迳琅槐故城南”，故言淄、济各自入海。斯盛以《汉书》“甾至博昌入泲”师古注云“泲音子礼反”，孔疏引作“入海”，误也。甾入泲不在马车渎，而在琅槐东之博昌界。其辨别亦颇精密。至其论碣石，据《汉志》骊成之大碣石山即今昌黎县北二十里所谓仙人台、天桥柱者，不取王横沦于海中之说。又谓河济相通，浮济自陶邱而西以达于河，周以后荥川道窒，至东汉时仅存荥菏泽渚之本源，故《汉志》云“轶出荥阳北平地”，非《禹贡》、《职方》旧迹，不取三伏三见之说。其他如冀之恒卫，以恒由恒山得名，滱水出灵邱县北高氏山，与浑源州恒山相连属。卫由恶池得名，卫转曰恶，恶转曰虖，滱即恒，虖它即卫。皆因渭说而附益之。导河后附历代徙流，亦因渭之书，删繁就简。于雍之黑水欲以打冲河当之，究不协“入于海”之文，且漫无实证。又渭不知今呼老黄河者为宋之二股河，而以为二股河行唐马颊河故道。斯盛亦曰二股河寻唐景福以前马颊河之道也。则又沿渭之误，不能纠正矣。（卷一四・经部・书类存目二，第115—116页）

131.宜春·上高【清】黄光岳:《三诗合编》三卷江西巡抚采进本

国朝黄光岳编。光岳字硕庐，上高人。雍正甲辰进士，官金华县知县。是编合刻其乡吴学诗、黄鎡、李坚三人之诗。学诗字伯兴，号虚宇，嘉靖乙丑进士，官山西按察使副使。鎡字文叔，隆庆庚午举人，官西和县知县。即光岳之从高祖。坚号双江。学诗诗，共一百四十余首。鎡所著集九种，俱残阙。光岳录其全者得一百六十九首，坚诗一百四十七首。三人同时相倡和，其诗格亦颇相似。（卷一九四·集部·总集类存目四，第1776页）

132.宜春·宜丰【宋】释惠洪（1071—1128）:《冷斋夜话》十卷江苏巡抚采进本

宋僧惠洪撰。惠洪一名德洪，字觉范，筠州人。大观中游丞相张商英之门，商英败，惠洪亦坐累谪朱崖。是书晁公武《读书志》作十卷，与今本相合。然陈善《扪虱新话》谓，山谷西江月词日侧金盘坠影一首为惠洪赝作，载于《冷斋夜话》。又引《宋百家诗选》云《冷斋夜话》中伪作山谷赠洪诗，韵胜不减秦少觌，气爽绝类徐师川云云。今本无此两篇，盖已经后人删削，非其完本。又每篇皆有标题，而标题或冗沓过甚，或拙鄙不文，皆与本书不类。其最剌谬者，如洪驹父《诗话》一条，乃引洪驹父之言以正俗刻之误，非攻洪驹父之误也，其标题乃云洪驹父评诗之误，显相背触。又郏亭湖庙一条，捧牲请福者乃安世高之舟人，故神云舟有沙门，乃不俱来耶，非世高自请福也。又追叙汉时建寺乃为秦观作维摩赞缘起，非记世高事也，其标题乃云安世高请福郏亭庙。秦少游宿此，梦天女求赞，既乖本事，且不成文。又苏轼寄邓道士诗一条，用韦应物寄全椒山中道士诗韵，乃记苏诗，非记韦诗也，而其标题乃云韦苏州寄全椒道人诗，更全然不解文义。又惠洪本彭氏子，于彭渊材为叔侄，故书中但称渊材，不系以姓，而其标题乃皆改为刘渊材，尤为不考。此类不可殚数，亦皆后人所妄加，非所本有也。是书杂记见闻，而论诗者居十之八，论诗之中称引元祐诸人者又十之八，而黄庭坚语尤多，盖惠洪犹及识庭坚，故引以为重。其庭坚梦游蓬莱一条，《山谷集》题曰《记梦》。洪驹父《诗话》曰，余尝问山谷云，此记一段事也，尝从一贵宗室携妓游僧寺，酒阑，诸妓皆散入僧房中，主人不怪也，故有晓然梦之非纷纭句。惠洪乃称庭坚曾与共宿湘江舟中亲话，有梦与道士游蓬莱事，且云今《山谷集》语不同，盖后更易之。是殆窜乱其说，使故与本集不合，以自明其暱于庭坚，独知其详耳。晁公武诋此书多诞妄伪托者，即此类欤？然惠洪本工诗，其诗论实多中理解，所言可取则取之，其托于闻之某某，置而不论可矣。（卷一二〇·子部·杂家类四，第1038—1039页）

133.宜春·宜丰【宋】释惠洪:《僧宝传》三十二卷安徽巡抚采进本

宋释惠洪撰。惠洪有《冷斋夜话》，已著录。禅宗自六祖以后，分而为二。一曰青原，其下为曹洞、云门、法眼；一曰南岳，其下为临济、沩仰。是为五宗。嘉祐中，达观昙颖尝为之传，载其机缘语句，而略其终始行事。惠洪因缀辑旧闻，各为之传，而系以赞，凡八十一人。前有宝庆丁亥临川张宏敬序，称旧本藏在庐阜，后失于回禄。钱塘风篁山僧广遇虑其湮没，因校雠锓梓。然卷末题明州府大慈名山教忠报国禅寺住持比邱宝定刊版，又似刻于四明者，疑为重锓之本也。陈氏《书录解题》作三十卷，《文献通考》作三十二卷，盖原书本三十卷，后有《补禅林僧宝传》一卷，又有《临济宗旨》一卷，共为三十二卷。《临济宗旨》亦惠洪所撰，《补禅林僧宝传》题舟峰菴僧庆老，盖亦北宋人也。（卷一四五·子部·释家类，第1238页）

134.宜春·宜丰【宋】释惠洪:《林间录》二卷、《后集》一卷浙江巡抚采进本

宋释惠洪撰。晁公武《读书志》称是书所记皆高僧嘉言善行，然多订赞宁高僧传诸书之讹，又往往自立议论，发明禅理，不尽叙录旧事也。前有大观元年谢逸序，称惠洪与林间胜士抵掌清谈，每得一事，随即录之。本明上人以其所录析为上、下二帙，刻之于版。是其书乃惠洪札记，而本明为之编次者。《文献通考》作四卷，以原序上下二帙之语证之，殆《通考》字误欤？《后集》一卷，载惠洪所作赞偈铭三十一首，渔父词六首。逸序未言及之，不知何人所附入也。惠洪颇有诗名，其所著作，多援引黄庭坚诸人为重。然喜游公卿间，初以医术交结张商英，复往来郭天信之门。政和元年，张、郭得罪，遂连坐决配朱厓。又吴曾《能改斋漫录》记其作上元宿岳麓寺诗有“十分春瘦缘何事，一掬乡心未到家”句，为蔡卞之妻所讥，有浪子和尚之目。则既役志于繁华，又溺情于绮语，于释门戒律，实未精严，在彼教中未必据为法器。又书中载杜衍、张咏同居睢阳事，晁公武《读书志》尝辨其疏，胡应麟《笔丛》亦称其载杜衍呼张咏为安道，安道乃张方平字，非咏

之字，益证其所记之诬。盖与所作《冷斋夜话》同一喜作妄语。然所作石门文字禅，释家收入大藏，又普济《五灯会元》亦多采此书，盖惠洪虽僧律多疏，而聪明特绝，故于禅宗微义，能得悟门。又素擅词华，工于润色，所述释门典故，皆斐然可观，亦殊胜粗鄙之语录。在佛氏书中，固犹为有益文章者矣。（卷一四五·子部·释家类，第1238页）

135.宜春·宜丰【宋】释惠洪:《石门文字禅》三十卷内府藏本

宋僧惠洪撰。惠洪有《冷斋夜话》，已著录。是集为其门人觉慈所编。释氏收入《大藏支那著述》中。此本即释藏所刊也。许顗《诗话》称其著作似文章巨工，仲殊、参寥辈皆不能及。陈振孙《书录解题》亦谓其文俊伟，不类浮屠氏语。方回《瀛奎律髓》则颇诋諆之。平心而论，惠洪之失在于求名过急，所作《冷斋夜话》至于假托黄庭坚诗以高自标榜，故颇为当代所讥。又身本缁徒，而好为绮语。《能改斋漫录》记其《上元宿岳麓寺》诗，至有“浪子和尚”之目。要其诗边幅虽狭，而清新有致，出入于苏、黄之间，时时近似。在元祐、熙宁诸人后，亦挺然有以自立，固未可尽排也。集中有寂音自序一篇，述其生平出处甚悉。而晁公武所谓“张商英闻其名，请住峡州天宁寺”者，独不之及。殆其朱崖窜谪，衅肇于斯，故讳而不书耶？盖其牵连钩党，与道潜之累于苏轼同。而商英人品非轼比，惠洪人品亦非道潜之比。特以词藻论之，则与《参寥子集》均足各名一家耳。（卷一五四·集部·别集类七，第1331—1332页）

136.宜春·宜丰【宋】释惠洪:《天厨禁脔》三卷浙江巡抚采进本

宋释惠洪撰。惠洪有《冷斋夜话》，已著录。是编皆标举诗格，而举唐、宋旧作为式。然所论多强立名目，旁生支节。如首列杜甫《寒食对月诗》为偷春格，而谓黄庭坚《茶词》叠押四山字为用此法，则风马牛不相及。又如苏轼“芳草池塘惠连梦，上林鸿雁子卿归”句，黄庭坚“平生几两屐，身后五车书”句，谓射雁得苏武书无“鸿”字，故改谢灵运“春草池塘”为“芳草”，“五车书”无“身后”字，故改阮孚“人生几两屐”为“平生”，谓之用事补缀法，亦自生妄见。所论古诗押韵换韵之类，尤茫然不知古法。严羽《沧浪诗话》称“天厨禁脔最害事”，非虚语也。（卷一九七·集部·诗文评

类存目，第1797页）

137.宜春·宜丰【宋】姚勉（1216—1262）:《雪坡文集》五十卷江苏巡抚采进本

宋姚勉撰。勉字述之，一字成一，高安人[①]。宝祐元年以词赋擢第，廷对万言策第一。除校书郎，兼太子舍人。《宋史》无传，是集《艺文志》亦失载。此本为其从子龙起所编，凡奏对笺策七卷、讲义二卷、赋一卷、诗十一卷、杂文二十九卷。勉受业于乐雷发，诗法颇有渊源，虽微涉粗豪，然落落有气。文亦颇媕雅可观，无宋末语录之俚语。外间传本颇稀，讹阙特甚。今以《永乐大典》所载，各为校补。其《永乐大典》不载者，则仍其旧。集首有文及翁序，称其磊落有奇节，官仅校黄本，书备青宫寀。又有方逢辰序，亦称为瑞之奇士。观其所上封事奏劄以及廷对诸篇，论时政之谬，辨宰相之奸，皆侃侃不阿。惟二十二卷载《贺丞相贾秋壑》一启，题下注庚申五月十六日。考《宋史》理宗开庆元年十二月，贾似道奏鄂州围解。景定元年正月，诏奖贾似道功。四月，诏赴阙。庚申即景定元年，启盖作于是时。与其攻丁大全封事若出两手，殊为白璧微瑕。然启末多进规之语，犹有曲终奏雅之意。固视刘克庄、王柏之谀颂，差有间矣。（卷一六四·集部·别集类一七，第1407页）

138.宜春·宜丰【元】释圆至（1256—1298）:《牧潜集》七卷编修汪如藻家藏本

元释圆至撰。圆至字牧潜，号天隐，高安人[②]。至元以来，遍历荆、襄、吴、越，禅理外颇能读书。又刻意为古文，笔力崭然，多可观者。前有崇祯己卯僧明河《书姚广孝序后》一篇，称初得钞本于武林，前有方回序，后有洪乔祖跋。又有姚广孝序，序为《逃虚子集》所不载。后又得见刻本，多诗数首，因校付毛晋刻之。此本即毛晋所刻，仅有《乔祖跋》及明河此文，无方、姚二序，殆偶失之。明河又称尝读《虎邱旧志》，见圆至《修隆禅师塔记》，叹其文字之妙。今此《记》不见集中，则不知何以不补入也。自六代

① 出生地天德乡灵源村，今属于江西宜丰县新庄镇。《江西通志》（四库全书本）卷七十一：姚勉，字成一，新昌人。即今宜丰县人。
② 《江西通志》（四库全书本）卷一百三：圆至，姓姚氏，新昌人，为文赡而奥，清而奇，所著《牧潜集》。新昌即今宜丰县。

以来，僧能诗者多，而能古文者不三五人。圆至独以文见，亦缁流中之卓然者。都穆《南濠诗话》尝称圆至工于古文，诗尤清婉，举其《寒食》、《西湖》、《送人》、《再往湖南》、《涂居士见访》五诗。《送人》及《再往湖南诗》，不免凡语，余三篇诚楚楚有清致，盖其诗亦有可观。而所注周弼《三体唐诗》，乃弇陋不可言状。知文章之道，与考证之学分路而扬镳也久矣。（卷一六六·集部·别集类一九，第1429页）

139.宜春·宜丰【元】释圆至：《唐诗说》二十一卷两淮盐政采进本

元释圆至撰。圆至有《牧潜集》，已著录。此书盖取宋周弼所选三体唐诗为之注释，前有大德九年方回序。其书诠解文句，颇为弇陋。坊本或题曰《碛沙唐诗》。考都穆《南濠诗话》曰："长洲陈湖碛沙寺，有僧魁天纪者居之，与高安僧圆至友善。至尝注周伯弼所选唐三体诗，魁割其资，刻置寺中，方万里特为作序。"由是三体诗盛传人间，今吴人称《碛沙唐诗》是也，则其来已久矣。（卷一九一·集部·总集类存目一，第1737页）

140.宜春·宜丰【明】袁彬：《北征事迹》一卷浙江范懋柱家天一阁藏本

明袁彬撰。彬字文质，江西新昌人[①]。以锦衣卫校尉从英宗北狩。护跸南归，官至掌锦衣卫都督佥事，莅前军都督府。事迹具《明史》本传。是编乃宪宗初年诏询从行事迹，彬具述本末上之，宣付史馆。书中首尾，皆用题本之式。末有成化元年七月二十二日所奉谕旨。盖即当时录进本也。所述与刘定之《否泰录》大略相似，然有《否泰录》所载而是书阙者，亦间有互异者。如《否泰录》有正统十四年十一月二十三日额森遣使求索大臣迎驾，及景泰元年正月初七日英宗书至求索大臣来迎二事，此书皆未载。又《否泰录》称天顺元年七月初一日李实、罗绮、马显等至额森营，十三日见英宗，而是书载在五月内，《明史本纪》则载在六月。其他与《明史》异者，若喜宁等烧毁紫荆关，杀都御史孙祥事，此书在正统十四年九月，而《明史》则在十月。彬日侍英宗左右，其见闻当独真，而所记与他书辄有异同。岂其书上于成化元年，距从征之年前后凡十有七载，诸所记忆，或有疑阙欤？《千顷堂

---

① 即今江西宜丰县。

书目》载此书云：一作尹宣撰。未知何据，似不然也。（卷五三·史部·杂史类存目二，第478页）

141.宜春·宜丰【明】邹维琏（？—1635）：《达观楼集》二十四卷江西巡抚采进本

明邹维琏撰。维琏字德辉，号匪石，新昌人，万历丁未进士。官吏部郎中时，以疏劾魏忠贤，谪戍贵州；崇祯初，召为南京太仆寺卿，洊擢右佥都御史，巡抚福建，剿海寇有功，终为温体仁所忌罢。崇祯八年，起为兵部右侍郎，未上而卒。事迹具《明史》本传。是编诗集凡六卷，曰《愿学编》，盖早年初学之作；曰《宦游草》，作于司理延平时；曰《友白草》，作于贵州谪戍时，盖拟太白之流夜郎也；曰《友欧草》，作于起官太仆时，盖南太仆署在滁州，多欧阳修遗迹也；曰《导噫草》，中多感慨时事之什，盖作于抚闽时也；文集凡十八卷，首冠以《四书、五经疑义》，中如《信丰坊伪石经》、《信俞庭椿改周礼》、《信蔡沈三代改时不改月》诸说，皆未为卓识。盖其气节才略，足以自传，学问则未深造也。据编首自序，尚有《大梦稿》、《又梦稿》、《自警编》诸目，此本皆无之，或维琏自删，或后来所佚，均不可考矣。（卷一七九·集部·别集类存目六，第1622页）

142.宜春·奉新【宋】阴时夫:《韵府群玉》二十卷兵部侍郎纪昀家藏本

宋阴时夫撰。其弟中夫注。案黄虞稷《千顷堂书目》云：阴幼遇一作阴时遇，字时夫，奉新人。数世同居。登宋宝祐九经科，入元不仕。其兄中夫名幼达。据此，则时夫乃幼遇之字，而中夫又时夫之兄，与世所传不同，当必有据。然旧刻皆题其字，未详何义也。昔颜真卿编《韵海镜源》，为以韵隶事之祖，然其书不传。南宋人类书至多，亦罕踵其例。惟吴澄《支言集》有张寿翁《事韵撷英序》，称荆公、东坡、山谷始以用韵奇险为工。盖其胸中蟠万卷书，随取随有，傥记诵之博不及前贤，则不能免于检阅。于是乎有《诗韵》等书，然其中往往陈腐云云。是押韵之书盛于元初，时夫是编，盖即作于是时。康熙中，河间府知府徐可先之妇谢瑛，又取其书重辑之，名《增删韵玉定本》。今书肆所刊皆瑛改本。此本为大德中刊版，犹时夫原书也。明成祖颇喜其书，故解缙大庖西封事称陛下好观《韵府》杂书，钞辑秽芜，略无文彩。曹安《谰言长语》亦曰，《韵府群玉》亦收之博矣，其中正要紧者漏之。如足字欠管宁濯足，栅字欠青溪栅、苏峻攻青溪栅卞壸拒之，高颎杀张丽华于青溪栅。二字尚失之，则其他可知也云云。今以《钦定佩文韵府》考之，阴氏之所漏，宁止于是。安之所举，如一叶一花，偶然掇拾，未睹夫邓林之茂蔚也。然元代押韵之书，今皆不传，传者以此书为最古。又《今韵》称刘渊所并，而渊书亦不传世。所通行之韵，亦即从此书录出，是《韵府》、《诗韵》皆以为大辂之椎轮。将有其末，必举其本。此书亦曷可竟斥欤？（卷一三五・子部・类书类一，第1152页）

143.宜春・奉新【明】邓显麒:《梦虹奏议》二卷江西巡抚采进本

明邓显麒撰。显麒字文瑞，奉新人，梦虹其号也，正德甲戌进士，授行人司副。时诸臣共谏南巡，其疏稿为显麒所拟，故再予廷杖，谪国子监学正。嘉靖初，擢监察御史。是集为其子夷惠所编，凡三十一篇。有嘉靖甲寅李桢序。后旧版漫漶，其裔孙绣又重刊之。前有《凡例》，称以事之大小，时之先后，改易旧次。考显麒以正德时谏疏得名，其嘉靖讲学疏不过循例陈言，体同策论。而此本乃列谏疏于讲学疏后，盖明人以讲学为至荣，故视为第一大事，取以冠编，而不计其年月颠倒也。卷首载《一统志・显麒传》，称其劾戚畹陈万言及论蔚州买木二事。此本乃无其疏，殆原稿散佚欤?（卷五六・史部・诏令奏议类存目，第506页）

144.宜春・奉新【明】徐灿:《徐阳溪集》六卷江西巡抚采进本

明徐灿撰。灿字文华，后更字本充，号阳溪，奉新人。嘉靖丁酉举人，尝馆于严嵩家，一日嵩与朝官燕，方献酬，客皆跪受爵，灿遂慨然辞归，盖亦知几之士，较贤于张嚳。平生喜讲良知之学，故其文皆质俚，诗亦类《击壤集》派。（卷一七七・集部・别集类存目四，第1591页）

145.宜春・奉新【明】蔡国珍（1528—1611）:《怡云堂集》十卷江西巡抚采进本

明蔡国珍撰。国珍字汝聘，奉新人。嘉靖丙辰进士，官至吏部尚书，谥恭靖。事迹具《明史》本传。是集乃其从曾孙尚才所编，凡诗四卷，文六卷，诗皆近体，尚才序谓：从败簏中得其归田后所作诗一帙，以类编次，盖非全稿也。卷四后附其子若孙之诗；卷五、卷六，乃国珍所作奏疏、序记诸文；又卷七、卷八，附以敕命、墓表及寿文、祭文；卷九又为国珍所作书启、小词；卷十又附刻他人书启，编次殊为无绪。且诗实四卷，而序云二卷，尤为不检矣。（卷一七八·集部·别集类存目五，第1601页）

146.宜春·奉新【清】刘应棠:《梭山农谱》三卷江西巡抚采进本

国朝刘应棠撰。应棠字又许，奉新人。梭山其所居地也。其书分耕、耘、获三卷，详其器与其事，而每条缀一赞词。每卷又各有小序，词多借题抒愤，不尽切于农事也。（卷一〇二·子部·农家类存目，第855页）

147.宜春·奉新【清】帅我（1648—1725）:《墨澜亭集》无卷数江西巡抚采进本

国朝帅我撰。我字备皆，号简斋，奉新人，康熙辛卯举人。江西古文，自艾南英倡于前，魏禧等和于后，踵而起者，虽所造深浅不同，而大都循循有旧法。是集亦其一也，旧刊版于南昌，所载未备。雍正乙卯，其子念祖属徐廷槐，汇取已刻未刻诸稿，裒为此本，凡一百四十篇。（卷一八四·集部·别集类存目一一，第1671页）

148.宜春·奉新【清】帅仍祖:《嗜退山房稿》五卷江西巡抚采进本

国朝帅仍祖撰。仍祖字宗道，号介亭山人，奉新人。是集乃仍祖自编其康熙癸巳、甲午二年所作，凡诗二卷，文三卷。（卷一八四·集部·别集类存目一一，第1672页）

149.宜春·奉新【清】帅念祖:《树人堂诗》七卷江西巡抚采进本

国朝帅念祖撰。念祖字宗德，号兰皋，奉新人。雍正癸卯进士，官至陕西布政使。缘事谪戍军台，殁于塞外。是集前有何焯序，称念祖塞上所作，有《多博吟》，今未见。此七卷则念祖官陕西时所自编也。念祖以时文鸣一时，务以幽渺之思，摆脱陈因。其诗亦清刻不俗，但平生精力尽于八比，徒以余力为之，未能自成一队耳。（卷一八五·集部·别集类存目一二，第1675页）

150.宜春·奉新【清】帅家相:《卓山诗集》十二卷江西巡抚采进本

国朝帅家相撰。家相字伯子，奉新人。乾隆丁巳进士，官至浔州府知府。是集又名《三十乘书楼集》，中多改窜之处，盖犹其自订之原本也。（卷

一八五·集部·别集类存目一二，第1682页）

151.宜春·靖安【宋】舒邦佐（1137—1214）：《双峰存稿》六卷江西巡抚采进本

旧本题宋进士舒邦佐平叔撰。《宋志》及诸家书目皆不著录。厉鹗《宋诗纪事》亦不载其名。前有自序，称早困举子业，窃第后方学四六语。又称尚书刘公曾为辛丑省试官，余以晚出门生之礼事之。辛丑为徽宗宣和三年，则邦佐当为北宋末人。集中有《和洪龟父岁晏诗》。龟父，黄庭坚甥洪朋字也，庭坚最赏其诗。而刘克庄《后村诗话》称其早卒，则邦佐与之倡和，又在徽宗以前。序末题甲子岁四月，而中云“投绂西归，老于三径”。甲子为高宗绍兴十四年，则其老而退休在南宋之初。而集中有《贺黄察院启》，在绍熙四年，《迎潭帅朱殿撰启》，在绍熙五年，上距高宗甲子凡五十年，邦佐当已百有余岁，乃复在仕途，似无此理。况邦佐及见洪朋，则与苏轼、陈师道、僧道潜皆同时人，特相距先后间耳。自序称“愿借后山向来一瓣香，敬为曾南丰”句，则陈师道语也。《真隐集序》称递相传写，不无鱼鲁，谨守昔人“白鸥没浩荡，采菊见南山”之戒，则苏轼语也。其诗复云：“不如陶靖节，客至空持瓯。不如苏东坡，胜败两忘忧。”又云：“大苏文章继老苏，魏征勋业付魏谟。”又云：“参寥已似絮沾泥，天女虽来暖非肉。”皆作典故用之，尤为可疑。他如“池平初斗蛤，柳老半藏鸦”，即轼诗之“夜凉初吠蛤，柳老半书虫”也。“早为挂铜钲”，即轼诗之“树头初日挂铜钲”也。“小雨止还作，虚窗暗又明”，即轼诗之“微雨止还滴，小窗幽且妍”也。“蜜熟花蜂亦惯营”，即轼诗之“蜜熟黄蜂亦懒飞”也。“卷地风来忽吹散”，即轼诗之“蓦地风来忽吹散”也。即刻意学步，不应雷同至此。其为摭轼诗赝作，痕迹显然。至于宋璟《梅花赋》，宋已不传。故《李纲集》有补作，其序甚明。今集中有《读广平梅花赋诗》，知其出在刘壎《隐居通议》之后。“梅子又生仁”句，乃以唐寅诗“试尝梅子又生仁”句，截去二字，知其出于唐寅之后，是殆近时之所为耳。（卷一七四·集部·别集类存目一，第1539页）

江西

四库著录不具具体籍贯（仅署江西）先贤2人，著作2种，即明代2种。

（一）籍贯仅署“江西”之先贤著作简目

1.江西 【明】詹云程:《诗经精意》无卷数江西巡抚采进本（卷一七・经部・诗类存目一，第143—144页）

2.江西 【明】彭俨:《五侯鲭》十二卷两江总督采进本（卷一三八・子部・类书类存目二，第1174页）

（二）籍贯仅署“江西”之先贤著作提要

1.江西 【明】詹云程:《诗经精意》无卷数江西巡抚采进本

明詹云程撰。云程字念庭，江西人①。是编诠释经文，皆敷衍语气，为时文之用，乃塾师训蒙讲章也。（卷一七・经部・诗类存目一，第143—144页）

2.江西 【明】彭俨:《五侯鲭》十二卷两江总督采进本

明彭俨撰。俨字若思，江西人②。其书分类隶事，凡十四门。所载皆不著出典，摭拾丛杂，无可采录。（卷一三八・子部・类书类存目二，第1174页）

① 臧励龢主编《中国人名大辞典》（第1155页）也仅云“江西人”。

② 《明史》志第七十四（艺文三）：“彭俨，《五侯鲭》十二卷。”不具籍贯。

| 附录一 |

四库江右先贤著作简目

——以《四库全书总目》书中出现的先后为序

经、史、子、集四部总计1125种，15550卷（26种无卷数，子部《太平广记》500卷、《永乐大典》22877卷另有60卷目录、《册府元龟》1000卷等三种卷数不计算在内，其种数则计算在内）。——其中存目有689种，6836卷，26种无卷数。

经部：总计212种，2358卷（4种无卷数）。——其中存目有105种，943卷，4种无卷数。

上饶·德兴 【宋】张根:《吴园易解》九卷湖北巡抚采进本（卷二·经部·易类二，第7页）

抚州·崇仁 【宋】吴沆:《易璇玑》三卷两江总督采进本（卷三·经部·易类三，第9—10页）

上饶·婺源 【宋】朱熹:《周易本义》十二卷、附《重刻周易本义》四卷内府校刊宋本（卷三·经部·易类三，第11—12页）

吉安·吉水 【宋】杨万里:《诚斋易传》二十卷江西巡抚采进本（卷三·经部·易类三，第14页）

九江·都昌 【宋】冯椅:《厚斋易学》五十二卷永乐大典本（卷三·经部·易类三，第15页）

上饶·婺源 【宋】朱鉴:《朱文公易说》二十三卷编修励守谦家藏本（卷三·经部·易类三，第18页）

上饶·婺源 【宋】胡方平:《易学启蒙通释》二卷内府藏本（卷三·经部·易类三，第20页）

抚州·临川【宋】雷思齐:《易图通变》五卷、《易筮通变》三卷两江总督采进本（卷三·经部·易类三，第21页）

上饶·婺源【元】胡一桂:《易本义附录纂疏》十五卷内府藏本（卷四·经部·易类四，第22页）

上饶·婺源【元】胡一桂:《易学启蒙翼传》四卷内府藏本（卷四·经部·易类四，第22页）

抚州·乐安【元】吴澄:《易纂言》十卷内府藏本（卷四·经部·易类四，第22页）

抚州·乐安【元】吴澄:《易纂言外翼》八卷永乐大典本（卷四·经部·易类四，第23页）

九江·庐山市【元】胡震:《周易衍义》十六卷浙江吴玉墀家藏本（卷四·经部·易类四，第23—24页）

上饶·婺源【元】胡炳文:《周易本义通释》十二卷编修励守谦家藏本（卷四·经部·易类四，第24页）

南昌【元】熊良辅:《周易本义集成》十二卷两江总督采进本（卷四·经部·易类四，第24—25页）

宜春市·樟树市【元】张理:《大易象数钩深图》三卷内府藏本（卷四·经部·易类四，第25页）

吉安·永新【元】龙仁夫:《周易集传》八卷浙江巡抚采进本（卷四·经部·易类四，第25页）

吉安·泰和【元】萧汉中:《读易考原》一卷两淮马裕家藏本（卷四·经部·易类四，第25—26页）

吉安·吉水【元】解蒙:《易精蕴大义》十二卷永乐大典本（卷四·经部·易类四，第26页）

吉安·泰和【元】曾贯:《易学变通》六卷永乐大典本（卷四·经部·易类四，第26页）

上饶·鄱阳【元】董真卿:《周易会通》十四卷内府藏本（卷四·经部·易类四，第26页）

新余【元】梁寅:《周易参义》十二卷浙江巡抚采进本（卷四·经部·易类四，第27页）

吉安·吉水 【明】胡广等:《周易大全》二十四卷内府藏本(卷五·经部·易类五,第28页)

上饶·余干 【明】胡居仁:《易象钞》四卷两淮盐政采进本(卷五·经部·易类五,第29页)

上饶·婺源 【明】潘士藻:《洗心斋读易述》十七卷两江总督采进本(卷五·经部·易类五,第31页)

宜春·高安 【清】朱轼:《周易传义合订》十二卷江西巡抚采进本(卷六·经部·易类六,第41页)

宜春·上高 【清】晏斯盛:《楚蒙山房易经解》十六卷江西巡抚采进本(卷六·经部·易类六,第42页)

九江·都昌 【宋】冯椅(伪托):《周易辑说明解》四卷江西巡抚采进本(卷七·经部·易类存目一,第48—49页)

吉安·安福 【明】邓梦文:《八卦余生》十八卷江西巡抚采进本(卷七·经部·易类存目一,第50—51页)

吉安·永新 【明】刘髦:《石潭易传撮要》一卷江西巡抚采进本(卷七·经部·易类存目一,第51页)

吉安·永新 【明】刘定之:《易经图释》十二卷江西巡抚采进本(卷七·经部·易类存目一,第51页)

上饶·婺源 【明】汪敬:《学易象数举隅》二卷安徽巡抚采进本(卷七·经部·易类存目一,第51页)

南昌·南昌县 【明】舒芬:《易问笺》一卷两江总督采进本(卷七·经部·易类存目一,第52页)

吉安·庐陵 【明】胡经:《胡子易演》十八卷浙江汪启淑家藏本(卷七·经部·易类存目一,第54页)

上饶·广丰 【明】吕怀:《周易卦变图传》二卷安徽巡抚采进本(卷七·经部·易类存目一,第54—55页)

吉安·泰和 【明】龙子昂:《看易凡例图说》一卷江西巡抚采进本(卷七·经部·易类存目一,第55页)

上饶·信州 【明】杨时乔:《周易古今文全书》二十一卷内府藏本(卷七·经部·易类存目一,第56页)

萍乡·莲花【明】刘元卿:《大象观》二卷浙江吴玉墀家藏本(卷七·经部·易类存目一,第57页)

吉安·泰和【明】郭子章:《蠙衣生易解》十四卷江西巡抚采进本(卷七·经部·易类存目一,第57—58页)

抚州·金溪【明】傅文兆:《羲经十一翼》二卷浙江巡抚采进本(卷七·经部·易类存目一,第58页)

南昌·南昌县【明】朱谋玮:《周易象通》八卷浙江吴玉墀家藏本(卷八·经部·易类存目二,第58—59页)

南昌【明】涂宗濬:《续韦斋易义虚裁》八卷浙江巡抚采进本(卷八·经部·易类存目二,第59页)

吉安·安福【明】邹德溥:《易会》八卷浙江郑大节家藏本(卷八·经部·易类存目二,第59页)

上饶·婺源【明】程汝继:《周易宗义》十二卷浙江吴玉墀家藏本(卷八·经部·易类存目二,第62页)

南昌【明】章潢:《周易象义》十卷江苏巡抚采进本(卷八·经部·易类存目二,第62页)

抚州·金溪【明】王宣:《风姬易溯》五卷江西巡抚采进本(卷八·经部·易类存目二,第64页)

九江·彭泽【明】刘日曦:《易思图解》无卷数江西巡抚采进本(卷八·经部·易类存目二,第64—65页)

抚州·黎川【明】黄端伯:《易疏》五卷浙江吴玉墀家藏本(卷八·经部·易类存目二,第66页)

抚州·临川【明】陈际泰:《易经说意》七卷浙江吴玉墀家藏本(卷八·经部·易类存目二,第66页)

抚州·临川【明】陈际泰:《周易翼简捷解》十六卷、附《群经辅易说》一卷浙江巡抚采进本(卷八·经部·易类存目二,第66页)

上饶·鄱阳【明】贺登选:《易辰》九卷江西巡抚采进本(卷八·经部·易类存目二,第66页)

吉安·吉水【明】李陈玉:《三易大传》七十二卷江西巡抚采进本(卷八·经部·易类存目二,第69页)

鹰潭·贵溪 【清】徐继发:《周易明善录》二卷江西巡抚采进本（卷九·经部·易类存目三，第70页）

吉安·吉水 【清】谢复苑:《周易纂解正宗》六卷江西巡抚采进本（卷九·经部·易类存目三，第71页）

抚州·临川 【清】汤秀琦:《读易近解》二卷江西巡抚采进本（卷九·经部·易类存目三，第72页）

吉安·永丰 【清】陈图:《周易起元》十八卷江西巡抚采进本（卷九·经部·易类存目三，第72—73页）

九江 【清】吴德信:《周易象义合参》十二卷江西巡抚采进本（卷九·经部·易类存目三，第77页）

抚州·宜黄 【清】应麟:《易经粹言》三卷江西巡抚采进本（卷九·经部·易类存目三，第78页）

南昌·新建 【清】刘斯组:《周易拨易堂解》二十卷江苏巡抚采进本（卷一〇·经部·易类存目四，第81页）

抚州·广昌 【清】饶一辛:《经义管见》一卷浙江巡抚采进本（卷一〇·经部·易类存目四，第81页）

南昌·新建 【清】朱用行:《大易合参讲义》十卷江西巡抚采进本（卷一〇·经部·易类存目四，第83页）

萍乡·莲花 【清】朱如日:《大易理数观察》二卷江西巡抚采进本（卷一〇·经部·易类存目四，第84页）

抚州·临川 【清】黄家杰:《易经辑疏》四卷江西巡抚采进本（卷一〇·经部·易类存目四，第87页）

吉安·安福 【宋】陈经:《尚书详解》五十卷编修汪如藻家藏本（卷一一·经部·书类一，第94页）

吉安·庐陵 【宋】胡士行:《尚书详解》十三卷内府藏本（卷一一·经部·书类一，第95—96页）

抚州·乐安 【元】吴澄:《书纂言》四卷内府藏本（卷一二·经部·书类二，第96页）

上饶·鄱阳 【元】董鼎:《尚书辑录纂注》六卷内府藏本（卷一二·经部·书类二，第97页）

九江·庐山市 【元】陈师凯：《书蔡传旁通》六卷两江总督采进本（卷一二·经部·书类二，第97页）

吉安·吉水 【元】王充耘：《读书管见》二卷两江总督采进本（卷一二·经部·书类二，第97—98页）

吉安·庐陵 【元】朱祖义：《尚书句解》十三卷两江总督采进本（卷一二·经部·书类二，第98页）

吉安·吉水 【明】胡广：《书传大全》十卷通行本（卷一二·经部·书类二，第99页）

吉安·吉水 【元】王充耘：《书义矜式》六卷浙江范懋柱家天一阁藏本（卷一二·经部·书类二，第105—106页）

吉安·永丰 【元明】陈雅言：《书义卓跃》六卷浙江范懋柱家天一阁藏本（卷一三·经部·书类存目一，第108页）

吉安·永丰 【明】彭勖：《书传通释》六卷浙江吴玉墀家藏本（卷一三·经部·书类存目一，第108页）

抚州·金溪 【明】吴世忠：《书传洪范考疑》一卷浙江巡抚采进本（卷一三·经部·书类存目一，第108—109页）

九江 【明】万嗣达：《书经集意》六卷江西巡抚采进本（卷一四·经部·书类存目二，第112页）

抚州·东乡 【明】艾南英：《禹贡图注》无卷数江西巡抚采进本（卷一四·经部·书类存目二，第112页）

赣州·宁都 【明】杨文彩：《书绎》六卷江西巡抚采进本（卷一四·经部·书类存目二，第113页）

宜春·上高 【清】晏斯盛：《禹贡解》八卷浙江巡抚采进本（卷一四·经部·书类存目二，第115—116页）

抚州·黎川 【清】徐志遴：《尚书举隅》六卷江南巡抚采进本（卷一四·经部·书类存目二，第116页）

抚州·南丰 【清】汤奕瑞：《禹贡方域考》一卷江西巡抚采进本（卷一四·经部·书类存目二，第116页）

吉安·永丰 【宋】欧阳修：《毛诗本义》十六卷两江总督采进本（卷一五·经部·诗类一，第121页）

上饶·婺源 【宋】朱熹:《诗集传》八卷通行本（卷一五·经部·诗类一，第122—123页）

吉安·庐陵 【宋】段昌武:《毛诗集解》二十五卷两江总督采进本（卷一五·经部·诗类一，第125页）

上饶·婺源 【宋】朱鉴:《诗传遗说》六卷两江总督采进本（卷一五·经部·诗类一，第125页）

吉安·安福 【元】刘瑾:《诗传通释》二十卷内府藏本（卷一六·经部·诗类二，第126—127页）

景德镇·乐平 【元】朱公迁:《诗经疏义》二十卷浙江吴玉墀家藏本（卷一六·经部·诗类二，第127页）

抚州·黎川 【元】朱倬:《诗疑问》七卷、附《诗辨说》一卷内府藏本（卷一六·经部·诗类二，第127—128页）

吉安·庐陵 【元】刘玉汝:《诗缵绪》十八卷永乐大典本（卷一六·经部·诗类二，第128页）

新余 【元】梁寅:《诗演义》十五卷浙江范懋柱家天一阁藏本（卷一六·经部·诗类二，第128页）

宜春·丰城 【明】朱善:《诗解颐》四卷内府藏本（卷一六·经部·诗类二，第128页）

吉安·吉水 【明】胡广:《诗经大全》二十卷通行本（卷一六·经部·诗类二，第128页）

南昌·南昌县 【明】朱谋㙔:《诗故》十卷浙江吴玉墀家藏本（卷一六·经部·诗类二，第129页）

抚州·南城 【宋】谢叔孙:《诗义断法》五卷浙江范懋柱家天一阁藏本（卷一七·经部·诗类存目一，第138页）

南昌 【明】陈以蕴:《毛诗说》四卷浙江巡抚采进本（卷一七·经部·诗类存目一，第141页）

南昌 【明】万时华:《诗经偶笺》十三卷江西巡抚采进本（卷一七·经部·诗类存目一，第143页）

吉安·永新 【明】贺贻孙:《诗触》四卷江西巡抚采进本（卷一七·经部·诗类存目一，第143页）

江西【明】詹云程：《诗经精意》无卷数江西巡抚采进本（卷一七·经部·诗类存目一，第143—144页）

抚州·宜黄【清】应麟：《诗经旁参》二卷江西巡抚采进本（卷一八·经部·诗类存目二，第146页）

抚州·临川【宋】王安石：《周官新义》十六卷、附《考工记解》二卷永乐大典本（卷一九·经部·礼类一，第149—150页）

抚州·临川【宋】俞庭椿：《周礼复古编》一卷山东巡抚采进本（卷一九·经部·礼类一，第150—151页）

赣州·于都【宋】朱申：《周礼句解》十二卷浙江范懋柱家天一阁藏本（卷一九·经部·礼类一，第152—153页）

南昌【元】毛应龙：《周官集传》十六卷永乐大典本（卷一九·经部·礼类一，第153—154页）

上饶·婺源【清】江永：《周礼疑义举要》七卷安徽巡抚采进本（卷一九·经部·礼类一，第157—158页）

吉安·庐陵【宋】李如圭：《仪礼集释》三十卷永乐大典本（卷二〇·经部·礼类二，第159页）

吉安·庐陵【宋】李如圭：《仪礼释宫》一卷永乐大典本（卷二〇·经部·礼类二，第159—160页）

抚州·乐安【元】吴澄：《仪礼逸经传》二卷两江总督采进本（卷二〇·经部·礼类二，第160—161页）

上饶·婺源【清】江永：《仪礼释宫增注》一卷安徽巡抚采进本（卷二〇·经部·礼类二，第166—167页）

抚州·乐安【元】吴澄：《礼记纂言》三十六卷两淮马裕家藏本（卷二一·经部·礼类三，第169—170页）

九江·都昌【元】陈澔：《云庄礼记集说》十卷通行本（卷二一·经部·礼类三，第170页）

吉安·吉水【明】胡广：《礼记大全》三十卷少詹事陆费墀家藏本（卷二一·经部·礼类三，第170页）

上饶·婺源【清】江永：《礼记训义择言》八卷两江总督采进本（卷二一·经部·礼类三，第174页）

上饶·婺源【清】江永:《深衣考误》一卷安徽巡抚采进本（卷二一·经部·礼类三，第174—175页）

上饶·婺源【清】汪绂:《参读礼志疑》二卷编修励守谦家藏本（卷二二·经部·礼类四，第178页）

上饶·婺源【宋】朱熹:《仪礼经传通解》三十七卷、《续》二十九卷浙江巡抚采进本（卷二二·经部·礼类四，第179页）

上饶·婺源【清】江永:《礼书纲目》八十五卷安徽巡抚采进本（卷二二·经部·礼类四，第179页）

上饶·婺源【宋】朱熹（伪托）:《家礼》五卷、《附录》一卷少詹事陆费墀家藏本（卷二二·经部·礼类四，第180—181页）

抚州·广昌【明】何乔新:《周礼集注》七卷两淮马裕家藏本（卷二三·经部·礼类存目一，第182页）

南昌·南昌县【明】舒芬:《周礼定本》四卷两江总督采进本（卷二三·经部·礼类存目一，第182—183页）

宜春·丰城【明】徐即登:《周礼说》十四卷两淮马裕家藏本（卷二三·经部·礼类存目一，第183页）

吉安·庐陵【宋】李如圭:《释宫》一卷通行本（卷二三·经部·礼类存目一，第189页）

上饶·婺源【清】江永:《仪礼释例》一卷安徽巡抚采进本（卷二三·经部·礼类存目一，第191页）

上饶·弋阳【宋】谢枋得（疑伪托）:《批点檀弓》二卷兵部侍郎纪昀家藏本（卷二四·经部·礼类存目二，第192页）

抚州·乐安【元】吴澄（疑伪托）:《月令七十二候集解》一卷通行本（卷二四·经部·礼类存目二，第192—193页）

抚州·乐安；宜春·高安【元】吴澄、【清】朱轼:《校补礼记纂言》三十六卷江西巡抚采进本（卷二四·经部·礼类存目二，第198页）

南昌·新建【清】徐世溥:《夏小正解》一卷江西巡抚采进本（卷二四·经部·礼类存目二，第199页）

抚州·乐安【元】吴澄（伪托）:《三礼考注》六十四卷两淮马裕家藏本（卷二五·经部·礼类存目三，第200页）

抚州·黎川 【明】邓元锡:《三礼编绎》二十六卷两淮盐政采进本(卷二五·经部·礼类存目三,第201—202页)

抚州·南丰 【明】李经纶:《礼经类编》三十卷江西巡抚采进本(卷二五·经部·礼类存目三,第202页)

抚州·南丰 【清】刘凝:《稽礼辨论》一卷江西巡抚采进本(卷二五·经部·礼类存目三,第203页)

宜春·高安 【清】朱轼:《仪礼节要》二十卷江西巡抚采进本(卷二五·经部·礼类存目三,第205页)

宜春·樟树 【宋】刘敞:《春秋权衡》十七卷内府藏本(卷二六·经部·春秋类一,第215页)

宜春·樟树 【宋】刘敞:《春秋传》十五卷内府藏本(卷二六·经部·春秋类一,第215页)

宜春·樟树 【宋】刘敞:《春秋意林》二卷内府藏本(卷二六·经部·春秋类一,第215—216页)

宜春·樟树 【宋】刘敞:《春秋传说例》一卷永乐大典本(卷二六·经部·春秋类一,第216页)

吉安·泰和 【宋】萧楚:《春秋辨疑》四卷永乐大典本(卷二六·经部·春秋类一,第217页)

宜春·樟树 【宋】张洽:《春秋集注》十一卷、《纲领》一卷江西巡抚采进本(卷二七·经部·春秋类二,第222—223页)

抚州·乐安 【元】吴澄:《春秋纂言》十二卷、《总例》一卷两淮盐政采进本(卷二八·经部·春秋类三,第225页)

吉安·安福 【元】李廉:《春秋诸传会通》二十四卷浙江范懋柱家天一阁藏本(卷二八·经部·春秋类三,第227页)

吉安·吉水 【明】胡广:《春秋大全》七十卷内府藏本(卷二八·经部·春秋类三,第230页)

上饶·婺源 【清】江永:《春秋地理考实》四卷安徽巡抚采进本(卷二九·经部·春秋类四,第242—243页)

吉安·永丰 【宋】欧阳修(伪托):《左传节文》十五卷兵部侍郎纪昀家藏本(卷三〇·经部·春秋类存目一,第244页)

抚州·南城 【金】利鸾孙:《春秋握奇图》一卷永乐大典本(卷三〇·经部·春秋类存目一,第245页)

吉安·庐陵 【元】黄复祖:《春秋经疑问对》二卷永乐大典本(卷三〇·经部·春秋类存目一,第245页)

抚州·广昌 【明】饶秉鉴:《春秋提要》四卷江西巡抚采进本(卷三〇·经部·春秋类存目一,第246页)

吉安·安福 【明】邹德溥(伪托):《春秋匡解》六卷浙江巡抚采进本(卷三〇·经部·春秋类存目一,第248页)

抚州·宜黄 【明】邓来鸾:《春秋实录》十二卷浙江吴玉墀家藏本(卷三〇·经部·春秋类存目一,第249页)

抚州·临川 【清】汤秀琦:《春秋志》十五卷河南巡抚采进本(卷三一·经部·春秋类存目二,第253—254页)

宜春·高安 【清】朱轼:《春秋钞》十卷江西巡抚采进本(卷三一·经部·春秋类存目二,第257页)

抚州·宜黄 【清】应麟:《春秋剩义》二卷江西巡抚采进本(卷三一·经部·春秋类存目二,第258—259页)

上饶·婺源 【宋】朱熹:《孝经刊误》一卷通行本(卷三二·经部·孝经类,第264—265页)

上饶·鄱阳 【元】董鼎:《孝经大义》一卷两江总督采进本(卷三二·经部·孝经类,第265页)

抚州·乐安 【元】吴澄:《孝经定本》一卷两江总督采进本(卷三二·经部·孝经类,第265页)

抚州·南城 【明】罗汝芳:《孝经宗旨》一卷通行本(卷三二·经部·孝经类,第267页)

抚州·宜黄 【清】应是:《读孝经》四卷(江西巡抚采进本)(卷三二·经部·孝经类,第267页)

宜春·高安 【清】朱轼:《孝经》一卷江西巡抚采进本(卷三二·经部·孝经类,第268页)

宜春·樟树 【宋】刘敞:《七经小传》三卷两江总督采进本(卷三三·经部·五经总义类,第270页)

宜春·丰城【元】熊朋来：《五经说》七卷江苏巡抚采进本（卷三三·经部·五经总义类，第273页）

上饶·婺源【清】江永：《群经补义》五卷安徽巡抚采进本（卷三三·经部·五经总义类，第278—279页）

抚州·黎川【明】邓元锡：《五经绎》十五卷江西巡抚采进本（卷三四·经部·五经总义类存目，第282页）

抚州·临川【明】陈际泰：《五经读》五卷浙江巡抚采进本（卷三四·经部·五经总义类存目，第284页）

吉安·吉水【明】张絅：《古学偶编》一卷安徽巡抚采进本（卷三四·经部·五经总义类存目，第288页）

宜春·丰城：【清】黄文澍：《经解》五卷、《经义杂著》一卷浙江巡抚采进本（卷三四·经部·五经总义类存目，第288页）

上饶·婺源【宋】朱熹：《大学章句》一卷、《论语集注》十卷、《孟子集注》七卷、《中庸章句》一卷通行本（卷三五·经部·四书类一，第293—294页）

上饶·婺源【宋】朱熹：《四书或问》三十九卷江苏巡抚采进本（卷三五·经部·四书类一，第294页）

上饶·婺源【宋】朱熹：《论孟精义》三十四卷江苏巡抚采进本（卷三五·经部·四书类一，第294页）

新余【宋】黎立武：《中庸指归》一卷、《中庸分章》一卷、《大学发微》一卷、《大学本旨》一卷浙江巡抚采进本（卷三五·经部·四书类一，第297页）

上饶·婺源【宋】胡炳文：《四书通》二十六卷两江总督采进本（卷三六·经部·四书类二，第299页）

宜春·袁州【元】袁俊翁：《四书疑节》十二卷浙江汪启淑家藏本（卷三六·经部·四书类二，第300页）

吉安·吉水【元】王充耘：《四书经疑贯通》八卷浙江范懋柱家天一阁藏本（卷三六·经部·四书类二，第300页）

抚州·临川【元】詹道传：《四书纂笺》二十八卷内府藏本（卷三六·经部·四书类二，第300页）

景德镇·乐平【元】朱公迁：《四书通旨》六卷内府藏本（卷三六·经部·四书类二，第300—301页）

吉安·吉水【明】胡广：《四书大全》三十六卷通行本（卷三六·经部·四书类二，第301—302页）

抚州·临川【明】章世纯：《四书留书》六卷江苏巡抚采进本（卷三六·经部·四书类二，第303页）

上饶·婺源【清】江永：《乡党图考》十卷安徽巡抚采进本（卷三六·经部·四书类二，第306—307页）

上饶·婺源【宋】朱熹（伪托）：《或问小注》三十六卷安徽巡抚采进本（卷三七·经部·四书类存目，第308页）

上饶·婺源【宋】朱熹（伪托）：《四书问目》无卷数浙江吴玉墀家藏本（卷三七·经部·四书类存目，第308页）

抚州·南丰【明】李经纶：《大学稽中传》三卷江西巡抚采进本（卷三七·经部·四书类存目，第310页）

萍乡·莲花【明】刘元卿：《大学新编》五卷江西巡抚采进本（卷三七·经部·四书类存目，第310页）

南昌·新建【明】万尚烈：《四书测》六卷内府藏本（卷三七·经部·四书类存目，第312页）

抚州·黎川【明】鲁论：《四书通义》三十八卷江西巡抚采进本（卷三七·经部·四书类存目，第313页）

抚州·临川【明】陈际泰：《四书读》十卷江西巡抚采进本（卷三七·经部·四书类存目，第313页）

宜春【明】张自烈：《四书大全辨》三十八卷、《附录》六卷江苏周厚堉家藏本（卷三七·经部·四书类存目，第314页）

抚州·南丰【明】谢文洊：《学庸切己录》二卷（江西巡抚采进本）（卷三七·经部·四书类存目，第314页）

吉安·庐陵【清】萧正发：《翼艺典略》十卷江西巡抚采进本（卷三七·经部·四书类存目，第319页）

宜春·丰城【元】熊朋来：《瑟谱》六卷永乐大典本（卷三八·经部·乐类，第322—323页）

吉安·安福【元】刘瑾：《律吕成书》二卷永乐大典本（卷三八·经部·乐类，第323页）

上饶·婺源【清】江永:《律吕新论》二卷山东巡抚采进本(卷三八·经部·乐类,第329页)

上饶·婺源【清】江永:《律吕阐微》十卷两江总督采进本(卷三八·经部·乐类,第329页)

上饶·德兴【明】张敔:《雅乐发微》八卷两淮马裕家藏本(卷三九·经部·乐类存目,第330页)

上饶·广丰【明】吕怀:《箫韶考逸》二卷浙江巡抚采进本(卷三九·经部·乐类存目,第332—333页)

上饶·广丰【明】吕怀:《律吕古义》三卷两淮盐政采进本(卷三九·经部·乐类存目,第333页)

上饶·婺源【清】潘继善:《音律节略考》一卷两江总督采进本(卷三九·经部·乐类存目,第337页)

南昌·南昌县【明】朱谋垏:《骈雅》七卷浙江巡抚采进本(卷四〇·经部·小学类一,第342—343页)

九江·德安【宋】夏竦:《古文四声韵》五卷刑部郎中汪启淑家刊本(卷四一·经部·小学类二,第349页)

上饶·鄱阳【元】周伯琦:《说文字原》一卷、《六书正讹》五卷大学士于敏中家藏本(卷四一·经部·小学类二,第353页)

抚州·南城【宋】陈彭年:《重修广韵》五卷两淮马裕家藏本(卷四二·经部·小学类三,第358—359页)

吉安·吉安县【宋】欧阳德隆:《增修校正押韵释疑》五卷江苏巡抚采进本(卷四二·经部·小学类三,第361—362页)

上饶·婺源【清】江永:《古韵标准》四卷桂林府同知李文藻刊本(卷四二·经部·小学类三,第369页)

南昌·新建【明】张位:《问奇集》一卷两江总督采进本(卷四三·经部·小学类存目一,第375页)

抚州·临川【明】汤显祖(伪托):《五侯鲭字海》二十卷安徽巡抚采进本(卷四三·经部·小学类存目一,第376页)

宜春【明】张自烈:《正字通》十二卷通行本(卷四三·经部·小学类存目一,第378页)

抚州·南丰【清】刘凝：《韵原表》一卷两淮马裕家藏本（卷四三·经部·小学类存目一，第379页）

抚州·南丰【清】刘凝：《石鼓文定本》二卷两江总督采进本（卷四三·经部·小学类存目一，第379页）

南昌【清】熊文登：《字辨》七卷安徽巡抚采进本（卷四三·经部·小学类存目一，第380页）

上饶·婺源【清】汪立名：《钟鼎字源》五卷河南巡抚采进本（卷四三·经部·小学类存目一，第380页）

九江·德安【宋】夏竦（伪托）：《韵经》五卷安徽巡抚采进本（卷四四·经部·小学类存目二，第382—383页）

吉安·永新【明】甘雨：《古今韵分注撮要》五卷江苏巡抚采进本（卷四四·经部·小学类存目二，第384页）

南昌·新建【清】徐世溥：《韵蕞》一卷江苏巡抚采进本（卷四四·经部·小学类存目二，第390页）

南昌【清】熊士伯：《古音正义》一卷江西巡抚采进本（卷四四·经部·小学类存目二，第391—392页）

南昌【清】熊士伯：《等切元声》十卷江西巡抚采进本（卷四四·经部·小学类存目二，第392页）

上饶·婺源【清】江永：《四声切韵表》一卷兵部侍郎纪昀家藏本（卷四四·经部·小学类存目二，第393页）

史部：总计190种，4111卷（3种无卷数）。——其中存目有137种，1729卷，3种无卷数。

宜春·丰城【宋】熊方：《补后汉书年表》十卷编修汪如藻家藏本（卷四五·史部·正史类一，第402—403页）

吉安·永丰【宋】欧阳修：《新唐书》二百二十五卷内府刊本（卷四六·史部·正史类二，第410页）

吉安·永丰【宋】欧阳修：《新五代史记》七十五卷内府刊本（卷四六·史部·正史类二，第411—412页）

上饶·鄱阳【宋】洪遵（伪托）：《订正史记真本凡例》一卷编修程晋芳家藏本（卷四六·史部·正史类存目，第416页）

吉安·吉安县【宋】刘辰翁：《班马异同评》三十五卷浙江汪汝瑮家藏本（卷四六·史部·正史类存目，第417页）

宜春·高安【宋】刘恕：《通鉴外纪》十卷、《目录》五卷少詹事陆费墀家藏本（卷四七·史部·编年类，第422—423页）

宜春【明】张自勋：《纲目续麟》二十卷、《校正凡例》一卷、《附录》一卷、《汇览》三卷江西巡抚采进本（卷四七·史部·编年类，第424页）

抚州·乐安【元】何中：《通鉴纲目测海》三卷江西巡抚采进本（卷四八·史部·编年类存目，第432—433页）

宜春·丰城【明】雷礼：《明大政记》二十五卷内府藏本（卷四八·史部·编年类存目，第434页）

宜春·丰城【明】雷礼（伪托）：《明六朝索隐》十六卷（两江总督采进本）（卷四八·史部·编年类存目，第434页）

宜春·樟树【宋】徐梦莘：《三朝北盟会编》二百五十卷左都御史张若溎家藏本（卷四九·史部·纪事本末类，第438页）

宜春·高安【明】陈邦瞻：《宋史纪事本末》二十六卷两淮盐政采进本（卷四九·史部·纪事本末类，第439页）

宜春·高安【明】陈邦瞻：《元史纪事本末》四卷江苏巡抚采进本（卷四九·史部·纪事本末类，第439页）

抚州·南丰【宋】曾巩（伪托）：《隆平集》二十卷两江总督采进本（卷五〇·史部·别史类，第447页）

吉安·吉安县【宋】罗泌：《路史》四十七卷两江总督采进本（卷五〇·史部·别史类，第449页）

吉安·庐陵【宋】萧常：《续后汉书》四十七卷编修庄承篯家藏本（卷五〇·史部·别史类，第450—451页）

吉安·庐陵【元】曾先之：《十八史略》二卷浙江巡抚采进本（卷五〇·史部·别史类存目，第454页）

抚州·金溪【明】李纪：《史略详注补遗大成》十卷内府藏本（卷五〇·史部·别史类存目，第455页）

抚州·黎川【明】邓元锡：《函史上编》八十一卷、《下编》二十一卷江西巡抚采进本（卷五〇·史部·别史类存目，第455—456页）

抚州·黎川【明】邓元锡:《明书》四十五卷浙江鲍士恭家藏本(卷五〇·史部·别史类存目,第456页)

南昌·南昌县【明】朱谋玮:《邃古记》八卷浙江鲍士恭家藏本(卷五〇·史部·别史类存目,第456页)

吉安·永新【清】龙体刚:《半窗史略》四十二卷江西巡抚采进本(卷五〇·史部·别史类存目,第459页)

上饶·鄱阳【宋】洪皓:《松漠纪闻》一卷、《续》一卷两淮盐政采进本(卷五一·史部·杂史类,第464—465页)

宜春·高安【宋】陈仲微:《广王卫王本末》一卷浙江汪启淑家藏本(卷五二·史部·杂史类存目一,第473页)

抚州·崇仁【元】虞集:《平猺记》一卷浙江吴玉墀家藏本(卷五二·史部·杂史类存目一,第474页)

吉安【明】权衡:《庚申外史》二卷编修汪如藻家藏本(卷五二·史部·杂史类存目一,第474页)

吉安·峡江【明】金幼孜:《北征录》一卷、《后北征录》一卷户部尚书王际华家藏本(卷五二·史部·杂史类存目一,第476页)

吉安·泰和【明】杨士奇:《三朝圣谕录》三卷左都御史张若溎家藏本(卷五三·史部·杂史类存目二,第476页)

吉安·永新【明】刘定之:《否泰录》一卷浙江范懋柱家天一阁藏本(卷五三·史部·杂史类存目二,第476—477页)

宜春·丰城【明】杨暄:《复辟录》一卷浙江吴玉墀家藏本(卷五三·史部·杂史类存目二,第477页)

宜春·宜丰【明】袁彬:《北征事迹》一卷浙江范懋柱家天一阁藏本(卷五三·史部·杂史类存目二,第478页)

上饶【明】娄性:《明政要》二十卷浙江汪启淑家藏本(卷五三·史部·杂史类存目二,第478—479页)

吉安·庐陵【明】刘昭:《东征忠义录》无卷数江西巡抚采进本(卷五三·史部·杂史类存目二,第479页)

上饶·弋阳【明】姜清:《姜氏秘史》一卷浙江汪启淑家藏本(卷五三·史部·杂史类存目二,第480页)

吉安·永丰【明】郭汝霖:《使琉球录》二卷浙江巡抚采进本(卷五三·史部·杂史类存目二,第484页)

吉安·泰和【明】郭子章:《平播始末》二卷江西巡抚采进本(卷五四·史部·杂史类存目三,第485页)

宜春·丰城【明】杨惟休:《泰昌日录》一卷浙江汪启淑家藏本(卷五四·史部·杂史类存目三,第487页)

鹰潭·贵溪【明】夏言:《南宫奏稿》五卷编修励守谦家藏本(卷五五·史部·诏令奏议类,第499—500页)

抚州·宜黄【明】谭纶:《谭襄敏奏议》十卷两江总督采进本(卷五五·史部·诏令奏议类,第500页)

上饶·余干【宋】赵汝愚:《诸臣奏议》一百五十卷浙江巡抚采进本(卷五五·史部·诏令奏议类,第501—502页)

吉安·泰和【明】杨士奇:《历代名臣奏议》三百五十卷两淮盐政采进本(卷五五·史部·诏令奏议类,第502页)

吉安·泰和【明】杨士奇:《代言录》一卷江西巡抚采进本(卷五六·史部·诏令奏议类存目,第503页)

宜春·高安【明】朱吾弼:《朱子奏议》十五卷两江总督采进本(卷五六·史部·诏令奏议类存目,第504页)

吉安·泰和【明】杨士奇:《奏对录》一卷浙江巡抚采进本(卷五六·史部·诏令奏议类存目,第504页)

吉安·吉水【明】毛伯温:《毛襄懋奏议》二十卷江西巡抚采进本(卷五六·史部·诏令奏议类存目,第505页)

鹰潭·余江【明】桂萼:《桂文襄奏议》八卷江西巡抚采进本(卷五六·史部·诏令奏议类存目,第505页)

宜春·奉新【明】邓显麒:《梦虹奏议》二卷江西巡抚采进本(卷五六·史部·诏令奏议类存目,第506页)

鹰潭·贵溪【明】夏言:《桂洲奏议》二十一卷安徽巡抚采进本(卷五六·史部·诏令奏议类存目,第506页)

宜春·丰城【明】李遂:《督抚经略疏》八卷浙江巡抚采进本(卷五六·史部·诏令奏议类存目,第506页)

吉安·泰和【明】曾忭：《前川奏疏》二卷江西巡抚采进本（卷五六·史部·诏令奏议类存目，第506页）

抚州·黎川【明】张櫃：《存笥录》一卷江西巡抚采进本（卷五六·史部·诏令奏议类存目，第507页）

上饶·余干【明】李颐：《奏议》二卷江西巡抚采进本（卷五六·史部·诏令奏议类存目，第508页）

抚州·临川【明】周孔教：《周中丞疏稿》十六卷江西巡抚采进本（卷五六·史部·诏令奏议类存目，第509页）

宜春·高安【明】朱吾弼：《留台奏议》二十卷浙江巡抚采进本（卷五六·史部·诏令奏议类存目，第512页）

吉安·吉水【宋】胡知柔：《象台首末》五卷浙江郑大节家藏本（卷五七·史部·传记类一，第516页）

上饶·婺源【宋】朱熹：《伊雒渊源录》十四卷副都御史黄登贤家藏本（卷五七·史部·传记类一，第519页）

上饶·婺源；吉安·吉安县【宋】朱熹、李幼武：《名臣言行录前集》十卷、《后集》十四卷、《续集》八卷、《别集》二十六卷、《外集》十七卷浙江郑大节家藏本（卷五七·史部·传记类一，第519—520页）

吉安·吉水【明】解缙：《古今列女传》三卷两江总督采进本（卷五八·史部·传记类二，第523页）

宜春·高安【清】朱轼：《史传三编》五十六卷江西巡抚采进本（卷五八·史部·传记类二，第528页）

吉安·庐陵【宋】欧阳士秀：《孔子世家补》十二卷永乐大典本（卷五九·史部·传记类存目一，第531页）

上饶·婺源【元】程复心（伪托）：《孔子论语年谱》一卷编修程晋芳家藏本（卷五九·史部·传记类存目一，第531页）

上饶·婺源【元】程复心（伪托）：《孟子年谱》一卷编修程晋芳家藏本（卷五九·史部·传记类存目一，第531页）

赣州·兴国【宋】李朴：《丰清敏遗事》一卷浙江范懋柱家天一阁藏本（卷五九·史部·传记类存目一，第535—536页）

抚州·金溪【明】危素：《草庐年谱》二卷、《附录》二卷编修汪如藻家藏本（卷

六〇·史部·传记类存目二，第538页）

上饶·婺源【明】戴铣：《朱子实纪》十二卷江苏巡抚采进本（卷六〇·史部·传记类存目二，第540页）

吉安·泰和【明】陈虞岳：《传信辨误录》一卷浙江吴玉墀家藏本（卷六〇·史部·传记类存目二，第540页）

抚州·金溪【明】吴悌：《吴疏山集》十七卷江南巡抚采进本（卷六〇·史部·传记类存目二，第541页）

上饶·婺源【明】朱钟文：《考亭朱氏文献全谱》十二卷浙江巡抚采进本（卷六〇·史部·传记类存目二，第543页）

上饶·婺源【清】朱世润：《朱子年谱》六卷副都御史黄登贤家藏本（卷六〇·史部·传记类存目二，第546页）

抚州·临川【清】李绂：《陆象山年谱》二卷江西巡抚采进本（卷六〇·史部·传记类存目二，第546页）

上饶·婺源【清】江永：《考订朱子世家》一卷安徽巡抚采进本（卷六〇·史部·传记类存目二，第546页）

上饶·鄱阳【清】史珥：《胡忠烈遗事》四卷江西巡抚采进本（卷六〇·史部·传记类存目二，第546页）

抚州·宜黄【宋】乐史：《广卓异记》二十卷浙江鲍士恭家藏本（卷六一·史部·传记类存目三，第547页）

宜春·樟树【宋】章颖：《南渡十将传》十卷两淮盐政采进本（卷六一·史部·传记类存目三，第548页）

抚州·金溪【明】王蓂：《忠义录》十四卷浙江范懋柱家天一阁藏本（卷六一·史部·传记类存目三，第549页）

吉安·泰和【明】尹直：《名相赞》一卷浙江范懋柱家天一阁藏本（卷六一·史部·传记类存目三，第549页）

吉安·泰和【明】尹直：《南宋名臣言行录》十六卷浙江范懋柱家天一阁藏本（卷六一·史部·传记类存目三，第549页）

吉安·吉水【明】邓淮：《鹿城书院集》无卷数浙江巡抚采进本（卷六一·史部·传记类存目三，第550页）

赣州·大余【明】刘节：《春秋列传》五卷副都御史黄登贤家藏本（卷六一·史部·传

记类存目三，第551页）

吉安·峡江【明】张芹：《备遗录》一卷浙江范懋柱家天一阁藏本（卷六一·史部·传记类存目三，第551页）

吉安·万安【明】朱衡：《道南源委录》十二卷浙江巡抚采进本（卷六一·史部·传记类存目三，第554页）

宜春·丰城【明】雷礼：《列卿纪》一百六十五卷浙江巡抚采进本（卷六一·史部·传记类存目三，第554页）

新余【明】罗汝鉴：《群忠备遗录》二卷江苏巡抚采进本（卷六一·史部·传记类存目三，第555页）

宜春·丰城【明】李贵：《宋五先生郡邑政绩》一卷浙江范懋柱家天一阁藏本（卷六一·史部·传记类存目三，第555页）

南昌【明】魏显国：《历代相臣传》一百六十八卷直隶总督采进本（卷六二·史部·传记类存目四，第556页）

南昌【明】魏显国：《儒林全传》二十卷浙江汪启淑家藏本（卷六二·史部·传记类存目四，第556页）

南昌【明】魏显国：《历代守令传》二十四卷两淮马裕家藏本（卷六二·史部·传记类存目四，第556—557页）

南昌【明】魏显国：《元相臣传》十二卷两淮盐政采进本（卷六二·史部·传记类存目四，第557页）

吉安·泰和【明】郭子章：《圣门人物志》十二卷江西巡抚采进本（卷六二·史部·传记类存目四，第557页）

吉安·泰和【明】郭子章：《豫章书》一百二十二卷江西巡抚采进本（卷六二·史部·传记类存目四，第557页）

南昌·新建；萍乡·莲花【明】喻均、刘元卿：《江右名贤编》二卷浙江巡抚采进本（卷六二·史部·传记类存目四，第558页）

吉安·永新【明】贺中男：《明经济名臣传》四卷江西巡抚采进本（卷六二·史部·传记类存目四，第563—564页）

南昌【清】陈允衡：《古人几部》六卷两江总督采进本（卷六三·史部·传记类存目五，第565页）

抚州·广昌【清】何属乾：《又尚集》二卷江西巡抚采进本（卷六三·史部·传记

类存目五，第568页）

宜春·樟树【清】杨锡绂：《节妇传》十五卷江西巡抚采进本（卷六三·史部·传记类存目五，第569页）

吉安·吉水【明】陈诚：《使西域记》一卷编修程晋芳家藏本（卷六四·史部·传记类存目六，第571—572页）

吉安·安福【明】赵璜：《归闲述梦》一卷浙江范懋柱家天一阁藏本（卷六四·史部·传记类存目六，第572页）

南昌·南昌县【明】舒芬：《东观录》一卷两江总督采进本（卷六四·史部·传记类存目六，第573页）

宜春·丰城【明】张鸣凤：《西迁注》一卷两淮盐政采进本（卷六四·史部·传记类存目六，第573页）

吉安·吉水【宋】杨克弼：《伪豫传》一卷两淮盐政采进本（卷六四·史部·传记类存目六，第577页）

上饶·鄱阳【宋】洪迈：《史记法语》八卷浙江巡抚采进本（卷六五·史部·史钞类存目，第578页）

上饶·鄱阳【宋】洪迈：《南朝史精语》十卷浙江汪启淑家藏本（卷六五·史部·史钞类存目，第578—579页）

宜春·樟树【明】张九韶：《元史节要》十四卷两淮盐政采进本（卷六五·史部·史钞类存目，第579页）

上饶·婺源【明】汪应蛟：《古今彝语》十二卷浙江巡抚采进本（卷六五·史部·史钞类存目，第581页）

吉安·庐陵【明】彭以明：《二十一史论赞辑要》三十六卷浙江巡抚采进本（卷六五·史部·史钞类存目，第581页）

赣州·瑞金【明】杨以任：《读史集》四卷江苏周厚堉家藏本（卷六五·史部·史钞类存目，第581页）

九江【明】文德翼：《宋史存》二卷浙江鲍士恭家藏本（卷六五·史部·史钞类存目，第581页）

抚州·南城【宋】陈彭年：《江南别录》一卷安徽巡抚采进本（卷六六·史部·载记类，第585—586页）

抚州·宜黄【宋】乐史：《太平寰宇记》一百九十三卷浙江汪启淑家藏本（卷六八·史

部·地理类一，第595—596页）

吉安·永丰【宋】欧阳忞：《舆地广记》三十八卷浙江鲍士恭家藏本（卷六八·史部·地理类一，第596页）

吉安·庐陵【宋】罗濬：《宝庆四明志》二十一卷、《开庆续志》十二卷两淮盐政采进本（卷六八·史部·地理类一，第599—600页）

九江·武宁【宋】周应合：《景定建康志》五十卷两淮马裕家藏本（卷六八·史部·地理类一，第600页）

鹰潭·贵溪【明】姚文灏：《浙西水利书》三卷两淮马裕家藏本（卷六九·史部·地理类二，第612页）

南昌·新建【清】陈宏绪：《江城名迹》二卷江西巡抚采进本（卷七〇·史部·地理类三，第621页）

上饶·婺源【宋】张敦颐：《六朝事迹编类》二卷两江总督采进本（卷七〇·史部·地理类三，第624页）

九江·德安【明】何宇度：《益部谈资》三卷两淮盐政采进本（卷七〇·史部·地理类三，第627页）

南昌·青云谱区【元】汪大渊：《岛夷志略》一卷浙江范懋柱家天一阁藏本（卷七一·史部·地理类四，第631—632页）

赣州·宁都【明】董越：《朝鲜赋》一卷浙江范懋柱家天一阁藏本（卷七一·史部·地理类四，第632页）

吉安·吉水【明】萧洵：《故宫遗录》一卷两淮马裕家藏本（卷七二·史部·地理类存目一，第635页）

鹰潭·余江【明】桂萼：《舆图记叙》二卷江西巡抚采进本（卷七二·史部·地理类存目一，第636页）

吉安·泰和【明】郭子章：《郡县释名》二十六卷浙江鲍士恭家藏本（卷七二·史部·地理类存目一，第636页）

抚州·临川【明】伍余福：《陕西志》三十卷两淮盐政采进本（卷七三·史部·地理类存目二，第638页）

上饶·婺源【明】汪舜民：《徽州府志》十二卷两淮马裕家藏本（卷七三·史部·地理类存目二，第639页）

上饶·铅山【明】费寀：《嘉靖广信府志》二十卷两淮盐政采进本（卷七三·史

部·地理类存目二，第640页）

宜春·丰城【明】雷礼：《嘉靖真定府志》三十三卷两淮盐政采进本（卷七四·史部·地理类存目三，第643页）

赣州·赣县【明】谢诏：《天启赣州府志》二十卷两淮盐政采进本（卷七四·史部·地理类存目三，第645页）

景德镇·浮梁【明】陈大绶：《万历饶州府志》四十五卷两淮盐政采进本（卷七四·史部·地理类存目三，第646页）

抚州·临川【明】伍余福：《三吴水利论》一卷户部尚书王际华家藏本（卷七五·史部·地理类存目四，第650—651页）

宜春·高安【明】吴山：《河治通考》十卷浙江汪启淑家藏本（卷七五·史部·地理类存目四，第651页）

宜春·丰城【明】游季勋：《新河成疏》无卷数浙江范懋柱家天一阁藏本（卷七五·史部·地理类存目四，第652页）

鹰潭·贵溪【明】徐贞明：《潞水客谈》一卷两淮盐政采进本（卷七五·史部·地理类存目四，第652页）

抚州·金溪；临川；临川【明】谢廷谅、周孔教、姜宏范：《千金堤志》八卷浙江范懋柱家天一阁藏本（卷七五·史部·地理类存目四，第652—653页）

抚州·崇仁【明】吴道南：《河渠志》一卷江苏巡抚采进本（卷七五·史部·地理类存目四，第653页）

吉安·安福【明】彭簪：《衡岳志》十三卷浙江汪启淑家藏本（卷七六·史部·地理类存目五，第659页）

吉安·泰和【明】郭子章：《阿育王山志》十卷两淮马裕家藏本（卷七六·史部·地理类存目五，第660页）

赣州·宁都【明】陈朝用：《京口三山续志》四卷浙江巡抚采进本（卷七六·史部·地理类存目五，第660页）

抚州·南城；南城；南城【明】左宗郢、【清】何天爵、邱时彬：《续刻麻姑山志》十七卷浙江汪启淑家藏本（卷七六·史部·地理类存目五，第660页）

吉安·永新【明】甘雨：《白鹭洲书院志》二卷浙江汪启淑家藏本（卷七七·史部·地理类存目六，第668页）

赣州·赣县【明】郭以隆：《南溪书院志》四卷两淮盐政采进本（卷七七·史

部·地理类存目六，第669页）

吉安·安福 【清】释智藏:《崇恩志略》七卷江西巡抚采进本（卷七七·史部·地理类存目六，第670页）

吉安·安福 【清】吴云:《灵谷寺志》十六卷两江总督采进本（卷七七·史部·地理类存目六，第670页）

抚州·南城 【清】萧韵:《丹霞洞天志》十七卷两江总督采进本（卷七七·史部·地理类存目六，第670页）

九江 【清】文行远:《浔阳蹠醢》六卷江西巡抚采进本（卷七七·史部·地理类存目六，第675页）

吉安·青原区 【清】张贞生:《玉山遗响》六卷江西巡抚采进本（卷七八·史部·地理类存目七，第677—678页）

赣州·宁都 【明】董越（伪托）:《朝鲜杂志》一卷浙江范懋柱家天一阁藏本（卷七八·史部·地理类存目七，第679页）

南昌 【明】罗曰褧:《咸宾录》八卷浙江鲍士恭家藏本（卷七八·史部·地理类存目七，第680页）

上饶·鄱阳 【宋】洪遵:《翰苑群书》二卷浙江巡抚采进本（卷七九·史部·职官类，第683页）

吉安·吉安县 【宋】周必大:《玉堂杂记》三卷浙江鲍士恭家藏本（卷七九·史部·职官类，第683—684页）

上饶·婺源 【宋】许月卿:《百官箴》六卷内府藏本（卷七九·史部·职官类，第687页）

宜春·丰城 【明】雷礼:《南京太仆寺志》十一卷浙江巡抚采进本（卷八〇·史部·职官类存目，第689页）

抚州·黎川 【明】王材:《念初堂集》十二卷江西巡抚采进本（卷八〇·史部·职官类存目，第690页）

南昌·新建 【明】张位:《词林典故》一卷、附《翰苑须知》一卷浙江巡抚采进本（卷八〇·史部·职官类存目，第690页）

吉安·吉安县 【明】刘日升:《符司纪》六卷副都御史黄登贤家藏本（卷八〇·史部·职官类存目，第691页）

抚州·黎川 【明】鲁论:《仕学全书》三十五卷江西巡抚采进本（卷八〇·史

部·职官类存目，第693页）

宜春·樟树 【宋】徐天麟：《西汉会要》七十卷浙江汪启淑家藏本（卷八一·史部·政书类一，第695页）

宜春·樟树 【宋】徐天麟：《东汉会要》四十卷浙江范懋柱家天一阁藏本（卷八一·史部·政书类一，第695—696页）

景德镇·乐平 【元】马端临：《文献通考》三百四十八卷内府藏本（卷八一·史部·政书类一，第696—697页）

上饶·婺源 【宋】朱熹：《绍熙州县释奠仪图》一卷两淮盐政采进本（卷八二·史部·政书类二，第702—703页）

新余；新余；吉安·新干 【明】梁寅、胡行简、曾鲁：《明集礼》五十三卷浙江范懋柱家天一阁藏本（卷八二·史部·政书类二，第704页）

上饶·鄱阳 【宋】董煟：《救荒活民书》三卷浙江范懋柱家天一阁藏本（卷八二·史部·政书类二，第709页）

上饶·信州区 【明】杨时乔：《马政纪》十二卷浙江巡抚采进本（卷八二·史部·政书类二，第711页）

抚州·南城 【宋】陈彭年：《贡举叙略》一卷编修程晋芳家藏本（卷八三·史部·政书类存目一，第714—715页）

赣州 【清】刘宗魏：《历代帝系年号》二十卷江西巡抚采进本（卷八三·史部·政书类存目一，第720页）

抚州·金溪 【明】危素（伪托）：《元海运志》一卷编修程晋芳家藏本（卷八四·史部·政书类存目二，第721页）

抚州·南城 【明】罗汝芳：《明通宝义》一卷、《广通宝义》一卷浙江范懋柱家天一阁藏本（卷八四·史部·政书类存目二，第723页）

抚州·临川 【明】周孔教：《救荒事宜》一卷江西巡抚采进本（卷八四·史部·政书类存目二，第724页）

宜春·袁州 【宋】赵希弁：《郡斋读书志》四卷、《后志》二卷、《考异》一卷、《附志》一卷两江总督采进本（卷八五·史部·目录类一，第729页）

吉安·泰和 【明】杨士奇：《文渊阁书目》四卷内府藏本（卷八五·史部·目录类一，第731页）

吉安·永丰 【宋】欧阳修：《集古录》十卷通行本（卷八六·史部·目录类

二，第733页）

上饶·鄱阳【宋】洪适：《隶释》二十七卷两淮盐政采进本（卷八六·史部·目录类二，第734—735页）

上饶·鄱阳【宋】洪适：《隶续》二十一卷浙江巡抚采进本（卷八六·史部·目录类二，第735页）

上饶·鄱阳【宋】姜夔：《绛帖平》六卷两江总督采进本（卷八六·史部·目录类二，第735—736页）

吉安·庐陵【宋】曾宏父：《石刻铺叙》二卷副都御史黄登贤家藏本（卷八六·史部·目录类二，第736页）

九江·都昌【宋】曹士冕：《法帖谱系》二卷浙江鲍士恭家藏本（卷八六·史部·目录类二，第736页）

宜春·高安【宋】刘羲仲：《通鉴问疑》一卷浙江范懋柱家天一阁藏本（卷八八·史部·史评类，第752页）

九江·都昌【宋】曹彦约：《经幄管见》四卷永乐大典本（卷八八·史部·史评类，第753页）

上饶·婺源【元】胡一桂：《十七史纂古今通要》十七卷内府藏本（卷八八·史部·史评类，第755页）

吉安·泰和【明】郭孔延：《史通评释》二十卷编修励守谦家藏本（卷八九·史部·史评类存目一，第757页）

南昌；吉安·庐陵；婺源【宋】南宫靖一、【明】晏彦文、【明】潘荣：《小学史断》二卷、《续集》一卷、附《通鉴总论》一卷浙江巡抚采进本（卷八九·史部·史评类存目一，第758页）

抚州·南城【宋】黄继善：《史学提要》一卷江西巡抚采进本（卷八九·史部·史评类存目一，第758—759页）

吉安·永新【宋】刘定之：《宋论》三卷浙江范懋柱家天一阁藏本（卷八九·史部·史评类存目一，第759页）

南昌·新建【明】李士实：《世史积疑》二卷浙江范懋柱家天一阁藏本（卷八九·史部·史评类存目一，第760页）

上饶·婺源【明】洪垣：《觉山史说》二卷浙江鲍士恭家藏本（卷九〇·史部·史评类存目二，第762页）

上饶·弋阳【明】吴崇节:《古史要评》五卷江西巡抚采进本(卷九〇·史部·史评类存目二,第762页)

宜春·丰城【明】熊尚文:《兰曹读史日记》四卷副都御史黄登贤家藏本(卷九〇·史部·史评类存目二,第763页)

上饶·铅山【明】胡梦泰:《读史书后》一卷江西巡抚采进本(卷九〇·史部·史评类存目二,第765页)

宜春【明】张自勋:《廿一史独断》二十一卷江西巡抚采进本(卷九〇·史部·史评类存目二,第765页)

吉安·吉水【清】刘善:《纲鉴附评》二卷江西巡抚采进本(卷九〇·史部·史评类存目二,第765—766页)

九江·庐山【清】宋士宗:《史学正藏》五卷江西巡抚采进本(卷九〇·史部·史评类存目二,第768页)

九江·湖口【清】周池:《唐鉴偶评》四卷编修周厚辕家藏本(卷九〇·史部·史评类存目二,第768页)

子部:总计271种,2896卷(6种无卷数;《太平广记》500卷、《永乐大典》22877卷另有60卷目录、《册府元龟》1000卷等三种卷数不计算在内,其种数则计算在内)。——其中存目有189种,1560卷,6种无卷数;《永乐大典》22877卷另有60卷目录卷数不计算在内,种数则计算在内。

上饶·婺源【宋】朱熹:《二程遗书》二十五卷、《附录》一卷江西巡抚采进本(卷九二·子部·儒家类二,第777页)

上饶·婺源【宋】朱熹:《二程外书》十二卷江西巡抚采进本(卷九二·子部·儒家类二,第777—778页)

宜春·樟树【宋】刘敞:《公是先生弟子记》四卷浙江巡抚采进本(卷九二·子部·儒家类二,第778页)

上饶·婺源【宋】朱熹:《上蔡语录》三卷浙江巡抚采进本(卷九二·子部·儒家类二,第779—780页)

上饶·婺源【宋】朱熹:《延平答问》一卷、《附录》一卷浙闽总督采进本(卷九二·子部·儒家类二,第780页)

上饶·婺源【宋】朱熹:《近思录》十四卷直隶总督采进本(卷九二·子部·儒家类二,第780—781页)

上饶·婺源 【清】江永:《近思录集注》十四卷安徽巡抚采进本(卷九二·子部·儒家类二,第781页)

上饶·婺源 【宋】朱熹:《杂学辨》一卷、附《记疑》一卷副都御史黄登贤家藏本(卷九二·子部·儒家类二,第781页)

上饶·婺源 【宋】朱熹:《小学集注》六卷通行本(卷九二·子部·儒家类二,第781—782页)

上饶·婺源 【宋】朱熹:《朱子语类》一百四十卷内府藏本(卷九二·子部·儒家类二,第782页)

宜春·樟树 【宋】刘清之:《戒子通录》八卷永乐大典本(卷九二·子部·儒家类二,第782页)

上饶·婺源 【宋】滕珙:《经济文衡前集》二十五卷、《后集》二十五卷、《续集》二十二卷安徽巡抚采进本(卷九二·子部·儒家类二,第784—785页)

上饶·鄱阳;鄱阳 【宋】张洪、齐熙:《朱子读书法》四卷永乐大典本(卷九二·子部·儒家类二,第788页)

上饶·婺源 【宋】朱熹(伪托):《家山图书》一卷永乐大典本(卷九二·子部·儒家类二,第788页)

宜春·樟树 【明】张九韶:《理学类编》八卷浙江巡抚采进本(卷九三·子部·儒家类三,第790页)

吉安·吉水 【明】胡广:《性理大全书》七十卷兵部侍郎纪昀家藏本(卷九三·子部·儒家类三,第790页)

上饶·余干 【明】胡居仁:《居业录》八卷江西巡抚采进本(卷九三·子部·儒家类三,第791页)

吉安·泰和 【明】罗钦顺:《困知记》二卷、《续记》二卷、《附录》一卷左都御史张若溎家藏本(卷九三·子部·儒家类三,第792页)

抚州·南城 【明】夏良胜:《中庸衍义》十七卷两淮马裕家藏本(卷九三·子部·儒家类三,第793页)

抚州·宜黄 【明】罗鹗:《太极图分解》一卷浙江范懋柱家天一阁藏本(卷九五·子部·儒家类存目一,第801页)

抚州·乐安 【元】何中:《通书问》一卷江西巡抚采进本(卷九五·子部·儒家类存目一,第802页)

南昌·南昌县【明】舒芬:《太极绎义》一卷、《通书绎义》一卷两江总督采进本（卷九五·子部·儒家类存目一，第802页）

抚州·临川【宋】过源:《浩斋语录》二卷江西巡抚采进本（卷九五·子部·儒家类存目一，第803—804页）

抚州·崇仁【宋】吴沆:《通言》一卷永乐大典本（卷九五·子部·儒家类存目一，第804页）

上饶·婺源【宋】滕珙:《分类标注朱子经济文衡》七十五卷江苏巡抚采进本（卷九五·子部·儒家类存目一，第805页）

上饶·德兴【宋】程端蒙（伪托）《性理字训》一卷湖北巡抚采进本（卷九五·子部·儒家类存目一，第805页）

吉安·吉水【宋】杨万里:《庸言》一卷永乐大典本（卷九五·子部·儒家类存目一，第805页）

宜春·高安【宋】涂近正:《明伦集》三卷永乐大典本（卷九五·子部·儒家类存目一，第805页）

吉安·泰和【明】尹直:《明良交泰录》十八卷江西巡抚采进本（卷九五·子部·儒家类存目一，第808页）

上饶·余干；吉安·泰和【明】胡居仁、陈凤梧:《居业录类编》三十一卷两江总督采进本（卷九十五·子部·儒家类存目一，第808页）

上饶·鄱阳【明】余祐:《文公先生经世大训》十六卷礼部尚书曹秀先家藏本（卷九五·子部·儒家类存目一，第808—809页）

吉安·安福【明】刘阳:《论学要语》一卷、《洞语》一卷、《接善编》一卷、《人伦外史》一卷江西巡抚采进本（卷九六·子部·儒家类存目二，第810页）

抚州·金溪【明】王蕡:《东石讲学录》十一卷浙江范懋柱家天一阁藏本（卷九六·子部·儒家类存目二，第810页）

抚州·金溪【明】王蕡:《心学录》四卷浙江范懋柱家天一阁藏本（卷九六·子部·儒家类存目二，第811页）

抚州·金溪【明】王蕡:《大儒心学语录》二十七卷江苏巡抚采进本（卷九六·子部·儒家类存目二，第811页）

吉安·永丰【明】聂豹:《困辨录》八卷浙江巡抚采进本（卷九六·子部·儒家类存目二，第811页）

宜春·樟树 【明】敖英：《慎言集训》二卷浙江鲍士恭家藏本（卷九六·子部·儒家类存目二，第811页）

景德镇·浮梁 【明】曹煜：《东溪蔓语》一卷浙江范懋柱家天一阁藏本（卷九六·子部·儒家类存目二，第812页）

吉安·泰和 【明】胡直：《胡子衡齐》八卷浙江郑大节家藏本（卷九六·子部·儒家类存目二，第814页）

南昌 【明】魏时亮：《大儒学粹》九卷江西巡抚采进本（卷九六·子部·儒家类存目二，第814页）

宜春·丰城 【明】李材：《李见罗书》二十卷江苏巡抚采进本（卷九六·子部·儒家类存目二，第814页）

上饶·鄱阳 【明】徐中：《性理图说》一卷浙江巡抚采进本（卷九六·子部·儒家类存目二，第814页）

萍乡·莲花 【明】刘元卿：《诸儒学案》八卷江西巡抚采进本（卷九六·子部·儒家类存目二，第815页）

上饶·婺源 【明】汪应蛟：《中铨》六卷安徽巡抚采进本（卷九六·子部·儒家类存目二，第815页）

吉安·吉水 【明】邹元标：《邹南皋语义合编》四卷浙江巡抚采进本（卷九六·子部·儒家类存目二，第815页）

抚州·崇仁 【明】吴道南：《残本文华大训箴解》三卷浙江巡抚采进本（卷九六·子部·儒家类存目二，第816页）

吉安·井冈山 【明】龙遇奇：《圣学启关臆说》三卷浙江巡抚采进本（卷九六·子部·儒家类存目二，第817页）

宜春·丰城 【明】章世纯：《留书别集》二卷江苏巡抚采进本（卷九六·子部·儒家类存目二，第818—819页）

宜春·丰城 【明】章世纯：《已未留》二卷浙江巡抚采进本（卷九六·子部·儒家类存目二，第819页）

吉安·安福 【明】王尹：《道学迴澜》八卷江西巡抚采进本（卷九六·子部·儒家类存目二，第820页）

宜春 【明】张自勋：《卓菴心书》四卷江西巡抚采进本（卷九六·子部·儒家类存目二，第820页）

上饶·余干 【清】张时为:《张界轩集》八卷江西巡抚采进本(卷九七·子部·儒家类存目三,第822页)

抚州·南城 【清】黄采:《性图》一卷江西巡抚采进本(卷九七·子部·儒家类存目三,第822页)

抚州·临川 【清】李绂:《朱子晚年全论》八卷江西巡抚采进本(卷九八·子部·儒家类存目四,第830页)

抚州·临川 【清】李绂:《陆子学谱》二十卷江西巡抚采进本(卷九八·子部·儒家类存目四,第830—831页)

南昌·新建 【清】谭旭:《谋道续录》二卷江西巡抚采进本(卷九八·子部·儒家类存目四,第831页)

抚州·黎川 【清】何国材:《虚谷遗书》三卷江西巡抚采进本(卷九八·子部·儒家类存目四,第831页)

上饶·婺源 【清】潘继善:《圣学辑要》一卷两江总督采进本(卷九八·子部·儒家类存目四,第832页)

宜春·丰城 【清】黄文澍:《童子问》一卷浙江巡抚采进本(卷九八·子部·儒家类存目四,第834页)

宜春·丰城 【清】黄文澍:《敬义录》·一卷(浙江巡抚采进本)(卷九八·子部·儒家类存目四,第834页)

抚州·宜黄 【清】黄为鹗:《理解体要》二卷江西巡抚采进本(卷九八·子部·儒家类存目四,第834页)

宜春·丰城 【明】李材:《将将纪》二十四卷内府藏本(卷一〇〇·子部·兵家类存目,第844页)

南昌·进贤 【明】熊明遇:《剑草》一卷两淮盐政采进本(卷一〇〇·子部·兵家类存目,第845页)

吉安·庐陵 【明】王概:《王恭毅驳稿》二卷两江总督采进本(卷一〇一·子部·法家类存目,第851页)

上饶·婺源 【明】鲍山:《野菜博录》四卷浙江鲍士恭家藏本(卷一〇二·子部·农家类,第854页)

鹰潭·余江区 【明】桂萼:《经世民事录》十二卷浙江范懋柱家天一阁藏本(卷一〇二·子部·农家类存目,第854—855页)

宜春·奉新 【清】刘应棠:《梭山农谱》三卷江西巡抚采进本(卷一〇二·子部·农家类存目,第855页)

抚州·临川 【宋】陈自明:《妇人大全良方》二十四卷大学士英廉家藏本(卷一〇三·子部·医家类一,第866页)

九江·庐山 【宋】严用和:《济生方》八卷永乐大典本(卷一〇三·子部·医家类一,第867页)

抚州·南丰 【元】危亦林:《世医得效方》二十卷两淮盐政采进本(卷一〇四·子部·医家类二,第871页)

上饶·婺源 【元】王国端:《扁鹊神应针灸玉龙经》一卷浙江范懋柱家天一阁藏本(卷一〇四·子部·医家类二,第872页)

南昌·新建 【清】喻昌:《尚论篇》八卷通行本(卷一〇四·子部·医家类二,第878页)

南昌·新建 【清】喻昌:《医门法律》十二卷、附《寓意草》四卷江西巡抚采进本(卷一〇四·子部·医家类二,第879页)

九江·永修 【宋】崔嘉彦:《崔真人脉诀》一卷江苏巡抚采进本(卷一〇五·子部·医家类存目,第883页)

上饶·婺源 【清】李文来:《李氏医鉴》十卷、《续补》二卷内府藏本(卷一〇五·子部·医家类存目,第888—889页)

抚州·宜黄 【清】黄宫绣:《医学求真录总论》五卷江西巡抚采进本(卷一〇五·子部·医家类存目,第889页)

上饶·鄱阳 【宋】赵缘督:《原本革象新书》五卷永乐大典本(卷一〇六·子部·天文算法类一,第892—893页)

上饶·婺源 【清】江永:《算学》八卷、《续》一卷安徽巡抚采进本(卷一〇六·子部·天文算法类一,第901—902页)

抚州·广昌【清】揭暄:《璇玑遗述》七卷两江总督采进本(卷一〇七·子部·天文算法类存目,第912页)

上饶·鄱阳 【宋】祝泌:《观物篇解》五卷(两江总督采进本)、附《皇极经世解起数诀》一卷浙江汪启淑家藏本(卷一〇八·子部·术数类一,第916—917页)

宜春·樟树 【元】张理:《易象图说内篇》三卷、《外篇》三卷两江总督采进本(卷一〇八·子部·术数类一,第918—919页)

赣州·于都【唐】曾文辿:《青囊奥语》一卷、《青囊序》一卷通行本（卷一〇九·子部·术数类二，第921—922页）

赣州·定南【宋】赖文俊:《催官篇》二卷通行本（卷一〇九·子部·术数类二，第922—923页）

宜春·万载【南唐】宋齐邱:《玉管照神局》三卷永乐大典本（卷一〇九·子部·术数类二，第928—929页）

赣州【明】池本理:《禽星易见》一卷浙江范懋柱家天一阁藏本（卷一〇九·子部·术数类二，第930—931页）

南昌·新建【清】刘斯组:《太玄别训》五卷两江总督采进本（卷一一〇·子部·术数类存目一，第932页）

吉安·庐陵【宋】钟过:《皇极经世书类要》九卷永乐大典本（卷一一〇·子部·术数类存目一，第932页）

宜春·丰城【明】朱隐老:《皇极经世书说》十八卷内府藏本（卷一一〇·子部·术数类存目一，第932页）

抚州·南丰；抚州·南丰【明】李经纶、【清】汤传:《洪范皇极注》四卷江西巡抚采进本（卷一一〇·子部·术数类存目一，第933页）

抚州·南城【清】陶成:《皇极数钞》二卷江西巡抚采进本（卷一一〇·子部·术数类存目一，第933页）

吉安·永新【清】刘世衢:《洪范皇极补》六卷江西巡抚采进本（卷一一〇·子部·术数类存目一，第933页）

抚州·南丰【清】李灏:《易范同宗录》无卷数江西巡抚采进本（卷一一〇·子部·术数类存目一，第933—934页）

宜春·丰城【元】李克家:《戎事类占》二十一卷浙江巡抚采进本（卷一一〇·子部·术数类存目一，第938页）

鹰潭·贵溪【明】汪三益:《参筹秘书》十卷浙江巡抚采进本（卷一一〇·子部·术数类存目一，第938页）

上饶·德兴【宋】吴景鸾（伪托）:《内传天皇鳌极镇世神书》三卷浙江巡抚采进本（卷一一一·子部·术数类存目二，第940页）

上饶·德兴【宋】吴克诚、吴景鸾（伪托）:《天玉经外传》一卷、《四十八局图》一卷通行本（卷一一一·子部·术数类存目二，第940页）

赣州·于都【宋】廖瑀（依托）：《九星穴法》四卷通行本（卷一一一·子部·术数类存目二，第940—941页）

上饶·鄱阳【明】罗珏：《地理总括》三卷浙江巡抚采进本（卷一一一·子部·术数类存目二，第941—942页）

上饶·婺源【清】叶泰：《山法全书》十九卷江苏周厚堉家藏本（卷一一一·子部·术数类存目二，第942页）

宜春·高安【明】喻有功：《周易悬镜》十卷浙江吴玉墀家藏本（卷一一一·子部·术数类存目二，第945页）

吉安·峡江【明】黄一凤：《选择集要》六卷两淮盐政采进本（卷一一一·子部·术数类存目二，第950页）

上饶·婺源【明】胡献忠：《大统皇历经世》三卷江苏巡抚采进本（卷一一一·子部·术数类存目二，第950页）

上饶·信州【清】汪汉谋：《禽遁七元成局书》十四卷两江总督采进本（卷一一一·子部·术数类存目二，第950—951页）

上饶·鄱阳【明】童轩：《纪梦要览》三卷浙江范懋柱家天一阁藏本（卷一一一·子部·术数类存目二，第951页）

上饶·鄱阳【宋】姜夔：《续书谱》一卷浙江鲍士恭家藏本（卷一一二·子部·艺术类一，第960页）

吉安·庐陵【宋】董史：《书录》三卷、《外篇》一卷浙江吴玉墀家藏本（卷一一二·子部·艺术类一，第961页）

吉安·吉水【宋】晏天章：《元元棋经》一卷永乐大典本（卷一一三·子部·艺术类二，第972页）

吉安·泰和【明】郭元鸿：《壶史》三卷内府藏本（卷一一四·子部·艺术类存目，第981页）

南昌【宋】洪刍：《香谱》二卷内府藏本（卷一一五·子部·谱录类，第987页）

吉安·永丰【宋】欧阳修：《洛阳牡丹记》一卷浙江鲍士恭家藏本（卷一一五·子部·谱录类，第990—991页）

吉安·泰和【明】郭子章：《蠙衣生剑记》一卷两江总督采进本（卷一一六·子部·谱录类存目，第996页）

上饶·婺源【明】胡文焕：《古器具名》二卷、附《古器总说》一卷浙江巡抚采进本

（卷一一六・子部・谱录类存目，第997页）

上饶・鄱阳【宋】洪遵：《泉志》十五卷湖北巡抚采进本（卷一一六・子部・谱录类存目，第998页）

吉安・庐陵【明】钟岳秀：《文苑四先生集》四卷浙江巡抚采进本（卷一一六・子部・谱录类存目，第998页）

上饶・婺源【明】江贞：《歙砚志》三卷两淮盐政采进本（卷一一六・子部・谱录类存目，第998页）

抚州・临川【明】汤显祖：《别本茶经》三卷浙江鲍士恭家藏本（卷一一六・子部・谱录类存目，第1000页）

吉安・吉安县【宋】周必大：《唐昌玉蕊辨证》一卷内府藏本（卷一一六・子部・谱录类存目，第1002页）

宜春・樟树【宋】王贵学：《兰谱》一卷两江总督采进本（卷一一六・子部・谱录类存目，第1003页）

吉安・泰和【明】郭子章：《螾衣生马记》一卷两江总督采进本（卷一一六・子部・谱录类存目，第1005页）

宜春・万载【南唐】宋齐邱：《化书》六卷江西巡抚采进本（卷一一七・子部・杂家类一，第1011页）

抚州・崇仁【宋】吴曾：《能改斋漫录》十八卷浙江巡抚采进本（卷一一八・子部・杂家类二，第1018—1019页）

上饶・鄱阳【宋】洪迈：《容斋随笔》十六卷、《续笔》十六卷、《三笔》十六卷、《四笔》十六卷、《五笔》十卷内府藏本（卷一一八・子部・杂家类二，第1019—1020页）

宜春・樟树【宋】刘昌诗：《芦浦笔记》十卷两淮盐政采进本（卷一一八・子部・杂家类二，第1021页）

九江・武宁【宋】邢凯：《坦斋通编》一卷永乐大典本（卷一一八・子部・杂家类二，第1024—1025页）

吉安・峡江【宋】孔平仲：《珩璜新论》一卷江苏巡抚采进本（卷一二〇・子部・杂家类四，第1037页）

宜春・宜丰【宋】释惠洪：《冷斋夜话》十卷江苏巡抚采进本（卷一二〇・子部・杂家类四，第1038—1039页）

上饶·婺源 【宋】朱弁：《曲洧旧闻》十卷浙江汪汝瑮家藏本（卷一二一·子部·杂家类五，第1039页）

吉安·庐陵 【宋】孙奕：《示儿编》二十三卷兵部侍郎纪昀家藏本（卷一二一·子部·杂家类五，第1044—1045页）

上饶·鄱阳 【宋】张世南：《游宦纪闻》十卷两江总督采进本（卷一二一·子部·杂家类五，第1045页）

上饶·信州 【宋】韩淲：《涧泉日记》三卷永乐大典本（卷一二一·子部·杂家类五，第1045—1046页）

抚州·广昌 【元】左祥：《琴堂谕俗编》二卷永乐大典本（卷一二一·子部·杂家类五，第1046—1047页）

吉安·吉水 【宋】罗大经：《鹤林玉露》十六卷两江总督采进本（卷一二一·子部·杂家类五，第1047页）

抚州·临川 【宋】陈郁：《藏一话腴》四卷两江总督采进本（卷一二一·子部·杂家类五，第1048页）

抚州·南丰 【元】刘壎：《隐居通议》三十一卷江西巡抚采进本（卷一二二·子部·杂家类六，第1049页）

吉安·吉水 【明】胡广：《胡文穆杂著》一卷浙江范懋柱家天一阁藏本（卷一二二·子部·杂家类六，第1053页）

宜春·袁州 【宋】赵希鹄：《洞天清录》一卷两淮盐政采进本（卷一二三·子部·杂家类七，第1057页）

抚州·广昌 【宋】何坦：《西畴常言》一卷内府藏本（卷一二四·子部·杂家类存目一，第1066页）

吉安·泰和 【元】刘君贤：《学问要编》六卷浙江巡抚采进本（卷一二四·子部·杂家类存目一，第1067页）

抚州·临川 【明】黎久之：《黎子杂释》一卷浙江郑大节家藏本（卷一二四·子部·杂家类存目一，第1067—1068页）

抚州·临川 【明】胡澄：《警时新录》一卷浙江巡抚采进本（卷一二四·子部·杂家类存目一，第1068页）

上饶·弋阳 【明】王俊：《濯旧稿》一卷江西巡抚采进本（卷一二四·子部·杂家类存目一，第1068—1069页）

吉安·吉水 【明】罗洪先：《冬游记》一卷浙江范懋柱家天一阁藏本（卷一二四·子部·杂家类存目一，第1071页）

抚州·南城 【明】罗汝芳：《一贯编》四卷江西巡抚采进本（卷一二四·子部·杂家类存目一，第1073页）

抚州·南城 【明】罗汝芳：《近溪子明道录》八卷江苏巡抚采进本（卷一二四·子部·杂家类存目一，第1073页）

抚州·南城 【明】罗汝芳：《会语续录》二卷浙江巡抚采进本（卷一二四·子部·杂家类存目一，第1073页）

抚州·南城 【明】罗汝芳：《识仁编》二卷两江总督采进本（卷一二五·子部·杂家类存目二，第1074页）

宜春·高安 【明】陈汝锜：《甘露园长书》六卷、《短书》十一卷江西巡抚采进本（卷一二五·子部·杂家类存目二，第1075页）

上饶·鄱阳 【明】胡衮：《东水质疑》六卷两江总督采进本（卷一二五·子部·杂家类存目二，第1075页）

抚州·黎川 【明】冯渠：《进修录》三卷江西巡抚采进本（卷一二五·子部·杂家类存目二，第1076页）

上饶·德兴 【明】祝世禄：《环碧斋小言》一卷两江总督采进本（卷一二五·子部·杂家类存目二，第1077页）

吉安·永新 【明】贺应保：《传家迂言》一卷江西巡抚采进本（卷一二五·子部·杂家类存目二，第1078页）

吉安·永新 【明】贺应保：《迂议》一卷江西巡抚采进本（卷一二五·子部·杂家类存目二，第1078页）

吉安·永新 【明】贺应保：《迂亿》四卷江西巡抚采进本（卷一二五·子部·杂家类存目二，第1078页）

吉安·泰和 【明】曾大奇：《治平言》二卷江西巡抚采进本（卷一二五·子部·杂家类存目二，第1078—1079页）

吉安·吉水 【明】邹士元：《论学绪言》六卷江西巡抚采进本（卷一二五·子部·杂家类存目二，第1079页）

九江·庐山 【明】万尚父：《听心斋客问》一卷浙江鲍士恭家藏本（卷一二五·子部·杂家类存目二，第1079页）

吉安·泰和 【明】王贞善:《王氏二书选要》十一卷江西巡抚采进本(卷一二五·子部·杂家类存目二,第1079页)

南昌·进贤 【明】朱健:《苍崖子》无卷数浙江巡抚采进本(卷一二五·子部·杂家类存目二,第1081页)

抚州·金溪 【明】姚张斌:《尚絅小语》三卷浙江巡抚采进本(卷一二五·子部·杂家类存目二,第1081—1082页)

吉安·永新 【明】贺贻孙:《激书》无卷数江西巡抚采进本(卷一二五·子部·杂家类存目二,第1082页)

吉安·青原区 【清】张贞生:《唾居随录》四卷江西巡抚采进本(卷一二五·子部·杂家类存目二,第1084页)

吉安·永丰 【宋】欧阳修:《试笔》一卷兵部侍郎纪昀家藏本(卷一二七·子部·杂家类存目四,第1093页)

吉安·吉水 【宋】杨万里(伪托):《诚斋挥麈录》一卷浙江鲍士恭家藏本(卷一二七·子部·杂家类存目四,第1093页)

吉安·吉水 【明】解缙(伪托):《春雨杂述》一卷两江总督采进本(卷一二七·子部·杂家类存目四,第1095页)

吉安·吉水 【明】刘教:《正思斋杂记》二卷浙江范懋柱家天一阁藏本(卷一二七·子部·杂家类存目四,第1096页)

宜春·樟树 【明】敖英:《东谷赘言》二卷两江总督采进本(卷一二七·子部·杂家类存目四,第1097页)

宜春·樟树 【明】敖英:《绿雪亭杂言》一卷浙江吴玉墀家藏本(卷一二七·子部·杂家类存目四,第1097页)

吉安·吉水 【明】陈德文:《孤竹宾谈》四卷两淮盐政采进本(卷一二七·子部·杂家类存目四,第1100页)

吉安·泰和 【明】罗鹤:《应菴任意录》十四卷浙江范懋柱家天一阁藏本(卷一二八·子部·杂家类存目五,第1100页)

吉安·新干 【明】朱孟震:《河上楮谈》三卷江西巡抚采进本(卷一二八·子部·杂家类存目五,第1100页)

吉安·新干 【明】朱孟震:《汾上续谈》一卷浙江巡抚采进本(卷一二八·子部·杂家类存目五,第1100—1101页)

吉安·新干【明】朱孟震：《浣水续谈》一卷浙江吴玉墀家藏本（卷一二八·子部·杂家类存目五，第1101页）

吉安·新干【明】朱孟震：《游宦余谈》一卷江西巡抚采进本（卷一二八·子部·杂家类存目五，第1101页）

上饶·婺源【明】余懋学：《说颐》八卷两淮盐政采进本（卷一二八·子部·杂家类存目五，第1101页）

抚州·乐安【清】原良：《听潮居存业》十卷江西巡抚采进本（卷一二九·子部·杂家类存目六，第1108页）

上饶·鄱阳【清】史既济：《介轩遗笔》二卷江西巡抚采进本（卷一二九·子部·杂家类存目六，第1109页）

上饶·鄱阳【清】史白：《复堂杂说》一卷江西巡抚采进本（卷一二九·子部·杂家类存目六，第1109页）

上饶·鄱阳【清】史白：《竹村杂记》二卷江西巡抚采进本（卷一二九·子部·杂家类存目六，第1109页）

南昌·新建【清】裘若宏：《妙贯堂余谭》六卷江西巡抚采进本（卷一二九·子部·杂家类存目六，第1110页）

上饶·婺源【清】潘继善：《经史笔记》无卷数两江总督采进本（卷一二九·子部·杂家类存目六，第1112页）

九江·湖口【清】周池：《钝根杂著》四卷编修周厚辕家藏本（卷一二九·子部·杂家类存目六，第1112页）

上饶·铅山【明】费元禄：《鼌采馆清课》二卷两江总督采进本（卷一三〇·子部·杂家类存目七，第1114页）

新余【宋】王钦若（伪托）：《帝皇龟鉴》三十四卷两淮马裕家藏本（卷一三一·子部·杂家类存目八，第1116页）

上饶·鄱阳【宋】洪迈：《经子法语》二十四卷浙江巡抚采进本（卷一三一·子部·杂家类存目八，第1116页）

抚州·临川【明】熊鼎：《公子书》三卷永乐大典本（卷一三一·子部·杂家类存目八，第1118页）

吉安·泰和【明】周是修：《纲常懿范》十卷江西巡抚采进本（卷一三一·子部·杂家类存目八，第1118—1119页）

吉安·安福 【明】王时槐:《广仁类编》四卷江西巡抚采进本（卷一三一·子部·杂家类存目八，第1120页）

抚州·南城 【明】黄希宪:《续自警编》八卷两江总督采进本（卷一三一·子部·杂家类存目八，第1120页）

宜春·丰城 【明】李栻:《困学纂言》六卷浙江巡抚采进本（卷一三一·子部·杂家类存目八，第1121页）

南昌·新建 【明】张位:《警心类编》四卷江苏巡抚采进本（卷一三一·子部·杂家类存目八，第1121页）

萍乡·莲花 【明】刘元卿:《六鉴举要》六卷江西巡抚采进本（卷一三一·子部·杂家类存目八，第1121页）

宜春·樟树 【明】程达:《警语类抄》八卷安徽巡抚采进本（卷一三二·子部·杂家类存目九，第1122页）

吉安·永新 【明】戴有孚:《著疑录》九卷江西巡抚采进本（卷一三二·子部·杂家类存目九，第1129页）

赣州·石城 【清】吴调元:《同归集》十六卷内府藏本（卷一三三·子部·杂家类存目一〇，第1131页）

九江·庐山 【清】宋士宗:《学统存》二十四卷江西巡抚采进本（卷一三三·子部·杂家类存目一〇，第1133页）

南昌·新建 【清】曹昌言:《多识类编》二卷兵部侍郎纪昀家藏本（卷一三三·子部·杂家类存目一〇，第1133页）

抚州·临川 【清】李曰涤:《竹裕园笔语》十二卷礼部尚书曹秀先家藏本（卷一三四·子部·杂家类存目一一，第1139—1140页）

新余 【宋】王钦若:《册府元龟》一千卷内府藏本（卷一三五·子部·类书类一，第1145—1146页）

抚州·临川 【宋】邓名世:《古今姓氏书辨证》四十卷永乐大典本（卷一三五·子部·类书类一，第1147页）

吉安·遂川 【宋】孙逢吉:《职官分纪》五十卷江苏巡抚采进本（卷一三五·子部·类书类一，第1147—1148页）

宜春·奉新 【宋】阴时夫:《韵府群玉》二十卷兵部侍郎纪昀家藏本（卷一三五·子部·类书类一，第1152页）

上饶·弋阳 【宋】谢枋得（伪托）：《翰苑新书前集》七十卷、《后集上》二十六卷、《后集下》六卷、《别集》十二卷、《续集》四十二卷编修励守谦家藏本（卷一三五·子部·类书类一，第1152—1153页）

上饶·婺源 【元】胡炳文：《纯正蒙求》三卷浙江鲍士恭家藏本（卷一三六·子部·类书类二，第1153页）

南昌 【明】章潢：《图书编》一百二十七卷河南巡抚采进本（卷一三六·子部·类书类二，第1155—1156页）

抚州·临川 【宋】晏殊：《类要》一百卷浙江范懋柱家天一阁藏本（卷一三七·子部·类书类存目一，第1160—1161页）

宜春·樟树 【宋】刘攽（伪托）：《文选类林》十八卷浙江范懋柱家天一阁藏本（卷一三七·子部·类书类存目一，第1161页）

吉安·吉水 【宋】杨万里（伪托）：《四六膏馥》七卷永乐大典本（卷一三七·子部·类书类存目一，第1162页）

吉安·吉安县 【宋】周必大（伪托）：《裁纂类函》一百六十卷浙江汪启淑家藏本（卷一三七·子部·类书类存目一，第1163页）

吉安·安福 【明】刘实：《敏求机要》十六卷编修汪如藻家藏本（卷一三七·子部·类书类存目一，第1164页）

赣州·大余 【明】刘节：《声律发蒙》五卷内府藏本（卷一三七·子部·类书类存目一，第1164—1165页）

吉安·吉水 【明】解缙：《永乐大典》二万二千八百七十七卷、《目录》六十卷翰林院藏本（卷一三七·子部·类书类存目一，第1165页）

宜春·樟树 【明】张九韶：《群书拾唾》十二卷浙江巡抚采进本（卷一三七·子部·类书类存目一，第1165页）

宜春·樟树 【明】张九韶：《群书备数》十二卷内府藏本（卷一三七·子部·类书类存目一，第1165页）

抚州·广昌 【明】何乔新：《策府群玉》三卷江西巡抚采进本（卷一三七·子部·类书类存目一，第1166页）

上饶·婺源 【明】范泓：《典籍便览》八卷安徽巡抚采进本（卷一三七·子部·类书类存目一，第1166页）

吉安·永新 【明】刘定之：《文安策略》十卷江西巡抚采进本（卷一三七·子

部·类书类存目一，第1166页）

宜春·高安【明】况叔祺：《考古辞宗》二十卷浙江汪启淑家藏本（卷一三七·子部·类书类存目一，第1168页）

吉安·泰和【明】郭子章：《黔类》十八卷安徽巡抚采进本（卷一三八·子部·类书类存目二，第1171页）

景德镇·浮梁【明】闵文振：《异物汇苑》十八卷浙江巡抚采进本（卷一三八·子部·类书类存目二，第1171页）

抚州·崇仁【明】吴道南：《秘笈新书》十三卷、《别集》三卷山西巡抚采进本（卷一三八·子部·类书类存目二，第1172页）

宜春·丰城【明】徐鉴：《诸书考录》四卷内府藏本（卷一三八·子部·类书类存目二，第1172页）

宜春·丰城【明】徐鉴：《诸经纪数》十四卷浙江巡抚采进本（卷一三八·子部·类书类存目二，第1172页）

上饶·婺源【明】徐袍：《事典考略》六卷江苏周厚堉家藏本（卷一三八·子部·类书类存目二，第1174页）

江西【明】彭俨：《五侯鲭》十二卷两江总督采进本（卷一三八·子部·类书类存目二，第1174页）

抚州·临川【明】罗万藻：《十三经类语》十四卷浙江巡抚采进本（卷一三八·子部·类书类存目二，第1174—1175页）

九江【明】文德翼：《佣吹录首集》二十卷、《次集》二十一卷副都御史黄登贤家藏本（卷一三八·子部·类书类存目二，第1176页）

上饶·鄱阳【明】刘叶：《事类通考》十卷浙江巡抚采进本（卷一三八·子部·类书类存目二，第1176页）

南昌·新建【清】熊峻运：《氏族笺释》八卷浙江巡抚采进本（卷一三九·子部·类书类存目三，第1177—1178页）

鹰潭·余江【清】邓志谟：《古事苑》十二卷内府藏本（卷一三九·子部·类书类存目三，第1179页）

抚州·广昌【清】魏方泰：《行年录》无卷数礼部尚书曹秀先家藏本（卷一三九·子部·类书类存目三，第1179页）

九江·湖口【清】周池：《骈语类鉴》四卷编修周厚辕家藏本（卷一三九·子部·类

书类存目三，第1181页）

南昌 【五代】王定保：《唐摭言》十五卷副都御史黄登贤家藏本（卷一四〇·子部·小说家类一，第1186页）

吉安·永丰 【宋】欧阳修：《归田录》二卷兵部侍郎纪昀家藏本（卷一四〇·子部·小说家类一，第1190页）

新余 【宋】刘延世：《孙公谈圃》三卷内府藏本（卷一四〇·子部·小说家类一，第1192页）

吉安·峡江 【宋】孔平仲（伪托）：《孔氏谈苑》四卷浙江鲍士恭家藏本（卷一四〇·子部·小说家类一，第1192页）

抚州·南城 【宋】王君玉：《国老谈苑》二卷浙江鲍士恭家藏本（卷一四一·子部·小说家类二，第1195页）

宜春·高安 【宋】彭乘（伪托）：《墨客挥犀》十卷兵部侍郎纪昀家藏本（卷一四一·子部·小说家类二，第1195—1196页）

吉安·吉水 【宋】曾敏行：《独醒杂志》十卷两淮盐政采进本（卷一四一·子部·小说家类二，第1200页）

抚州·临川 【宋】陈世崇：《随隐漫录》五卷兵部侍郎纪昀家藏本（卷一四一·子部·小说家类二，第1201—1202页）

九江 【晋】陶潜（伪托）：《搜神后记》十卷内府藏本（卷一四二·子部·小说家类三，第1208页）

吉安·庐陵 【宋】王克贞：《太平广记》五百卷内府藏本（卷一四二·子部·小说家类三，第1212页）

上饶·鄱阳 【宋】洪迈：《夷坚支志》五十卷编修汪如藻家藏本（卷一四二·子部·小说家类三，第1213页）

南昌 【宋】潘延之（伪托）：《丁晋公谈录》一卷江苏巡抚采进本（卷一四三·子部·小说家类存目一，第1216页）

宜春·丰城 【元】熊太古：《冀越集记》二卷浙江巡抚采进本（卷一四三·子部·小说家类存目一，第1218页）

吉安·安福 【明】彭时：《可斋杂记》一卷浙江巡抚采进本（卷一四三·子部·小说家类存目一，第1218页）

吉安·泰和 【明】尹直：《謇斋琐缀录》八卷浙江范懋柱家天一阁藏本（卷一四三·子

部·小说家类存目一，第1218—1219页）

抚州·临川【明】伍余福：《苹野纂闻》一卷编修程晋芳家藏本（卷一四三·子部·小说家类存目一，第1221页）

上饶·婺源【明】潘士藻：《闇然堂类纂》六卷浙江巡抚采进本（卷一四三·子部·小说家类存目一，第1222页）

上饶·信州【明】郑仲夔：《兰畹居清言》十卷浙江巡抚采进本（卷一四三·子部·小说家类存目一，第1224页）

南昌【清】蔡宪升：《闻见集》三卷江西巡抚采进本（卷一四三·子部·小说家类存目一，第1225页）

吉安·吉水【清】施男：《筇竹杖》七卷两淮盐政采进本（卷一四三·子部·小说家类存目一，第1225—1226页）

上饶·信州【明】郑仲夔：《耳新》十卷两淮盐政采进本（卷一四四·子部·小说家类存目二，第1230页）

上饶·婺源【明】汪云程：《逸史搜奇》无卷数两江总督采进本（卷一四四·子部·小说家类存目二，第1231页）

宜春·丰城【明】游潜：《博物志补》二卷两江总督采进本（卷一四四·子部·小说家类存目二，第1234页）

吉安·泰和【明】郭子章：《六语》三十卷浙江鲍士恭家藏本（卷一四四·子部·小说家类存目二，第1235页）

抚州·南城【清】杨忍本：《笔史》二卷两淮盐政采进本（卷一四四·子部·小说家类存目二，第1235页）

宜春·宜丰【宋】释惠洪：《僧宝传》三十二卷安徽巡抚采进本（卷一四五·子部·释家类，第1238页）

宜春·宜丰【宋】释惠洪：《林间录》二卷、《后集》一卷浙江巡抚采进本（卷一四五·子部·释家类，第1238页）

抚州·临川【宋】释晓莹：《罗湖野录》四卷浙江鲍士恭家藏本（卷一四五·子部·释家类，第1239页）

上饶·婺源【宋】朱熹：《阴符经考异》一卷江西巡抚采进本（卷一四六·子部·道家类，第1241—1242页）

抚州·乐安【元】吴澄：《道德真经注》四卷两淮盐政采进本（卷一四六·子

部·道家类，第1243页）

抚州·临川【宋】王雱：《南华真经新传》二十卷两淮盐政采进本（卷一四六·子部·道家类，第1246页）

上饶·婺源【宋】朱熹：《周易参同契考异》一卷江西巡抚采进本（卷一四六·子部·道家类，第1249页）

吉安·庐陵【元】陈致虚：《周易参同契分章注》三卷浙江巡抚采进本（卷一四六·子部·道家类，第1249页）

九江【明】文德翼：《读庄小言》一卷江西巡抚采进本（卷一四七·子部·道家类存目，第1256页）

南昌·新建【明】张位：《周易参同契注解》三卷江苏周厚堉家藏本（卷一四七·子部·道家类存目，第1257页）

南昌·南昌县【清】刘吴龙：《古参同契集注》六卷江西巡抚采进本（卷一四七·子部·道家类存目，第1258页）

新余【宋】王钦若：《翊圣保德传》三卷两淮盐政采进本（卷一四七·子部·道家类存目，第1260页）

宜春·樟树【宋】刘敞（伪托）：《极没要紧》一卷浙江巡抚采进本（卷一四七·子部·道家类存目，第1260页）

吉安·庐陵【元】陈致虚：《金丹大要》十卷浙江巡抚采进本（卷一四七·子部·道家类存目，第1261—1262页）

南昌·新建【明】张位：《悟真篇注解》三卷江苏周厚堉家藏本（卷一四七·子部·道家类存目，第1264页）

集部：总计452种，6185卷（13种无卷数）。——其中存目有258种，2604卷，13种无卷数。

上饶·婺源【宋】朱熹：《楚辞集注》八卷、《辨证》二卷、《后语》六卷内府藏本（卷一四八·集部·楚辞类，第1268页）

吉安·吉水【宋】杨万里：《天问天对解》一卷浙江范懋柱家天一阁藏本（卷一四八·集部·楚辞类存目，第1269页）

九江【晋】陶潜：《陶渊明集》八卷内府藏本（卷一四八·集部·别集类一，第1273—1274页）

赣州·宁都【元】萧士赟：《分类补注李太白集》三十卷通行本（卷一四

九·集部·别集类二，第1280页）

抚州·宜黄 【宋】黄希、黄鹤：《黄氏补注杜诗》三十六卷内府藏本（卷一四九·集部·别集类二，第1281页）

上饶·婺源 【宋】朱熹：《原本韩文考异》十卷江苏巡抚采进本（卷一五〇·集部·别集类三，第1288页）

抚州·南城 【宋】童宗说：《增广注释音辩柳集》四十三卷内府藏本（卷一五〇·集部·别集类三，第1289页）

吉安·吉安县 【宋】刘辰翁：《笺注评点李长吉歌诗》四卷、《外集》一卷江苏巡抚采进本（卷一五〇·集部·别集类三，第1293页）

上饶·婺源 【清】汪立名：《白香山诗集》四十卷、附录《年谱》二卷内府藏本（卷一五一·集部·别集类四，第1296页）

宜春·袁州 【唐】郑谷：《云台编》三卷江苏巡抚采进本（卷一五一·集部·别集类四，第1301页）

抚州·临川 【宋】晏殊：《晏元献遗文》一卷江西巡抚采进本（卷一五二·集部·别集类五，第1308—1309页）

九江·德安 【宋】夏竦：《文庄集》三十六卷永乐大典本（卷一五二·集部·别集类五，第1309页）

九江·修水 【宋】黄庶：《伐檀集》二卷两淮马裕家藏本（卷一五二·集部·别集类五，第1315页）

抚州·资溪 【宋】李觏：《盱江集》三十七卷、《年谱》一卷、《外集》三卷浙江孙仰曾家藏本（卷一五三·集部·别集类六，第1316页）

景德镇·浮梁 【宋】金君卿：《金氏文集》二卷永乐大典本（卷一五三·集部·别集类六，第1316页）

宜春·樟树 【宋】刘敞：《公是集》五十四卷永乐大典本（卷一五三·集部·别集类六，第1316—1317页）

宜春·樟树 【宋】刘攽：《彭城集》四十卷永乐大典本（卷一五三·集部·别集类六，第1317页）

赣州·宁都 【宋】郑獬：《郧溪集》三十卷永乐大典本（卷一五三·集部·别集类六，第1318页）

抚州·南丰 【宋】曾巩：《元丰类稿》五十卷江西巡抚采进本（卷一五三·集

部·别集类六，第1319页）

抚州·临川 【宋】王安礼:《王魏公集》八卷永乐大典本（卷一五三·集部·别集类六，第1321页）

上饶·鄱阳 【宋】彭汝砺:《鄱阳集》十二卷两淮马裕家藏本（卷一五三·集部·别集类六，第1322页）

抚州·南丰 【宋】曾肇:《曲阜集》四卷浙江鲍士恭家藏本（卷一五三·集部·别集类六，第1322—1323页）

吉安·永丰 【宋】欧阳修:《文忠集》一百五十三卷、《附录》五卷江西巡抚采进本（卷一五三·集部·别集类六，第1323—1324页）

抚州·临川 【宋】王安石:《临川集》一百卷内府藏本（卷一五三·集部·别集类六，第1325页）

九江·修水 【宋】黄庭坚:《山谷内集》三十卷、《外集》十四卷、《别集》二十卷、《词》一卷、《简尺》二卷、《年谱》三卷安徽巡抚采进本（卷一五四·集部·别集类七，第1328页）

宜春·宜丰 【宋】释惠洪:《石门文字禅》三十卷内府藏本（卷一五四·集部·别集类七，第1331—1332页）

抚州·临川 【宋】饶节:《倚松老人集》二卷两淮马裕家藏本（卷一五四·集部·别集类七，第1333页）

吉安·安福 【宋】刘弇:《龙云集》三十二卷浙江鲍士恭家藏本（卷一五五·集部·别集类八，第1333页）

抚州·临川 【宋】谢逸:《溪堂集》十卷永乐大典本（卷一五五·集部·别集类八，第1338—1339页）

抚州·临川 【宋】谢薖:《竹友集》十卷编修汪如藻家藏本（卷一五五·集部·别集类八，第1339页）

九江·永修 【宋】李彭:《日涉园集》十卷永乐大典本（卷一五五·集部·别集类八，第1339页）

抚州·南城 【宋】吕南公:《灌园集》二十卷永乐大典本（卷一五五·集部·别集类八，第1339页）

南昌 【宋】洪朋:《洪龟父集》二卷永乐大典本（卷一五五·集部·别集类八，第1342—1343页）

南昌【宋】洪炎：《西渡集》二卷、《补遗》一卷浙江鲍士恭家藏本（卷一五六·集部·别集类九，第1346页）

南昌【宋】洪刍：《老圃集》二卷永乐大典本（卷一五六·集部·别集类九，第1346页）

上饶·德兴【宋】汪藻：《浮溪集》三十六卷永乐大典本（卷一五六·集部·别集类九，第1347页）

上饶·德兴【宋】汪藻：《浮溪文粹》十五卷江苏巡抚采进本（卷一五六·集部·别集类九，第1347页）

上饶·德兴【宋】张扩：《东窗集》十六卷永乐大典本（卷一五六·集部·别集类九，第1348页）

吉安·庐陵【宋】刘才邵：《檆溪居士集》十二卷永乐大典本（卷一五六·集部·别集类九，第1349—1350页）

九江·修水【宋】黄彦平：《三余集》四卷永乐大典本（卷一五六·集部·别集类九，第1352页）

上饶·鄱阳【宋】洪皓：《鄱阳集》四卷永乐大典本（卷一五七·集部·别集类一〇，第1353页）

上饶·婺源【宋】朱松、朱槔：《韦斋集》十二卷、附《玉澜集》一卷内府藏本（卷一五七·集部·别集类一〇，第1354页）

吉安·安福【宋】王庭珪：《卢溪集》五十卷副都御史黄登贤家藏本（卷一五七·集部·别集类一〇，第1354—1355页）

抚州·崇仁【宋】欧阳澈：《欧阳修撰集》七卷编修汪如藻家藏本（卷一五七·集部·别集类一〇，第1358页）

赣州·赣县【宋】曾几：《茶山集》八卷永乐大典本（卷一五八·集部·别集类一一，第1359页）

吉安·青原区【宋】胡铨：《澹菴文集》六卷两淮马裕家藏本（卷一五八·集部·别集类一一，第1360页）

上饶·玉山【宋】汪应辰：《文定集》二十四卷永乐大典本（卷一五八·集部·别集类一一，第1363页）

抚州·南丰【宋】曾协：《云庄集》五卷永乐大典本（卷一五八·集部·别集类一一，第1365页）

上饶·婺源【宋】朱熹：《晦庵集》一百卷、《续集》五卷、《别集》七卷内府藏本（卷一五九·集部·别集类一二，第1368页）

吉安·吉安县【宋】周必大：《文忠集》二百卷浙江鲍士恭家藏本（卷一五九·集部·别集类一二，第1369页）

吉安·吉水【宋】王子俊：《格斋四六》一卷浙江鲍士恭家藏本（卷一五九·集部·别集类一二，第1371页）

九江·德安【宋】王阮：《义丰集》一卷编修励守谦家藏本（卷一五九·集部·别集类一二，第1374页）

上饶·玉山【宋】赵蕃：《乾道稿》一卷、《淳熙稿》二十卷、《章泉稿》五卷永乐大典本（卷一六〇·集部·别集类一三，第1375—1376页）

上饶·婺源【宋】王炎：《双溪集》二十七卷两淮马裕家藏本（卷一六〇·集部·别集类一三，第1376页）

宜春·樟树【宋】彭龟年：《止堂集》二十卷永乐大典本（卷一六〇·集部·别集类一三，第1376页）

抚州·乐安【宋】曾丰：《缘督集》二十卷永乐大典本（卷一六〇·集部·别集类一三，第1376页）

抚州·金溪【宋】陆九渊：《象山集》二十八卷、《外集》四卷、附《语录》四卷大理寺卿陆锡熊家藏本（卷一六〇·集部·别集类一三，第1376—1377页）

上饶·鄱阳【宋】洪迈：《野处类稿》二卷编修汪如藻家藏本（卷一六〇·集部·别集类一三，第1378页）

上饶·鄱阳【宋】洪适：《盘洲集》八十卷浙江巡抚采进本（卷一六〇·集部·别集类一三，第1378—1379页）

南昌【宋】赵善括：《应斋杂著》六卷永乐大典本（卷一六〇·集部·别集类一三，第1379页）

吉安·吉水【宋】杨万里：《诚斋集》一百三十三卷编修汪如藻家藏本（卷一六〇·集部·别集类一三，第1380页）

吉安·庐陵；吉安·吉安县【宋】罗椅、刘辰翁：《放翁诗选前集》十卷、《后集》八卷、附《别集》一卷兵部侍郎纪昀家藏本（卷一六〇·集部·别集类一三，第1381页）

抚州·临川【宋】曾极：《金陵百咏》一卷浙江鲍士恭家藏本（卷一六〇·集部·别

集类一三，第1381—1382页）

上饶·鄱阳【宋】章甫:《自鸣集》六卷（永乐大典本）（卷一六〇·集部·别集类一三，第1383页）

九江·都昌【宋】曹彦约:《昌谷集》二十二卷（永乐大典本）（卷一六一·集部·别集类一四，第1385页）

南昌·新建【宋】裘万顷:《竹斋诗集》三卷、《附录》一卷（两淮马裕家藏本）（卷一六一·集部·别集类一四，第1387—1388页）

上饶·信州【宋】陈文蔚:《克斋集》十七卷（湖北巡抚采进本）（卷一六二·集部·别集类一五，第1389页）

吉安·泰和【宋】刘过:《龙洲集》十四卷、《附录》二卷（浙江鲍士恭家藏本）（卷一六二·集部·别集类一五，第1391页）

上饶·鄱阳【宋】姜夔:《白石诗集》一卷、附《诗说》一卷（编修汪如藻家藏本）（卷一六二·集部·别集类一五，第1392页）

宜春·袁州【宋】赵汝鐩:《野谷诗稿》六卷（两淮马裕家藏本）（卷一六二·集部·别集类一五，第1392—1393页）

抚州·崇仁【宋】陈元晋:《渔墅类稿》八卷（永乐大典本）（卷一六二·集部·别集类一五，第1395页）

抚州·崇仁【宋】李刘:《四六标准》四十卷（内府藏本）（卷一六三·集部·别集类一六，第1396页）

抚州·南城【宋】包恢:《敝帚稿略》八卷（永乐大典本）（卷一六三·集部·别集类一六，第1399页）

宜春·丰城【宋】徐鹿卿:《清正存稿》六卷、《附录》一卷（浙江鲍士恭家藏本）（卷一六三·集部·别集类一六，第1399页）

上饶·信州【宋】韩淲:《涧泉集》二十卷（永乐大典本）（卷一六三·集部·别集类一六，第1401页）

宜春·丰城【宋】徐经孙:《矩山存稿》五卷（衍圣公孔昭焕家藏本）（卷一六三·集部·别集类一六，第1401页）

上饶·上饶县【宋】徐元杰:《楳埜集》十二卷（永乐大典本）（卷一六四·集部·别集类一七，第1403—1404页）

宜春·丰城【宋】杨至质:《勿斋集》二卷（编修汪如藻家藏本）（卷一六四·集部·别

集类一七，第1407页）

吉安·庐陵【宋】欧阳守道：《巽斋文集》二十七卷大学士程景伊家藏本（卷一六四·集部·别集类一七，第1407页）

宜春·宜丰【宋】姚勉：《雪坡文集》五十卷江苏巡抚采进本（卷一六四·集部·别集类一七，第1407页）

吉安·吉水【宋】文天祥：《文山集》二十一卷两淮马裕家藏本（卷一六四·集部·别集类一七，第1407—1408页）

吉安·吉水【宋】文天祥：《文信公集杜诗》四卷编修汪如藻家藏本（卷一六四·集部·别集类一七，第1408页）

上饶·弋阳【宋】谢枋得：《叠山集》五卷编修汪如藻家藏本（卷一六四·集部·别集类一七，第1408页）

吉安·吉安县【宋】刘辰翁：《须溪集》十卷永乐大典本（卷一六五·集部·别集类一八，第1409—1410页）

吉安·吉安县【宋】刘辰翁：《须溪四景诗集》四卷编修汪如藻家藏本（卷一六五·集部·别集类一八，第1410页）

南昌【宋】释道璨：《柳塘外集》·四卷（浙江鲍士恭家藏本）（卷一六五·集部·别集类一八，第1411页）

景德镇·乐平【宋】马廷鸾：《碧梧玩芳集》二十四卷永乐大典本（卷一六五·集部·别集类一八，第1411页）

上饶·婺源【宋】胡次焱：《梅岩文集》十卷两江总督采进本（卷一六五·集部·别集类一八，第1414页）

吉安·安福【宋】王炎午：《吾汶稿》十卷浙江鲍士恭家藏本（卷一六五·集部·别集类一八，第1418页）

宜春·丰城【宋】陈杰：《自堂存稿》四卷永乐大典本（卷一六五·集部·别集类一八，第1419页）

宜春·丰城【元】王义山：《稼村类稿》三十卷两淮盐政采进本（卷一六六·集部·别集类一九，第1423页）

吉安·庐陵【元】赵文：《青山集》八卷永乐大典本（卷一六六·集部·别集类一九，第1425页）

吉安·庐陵【元】刘诜：《桂隐文集》四卷、《诗集》四卷浙江鲍士恭家藏本（卷

一六六·集部·别集类一九，第1425—1426页）

抚州·南丰【元】刘壎：《水云村稿》十五卷江西巡抚采进本（卷一六六·集部·别集类一九，第1426页）

上饶·玉山【宋】王奕：《玉斗山人集》三卷浙江鲍士恭家藏本（卷一六六·集部·别集类一九，第1426—1427页）

抚州·乐安【元】吴澄：《吴文正集》一百卷浙江孙仰曾家藏本（卷一六六·集部·别集类一九，第1428页）

宜春·宜丰【元】释圆至：《牧潜集》七卷编修汪如藻家藏本（卷一六六·集部·别集类一九，第1429页）

吉安·吉安县【元】刘将孙：《养吾斋集》三十二卷永乐大典本（卷一六六·集部·别集类一九，第1431页）

上饶·婺源【元】胡炳文：《云峰集》十卷两淮马裕家藏本（卷一六六·集部·别集类一九，第1433页）

宜春·丰城【元】程钜夫：《雪楼集》三十卷两淮马裕家藏本（卷一六六·集部·别集类一九，第1433—1434页）

上饶·德兴【元】徐明善：《芳谷集》二卷编修汪如藻家藏本（卷一六六·集部·别集类一九，第1434页）

吉安·吉水【元】刘岳申：《申斋集》十五卷编修汪如藻家藏本（卷一六七·集部·别集类二〇，第1436页）

南昌【元】释大訢：《蒲室集》十五卷浙江汪启淑家藏本（卷一六七·集部·别集类二〇，第1436—1437页）

抚州·乐安【元】何中：《知非堂稿》六卷江西巡抚采进本（卷一六七·集部·别集类二〇，第1438页）

吉安·永丰【元】刘鹗：《惟实集》四卷、《外集》一卷江西巡抚采进本（卷一六七·集部·别集类二〇，第1439页）

宜春·樟树【元】范梈：《范德机诗》七卷山东巡抚采进本（卷一六七·集部·别集类二〇，第1441页）

宜春·丰城【元】揭傒斯：《文安集》十四卷编修汪如藻家藏本（卷一六七·集部·别集类二〇，第1441—1442页）

新余·渝水区【元】傅若金：《傅与砺诗文集》二十卷江苏巡抚采进本（卷一六

七·集部·别集类二〇，第1446页）

鹰潭·余江 【元】李存：《俟菴集》三十卷两淮马裕家藏本（卷一六七·集部·别集类二〇，第1447页）

上饶·鄱阳 【元】周伯琦：《近光集》三卷、《扈从诗》一卷江苏巡抚采进本（卷一六七·集部·别集类二〇，第1448页）

抚州·崇仁 【元】吴当：《学言诗稿》六卷江西巡抚采进本（卷一六八·集部·别集类二一，第1455页）

吉安·安福 【元】周霆震：《石初集》十卷、《附录》一卷浙江鲍士恭家藏本（卷一六八·集部·别集类二一，第1457页）

上饶·余干 【元】甘复：《山窗余稿》一卷浙江鲍士恭家藏本（卷一六八·集部·别集类二一，第1457页）

抚州·临川 【元】吴皋：《吾吾类稿》三卷永乐大典本（卷一六八·集部·别集类二一，第1457页）

吉安·吉水 【元】郭钰：《静思集》十卷浙江鲍士恭家藏本（卷一六八·集部·别集类二一，第1458页）

吉安·吉水 【元】杨允孚：《滦京杂咏》一卷浙江鲍士恭家藏本（卷一六八·集部·别集类二一，第1458页）

吉安·庐陵 【元】王礼：《麟原文集》二十四卷两淮马裕家藏本（卷一六八·集部·别集类二一，第1460页）

吉安 【元】周巽：《性情集》六卷永乐大典本（卷一六八·集部·别集类二一，第1461页）

新余 【元】胡行简：《樗隐集》六卷永乐大典本（卷一六八·集部·别集类二一，第1461页）

吉安·庐陵 【元】张昱：《可闲老人集》四卷浙江鲍士恭家藏本（卷一六八·集部·别集类二一，第1463页）

新余 【元】梁寅：《石门集》七卷浙江汪启淑家藏本（卷一六八·集部·别集类二一，第1463页）

吉安·新干 【元】邓雅：《玉笥集》九卷浙江汪启淑家藏本（卷一六八·集部·别集类二一，第1463—1464页）

抚州·金溪 【明】危素：《说学斋稿》四卷浙江鲍士恭家藏本（卷一六九·集部·别

集类二二，第1466页）

抚州·金溪【明】危素：《云林集》二卷浙江鲍士恭家藏本（卷一六九·集部·别集类二二，第1466页）

吉安·泰和【明】刘崧：《槎翁诗集》八卷浙江汪汝瑮家藏本（卷一六九·集部·别集类二二，第1467页）

上饶·鄱阳【明】刘炳：《刘彦昺集》九卷编修汪汝藻家藏本（卷一六九·集部·别集类二二，第1470—1471页）

九江【明】张羽：《静居集》四卷浙江巡抚采进本（卷一六九·集部·别集类二二，第1472页）

吉安·泰和【明】陈谟：《海桑集》十卷江苏巡抚采进本（卷一六九·集部·别集类二二，第1476页）

吉安·泰和【明】梁兰：《畦乐诗集》一卷江西巡抚采进本（卷一六九·集部·别集类二二，第1476页）

抚州·金溪【明】吴伯宗：《荣进集》四卷江西巡抚采进本（卷一六九·集部·别集类二二，第1477页）

上饶·铅山【明】龚敩：《鹅湖集》六卷永乐大典本（卷一六九·集部·别集类二二，第1478—1479页）

鹰潭·贵溪【明】张宇初：《岘泉集》四卷江西巡抚采进本（卷一七〇·集部·别集类二三，第1479页）

吉安·新干【明】练子宁：《练中丞集》二卷两淮马裕家藏本（卷一七〇·集部·别集类二三，第1480页）

吉安·泰和【明】周是修：《刍荛集》六卷江西巡抚采进本（卷一七〇·集部·别集类二三，第1481页）

吉安·吉水【明】解缙：《文毅集》十六卷江西巡抚采进本（卷一七〇·集部·别集类二三，第1482页）

吉安·泰和【明】梁潜：《泊菴集》十六卷江西巡抚采进本（卷一七〇·集部·别集类二三，第1483页）

南昌【明】胡俨：《颐菴文选》二卷两淮盐政采进本（卷一七〇·集部·别集类二三，第1483页）

吉安·泰和【明】杨士奇：《东里全集》九十七卷、《别集》四卷江苏巡抚采进本

（卷一七〇·集部·别集类二三，第1484页）

吉安·峡江 【明】金幼孜：《金文靖集》十卷江西巡抚采进本（卷一七〇·集部·别集类二三，第1484页）

吉安·泰和 【明】王直：《抑庵集》十三卷、《后集》三十七卷两淮盐政采进本（卷一七〇·集部·别集类二三，第1484—1485页）

吉安·庐陵 【明】李昌祺：《运甓漫稿》七卷浙江巡抚采进本（卷一七〇·集部·别集类二三，第1485页）

吉安·安福 【明】李时勉：《古廉集》十一卷、《附录》一卷浙江孙仰曾家藏本（卷一七〇·集部·别集类二三，第1485页）

吉安·安福 【明】刘球：《两溪文集》二十四卷江西巡抚采进本（卷一七〇·集部·别集类二三，第1486页）

上饶·鄱阳 【明】童轩：《清风亭稿》七卷浙江巡抚采进本（卷一七〇·集部·别集类二三，第1488页）

抚州·广昌 【明】何乔新：《椒邱文集》四十四卷两江总督采进本（卷一七〇·集部·别集类二三，第1489页）

抚州·崇仁 【明】吴与弼：《康斋文集》十二卷江苏周厚堉家藏本（卷一七〇·集部·别集类二三，第1490—1491页）

吉安·永丰 【明】罗伦：《一峰集》十卷浙江汪汝瑮家藏本（卷一七一·集部·别集类二四，第1491页）

上饶·余干 【明】张吉：《古城集》六卷、《补遗》一卷江苏巡抚采进本（卷一七一·集部·别集类二四，第1494页）

抚州·南城 【明】罗玘：《罗圭峰文集》三十卷江苏巡抚采进本（卷一七一·集部·别集类二四，第1494—1495页）

上饶·余干 【明】胡居仁：《胡文敬公集》三卷副都御史黄登贤家藏本（卷一七一·集部·别集类二四，第1496页）

吉安·泰和 【明】罗钦顺：《整庵存稿》二十卷江西巡抚采进本（卷一七一·集部·别集类二四，第1497页）

鹰潭·余江 【明】刘麟：《刘清惠集》十二卷浙江巡抚采进本（卷一七一·集部·别集类二四，第1498页）

抚州·南城 【明】夏良胜：《东洲初稿》十四卷浙江巡抚采进本（卷一七一·集

部·别集类二四，第1501页）

上饶·广丰【明】夏尚朴:《东岩集》六卷浙江汪汝瑮家藏本（卷一七二·集部·别集类二五，第1502页）

吉安·吉水【明】罗洪先:《念庵集》二十二卷江西巡抚采进本（卷一七二·集部·别集类二五，第1505页）

吉安·永新【明】尹台:《洞麓堂集》十卷江西巡抚采进本（卷一七二·集部·别集类二五，第1506—1507页）

吉安·泰和【明】胡直:《衡庐精舍藏稿》三十卷、《续稿》十一卷江西巡抚采进本（卷一七二·集部·别集类二五，第1510页）

吉安·泰和【明】杨寅秋:《临皋文集》四卷江西巡抚采进本（卷一七二·集部·别集类二五，第1512—1513页）

吉安·吉水【明】邹元标:《愿学集》八卷两江总督采进本（卷一七二·集部·别集类二五，第1514页）

宜春·樟树【宋】刘敞:《别本公是集》六卷山东巡抚采进本（卷一七四·集部·别集类存目一，第1536页）

吉安·永丰【宋】欧阳修:《居士集》五十卷内府藏本（卷一七四·集部·别集类存目一，第1536页）

吉安·泰和【明】郭祥鹏:《老泉文抄》无卷数编修励守谦家藏本（卷一七四·集部·别集类存目一，第1536页）

抚州·黎川【宋】吕南公:《吕次儒集》一卷编修汪如藻家藏本（卷一七四·集部·别集类存目一，第1537页）

九江·修水【宋】黄庭坚:《山谷刀笔》二十卷编修汪如藻家藏本（卷一七四·集部·别集类存目一，第1538页）

宜春·靖安【宋】舒邦佐:《双峰存稿》六卷江西巡抚采进本（卷一七四·集部·别集类存目一，第1539页）

上饶·玉山【宋】汪应辰:《别本汪文定集》十三卷江苏巡抚采进本（卷一七四·集部·别集类存目一，第1540页）

上饶·弋阳【宋】陈康伯:《陈文恭公集》十三卷浙江鲍士恭家藏本（卷一七四·集部·别集类存目一，第1540页）

吉安·吉水【宋】杨万里:《千虑策》二卷江西巡抚采进本（卷一七四·集部·别

集类存目一，第1540页）

吉安·吉水 【宋】杨万里（伪托）：《锦绣论》二卷永乐大典本（卷一七四·集部·别集类存目一，第1540页）

抚州·金溪 【宋】陆九渊：《别本象山文集》六卷江西巡抚采进本（卷一七四·集部·别集类存目一，第1541页）

抚州·乐安 【宋】曾丰：《别本缘督集》十二卷浙江鲍士恭家藏本（卷一七四·集部·别集类存目一，第1541页）

宜春·高安 【宋】幸元龙：《松垣集》十一卷衍圣公孔昭焕家藏本（卷一七四·集部·别集类存目一，第1542页）

吉安·庐陵 【宋】释少嵩：《渔父词集句》二卷永乐大典本（卷一七四·集部·别集类存目一，第1542页）

鹰潭·余江 【宋】汤汉：《东涧集》一卷江西巡抚采进本（卷一七四·集部·别集类存目一，第1543页）

吉安·吉安县 【宋】刘辰翁：《须溪记钞》八卷副都御史黄登贤家藏本（卷一七四·集部·别集类存目一，第1543页）

抚州·乐安 【宋】何希之：《鸡肋集》一卷江西巡抚采进本（卷一七四·集部·别集类存目一，第1543页）

吉安·永丰 【宋】罗公升：《罗沧洲集》五卷编修励守谦家藏本（卷一七四·集部·别集类存目一，第1544页）

抚州·南丰 【元】刘壎：《水云村泯稿》二卷编修汪如藻家藏本（卷一七四·集部·别集类存目一，第1544—1545页）

抚州·金溪 【明】王蓂：《草庐吴先生辑粹》六卷浙江范懋柱家天一阁藏本（卷一七四·集部·别集类存目一，第1545页）

宜春·樟树 【元】杜本：《清江碧嶂集》一卷浙江鲍士恭家藏本（卷一七四·集部·别集类存目一，第1545页）

抚州·临川 【元】元淮：《水镜集》一卷两淮马裕家藏本（卷一七四·集部·别集类存目一，第1545页）

宜春·樟树 【元】范梈：《范文白诗集》六卷山东巡抚采进本（卷一七四·集部·别集类存目一，第1546页）

宜春·丰城 【元】揭傒斯：《揭曼硕遗文》一卷江苏巡抚采进本（卷一七四·集

部·别集类存目一，第1546页）

吉安·吉水【元】周闻孙：《鳌溪文集》二卷江西巡抚采进本（卷一七四·集部·别集类存目一，第1546页）

抚州·金溪【元】吴会：《书山遗集》二十卷江西巡抚采进本（卷一七四·集部·别集类存目一，第1547页）

吉安·泰和【明】刘崧：《槎翁集》八卷两淮马裕家藏本（卷一七五·集部·别集类存目二，第1549页）

抚州·金【明】危素：《危学士全集》十四卷江西巡抚采进本溪（卷一七五·集部·别集类存目二，第1549页）

上饶·鄱阳【明】释克新：《元释集》一卷编修汪如藻家藏本（卷一七五·集部·别集类存目二，第1550页）

宜春·丰城【明】朱善：《一斋集》十六卷福建巡抚采进本（卷一七五·集部·别集类存目二，第1550页）

九江【明】张羽：《静庵集》一卷两淮马裕家藏本（卷一七五·集部·别集类存目二，第1551页）

吉安·吉水【明】陈诚：《陈竹山文集》四卷江西巡抚采进本（卷一七五·集部·别集类存目二，第1551页）

吉安·泰和【明】尹昌隆：《尹讷庵遗稿》八卷、《附录》二卷江西巡抚采进本（卷一七五·集部·别集类存目二，第1551页）

吉安·泰和【明】梁本之：《坦庵文集》八卷江西巡抚采进本（卷一七五·集部·别集类存目二，第1552页）

吉安·泰和【明】杨士奇：《别本东里文集》二十五卷江苏巡抚采进本（卷一七五·集部·别集类存目二，第1552页）

吉安·吉水【明】胡广：《胡文穆集》二十卷江西巡抚采进本（卷一七五·集部·别集类存目二，第1552—1553页）

吉安·庐陵【明】罗肃：《寅菴集》三卷、《外集》四卷、《附录》一卷两淮马裕家藏本（卷一七五·集部·别集类存目二，第1553页）

吉安·永丰【明】曾棨：《西墅集》十卷浙江朱彝尊家曝书亭藏本（卷一七五·集部·别集类存目二，第1553页）

吉安·吉水【明】周述：《东墅诗集》六卷浙江范懋柱家天一阁藏本（卷一七五·集

部·别集类存目二，第1553页）

吉安·永新【明】刘髦：《石潭存稿》三卷两江总督采进本（卷一七五·集部·别集类存目二，第1554页）

吉安·泰和【明】彭百炼：《若金集》二卷江西巡抚采进本（卷一七五·集部·别集类存目二，第1554页）

上饶·德兴【明】孙瑀：《岁寒集》二卷浙江汪启淑家藏本（卷一七五·集部·别集类存目二，第1554页）

吉安·泰和【明】陈循：《芳洲集》十卷江西巡抚采进本（卷一七五·集部·别集类存目二，第1554页）

吉安·泰和【明】陈循：《东行百咏集句》九卷、附《芳洲年谱》一卷浙江汪汝瑮家藏本（卷一七五·集部·别集类存目二，第1554页）

抚州·乐安【明】萧仪：《袜线集》十五卷江西巡抚采进本（卷一七五·集部·别集类存目二，第1554页）

吉安·吉水【明】周叙：《石溪文集》七卷、《附录》一卷江西巡抚采进本（卷一七五·集部·别集类存目二，第1554页）

新余【明】习经：《寻乐文集》二十卷江西巡抚采进本（卷一七五·集部·别集类存目二，第1554页）

吉安·泰和【明】曾鹤龄：《松臞集》二十八卷江西巡抚采进本（卷一七五·集部·别集类存目二，第1554页）

吉安·吉水【明】熊直：《西涧文集》十六卷浙江巡抚采进本（卷一七五·集部·别集类存目二，第1555页）

宜春·高安【明】陈益：《敝帚集》二卷江苏巡抚采进本（卷一七五·集部·别集类存目二，第1555页）

吉安·吉水【明】廖庄：《廖恭敏佚稿》一卷、《附录》一卷江西巡抚采进本（卷一七五·集部·别集类存目二，第1555—1556页）

吉安·泰和【明】萧鎡：《尚约居士集》无卷数江西巡抚采进本（卷一七五·集部·别集类存目二，第1556页）

吉安·安福【明】吴节：《吴竹坡文集》五卷、《诗集》二十八卷江西巡抚采进本（卷一七五·集部·别集类存目二，第1556页）

吉安·永丰【明】钟复：《云川文集》六卷、附《恭愍遗文》一卷江西巡抚采进本

（卷一七五·集部·别集类存目二，第1556页）

抚州·乐安 【明】姜洪：《松冈集》十一卷浙江汪汝瑮家藏本（卷一七五·集部·别集类存目二，第1556页）

吉安·永新 【明】刘定之：《呆斋集》四十五卷浙江巡抚采进本（卷一七五·集部·别集类存目二，第1557页）

吉安·吉水 【明】刘俨：《刘文介公集》三十卷两淮盐政采进本（卷一七五·集部·别集类存目二，第1557页）

吉安·泰和 【明】陈宜：《静轩集》十三卷浙江汪汝瑮家藏本（卷一七五·集部·别集类存目二，第1557页）

吉安·安福 【明】彭时：《彭文宪集》四卷江西巡抚采进本（卷一七五·集部·别集类存目二，第1558页）

抚州·崇仁 【明】吴宣：《野菴文集》十卷江西巡抚采进本（卷一七五·集部·别集类存目二，第1558页）

吉安·安福 【明】彭华：《彭文思集》六卷江西巡抚采进本（卷一七五·集部·别集类存目二，第1559页）

抚州·南城 【明】左赞：《桂坡集》十五卷浙江汪汝瑮家藏本（卷一七五·集部·别集类存目二，第1559页）

南昌 【明】张元祯：《东白集》二十四卷浙江孙仰曾家藏本（卷一七五·集部·别集类存目二，第1559页）

吉安·吉水 【明】彭教：《东泷遗稿》四卷江西巡抚采进本（卷一七五·集部·别集类存目二，第1560页）

抚州·南城 【明】张昇：《张文僖公文集》十四卷、《诗集》二十二卷浙江巡抚采进本（卷一七五·集部·别集类存目二，第1561页）

赣州·宁都 【明】董越：《使东日录》一卷浙江巡抚采进本（卷一七五·集部·别集类存目二，第1561页）

上饶·德兴 【明】孙需：《孙清简公集》二卷两江总督采进本（卷一七五·集部·别集类存目二，第1561页）

上饶·余干 【明】苏章：《滇南行稿》四卷、《附录》一卷江西巡抚采进本（卷一七五·集部·别集类存目二，第1562页）

吉安·泰和 【明】刘鸿：《七星诗文存》十二卷江西巡抚采进本（卷一七五·集

部·别集类存目二，第1562页）

上饶·铅山【明】费宏：《费文宪集选要》七卷两江总督采进本（卷一七五·集部·别集类存目二，第1563—1564页）

宜春·丰城【明】杨廉：《月湖集》四十八卷浙江巡抚采进本（卷一七五·集部·别集类存目二，第1564页）

景德镇·乐平【明】程楷：《程念斋集》十卷江西巡抚采进本（卷一七五·集部·别集类存目二，第1564页）

宜春·丰城【明】游潜：《梦蕉存稿》四卷浙江汪汝瑮家藏本（卷一七六·集部·别集类存目三，第1567页）

新余·分宜【明】严嵩：《钤山堂集》三十五卷编修励守谦家藏本（卷一七六·集部·别集类存目三，第1568页）

赣州·大余【明】刘节：《梅国集》四十一卷浙江孙仰曾家藏本（卷一七六·集部·别集类存目三，第1568页）

赣州·大余【明】刘节：《宝制堂录》二卷江西巡抚采进本（卷一七六·集部·别集类存目三，第1569页）

南昌·进贤【明】万镗：《治斋集》十七卷浙江孙仰曾家藏本（卷一七六·集部·别集类存目三，第1569页）

抚州·宜黄【明】涂几：《类稿》十卷江西巡抚采进本（卷一七六·集部·别集类存目三，第1570页）

抚州·乐安【明】王烈：《寻乐堂集》十一卷江西巡抚采进本（卷一七六·集部·别集类存目三，第1570页）

吉安·泰和【明】刘魁：《省愆稿》五卷江西巡抚采进本（卷一七六·集部·别集类存目三，第1571页）

吉安·吉水【明】毛伯温：《毛襄懋集》十八卷江西巡抚采进本（卷一七六·集部·别集类存目三，第1571—1572页）

吉安·吉水【明】毛伯温：《东塘诗集》十卷浙江范懋柱家天一阁藏本（卷一七六·集部·别集类存目三，第1572页）

吉安·泰和【明】欧阳铎：《欧阳恭简集》二十二卷浙江巡抚采进本（卷一七六·集部·别集类存目三，第1572页）

吉安·安福【明】邹守益：《东廓集》十二卷江西巡抚采进本（卷一七六·集

部·别集类存目三，第1572页）

吉安·永新 【明】尹襄：《巽峰集》十二卷、《附录》一卷两淮盐政采进本（卷一七六·集部·别集类存目三，第1573页）

上饶·铅山 【明】费寀：《费文通集选要》六卷江苏巡抚采进本（卷一七六·集部·别集类存目三，第1573页）

上饶·广丰 【明】夏尚朴：《东岩诗集》八卷浙江巡抚采进本（卷一七六·集部·别集类存目三，第1573页）

上饶·余干 【明】陈宪：《后斋遗稿》二卷浙江汪汝瑮家藏本（卷一七六·集部·别集类存目三，第1573页）

鹰潭·余江 【明】桂华：《古山集》四卷江西巡抚采进本（卷一七六·集部·别集类存目三，第1574页）

吉安·吉水 【明】李中：《谷平文集》五卷江西巡抚采进本（卷一七六·集部·别集类存目三，第1575页）

抚州·临川 【明】陈九川：《明水文集》十四卷两江总督采进本（卷一七六·集部·别集类存目三，第1576页）

赣州·于都 【明】黄宏纲：《黄洛邨集》二卷两江总督采进本（卷一七六·集部·别集类存目三，第1576页）

吉安·永丰 【明】聂豹：《双江文集》十四卷江西巡抚采进本（卷一七六·集部·别集类存目三，第1576页）

上饶·弋阳 【明】汪佃：《东麓稿》十卷两淮盐政采进本（卷一七六·集部·别集类存目三，第1576页）

鹰潭·贵溪 【明】夏言：《桂洲集》十八卷江西巡抚采进本（卷一七六·集部·别集类存目三，第1577页）

上饶·玉山 【明】詹泮：《少华集》四卷浙江孙仰曾家藏本（卷一七六·集部·别集类存目三，第1578页）

抚州·广昌 【明】曾梧：《栋峰遗稿》二卷浙江孙仰曾家藏本（卷一七六·集部·别集类存目三，第1578页）

抚州·乐安 【明】谭宝焕：《谭樵海集》六卷、附《幽谷集》一卷、《霜岩集》一卷江西巡抚采进本（卷一七六·集部·别集类存目三，第1579页）

抚州·乐安 【明】谭宝焕：《性理吟》二卷江西巡抚采进本（卷一七六·集部·别

集类存目三，第1579页）

吉安·泰和【明】欧阳德：《欧阳南野集》三十卷江苏巡抚采进本（卷一七七·集部·别集类存目四，第1580页）

吉安·泰和【明】欧阳德：《南野文选》四卷江西巡抚采进本（卷一七七·集部·别集类存目四，第1580页）

抚州·临川【明】章衮：《章介菴集》十一卷江西巡抚采进本（卷一七七·集部·别集类存目四，第1580页）

南昌·新建【明】魏良弼：《水洲文集》四卷两江总督采进本（卷一七七·集部·别集类存目四，第1582页）

鹰潭·贵溪【明】江以达：《江午坡集》四卷江西巡抚采进本（卷一七七·集部·别集类存目四，第1583页）

吉安·吉水【明】罗洪先：《别本罗念菴集》十三卷浙江汪汝瑮家藏本（卷一七七·集部·别集类存目四，第1584页）

上饶·德兴【明】祝世禄：《环碧斋诗集》三卷、《尺牍》三卷浙江孙仰曾家藏本（卷一七七·集部·别集类存目四，第1586页）

抚州·乐安【明】董燧：《蓉山集》十六卷江西巡抚采进本（卷一七七·集部·别集类存目四，第1586页）

上饶·广丰【明】吕怀：《巾石遗编》一卷江西巡抚采进本（卷一七七·集部·别集类存目四，第1587页）

宜春·丰城【明】李玑：《西野遗稿》十四卷两江总督采进本（卷一七七·集部·别集类存目四，第1589页）

宜春·奉新【明】徐灿：《徐阳溪集》六卷江西巡抚采进本（卷一七七·集部·别集类存目四，第1591页）

抚州·东乡【明】徐良傅：《爱吾庐集》八卷江西巡抚采进本（卷一七七·集部·别集类存目四，第1591页）

吉安·泰和【明】陈昌积：《陈两湖集》三十四卷江西巡抚采进本（卷一七七·集部·别集类存目四，第1591页）

吉安·泰和【明】陈昌积：《松风轩藏稿》八卷江西巡抚采进本（卷一七七·集部·别集类存目四，第1591页）

吉安·泰和【明】杨载鸣：《大拙堂集》九卷浙江巡抚采进本（卷一七七·集

部·别集类存目四，第1592页）

上饶·婺源【明】游震得：《让溪甲集》四卷、《乙集》十卷浙江孙仰曾家藏本（卷一七七·集部·别集类存目四，第1592页）

景德镇·浮梁【明】汪柏：《青峰存集》十二卷江西巡抚采进本（卷一七七·集部·别集类存目四，第1592页）

九江【明】万衣：《万子迂谈》八卷江西巡抚采进本（卷一七七·集部·别集类存目四，第1593页）

南昌·新建【明】吴桂芳：《师暇裒言》十二卷浙江孙仰曾家藏本（卷一七七·集部·别集类存目四，第1594页）

抚州·南丰【明】李万实：《崇质堂集》二十卷江西巡抚采进本（卷一七七·集部·别集类存目四，第1594页）

吉安·庐陵【明】陈嘉谟：《念初堂稿》四卷、《续集》二卷两淮马裕家藏本（卷一七七·集部·别集类存目四，第1595页）

吉安·安福【明】王时槐：《友庆堂合稿》七卷江西巡抚采进本（卷一七七·集部·别集类存目四，第1595页）

吉安·永丰【明】宋仪望：《华阳馆文集》十七卷、《续集》二卷江西巡抚采进本（卷一七七·集部·别集类存目四，第1596页）

吉安·永丰【明】宋仪望：《华阳文集》十二卷浙江汪汝瑮家藏本（卷一七七·集部·别集类存目四，第1596页）

抚州·广昌【明】何涛：《平山文集》八卷、《诗集》八卷直隶总督采进本（卷一七八·集部·别集类存目五，第1597页）

宜春·高安【明】况叔祺：《大雅堂摘稿》无卷数江西巡抚采进本（卷一七八·集部·别集类存目五，第1597页）

南昌【明】余曰德：《余德甫集》十四卷江苏周厚堉家藏本（卷一七八·集部·别集类存目五，第1597—1598页）

上饶·鄱阳【明】史桂芳：《惺堂文集》十四卷江西巡抚采进本（卷一七八·集部·别集类存目五，第1599页）

吉安·永丰【明】郭汝霖：《石泉山房集》十卷江西巡抚采进本（卷一七八·集部·别集类存目五，第1600页）

抚州·南城【明】罗汝芳：《近溪子文集》五卷江苏巡抚采进本（卷一七八·集

部·别集类存目五，第1600页）

抚州·黎川 【明】邓元锡：《潜学稿》十二卷湖北巡抚采进本（卷一七八·集部·别集类存目五，第1600页）

宜春·奉新 【明】蔡国珍：《怡云堂集》十卷江西巡抚采进本（卷一七八·集部·别集类存目五，第1601页）

抚州·广昌 【明】何源：《心泉集》二十五卷浙江孙仰曾家藏本（卷一七八·集部·别集类存目五，第1601页）

宜春·丰城 【明】李材：《观我堂摘稿》十二卷安徽巡抚采进本（卷一七八·集部·别集类存目五，第1602页）

上饶·弋阳 【明】吴崇节：《狎鸥子摘稿》一卷江苏巡抚采进本（卷一七八·集部·别集类存目五，第1603页）

上饶·信州区 【明】杨时乔：《杨端洁集》无卷数江西巡抚采进本（卷一七八·集部·别集类存目五，第1603页）

宜春·高安 【明】陈汝玚：《湛然堂诗稿》无卷数江西巡抚采进本（卷一七八·集部·别集类存目五，第1607页）

抚州·乐安 【明】董绪：《龟川诗集》四卷江西巡抚采进本（卷一七八·集部·别集类存目五，第1607页）

吉安·新干 【明】朱孟震：《朱秉器集》八卷浙江汪汝瑮家藏本（卷一七八·集部·别集类存目五，第1609页）

南昌·新建 【明】张位：《闲云馆集钞》六卷两江总督采进本（卷一七九·集部·别集类存目六，第1610页）

萍乡·莲花 【明】刘元卿：《刘聘君全集》十二卷江西巡抚采进本（卷一七九·集部·别集类存目六，第1610—1611页）

吉安·泰和 【明】郭子章：《粤草》十卷、《蜀草》七卷江西巡抚采进本（卷一七九·集部·别集类存目六，第1611页）

吉安·泰和 【明】郭子章：《晋草》九卷、《楚草》十二卷、《家草》七卷江西巡抚采进本（卷一七九·集部·别集类存目六，第1611页）

吉安·泰和 【明】郭子章：《黔草》二十一卷浙江汪汝瑮家藏本（卷一七九·集部·别集类存目六，第1611页）

赣州·于都 【明】李涞：《李中丞文集》二卷江西巡抚采进本（卷一七九·集

部·别集类存目六，第1611页）

南昌·新建【明】邓以赞：《文洁集》四卷江西巡抚采进本（卷一七九·集部·别集类存目六，第1611页）

吉安·安福【明】邹德涵：《邹聚所文集》六卷、《外集》一卷浙江巡抚采进本（卷一七九·集部·别集类存目六，第1611—1612页）

抚州·临川【明】万道光：《交翠馆集》十卷江西巡抚采进本（卷一七九·集部·别集类存目六，第1612页）

抚州·乐安【明】詹事讲：《詹养贞集》三卷江西巡抚采进本（卷一七九·集部·别集类存目六，第1614页）

宜春·高安【明】陈邦科：《片玉集》四卷江西巡抚采进本（卷一七九·集部·别集类存目六，第1614页）

抚州·乐安【明】曾维伦：《来复堂集》二十五卷江西巡抚采进本（卷一七九·集部·别集类存目六，第1616页）

抚州·广昌【明】刘文卿：《刘直洲集》十卷浙江孙仰曾家藏本（卷一七九·集部·别集类存目六，第1617页）

抚州·金溪【明】吴仁度：《吴继疏集》十二卷江苏巡抚采进本（卷一七九·集部·别集类存目六，第1617页）

上饶·婺源【明】余懋衡：《关中集》四卷两江总督采进本（卷一七九·集部·别集类存目六，第1618页）

抚州·金溪【明】谢廷谅：《清晖馆集》二卷两江总督采进本（卷一七九·集部·别集类存目六，第1619页）

抚州·金溪【明】谢廷谅：《薄游草》十五卷浙江巡抚采进本（卷一七九·集部·别集类存目六，第1619页）

抚州·黎川【明】邓渼：《大旭山房集》一卷江西巡抚采进本（卷一七九·集部·别集类存目六，第1620页）

抚州·临川【明】汤显祖：《玉茗堂集》二十九卷两江总督采进本（卷一七九·集部·别集类存目六，第1621页）

南昌·进贤【明】樊良枢：《樊致虚诗集》四卷两淮盐政采进本（卷一七九·集部·别集类存目六，第1621页）

上饶·婺源【明】余懋孳：《荑言》六卷两江总督采进本（卷一七九·集部·别集

类存目六，第1622页）

宜春·宜丰【明】邹维琏：《达观楼集》二十四卷江西巡抚采进本（卷一七九·集部·别集类存目六，第1622页）

抚州·金溪【明】吴兆璧：《丰麓集》七卷江西巡抚采进本（卷一八〇·集部·别集类存目七，第1623页）

南昌【明】朱多煃：《古雪斋近稿》一卷浙江孙仰曾家藏本（卷一八〇·集部·别集类存目七，第1625页）

抚州·临川【明】罗万藻：《此观堂集》六卷江西巡抚采进本（卷一八〇·集部·别集类存目七，第1627页）

抚州·南城【明】孙奎：《曲涧遗稿》十五卷江西巡抚采进本（卷一八〇·集部·别集类存目七，第1628页）

抚州·黎川【明】黄端伯：《瑶光阁集》十三卷江西巡抚采进本（卷一八〇·集部·别集类存目七，第1628—1629页）

抚州·黎川【明】涂伯昌：《涂子一杯水》五卷江西巡抚采进本（卷一八〇·集部·别集类存目七，第1629页）

九江【明】文德翼：《雅似堂文集》十卷、《诗集》三卷浙江巡抚采进本（卷一八〇·集部·别集类存目七，第1629页）

吉安·遂川【明】欧阳铉：《野获园集》二卷江西巡抚采进本（卷一八〇·集部·别集类存目七，第1630页）

上饶·广丰【明】余祚征：《文斋文集》十一卷浙江鲍士恭家藏本（卷一八〇·集部·别集类存目七，第1630页）

吉安·永丰【明】程士鲲：《云樵文集》八卷江西巡抚采进本（卷一八〇·集部·别集类存目七，第1630页）

抚州·黎川【明】杨思本：《榴馆初函集选》十二卷江西巡抚采进本（卷一八〇·集部·别集类存目七，第1630页）

宜春·高安【明】陈邦仪：《弹剑草》无卷数江苏巡抚采进本（卷一八〇·集部·别集类存目七，第1631页）

吉安·庐陵【明】王业：《王冠九文集》无卷数江西巡抚采进本（卷一八〇·集部·别集类存目七，第1631页）

吉安·吉水【清】李元鼎：《灌研斋集》四卷江西巡抚采进本（卷一八一·集

部·别集类存目八，第1632页）

赣州·于都【清】易学实：《犀崖文集》二十五卷江西巡抚采进本（卷一八一·集部·别集类存目八，第1633页）

赣州·于都【清】易学实：《云湖堂集》六卷江西巡抚采进本（卷一八一·集部·别集类存目八，第1633页）

抚州·南丰【清】汤来贺：《内省斋文集》三十二卷江西巡抚采进本（卷一八一·集部·别集类存目八，第1633页）

南昌·新建【清】陈宏绪：《陈士业全集》十六卷江西巡抚采进本（卷一八一·集部·别集类存目八，第1635页）

吉安·永新【清】贺贻孙：《水田居士文集》五卷江西巡抚采进本（卷一八一·集部·别集类存目八，第1636—1637页）

抚州·南丰【清】谢文洊：《谢程山集》十八卷江苏巡抚采进本（卷一八一·集部·别集类存目八，第1637页）

抚州·临川【清】刘命清：《虎溪渔叟集》十卷江西巡抚采进本（卷一八一·集部·别集类存目八，第1638页）

南昌·新建【清】徐世溥：《榆墩集选文》九卷、《诗》二卷江西巡抚采进本（卷一八一·集部·别集类存目八，第1639页）

抚州·宜黄【清】周礼：《月岩集》五卷江西巡抚采进本（卷一八一·集部·别集类存目八，第1644页）

抚州·临川【清】李来泰：《莲龛集》十五卷江西巡抚采进本（卷一八二·集部·别集类存目九，第1645页）

吉安·青原区【清】张贞生：《庸书》二十卷江西巡抚采进本（卷一八二·集部·别集类存目九，第1648页）

鹰潭·贵溪【清】郑日奎：《静庵集》十二卷江西巡抚采进本（卷一八二·集部·别集类存目九，第1649页）

抚州·黎川【清】孔尚典：《孔天征文集》无卷数江苏巡抚采进本（卷一八二·集部·别集类存目九，第1652页）

抚州·南丰【清】梁份：《怀葛堂文集》十五卷江西巡抚采进本（卷一八二·集部·别集类存目九，第1652页）

赣州·宁都【清】彭任：《草亭文集》一卷江西巡抚采进本（卷一八二·集部·别

集类存目九，第1652页）

抚州·黎川 【清】孔毓琼：《孔钟英集》十卷江西巡抚采进本（卷一八二·集部·别集类存目九，第1652—1653页）

抚州·黎川 【清】孔毓功：《孔惟叙集》六卷江西巡抚采进本（卷一八二·集部·别集类存目九，第1653页）

上饶·婺源 【清】余光耿：《一溉堂诗集》一卷江西巡抚采进本（卷一八三·集部·别集类存目一〇，第1654页）

抚州·宜黄 【清】应是：《纵钓居文集》八卷江西巡抚采进本（卷一八三·集部·别集类存目一〇，第1656页）

吉安·吉水 【清】李振裕：《白石山房稿》十三卷江西巡抚采进本（卷一八三·集部·别集类存目一〇，第1656页）

吉安·吉水 【清】李振裕：《别本白石山房稿》二十六卷浙江巡抚采进本（卷一八三·集部·别集类存目一〇，第1656—1657页）

赣州·瑞金 【清】杨兆嶒：《钝斋文钞》七卷江西巡抚采进本（卷一八四·集部·别集类存目一一，第1666页）

抚州·南城 【清】陶成：《吾庐遗书》无卷数江西巡抚采进本（卷一八四·集部·别集类存目一一，第1670页）

宜春·奉新 【清】帅我：《墨澜亭集》无卷数江西巡抚采进本（卷一八四·集部·别集类存目一一，第1671页）

抚州·临川 【清】李茹旻：《二水楼诗集》十八卷、《文集》十卷江西巡抚采进本（卷一八四·集部·别集类存目一一，第1671页）

吉安·泰和 【清】梁机：《三华集》四卷兵部侍郎纪昀家藏本（卷一八四·集部·别集类存目一一，第1671页）

宜春·奉新 【清】帅仍祖：《嗜退山房稿》五卷江西巡抚采进本（卷一八四·集部·别集类存目一一，第1672页）

抚州·金溪 【清】冯咏：《桐村诗》九卷江西巡抚采进本（卷一八四·集部·别集类存目一一，第1673页）

宜春·奉新 【清】帅念祖：《树人堂诗》七卷江西巡抚采进本（卷一八五·集部·别集类存目一二，第1675页）

南昌·进贤 【清】徐玺：《就正草》一卷江西巡抚采进本（卷一八五·集部·别集

类存目一二，第1677页）

抚州·南丰【清】汤斯祚：《亦庐诗集》二十八卷江西巡抚采进本（卷一八五·集部·别集类存目一二，第1678页）

南昌【清】刘云峰：《梧江杂咏》一卷编修汪如藻家藏本（卷一八五·集部·别集类存目一二，第1679页）

抚州·宜黄【清】蓝千秋：《蓝户部集》二十六卷江西巡抚采进本（卷一八五·集部·别集类存目一二，第1680页）

抚州·南城【清】潘安礼：《东山草堂集》六卷江西巡抚采进本（卷一八五·集部·别集类存目一二，第1681页）

抚州·广昌【清】黄永年：《黄静山集》十二卷江苏巡抚采进本（卷一八五·集部·别集类存目一二，第1681页）

宜春·奉新【清】帅家相：《卓山诗集》十二卷江西巡抚采进本（卷一八五·集部·别集类存目一二，第1682页）

抚州·黎川【清】陈道：《凝斋遗集》八卷江西巡抚采进本（卷一八五·集部·别集类存目一二，第1682页）

上饶·婺源【清】汪舸：《疁岷山人集》八卷礼部主事任大椿家藏本（卷一八五·集部·别集类存目一二，第1683页）

吉安·吉水【宋】彭叔夏：《文苑英华辨证》十卷内府藏本（卷一八六·集部·总集类一，第1692页）

抚州·临川【宋】王安石：《唐百家诗选》二十卷内府藏本（卷一八六·集部·总集类一，第1693—1694页）

吉安·峡江【宋】孔延之：《会稽掇英总集》二十卷浙江郑大节家藏本（卷一八六·集部·总集类一，第1694页）

吉安·峡江【宋】孔文仲、孔武仲、孔平仲：《清江三孔集》四十卷两江总督采进本（卷一八六·集部·总集类一，第1694页）

宜春·高安【宋】刘涣、刘恕、刘羲仲：《三刘家集》一卷江西巡抚采进本（卷一八六·集部·总集类一，第1694—1695页）

上饶·鄱阳【宋】洪迈：《万首唐人绝句诗》九十一卷内府藏本（卷一八七·集部·总集类二，第1697页）

吉安·庐陵【宋】王霆震：《古文集成前集》七十八卷浙江汪启淑家藏本（卷一八

七·集部·总集类二，第1702—1703页）

上饶·弋阳【宋】谢枋得：《文章轨范》七卷两江总督采进本（卷一八七·集部·总集类二，第1703页）

宜春·樟树【元】杜本：《谷音》二卷江苏巡抚采进本（卷一八八·集部·总集类三，第1707页）

吉安·庐陵【元】周南瑞：《天下同文集》四十四卷两淮马裕家藏本（卷一八八·集部·总集类三，第1708页）

上饶【元】祝尧：《古赋辨体》八卷、《外集》二卷江苏巡抚采进本（卷一八八·集部·总集类三，第1708页）

抚州·南丰【元】赵景良：《忠义集》七卷编修汪如藻家藏本（卷一八八·集部·总集类三，第1708—1709页）

上饶·婺源【元】汪泽民：《宛陵群英集》十二卷永乐大典本（卷一八八·集部·总集类三，第1709页）

宜春·樟树；吉安·庐陵【元】傅习、孙存吾：《元风雅前集》十二卷、《后集》十二卷内府藏本（卷一八八·集部·总集类三，第1709页）

南昌【元】左克明：《古乐府》十卷浙江汪启淑家藏本（卷一八八·集部·总集类三，第1710页）

上饶·鄱阳【明】刘仔肩：《雅颂正音》五卷江西巡抚采进本（卷一八九·集部·总集类四，第1713页）

上饶·鄱阳【清】史简：《鄱阳五家集》十五卷江西巡抚采进本（卷一九〇·集部·总集类五，第1732—1733页）

宜春·宜丰【元】释圆至：《唐诗说》二十一卷两淮盐政采进本（卷一九一·集部·总集类存目一，第1737页）

吉安·安福【明】周泰、周寀：《存存稿》十卷、《续稿》三卷两江总督采进本（卷一九一·集部·总集类存目一，第1740页）

上饶·弋阳【明】黄溥：《诗学权舆》二十二卷两淮马裕家藏本（卷一九一·集部·总集类存目一，第1740—1741页）

南昌·新建；南昌【明】汤光烈、汤頀，艾璞：《二麓正议》三卷浙江巡抚采进本（卷一九一·集部·总集类存目一，第1741页）

九江·湖口【明】王恕：《石钟山志》八卷浙江范懋柱家天一阁藏本（卷一九一·集

部·总集类存目一，第1741页）

上饶·铅山 【明】费宏:《宸章集录》一卷左都御史张若淮家藏本（卷一九二·集部·总集类存目二，第1742—1743页）

赣州·大余 【明】刘节:《广文选》六十卷副都御史黄登贤家藏本（卷一九二·集部·总集类存目二，第1744页）

南昌·进贤 【明】舒芬:《残本成仁遗稿》五卷安徽巡抚采进本（卷一九二·集部·总集类存目二，第1745页）

抚州·黎川 【明】王材:《黎川文绪》四卷江西巡抚采进本（卷一九二·集部·总集类存目二，第1749页）

上饶·婺源 【明】潘滋:《蓬莱观海亭集》十卷浙江范懋柱家天一阁藏本（卷一九二·集部·总集类存目二，第1750页）

九江 【明】劳堪:《词海遗珠》四卷浙江汪启淑家藏本（卷一九二·集部·总集类存目二，第1750—1751页）

宜春·樟树 【明】熊逵:《清江二家诗》四卷浙江范懋柱家天一阁藏本（卷一九二·集部·总集类存目二，第1752页）

抚州·临川 【明】陈文焕:《钓台集》六卷两江总督采进本（卷一九三·集部·总集类存目三，第1755页）

宜春·丰城 【明】孙梗:《世玉集选》二卷江西巡抚采进本（卷一九三·集部·总集类存目三，第1757页）

抚州·临川 【明】邱兆麟（伪托）:《明文隽》八卷江苏巡抚采进本（卷一九三·集部·总集类存目三，第1757页）

吉安·万安 【明】萧自开:《奕世文集》十六卷两江总督采进本（卷一九三·集部·总集类存目三，第1760页）

南昌 【明】李国祥:《古今濡削选章》四十卷江苏周厚堉家藏本（卷一九三·集部·总集类存目三，第1763页）

吉安·青原区 【明】胡接辉:《三忠文选》十六卷内府藏本（卷一九三·集部·总集类存目三，第1764页）

吉安·泰和 【清】萧伯升:《萧氏世集》无卷数山东巡抚采进本（卷一九四·集部·总集类存目四，第1767页）

吉安·泰和 【清】萧士琦:《陡隽》四卷兵部侍郎纪昀家藏本（卷一九四·集部·总

集类存目四，第1767页）

赣州·瑞金【清】杨长世：《杨氏五家文钞》十二卷江西巡抚采进本（卷一九四·集部·总集类存目四，第1770页）

南昌【清】陈允衡：《国雅初集》无卷数副都御史黄登贤家藏本（卷一九四·集部·总集类存目四，第1771页）

吉安·吉水【清】李振裕：《群雅集》十二卷内府藏本（卷一九四·集部·总集类存目四，第1772页）

吉安·泰和【清】王愈扩、王愈融：《瑞竹亭合稿》四卷江西巡抚采进本（卷一九四·集部·总集类存目四，第1772页）

抚州·临川【清】王相：《尺牍嘤鸣集》十二卷内府藏本（卷一九四·集部·总集类存目四，第1774页）

上饶·婺源【清】汪立名：《唐四家诗》八卷内府藏本（卷一九四·集部·总集类存目四，第1774—1775页）

宜春·上高【清】黄光岳：《三诗合编》三卷江西巡抚采进本（卷一九四·集部·总集类存目四，第1776页）

吉安·永丰【清】聂芳声：《丰阳人文纪略》十卷江西巡抚采进本（卷一九四·集部·总集类存目四，第1777页）

赣州·会昌【清】赖鲲升：《友声集》七卷浙江巡抚采进本（卷一九四·集部·总集类存目四，第1778页）

鹰潭·贵溪【清】江八斗：《残本湖陵江氏集》五卷江西巡抚采进本（卷一九四·集部·总集类存目四，第1778页）

吉安·永丰【宋】欧阳修：《六一诗话》一卷江苏巡抚采进本（卷一九五·集部·诗文评类一，第1781页）

宜春·樟树【宋】刘攽：《中山诗话》一卷江苏巡抚采进本（卷一九五·集部·诗文评类一，第1781页）

上饶·婺源【宋】朱弁：《风月堂诗话》二卷内府藏本（卷一九五·集部·诗文评类一，第1784页）

抚州·崇仁【宋】吴沆：《环溪诗话》一卷永乐大典本（卷一九五·集部·诗文评类一，第1786页）

吉安·吉安县【宋】周必大：《二老堂诗话》一卷江苏巡抚采进本（卷一九五·集

部·诗文评类一，第1787页）

吉安·吉水 【宋】杨万里：《诚斋诗话》一卷江苏巡抚采进本（卷一九五·集部·诗文评类一，第1787页）

宜春·高安 【宋】释惠洪：《天厨禁脔》三卷浙江巡抚采进本（卷一九七·集部·诗文评类存目，第1797页）

上饶·鄱阳 【宋】洪迈：《容斋诗话》六卷编修程晋芳家藏本（卷一九七·集部·诗文评类存目，第1797页）

上饶·鄱阳 【宋】洪迈：《容斋四六丛谈》一卷编修程晋芳家藏本（卷一九七·集部·诗文评类存目，第1797页）

宜春·樟树 【元】范德机（伪托）：《木天禁语》一卷两江总督采进本（卷一九七·集部·诗文评类存目，第1799页）

宜春·樟树 【元】范德机（伪托）：《诗学禁脔》一卷两江总督采进本（卷一九七·集部·诗文评类存目，第1799页）

抚州·临川 【明】单宇：《菊坡丛话》二十六卷两淮盐政采进本（卷一九七·集部·诗文评类存目，第1800页）

宜春·丰城 【明】游潜：《梦蕉诗话》二卷编修程晋芳家藏本（卷一九七·集部·诗文评类存目，第1800页）

吉安·泰和 【明】郭子章：《豫章诗话》六卷江西巡抚采进本（卷一九七·集部·诗文评类存目，第1802页）

吉安·新干 【明】朱孟震：《玉笥诗谈》四卷编修程晋芳家藏本（卷一九七·集部·诗文评类存目，第1802页）

抚州·临川 【宋】晏殊：《珠玉词》一卷江苏巡抚采进本（卷一九八·集部·词曲类一，第1807页）

吉安·永丰 【宋】欧阳修：《六一词》一卷江苏巡抚采进本（卷一九八·集部·词曲类一，第1808页）

九江·修水 【宋】黄庭坚：《山谷词》一卷江苏巡抚采进本（卷一九八·集部·词曲类一，第1809页）

抚州·临川 【宋】晏几道：《小山词》一卷江苏巡抚采进本（卷一九八·集部·词曲类一，第1809—1810页）

抚州·临川 【宋】谢逸：《溪堂词》一卷安徽巡抚采进本（卷一九八·集部·词曲

类一，第1810—1811页）

吉安·新干【宋】赵师使：《坦庵词》一卷安徽巡抚采进本（卷一九八·集部·词曲类一，第1813页）

宜春·樟树【宋】向子諲：《酒边词》二卷江西巡抚采进本（卷一九八·集部·词曲类一，第1813页）

宜春·樟树【宋】扬无咎：《逃禅词》一卷安徽巡抚采进本（卷一九八·集部·词曲类一，第1815页）

吉安·庐陵【宋】杨炎正：《西樵语业》一卷江苏巡抚采进本（卷一九八·集部·词曲类一，第1817页）

上饶·鄱阳【宋】姜夔：《白石道人歌曲》四卷、《别集》一卷监察御史许宝善家藏本（卷一九八·集部·词曲类一，第1818—1819页）

抚州·南丰【宋】赵长卿：《惜香乐府》十卷安徽巡抚采进本（卷一九九·集部·词曲类二，第1819—1820页）

吉安·泰和【宋】刘过：《龙洲词》一卷安徽巡抚采进本（卷一九九·集部·词曲类二，第1820页）

宜春·高安【元】周德清：《中原音韵》二卷内府藏本（卷一九九·集部·词曲类二，第1828—1829页）

吉安·吉安县【宋】周必大：《近体乐府》一卷安徽巡抚采进本（卷二〇〇·集部·词曲类存目，第1830页）

南昌【宋】石孝友：《金谷遗音》一卷安徽巡抚采进本（卷二〇〇·集部·词曲类存目，第1830页）

上饶·鄱阳【宋】姜夔：《白石词集》一卷安徽巡抚采进本（卷二〇〇·集部·词曲类存目，第1830页）

上饶·鄱阳【宋】姜夔：《别本白石词》一卷江苏巡抚采进本（卷二〇〇·集部·词曲类存目，第1830页）

上饶·婺源【清】余光耿：《蓼花词》一卷江西巡抚采进本（卷二〇〇·集部·词曲类存目，第1831—1832页）

吉安·庐陵【清】聂先：《名家词抄》无卷数浙江范懋柱家天一阁藏本（卷二〇〇·集部·词曲类存目，第1834页）

附录二

著作重列于两地或三地者

南昌第2种、上饶第115种与吉安第169种

2.南昌；吉安·吉安县；婺源【宋】南宫靖一、【明】晏彦文、【明】潘荣：《小学史断》二卷、《续集》一卷、附《通鉴总论》一卷浙江巡抚采进本

115.南昌；吉安·吉安县；婺源【宋】南宫靖一、【明】晏彦文、【明】潘荣：《小学史断》二卷、《续集》一卷、附《通鉴总论》一卷浙江巡抚采进本

169.南昌；吉安·吉安县；婺源【宋】南宫靖一、【明】晏彦文、【明】潘荣：《小学史断》二卷、《续集》一卷、附《通鉴总论》一卷浙江巡抚采进本

南昌第48种与萍乡第3种

48.南昌·新建；萍乡·莲花【明】喻均、刘元卿（1544—1609）：《江右名贤编》二卷浙江巡抚采进本

3.南昌·新建；萍乡·莲花【明】喻均、刘元卿：《江右名贤编》二卷浙江巡抚采进本

新余第11种与吉安第9种

11.新余；新余；吉安·新干【明】梁寅（1309—1390）、胡行简、曾鲁（1319—1373）：《明集礼》五十三卷浙江范懋柱家天一阁藏本

9.新余；新余；吉安·新干【明】梁寅、胡行简、曾鲁：《明集礼》五十三卷浙江范懋柱家天一阁藏本

上饶第67种与吉安第133种

67.上饶·婺源；吉安·吉安县【宋】朱熹、李幼武：《名臣言行录前

集》十卷、《后集》十四卷、《续集》八卷、《别集》二十六卷、《外集》十七卷浙江郑大节家藏本

133.上饶·婺源；吉安·吉安县【宋】朱熹、李幼武：《名臣言行录前集》十卷、《后集》十四卷、《续集》八卷、《别集》二十六卷、《外集》十七卷浙江郑大节家藏本

上饶第162种与吉安第245种

162.上饶·余干；吉安·泰和 【明】胡居仁（1434—1484）、陈凤梧（1475—1541）：《居业录类编》三十一卷两江总督采进本

245.上饶·余干；吉安·泰和 【明】胡居仁、陈凤梧：《居业录类编》三十一卷两江总督采进本

吉安第164种与宜春第116种

164.宜春·樟树；吉安·吉安县 【元】傅习、孙存吾：《元风雅前集》十二卷、《后集》十二卷内府藏本

116.宜春·樟树；吉安·吉安县 【元】傅习、孙存吾：《元风雅前集》十二卷、《后集》十二卷内府藏本

抚州第85种与宜春第80种

85.抚州·乐安；宜春·高安 【元】吴澄（1249—1333）、【清】朱轼（1665—1736）：《校补礼记纂言》三十六卷江西巡抚采进本

80.抚州·乐安；宜春·高安 【元】吴澄、【清】朱轼：《校补礼记纂言》三十六卷江西巡抚采进本

| 附录三 |

伪托江右先贤著作者

九江·都昌 【宋】冯椅（伪托）：《周易辑说明解》四卷江西巡抚采进本（卷七·经部·易类存目一，第48—49页）

上饶·婺源 【宋】朱熹（1130—1200）（伪托）：《家礼》五卷、《附录》一卷少詹事陆费墀家藏本（卷二二·经部·礼类四，第180—181页）

上饶·弋阳 【宋】谢枋得（1226—1289）（疑伪托）：《批点檀弓》二卷兵部侍郎纪昀家藏本（卷二四·经部·礼类存目二，第192页）

抚州·乐安 【元】吴澄（1249—1333）（疑伪托）：《月令七十二候集解》一卷通行本（卷二四·经部·礼类存目二，第192—193页）

抚州·乐安 【元】吴澄（伪托）：《三礼考注》六十四卷两淮马裕家藏本（卷二五·经部·礼类存目三，第200页）

吉安·永丰 【宋】欧阳修（1007—1072）（伪托）：《左传节文》十五卷兵部侍郎纪昀家藏本（卷三〇·经部·春秋类存目一，第244页）

吉安·安福 【明】邹德溥（伪托）：《春秋匡解》六卷浙江巡抚采进本（卷三〇·经部·春秋类存目一，第248页）

上饶·婺源 【宋】朱熹（1130—1200）（伪托）：《或问小注》三十六卷安徽巡抚采进本（卷三七·经部·四书类存目，第308页）

上饶·婺源 【宋】朱熹（伪托）：《四书问目》无卷数浙江吴玉墀家藏本（卷三七·经部·四书类存目，第308页）

抚州·临川 【明】汤显祖（1550—1616）（伪托）：《五侯鲭字海》二十卷安徽巡抚采进本（卷四三·经部·小学类存目一，第376页）

九江·德安 【宋】夏竦（伪托）：《韵经》五卷安徽巡抚采进本（卷四四·经部·小学类存目二，第382—383页）

上饶·鄱阳【宋】洪遵（1120—1174）（伪托）：《订正史记真本凡例》一卷编修程晋芳家藏本（卷四六·史部·正史类存目，第416页）

宜春·丰城【明】雷礼（1505—1581）（伪托）：《明六朝索隐》·十六卷（两江总督采进本）（卷四八·史部·编年类存目，第434页）

抚州·南丰【宋】曾巩（1019—1083）（伪托）：《隆平集》二十卷两江总督采进本（卷五〇·史部·别史类，第447页）

上饶·婺源【元】程复心（1257—1340）（伪托）：《孔子论语年谱》一卷编修程晋芳家藏本（卷五九·史部·传记类存目一，第531页）

上饶·婺源【元】程复心（伪托）：《孟子年谱》一卷编修程晋芳家藏本（卷五九·史部·传记类存目一，第531页）

赣州·宁都【明】董越（1431—1502）（伪托）：《朝鲜杂志》一卷浙江范懋柱家天一阁藏本（卷七八·史部·地理类存目七，第679页）

抚州·金溪【明】危素（1303—1372）（伪托）：《元海运志》一卷编修程晋芳家藏本（卷八四·史部·政书类存目二，第721页）

上饶·婺源【宋】朱熹（伪托）：《家山图书》一卷永乐大典本（卷九二·子部·儒家类二，第788页）

上饶·德兴【宋】程端蒙（1143—1191）（伪托）《性理字训》一卷湖北巡抚采进本（卷九五·子部·儒家类存目一，第805页）

上饶·德兴【宋】吴景鸾（伪托）：《内传天皇鳌极镇世神书》三卷浙江巡抚采进本（卷一一一·子部·术数类存目二，第940页）

上饶·德兴【宋】吴克诚、吴景鸾（伪托）：《天玉经外传》一卷、《四十八局图》一卷通行本（卷一一一·子部·术数类存目二，第940页）

吉安·吉水【宋】杨万里（1127—1206）（伪托）：《诚斋挥麈录》一卷浙江鲍士恭家藏本（卷一二七·子部·杂家类存目四，第1093页）

吉安·吉水【明】解缙（1369—1415）（伪托）：《春雨杂述》一卷两江总督采进本（卷一二七·子部·杂家类存目四，第1095页）

新余【宋】王钦若（962—1025）（伪托）：《帝皇龟鉴》三十四卷两淮马裕家藏本（卷一三一·子部·杂家类存目八，第1116页）

上饶·弋阳【宋】谢枋得（1226—1289）（伪托）：《翰苑新书前集》七十卷、《后集上》二十六卷、《后集下》六卷、《别集》十二卷、《续集》

四十二卷编修励守谦家藏本（卷一三五·子部·类书类一，第1152—1153页）

宜春·樟树【宋】刘攽（1023—1089）（伪托）：《文选类林》十八卷浙江范懋柱家天一阁藏本（卷一三七·子部·类书类存目一，第1161页）

吉安·吉水【宋】杨万里（1127—1206）（伪托）：《四六膏馥》七卷永乐大典本（卷一三七·子部·类书类存目一，第1162页）

吉安·吉安县【宋】周必大（1126—1204）（伪托）：《裁纂类函》一百六十卷浙江汪启淑家藏本（卷一三七·子部·类书类存目一，第1163页）

吉安·峡江【宋】孔平仲（伪托）：《孔氏谈苑》四卷浙江鲍士恭家藏本（卷一四〇·子部·小说家类一，第1192页）

宜春·高安【宋】彭乘（伪托）：《墨客挥犀》十卷兵部侍郎纪昀家藏本（卷一四一·子部·小说家类二，第1195—1196页）

九江【晋】陶潜（365—427）（伪托）：《搜神后记》十卷内府藏本（卷一四二·子部·小说家类三，第1208页）

南昌【宋】潘延之（约1023—1100）（伪托）：《丁晋公谈录》一卷江苏巡抚采进本（卷一四三·子部·小说家类存目一，第1216页）

宜春·樟树【宋】刘敞（1019—1068）（伪托）：《极没要紧》一卷浙江巡抚采进本（卷一四七·子部·道家类存目，第1260页）

吉安·吉水【宋】杨万里（1127—1206）（伪托）：《锦绣论》二卷永乐大典本（卷一七四·集部·别集类存目一，第1540页）

抚州·临川【明】邱兆麟（1572—1629）（伪托）：《明文隽》八卷江苏巡抚采进本（卷一九三·集部·总集类存目三，第1757页）

宜春·樟树【元】范德机（1271—1330）（伪托）：《木天禁语》一卷两江总督采进本（卷一九七·集部·诗文评类存目，第1799页）

宜春·樟树【元】范德机（伪托）：《诗学禁脔》一卷两江总督采进本（卷一九七·集部·诗文评类存目，第1799页）

| 附录四 |

江西省人民政府网
市县政府网站目录
（2019-08-06）

南昌市：东湖区 西湖区 青山湖区 红谷滩新区 高新开发区 青云谱区 湾里区 新建区 南昌县 进贤县 安义县

九江市：浔阳区 濂溪区 柴桑区 德安县 永修县 庐山市 修水县 武宁县 瑞昌市 湖口县 都昌县 彭泽县 九江开发区 共青城市 庐山管理局 庐山西海风景名胜区

景德镇市：乐平市 浮梁县 珠山区 昌江区

萍乡市：上栗县 芦溪县 湘东区 莲花县 安源区 萍乡经济技术开发区

新余市：分宜县 渝水区 经济开放区 仙女湖风景区

上饶市：信州区 上饶县 广丰区 玉山县 横峰县 弋阳县 铅山县 德兴市 婺源县 万年县 余干县 鄱阳县 三清山

鹰潭市：贵溪市 余江区 月湖区

吉安市：吉州区 青原区 新干县 峡江县 遂川县 永新县 吉水县 吉安县 安福县 泰和县 万安县 永丰县 井冈山市

赣州市：章贡区 南康区 瑞金市 赣县区 上犹县 崇义县 大余县 信丰县 龙南县 全南县 定南县 安远县 寻乌县 于都县 兴国县 会昌县 石城县 宁都县

抚州市：临川区 崇仁县 乐安县 南丰县 广昌县 金溪县 南城县 资溪县 黎川县 东乡区 宜黄县

宜春市：丰城市 袁州区 高安市 樟树市 万载县 上高县 宜丰县 奉新县 靖安县 铜鼓县

赣江新区

后记

关注江西区域文化，始于2009年，当时学院开设文化创意专业方向，号召同仁积极申报相关课题撰写相关论文，笔者申报并获批了江西高校人文社科规划项目《地方文化特色化创意化研究——以江西为个案》。2012年，参与了江西高校哲学社会科学研究重大课题攻关项目《江西传统文化研究》，负责其中的一部分即《江西耕读文化研究》的撰写。在此两个课题推动下，撰写了几篇自觉有点心得体会的区域文化方向的研究论文。

2016年，江西省高校人文社会科学重点研究基地江西科技师范大学数字化社会与地方文化发展研究中心课题招标，所申报的“四库江西文化资源调查与数字化资源开发”项目获得批准。此课题即是在之前研究基础上进一步扩展而成的。

2017年，给研究生开课，即写了《四库江西文化资源调查》课程规划，后来名称改成《江西文化史》，上课的内容整体还是原先所规划的，即是读《四库全书总目》各序，并重点读集部别集类中江西先贤的作品提要，并以此布置课程考核作业。这算不自觉与自觉地教研结合吧。

“四库江西文化资源调查与数字化资源开发”项目主要成果就是这部《四库江右先贤著作题录》，具体编著历时三年余。虽说完稿了，但从某种程度上来说，这又是未完成稿。完成一项工作不容易，做好一项工作更难。书中自有不少问题，不是一人，也不是一时，可以毕其功的，需要依靠众人之力，长久地下功夫的。这需要进一步查找史书方志谱牒之文献，需要更多的时间与精力。

在编著本书的过程中，作为生于斯长于斯的后人，常常感叹先贤们所取得的文化成就，尤其是在宋明两代。江西先贤留给后人以丰厚的遗产，后人当自觉自愿地光大之。真诚希望江西的高校、研究机构联合起来，在政府、企业的大力支持下，同心协力，自觉承担起文化使命，编纂成《江西文献集成》，以纪念先贤的不朽事业。

本书之所以能够完成，感谢学校数字化社会与地方文化发展研究中心李昱主任与文学院谭杰院长的敦促！之所以能够出版，感谢学校出版经费、数字化社会与地方文化发展研究中心项目经费及文学院、历史学院学科建设经费的支持！感谢业师王德保先生赐予序文；一如既往地给予鼓励！具体校对审核工作，则要感谢吴艺文老师的具体建议与辛勤付出！

何发甦

2019年8月初稿

2020年8月定稿